吴承明全集

第一卷

专著（1）

古代云南与中土关系之研究

帝国主义在华投资

美帝在华经济侵略

英国在华企业及其利润

帝国主义与开滦煤矿

帝国主义在旧中国的投资

社会科学文献出版社
SOCIAL SCIENCES ACADEMIC PRESS (CHINA)

摄于二〇〇七年

自述

吴承明

我童年生活在北京，可算个老北京。当时北方小学教育落后于南方，父亲叫我改念私塾，读了两年“四书”和古诗文，后来发现大有好处。不过，这时私塾已有一位女塾师，姓陶，教英语和算术。一天，这位陶老师悄悄对我说，她是“革命党”。不久，陶老师不见了；接着，北伐军进入北京。

1931 年“九一八”事变，全国掀起抗日爱国运动。这时我在以理科著名的北平市立四中高一班。学校的运动是师生联合开展的，物理学老师李直钧、化学老师刘伯忠都是领导人。次年春，外部压力日深，老师退出运动，学生秘密筹组学联。学期末，黄诚和我被教务处召见，被客气地告之：“你们赶快离校吧。”这时我想起屈原的话“余既不难夫离别兮”，我含泪向使我们受益良深的李老师、刘老师告别。解放后，两位老师都年已古稀，被授予特级教师荣誉称号。

黄诚和我当时都怀有工业救国的理想，便联袂考入了在天津的北洋工学院高中部。北洋是个老牌大学，与京师大学堂齐名。这时虽由教育部改称学院，校内仍自称北洋大学，高中部仍称预科，两年制。又因院长王季绪“绝食抗日”，闻名遐迩。但我们进校后，王已被免职，专任教授。北洋预科已是专任专业基础教育，课程繁重，讲课都用英语。我最感兴趣的是物理学，教授是德籍丹麦人卜德，口齿不灵，“謇謇为患”。接着，学校发生了两次“学潮”。“学潮”是报纸上所用名词，实际是抗议日本便衣队制造的“津沽变乱”。那时津沽一带已是日本人天下，北洋学潮，非同小可。学期末，黄诚和我再一次被召见口谕：“准许预科毕业，但不准进入本科。”

于是，1934 年夏，黄诚和我再一次联袂转学，考入清华大学，他进工学院，我进理学院。这时已是华北危急，国事日非。1935 年夏，黄诚和我都参加了民族武装自卫会，旋即爆发“一二·九”运动，我们都成为救国会成员。工业救国已成泡影，于是我转入经济系。没想到经济学竟成我终生爱好的学科。只是当时奔走救亡运动，甚少读书，辜负了陈岱孙等名师的教导。学期末，学校布告开除四名救国会委员，包括黄诚和我。

1936 年夏，我再次转学。那时北京大学只历史系和哲学系招转学生，我考进了历史系。在北大，从师孟森老夫子和钱穆教授，我对史学产生了深厚感情。但仅仅一年，“七七”事变爆发，黄诚和我都投笔从戎。黄诚后来牺牲于上饶集中营。我则于 1938 年末回到昆明西南联合大学。西南联大是北大、清华、南开三校合组的，环境艰苦，但却名师如云。在这里，我从师陈寅恪、姚从吾、郑天挺等大师学史，兼师刘文典老先生读古典文学，1940 年以考据论文毕业。

1944 年春我进入美国哥伦比亚大学经济系。当时是凯恩斯主义当世，哥大则是克拉克学派走势，我的导师又恰是反凯恩斯主义的。我对此采取客观态度，而注意各学派演变的轨迹，这也许是受学历史的影响。直到今天，对一些新兴学派如科斯等新制度学派，我还是这样。同时，我比较注意方法论，对那时尚在萌芽状态的经济计量学颇感兴趣，曾以一篇《货币数量分析》获金钥匙奖，[1] 这也许是受学过一点理工的影响。1946年，我获得哥大硕士学位。

我在求学过程中，遍走了理工文法学院，无所专长，直到年近花甲，才选定了经济史这个专业。再次用屈原的话说："汩余若将不及兮，恐年岁之不吾与。"学习生活的曲折，是当时政治形势使然，但现在想来，也有好处。做学问要眼光开阔，博闻广识，然后求专。我在研究中国经济史时，深感过去的一点理工知识，乃至私塾古文，都常派上用场。再则，正由于当时的政治形势，使我在学校教育之外，较早地接触了马克思主义经济学和历史唯物主义，1946年我开始在业余时间做些系统研究，就不觉陌生了。

另外，我还想起两件事。一是"文革"中下放"五七干校"三年。当时的条件，只能读马列。我精读恩格斯的《自然辩证法》，同时补学现代物理学（过去学的是古典物理学）以及现代生物学，后来觉得受益无穷。另一事是我进入七十岁以后，因老伴瘫痪，卧床不起，需要照料，我们暂住女儿家。斗室间写作困难，病榻旁尚可读书，我便读了不少当代经济学和史学理论的书，大开眼界。觉得过去所学，太狭隘了。活到老，学到老。每种学问都是日新月异的，最怕一叶障目，要博而后专，专后还要博。这是我的小小体会。

（原载国务院学位委员会办公室编《中国社会科学家自述》，上海教育出版社，1997，第172～173页）

① 此处吴承明先生记忆有误。1945年吴承明先生获得美国贝塔-西格玛-伽玛（ΒΣΓ）荣誉学会颁发的"金钥匙奖"，获奖论文是其在哥伦比亚大学商学院研究生部选修多德（D.L.Dodd）的金融市场课程后撰写的论文，其中译概要本《认股权、股票股利及股票分裂与扩充公司之投资理论》发表于《证券市场》第2卷第2期(1947年5月)，收入全集第5卷第132～149页。——编者

学生时代（一九三二）

西南联大毕业（一九四〇）

在中国经济史学会成立大会上作报告（一九八六）

工作中（二〇〇九）

摄于二〇〇八年

九十一岁生日时与同事、学生在一起（二〇〇八）

全家福（一九八二）

与家人外出游玩（二〇〇九）

《吴承明全集》卷次

● 第一卷 · 专著（1）

古代云南与中土关系之研究
帝国主义在华投资
美帝在华经济侵略
英国在华企业及其利润
帝国主义与开滦煤矿
帝国主义在旧中国的投资

● 第二卷 · 专著（2）

过渡时期的国家资本主义
中国资本主义工商业的社会主义改造
经济史：历史观与方法论

● 第三卷 · 经济史研究（1）

● 第四卷 · 经济史研究（2）

● 第五卷

经济评论
研究与创新
书评与序言
会议发言

● 第六卷

未发表的论述
通信
诗话
外文论著
附录

出版说明

吴承明先生（1917～2011）是中国当代著名经济学家、中国经济史专家，中国社会科学院经济研究所研究员，中国社会科学院荣誉学部委员。吴承明先生学贯中西、融通古今，在经济史园地笔耕不辍，为学术界留下了丰厚的学术遗产，影响至为深远。吴承明先生逝世后，他的同事、学生及后人对其作品进行了全方位搜集与整理，汇编成这部《吴承明全集》，基本涵盖了吴承明先生自20世纪30年代至逝世前所撰写的全部作品，包括相当数量的未刊作品。

现将《吴承明全集》相关编辑事宜说明如下：

（一）《吴承明全集》共分六卷六册，由“专著”“经济史研究”“经济评论”“研究与创新”“书评与序言”“会议发言”“未发表的论述”“通信”“诗话”“外文论著”“附录”等11部分组成。具体卷次分布情况请见前附“《吴承明全集》卷次”。

（二）收入《吴承明全集》的论著，主要分三种情况处理。

1. 著作：作者进行修订的著作，采用修订后的版本；作者没有进行修订的，或据手稿，或据已有的版本排印。书名仍旧。原有“序言”或有取舍。每部专著前附有“编者说明”，介绍其版次、增补、修改以及收入《吴承明全集》时所采用的版本等情况，可资参照。

2. 已刊文稿：由于许多论文已经单独或分别收入《中国资本主义与国内市场》（中国社会科学出版社，1985）、《市场·近代化·经济史论》（云南大学出版社，1996）、《中国的现代化：市场与社会》（三联书店，2001）、《吴承明集》（中国社会科学出版社，2002）、《经济史理论与实证——吴承明文集》（刘兰兮整理，浙江大学出版社，2012）等文集，收入《吴承明全集》时基本以收入各种文集的时间最晚者为准；没有收入各种文集的论文以最初刊发的文稿为准。已刊论文仅在文末注明原始出处，不再注明所收入的各种文集。

3. 未刊文稿：基本是以作者的同事、学生及后人提供、整理的文本为准。

（三）关于《吴承明全集》论著的排序，第一卷、第二卷、第五卷与第六卷（第六卷中的“通信”以与作者通信者的年龄为序，年长者居前）基本按照论著的发表时间或写作时间先后为序，时间先者居前。第三卷与第四卷所收入的“经济史研究”论文情况比较复杂，不是按论文发表的时间先后为序，基本是按中国资本主义萌芽研究、中国资本主义的发展形态、中国封建社会的生产方式、中国工农业资本的构成、帝国主义在旧中国的资本输出、市场理论与市场史、中国近现代化问题、经济史理论研究以及历史观与方法论等专题编排。考虑各专题之间存在相当多的关联性与延伸性，因此没有再设立专栏，而是统一冠以“经济史研究”之名。收入各专题之中的论文，基本按发表时间的先后为序。

（四）关于《吴承明全集》的注释，作者原有注释保留。编者所加注释一般为说明性的，并标明编者字样。

（五）关于《吴承明全集》的表、图，作者原有的表题、图题保留；原来没有表题、图题者由编者酌补。原无表、图序号者，或原有表、图序号但需要调整者，编者均重新编号。凡表、图类似修改均不另行出注说明。

（六）关于《吴承明全集》数字的用法，由于原论著写作、发表的时间跨度大，存在大量汉字数字与阿拉伯数字混用的情况，现凡世纪、年代及各类经济统计数字等均用阿拉伯数字。四位以上的整数或小数不加千分位符号。

（七）《吴承明全集》采用简体横排。但涉及古籍中的一些人名、地名或专有名词等，为避免引发歧义，根据内容需要适当保留了一些繁体字与异体字，不一一注明。

（八）《吴承明全集》不设总目录，只设分卷目录。

（九）《吴承明全集》不连续编排页码，每卷单独编排页码。

（十）吴承明先生著述涉及多种学科与多种文字，囿于学力，我们虽经多方努力，但在《吴承明全集》的编辑、校对的过程中舛误或所难免，敬请广大读者不吝赐教。

序　言

方　行

经济史学大师吴承明先生 1917 年生于河北滦县。1934 年入清华大学经济学系学习。以北平爱国学生领袖之一，参与“一二·九”运动。1936 年秋被迫离校，入北京大学历史系学习。抗日战争爆发后，至昆明西南联合大学复学。1940 年毕业。1943 年冬，入美国哥伦比亚大学经济系学习，1946 年获工商管理硕士学位。1947 年初，在上海任交通大学、东吴大学教授。新中国建立后，1958 年任中国科学院（后为中国社会科学院）研究员，并兼任中国经济史学会会长。2006 年 8 月被授予中国社会科学院荣誉学部委员。

吴承明先生学贯中西、融通古今，数十年如一日，在中国经济史领域辛苦耕耘，取得了杰出的学术成就，树立了经济理论与历史实际密切结合的典范。

近代中国经济发展的评估

吴承明先生精通计量经济学，重视运用计量方法作实证分析，并始终贯彻于经济史研究之中。由于近代中国缺乏健全的统计制度，数据资料很不完整。他用自己专研的理论和方法，对不确切的情况，做出比较妥切的判断。从 20 世纪 40 年代以来，先后发表了多篇关于帝国主义在华投资、中国近代资本集成、工农业和交通运输业产值、市场商品量等数量分析的专题论文，对中国近代经济的发展水平，做出了比较全面的评估，受到了学术界的重视。

市场理论与市场史

吴承明先生具有马克思主义经济学理论和西方经济学理论的深厚根底，深知市场在传统经济向现代经济转变中的重要作用，认为经济现代化过程，实际上是以市场需求为导向，商业革命导致工业革命，而整个社会的现代化变迁也常在市场上反映出来。从20世纪70年代起，就着手市场问题的研究。他从交换和市场史的研究中，提出历史上各种市场的出现，多与分工无关；提出交换先于变革自然的“生产”，并经历了劳动交换、商品交换、智能交换等五种形式。他从构建交换与经济发展的模式中，更提出了交换通常是经济发展的导数的论点。在实证研究方面，他运用大量史料和计量方法，从商路、市镇和商品运销等方面，研究了明代国内市场、清代国内市场和近代商品流通的宏观模式。20世纪末，又进而将市场研究提升到从人口、价格、货币量、商品量等的变化入手，以分析市场的周期性变化，并讨论其对社会结构和阶级分化的影响。

中国的现代化

对中国的现代化、工业化，他提出事物内部具有能动因素，甚至对立物之间也具有互补功能的论点。他通过对中国二元经济的实证考察，指出传统农业不仅可以为现代化产业提供廉价劳动力，并且还可以提供剩余。充分利用手工业和传统的手工业与农民经济结合的功效，可能走出一条立足本土、工农结合、土洋结合进而现代化的道路。他以经济为主，以社会思想为参照，从物质层次进而到制度层次，乃至思想层次，论述了16～17世纪出现的现代化因素，并且指出，经济发展是经济、社会、政治、文化等各层面因素互动的结果，不仅要考察物质发展的量，还要考察制度变革的质，两者具体化为社会变迁。在中国，在这种考察中，要特别注意国家的正面和负面作用。而经济发展、制度变革、社会变迁，在最深层次上都要受意识形态的制衡，即儒家思想的制衡。

历史观与方法论

从20世纪末起，他又致力于经济史学科的理论与方法论的研究，以探求学术思想的升华。他坚持发展的历史观，认为人类社会经济的发展，可能有曲折，也会有回潮，但总的趋势是进步的。他提出中国的封建主义由于吸收和容纳了异质的商品经济，并将它转化为自己内在的能动因素，在16世纪以后就发展为一种能够与资本主义长期共存的近代封建主义。他反对用理论模式推演历史。各个时代的经济发展总会形成某种模式，但这是研究的结果，而不是研究的出发点。历史认识具有相对性，研究历史就是研究过去我们还不认识或不清楚的事情，随着知识的增长和时代思潮的进步，又会变得不清楚了，需要再认识。历史就是无休止的再认识。他重视实证主义，认为这是研究经济史不可须臾背离的基本方法。历史应当有价值评判，实证主义不能作为价值评判是其局限。经济史的价值评判，应采用实证分析和规范分析两种方法，前者将研究对象置于其产生或运作的具体历史条件下考量，即采用历史主义的原则。后者应用今天的价值观来研究历史事件或行为对当时的作用，以及对后代乃至今人的影响或潜在效应。他主张“史无定法”，应当根据研究对象和具体问题选择适用的方法，无论是传统史学方法，还是国外新兴的各种学派的方法，均可采用。他强调应当历史地看待经济学的发展，任何经济理论都有其特定的历史环境。在经济史研究中，一切经济学理论都应视为方法论。任何伟大的经济学说，在历史的长河中都只是经济分析的一种方法，而不是推导历史的模式。

特别值得提出的是，从20世纪50年代起，他曾经对中国资本主义经济进行过长期深入的研究。从搜集整理历史资料着手，涉及的资料达数千万字。主持编辑了《中国资本主义工商业史料丛刊》八种。接着他和著名经济学家许涤新共同主编了《中国资本主义发展史》三卷本巨著，不幸许涤新于1988年逝世，因之该书从规划设计、重点章节撰写到修改定稿，均由他主持，于1992年完成。从搜集资料算起，寝馈其中凡三十余年。该书分析了不同时期外国资本、官营资本和民营资本的消长、产业结构的变化和发展水平，反映了半殖民地半封建条件下，资本主义经济发展的崎岖道路。这部著作是中国近代经济史研究的一个重要里程碑，受到了国内外的广泛推崇。

他的著作必将传遗后世、嘉惠士林！

2011 年 11 月 30 日

“一锄明月满园花”

——《吴承明全集》序言

叶　坦

今年是吴承明先生的百年华诞，恰值先生全集出版。先生后人邀我将拙文作为全集的序言，深感荣幸。“一锄明月种梅花”，是1946年3月吴先生与洪达琳女士结婚时，其父赠牙章一枚之镌文。1973年离开五七干校后，他检抄旧稿，以此名篇，为《一锄集》。我们知道，梅花具有独特的神韵与风姿，冰清玉洁，疏影横斜。植梅，有陶情励志或归隐避俗等寓意，苏州怡园的“锄月轩”，即是取自宋人刘翰“自锄明月种梅花”诗意，元、明亦有这样的诗句，而“一锄”或许更加强调专心致志、一心耕耘。光阴荏苒、岁月如梭，先生当年在学术园地辛勤锄种的颗颗花籽，如今已是繁花满园、硕果累累。

在中国经济史学晚近半个多世纪的发展史中，吴先生是享誉海内外的一颗睿智思想明珠。他的一生曲折坎坷而光耀璀璨，他的学术博大精深引航导向，他的理论方法、治史观念及其科研成就，不仅凝聚成为高山仰止的巍峨丰碑，而且广为后学所接受、汲取和传播。从繁花硕果追溯耕耘艰辛，沿着他学问人生的跋涉行迹，能够引导我们透视中国经济史学世纪发展的一个缩影。

一

吴承明先生（1917. 1. 3～2011. 7. 8），祖籍河北滦县，考其曾祖一辈自幼“好学不倦，十三岁应童子试，即以第一名冠军”。曾任清廷内阁侍读，“博洽能文，熟于掌故”，曾纪泽出使欧洲奏调其为使馆参赞，为之婉谢；而益发“研讨经世之学”，并与同文馆西学教习有交往。“知铁路为强国之具”，遂联名奏请修建芦汉铁路，得李鸿章力赞却始终未果。后外放浙江任多处地方官，“敦风化、创学校，以开民智”，其为官刚正清廉政绩卓著，“处脂膏而不以自润”，反贪腐“守正不阿”，后人写入《清官集》。辛亥革命中曾敦促浙军起义，后北归隐居，“然忧国之心，老而弥笃”；用“思寡过”名书斋，“以清白遗子孙”，米寿而终。先生的祖父吴鸿逵（字用宜）曾在杭州为书吏，1920 年后定居北京。

先生之父吴大业（字扶青），1911 年毕业于北洋大学堂法科（该校 1895 年创建，系天津大学前身。其法科 1917 年并入北京大学，而北大的工科移到北洋大学），历宣统皇帝殿试，赐“同进士”出身。其主业法律事务，曾协助外交部部长王正廷督办“鲁案”（即欧战后从战败国德国收回青岛相关主权和胶济铁路的权益）善后事宜，后为专业民法律师。两度出任北平律师公会会长，任北平国货陈列馆馆长、财政部北平印刷局局长等职。先生之母李翔青女士，毕业于我国最早的女子师范学校之一也是女界名流的摇篮——北洋女子师范学堂，一生贤妻良母，高寿九十有四。

先生为家中长男，秉承勤学济世之家风，1923 ~ 1940 年间，读小学、私塾、北平市立三中、四中，入北洋、清华、北大、西南联大四校，历工、理、经、史四科。那时的中国正处在社会大变革时期，先生立志“工业救国”，1932 年考入北洋工学院预科。两年所学均为实用课程，他感到当以“科学救国”，于是 1934 年再度考入清华大学理学院学习化学。进而，他认识到“经济救国”更现实，习学经济最能振国济世，便转入经济系。时任系主任的陈岱孙教授亲授基础课，西方经济学说史特别是古典经济学予其直接影响；而萧蘧的货币银行学和余肇池的会计学均属必修，这对他日后的留洋学习非常有利。他还选读了杨树达、雷海宗等名师的文史课程，并参加世界语和新文字运动，1935 年（其 18 岁时）就在进步刊物《东方既白》创刊号上发表论中国土地问题的文章。

进而，日军侵华凶焰日炽，东北沦陷、平津危机，先生满怀报国热情，加入中华民族武装自卫会等组织，积极投身抗日救亡。“一二·九”运动爆发，他成为北平爱国学生运动领袖之一，也是清华救国会和大游行的领导人之一。1936 年中华民族解放先锋队成立，他被选为大队长，这年夏天被迫离开清华到北京大学史学系继续学习。他选修了孟森、郑天挺、钱穆等史学大家的课，也继续着“经济救国”的理想，到经济系听课并自修马克思主义经济学。“七·七事变”后，先生参加平津流亡同学会和战地服务团，这年冬天他在试马时写下“策马登峰极，边城看雪消；含悲辞燕阙，饮恨建康桥”的诗句,[①] 记述那段艰苦岁月和抗战决心。1938 年冬，他到昆明西南联大复学。这里名师荟萃，先生得以面聆陈寅恪（隋唐史）、姚从吾（史学方法）、刘文典（古典文学）、赵廼抟（经济思想史）等名家教诲；还加入西南联大话剧团，参演闻一多为舞美、曹禺任导演的剧目，并到工厂农村演出宣传抗战。西南联大奠定了他深厚的文史功底，继而写出毕业论文《古代云南与中土关系之研究》。他感慨后来专门研究经济史，却从未念过一门经济史的课。1940 年夏毕业，他供职于重庆中央银行经济研究处，兼任《新蜀报》主笔、《银行界》主编等职，还发表过一些研究战时生产政策和金融方面的文章，产生一定的影响。[②]

1943 年冬，先生历尽艰辛船行 43 天越洋赴美，入哥伦比亚大学继续深造，怀抱“实业救国”理想进商学院研究生部学习，主修货币与金融学兼修工业管理。时在战中，美国正值罗斯福总统任内，经济学界凯恩斯主义兴盛，哥大则还保留着克拉克（J. B. Clark）之遗风，其子小克拉克（J. M. Clark）主持哥大讲坛。先生选修其经济学课外，还选了查普曼（T. Chapman）的银行学、多德（D. L. Dodd）的金融市场等课程；管理学方面选有工业管理、营销学等。1945 年他的《认股权、股票股利及股票分裂与扩充公司之投资理论》颇受好评，修改后通过，被授予贝塔 - 西格玛 - 伽玛（ΒΣΓ）荣誉学会的“金钥匙奖”，此奖要求获奖人课业优秀，必须五门成绩全部是“A”。先生的导师贝克哈特（B. H. Beckhart）不仅是名学者，

---

① 诗句出自《春望》，载先生惠赐之《濯足偶谈》1992 年第 1 版。“偶谈”已印 3 版，先生临终前还在补订，准备出第 4 版，却成永憾！

② 先生当时较有影响的文章主要有：《论当前生产政策》《论大小生产——再论当前生产政策》，载《时事新报》1942 年 4 月 12 日、6 月 8 日；《产业资金问题之检讨》《理想利率》，载《金融知识》1942 年第 2 卷第 5 期、1944 年第 3 卷第 2 期。

也是大通银行首席经济学家，他明确反对凯恩斯主义。不同学派并存的环境，成就了先生海纳百川的学术胸襟，他还注意观察各学派演变发展轨迹，蕴积成开放宽容的学术风格和思维逻辑直至终生。其《美国的战时公债与金融政策》学位论文顺利通过，1946 年获得硕士学位（当时无 MBA，称 MS）。①

同年 3 月 9 日，先生与留学朱丽叶音乐学院的钢琴家洪达琳女士结为伉俪。婚后，他打消继续攻读博士学位或留在美国就业的念头，选择归国报效祖国。此时国内的抗战已经胜利，百废待兴，国民政府资源委员会“驻美技术团”1946 年 3 月改组为“驻美代表办事处”，资源委员会经济研究室主任孙拯领命聘请被称为“GNP 之父”（后改用 GDP）的著名经济学家西蒙·库兹涅茨（S. S. Kuznets，1971 年诺贝尔经济学奖得主）担任资源委员会顾问，聘吴承明、张培刚、丁忱作专门委员为库氏当助手，于 6 月陪同库氏来到南京的资源委员会。

二

先生一生读万卷书、行万里路，孜孜以求报效祖国、追求科学、追求真理。他的确称得上学贯中西、古今融通而且史论互证、著述甚丰，受到海内外同行的敬重。这与他深厚的文史功底和西方名校的系统教育分不开，也是他博学勤思严谨治学所致，更是他主张各家并存、取法务上、求实创新学术精神的体现，而“史实”是他自始至终坚持的治学根基。

归国之后，先生在资源委员会辅助库兹涅茨工作。他曾对我谈起，资源委员会聘请库氏主要是“请他设计一套资源和工矿产业的调查统计制度，而不是研究中国的 GNP”，但库氏对中国 GNP 有兴趣，要求助手为他提供相关资料，主要就是我导师巫宝三先生主持的“中国国民所得（一九三三年)”，并附有 1931 ~ 1936 年 GNP 的推论数据。此研究 1945 年完成，后于 1947 年由中华书局正式出版，至今仍有学术影响。我记得巫老说过出书之

① 先生的获奖论文和学位论文在其回国后的 1947 年译刊中文概要——《认股权、股票股利及股票分裂与扩充公司之投资理论》，载《证券市场》1947 年第 14 号；《美国战时公债与金融政策评述》，载《财政评论》1947 年第 16 卷第 1、2 期。

名只标1933年，是因为详细的估计以1933年为限，其余年份材料不足，无法用同样的方法准确估计，只能当作一种趋势看待。吴先生当时所见的还是用复写纸手抄的四大册原稿，摘译成英文供库氏参用。库氏对此项研究饶有兴致并写了评论“Comments on Mr. Ou's Study of the National Income of China,”由吴先生送给当时在中研院工作的巫先生，巫后来写了《答库兹涅茨博士的评论》“Reply to Dr. Kuznets' Comments on Mr. Ou's study of the National Income of China.”。在探讨相关概念和方法方面，巫先生还发表《国民所得中的国际支付》“International Payments in National Income”在美国的《经济学季刊》1946年2月号上。吴先生到中研院拜访巫先生，巫与之谈了自己与库氏之间对国民所得的概念和计算方法见解之不同，并赠其《经济学季刊》之文。不久，吴先生经过研究写出长达19页的《我国资本构成之初步估计》，1946年11月（此时他尚不到而立之年）发表在《中央银行月报》新1卷第11期，根据库氏的方法进行1931～1936年中国的资本形成（capital formation）估计，发表后产生反响，还被译成英文刊于香港。此后巫先生1947年12月发表《〈中国国民所得，一九三三〉修正》，谈到参考库氏及其三位助手包括吴先生的意见。① 吴先生接下来继续完成《中国工业资本的估计》，主要时段是1936～1946年，与前人不同的是将“资本”定义为“生产剩余价值的价值”，此文也被几种刊物转载。这些工作无疑都是以“史实”为基础的实证研究，正式开启了吴先生的第一个经济史研究专项。② 巫、吴两位先生尽管研究方法不尽相同，却开始了此后半个多世纪的学术情谊，并成为社科院经济所三十多年的同事，且都尽享天年九十有四而终，他们是我人生和学术上影响最大、最久的恩师！

其实，当时库氏来华两个来月即回国了，吴先生也在1947年初辞去南京的工作来到上海，任中央信托局信托处襄理。同时兼任上海交通大学、东

① 相关文献参见P. S. Ou（巫宝三）“International Payments in National Income,” *Quarterly Journal of Economics*, Feb. 1946；《修正》一文发表在《社会科学杂志》第9卷第2期，1947年12月。此两文均收入巫宝三《经济问题与经济思想史论文集》，山西经济出版社，1995。

② 参见吴承明《我国资本构成之初步估计》，载《中央银行月报》新1卷第11期，1946年11月；《中国工业资本的估计》，载《中国工业》新1卷第5、6期，1949年9、10月，后得汪敬虞先生函件及资料而进行了部分修正。两文在收入其文集时标题均添加了年份，见《吴承明集》，中国社会科学出版社，2002。

吴大学等校教授，主要讲授货币银行、国际汇兑、工业管理和财务报告分析等课，这些多是国内新开的课程，还发表了一些相关论文。新中国成立后的1949年冬，他的清华和哥大老学长冀朝鼎出任中央财经委委员兼中央外资企业局局长，邀其到北京工作，是年11月14日先生回到了阔别多年的京城。从此直至辞世，先生在京生活了六十多年，一个甲子有余的沧桑巨变！

1950~1957年，他在中央外资企业局、私营企业局和工商行政管理局工作，并开始研究外国在华投资问题，1951年以笔名魏子初（“外资处”谐音）发表了一些成果，其中三联书店出版的《帝国主义在华投资》虽是小册子却很受重视，先后再版并被译成俄文版。在此基础上，先生继续拓展资料搜集并辅之以个案调查，将外国直接投资的考察从前人一般止于1936年延伸至1948年，研究证实外国在华投资中资本输出很少，主要来自外资在华的积累——结论源自人民出版社1955年出版的《帝国主义在旧中国的投资》，此书是研究相关问题的必读书。外国在华投资成为先生第二个经济史研究专项，第三个专项则是时代印记鲜明的中国资本主义改造问题。

工商行政管理局的主要任务就是对民族资本主义工商业进行社会主义改造，局长是许涤新（1906~1988）。吴先生1958年任该局调研处处长，又调来方行、汪士信等同做研究。经许涤新与当时中国科学院经济研究所孙冶方所长商议，合设“资本主义经济改造研究室”，吴先生任主任，主要工作是编《中国资本主义工商业史料丛刊》，写《中国资本主义工商业的社会主义改造》（人民出版社1962年出版，1978年出修订本），这是“资改”的重要作品得到广泛引用。需要说明的是，先生对“资改”有自己的认识，认为《公私合营工业企业暂行条例》在执行中走了样，改造不仅强制而且扩大化，他建议《中国资本主义发展史》写到解放为止，不再继续写第4卷“资改”。到“文革”，“资改室”解散，成员也下放到“干校”。先生生性达观，种稻种菜、战天斗地的干校生活，反倒使已患多年的十二指肠溃疡痊愈，能饮酒聊天濯足论诗，并把其中有价值的记下来——这就是其《濯足偶谈》的来源。1974年初许涤新联系人民出版社“借调”先生等人编写《旧中国的资本主义生产关系》（1977年出版），次年调到商业部，开始酝酿写《中国资本主义发展史》。1977年许涤新古稀之年出任中国社科院副院长兼经济所所长，翌年吴先生等也转到经济所并扎下根来。在前述三个专项研究之后，30 多年来先生在经济所的学术贡献彪炳史册，尤其在探索经济史学的方法论和历史观方面更是无可替代！

先生专任经济所研究员之后，先后担任所学术委员会委员、研究生院博士生导师，兼任南开大学博士生导师。1980 年任日本东京大学客员研究员，1986 年任美国加州理工学院客座教授。学术兼职主要有：中国经济史学会会长、中国国史学会理事、中华全国工商联特约顾问等。1991 年获国务院颁发的社会科学突出贡献专家特殊津贴，2006 年被授予中国社会科学院首批“荣誉学部委员”，2008 年当选“中国社会科学院健康老人”——他一再说这是自己最后的也是最珍重的一项荣誉。

毋庸讳言，以“史实”为治史根基离不开枯燥繁琐的资料工作。回溯先生从 20 世纪 50 年代起就参加千家驹先生倡导的“中国近代经济史资料丛刊编辑委员会”，首先问世的是他 1954 年的《帝国主义与开滦煤矿》，署名“魏子初”；次年出版千家驹的《旧中国公债史资料（1894 ~ 1949）》。编委会还与海关总署合作，利用其存档编出“帝国主义与中国海关”丛刊，如《中国海关与庚子赔款》《中国海关与邮政》等，史料价值颇高。前述“资改室”的“中国资本主义工商业史料丛刊”也是先生负责的，《中国资本主义发展史》的基础就是大量发掘和调查的史料。

先生倾注了最多心血和精力的就是《中国资本主义发展史》。20 世纪 60 年代初周恩来总理提出为实现“马克思主义政治经济学的中国化”，应编写一部“中资史”，任务交给许涤新，由“资改室”承担，但因“文革”而中断，1978 年先生等人到经济所后正式启动。许涤新和先生任主编，全书分三卷：第 1 卷“中国资本主义的萌芽”，系 1522 ~ 1840 年中国资本主义的产生；第 2 卷“旧民主主义革命时期的中国资本主义”，为 1840 ~ 1920 年中国资本主义的发展；第 3 卷“新民主主义革命时期的中国资本主义”，写 1921 ~ 1949 年的情况。这是一部逾二百万字的巨著，二十多位学者历十几个春秋才完成，全书配制 487 张统计图表，人民出版社 1985 ~ 1993 年出齐。许涤新撰著全书“总序”，先生统稿、许涤新审订。然而，从撰著体例和主要内容的勾画，到执笔“导论”等重要部分的写作，再到统稿删改以致重写的巨量工作，处处凝聚着先生的呕心沥血！此外，他自认研究贡献主要有三：近代中国资本集成的估计、近代中国工农业和交通运输业总产值的估计、近代中国国内市场商品量的估计。这些研究均为海内外学者所重视、评介和引用，而先生却对其中一些数据不断修正，如前两项估计的修正直到21世纪收入《吴承明集》。可以看到，这部大作汇聚了先生前几个专项研究的精髓，而且在史实辨证、研究方法、论点新见等方面展现出其不懈的理论追求。

先生倾注最大精力锄种的学术之花结出了丰硕成果，《中国资本主义发展史》面世后中外学界好评不断。特别是第1卷，1987年台北谷风出版社就出了繁体字版；1989年7月20日李约瑟（Joseph Needham）致信先生征求对“近代科学为什么在西欧而不是中国产生”（即“李约瑟之谜”）的意见，先生复信讲到中国16、17世纪的启蒙思潮缺乏欧几里得式的逻辑思维，但主要原因还在于明清中国是以小农生产（包括手工业）为基础的社会，经济上较少竞争且人力充裕，缺乏迫切利用新科技的需求等。剑桥大学的诺兰（Peter Nolan）与先生商议英译此书，由伦敦大学柯文南（C. A. Curwen）译编英文本，2000年麦克米伦出版社（The MacMillan Press Ltd.）出版。客观地说，尽管此书难免时代痕迹，但确是中国经济史学的一座里程碑，被认为是“填补空白”之作和“国内外引用率最高的中国经济史著作之一”。先后获得“中国社会科学院优秀学术成果奖”“孙冶方经济科学奖”“郭沫若中国历史学奖”等，并多次再版。透过先生的治学轨迹，可见以“史实”为基础、扎根于实证研究的经济史学，才具有强劲的生命力，基于此的方法论探索才颇具学术价值！

三

在谈吴先生的方法论之前，需要说明“史法”大概初始于《春秋》之“书法”“义例”，在中国史学中大抵指著史或治史的原则、方法，这里重在其方法论意义，主要指先生治经济史学的方法和方法论。

一般说来，方法论的探索离不开研究对象本身。值得重视的是，20世纪80年代初学者多还重生产、轻流通时，先生已开始研究市场问题了。他首先估算市场商品量即市场大小的演变，整理出1840～1869～1894～1908～1920～1936年间五个时段的国内市场商品量估计，据此可见19世纪下半叶市场发展很慢，其扩大是在20世纪以后，抗日战争后剧减，此即多次修改后最终载入《吴承明集》的《近代中国国内市场商品量的估计》。为了从更长时段研究市场，1983年起他陆续发表论明代、清代、近代市场的系列论文，[①] 从人口和耕地、田价和物价、货币和白银流通、财政和商税等方面，深入研究明清和近代市场长周期性的兴衰演变，在国内外产生很大影响。1984年美国名家费维凯（Albert Feuerwerker）看了他的清代市场论文后邀其到意大利参加中国经济史研讨会；1986年法国著名汉学家贾永吉（Michel Carrier）将上述三篇市场论文摘要写成《吴承明的国内统一市场形成观》，发表于著名的《年鉴：经济　社会　文明》（*Annales, Économies Sociétés Civilisations*）1986年11~12月号；先生论中国近代市场的论文，则有日本的中国现代史研究会会长池田诚监译的日译本（载《立命馆法学》，1984年第5、6号）。

不满足经济史实的考证复原而深入透析现象进行理论阐释，这是先生治学的鲜明特点，也是其方法论探索的重要途径，即从“史实”出发探究“史法”。他在市场理论方面下了很大功夫，其《市场理论和市场史》分析马克思的分工产生市场的理论，赞赏恩格斯《反杜林论》中的主张“生产和交换是两种不同的职能”，提出历史上各种市场的出现多与分工无关。《试论交换经济史》则建构交换与经济发展关系的模式，提出“交换先于生产”，在理论上做出新尝试。先生研究市场，从商路、商镇、商品运销转向人口、价格、货币量、商品量等变化，分析市场的周期性演变，并讨论其对社会结构、阶级分化的影响，其市场研究是以中国现代化（即近代化）的宏大背景为基点的。他认为市场资料较多，数据有连续性，用市场和价格的演变来考察经济的兴衰与中国的现代化过程，均有很大的优越性。这与“斯密动力”相仿，即市场促进分工、分工和专业化促进生产，经济增长与市场的深化扩展分不开。仅从生产视角不足以认识经济发展和中国现代化，从而应注重流通，于是他努力进行两方面的工作：一方面对16与17世纪、18与19世纪上半叶的中国市场进行系统考察，这可说是“史法”之“实证

① 他连续发表了《明代国内市场和商人资本》，载《中国社会科学院经济研究所集刊》第5集，1983年；《论清代前期我国国内市场》，载《历史研究》1983年第1期；《我国半殖民地半封建国内市场》，载《历史研究》1984年第2期。

研究”(positive research);另一方面，在经济学理论与经济史研究的方法论以及现代化理论等方面进行创新探索，希图在理论上找出一条适应中国经济史学和现代化研究之路，这可视为“规范研究”(normative research)。这些研究体现于《16与17世纪的中国市场》《18与19世纪上叶的中国市场》等系列成果,① 得出中国现代化肇端于16世纪的明代“嘉(靖)万(历)说”。客观地说，此论非其最先提出，如傅衣凌先生就有过类似论点，但吴先生将此说立论，并以坚实的实证考察和规范研究展现于世人。他的《传统经济·市场经济·现代化》一文论述从传统经济到市场经济的转变过程，同时指出市场机制也有个转变过程，也就是经济的现代化过程，这样其市场研究便同现代化研究有机结合起来。体现于其系列市场研究的集中成果——1985年出版的《中国资本主义与国内市场》，是他1949~1983年相关论文的集萃;1996年刊出的《市场·近代化·经济史论》，则是他1985~1995年重要贡献的汇聚。

研究可知，探讨近代经济问题绕不开现代化。先生1987年就在此下功夫并提出新见，在《早期中国近代化过程中的内部和外部因素》中，他针对“冲击—反应”范式和“传统—现代”对立模式，提出中国“内部能动因素”论，并予实证考察。传统经济中的能动因素主要是农业和手工业，他认为传统农业可承担现代化任务，但不否认其落后面一定程度制约工业化发展。更重要的是，他以科学的精神和谦逊的态度在再版时指出，对于近代人口与耕地数据“我的估算已落后了”而应“改用时贤新论”。在《近代中国工业化的道路》中，他分析利用手工业的功效及工业与小农经济的结合，或许本有一条立足本土、工农结合、土洋结合进而现代化的道路，但终败于以洋行、租界为背景的大口岸经济之路。正由于传统经济有其内部的积极能动因素，“中国的工业化应当走与传统产业协调发展的道路，不能一举而代之”。继而，他写了《论二元经济》，从理论方法上探讨不发达经济走向现代化的道路，认为将传统农业的作用局限于为现代化产业提供廉价劳力不确，关键是低估了传统农业的剩余。二元经济现象长期延续，小农经济是多

① 分载中国商业史学会编《货殖：商业与市场研究》第1辑和第3辑，中国财政经济出版社，1995、1999。

元的，有自行调节资源配置的功能。他构建出一个小农经济生产模型，但说明无法计量。

研究现代化最为关键的是现代化的标志问题。20 世纪 90 年代国家正式提出建立社会主义市场经济体制，先生采用希克斯（J. R. Hicks）《经济史理论》的观点，把实现市场经济作为经济现代化的标志。他论证从马克思到诺斯（D. C. North）都将工业化归之于“专业商人”的兴起和市场的扩大，引发生产方式的变革，商业革命导致工业革命。具体到中国，他把明代嘉、万时期的徽商、晋商等大商帮的兴起和工场手工业、散工制的发展，以及财政、货币的白银化，租佃、雇工制度的变革以及社会结构的变迁与 17 世纪的启蒙思潮等综合考察，视为明清之际的现代化因素。在 1997 年发表《传统经济 · 市场经济 · 现代化》之后，1998 年写的《现代化与中国 16、17 世纪的现代化因素》、1999 年写的《中国的现代化：市场与社会》等系列成果相继问世，[①] 他在探索中国现代化研究的方法论上做出了不懈的努力。

就“史法”而言，先生的治学方法在经济史学界独树一帜，公认其方法论独到，且历史观新颖，理论追求伴随始终。回眸 20 世纪 80 年代初他发表《关于研究中国近代经济史的意见》，主要讲两个问题：如何看待帝国主义入侵的后果，如何评价封建主义的作用。对于前者，后继有《中国近代经济史若干问题的思考》；对于后者，则有《谈封建主义二题》深入讨论。“二题”指古代封建主义和近代封建主义，他论证中国古代封建制度有别于西方的若干特点，分析中国步入近代社会的不同道路；“近代封建主义”是新概念，意指 1840 年以后封建主义经济发展到一个新阶段，即地主制经济发生质变，吸收较发达的商品经济来自我调节，成为能够与资本主义共存的近代封建主义，确属新论。同时，先生予古代封建主义新的研究价值，这与其“广义政治经济学”理论探究相关，尽管他自认这方面“没做出什么成绩”，其实不然。他提出以“马克思主义中国化”为目标的王亚南、许涤新等人的努力是可取的，但重点应放在前资本主义特别是封建主义政治经济学上，因为社会主义经济在中国尚不成熟，半殖民地半封建经济已有定论，而

① 前两文修改稿收入先生的论文集《中国的现代化：市场与社会》，三联书店，2001；第三文即此论文集之“代序”。

封建经济在中国产生最早历史最长，颇具政治经济学研究的典型意义，这恰是研究前资本主义时代的学者共同的理论困惑。在《论广义政治经济学》和《中国封建经济史和广义政治经济学》等文中，他阐述其论点并提倡研究“中国封建主义政治经济学”，为我国经济史学的理论与方法创新引航导向。

总的看来，上世纪末二十余年中吴先生在商业资本、市场和交换理论、中国现代化理论以及广义政治经济学、中国经济史学方法论等方面着力甚多，也逐步形成颇有见地且自成体系的历史观，即基于“史法”形成“史观”。他非常关注西方学术特别是经济学的发展与动态，并运用其中适用中国经济史学研究的方法，成为经济学理论与经济史研究结合的典范。他的结合与运用绝非“照搬”，而是能动而理性的，突出于有选择与做修正。例如，先生有“计量经济学”的深厚功力，认为研究中国经济史学离不开计量方法，能够计量的应当计量，但明中叶以前不太适用，此后可以用，但数据必须核实可靠。再如，改革开放后以诺斯为代表的新制度学派影响中国，先生认为其产权理论、交易成本、制度变迁等概念可用于研究中国，但应注意具体的研究对象与实际数据，这些都是治经济史学重要的方法论见解，也是酿就其最终的巅峰之作的必由过程。

四

“史观”也可以表述为“历史观”，不仅与方法论紧密相连，而且一般讲史观问题当以治较长时段的“通史”为基础，即所谓“通古今之变”。先生的研究重心在近代，但他做到了“史通古今”并涵融中外，而且是在专精基础之上的贯通。他治史之“今”不仅仅在于关注当今世界学术理论思潮及其发展，更具体落实到当代经济史研究之中。1996 年国家社科基金“九五”重点课题《中华人民共和国经济史（1949～1952）》立项，请先生作学术带头人，由他和董志凯任主编。该书独具一手档案资料优势，研究从人与自然的关系延伸到人与人的社会关系，并加强新中国成立初期社会经济状况的评估和新民主主义经济体制的理论分析，有关恢复国民经济的措施和成就也是以专题研究为基础的，突出反映了新民主主义经济在中国全面建立、实施和运行的历程与成就。该书2001年出版，并获奖和再版。先生自称对此“并无实际贡献”，其实他参与拟定大纲、研究撰写，还承担第二章“旧中国经济遗产”的部分写作。历次书稿讨论会也都参加，还审阅全部成稿，此书中亦可见他的思想轨迹。同年，先生还应邀主编《中国企业史》的“近代卷”，他请江太新共同主编，此书2004年出版。这些都证明先生对经济所的经济史学研究发展具有独特贡献。

下探当代体现了先生的博学深进，但非其治学主向。他的研究重在近代到明清并上溯宋代，内容从生产到流通再到市场；进而超迈传统的“经济”概念，对社会结构、制度变迁、思想文化进行系统考察，最终凝聚而为“经济史：历史观与方法论”的深层探究。步入21世纪之后，他着重研究的就是此课题，还几度给博士生开课讲授，2001年末中国社科院老年研究基金正式立项，这时他已近85岁且罹眼疾“飞盲症”。就在这种情况下，此后整整四年多时间，他每天勤奋耕耘废寝忘食，趴在书桌上动辄数小时。此书承载着他近几十年来孜孜以求的研究志趣，更是其科研特色与学理思辨的高度凝练与升华，他投入全部精力和心血的研究炉火纯青已臻化境——最终呈现出其巅峰之作《经济史：历史观与方法论》。此书是“十一五”国家重点图书，2006年底由上海财经大学出版社出版，几天之后即是先生的九十寿辰。他几次说过对此书比较满意，但这是自己的最后一部研究著作。在他身后，此书经过我们反复论证，收入商务印书馆享誉中外的“中华现代学术名著丛书”，于2014年出版。我应邀为此书撰写《史实·史法·史观》的导读文章，即是此序言的基础。

先生此著重点阐释经济史是研究历史上各时期的经济是怎样运行的，及其运行的机制和绩效，从而研究不能仅限于经济本身。他强调经济史首先是“史”，这是毕生治经济史学的大家在此书“结束语”中的首要提示。治史，离不开“历史观”，故而“史观”是首位的。《经济史：历史观与方法论》将“历史观”作为全书的“上篇”，分为四章予以阐释——引子：经济史学小史、古代中国与西方的历史观、理性化时期的中西历史观、理性主义的反思和西方历史观的转变，基本上都是基于中西比较展开考察分析的。他主要从三个方面考察阐释历史观，即如何认识人与自然界的关系即天人关系、如何认识人与人的关系即社会关系、如何认识思维与存在关系即认识论。他赞赏司马迁“究天人之际，通古今之变”的历史观，认为其天人相通、社会和谐、古今通变是高明的，而宋以后的启蒙思潮虽然促进思想的理性化却不能导致社会的现代化，这也是中西思想文化差异对经济发展和社会转型的不同影响。我们能够在先生学贯中西古今游刃有余的畅论中，领略到的不仅是博大的知识体系的碰撞，而且可能体悟其精湛宏论的深邃寓意，进而思考：为何要从历史观层面谈经济史学？中西方的历史观主要异同何在？西方的历史观缘何而转变？

“方法论”是全书的下篇，分章深入阐述方法论和历史实证主义、经济学理论与经济史研究、社会学理论与经济史研究、计量分析与经济史研究以及区域研究与比较研究等，最后是点睛之笔第十章“结束语”。先生着重评介诺斯的新制度学派、法国年鉴学派和经济计量学派的方法，并特别强调实证主义是“不可须臾或离”的治史方法，而中国史学一直是实证主义的，这也就是以“史实”为根基。他具体考证中国史学诸家以及西方从狄尔泰（Wilhelm Dilthey）、克罗齐（Benedetto Croce）直到海德格尔（Martin Heidegger）等，尽管各家的学说主张各异，但无疑更充实了实证主义方法。他着重指出，历史研究是研究我们还不认识或认识不清楚的事物，任何时候都有待认识的东西；随着知识的增长特别是时代思潮的演进，原来已知的需要再认识，研究就是不断地再认识，因此研究方法应开放即“史无定法”。最后，先生概括他研究中国经济史学的思维理路：“历史—经济—制度—社会—文化思想”，语重心长地阐发——“百家争鸣，学术才有进步”！

离开书本再回到先生治学的轨迹。历史观和方法论都是他数十年来研究经济史学的探索和积累并不断完善的结晶。其“史观”的特色就是凸显创新的“发展论”，并且深入落实一以贯之。早在他为《中国大百科全书·经济学卷》撰写万余字的“中国经济史”长词条中，就对中国几千年的经济发展史进行系统总结——历史包括经济史的发展可能曲折，也会有回潮，但总趋势是进步的，不存在从唐宋“顶峰”走向明清“衰落”的阶段。直至近年国家级大型项目多卷本《中国经济通史》请他撰写“总序”，其依然重申发展的观点。从发展的眼光看问题，他以古人的“苟日新，日日新，又日新”为志，学术追求突出一个“新”字！如果没有新东西，他不写文章、不开会发言；做研究要求有新材料、新观点或新理论，包括对以往的研究成果进行不断修正。他认为科研不可能一蹴而就，随着时代的发展，材料的新发现和研究手段的提升以及认识的深化，以前的成果也需要不断修正才能与时俱进。发展必然要创新，他视“创新”为学术研究的生命力——这与先师巫宝三先生十分相似，他们绝不故步自封而力主创新，而创新要建立在充分的实证研究基础之上，系统研究要先作专题，专著要以论文为基础，“由小而精到大而博”。他们都十分注重中国史学传统“究天人之际，通古今之变”，巫先生据此从经济思想史上研究司马迁的“法自然”思想颇多新意，而吴先生则从历史观与方法论视阈阐释其历史哲学，通过实证提出西方征服自然的斗争哲学终将回归太史公的主张！

再插一句，这两位治经济史学的先生对《中国经济史研究》杂志都寄予厚望，对经济所这点“史学家业”十分上心，大凡有好文章首先想着在此发表；每一期杂志刊出，他们都会立即放下手中工作认真阅读，都非常关心杂志的发展和学界的评价，拳拳之心感人至深！

五

不难看到，历史观与方法论密不可分，而且史实—史法—史观也相互融通。有必要对吴先生经济史学研究中最具代表性的“两论”集中阐述。众所周知，在方法论上吴先生力倡“史无定法”影响很大，他的许多论著中都有相关论述，这的确是不可或缺的研究方法，更深具方法论内涵和意义。诚然，我国早有“史无定法”之说，我记得清人章学诚曾就“史家之绝唱”的司马迁《史记》，提出“迁《史》不可为定法”之论。① 今人谈陈寅恪之学有“诗无定式，史无定法”之说；余英时在其流传甚广的《怎样读中国书》中，说他以前提出过“史无定法”的观念，现在也可以扩大为“读书无定法”。至于到底什么是“史无定法”，说法就更多了，如“运用一切可能的方式”，或者“历史可以有不同的表述方式和解读方式”，“历史是需要不断解读的”，等等；还有学者专就经济史学解读吴先生所论“史无定法”，都是很有启发意义的。的确，先生赋予此论以治经济史学的具体而可行的实

① 《文史通义》卷一《内篇一·书教下》。

际内容。

二十多年来，我有幸时常得到先生的教诲（他称为“切磋”），深感“史无定法”在其方法论中重要而深邃，并且他是在“经济史：历史观与方法论”这一宏大架构中概述和不断完善此论的。回溯先生阐发此论的轨迹，或许会有更多启迪。早在20世纪80年代初，他出访东京大学时就注重各种研究方法问题，特别是西方研究经济史学的动向，当时国际学界的顶级学者们在方法论方面都显现出极高的热忱。1984年在意大利米兰召开“International Conference on Spacial and Temporal Trends and Cycles in Chinese Economic History, 980－1980”，主持人是费维凯（Albert Feuerwerker）和郝若贝（Robert M. Hartwell），出席的有诺斯（Douglass C. North）、施坚雅（G. William Skinner）、马若孟（Ramon Myers）、罗斯基（Thomas Rawski）、白吉尔（Marie-Clair Bergere）、贾永吉（Michel Cartier）、魏丕信（Pierre-Etienne Will）、斯波义信及王业健、李中清、王国斌、刘翠溶等名家。吴先生应邀与会并发言提出“史无定法”，即“就方法论而言，有新老、学派之分，但无高下、优劣之别”，“新方法有新的功能，以至开辟新的研究领域，但我不认为有什么方法是太老了，必须放弃”。会后，他在中国社会科学院和上海社会科学院都讲授国外的观点和方法，听众大开眼界。接下来，1986年美国加州理工学院聘他为客座教授，因而得与海外学者深入交流，其深感收获甚丰。同年底，先生在中国经济史学会成立大会上发表《中国经济史研究方法杂谈》引起轰动，三种刊物登转。到1992年，他发表长文《中国经济史研究的方法论问题》，阐述其系统性方法论研究，重申“治史可因对象、条件不同，采用不同方法”，可谓“大道至简”的点睛之论。

概括地说，其方法包括：（1）文献学和考据学方法；（2）历史唯物主义；（3）计量学方法；（4）发展经济学方法；（5）区域论和周期论；（6）社会学方法；（7）系统论方法；（8）“史无定法”。先生将方法分为三个层次：（1）世界观、历史观思维方法；（2）归纳、演绎等求证方法（后来概括为“认识论意义的方法”）；（3）经济学、社会学等专业和技术研究方法。在“史无定法”原则下，直接适用于中国经济史研究的主要方法：（1）经济计量学方法（明中叶以前不适用，因古代文献不准确、记载不连续等）；（2）发展经济学方法（研究欠发达国家，特别是考察长期趋势可借鉴，注意比较研究，二元经济论等均可用）；（3）区域经济史方法［区域内与区域间两者应同时进行，中地理论（central place theory）提出经济发展由核心地区向边缘地区扩散，可考察移民、贸易、交通等及核心与边缘地区的关系和城市与市镇研究，有利于展现经济发展的不平衡性］；（4）社会学方法（源于社会学的结构理论、行为和功能学说及人口、心态等成为经济学的内容。可借鉴社会学的整体思考、比较研究、社会底层研究与社会调查方法等）。他为使国内学者拓展眼界，对西方经济史的年鉴学派、经济计量学派、新制度学派等重点阐述，肯定布罗代尔（Fernand Braudel）长、中、短时段的历史研究体系，但因其分量大应分工进行。总之，可以根据研究的对象和条件采用不同方法，重要的是该方法本身的实用性及其对所研究的问题和现有资料的适用性。他指出选用理论主要是启发性的而不是实证性的；一种方法不可能万能，所以要集众家之长，也可以多种方法并用。先生的方法论随着研究的深入不断发展完善，经过更为深入的理论拓进，他发表了名篇《经济学理论与经济史研究》，[①] 提出“在经济史研究中，一切经济学理论都应视为方法论”，此文获得“孙冶方经济科学论文奖”，并成为学术经典流传至广，先生本人即是学界公认的应用经济学理论研究经济史学的成功典例。

我经过多年的学习和理解，尤其是先生言传身教之耳濡目染，认识到其“史无定法”论精深而博大，不仅根植于中国传统学术深基之中，更是其注重国际学界新动向、在与海外顶尖学者的交流中不断完善的。故此，他总能站在学术之巅，为中国经济史学执旗导航！没有学贯中西的扎实功底，没有长年潜沉的积淀和升华，没有超常的智慧与敏锐，不可能在学术发展日新月异中不断执旗导向！先生攀登的是学术高峰，创造出的也是生命奇迹——其巅峰之作是在85岁到90岁之间完成的。

至于何为“史无定法”，我的理解是——既然“无定法”，也就不求诠释一致。关键是应根据研究对象和具体问题以及可用资料来选择适用的方法，注重其特有的适用性和局限性并加以修正、调整或再加用另外的方法。我认为“史无定法”本身就是一种“法”，或可概述为“非一”之法——

① 《中国经济史研究的方法论问题》，《中国经济史研究》1992年第1期；《经济学理论与经济史研究》，《经济研究》1995年第4期；两文收入吴先生的论文集《市场·近代化·经济史论》，云南大学出版社，1996，后者还收入《吴承明集》。

核心就是“不绝对”。这不仅包括“条条道路通罗马”，而且“罗马”也不是只有一个或一成不变。这里既有一般理解的方法多样性，也蕴涵着不断地发展与创新。不难想见，先生的“求新”和“不绝对”在他那个时代是相当难的。大家在不知不觉中习惯了太多的“一”（一个思想、唯一真理、甲是则乙非等等），真能“非一”谈何容易！不过，先生不同，其具备“家渊”、“学脉”和“思源”三方面的基础，这从上述其学问人生的演进历程中可以看到。他倡导的“史无定法”，不仅为学人治学提供方法启迪，更引导大家从思维逻辑上改变长期形成的习惯“定势”，并力倡中国学者要具有世界眼光，成为追求科学与真理的正确方向和良好风尚。

在“史无定法”之外，先生再一个很有影响的论点是“源流之说”，最经典的表述也是在《经济学理论与经济史研究》中提出的——“经济史应当成为经济学的源，而不是它的流”。他引述熊彼特（J. A. Schumpeter）语“经济学的内容，实质上是历史长河中一个独特的过程”，指出“经济学是一门历史科学，即使是最一般的经济规律，如价值规律，也不能无条件地适用于任何时代或地区”。他强调应当历史地看待经济学的发展，任何经济学理论都有其特定的历史背景。任何伟大的经济学说，在历史的长河中都会变成经济分析的一种方法，也是研究经济史的方法，而不是推导历史的模式。直到2010年11月11日《中国社会科学报》刊登记者对他的长篇专访《经济史应当成为经济学之源——访中国经济史学专家吴承明》，年近94岁高龄的先生进一步深入诠释自己的学术主张。他认为不能把全部经济史建立在某种单一的经济学理论上，经济史之所以是经济学的“源”而不是“流”，因为经济史为经济学提供材料拓宽视野。作为习史之人，我时常思索：世间万事万物均不过时空坐标中之一点，都会随着时间的变迁而步入“史”的行列；经济学也一样，在时光演进过程中同样也会成为“史”的一部分。以提出“现代创新理论”著称的熊彼特，在其皇皇巨著《经济分析史》“导论”开篇，不厌其烦地强调经济学之史的重要，不仅将经济学的内容视为历史长河中的一个独特的过程，而且指出“如果一个人不掌握历史事实，不具备适当的历史感或所谓历史经验，他就不可能指望理解任何时代（包括当前）的经济现象”。熊彼特还有一段话，或许是我们今天理解“源流之说”最好的注脚：“经济史——是它造成了当前的事实，它也包括当前的事实。”[①] 可以认为，一个经济学家若患有“贫史症”，不仅很难做好研究，而且研究成果的生命力也会很有限。

先生提出研究历史上的经济问题主要是看实践，经济史研究一般可以一定的自然条件下的生产力的增长、一定的社会制度下经济运行的效果作为考察的主线。一部新的经济史，不是已有文献和著述的选择与综合，而应该在总体上和部分上，在数据、方法、观点上均属新构，代表一个时代的学术水平。他反复重申经济史研究不是只讲“纯经济的”现象，经济史学家应具备历史学修养。他赞成“社会经济史”的提法，认为经济史历来是社会经济史，主张从自然条件、政治制度、社会结构、思想文化诸方面研究经济发展与演进。他总结经济学各学派总的方法不外乎“模式法”和“因素分析法”，经济史研究则不宜用模式法，历史上各时代的经济发展总会形成某种模式，但它是研究的结果而不是出发点。经济学日益模型化和数学化，以至于出现用公式“伪装精确的知识”（哈耶克 F. A. Hayek）、“用时间变量来代替思考”（索洛 R. M. Solow）。经济史研究应以实证分析为主，应具体不宜抽象，不宜先立范畴，更不能用范畴“填充”历史。历史研究提出问题非常重要，而一般不宜假设。他还有许多精辟而精湛的论断，常常给人的习惯性思维逻辑以冲击震撼，如“合乎历史发展规律的未必就是好的”，举出奴隶制的出现就是如此；再如，“萌芽不一定非成大树”，像资本主义萌芽就可能只是“萌芽”等，振聋发聩、启人深思。

六

吴先生晚年越发重视思想文化对经济的作用与影响，认为经济发展—制度改革—社会变迁中最高层次上都要受思想文化的制衡（conditioned），这有两重意思：一是不合民族文化传统的制度变革是行不通的，二是文化思想又常是社会制度变革的先导即启蒙。他对宋儒之学尤其是宋明心学倾注心力，认为自宋以后儒学理性化，到王阳明将“知”和“理”一元论，有利于思想解放；那时的反传统思潮和经世致用主张以及实学思想都具有启蒙意

① 熊彼特：《经济分析史》第 1 卷，朱泱等译，商务印书馆，1991，第 29 页。

义。可惜中国思想的理性化只有道德理性，缺乏工具理性，加之清统治者的思想禁锢，启蒙思潮被扼杀，直到西学传入，现代化启蒙才真正来临。

思想文化与经济发展是近十余年来先生和我谈论较多的论题，他相当博学却十分谦逊。或许出于我的专业偏好，我向先生不断请教经济思想史方面的问题，包括对这门学科本身的看法。我知道他对经济思想史颇为注重，自学生时代起就修习西方经济学说史，认为研究中国经济史更不能忽视中国经济思想。在他的经典论作《经济学理论与经济史研究》篇首就列举“富国、富民思想，田制、赋税思想，义利论、本末论、奢俭论等思想，在研究中国经济史中无疑是很重要的”。晚近他对经济思想史愈加注重，认为研究经济思想史尤其是中国古代经济思想需要较为广博的知识结构和理论素养，而研究经济史不深入到思想史层面可能深度不够，研究思想史离开经济史则可能成“无源之水”。先生认为中国经济思想史有三大问题：义利——价值论、本末——生产论、轻重——流通论。他指出西方经济学有局限，要总结中国经济学，研究中国经济思想史十分重要。在中国经济思想史中古代经济思想是源头，这偏重文化范畴，与中国哲学史关系较紧密，要懂经济史和文化史才能深入研究。他的许多论点都是高屋建瓴之见，发中国经济思想史专业学者所未发，对中外经济思想史研究都具有指导和启迪意义。

先生的研究多居国内外领先地位，他的论著大多是掷地有声的传世之作，也是留给我们的宝贵精神财富。他被评为“影响新中国经济建设的百位经济学家”，成果选入《中国百名经济学家理论贡献精要》。[①] 先生不仅在他的著述中阐发和重申其论点，而且作为教师他一直到年届九旬依然坚守在讲台上，将其研究心得传之于后学。20 世纪末，我和李根蟠先生都开始招收博士生，商议集中授课，在社科院研究生院开设了“经济史学的理论与前沿”系列讲座，邀请不同专攻的专家开讲古今中外经济史学。讲座从 20 世纪末直到 21 世纪，吴先生一直是领衔的“头牌”！他的讲座座无虚席，有个学生写了篇《听大师讲课》的文章，生动讲述这位年近九旬的老师神采奕奕、博大精深的实况——“不间断地讲了两个半小时，台下是经久不

① 参见吴太昌、张卓元等主编《影响新中国 60 年经济建设的 100 位经济学家》（6），广东经济出版社，2009；张卓元、周叔莲等主编《中国百名经济学家理论贡献精要》第 1 卷，中国时代经济出版社，2010。

息的掌声，是发自每个听课者心底深处对大师的敬重和仰慕”。可先生不认为自己是“大师”“泰斗”“权威”“国宝”等等，他发自内心地称自己是“小人物”，做的是“小事情”——这是他留给自己后人的心里话，也让我明白了什么是真正的“大”和“小”！身为教师，先生谦虚谨慎为人师表，德泽桃李同仁——他循循善诱语重心长，答疑解惑孜孜不倦，教书育人桃李芬芳，培养出多名经济史学的博士、硕士；他指导、扶掖和帮助过的学者数不胜数，勉励后学如沐春风，他是中国乃至世界经济史学界当之无愧的导师！半个多世纪以来，他的精心锄种不仅幽雅香妍，更是春色满园。

直到2011年春，先生已度过了他94岁的生日，还发表了两篇文章：一篇是《经济研究》2011年第2期刊登的吴承明、叶坦《一部承前启后的中国经济史杰作——〈中国近代经济史，1927~1937〉评介》，虽然先生未执笔，但内容和观点都反复征询其意见，定稿全部经他审订，只有一项没有听他的，那就是在署名问题上他要求不署名或署在我后面。另一篇是《全要素分析方法与中国经济史研究》，刊登于《永久的思念——李埏教授逝世周年纪念文集》，云南大学出版社2011年5月出版。前述《中国社会科学报》记者采访时曾问他“有哪些新的关注点”时，他谈的就是此问题，并说明“全要素分析就是分析要素与整个经济增长的关系及其变迁……在全要素分析中，那些用丹尼森（E. D. Denison）模型计量的部分，仍然要辅之以逻辑分析，才比较完善”。他在自己的微博（是的，94岁的先生开有微博）上说“我准备写一篇关于全要素分析方法的文章”。病重之时与我断断续续谈得最多的也是这一研究，并遗憾地说“这是我一生最后的文章了”。按照他的心愿还将继续深入下去，而不能继续进行科研的日子，在他看来是没有意义的——这，就是一个真正的学者的人生！①

① 有关先生的学问人生，我先后应邀撰写过多篇文章，其中最重要的就是应商务印书馆之邀，为入选该馆“中华现代学术名著丛书”的吴承明《经济史：历史观与方法论》所写导读论文《史实·史法·史观——吴承明先生的生平与学术》，即本序言的基础，此书2014年出版。此外正式发表的拙文主要有《吴承明教授的经济史研究》，载中研院近代史研究所《近代中国史研究通讯》第26期，1998年9月；《经济学不老人》，载《经济学家茶座》第7辑，2002年1月；先生辞世之初所撰长文《学贯中西古今　德泽桃李同仁——吴承明先生的生平与学术》，载《经济学动态》2011年第9期；《吴承明传》，《中国历史学年鉴》，2012年3月交稿；《史无定法　识人唯长——吴承明先生的治学与为人》，载《中国经济史研究》2012年第2期；《抗战时期的中国经济学家——吴承明　为“经济救国”理想而奋斗》，载《人民日报》2015年7月27日学术版等。

先生学术上的“发展论”也贯穿于其整个人生且身体力行，他主张“今胜昔”，更希望“人胜己”，多次与我谈及“长江后浪推前浪”，对后学充满期待和肯定。他以后学之能为喜、以后学之得正己，在《16与17世纪的中国市场》文中，他痛责自己曾回避17世纪的“低谷”是“逃避”、是“可耻的”，[①] 律己之严，令人衷心感佩！他非常注意新的研究动向和成果，哪怕是“小人物”的研究，也以之修正自己的观点，表现出公开自我批评的大智大勇，我们有幸仰慕先生风范，实为终身楷模。在严于律己的同时，他待人却十分诚恳宽厚，其看人主要看优点，看别人的研究也重在长处。对同事、朋友、学生，他都诲人不倦、无微不至；无论升职、评奖、出国、答辩、出书，先生能帮忙的都会鼎力推荐；他的科学精神、博大襟怀与谦逊态度，令与之有交往的人无不肃然起敬。在他逝世后为之撰写的生平中，我臆用了“识人唯长”四个字来概述他的仁厚品格与大家风范。

“识人唯长”实际上也是很不容易的。学者的职业从某种意义上讲恰恰相反，使人看到的往往是他人之不足——做研究就是做他人未做或做错，或不足的，从而很容易孤芳自赏，甚至否定他人，即便是大家也难免如此，即使是谦和的人也很难多看他人的长处。在职业习惯之外，长期形成的“真理唯一”思维逻辑也限制了博采众长，阻碍着学术的健康发展。先生却不然，他看人只看长处，并强调“肯定自己但不要否定别人”。他对不同学术流派乃至不同思想观点等同视之，认为考察学术不应当以观点为据；主张不同论点可以各讲各的，不必非让别人接受自己，更不要以己非人。这并不是说他不讲原则，他的原则就是要“持之有故”，包括学生写博士论文，只要“言之成理”不求观点一致。还要特别指出，先生对培养研究生相当重视，认为年轻人思想活跃，可以“教学相长”促进自己更新。我一直请他担纲我培养博士生的导师组，直至九秩有余还坚持为我招生阅卷。他很注意学生的长处，每每指出其中稍有见识之处，很令我感动。他提出“学术研究不是任何人的专利，各有其特点，才能互相补充、互相切磋”。反复重申百花齐放，史坛才能一片繁荣！

---

① 我曾建议先生对这些话稍作修改，但未被采纳，直到《吴承明集》中还继续保留，见该书第142页。

我自1985年衔巫老之命开始上吴先生的课，到1988年博士学位论文答辩，再到1992年破格晋升研究员，吴先生都亲自参加，真是师恩如山！从多少次开会听他发言讲话，到数不清的把盏问学、促膝长谈……特别是1993年以来我与先生同住一栋楼，时时面聆学术教诲，经常得到生活关照，处处都留下先生辛勤的心血！其治学与为人的点点滴滴，都深深铭刻在我心中，永难忘怀！特别是先生为我作序的书还在修改，未能在他生前问世，永成遗憾。古语言“智者寿，仁者寿”，既智且仁的先生身体一直很好必然高寿。他乐观洞达与世无争，他好酒，自称“酒家”；喜美食，且中西南北菜系不拘，每谈笑“我吃菜和做学问都主张兼容并蓄”。我总结他的“养生之道”是“抽烟、喝酒、不锻炼”，据说流传甚广，还被纽约一家报纸所引用。其实，后来先生已经注意锻炼身体，还自编“诗操”（依唐诗配动作），经常散步观花，北京电视台2009年采访他92岁的“长寿之道”。然而，2011年7月8日15时45分，先生最终走完了他坎坷而光辉的一生驾鹤西归，享年94岁。他的离去是中外学界无法估量的损失，也是我永远的痛！

时光飞逝，又是一年花开花落，海棠花溪如今已从繁花似锦到落英缤纷再现初实满枝，[①] 我坐在与先生一道看花坐过的长椅上，凝眸仰望随风摇曳的枝叶，相信先生还能闻到这阵阵淡香……更相信他辛勤锄种的学术之花，汇聚于这部全集之中的篇篇精品，将长存传世千古流芳！

是为序。

2017年7月

于北京安贞桥

---

① “海棠花溪”在北京的元大都遗址公园中，每年春天海棠花盛开，成为京城一景。这里离先生和我的居处不远，以往大家常到公园散步观花。

目　　录

古代云南与中土关系之研究

编者说明

《古代云南与中土关系之研究》，吴承明先生 1940 年 5 月撰于昆明，未刊。今据手稿收入全集。

目　录

导　言

今日所谓西南，泛指川滇黔桂诸省。实则四川的巴蜀自与汉中成一单位，两广则成一单位，此二处在汉以前早与中土发生密切关系。司马错伐蜀，秦昭王并巴中，前者不久即成为中国经济命脉之一；吴起并蛮越，白起置黔中郡，后者也早划为中土之一部。本文之所谓西南，乃是夹在这两者之间的一隅，这一隅以云南省为主。

这一隅是今日中国民族复兴的根据地，但直至明代以前，他还是常被汉族遗忘的角落。秦汉隋唐都是中国民族积极向外发展的时代，西至巴蜀嶲姚，南至越海交趾，对此隅形成大包围之势，但在包围中的人民，始终与中土脱节。战国末年庄蹻因无路可走而入滇，入滇后即与中土相忘。武帝为了假道，两度通西南夷，但不久复绝。三国的蜀，不得不在此暂伸一足，但西晋而后，这一隅又从中国地图上消失。唐虽威震天下，独此隅的南诏则屹然独立，蒙、段相传，达数世纪之久。真正冲破这一隅的不是汉族的文明，而有待于蒙古人的武力。这一特点，最使我们发生兴趣。

我们的祖先，不惜倾全国之力，与匈奴周旋于西北；不惜屡败屡进，与东胡争夺于高丽；不惜致师万里，经营闽越交趾；独对此西南一隅则茫然无睹。这是有原因的。

西南有两点特别。第一，他没有丰富的农桑，而有无穷的矿藏。第二，他没有强邻的虎视，只有散落的蛮族。这地方对于我们的祖先，没有经济上的重要，也没有国防上的必需。原来我们历史上的英雄，每次的开疆辟地，都有他经济上、军事上的理由，绝非由于好大喜功的虚荣。以西南而论，汉武帝通西南夷，一次为了平南越，一次是为了通大夏；诸葛亮的南征是为了北复中原；韦皋的抚南诏是为了抵抗吐蕃。

但今日的我们与当日的祖先不但不同，而且相反。欧美列强，首先逼到西南。安南、暹罗、缅甸成了包围西南的根据地，也成了西南的好榜样。同时，今日已由农业社会变为工业社会。于今立国，可以没有农田，却不可缺乏矿场。祖先们所忽略的，正是我们所宝贵的；前人所不愿意知道的，正是我们所要探求的。这便是本文的目的。

云南的文献很少，古代的尤甚其少。对滇事有系统的叙述，始于元代而盛于清代。元明清三代对西南都用过武，因此他们的记载便有一个特点，即是把新征服地的历史尽量拉长，把新创的事业作为古已有之。历史学的目的在求真，求真并不只是辨伪，而是寻求一合乎事实的解释。这便是本文所想要达到的目标。

第一章

西南民族

第一节　西南民族略史

本文所述的区域中，以民族问题最为复杂，而此问题，却非本文范围。但为解释下文所述，亦不得不略提及，故简述其纲略。

西南究竟有多少民族，从无人知悉。近来一般看法，可分作三族，即：

（一）苗族（Miao Family）

（二）藏缅族（Tibeto-Burman Family）

（三）泰族（Shan or Tai Family）

苗族以贵州为大本营，云南并不多。“苗”字的含义，时而很宽，包括各种蛮夷；时而很狭，包括一种蛮族。[①] 我们是取狭义的，而且指近代意义。[②] 如把大凉山的独立倮倮不算苗族，[③] 则云南苗人可谓极少。[④] 云南所多

① 见鸟居龙藏《苗族调查报告》第1章，国立编译馆出版。

② “傜”与苗确为同族，故应称为苗傜族。但傜（猺）一名词，唐始有之，我们所说的时代尚无此称，故单称苗。又“三苗”“有苗”等词见于《书经》，但秦汉以后史籍中俱不见。至元时始有“蛮苗”之称，明以后渐多渐繁。我们所说，乃是元以后之苗。

③ 西洋学者大都认为独立倮倮为藏族人。如 C. E. Hicks，见 Samuel R. Clarke，*Among the Tribes in South - West China*，p. 114；Paul Vial，*Les Lolo* 等。但也有反对认为藏人者，如 William Gill，*River of Golden Sand*，p. 80；E. Henry Wilson，*A Naturalist in Western China*；A. L. Kroeber，*The Race of Man* 等。中国学者杨成志则谓为蒙古族之一种，但所属尚不明，见所著《云南民族调查报告》，《中山大学语言历史学研究所周刊》。而认为属苗族者，除传统的黄帝战蚩尤之说法外别无根据。

④ 云南沿金沙江一带有“青苗”，是泰族人。“民家”“濮曼”是否苗人尚成争论。见鸟居龙藏《苗族调查报告》及杨成志《倮倮说略》，《岭南学报》第1卷第3期。

的是藏缅族的僰僰和泰族的摆夷。前者即史所谓“爨”，后者即史所谓“僰”。缅甸人属爨，暹罗人属僰，而安南人属苗。[①] 西南的三个邻居，恰代表此三大民族。

以上大体是根据河西氏（A. Hosie）的说法。[②] 大卫氏（H. R. Davis）《云南》一书则将苗、瑶、民家、白子、濮剌、仡佬等算为懵克墨族（Mon-Khmer Family）。[③] 这样一来，苗族可能成为印度来的客人，是苗族的印度来源说。

苗族来源之见诸传奇，最普通是黄帝战蚩尤之说，事见于《史记》。据说蚩尤即苗族之祖，战后退居湘黔。其说颇多问题，下节再述之。另一个神话说是槃瓠之后。槃瓠是条狗，杀了吴将军，高辛氏妻之以女而生子传世，即傜人之祖。事见《后汉书·南蛮传》。[④] 这是个脍炙人口的神话，也是个完完全全的神话。虽有考证者，[⑤] 对苗族起源仍无所补。另一个神话，传为竹王之后。竹王生于大竹，长为夜郎王，为汉将所杀，见于《华阳国志》。[⑥] 这传说显然起得很晚，且与真人发生关系。

现代苗人也有两个流行的神话。一说太古之世，由岩石破裂生出一男一女，配为夫妇，即苗人之祖。其祖曾落岩中，为神鸟所救而出。一说太古之世兄妹二人结为夫妇，产生各种树木，依种类而各有其姓氏，分为九种，即今苗之九族。[⑦] 九族时堕入山谷，有鹰（苗人称 Lau Palé）救之出险，故苗

---

① 安南人种属说法大不一致。此处就大体言。见宋文炳《中国民族史》第1章，中华书局。

② A. Hosie, *Three Years in Western China*, p. 224.

③ “懵”是缅甸土语，谓其族由印度而来者。Khmer 即 Cambodians，中国所谓扶南者。根据大卫氏，则西南民族可分为（一）懵克墨族，苗、傜、民家、濮剌属之。（二）泰族，摆夷、暹罗、歹人等属之。（三）藏缅族，藏人、西番、僰僰、缅人、戛真人属之。

④ 《后汉书·南蛮传》：“昔高辛氏有犬戎之寇，帝患其侵暴而征伐不刻克，乃访募天下有能得犬戎之将吴将军头者，购黄金千镒，邑万家，又妻以少女。时帝有畜狗，其毛五采，曰槃瓠。下令之后，槃瓠遂衔人头造阙下，群臣怪而诊之，乃吴将军首也……帝不得已，乃以女配槃瓠。槃瓠得女负而走入南山，止石室中，所处绝险，人迹不至。于是女解去衣裳，为仆鉴之结，著独力之衣……经三年，生子一十二人，六男六女。槃瓠死后因自相夫妻。”

⑤ 见郑樵《通志》卷一九七。

⑥ 《华阳国志·南中志》：“有竹王者兴于遯水。有一女子浣于水滨，有三节大竹流入女子足间，推之不肯去。闻有儿声，取持归，破之，得一男儿。长养有才武，遂雄夷狄，氏以竹为姓……武帝转拜唐蒙为都尉，开牂牁。以重币喻告诸种侯王，侯王服从，因斩竹王，置牂牁郡。”

⑦ 九种的名称是：Munga Chantai、Mun ban（花苗）、Mun jan（青苗）、Mun lǒ（黑苗）、Mun lai（红苗）、Mun la'i（白苗）、Mun ahdlia、M'man、Mun auju。与今日九族大致相同，又皆以 Mun 呼之，见其同源也。

人奉鹰为神。[①]

近日的民族学家还未能断定苗人的种属，这些神话也没有什么帮助。不过自神话中我们看不出古代有自别处迁移的传闻，这是很重要的。所以我们仍以为苗族是蒙古利亚种，而且是西南的土著。[②]

本文所更常接触的，是藏缅和泰二族。在古代史中，藏缅比泰更重要（泰族在东汉时始与中国发生关系）。

藏缅族是高原寒地的民族，泰族是南方热带的民族。前者能耐寒，后者能耐热；前者自北而逐渐南移，后者自南而逐渐北迁；前者栗悍而倔强，后者懦弱而谲诈；前者文化较高，但南诏国却为后者所建。此是就大体上说，其中如藏缅族之缅甸人，自迁到缅甸后却完全改变为适应热带之民族，这是一个例外。

藏缅族包括今之西藏人、西番人、古宗人、栗粟人、濮曼人、缅甸人、戛真人等。他们的大本营在西藏，其分布恰在由西藏川滇到缅甸的路上。泰族包括今之摆夷人、暹罗人。他们的大本营在澜沧江、潞江（怒江）下游，其分布则在滇南、桂南，更南至于海的地方。

藏缅族的迁移，必起源甚古。据缅甸传说，公元前八百年顷，摆古即有七个王国；公元前五百年，太公城即已建作都城。如这传说有些可靠，则藏缅族之第一批移民，即缅甸人，当在公元前五六世纪以前。第二批南移当为濮曼人、卡瓦人。他们没有能到缅甸，而散布于今腾冲西南边地及滇缅未定界之高山上。他们信诸葛孔明为最高神祇，故三国时他们必在由滇西行的途中，其迁移应在东汉前。第三批南迁的当为栗粟人、古宗人。他们脑筋中并无孔明观念，其迁移应在晋唐以后。此时南方已为先来者所据，栗粟便沿澜沧江、怒江停于龙陵、顺康以北；古宗则沿金沙江停留于丽江、维西以北。[③] 这一个迁移大势，对我们很有用处。下文所论《史》《汉》各夷国，大半根据于此。

泰族的历史，更为模糊亦更成争论。去年暹罗改名“泰”国（Tai），

---

① 见鸟居龙藏《苗族调查报告》第 2 章。

② 见鸟居龙藏《苗族调查报告》及杨成志《云南民族调查报告》。我们觉得杨氏的态度甚为可取，确定他属于何族，尚非我们今日的调查与研究所能做到。

③ 关于民族迁移材料颇不易得，历来学者多未述及。兹大体参考李生庄《略论云南西南边疆民族问题》上篇，《云南日报》1940 年 2 月 26、28 日。

盛倡大泰族主义。“这个新的国名，一方面表示这个国家只是泰族的国家，一方面又表示，凡是泰族均应属于这个国家。”[①] 若此则中国云南、广西等摆夷人居住地，都成了泰国的 Irredenta 了。中国学者反对此种侵略式的民族主义，因而发生论争，如暹人是否南诏遗民，南诏是否泰族国家，是否哀牢之后，摆夷是否僰夷等问题。

我们对此问题应取中立态度，即不可受大泰族主义的蛊惑，亦不可持反泰族主义的论调。关于哀牢、南诏等论证见于下节，此处仅略述其迁徙大势。

上文谓泰族为南方民族。暹罗人自己的历史则认为泰族原系中国中原民族，受汉族压迫而逐渐南移，[②] 终于退入西南，建立南诏大理，最后退入暹罗，建立现在的泰国。[③] 此种说法，大都根据西洋学者的研究，如 Terrien de Lacouperie、[④] Clifton Dodd、[⑤] W. A. R. Wood、[⑥] Mrs. Milse[⑦] 等。根据 Clifton Dodd 的说法，则泰族的南移，可有七次之多：（一）商周之际，汉族势力达于黄河、长江，泰族人被逐南下。（二）公元前 338 年秦略巴蜀，泰族人南遁云南。（三）公元 69 年哀牢王柳邈率种内附，十年后反叛，为汉所败而

① 语见顾颉刚《暹罗改号与中国之关系》，《天文台半周评论》1939 年 9 月 4 日。

② 刘继宣与束世澂合著的《中华民族拓殖南洋史》，第 3 页，曾据《华侨半月刊》第 29 期，而述下面一段话：“考古家温斯登博士于一九三二年七月间在南洋滨城讲演古打及威斯城之古史，谓据彼发现之结果，当耶稣纪元前四千年前，暹罗人之祖宗，系住在上海与广州，而马来人之祖宗，则居于中国南部，巴布亚人种，则繁殖于华南各省及印度支那之北部。彼时纯正之中国人系在黄河流域出没，该种人最喜子孙，遂日就繁殖，将紧邻之马来、暹罗、巴布亚各种人驱逐南下，因此暹人为自家地位计更进马来人南下，而马来人则驱逐巴布亚人南下云。”按此说已成暹罗等人最普通说法。兹所引系自陈序经《暹罗汉化考》，《东方杂志》第 35 卷第 20 期。

③ 暹罗史界权威 Prince Tamrong Rojanubhab 著《暹罗古代史》（王又甲译本）云：“泰人在佛历纪元以前早已成为亚洲东部之一大民族。虽在今日，泰族除暹罗国外，杂居别地者亦夥……据历史所传，泰族初发源于中国南方，如云南、贵州、广东、广西四省，以前皆为独立国家……约于佛历四百年间，刘备在四川立国，孔明起师征伐孟获，以向西拓张其疆域。此段记载即为汉族南征泰族之记载。泰人既无力与汉人抗衡，又不肯受统治，不得已而移居西方，另辟新土。一部分沿峵河流域入缅甸，抵亚山省内，名大泰；别一部分向南而移，抵东京及峵江以北之十二朱泰、十二版纳等地，名曰小泰，实为暹罗泰人及青冬、青龙、黎人、恳人之始祖也……据中国方面记载，谓泰族之五个独立区域合成一国，时在唐朝，称之曰南诏。南诏王国者昂赛，即今日之云南省大理府。”按此段记载最流行于暹罗人中，学者亦系引为据。

④ Terrien de Lacouperie, *The Cradle of the Siam Race.*

⑤ Clifton Dodd, *The Tai Race.*

⑥ W. A. R. Wood, *A History of Siam.*

⑦ Mrs. Milse, *Shans of Home.*

南窜。(四)公元 345 年泰族人向南集合建南诏国。(五)10 世纪时哀牢人南迁。(六)公元 1053 年南诏人殖民于缅甸。(七)公元 1234 年元灭大理国,泰族奔暹罗。这七次的移徙,实少历史上的价值,因每次所移,难得证明人系何种人,其前两次尤难凭信。中国历史上,并无汉族与泰族斗争之记载。自长江流域撤退的土人,谓为苗人,较目为泰人更为合理。如根据哀牢、掸国等史传,则史籍俱记他们是西南人,与中原无关。总之,以上诸氏俱就泰族论泰族,未免有拉长其历史之偏见,暹罗人之宣传,更不足信。近来中国人对他们的攻击,亦未免有过甚者,[①] 为我们所不取。

我们觉得欲求证泰族是否中原土著,须研究古籍中“濮”之种属,因唯有濮之迁移略与之相同,种属亦与之相近,但历来学者,未有从此入手者。本文特作“百濮考”一章,然注重其与中土关系及分布。至于种属,未敢遽下断语,但亦可略推知数事。在未有更确切证据前,我们还认为泰族是南方民族,不是中原土著。

若此,则泰族的发源地可设想在怒江、澜沧江下游,[②] 即使不是发源地,亦可说是发祥地。然后该族依澜沧江、怒江向北,依红河、伊洛瓦底江向南而迁移,散布于云南、广西、广东之南部及印度支那半岛之中北部。其发展最初是积极的向北向东,但北方、东方早为藏族、苗族及汉人所据,他们只得栖于云南南边及西边山地,即是哀牢、掸国与车里。到六七世纪,此族大为兴盛,遂在云南建立南诏国,同时又积极向南发展,侵入暹罗,驱逐暹罗人。九十世纪,又侵入缅甸,13 世纪在暹罗建立起泰族国家。但北方的南诏国,始则与藏缅人斗争,继则灭亡于蒙古的武力。[③] 向东发展的一群,因抵不过汉人,总无大进展,停留在两广南鄙,但侵入安南。[④] 今日的暹罗人,缅甸的掸人,安南之老挝(Laos),云南的水摆夷、汉摆夷,[⑤] 贵

① 如方国瑜《僰人与白子》,昆明《益世报》1939 年 10 月 2、9 日;张凤岐《暹罗改名泰国与中国西南泰族之前途》,《新动向》第 3 卷第 4 期。

② 方国瑜《僰人与白子》曾驳斥此说,但其证据,亦不确切。

③ 大理起兵灭南诏,大理是藏缅族抑是泰族尚难断定,因大理所号召之人民,大多为爨也。又我们所谓南诏为泰族国者,乃是说其为以泰族为主的国家,于大理亦然。

④ 亦有谓安南人?泰族者,如李生庄《略论云南西南边疆民族问题》。此处姑存疑。但安南至少有泰人,则无问题。

⑤ 水摆夷为泰族之西支,自称 Tai long,汉摆夷为其北支,自称 Tai nua,暹罗人则为其南支,自称 Tai tau。

州之仲家、水家，广西之僮、侬、民家、台苗（Tai-mao）等，均属是族。[①]

关于泰族，也有印度来源说，即所谓天竺低蒙苴之后。另一神话即《后汉书》所说的沙壹之后。这都是关于哀牢的，于下节述之。现代摆夷人的神话，则与此不同，[②] 但其传说亦没有外来或中原土著之遗迹，亦恰好证明我们上面的话。

以上是西南民族最简略的叙述，由此我们又可自民族上看出一个大势。中国民族，大可分为九系，即诸夏、东夷、东胡、北狄、氐羌、西藏、巴蜀、百越、苗蛮。其中分布在西南的是巴蜀、百越、苗蛮，而在本文所谓西南范围内的，是苗蛮系。[③]

苗蛮系夹在巴蜀、百越之间，而与二者大不相同。二者今已不存在，此系独仍自成一系。巴蜀即春秋之巴庸，与秦楚接触极多。司马错伐蜀，徙秦人万家于其地，从此巴蜀人汉化。战国时又并于秦，汉光武又移其人七千于江夏。其中除廪君种外，已完全与汉人无别，且出有司马相如、扬雄等汉学大家。百越系的闽越、瓯越于汉武建元三年（前138）、元封元年（前110）数度内迁，移于江淮。其南越则春秋时即入于越，楚灭越后同化更甚。秦始皇开五岭，发谪戍四十万，且随带妇女，这是有计划的大移民。汉武帝时又大批将其人迁到江淮。此系原是“断发文身”“鸟语食人”的，不久即与汉人无别，汉人的南疆，也早于秦时即伸入安南。唯有本文所述范围内的苗蛮系，则自生自养，旋合旋离。迟之又迟，到元朝才统一于中央，到清朝才改土归流，甚至到现在，仍不失其独立生活与文化。这一系，虽或是最早与汉族接触过的民族（指黄帝战蚩尤言），却是最晚汉化也最少汉化的民族。这种现象也特别引起我们研究的兴趣。[④]

第二节 《史记》所见之西南夷

西南民族复杂，邦国众多，又系蛮夷所居，言语、交通俱极隔阂，非身

---

① 见林惠祥《中国民族史》第16章，其叙述根据丁文江之研究。

② 原注缺。——编者

③ 此“苗”系指广义的苗蛮，与上文所用不同。

④ 见前文“导言”。

历其境者，殆难了解。幸太史公曾奉使到西南，故《史记·西南夷列传》所记，条理井然，眉目清醒，梁任公曾推之为此类记述之最好模范。[①] 其首段尤其重要，以极简洁笔法，提清脉络，表示其位置所在，社会组织之大别及形式之强弱。兹将其录下再作解释。

> 西南夷君长以什数，夜郎最大。其西靡莫之属以什数，滇最大。自滇以北君长以什数 ，邛都最大。此皆魋结，耕田，有邑聚。其外，西自同师以东，北至楪榆，名为巂、昆明，皆编发，随畜迁徙，毋常处，毋君长，地方可数千里。自巂以东北，君长以什数，徙、筰都最大。自筰以东北，君长以什数，冉駹最大。其俗或土著，或移徙。在蜀之西，自冉駹以东北，君长以什数，白马最大，皆氐类也。此皆巴蜀西南外蛮夷也。

由此段文字，可知"巴蜀西南外蛮夷"，按其社会经济发展，可分四组：（一）是"魋结耕田有邑聚"的，最大为夜郎，次为滇，次为邛都。大部在贵州及滇东。（二）是"随畜迁徙毋常处"的，名嶲及昆明，其人"编发"，分部滇西。（三）是"或土著或移徙"的，最大为徙、筰都，在川康边境。（四）是"氐"类，最大为白马，在甘肃南部。

今再改其位置，绘成略图如下（见图 1－1）。

历来中国史家记述民族，只记名称，不纳类系，而名目又多以姓氏、服饰或斥贬之词充之（如加"犭""虫"等旁）。《云南通志》记种人达一百四十种之多而无类别系统，这是今日读者最感困难的。太史公所述诸夷究属何种民族，极难推断。历来中国史家亦极少言及，所以我们现在来分析大部还是冒险的假设。

我们先从文化最低者开始。嶲及昆明以其地域言当今栗粟及摆夷人活动之区域，前者属藏缅族，后者属泰族。彼时之嶲、昆明人似应属藏缅族，因：（一）自时间言，其时藏缅族正不断大批地向南迁徙，而泰族人尚未大向寒地扩展。（二）其时泰族尚未足形成"最大"之国。其后泰族之国曰哀牢，哀牢一词历史甚久，太史公不会把他"名为"嶲、昆明。（三）此种人"编发"。

① 梁启超：《中国历史研究法》第 6 章，商务印书馆出版。

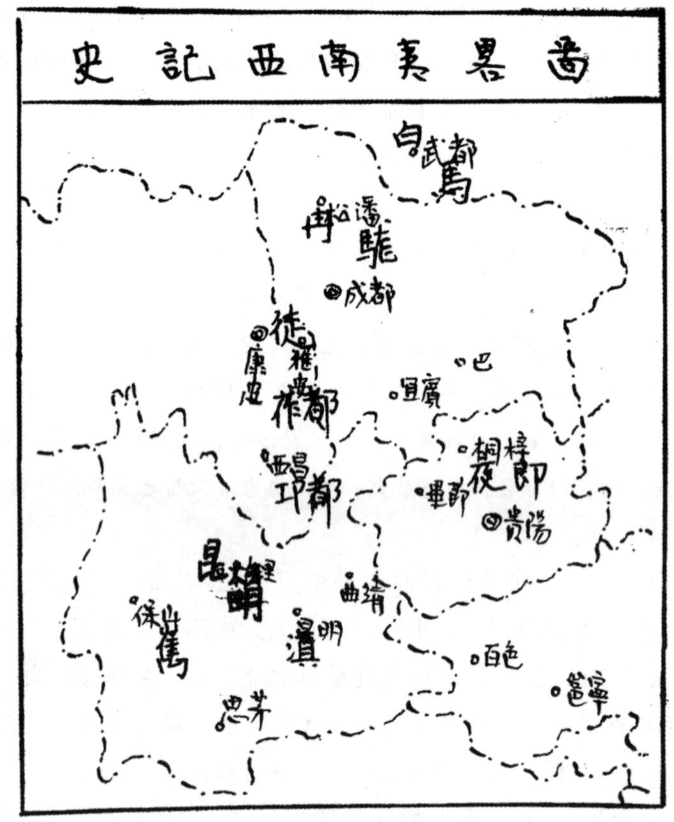

图 1－1　《史记》西南夷略图

说明：1. 汉置夜郎郡在今桐梓东，晋置夜郎郡在今石阡南。夜郎古国当今桐梓东遵义、石阡一带。2. 汉置邛都县，当今西昌县东南。古邛都国当会理、昭通一带。3. 同师地未详，约当时所知最西之地也。汉楪榆县在今大理东北。《通考》卷三二八："昆明蛮亦曰昆弥，以西洱河为境，即楪榆河也"，即今之洱池，古昆明池。此昆明，非今之昆明。又唐置昆明县在今西康盐源，地亦过北，非古昆明之区。谓"北至楪榆"者，当不过洱海。4.《史记集解》："徐广曰永昌有嶲唐县"，《史记正义》："今澧州"。按澧州在湖南的澧县东南，必非此。此嶲意在今保山一带，即古永昌地。5.《史记集解》徐广曰："徙在汉嘉。筰音昨，在越嶲。"按汉嘉即汉青衣县，当今雅安北，天全县东，越嶲当今汉源东。6.《史记正义》："《括地志》云：'蜀西徼外羌，茂州、冉州，本冉駹国地也。'"当今四川茂县一带。7.《史记正义》："陇右成州、武州皆白马氐。"按元鼎六年置武都县，即成州；今甘肃武都，即阶州。

此种人即后之昆明蛮或昆弥蛮。昆明蛮是"辫首左衽，与突厥同"的。[①] 中国历史上向来述北方蛮族"披发左衽"，南方蛮族"断发文身"。嶲、昆明人有

① 《文献通考》卷三二八。

些像突厥，是带有北方山地民族性质，是藏缅族，非南方热带之泰族。（四）《汉书》颜师古注："嶲即今之嶲州也，昆明又在其西南，即今之南宁州，诸爨所居，是其地也。"是知唐时此地确为藏缅族之居地。自汉至唐不少迁徙，但我们知道藏缅族的迁徙是一批推动一批的，故汉时此地仍为其同族人。

徙、莋都人也属藏缅族，《后汉书·西南夷传》："莋都夷者，武帝所开，以为莋都县。其人皆被发左衽，言语多好譬类，居处略与汶山夷同。"汶山夷全是西北民族，此种人又"被发左衽"，是高原寒带民族，应为藏缅族。且其活动地域，亦非泰族所及，即使今是，泰族亦少有到北纬廿五度以北者。又《后汉书》记有朱辅所上白狼、槃木、唐菆等百余国之诗，其中有"蛮夷所处，日入之部"，是言其人原西方所来者。白狼、槃木等俱在汶山西，当今西康藏人所居之地。《后汉书》写此诸国于《莋都夷传》中，当与莋都人同种，即同是藏缅人。

若此则嶲、昆明及徙、莋都可视为藏缅族两批移民，前者来自后者，后者来自西藏。前者当今栗粟人区域，后者当今古宗人区域，其关系亦如今栗粟人与古宗人之关系。如此则又甚合于民族迁移之一大原则，即文化较高之一部逐渐迫使文化较低之一部向外推移。徙、莋都文化较高，而嶲、昆明文化较低。但嶲、昆明人并非今之栗粟，徙、莋都人亦非今之古宗，因栗粟、古宗之徙今地当在晋唐而后，以于前节言之。汉时之嶲、昆明人其后必又受另批移民所迫而南下。由此道下者，栗粟之前有缅人、濮曼、卡瓦等人。缅人早于纪前五世纪即移达缅甸，故嶲、昆明及徙、莋都人之最大可能为今濮曼、卡瓦之祖，此是从理论上言。秦汉西南民族之称"濮"者，亦以此带为多，或者"濮曼"之名来源甚古，是又证明我们以上之推论也。

白马属于氐，《史记》明言："皆氐类也。"《后汉书·白马氐传》："氐人勇戆抵冒，贪货死利。"三国时魏徙武都氐于秦州以御蜀，即白马氐之氐也。冉駹则无由考证。但冉駹与白马相邻，俱在川甘边境，又同有"马"或"马"旁，马为西北民族生命所寄记，故疑其与白马同为氐羌系。《史记正义》："《括地志》云：'蜀西徼外羌，茂州、冉州，本冉駹国地也。'《后汉书》云：'冉駹其山有六夷七羌九蛮，各有部落也。'"以此，冉駹或属于羌。氐羌今亦为藏族一支，但历史上有其独立活动，五胡时且占重要地位，建立大国，故当与藏族分开。

文化最高的是夜郎、滇及邛都，这三者大概都属于苗族。贵州今为苗族大本营，古代的牂牁蛮，即夜郎人，想为其先祖。① 邛都地今为独立倮倮（Independent Lolo）所据，凶悍无比，不同汉化。此种人种属未明，已见于前节，② 但与他族比较仍近似苗。古代的邛都人是否此种人，不敢断言。但以地域及文化言，似亦近乎苗。至于滇，则为楚庄蹻之后，自文化上言是属楚的，因为统治阶级是楚人。但大多数被统治者，则似乎是苗人。历史记牂牁与滇常并于一处，如《华阳国志》甚且以滇国包括夜郎，如此固属错误，③ 但滇与夜郎在人种上似有共同之处，故仍设想为苗人。④ 庄蹻王滇与楚叔熊逃难于濮不同。叔熊是一个人逃难，庄蹻则带有整队人马，实是一种移民。檀萃谓滇人为叔熊之后，实属荒诞，⑤ 但谓为庄蹻之后则非全无道理。

这三国同属，亦可自其习俗上略窥一二。《后汉书》记滇国："人俗豪汰，居官者皆富及累世。"记邛都："俗多放荡，而喜讴歌，略与牂牁相类。豪帅放纵，难得制御。"是滇与邛都是豪汰放荡的民族，而邛都又与牂牁（夜郎）相类，是三者有类似处。所谓"豪帅放纵，难得制御"者，即特有标明，非指一般夷人之难治也。夜郎古有"夜郎自大"之谚，滇亦然。《史记》："滇王与汉使者言，汉孰与我大"，是自大之风，在三国均有。

以上所述，大部仍系设想。历来学者，均未论及，断言当仍待来日。

兹更列简表 1－1 如下：

表 1－1　《史记》所见西南夷

国　名	种　族	文　化	地　域
夜　郎	苗　族	魋结，耕田，有邑聚	贵州北部
滇	苗　族		滇池一带，地方可数千里
邛　都	苗　族		川南滇北
嶲、昆明	藏缅族	随畜迁徙，毋常处	云南迤西
徙、筰都	藏缅族		川康边境
冉　駹	羌　族	或土著，或迁徙	四川北边境
白　马	氐　族	未　详	甘肃南部

① 见马长寿《中国西南民族分类》，《民族学研究汇刊》第 1 期。

② 见第 7 页注释③。

③ 见第 3 章"第一次云南与中土之交通——庄蹻王滇考"。

④ 林惠祥之《中国民族史》，列滇属倮倮缅甸系，按即藏缅系也，但于其下国加一"？"号，亦未述列入该系理由。

⑤ 檀萃：《诏史补》："滇濮之蛮皆熊堪（即叔熊）之后。"见《滇系》七之二。

第三节　哀牢民族考

现在的哀牢山，在云南新平县西，景东、镇沅二县东，界于沅江，是泰族人活动的区域。但《哀牢传》所述哀牢人之区域尚在此山之西北，今保山即古永昌一带。保山县东有安乐山，相传夷语讹“安乐”为“哀牢”，即是此山。但究系夷语讹汉语为“哀牢”，抑或汉语讹“哀牢”为“安乐”呢？恐后者还较为合理。

哀牢来源有两种传说，一谓沙壹之后，一谓天竺阿育王之裔。《后汉书·西南夷传》载：

> 哀牢夷者，其先有妇人名沙壹，居于牢山，尝捕鱼水中，触沉木若有感，因怀妊。十月，产子男十人。后沉木化为龙，出水上。沙壹忽闻龙语曰：“若为我生子，今悉何在?”九子见龙惊走，独小子不能去，背龙而坐，龙因舐之。其母鸟语，谓背为九，谓坐为隆，因名子曰九隆。及后长大，诸兄以九隆能为父所舐而黠，遂共推以为王。后牢山下有一夫一妇，复生十女子，九隆兄弟皆娶以为妻。后渐相滋长。

《华阳国志》所载与此同。唯称“九隆”曰“元隆”：“元隆犹汉言陪坐也。”《南诏野史》所载，则添述其姓氏：

> 《哀牢夷传》：哀牢蛮蒙伽独捕鱼易罗池（注：永昌府城南）溺死。其妻沙壹（注：一作沙壶）往哭之，水边触一浮木，有感而妊，产十子。后推子于池上，木化为龙，人言曰：“我子安在?”九子惊走，独季子背龙而坐，龙舐其背。蛮语谓背为九，坐为隆，故名曰九隆氏。哀牢山有大妇（注：一名天井山，永昌府），名奴波息，生十女，九隆兄弟娶之，立为十姓：董、洪、段、施、何、王、张、杨、李、赵。皆刻画其身象龙文，于衣后着尾。子孙繁衍，居九龙山（注：永昌城南）溪谷间，分九十九部而南诏出焉。

杨慎《滇载记》，则又稍异：

> 滇域未通中国之先，有低牟苴者，居永昌哀牢之山麓，有妇曰沙壹，浣絮水中，触沉木若有感，是生九男，曰九隆族。种类滋长，支裔蔓衍。

《南诏野史》载沙壹为蒙伽独之妻，《滇载记》述为低牟苴之妇，此二名字颇为重要，因若此可与第二种传说，即天竺来源说相合。

天竺来源说亦见《南诏野史》：

> 《白古记》西天天竺摩竭国阿育王骠苴低，娶欠蒙亏为妻，生低蒙苴，苴生九子。长子蒙苴附罗，十六国之祖（按：指胡人也）。次子蒙苴兼，吐番之祖。三子蒙苴诺，汉人之祖。四子蒙苴酬，东蛮之祖。五子蒙苴笃，生十二子，七圣五贤，蒙氏之祖（按：即南诏之祖也）。六子蒙苴託，狮子国之祖。七子蒙苴林，交阯国之祖。八子蒙苴颂，白子国仁果之祖。九子蒙苴阅，白夷之祖。

此说虽将中国几大民族均包括在内，但所述仍以西南民族为主，尤其以蒙氏为主。《南诏野史》所述沙壹之夫蒙伽独，即第五子蒙苴笃，为蒙氏之祖者。“苴”音“斜”，与“伽”一音之转，“独”“笃”则系同译。《滇载记》所述低牟苴者，即低蒙苴，蒙苴笃之父也，此云其妇“沙壹”者，其儿妇也。

若此则三说可相合，此种相合必起于后世之附会，故不见于《后汉书》中。泰族是信佛教的民族。现居中国之泰人，信佛教者约百万，不信佛教之水摆夷、花腰摆夷、龙家、水家等，亦约百万。此种不信佛教者之历史，虽不得详知，但其氏均与“水”“龙”等相近，习俗亦然，当是水地民族，沙壹沉木之故事，亦与之相类，与信佛教者同源。今日暹罗所信之小乘，为间接由缅甸与柬埔寨输入，但古代泰族，早信大乘佛教。其教至迟在五六世纪时已经输入。[①] 阿育王之神话，必起于佛教输入之后，故《后汉书》《华阳

① 见陈序经《暹罗与日本》，《今日评论》第1卷第6期，昆明出版。

国志》不载其名姓。沙壹之传说，则在佛教输入之前。南诏建国，已为佛教国家，对天竺来源之神话，必力提倡，因为此说足将其本族人地位提高，且使之神化也。

据《南诏野史》所载，南诏前之历史如下。

（一）鄯阐国——周时立国，年代久远，其姓名世次莫考。

（二）白崖国——阿育王低蒙苴第八子蒙苴颂，居白崖，因建号白崖国。

（三）昆弥国——一名拜国，传世莫考。战国时楚庄蹻并之，为滇国。

（四）滇国——楚庄蹻略蜀地不得归，遂王于滇。

（五）白子国——武帝遣使求身毒，闭于滇。时白崖国蒙苴颂之后，天竺白饭王之裔仁果者，为众所推，立于白崖。武帝乃册仁果为王，号白子国。后迁于澂江。迨龙佑那继之，号建宁国。又一说，白子之先有阿育王，能乘云上天，娶天女生三子。长、季二子封于金马、碧雉，独封仲子于苍洱之间，崇奉佛教，不茹荤，日食白饭，人号白饭王。迨后有仁果者，汉封为滇王，号白子国。

（六）建宁国——诸葛亮南征至白崖，封白子国王仁果十五世孙龙佑那为酋长，赐姓张氏，于白崖筑建宁城，并南中纪功碑，铭其背曰："万岁之后胜我者过此。"殆至隋，史万岁征南宁夷至见碑，命左右踣之。后张龙佑那仍迁国澂江。传世二世，至十七世孙张乐进求，唐太宗贞观二十三年封为首领大将军。后见蒙舍川蒙细奴逻有奇相，遂妻以女，逊国与之。奴逻自称奇嘉王，建号大蒙国，又称南诏。

这段传说，将其历史延长成一系统，而又将神话传说与历史相融合，意必为南诏建国后之官方历史，其中处处表现泰族之独立发展精神。此外记述南诏古史者尚多，如《唐书·南诏传》，诸葛元声《滇史》，范成大《桂海虞衡志》等所述，各有不同，但非本文范围，俱不赘。

我们叙述此种传说，目的在推求哀牢的种族。哀牢之为泰族，历来只根据南诏自称为哀牢之后一语，而南诏是泰族，则根据暹罗人的历史。首先怀疑此说者，为《交广印度两道考》的作者伯希和氏（Paul Pelliot）。最近因暹罗改名泰国，盛倡大泰族主义而排华，引起中国学者群起攻击。其论点之一，即哀牢非南诏之祖，南诏亦非泰族之国。如周锺岳、[①] 方国瑜、[②] 张凤岐[③]等。其理由可归纳如下：

（一）南诏之后称白子、僰夷、民家，而不称“摆夷”。“摆”非“僰”，亦非音转。如周致中《异域志》、《明一统志》、田汝成《行边纪闻》，均将僰夷与白夷分述。陆次云《峒溪纤志》将僰人与摆夷分述。明李元阳《云南通志》始改称僰人为白人，摆夷为僰夷，遂开混乱之源。又元明史料中凡记述僰人之事者，大都与今之摆夷不合，而合于白子。

（二）《南诏野史》记低蒙苴生十子之神话中，第五子为南诏之祖，第九子为白夷之祖，第十子为哀牢之祖。故摆夷、南诏、哀牢为三族。

（三）习俗不合。今摆夷金齿，耐瘴。南诏中无此记述，且记有因瘴而死者。今摆夷文身，喜浴，南诏中无此记述。今摆夷黑齿，南诏人不黑齿。

（四）哀牢谓“背坐”为“九隆”，“陪坐”为“元隆”，今之摆语则否。

（五）南诏、哀牢史中，无有属泰族之积极的证据。

上列各点均有根据，但仍不能即推翻哀牢、南诏为泰族之说。兹亦分数点明之。

（一）僰，《地理风俗记》：“僰于夷中最仁，有人道，故从人”，其说虽不可信，但见“僰”字并无其他意义。《说文》卷四：“西南僰人焦侥，从人”，《礼·王制》：“屏之远方，西方曰僰”，除说明“人”外，亦无意释。故此字最重要其音。今之摆夷自称 Tai 或 Thai，中国所称之摆、百、白、捭、僰，应均系音译，不应有别。田汝成《炎徼纪闻》：“僰人在汉，俗呼摆夷，为犍为郡，在唐为于矢部，盖南诏东鄙也。”是田汝成亦未尝将“摆”“僰”分别。以僰为摆起于李元阳之说，亦未有征。中国非拼音家，译外音辄不一致，未可据以为别也。

（二）《南诏野史》神话，固述南诏、摆夷、哀牢为三族，但三族同出一父，此并不足以证明三者非同族。盖每一民族，均支派其繁，其神话传为一祖之子者，正是证明一族。低蒙苴之神话为佛教入泰族后之传说，虽将东胡、

---

① 见周锺岳《云南各夷族及其语言研究序》。《新动向》第 3 卷第 3 期，1939，昆明出版。

② 见方国瑜《僰人与白子》，昆明《益世报》1939 年 10 月 2、9 日。又，《南诏是否泰族国家》，《新动向》第 3 卷第 6 期。

③ 见张凤岐《暹罗改名泰国与中国西南泰族之前途》，《新动向》第 3 卷第 4 期。

吐蕃、汉人等亦入之，特以吐蕃、汉人均与南诏有交往，胡则早著称于历史，其说盖以泰族为主，而使之与汉人平等者。又自其采用印度历史，亦足见南诏之宜为泰人。

（三）南诏习俗，见于各种记述者极繁。有与今之摆夷同者，有不同者，且习俗有古今之变，不可据一二不同之处而断论。即以不同者而论。南诏传记有其军因瘴而死之事，然不能因此谓南诏人均不耐瘴，因如真不耐瘴，南诏人根本不能生存，以其国为瘴地也，即使南诏非泰族，亦必为耐瘴或已有耐瘴习惯之民族。又南诏人不黑齿，由于南诏《德化碑》"建都镇塞，银生于黑嘴之乡"，然据此谓南诏不黑嘴，亦太武断。樊绰《蛮书》："银生城去龙尾关十日（程）"，其地在今景东，亦为南诏所辖之区。其他地是否黑嘴，亦不可因此反证。《哀牢传》中记哀牢人："刻画其身象龙文"，"哀牢人皆穿鼻儋耳"，又有"梧桐木，华绩以为布，幅广五尺，洁白不受垢"，"其竹节相去一丈，名曰濮竹"。《华阳国志》述其"臂胫刻文"。凡此俱足证明与今摆夷风俗相合，亦证其为热带水居民族，非山地高原民族也。

（四）近人喜根据语言以论民族，实则颇危险。以史书所记异族之语多为文化语，文化语则大部为外来的。[①] 且根据一二字，更不能论断。"九隆""元隆"音与今摆语"背坐""陪坐"不同，但摆语"坐"为 Nan，实与"隆"音酷似。"坐"为动词，日常所用，较为可靠，以此则反证哀牢为摆夷人。"背""陪"译华意已非口头语，原字为何不可知。且"九""元"，一为满数，一为吉庆语，又恐别有用意，非完全译音。再则南诏称"王"为"诏"，今之暹人亦称"王"为"诏"，是又证其为泰族也。

（五）《后汉书》掸国事述于《哀牢传》中。掸国为哀牢西邻，其通中国在哀牢王类牢为汉所败杀之后，故应为与哀牢同种。掸国为泰人，则无疑意。

（六）反对南诏为泰族者，认南诏为昆明蛮。上节我们说昆明蛮为藏缅族人。《后汉书·哀牢传》："建初元年（公元 76 年），哀牢王类牢与守令忿争，遂杀守令而反叛，攻越嶲唐城，太守王寻奔楪榆。哀牢三千余人攻博

① 吾师陈寅恪先生持述此点，见其考匈奴种族叙述中。

南，燔烧民舍。肃宗募发越嶲益州永昌夷汉九千人讨之。明年春，邪龙县昆明夷卤承等应募，率种人与诸郡兵击类牢于博南，大破斩之，传首洛阳。”这是哀牢的一次大叛变，中国所用的是以夷制夷之策，而平乱的是昆明夷，可见昆明夷与哀牢非同种，而为敌对的民族。若昆明夷属藏缅族，则哀牢正合属泰族，因这两族在历史上是敌对竞争的。

（七）《后汉书·哀牢传》又记：

> 建武二十三年（公元47年），其王贤栗遣兵乘箄船南下江汉，击附塞夷鹿茤。鹿茤人弱为所擒获。于是震雷疾雨，南风飘起，水为逆流，翻涌二百余里。箄船沉没，哀牢之众溺死数千人。贤栗复遣其六王将万人以攻鹿茤，鹿茤王与战，杀其六王。哀牢耆老共埋六王，夜虎复出其尸而食之，余众惊怖引去。贤栗惶恐，谓其耆老曰：“我曹入边塞自古有之，今攻鹿茤辄被天诛，中国岂有圣帝乎？天佑助之，何其明也！”二十七年贤栗等遂率种人户二千七百七十、口万七千六百五十九，诣越嶲太守郑鸿降，求内属。

这是哀牢与中国第一次往来，其由则始于建武二十三年之民族大战，这一战也是哀牢向东发展的一大失败。“鹿茤”夷不见其出处，疑即倮倮古音译。若此则又为泰族与藏缅族之斗争，失败的亦是泰族。我们前章述泰族之发展较晚，屡受汉苗藏人之打击而困于云南西边南边，以此事衡之亦颇相合。倮倮当时汉化较泰族为深，且建有文化较高之国，贤栗之称“中国岂有圣帝乎？”或即指此。

（八）南诏的东邻是东爨，二者常有冲突，必非同族。爨、僰为西南最大二族，南诏既与爨冲突，必非爨，而应为僰，或说以僰族为主的国家，亦即是以泰族为主的国家。

南诏为哀牢之裔，见于《南诏野史》、杨慎《滇载记》、诸葛元声《滇史》、樊绰《蛮书》、《册府元龟》，亦见《唐书·南蛮传》。正史别史，述及者都无异言。反对者之理由，仅根据《后汉书》九隆世系之计算。九隆至贤栗至少有十三四世，贤栗降郑鸿在建武年间，以三十年一代计，九隆至迟亦在周显王时，其时永昌郡是否为泰族发展所及，颇可怀疑。故疑哀牢、南诏，非为一系。[①]

按《哀牢传》开始即曰："九隆代代相传，名号不可得而数。"沙壹沉木之说，原属神话，神话所传时必在"不可考"时始有作用，但神话之发生，必在可考之时代，即必在所传时代之后也。此神话发生于哀牢人卜居永昌以后，佛教输入该民族以前。周显王时永昌有无哀牢？我们无从知悉。但设无哀牢，亦无此神话，此毫无不合理之处。照我们看法，泰族是自澜沧江、怒江向北迁移之民族，永昌近在咫尺，周显王时有此族活动亦属可能，特必尚未能建立大国也，故《史》《汉》阙如。W. Clifton Dodd 谓公元五世纪前泰族已分布怒江西部。[②] 另有一神话，据张道宗《记古滇说》所记，则周宣王时有"哀牢彝"者。[③] 但 W. Clifton Dodd 系推测之言，并无证据，张道宗所根据之神话乃纪元后四五世纪之产物，都不足为我们所引证。总之，我们须知神话所传之时代必非神话所发生之时代，明乎此，前说即不必再辩。

由上所述，在没有更确切证据前，我们仍认为哀牢为南诏之祖，僰夷即是摆夷，都是泰族人。W. A. R. Wood 著 *A History of Siam* 一书，主张亦与我们所说相同。Prince Tamrong Rojanubhab 所著《暹罗古代史》，关于南诏一段亦与我们说法相合。此二书为泰族史之权威著作。中国学者如丁文江、林惠祥、吕思勉等见解亦大体相同。[④] 陈序经先生为暹罗研究专家，他虽未确定哀牢为泰族，但亦不否认。其《暹罗华化考》，亦自哀牢述起。[⑤] 不过以上诸家所记，亦均按普通传说，未提积极的证据。

---

① 见方国瑜《南诏是否泰族国家》。

② W. Clifton Dodd, *The Tai Race*.

③ 张道宗《记古滇说》："周宣王时，天竺摩耶提国阿育王生三子，长曰福邦，次曰弘德，次曰至德。三子俱健勇。因父有神骥，其色如金，争欲得之……纵马乘驰，王命三子曰：'捕获者主之'……（时三子）各留屯不回，阿育王忧思，遣舅氏神明以兵迎之，为哀牢夷所阻，遂居滇。"

④ 见林惠祥《中国民族史》；吕思勉《中国民族史》，商务出版。

⑤ 见陈序经《暹罗华化考》，《东方杂志》第35卷第20、21期。

第二章

传说时代之云南与中土关系

第一节　三苗考

一　《书经》所见三苗故事

《舜典》有“窜三苗于三危”，“分北三苗”之语，这像是西南与中土最初的关系。近代学者考证三苗之说法不一，但尚无详细分析《书经》之故事者。普通则谓三苗即今湘黔苗族之祖，民族学者如杨成志等亦然，其实全非。

《书经》中记三苗故事者可有三次。

第一次：“流共工于幽州，放驩兜于崇山，窜三苗于三危，殛鲧于羽山。”（《舜典》）

第二次：“分北三苗。”（《舜典》）

第三次：“帝曰：‘咨禹！惟时有苗弗率，汝徂征！’禹乃会群后，誓于师曰：‘济济有众，咸听朕命，蠢兹有苗，昏迷不恭……’三旬，苗民逆命。益赞于禹曰：‘惟德动天，无远弗届……至诚感神，矧兹有苗？’禹拜，昌言曰：‘俞！’班师振旅……七旬，有苗格。”（《大禹谟》）

又“皋陶曰：‘都！在知人，在安民。’禹曰：‘吁！……知人则哲，能官人；安民则惠，黎民怀之。能哲而惠，何忧乎驩兜，何迁乎有苗？’”

（《皋陶谟》）

第一次即所谓“流四凶”“放四罪”之事。三苗也是四凶之一，故逐之于三危。其时尧尚在位，舜请命于尧而行之。[①] 第二次为三苗被迁后，仍聚而反抗，于是采用分化政策，将苗分而徙之北向。第三次为未被迁移之苗，仍不归服，舜命禹会群后往征之。禹征伐三旬而不克，益乃说禹，谓以德服人，以诚待人，可以感神，何况有苗？皋陶为佐禹出征之将，亦主张感之以德。禹听二氏言乃班师，七旬，有苗遂归服。

蔡沈注经曰：“按三苗见于《经》者，如《典》《谟》《益稷》《禹贡》《吕刑》，详矣！盖其负固不服，乍臣乍叛，舜摄位而窜逐之。禹治水之时，三危已宅，而旧都犹顽不即工。禹摄位之后，帝命徂征，而犹逆命，及禹班师而后来格，于是乃得考其善恶而分北之也。”按蔡说，则“分北”者为未被窜之苗，且“分北”一事在徂征之后。我们姑先不论《书经》之时代与真伪，就《书经》论《书经》，则著经者明述“分北”在“徂征”之前。且分北之苗称“三苗”，被窜之苗亦称“三苗”，而阻征之苗称“有苗”。《禹贡》：“三危既宅，三苗丕叙”，此后即不述三苗叛事。以后又有数度叛乱者，见于《禹贡》《吕刑》等，俱是“有苗”。故知分北者乃是三苗，是所迁之苗，是在徂征之前。郑玄说法，亦与我们意相同。

蔡注又特书：“及禹班师而后来格，于是乃得考其善恶而分北之也。”我们觉这是蔡氏读《经》误会。按《舜典》：

> 帝曰：“咨！汝二十有二人，钦哉！惟时亮天功，三载考绩，三考，黜陟幽明，庶绩咸熙，分北三苗。”舜生三十征庸，三十在位，五十载，陟方乃死。

此为《舜典》最后一段，盖记舜临终时赞美其手下人之言，即二十有二人，禹亦在内。所述“时亮天功”“三载考绩”“黜陟幽明”等，俱历述其功

---

① 《左传》记四凶为穷奇、浑敦、饕餮、梼杌，与《舜典》异。一般以为四者即指共工、驩兜、苗、鲧而言，盖前者为其别号也。今从之。《史记》则兼采二者。又《淮南子·修务训》高诱注曰：“三苗盖谓帝鸿氏之裔子浑敦，少昊氏之裔子穷奇，缙云氏之裔子饕餮，三族之苗裔，故谓之三苗。”是与经史俱不合者。

绩，“分北三苗”亦为功绩之一耳。“二十有二人”即所谓四岳九官十二牧者，绝非全管三苗之事者。

《书经》一书的可靠性，近来考证极多。我们并非以《书经》所述之事实当作历史上其时代的事实，我们只论《书经》时代或《书经》作者对“三苗”“有苗”的观念如何，再拿来比现在的苗族。所以对于《书经》本身不管其真伪先后，我们只在求得到或近乎《书经》时代或《书经》作者的想法。

二　“三苗”“三危”之位置

《史记·五帝本纪》：“三苗在江淮、荆州数为乱，于是舜归而言于帝……迁三苗于三危。”裴骃《集解》：马融曰“（三苗）国名也”。张守节《正义》：吴起云“三苗之国，左洞庭而右彭蠡”。案：“今江州、鄂州、岳州，三苗之地也。”

《韩非子》：“三苗之不服者，岐山在南，衡山在北，左洞庭，右彭蠡。”

《山海经》：“三苗国，在赤水东，其为人相随，一曰三毛国。”

上述除“赤水”仍待考外，三苗是在荆、鄂一带无疑。又《禹贡》荆州有“三邦底贡厥名”之句，蔡注谓“三邦未详其地”。以意度之，此所谓三邦，或即三苗之国也。

“三危”之位置，则说者纷纭。兹分别考之。

（一）谓在云南境，非也。

樊绰《蛮书》：“（丽水）源自逻些城三危山下，南流过丽水城西……《禹贡》导黑水至于三危，盖此是也。”

蒋廷锡《尚书地理今释》：“今云南大理府，云龙州西有三崇山，一名三危。澜沧江经其麓，有黑水祠，或以为即古三危也。”

按丽江即今金沙江。二氏之说均由于《禹贡》“导黑水至于三危”之言，以金沙江或澜沧江为黑水，因沿此水而得三危。今昆明东北黑龙潭有黑水祠，亦碑述其迹。实则黑水于今已成一悬想之水，非实际所有，下节专论黑水再言之。故缘黑水以求三危，正如缘木求鱼。此所谓三危山、三崇山，有或有之，然与三苗之事无关。《禹贡》：“三危既宅，三苗丕叙”，系记雍州事，非记梁州事，故三危不及西南。《史记》：“迁三苗于三危以变西戎”，变西戎非是变西南夷，是三苗之迁，不关云南。

（二）谓在缅甸境，非也。

倪蜕《黑水论》："曩讹三危山在丽江……经云：'至于三危'，其云'至'者，或在黑水入南海之处。缅甸江关城望见江中有大山，山峰似塔，极其秀耸，得非三危乎？"

按倪蜕盖主以大金沙江（即伊洛瓦底江）为黑水者，缘水求山，于是"望见"三危。然则中外"山峰似塔，极其秀耸"之山多矣，岂能一"望"即以为是三危？牵强附会，莫过此说。

（三）谓为西藏地方名，非也。

黄楙裁《禹贡·黑水考》载："康熙五十八年上谕：《禹贡》导黑水至于三危，旧注以三危为山名而不能知其所在。朕今始考，其实三危者，犹中国之三省也。打箭炉之西南，达赖喇嘛所属，为危地；拉里城之东南，为喀木地，班禅额尔德尼所属，为藏地。合三地为三危耳。"

按康熙"三危犹三省"之说确推陈出新，其所述三地，即前藏、中藏、后藏，所属亦不错。但三地自是三地而已，何得"合三地"便成"三危"？《禹贡》述："三危既宅，三苗丕叙。厥土惟黄壤，厥田惟上上。"西藏乃贫瘠之地，怪石森立，五谷不出，绝非"田惟上上"者。康熙盖持雅鲁藏布江为黑水之说，亦沿江而行，遂入西藏也。

以上三说，均持"三危"在西南者，均非。其误盖一由于以黑水为西南疆界之水，一由于苗乃西南之蛮，故眼光不出西南。我们第一认为黑水为悬想之水，第二认为今之苗与三苗未必有关，则见解自不受束缚。

（四）谓三危有二，非也。

蒋廷锡《尚书地理今释》："按蔡传，三危西裔之地，即《禹贡》所谓'三危既宅'者是矣。若导川黑水所经之三危，自在大河之南，与'窜三苗于三危'之'三危'为二。"

按三危为二之说，后之说者极多。其因盖由于黑水之谜。以《禹贡》所述，黑水之方向，必源于黄河之南，但按窜于三危之说，三危应在河北，黑水不得越河而过，故次有两个三危。其实若纯按《禹贡》所悬想而言，即使有两个三危，黑水亦非越河而过不可。因黑水须界雍、梁二州，非只界梁州境也。故《史记正义》有黑水"越黄河伏流"之言。按"窜三苗于三危”与“三危既宅，三苗丕叙”，同系述“三苗”之事，是同一三危也无疑。“三危既宅”与“导黑水至于三危”则俱在《禹贡》一章中，相隔不过数句，亦不应为二。《禹贡》述三危既宅事在雍州，述黑水三危亦在雍州，是并无矛盾之处，何必分之为二？三危自是一个，黑水则属子虚，若是别无问题矣。

（五）三危在西北甘肃。

考古莫信于史，三危仍当以《史记》在西北之说为是。兹更录所知说者于下：

(1)《史记·五帝本纪》:“迁三苗于三危以变西戎。”

(2)《史记集解》:“马融曰:（三危）西裔也。”

(3)《史记正义》:“《括地志》云：三危山有峰，故曰三危，俗亦名卑羽山。在沙州燉煌县东南三十里。”

(4)《尚书》孔传:“西裔之山也。”

(5)《尚书正义》:“其山必是西夷未知山之所在。”

(6)《左传》杜注：“允姓，阴戎之祖，与三苗俱放于三危者。瓜州今敦煌也。”（“允姓之奸居于瓜州”句注）

(7)《水经注》:“《山海经》曰：三危在燉煌南，与岷山相接，山南带黑水。”

(8)（宋）金履祥《资治通鉴前编》:“沙州燉煌县东四十里有卑羽山，一名化雨山，有三峰甚高，人以为三危。”

(9)《水经注》:“《山海经》曰：三危之山，三青鸟居之。是山也，广圆百里，在鸟鼠山西。”按鸟鼠山在甘肃清源。

(10) 毕沅《山海经》注:“山当在今秦州（天水）西。”

(11) 金履祥《尚书》注:“严昌羌即三苗之种，其地有叠州（按：今甘肃临潭），山多重叠。三危山有三重，或其地也。”

(12) 蒋廷锡《尚书地理今释》:“三危山在大河南，今陕西岷州卫塞外古叠州西。”

(13)《汉书·司马相如传》注:“张揖曰：三危山在鸟鼠山之西，与岷山相近，黑水出其南陂。”

(14)《后汉书·郡国志五》陇西郡首阳县:“《地道记》曰有三危，三苗所处。”

(15)《淮南子·墬形训》郭注:“三危,西极之山名。”

(16)陆德明《庄子音义》:“三危今属天水郡。”

以上所述,虽不尽同,要之不出甘肃一带之地,迁三苗于是。

三 三苗之族

谓“三苗之族”者,我们有意别于今苗族。苗族大略,已见前章,今述三苗之族则专于记述“三苗”或“有苗”之史籍求之,而不可于后日之记述“苗”者求之。

《书·牧誓》:“及庸、蜀、羌、髳、微、卢、彭、濮人”;《诗·小雅》:“如蛮如髦”;《正义》谓:“彼髳此髦,音义同也”;《毛传》:“髳夷,髦也。”“髳”“髦”之音,俱近于“苗”。“髳”“髦”“苗”于《诗》《书》之后,俱不见于史籍。故“髳”“髦”或与三苗、有苗之“苗”同。但记述“髳”“髦”之族者,亦不见于史,故所述唯“苗”。

三苗之族,大可别为二说。一说为“胳下有翼”之极端野蛮不化之人。《史记正义》:“《神异经》云:西荒中有人焉,面目手足皆人形,而胳下有翼,不能飞。为人饕餮,淫逸无理,名曰苗民。”

《山海经》云:“大荒北经黑水之北,有人有翼,名曰苗民也。”

是按《神异经》《山海经》之传说,则苗民已在人与非人之间,其野蛮可想。另一说则谓缙云氏之遗民。《史记正义》:“孔安国云:缙云氏之后,为诸侯号饕餮者也。”

《史记·五帝本纪》:“缙云氏有不才子,贪于饮食,冒于货贿,天下谓之饕餮。天下患之,比于三凶。”按《神异》《山海》之言,实不足据。按《正义》,则苗乃缙云氏之后。缙云为炎帝之后,并非半人半兽之野种,而是“诸侯”之一。《史记》谓“比于三凶”,三凶指帝鸿氏不才子(驩兜),少皞氏不才子(共工),颛顼氏不才子(鲧)而言。三氏皆帝王之后,并非蛮族。苗为缙云氏不才子,亦非蛮族。所谓不才子者,乃对待“高阳氏有才子八人”“高辛氏有才子八人”之“才子”而言,所谓“四凶”乃对待“八元”“八恺”而言。其问题在“才”或“不才”,不在蛮或不蛮。鲧为禹之先,并非蛮矣,苗乃“比之于”鲧者,其“不才”也尚不如鲧,更非蛮。所谓不才子者，特指文化稍低，或性格较强不受统治部落指挥之部族而已，并非野蛮不化之意。

以上是根据传说神话的逻辑。但问题不在传说神话之可靠性，我们仍在推求传说的传说者或神话的流行时代对于苗的印象或概念，以及听过传说与神话之史家，如《五帝本纪》之作者，对于“苗”的印象和概念。这概念与今日我们对“苗”的想法是不同的。

《史记》：“迁三苗于三危以变西戎。”是在司马迁眼中“戎”是野蛮人，苗可以变戎，苗之非野蛮人可知。再，迁苗于西北者，为防其据江湖之险而顽抗统治者，与汉移闽越于江淮者同；又是为变化西戎，与司马错之徙秦人于巴、庸者同。当时之所谓西北，并非荒僻山野之地，而正是肥沃膏腴之乡。此点今日的地质学家已有相当的结论，但时代尚难确定，而所谓迁三苗之时代，亦同样不曾确定。《禹贡》云：“黑水、西河惟雍州……三危既宅，三苗丕叙。厥土惟黄壤，厥田惟上上。”《禹贡》九州中“田惟上上”者仅此一州，是最富饶之区。三苗于此置田营宅，大（丕）得其序（叙），是岂“胳下有翼”之人所为者耶？

荆湘一带，比之西北，反而是未开化的。故三苗虽大得其序，而在荆湘未迁之“有苗”，因地势深阻，河泊密布，仍常作乱。西北民族的统治者，对之却无办法。禹先施之以征伐（“有苗弗率，汝徂征”——《大禹谟》），继之以压迫（“苗民弗用灵，制以刑……遏绝苗民，无世在下”——《吕刑》）。然征之三旬不克，遂从益、皋陶之言，以德服之之。苗民既与之议和（即所谓德服），又可以诉上（“皇帝清问下民，鳏寡有辞于苗”——《吕刑》）；是未被迁之有苗，亦非野蛮不化之人也。

又此苗为“饕餮”之民族。此词何说，史无考。我们以为在生产技术未发达时代，“贪于饮食”亦为罪恶之一。《春秋》以“饕餮”与“浑沌”“穷奇”“梼杌”并言以加之于四凶，盖均为贬斥之词，如今之骂人“糊涂”“饭桶”者。中古欧洲教会有所谓七大罪者，其中之一即为“饕餮”（Gluttony）。但丁之《神曲》中，所述地狱之第三层即为“饕餮世界”，用以惩罪“贪于饮食”之人。荆湘一带气候温熙，水道纵横，适于渔业及初期农业之生产，其时苗民居之，腹量稍大，亦为可能之事。此苗与黄河民族，原无干涉。在夏民族扩张时代，欲加之罪，何患无辞，遂斥曰“饕飧”，则又情理中之事也。

何谓“三苗”，更不可考。马融“三国”之说，《禹贡》“三邦”之言，虽可作解释，但苗民部族，必不止于“三”。按“三”为满数，《舜典》中用之者特多，如“五玉三帛”“五服三就”“五宅三居”“典朕三礼”“三载考绩”“三考”“三载”“三十征庸”“三十在位”等，非必全指数目而言。“苗”字见于《春秋》《舜典》《大禹谟》《皋陶谟》《禹贡》《吕刑》者亦极多，亦非必指蛮夷而言。古籍中“苗裔”并称，以苗代裔者尤多。每见“苗”字较辄发生荒山野人之感者，是近代人之感，非古人之感也。①

四　三苗与苗族

“苗”之名称虽远见于《书经》，但此后其名即不再见。周秦以后之史籍，称西南民族曰濮、曰蛮，而从不言苗，至《元史》始再见。《元史》元世祖至元二十九年（1292）正月条有“诸洞苗蛮”“桑州生苗”“八番、苗蛮、骆度来贡方物”等语，然此外仍用蛮夷等字而不用苗字。至明代，苗字渐多。《大明会典》有“苗族”之称，为以苗称族之始。《大明一统志》有“苗人”“苗蛮”“东苗”“西苗”“紫姜苗”“卖爷苗”等称。入清以后，苗字更盛行，以成今日之称。明代之称苗者，尚只湖南、贵州之境，广西者称猺，广东者称黎。清中叶后，苗字更扩大，至今则凡是南部、西部蛮夷均称苗子矣。②

由“苗”字之历史，及三苗之族之性格，我们认为古代的苗和现代的苗毫无关系。今之苗为汉之武陵蛮之后，即所谓盘瓠之后。此族之神话有四五种，③ 但均不关三苗、有苗之事。汉时之武陵蛮，其野蛮程度，绝非三苗、有苗可比。猺一字自唐始有，其种则即汉之武陵蛮，及其后所称五溪蛮、荆雍州蛮等。《魏书》卷一〇一、《北史》卷九五、《南史》卷七九、《唐书》卷一九七、《宋史》卷四九三，其述此诸蛮，皆曰“皆盘瓠种”“盖盘瓠之后”等，而从无一述及三苗、有苗者。以今苗与三苗牵连者盖始于明清之志书，欲数典而不忘祖，遂尽量推求，而予一般人以苗族古据中原

① 吕思勉以《诗》：“如蛮如髦”，谓蛮髦乃“以双声之字为重言”。又谓：“苗者盖蛮字之转音。”见所著《中国民族史》。

② 见鸟居龙藏《苗族调查报告》；林惠祥《中国民族史》。

③ 见第 1 章第 1 节“西南民族略史”。

之印象。

梁任公虽不信神话、不信传说，但信此蛮即彼苗："大抵当尧舜禹之际，苗族已侵入我族之根据地，故以攘斥之为唯一大业……经累代放逐之后，其族愈窜而愈南……至春秋时谓之蛮。"[①] 梁公于此实属疏忽。按将苗族历史拉长至黄河，大部为西洋学者之力。彼等读一二本线装书即以为通中国古文，而下断语者，颇不乏其人，前章述彼等拉长泰族之历史至黄河，亦同。如 D. G. Briton 云："血族纯粹之汉族自以为五千年前来自昆仑，沿黄河长江之源而入中国西北之陕西省，于此处遇一野蛮民族，即倮倮及苗子，而征服之或放逐之。"[②] 此外，此种说法尚多，见鸟居龙藏之《苗族调查报告》。鸟居龙藏自亦以为："当汉族未入中国以前，中国之中部及南部，本为苗族所居。"

章太炎云："先汉诸师说三苗者，皆谓是神灵苗裔，与今时苗种不涉"，[③] 此话实大有见地，我们对三苗亦作此感可也。至于三苗究属何种，说者均未确知，如吕思勉以为系姜姓之后，[④] 缪凤林以为与黎同为一古族。[⑤] 此非本文范围，不赘述。

总之，"三苗"之族，即三苗之族。其族何属？我们不知。但我们推测其并非蛮族，或并非十分野蛮之蛮族。其"后来如何"，我们也不知。三苗以荆湘之人何以迁于西北？迁西北后来如何？我们也不知。迁西北之事虽属可疑，然其说本不可认为确史，本是传说。此传说时代之传说者是如此传说的。至于为何如此，我们不知亦可，但绝不可将其迁至西南，附会入云南、西藏，甚至缅甸。

第二节　百濮考

一　古史中所见之濮

秦汉前史籍中称西南之濮甚多，殆《史》《汉》则曰蛮而无濮。今之云

---

① 梁启超：《中国历史上民族之研究》（梁任公近著内）。

② D. G. Briton, *Races and Peoples*, 1890.

③ 章太炎：《排满平议》，《章氏农书别录之一》。

④ 吕思勉：《中国民族史》。

⑤ 缪凤林：《中国通史》。

南志书及治滇史者概引据濮事证古滇史，其实古籍所述大皆与西南无关，辗转引用者误会极多。兹先例古籍中濮与中土有涉事列后，其单述濮者则见于后文不列。

（1）《逸周书·王会解》："伊尹受命，于是为四方令曰：'……正南瓯邓、桂国、损子、产里、百濮、九菌（原注：六者南蛮之别名），请令以珠玑、瑇瑁、象齿、文犀、翠羽、菌鹤、短狗为献。'"又，《吕氏春秋》："产里以象齿、短狗为献。"

（2）《逸周书·序》："周室既宁，八方会同，各以其职来献。"《王会解》："黑齿白鹿白马……卜人以丹沙。"王应麟补注《南夷志》："卜人，盖今之濮人也。"

（3）《尚书·牧誓》曰："嗟我友邦冢君……及庸、蜀、羌、髳、微、卢、彭、濮人。"

（4）《左传》文公十六年："麇人率百濮聚于选，将伐楚……蒍贾曰：'……夫麇与百濮谓我饥不能师，故伐我也。若我出师，必惧而归。百濮离居，将各走其邑，谁暇谋人？'"

（5）《左传》昭公元年："吴濮有衅，楚之执事，岂其顾盟？"

（6）《左传》昭公九年："然丹迁城父人于陈，以夷濮西田益之。"注："以夷田在濮水西者。"又曰："巴濮楚邓，吾南土也。"

（7）《左传》昭公十九年："楚子为舟师以伐濮。"

（8）《尔雅·释地》："南至于濮鈆。"

（9）《国语·郑语》："叔熊逃难于濮而蛮季纠是立。"

（10）《国语·郑语》："楚蚡冒于是乎？始启濮。"

（11）《史记·楚世家》："熊霜六年卒，三弟争立，仲雪死，叔堪亡避难于濮。"

（12）《史记·楚世家》："乃自立为武王，与随人盟而去。于是，始开濮地而有之。"

二　濮之位置

"濮"从水，其名当与濮水相关。今考古之称"濮水""濮"或"濮人"者，至少有四处。

（一）在冀鲁豫之间

按《史记·五帝本纪》及《集解》《索隐》，颛顼帝崩葬于“东郡濮阳”。《汉书·地理志》濮阳注曰：“故帝丘，颛顼虚”；又应劭曰：“濮水南入巨野。”

《左传》昭公十七年：“梓慎曰：‘……卫，颛顼之虚也，故为帝丘。’”《春秋经》僖公三十一年：“狄围卫，十有二月，卫迁于帝丘。”杜注：“今东郡濮阳县，故帝颛顼之虚，故曰帝丘。”

《竹书纪年》：“帝颛顼高阳氏，元年，帝即位，居濮。”

《通志·都邑略一·五帝都》：“颛顼都高阳。”（原注：“澶州濮阳县以颛帝居之，故谓之帝丘。”）

《续郡国志》：“濮阳，古昆吾国，春秋时曰濮。”

《通典·州郡典》：“濮州濮阳县，即昆吾之墟。”

《括地志》：“濮阳县在濮州西八十六里，古昆吾国也。”

《方舆纪要》：“濮阳废县今大名府开州治也。”

由上知今冀鲁豫之境，其称濮阳者甚古。濮水亦见于《水经》。

《水经注》：“河水东北流而径濮阳县北，为濮阳津。”又，“武帝元光中，河决濮阳，泛郡十六”，即此地也。《水经注》有濮水注于巨野说，是在卫，《春秋》所谓“桑间濮上”者指此。

按《唐书·地理志》：“濮州濮阳郡……县五：鄄城、濮阳、范、雷泽、临濮。”其濮阳、临濮，俱在濮水上。《水经》之濮水，当流于今滑县、濮阳之间，再流于今菏泽、濮县之间，再流注于巨野。今之濮阳县无濮水，盖系黄河改道时所堙者。又按隋唐之濮州，即金之濮州，明时移置今之山东濮县，其故城当在今濮县东。颛顼陵在今河南滑县东北，是否古之帝虚，虽不可考，然帝虚之濮阳，即汉以来之濮阳，五代时始移治今河北濮阳，故城当在今濮阳之西南。《方舆纪要》所述，则移治后之濮阳也。

由上所述，知古之称濮者，约可分二区。即今山东濮县之东，与今河北濮阳之西南；亦即今濮县、菏泽一带，与今濮阳、滑县一带。今濮县、濮阳、滑县虽分隶鲁冀豫三省，实则接壤。古濮水流其间，今则堙。

（二）在江汉之间

《左传》文公十六年：“麇人率百濮聚于选。”疏：“《释例》曰：建宁郡南有濮夷，濮夷无君长总统，各以邑落自聚，故称百濮也。”按晋建宁故城在今湖北石首县，位洞庭之北，大江之南，在江汉之间。

又《春秋地理考实》：“今按《书·牧誓》：……彭、濮人。孔传：濮在江汉之南，是也。”段玉裁注《说文》，亦谓在江汉之南。

《史纪·楚世家》：“叔堪亡避难于濮”，《正义》：“刘伯庄云：‘濮在楚西南。’孔安国云：‘庸濮在汉之南。’按：成公元年，楚地千里，孔说是也。”是守节亦主濮在江汉之说。

杜预所谓建宁郡者，亦可指云南之建宁郡。然《春秋》所述濮事，皆与楚邻，应指江汉之濮，容下文详之。

（三）在四川

《文选》左思《蜀都赋》：“于东则左绵巴中，百濮所充。”刘良注：“今巴中七姓有濮。”是四川之百濮，其地则不考。

《华阳国志·巴志》：“其属有濮、賨、苴、共、奴、獽、夷蜑之蛮。”又《蜀志》临邛县：“有布濮水，从布濮来，合火井江。”又广汉郡郪县：“濮出好枣。”又德阳县：“太守夏侯慕时，古濮为功曹。”

《华阳国志·越嶲郡》：“会无县路通宁州，渡泸得往狼（按：当作‘堂螂’）县，故濮人邑也。今有濮人冢，冢不闭户，其穴多有碧珠，人不可取，取之不祥。”按《华志》又述李恢移濮人于云南之事，此则述堂螂一带为故濮人邑，是在滇北川南之界也。濮人是否即发源于此，殊难定论，但以此北向则巴蜀之濮，南向则兴古、云南、永昌之濮，此地为濮之中心。

凡此，皆四川之濮也。是知巴郡、蜀郡、广汉、越嶲，俱濮人地。

（四）在云南

《永昌郡传》：“云南郡多夷濮”，[①] 王菘谓：“百濮即今顺宁府”，[②]《云南通志》亦然。考云南古代之濮，分布极广，非限永昌一带。大抵自滇池以东至洱海以西，沿路均有濮之分布，而大皆在云南北部。晋之宁州，区域与今之云南合，其兴古、建宁、云南、永昌四郡，自东而西，本文附录详绘其图，[③] 兹即按此次序述之。

---

① 见王菘《云南备征志》卷一，王应麟引注。

② 见王菘《云南备征志》卷一。

③ 指附录二“西晋西南地图”，原图缺。——编者

《华阳国志·兴古郡》："多鸠獠濮，特有瘴气。"又句町县："故句町王国名也，其置自濮王，姓毋，汉时受封迄今。"按句町在今通海县北蒙自一带，是云南东部之濮而地位最南者，余皆在其北。

《华阳国志》卷四："南中在昔盖夷越之地，滇、濮、句町、夜郎、楪榆、桐师、嶲唐，侯王国以十数。"其滇濮并称，亦指东部之濮。

《汉书·地理志》越嶲郡青蛉："临池灊在北。仆水出徼外，东南至来惟入劳，过郡二，行千八百八十里。有禺同山，有金马、碧鸡。"《华阳国志》："有盐官。濮水同出山（按：当作'出禺同山'），有碧鸡、金马。"按金马、碧鸡，或谓神道，或谓山名，或谓在蜀，或谓在滇，各有异同，然总以在今滇池一带为可靠，[1] 以青蛉之地位按之亦合。是言滇中北部之有僕水或濮水也，今其水不考。《云南通志》："濮水，《汉书·地理志》作僕，今澜沧江。"按澜沧江之说有误，以地理言不合。且澜沧大江，有异名者必见史志也。《水经注》："淹水出越嶲遂久县徼外也，东南至青蛉县，县有禺同山，其山神有金马、碧鸡……东入于若水。"是濮水又有异名。

《永昌郡传》："云南郡在建宁南二十五里，治云南县，亦多夷濮，分布山野。"是云南中北部之濮也。

《永昌郡传》："（云南）郡西南千百里徼外有尾濮，尾若龟形，长四五寸，欲坐辄先穿地以安其尾。若邂逅误折其尾，便死……其地并西南蒲罗，盖尾濮之地名也。"是述西部之濮，亦地位较南者。

《华阳国志·南中志》永昌郡述哀牢："有穿胸（按：《汉书》作穿鼻）儋耳种，闽越濮、鸠獠。其渠帅皆曰王。"又："明帝乃置郡……有闽濮、鸠獠、僄越、裸濮、身毒之民。"又："有大竹名濮竹，节相去一丈，受一斛许。"是指西北部之濮也。

《华阳国志·南中志》："李恢迁濮民数千落于云南建宁界以实二郡（按：二郡，前文指永昌、云南）。"是述云南建宁、云南永昌之濮，系由四川移来者，此点颇可注意。

---

① 见袁嘉谷《滇绎》卷一。

三　古籍中濮之地位

兹再将前述秦汉前史籍中之濮，考其位置，则大皆不关西南。

（一）指今冀鲁豫之濮而言

《左传》昭公九年："然丹迁城父人于陈，以夷濮西田益之"，是楚灵王八年（前533）之事。是年灵王使公子弃疾将兵灭陈，灭陈后实行大移民政策。"迁许于夷，实城父，取州来淮北之田以益之。伍举授许男田，然丹迁城父人于陈，以夷濮西田益之，迁方城外人于许"。是迁许人于城父，迁城父人于陈，而迁方城外人于许，是以楚人迁于占领地，移占领地之人以化夷之政策也。

考城父在谯郡，方城在河南南阳北，许、陈俱在河南北部。注曰："夷濮西田，夷田在濮水西者。"此濮水当即前述注于巨野之濮水，其西之地，恰邻陈地。楚决不能以远在云南或湖北之田加之河南北部也。又其时华夷杂居，此一带之地，为"戎"所居，[①] 谓为蛮夷之乡因而夺之，固甚合理。

前述刘良谓巴中有濮姓。按《姓苑》："齐大夫食采于濮……因氏。"是此濮亦指冀鲁豫之濮，齐之封地，不能远入四川。又按《路史》："濮氏即百濮之族，又有舜之子散于濮者。"舜子封濮，设有其事，想亦当在黄河一带。

《文选》潘岳《笙赋》："故丝竹之器未改，而桑濮之流已作"；阮籍诗："北里多奇舞，濮上有微音。"此即所谓"桑间濮上"者也。按《礼·乐记》注："濮水之上，地有桑间者，亡国之音于此之水出也。昔殷纣使师延作靡靡之乐，已而自沉于濮水。后师涓过焉，夜闻而写之，为晋平公鼓之，是之谓也。桑间在濮阳南。"此濮阳即前述之濮阳，是知此濮名来源甚古。《汉书·地理志》："卫地有桑间濮上之阻，男女亦亟聚会"；所谓郑卫之音者指此地也，是亦与前述卫地之濮合。

（二）指今江汉之濮而言

江汉之间，北联楚地，东接吴越。楚人与濮发生关系者，除前述以地益陈之事外，俱指此濮而言。

---

① 见顾颉刚《中国疆域沿革史》第5章。

《左传》昭公元年："吴濮有衅"之语，原为假设之言，然濮可假设与吴有衅，则此濮不在川滇，不在鲁豫，唯有在江汉之间者为合理。又昭公九年："巴濮楚邓，吾南土也"，以其次序言，自西而东，濮亦当江汉之间。此濮可能指四川之濮，然既言巴，当不再言濮，濮乃巴之一小部地。又《尔雅》："南至于濮鈆"者，曰南，是亦指江汉间之濮言。

此濮与楚之关系，见于《春秋》者凡五次之多，兹分述之。

第一次：周宣王六年，楚熊霜六年（前822），熊霜死，三弟争立，二弟熊雪死，三弟熊堪逃难于濮，而从其俗。见《国语·郑语》及《史记·楚世家》。

第二次：周平王时，楚蚡冒始启濮。见《国语·郑语》。韦昭注："濮，南蛮之国；叔熊避难处也。"前避难处按张守节《正义》谓在江汉，则此濮亦在江汉间。

第三次：周桓王十六年，楚武王三十七年（前704），武王伐随，随允代请于天子以封楚为王，遂与随盟而去，并开濮地以有之。事见《史记·楚世家》。按随国在鄂中，去随而伐濮，必江汉间之濮也，又楚据有其地，是必与楚邻者。

第四次：周匡王二年，楚庄王三年（前611），庸人率郡蛮，麇人率百濮聚于选，将伐楚。楚拟迁都避之，蔿贾曰不可，以百濮离居不能团结，不足为惧，乃出师伐庸，百濮果惧而还。后楚遂灭庸。事见《左传》。按庸在鄂西，濮既与之合作而会聚，此濮必来自楚之南或北邻，以势度之，当为江汉间之濮。

第五次：周景王二十二年，楚平王六年（前523），楚平王以舟师伐濮。事见《左传》。按曰以舟师，是伐江汉间之濮也。

由此吾人更知此濮之性质，离居、骁勇，虽屡经楚之征伐，亦不能服。

（三）指今云南之濮而言

以上所云诸濮故事，俱与西南无关。其可能视指云南之濮而言者，唯《逸周书·王会解》："正南……产里、百濮"及"黑齿白鹿白马"，"卜人以丹沙"二句。通谓产里即车里，周公作指南车导之以归者也。[①]"卜人"

---

① 见顾亭林《天下郡国利病书·云南沿革》篇。

则据王应麟补注，谓即“濮人”。

按车里即今江洪，至今为摆夷区，鲜通汉化。其地在云南之最南角，亦中国大陆之最西南角，其时恐非中国所知。《逸周书》非全信史，其述南则并最南角述之，恐不可靠。指南车之说更属荒虚，且述越裳氏非是百濮，车里之名是否产里亦殊可疑，下章当再言及。[①] 再，按《王会解》：“正南瓯邓、桂国、损子、产里、百濮、九菌”，凡六国，产里其一，百濮亦其一，盖均南方之国，百濮非即产里，亦非必邻产里。此百濮指他处，非必指滇南。古濮之在滇者，则俱不在南部也。

黑齿、卜人句，孔晁注：“黑齿，西远之夷也，贡白鹿白马。卜人，西南之蛮也，丹砂所出。”王应麟补注《西南夷志》：“黑齿蛮在永昌关南，以漆漆其齿，见人以此为饰，食则去之。《太平御览》之卜人，盖今之濮人也。”按孔晁以黑齿、卜人俱西南之蛮，固甚合常识，王应麟以黑齿为永昌关南之蛮，容或有之。但黑齿必不限于永昌。今之摆夷及安南人均有黑齿，今《云南通志》所载黑齿之风俗者各地均有。《管子·小匡》：“南至吴、越、巴、牂牁、㱔、不庾、雕题、黑齿，荆夷之国”，所述似不远及永昌。《三国志》：“倭国东南有黑齿国”，更与永昌无关。卜人、濮人，虽系音转，谓必为云南之濮，亦殊勉强。

总之，《汲冢书》所述，远漠简略，其事之有无，可疑甚多，非若《春秋》《史记》之言有事迹经过可寻者。我们谓其时滇与中土无任何往来，亦非过分。然近日志滇志掌故者，辄不肯舍弃百濮之言。袁嘉谷自谓：“夫滇掌故留据正史，此自庄蹻，庶乎征信。凿空之言，不可辩也”，然于濮亦曰：“《周书·王会篇》……可为古时地兼滇桂交趾之证”，其实不足为证也。

四　濮之国与濮之族

由上所述，可知古之称濮者，范围甚广。云南有濮，而濮不一定在云南。古史所记濮之故事，什九不关西南，亦可谓全不关云南事。

濮字之原意不可考。其称人者，可能由夷音所译，亦可能由濮水而名。

---

① 见第2章第3节“古滇传说杂考”。

“百濮”之称，则向来以为国名。古人国之义与今不同，盖有王者皆称国，原始部落均有其王或酋长，故均为国。按此则“协和万邦”之语，并非夸张。百濮之国，在江汉有之，在云南亦有之。在豫、鲁及四川者虽未称以百濮亦未称以国，但其初亦必有部落，则必有国。若此则濮之国实多，谓之为“百”尚恐未尽。袁嘉谷谓：“濮见《周书》，百濮见《左传》，盖湘、桂、黔间最大之国，特不一种，故曰百濮。”[①] 按此等国虽多，但未必大，尤非湘、滇、黔、桂最大之国。因如有大国，必不称百濮而另称其国名。倪蜕谓：“百濮犹夫百粤也”,[②] 百粤之大者亦不称百粤，而称瓯粤、闽粤、东粤、南粤。

倪蜕《滇云历年传》：“百濮犹夫百粤也。言其多非一迹之可寻，一隅之足指，故谓之百。今百粤既合闽、浙、两广而并称之，则濮亦合楚、蜀、滇、黔而以百名想复同耳。董难作《百濮考》，以会孟津者确是顺宁之蒲蛮，亦非也。窃谓百粤、百蛮，百濮其为地也无不广袤数千里，岂一隅之迹所能概？孟津之会通指八国,[③] 皆西南夷可耳。”濮国之解释如倪蜕所云甚是，其合“楚、蜀、滇、黔而以百名”之言尤有见地。但当时言楚之百濮者恐非合滇之百濮，后时言滇之百濮者亦未必合楚之百濮。百濮既为通称，濮亦成泛称。如《水经注》述夜郎竹王故事曰：“得一男儿，遂雄夷濮”，夷濮犹言蛮夷也。

张道宗《记古滇说》：“滇水周三百里，其地万里，皆蛮夷所有，西穷极。有大秦国……徼濮国。”此“徼濮国”系指一国言，非若百濮国。百濮国应说“百濮之国”，亦即“许多濮的部落”。

濮之民族，未有考证者。董难作《百濮考》：“诸濮地与哀牢相接。余按哀牢即今永昌，濮人即今顺宁所居名蒲蛮者是也”，又曰：“余又以僰音按之，濮字在僰音亦合一屋韵，蒲字在僰音亦合七虞韵。僰语称其人为濮而不称为蒲，是一证也。”《云南通志》：“三代时惟有濮称，后乃分滇、夜郎、昆明等名，最后又有两爨六诏等。”倪蜕之言，以濮人即蒲人，《通志》所载，乃就云南蛮族整个而言，非据有民族之分析者。后因有以濮、滇、昆明

① 见袁嘉谷《滇绎》卷一。

② 见倪蜕《滇云历年传》。

③ 即指《书·牧誓》所谓庸、蜀、羌、髳、微、卢、彭、濮人。

等俱入泰族系统，盖据此。

我们从历史上看濮人分布，似有先在黄河流域，继入长江流域，又沿江入蜀，由蜀入滇之趋势。设濮为泰族，则与前章所述西洋学者及暹罗史所言泰族古史有相合之处。但我们前章曾言泰族古据中原说之可疑，而以泰族为南方热带民族。其理由之一，即此濮之迁移大事殊不敢置信。

冀鲁豫之濮，由濮水而名者，与江汉及蜀滇之称百濮者，似无甚关系。史籍既无其移徙之记载，叙述时亦不并称，且前者称水尤重于人。故我们以为前者应与后者分立，而为普通人之居濮水者，或系东夷之一称，或即戎之居濮水者。《史记》此濮，并无蛮夷之谓也。

蜀濮之迁滇，有李恢移民之记载，江汉之濮，则不见移殖之说。但以地理及历史言，江汉之濮因不断受楚之攻击而西移，沿江而入川，又因汉人之压迫由川入滇，亦甚合理论。此是一种假设。又《华阳国志》有堂螂为濮人故邑之言。若以此濮人乃发源于川滇边界，北向川、南向滇、东向楚而发展，亦合理论。是又一种假设，但较前者根据更薄。然无论何者，我们均可认江汉之濮与川滇之濮为一种。

以此濮为泰族，则据董难“地与哀牢相接”之言，及与今蒲人之音似。但据前所考，则与哀牢接者不过濮之一部，亦非最多之一部，则有系自川移来之可能。濮之中心地带不在哀牢，《哀牢传》中亦从无濮人之事。今之蒲人故与濮同音，然历来称此音者，如“獛蛮”“仆蛮”“蒲蛮”[①]“蒲僰”[②]“三濮”“濮子蛮”[③]“尾濮”“木棉濮”“文面濮”“折腰濮”“赤口濮”“黑僰濮”[④]“蒲曼”“濮曼”“濮䮾”[⑤]等种类至多。其种族亦均未经考定。今之濮曼人，我们前章述之属藏缅系，是大体据性格文化言。然其人体格肤色近于卡瓦、崩竜人，其信佛教又无异摆夷，故又有列为懵克墨族及泰族者。[⑥]《皇清职贡图》：“蒲人即蒲蛮，相传为百濮苗裔”，此“相传”殆亦与相传苗人为三苗之裔者同。是蒲人之族已不易辨，濮人与蒲人，更难

① 见《南诏野史》。
② 见毛奇龄《云南蛮司志》。
③ 见《唐书·南蛮传》。
④ 见郭义恭《广志》；《通典·边防典》。
⑤ 见《云南通志》。
⑥ 见彭桂萼《顺镇沿边的濮曼人》，《西南边疆》第7期，昆明民众教育馆出版。

考证。

我们不若称古濮人之族曰“百濮之族”，亦与我们称“三苗之族”者相同。其“后来如何”，亦为不甚明了。泰族之分布云南南部，濮则在云南北部。其族或近乎泰族，或有一部近乎泰族。

第三节　古滇传说杂考

一　黑水

《禹贡》：“华阳、黑水惟梁州”，“黑水、西河惟雍州”，“导黑水至于三危入于海”。按此黑水当源自西北，蜿蜒而东，南入于海，纵横八九千里，流域青、甘、宁、康、陕、川、滇、安南等七八地，其水之大可知。但遍考古今地理，实无此水，《史记正义》亦引郑说：“今中国无也。”然谈滇史者，必言梁州，说梁州者，必考黑水，故今云南志史，必自黑水起。

历来考黑水者不下十数家。此水原是不可考，故欲考而不得。本文范围，只略示诸说，示黑水之无稽，不在详考黑水。

说黑水者，可简略有下诸说。

（一）《水经》谓黑水出张掖鸡山，南至敦煌，越黄河伏流，过三危山，南入南海。《尚书正义》引之，颜师古注《汉书》亦同，今《水经》不见其文。后之尊孔《传》者持此说，然今张掖水则西入居延海而不南流。

（二）周文安《辨疑录·甘州志》，谓甘州之西有十里，黑水流入居延海。肃州之西北有黑水，东流遐远，莫穷所之，是其源出雍州之西，流入梁州之南也。按今地理亦无此水。

（三）《括地志》谓黑水山伊州伊吾县北，东南流至鄯州，又东南流至河州入黄河。蒋廷锡《尚书地理今释》以此为雍州之黑水。按即今之大通河，与梁州又无涉。

（四）蔡沈注引《地志》，谓黑水出犍为郡南广县汾关山。按此水当在梁州矣，然又不界雍。

（五）樊绰《蛮书》谓：“丽水者即古之黑水也。”薛士龙曰：“黑水今泸水也。”按丽水、泸水俱今之金沙江，不入南海。蒋廷锡以此为梁州之黑水。又樊绰谓丽水与㳽若江合，入南海。

（六）程大昌谓丽水源流狭小，不足为界，且不入南海。西洱河与叶榆河相贯，广处可二十里，其流正趋南海，当为古黑水。顾祖禹亦持此说。

（七）李元阳《黑水辨》，以澜沧江为黑水，由吐蕃北来，迤逦向东南，徘徊云南郡县之界，至交趾入海，今水内皆为汉人，水外则为夷缅，当足分界梁州。史秉信《冈脊黑水辨》，杨升庵、吴任臣《山海经注》，均然其说。蒋延锡则谓此为导川之黑水。

（八）《卫藏图志》，谓潞江（怒江）发源于卫地之布喀大泽，渊澄黝黑，名喀喇乌斯，蒙语呼黑为喀喇，水为乌斯，故应为《禹贡》之黑水。《一统志》、陈澧《东塾读书记》，均主是说。

（九）张机《大小金沙流源流考》，谓大金沙江（伊洛瓦底江）发源吐蕃，源较金沙、澜沧、潞江均荒远，下流亦十倍于三江之水，当为《禹贡》黑水。黄贞元谓澜仅潞四分之一，大金沙江十倍澜、潞，当是黑水。倪蜕《黑水论》亦然之。

（十）黄楙裁《禹贡·黑水考》，谓雅鲁藏布江遍历后中前三藏之地五千余里，折而南下，经缅甸国又五六千里，注于南海，实徼外第一巨流，《禹贡》黑水舍此更无足以当者。

按诸家之说，不外以三者为据：（一）择其源最远流最巨者；（二）择其足为州界者；（三）择其水黑者。倪蜕曰：“天下之大水有三，曰黄河、曰长江、曰黑水。”其实《禹贡》所述导者，如导漾、导沅、导渭，不只导江河之大水。水固莫大于雅鲁藏布江，但其流始终与雍、梁二州不相界，且亦不过三危。为州界者，则根本州界何在尚不知，盖按《禹贡》则必有水始有州界。若以夷汉之界为界，则此乃今日之事，古时岂有夷汉之界者？至于水色黑，则深水因河床关系均有作黑色考。倪蜕谓：“若黑水，远出汾关，上流已阔澄若重冥，黝然深碧，夏秋涨落，江色不变”，俨若目睹者，岂可信？

是知如《禹贡》所述之黑水，中国实无有。《禹贡》作者及时代，故尚未敢确定，然其述黑水，虽非亲见，亦必意有所指。其所指盖西北一带有水南流，因悬想南方必有一大水为九州之界。古代人西北之知识远较西南丰富，因古代西北并非荒凉沙漠之区，而为周秦民族发祥之地。《禹贡》谓“厥土惟黄壤，厥田惟上上”，于某种时期可能有之。西南之实说，绝非《禹贡》之作者所知，亦非大禹之传说者所悉。故黑水之悬想，乃以西北想西南。其“导黑水至于三危”，亦指其水流经西北之三危言，即前文三苗所迁之三危，此段大概为《禹贡》作者所见或所知，其后“南入于海”则纯系悬想。

此后虽系悬想，然事实上中国西南确有此由北而南之数大流，与由北而南之横断山脉，其地形与中国他处全然不同，是《禹贡》作者之述梁州，已有模糊的若今川滇等地之概念，《吕氏春秋》所述九州则不能远至此。此点亦略见《禹贡》所作之时代，似在汉以后。

二　九州

大禹治水之事，或为小规模洪水之记忆，或为太古洪水时代之回忆。设为前者，则禹绝不能远至云南导河入南海，设为后者，则回忆可大至无外，整个世界均可述及。洪水时代之水，非人所能为力，小规模之洪水，则不出今黄河流域。九州为治水后所划者，是九州亦有“回忆的”及“记忆的”两种可能。《禹贡》之九州，包括《禹贡》作者时代所有所知之世界，其九州之划分为回忆的。“回忆的九州”是最大的九州。

《吕氏春秋·有始览》：“河汉之间为豫州，周也；两河之间为冀州，晋也；河济之间为兖州，卫也；东方为青州，齐也；泗上为徐州，鲁也；东南为扬州，越也；南方为荆州，楚也；西方为雍州，秦也；北方为幽州，燕也。”此九州与《禹贡》之九州不同，亦无梁，其所有之地，都是立国之地。此九州包括所有春秋时代所活动之地域，其划分似为出于自然者，亦由各国互相扩土、互相竞争而来。

《吕览》之九州可称为“实在的九州”，因即使无此名亦是有此实地。在此中无梁，即不包括云南。设有小规模之治水，其范围只能小于此实在的九州，是即“记忆的九州”。“记忆的九州”是最小的九州。

云南之入中国，在“记忆的九州”与“实在的九州”中都没有，待“回忆的九州”中始有之。

按我们所说，则九州之名始于“实在的九州”之后，或说固定于“实在的九州”之后。考于史籍，则在此以前，或谓“九有”（《诗·玄鸟》），或谓“九围”（《诗·长发》），或谓“九隅”（《逸周书·尝麦解》），“有”“围”“隅”都为不固定之称。

《尔雅·释地》，九州无梁亦无相当梁之地；《周礼·职方》，九州无梁，亦无相当梁之地。是均较《禹贡》之九州更近于实在之九州，亦更早也。

汉武建置以前，云南不入中国范围，此可断言。今治滇史者执迷黑水九州者故属不当，然不忍舍弃九州之说则人情之常。倪蜕《滇云历年传》自序曰：

> 验《禹贡》之导山划水，不是梁州；问鸡山于张掖、燉煌，丽、兰、潞具非黑水。盖乌焉成马，自古而然；蚊蚋为雷，于今尤甚。

其疑古精神可钦可佩，但一入正文则曰：

> 三皇以来，化被无外；日月所照，莫不砥砺。此西南一隅，建国即在万国之内，分州即在九州之内。殆大禹平成之后，制贡辨服，而滇云遂与昆仑、析支、渠、搜四国同在要荒之服，盖制地之宜而因民之利也。

前人见解，大都若此。

三　昌意

《史纪·五帝本纪》：“黄帝……生二子，其后皆有天下。其一曰玄嚣，是为青阳，青阳降居江水。其二曰昌意，降居若水。昌意娶蜀山氏女曰昌濮，生高阳。”

《水经注》：“黄帝长子昌意，德劣不足绍承大位，降居斯水（若水），为诸侯焉。娶蜀山氏女，生颛顼于若水之野。”

若水谓即沫若水，司马相如开西南时所至者，即金沙江，此昌意之与云南发生关系者。黄帝之神话，姑无论有无其人，其活动总不出黄河下游，西南最远亦不过“西至于空桐，登鸡头；南至于江，登熊湘”。以古代社会论，亦不致以西南隅之女人为酋长妻。此种神话，原不可考，亦不必考，但历来说者则愈传愈信。《太平寰宇记·剑南西道》曰：

> 按世本《山海经》，扬雄《蜀王本纪》，来敏《本蜀论》，《华阳国志》，《十二州志》，诸言蜀事者虽不悉同，参伍其说，皆言蜀之先肇于人皇之际，至黄帝子昌意娶蜀山氏之女生帝喾。

是将蜀史又更推到人皇。此种延长神话为古史中极普遍之事，但亦必有其所本。此所本即秦汉人对蜀之关系。秦之灭六国，汉之灭楚，均得力于巴蜀之物力人力。巴蜀于其时及其以前，类中土之殖民地，得之者可以富强。《华阳国志》："蜀之为国肇于人皇……历（唐虞）夏商周，武王伐纣，蜀与焉。"此"武王伐纣蜀与焉"之说，颇可注意。同书《巴志》："周武王伐纣，实得巴蜀之师，著乎《尚书》。巴师勇锐，歌舞以凌，殷人倒戈，故世称之曰武王伐纣，前歌后舞也。"此说颇有可能，"歌舞凌人"亦确是原始战术，威吓与宣传并用者。至少，此说为秦汉得力于巴蜀之第一步推论，近于事实者，亦与吾人前述实在九州之推论同。

蜀与滇为两区域，前文屡言之，故得力于蜀者仍去滇远甚。

四　禹

《华阳国志·巴志》："禹娶于涂山，辛壬癸甲而去。生子启，呱呱啼，不及视，三过其门而不入室，务在救时。今江州涂山是也，帝禹之庙铭存焉。"

《宋书·符瑞志》："帝禹有夏氏母曰修己，出行见流星贯昴，梦接意感，既而吞神珠，背剖而生禹于石纽。"

《滇系·事略》："鲧娶于有莘氏之女名曰女嬉。年壮未孳，嬉于砥山，得薏苡而吞之，意若为人所感，因而妊孕，剖胁而产禹，家于西羌，地名石纽。石纽在蜀，西川也（石纽即今丽江府之石鼓）。"

按夏与商同为东方民族，其活动中心当在今山东省，夏后皋时已西迁，渐移居河东及伊洛。此神话之可靠性绝小，不足覆按夏民族兴亡之迹。姑备其事而已。

五　指南车与车里

《韩诗外传》卷五："成王之时……有越裳氏重九译而至，献白雉于周公。道路悠远，山川幽深，恐使人之未达也，故重译而来。周公曰：'吾何见赐也？'译曰：'吾受命国之黄发曰，久矣天之不迅风疾雨也，海不波溢也，三年于兹矣。意者中国殆有圣人，盍往朝之，于是来也。'"

车里指海南岛，地属古骆越，《后汉书·南蛮传》："建武十二年，九真徼外蛮里张游率种人慕化内属。"李贤注："里，蛮之别号"，即汉之俚、狸，今之黎也。《天下郡国利病书》卷一〇四："古昔伊尹正南方献今所谓里焉。里者蛮之别落后汉时谓俚人。"《南裔异物志》谓俚在广州之南，俗呼俚为黎，是也。晋时海南岛东北海上置瑇瑁县，以瑇瑁所出也。

崔豹《古今注》卷上："（指南车）旧说周公所作也。周公治致太平，越裳氏重译来贡白雉一、黑雉二、象牙一。使者迷其归路，周公锡以文锦二匹、軿车五乘，皆为司南之制，使越裳氏载之以南，缘扶南、林邑海际，期年而至其国。使大夫宴将送到国而还，亦乘司南而背其所指，亦期年而还。"

按今解越裳之国在老挝。《逸周书》及《吕氏春秋》载产里、百濮之事，前文已言。通谓产里即车里，从指南车而名。

按车里即今江洪县，旧名锦谹，英译"Kiang-hung"，俱自僰语"[illegible]"（Jung Hong）译来。车里之名则来自元之"彻里"，元世祖征交趾始置彻里路总管。彻里亦系译僰人，与指南车之车无关。又言越裳者未言车里，谈车里者不及越裳。《路史》载越裳之事，注云："今灌之越裳县"，是越裳在东南矣。古之称越，概指南及东南。《古今注》所见使者过扶南、林邑，亦不经西南。

此事固属传说，不必考者，但指南越裳是一传说，产里、百濮来献是一传说，不可以传说附于传说也。治中者常以传说证传说，殆亦类此，故特述之。

第三章

第一次云南与中土之交通

——庄蹻王滇考

一　记载之异同

楚庄蹻略地王滇为云南与中土交通之始，为云南汉化之始，亦为云南之第一批移民。其事于云南史中极重要，然庄蹻之来则由于偶然，前无古人，后亦无来者。其事见于《史记》《汉书》《后汉书》《华阳国志》，而四家之言不同，《史记》《汉书》与常、范《华阳国志》《后汉书》相差尤巨。

《史记·西南夷传》："始楚威王时，使将军庄蹻将兵循江上，略巴蜀、黔中以西。庄蹻者，故楚王苗裔也。蹻至滇池，地方三百里，旁平地，肥饶数千里，以兵威定属楚。欲归报，会秦击夺楚巴、黔中郡，道塞不通，因还。以其众王滇。"

《汉书》与《史记》同。

《后汉书·西南夷传》："初，楚顷襄王时遣将庄豪，从沅水伐夜郎。军至且兰，椓船于岸而步战。既灭夜郎，因留王滇池。以且兰有椓船牂牁处，乃改其名为牂牁。"

《华阳国志·南中志》："周之季世，楚威王遣将军庄蹻溯沅水出且兰以伐夜郎，值牂牁，系船于是。且兰既克，夜郎又降，而秦夺楚黔中地，无路得反，遂留王滇池。蹻，楚庄王苗裔也。以牂牁系船，因名且兰为牂牁。"

《汉书》中所引《华阳国志》则又与今本不同，我们姑称之为唐《华志》。

《史记正义》“道西北牂牁”：“常氏《华阳国志》云：楚顷襄王时遣庄蹻伐夜郎，军至且兰，椓船于岸而步战。既灭夜郎，以且兰有椓船处，乃改其名为牂牁。”

又《汉书·地理志》牂牁郡，颜师古注：“牂牁系船杙也。《华阳国志》云：楚顷襄王时遣庄蹻伐夜郎。军至且兰，椓船于岸而步战。既灭夜郎，以且兰有椓船牂牁处，乃改其名为牂牁。”

以此观之，其相异之处有五。

（一）《史》《汉》《华志》俱作楚威王时，《后汉书》《华志》作顷襄王时。

（二）《史》《汉》《华志》作将庄蹻，《后汉》作将庄豪。

（三）《史》《汉》不言夜郎，《华志》《后汉》言伐夜郎。

（四）《史》《汉》作循江上略巴黔以西，《华志》《后汉》作从沅水出且兰，唐《华志》出且兰而不言沅水。

（五）《史》《汉》不言牂牁，《华志》《后汉》言改且兰为牂牁，而牂牁为系船杙。

兹分述之，而以伐夜郎事为其根本差异。

二　庄蹻王滇之年代

《后汉书》改楚威王为顷襄王，以时间推算较确，缘庄蹻因秦夺巴黔中郡不得归而王滇。秦之夺地在周赧王三十八年（前277），楚威王薨于周显王四十年（前329），楚顷襄王继位于周赧王十六年（前299）。是秦夺地距楚威王薨五十三年之久，庄蹻不应迟迟不返。而秦夺地距楚顷襄王继位二十年，似较合理。前之论者，俱以此为证。

然考秦拔楚巫、黔中虽在赧王三十八年，但于三十七年即拔郢，三十五年“又使司马错伐陇西，因蜀攻楚黔中，拔之”〔《史记·秦本纪》秦昭襄王二十七年（前280）〕。且楚自怀王争商於地，蓝田之战后即一蹶不振。怀王二十八年秦与齐、韩、魏、攻楚杀唐昧，二十九年秦取楚襄城杀景缺，又攻楚取新市（江夏），是此时庄蹻归楚之路早绝矣。次年，秦取楚八城；又次年，秦羁怀王取楚十六城，而顷襄王始立。此后数年间，秦不断攻楚，时在威王后二十余年，庄蹻于此时亦不得返，非必待顷襄时也。其后楚势日削，终顷襄之世，内有巨匪，外有敌国，相继失汉北，上庸、鄢、西陵、郢、夷陵、巫、黔中等地，于此国难纷纭中，防守唯恐不暇，何有余力命庄蹻略巴黔以西？故庄蹻王滇之事，非必如诸家所考证，断为顷襄之事也。且范晔虽云顷襄而不言秦夺楚巴黔，是范氏亦非必据时间推算以改马、班也。

范氏改《史》《汉》，盖据《华志》，《后汉书》之言多与《华志》略同。梁玉绳《史记志疑》，张澍《续黔书》，胡蔫《牂牁丛考》俱言及之。按《后汉书》叙滇池亦与《华志》同。此说可信。但《华志》曰“楚威王时”，《后汉》曰“楚顷襄王”，是又何所据？或曰《华志》原作“楚顷襄王”，后人据《史》《汉》改者。然廖寅校注《华志》，则谓《华志》原作“楚威王”，颜师古因时间推算改而引之者。若此，则是非永不得明矣。

顾观光《华阳国志》校勘记引《太平御览》诸书所引，亦言系顷襄王时，然此诸书俱在范晔后，亦不足证原本《华志》若何。

或谓今本《南中志》传自明之杨慎，慎好为伪书，《四库提要》即疑之。[①] 按《四库提要》谓：“考隋以来《经籍》《艺文》诸志，皆无此书……牴牾不一，杨慎好撰伪书，此书当亦汉杂事秘辛之类也。”其抵斥若此。然此书乃杨慎谪滇时抽《华阳国志》而刊者，《四库提要》于《华阳国志》则明云：“首《巴志》，次《汉中志》，次《蜀志》，次《南中志》……”且极口称赞，特不知《南中志》乃出此。盖修四库大臣，各不为谋，致有此失，非杨慎伪撰也。又按常璩修《南中志》，盖依魏完之《南中志》，魏书早失，《华志》亦屡经篡改，宋李垩更颠倒增损，原本早失，致误错甚多，不能责之杨慎也。慎作《滇载记》固多不经之言，然系载南诏以来所传之史说，南诏因宗教与民族关系自有其传说，责不在杨慎也。

又，若考史籍之价值，则未有过于《史记》者。太史公亲抚西南夷，又距庄蹻时代最近，其西南一传，精简明确，前屡言及。《华志》错误极多，南中一志尤多乖谬，下文当更述辩。是以《史记》与《华志》相比，

① 见杨志玖《庄蹻王滇考》，《治史杂志》第2期，北京大学史学会出版。又本章写成曾载于昆明《益世报》史学副刊第21期。其后见杨志玖学长之文，其所考庄蹻王滇之时代路线、人名等俱与本文相反，盖尊《华阳国志》《后汉书》而非《史记》《汉书》者也。作者遂覆按其文，将本章修改，因其所论而有辩正，仍以为当尊马、班而非常、范。此所谓“或谓”者数处即是。

尤觉楚威王之言较近似也。

又附带言及者。胡嚣云："庄蹻略地在秦未置黔中地以前，庄蹻王滇系楚已失商於地以后"（《牂牁丛考》第2篇）。揆诸上言，则其语颇可究讨。又云："庄蹻既达滇池，会秦司马错取楚商於地置黔中郡"，是王滇又在秦取商於地之前，与前言自相矛盾。若其前言"楚已失商於者"，是指楚怀王十六年张仪相楚伪言商於六百里之事，则司马错攻楚，"伐取巫郡及江南为黔中郡"（《史记·秦本纪》），乃顷襄王二十二年事，二者并无干系。且商於属顺阳，在弘农（《汉书·地理志》：商城在弘农。《史记集解》："有商城在於中，故谓之商於"）。黔中在辰州沅陵，二者亦并无干系，胡氏以此论庄蹻为顷襄王时人物则误矣。

总之，庄蹻王滇为公元前三世纪末二世纪初之事，无论威王、顷襄，相差不过三数十年，于西南无大影响，但存疑可也。唯按前文所述，则仍以楚威王时较近似。

三　庄蹻非一人

《史》《汉》《华志》作"庄蹻"，《后汉书》作"庄豪"，《文选》卷四十三丘希范《与陈伯之书》李善注作"庄缟"，三者都是一人，或由音误，或由笔误。据张澍所考，《商子·弱民》《荀子·议兵》《韩诗外传》《礼》《书》《韩非·喻老》《吕氏春秋·介立》等，并有庄蹻，亦作庄豪，盖豪即蹻，古音相通，亦相借也。

此三者虽指一名，但庄蹻一名，却又不止一人。

秦汉籍中述及庄蹻者甚多，如：

（1）《荀子·议兵》："故齐之田单，楚之庄蹻，秦之卫鞅，燕之缪虮，是皆世俗之所谓善用兵者。"

（2）《荀子·议兵》："兵殆于垂沙，唐蔑死，庄蹻起，楚分为三四。"

（3）《韩非子·喻老》："楚庄王欲伐越，杜子谏曰：'……王之兵自败于秦晋，丧地数百里，此兵之弱也。庄蹻为盗于境内，而吏不能禁，此政之乱也……'"

（4）《商君书·弱民》："唐蔑死于垂沙，庄蹻发于内，楚分为五，地非不大也。"

（5）《慎子·佚文》："汤武非得伯夷之民以治，桀纣非得蹠蹻之民以乱也。"

（6）《吕氏春秋·介立》："郑人之下虩也，庄蹻之暴郢也，秦人之围长平也。"又："跖与企足得饴以开闭取楗也。"高诱注："企足，庄蹻也。"

（7）贾谊《吊屈原赋》："贤圣逆曳兮方正倒植，谓随夷溷兮谓跖蹻廉。"

（8）《韩诗外传》卷四："楚人……兵殆于垂沙唐子死，庄蹻走楚分为三四。"

（9）《史记·游侠列传》："跖蹻暴戾，其徒诵义无穷。"

（10）《淮南子·主术训》："明分以示之，则蹠蹻之奸止矣。"又《齐俗训》："于是乃有曾参孝己之美，而生盗跖、庄蹻之邪。"

（11）《盐铁论·力耕第二》："长沮、桀溺无百金之积，蹠蹻之徒无猗顿之富。"又《诏圣第五十八》："夫铄金在炉，庄蹻不顾，钱刀在路，匹妇掇之；非匹妇贪而庄蹻廉也。"

以上观之，除第一条之庄蹻可为名将外，其余所述之庄蹻俱为大盗，暴郢、分楚、贪戾，与盗跖并称。此大盗之庄蹻，极为人熟习，每每引用，成不义之代表，而引称者从无言王滇之事。故此庄蹻，必与王滇者为二人。王滇者为楚庄王之苗裔，为楚之大将。自去楚后即留滇不返，绝不能分楚暴郢。唐蔑即唐昧，其死在楚怀王二十八年，庄蹻时已去楚，亦不能起于内。尤可注意为《史记》之言。太史公深悉庄蹻故事，而于游侠中亦云"跖蹻暴戾"，是明指二人无疑。

亦有引《荀子》"唐蔑死，庄蹻起"之言以证庄蹻于怀王时尚在楚，顷襄王时始王滇者。或引韩非谓庄蹻与庄王同时，而庄王者即顷襄王。凡此均未辩庄蹻为二人之故。

倪蜕《滇云历年传》考此事，颇足一证：

蹻系庄王苗裔，盖庄王于威王相隔十余世，所以谓之苗裔耳。至《韩非子》所言为盗于境内者，乃是庄王之弟，另一庄蹻，先后且二百年。只缘《索隐》注《史记》，忽略本传"苗裔"二字，乃曰蹻楚庄王弟为盗者，于是生后人之狐疑，遂引范蔚宗《后汉书》云"顷襄王时庄豪王滇"之语，以为马、班皆误。殊不知《史》《汉》说威王时庄蹻王滇，范自说顷襄时庄豪王滇，夫威至顷襄历三代五十余年，岂必蹻之尚存而豪非其子若孙耶？是不得以顷襄为是，威王为非，庄豪为是，庄蹻为非也。

按倪蜕以庄蹻为二人固是，而以庄蹻与庄豪为二人又非矣。

四　庄蹻不伐夜郎

《史》《汉》不言夜郎，《后汉书》《华阳国志》言庄蹻伐夜郎，此点为其差异之基本点。

《华阳国志》言有竹王者，大竹所生，兴于遯水，自号夜郎，后为唐蒙所杀。[①]《后汉书》亦言有三节大竹，流入女子足下，剖竹得男儿，自立为夜郎侯，以竹为姓。元鼎六年（前111），平西南夷，遂为汉所杀。准是，则夜郎与唐蒙为同时代人，夜郎立国在汉武帝时，是汉以前根本无夜郎国，庄蹻何得于百年前预灭之耶？常、范之自相矛盾若此。今之论此事者，亦以此为据。如莫贞定《牂牁考》云："其时大竹未出，竹王未生，尚无夜郎国。"胡翯《牂牁丛考》曰："迨竹王倔起号称夜郎，此为汉高开国以后之事。"是均以常、范之言，证常、范之误者。

然大竹生儿之说，原属神话。竹儿为神话中人物，而唐蒙为历史上人物。按一般民族神话，大都自称为神之后裔，而真人只与神之后裔来往，不与神本身相通，则于古史中为极平常之事。设有唐蒙杀神人之事，则必为大奇异之谈。故所谓竹王者，盖夜郎远代祖先之传说，是夜郎之立国，不自汉始，庄蹻之时，容或有之。再者夜郎于汉时即为什数中最大之国，拥精兵十万，雄据一方（见《史记·西南夷传》），必非新兴之邦。我们以情理推测，夜郎立国必非始于汉初，特汉初始与中国相闻耳。然则莫氏、胡氏之言，以常、范之误证常、范之误者，亦有不足征。

夜郎虽于庄蹻时即有，但庄蹻王滇实未伐夜郎，非但未尝伐之，亦且未曾至其地。《史》《汉》与常、范相异之基本点在此，今当从其形势、历史、地理、经济、人种诸方言之。

秦楚之争，在长江上游，即所谓巴黔以西者。自楚威王后，秦楚不断战

---

① 见第8页注⑥。

争，目的即在此。盖以地扼长江交通，形势险要，为楚之国防前线而为秦之进攻据点。秦开巴蜀后，以巴蜀之人力、物力致力于此，秦楚之争乃益烈，故楚王命庄蹻略之。若夜郎者，则自古不闻于中国，观后唐蒙之言，则汉时尚与中国无涉，予楚无经济上之利益，亦无国防上之必需，楚何忽焉兴师伐之？且于时当秦之方强，楚之已衰，正中原多战之秋，何暇伐此不为人道之夷国耶？

《史记·西南夷传》“西南夷君长以什数，夜郎最大”，唐蒙称：“窃闻夜郎所有精兵可得十余万。”是知夜郎于汉初为西南最大之强国。武帝时唐蒙通之，其后汉有事于匈奴，饷耗不继，乃罢西南夷，但仍“独置南夷夜郎两县一都尉”。殆张骞西还，武帝再通西南，闭于昆明，“滇王与汉使者言：‘汉孰与我大？’及夜郎侯亦然，以道不通，故各自以为一州主，不知汉广大”，是夜郎至此仍少与外接触，亦从未为人所灭也。后南夷反，汉平南夷，始“杀头兰王”（即且兰王），是且兰亦不曾为外人所克也。“夜郎侯始倚南越，南越已灭，会还诛反者，夜郎遂入朝，上以为夜郎王”，夜郎知中土之大自此始。太史公结论曰：“西南夷君长以百数，独夜郎、滇受王印，滇小邑，最宠焉。”是知夜郎者，自古雄据一方，较滇为尤大，武帝尚不得不羁縻之，终武帝之世自王其国，岂曾为庄蹻所灭者？

《史记·西南夷传》：“西南夷君长以什数，夜郎最大。其西靡莫之属以什数，滇最大。”又称滇“其旁东北有劳浸、靡莫，皆同姓相扶”，是夜郎与滇，不同属亦不同姓，二者盖两种部族之人。夜郎在今黔东，滇在今昆明，相距千余里之遥，山脉崎岖，道路险阻，历来行滇者由蜀，旅黔者由湘，盖相隔之区域也。以言气候，夜郎暑湿，地瘠民贫，中国最穷之地。“牂牁地多雨潦，俗好巫鬼禁忌，寡畜产，又无蚕桑，故其郡最贫”（《通志》卷一九七）。滇则肥沃富庶，四时皆春，“河土平敞，多出鹦鹉、孔雀。有盐池田渔之饶，金银畜产之富。人俗豪忲，居官者皆富及累世”（《后汉书·西南夷传》）。[①]

① 马端临《通考》卷三二八述“牂牁蛮”：“土热多霖雨，稻粟再熟，无徭役……盗者倍三而偿，杀人者牛马三十。”《通考》所言，颇为富庶，类滇而不类牂牁。又《通考》所谓牂牁蛮者，乃昆明东九百里即牂牁国也。此昆明地乃是今大理，非今昆明。“昆明蛮，一曰昆弥，以西洱河为境”。西洱河即洱海，洱海东九百里，亦当滇不及牂牁。又称：“开成元年，鬼主阿珮内属，会昌中，封其别帅为罗殿王，世袭爵。其后，又封别帅为滇王，皆牂牁蛮也。”是谓封滇王者，亦当东滇不在黔。马端临之称牂牁蛮者，大致指今滇池一带之地。

二者迥然不同。又夜郎倚南越（“始倚南越，南越已灭……夜郎侯遂入朝”），商业上与南越往来（“南越以财物役属夜郎”，又唐蒙在南越食自夜郎运来之枸酱），而与滇无涉也。滇则倚劳浸靡莫（“皆同姓相扶”），商业上与蜀往来（“巴蜀民或窃出商贾，取其筰马、僰僮、髦牛”），而与夜郎无涉也。

盖滇自滇，夜郎自夜郎。庄蹻王滇，未尝至夜郎，唐蒙通夜郎，亦不至滇。庄蹻“将兵循江上略巴蜀、黔中以西……至滇池”，《史》《汉》并不言其经牂牁、且兰或夜郎。试思牂牁地广千里，夜郎精兵十万，庄蹻若经此，岂能无征战？《史》《汉》焉得不书之？又自江入黔，若非溯沅，必经乌江。前者见于下文，后者则水浅流狭，思南以上，仅浮小舟，自涪陵上溯六百余里，《史》《汉》又焉得不书之？

五　庄蹻不溯沅

按《史》《汉》有“上略巴黔”之语，此黔并非今贵州之称黔者。战国时之黔中郡，尚在今沅陵及以北之地，于时属楚。由沅陵入黔之路，隔于蛮夷，阻于夜郎，从古未有通此路者。唐蒙通夜郎，亦不经此道，而由蜀之莋关开僰道以入。据《史记》所言，唐蒙开道，“发巴蜀吏卒千人，郡又多为发，转漕万余人”，“巴蜀民大惊恐”；“发巴蜀广汉卒作者数万人，治道二岁，道不成，士卒多物故，费以巨万计”，是均为伐夜郎也，设湘黔之路已为庄蹻所通，又何必如此费事。

《史记·秦本纪》“使司马错发陇西，因蜀攻楚黔中，拔之”，又“拔楚巫黔中”，是伐黔中必“因蜀”，必经巫。知当时之行军道路为：蜀—巴—巫—黔中。《战国策》苏秦说威王曰：“大王不从亲，则秦必起两军。一军出武关，一军下黔中，若此则鄢郢动矣。”此“一军下黔中”者，即此蜀—巴—巫—黔中之路，顷襄时秦军取黔中亦正是此路，此路由蜀至巫全系顺江行（巫今毕节一带），由巫至黔中则渡江而南。楚与秦所争者，即此一线长江交通之地，是庄蹻之师亦必循此路上朔，与沅水无关也。当时楚都郢在江北，楚兵征于江北，楚舰聚于长江，而黔中为楚有，庄蹻必不移兵渡江，再返绕洞庭以溯沅水也。

今又欲言者，乃何为而有此误。其误也盖由于常璩误信庄蹻伐夜郎。

按《史》《汉》有“夜郎者临牂牁江”之言，常氏又为《异物志》“牂牁系船杙也”之说所惑，以为庄蹻必顺一水入夜郎，此水即后之改名牂牁者。考自楚入黔，水路有二：一自四川涪陵南下乌江（即黔江）达平越（即且兰）之北。故田雯之《黔书》，张澍之《续黔书》，均以乌江为牂牁江。此路水势狭曲，余江以上全不能通航，仅思南以下，可浮舟船。一自洞庭顺沅江直趋平越，其水甚畅。武帝平南越东越后，此水渐成航路。如汉光武建武二十三年（公元47年），刘尚伐南蛮即从此入：“发南郡、长沙、武陵兵万余人，乘船溯沅水入武溪，击之。”注：“沅水出牂牁，故且兰东北经辰州、潭州、岳州，经洞庭湖入江也。”（《后汉书·南蛮传》）但汉以前，此道不通，已见前叙。常璩欲于且兰处求牂牁，遂不得不求以椓船，求江以行舟，故有此误也。殊不知牂牁江者非乌江亦非沅水，而为今之西江。庄蹻绝不能自广西入黔，故庄蹻亦与牂牁无涉。其说见下。

六　牂牁考

《史》《汉》不言牂牁，《华阳国志》《后汉书》言庄蹻改且兰为牂牁。根据前述，庄蹻既不伐夜郎，则未到且兰，是不能改且兰为牂牁，《史》《汉》不书故明，常、范之误亦明。今所述者，则牂牁之来源也。

牂牁之名，于庄蹻之前即有之。《管子·小匡》曰：

> 桓公曰：“余乘车之会三，兵车之会六，九合诸侯，一匡天下。北至于孤竹、山戎、秽貉，拘秦夏，西至流沙、西虞，南至吴、越、巴、牂牁、𫘪、不庾、雕题、黑齿，荆夷之国，莫违寡人之命，而中国卑我。”

后之论者，皆以此论牂牁之名早于庄蹻。莫贞定《牂牁考》：“既读管子书，乃知常、范误。郦氏改马、班以就常、范，又误中生误……然则桓公定霸时，南夷已有牂牁矣。”

王先谦《后汉书补注》：“牂牁，南夷国名，见《管子·小匡篇》，是春秋时已有，非至楚顷襄王始改名。”

胡翯《牂牁丛考》：“牂牁国名既见诸《管子》，则牂牁之得名当然不自庄蹻始。南夷之有牂牁国，且犹不至齐桓定霸时始矣，特至春秋始通中国。”

诸家论者，不但以牂牁早有其国，且谓早即为西南一大国。

莫贞《定牂牁考》：“管子以牂牁与吴越巴荆并言，则其国必不小……其国当自巴以西，南并夜郎及以南之地，几与南越相接……其国之大可知。故置郡时（指元鼎六年置牂牁郡），以最大之夜郎而不以名郡，亦以牂牁又最古大之国耳。”

胡翯《牂牁丛考》：“《管子》谓南至吴、越、巴、牂牁、㶏、不庾、雕题、黑齿诸国云，则牂牁之国界，隐然可知，即荆、巴、越、黑齿环绕中之地区（注：胡氏并列表说明，谓即包括今滇黔桂之地）。”

以上我们但引前人之言，而不即求推者，以不信《管子》一书也。按《管子》书之成期虽尚无定论，其非者春秋之作，则可断言。上诸家言，舍《管子》外，别无引证，设《管子》伪，则皆不足征矣。“牂牁”一词，至汉时已成通用之名，以用于西南。如牂牁江、牂牁郡、牂牁国、牂牁蛮等。安知《管子》“牂牁”之名，非后人所附会？且《管子》所称诸夷云云，或为泛指，如吴、越，巴、荆、夷等；或无所考，如不庾、㶏等。若据此推论牂牁之范围，甚且表为包括滇黔桂之大国，实太不可靠。张澍亦疑《小匡》诸夷为后人附会，以其不见于经史也。再如牂牁早即为若是之大国，何不见述于《史》《汉》？何什数之中亦不以此为大？何终西汉之世称此地为且兰而不曰牂牁？

故以为牂牁之名，虽不始于庄蹻，亦不能求证于《管子》。古或早有牂牁国，然其国必不甚大。至于参加桓公会盟之事（诸家多以《小匡》指蔡丘之会，在庄蹻前四百年），更不可据信。

然牂牁既非最古最大之国，何以武帝置郡以牂牁名之，而不以夜郎或且兰？曰：以牂牁名之者，以有牂牁江故也。“牂牁江广数里，出番禺城下”（《史记・西南夷传》）；“下牂牁江，咸会番禺”（《汉书・武帝纪》元鼎五年）。是牂牁江乃西南之一大水，出于夜郎，流入南越，即今之西江也。枸酱即由此江输出南越，是商业交通之要道。武帝拟以十万兵浮江以攻南越，其军事之重要可知。唐蒙之倡议通夜郎也，以有牂牁江之故，其灭夜郎也，亦以有牂牁江之故，其后置郡焉得不以牂牁名之耶？

牂牁之来，始于牂牁江。牂牁国之有无，尚待考者。此江名必不起自庄蹻，因庄蹻出自楚，与此江无涉。

至于江何以“牂牁”见称？兹不复考。或谓为系船木（《华阳国志》），或以为江中山（《水经注》），或谓为海中岛（《异物志》），或谓为千斛牛肉（《黔书》），或谓为夷语译音（《牂牁丛考》），其说不一。

综上各节，可知庄蹻王滇之事，应以《史》《汉》为准，《华阳国志》《后汉书》为误，而其误则基于误从庄蹻伐夜郎。后之书者亦以误传误，如郦道元之注《水经》，颜师古之注《汉书》，近人之修黔志、滇志，著地理类书者，亦多未暇考，而揣测附会，俱不足信也。①

① 清冯甦作《滇考》一书，博采诸家，论断严谨，然于庄蹻事尽揣测绘形之言，曰：“会秦夺楚黔中，道塞不通，因复反滇，始筑且兰城居之，以声教诱服诸彝，彝人皆悦，共推蹻为君长，变服从其俗。”其“道塞不通”以下，俱无稽之谈。

第四章

汉代云南与中土之关系

第一节　秦之通道

庄蹻之王滇，由于偶然，王滇后即与中土相忘。云南与中土往来，尚再待汉武帝时。

武帝前西南夷之开发，唯《史记·西南夷列传》所记："秦时常頞略通五尺道，诸此国颇置吏焉。十余岁，秦灭。及汉兴，皆弃此国而开蜀故徼。巴蜀民或窃出商贾，取其筰马、僰僮、髦牛，以此巴蜀殷富。"

《汉书》"常頞"作"尝破"，当系一人无疑。此段记载之生问题者，亦由于《华阳国志·南中志》：

> （庄）蹻，楚庄王苗裔也。以牂牁系船，因名且兰为牂牁国，分侯支党，传数百年。秦并蜀，通五尺道，置吏主之。汉兴，遂不宾。

按《史记正义》："《括地志》云：五尺道在郎州"，考当今遵义一带。是五尺道乃所以通夜郎，非通滇。夜郎与滇，在政治上、经济上为两个区域，已如前述。武帝于建元六年（前135）通夜郎，元狩元年（前122）始通滇，两次动机不同，目的各异，亦以二地原不相关也。秦时蜀与夜郎关系较多，见枸酱之事可知，五尺道通夜郎不通滇，亦甚合理。

据此则“诸此国”指牂牁诸国，滇不在内。倪蜕《滇云历年传》据地理考证亦曰：“诸此国指夜郎，滇不在内。故今（云南）建置表中俱曰秦时通道置吏者，非也。”《史记》虽将此段述于滇后，实系另起一段，前段述战国史，此段述秦史，两者无关。

据《华阳国志》，则“分侯支党，传数百年”，是说庄蹻之事，庄蹻之党。“诸此国”，必指庄蹻之诸侯，五尺道亦当通滇矣。后之误会盖由此。如《太平寰宇记·剑南西道》：“戎州……秦惠王破滇池，此地始通五尺道。”是误以秦必破滇。又：“大将庄蹻……蹻无路能还，蹻遂自王之，秦蜀通五尺道，置吏。”是误五尺道通滇。

前章我们谓常璩错误，由于误使庄蹻伐夜郎，此处之误亦同。设庄蹻不伐夜郎，亦无秦破滇之误。

由常璩之误更生误者，则以“十余岁秦灭”句与上文庄蹻事相属，谓通道后十余岁而秦灭庄蹻，见于云南志书中。按《史记》武帝时滇为大国，其王名常羌，是滇绝未被秦灭，且《史记》述置吏在前，秦灭在后，是十余岁秦灭者，言通道不久秦自灭王也。据此通道事当在秦始皇时，《太平寰宇记》以为秦惠王，是亦由常璩之误更生误者。

由上述知武帝前中土与滇概无往来，唯商人重利，亦有窃贩莋马、僰僮、髦牛者。贩卖奴隶得利最厚，其贸易亦远达京师，《史记索隐》谓服虔曰：“旧京师有僰婢”是也。

第二节　汉武帝通西南夷

一　记载之订正

武帝通西南夷事，详见《史记·西南夷传》。其文甚长，综合其事如下。

（一）建元六年（前135），唐蒙使南越，得食枸酱，问所从来，盖自蜀经夜郎泛牂牁输出者，乃上书：“南越王黄屋左纛，地东西万余里，名为外臣，实一州主也。今以长沙、豫章往，水道多绝，难行。窃闻夜郎所有精兵可得十余万，浮船牂牁江，出其不意，此制越一奇也。诚以汉之强，巴蜀之饶，通夜郎，为置吏，易甚。”上许之，乃使唐蒙通夜郎。“蒙厚赐，喻以威德。约为置吏，使其子为令。夜郎旁小邑皆贪汉缯帛，以为汉道险，终不能有也，乃且听蒙约。还报，乃以为犍为郡，发巴蜀卒治道，自僰道指牂牁江”。

（二）“蜀人司马相如亦言西夷邛、筰可置郡，使相如以郎中将往喻，皆如南夷”。

（三）公孙弘“因数言西南夷害，可且罢，专力事匈奴。上罢西夷，独置南夷、夜郎两县一都尉”。

（四）元狩元年（前 122），张骞使大夏返，“言居大夏时见蜀布、邛竹杖，使问所从来，曰‘从东南身毒国，可数千里，得蜀贾人市’。或闻邛西可两千里有身毒国。骞因盛言大夏在汉西南，慕中国，患匈奴隔其道。诚通蜀，身毒国道便近，有利无害”。于是乃令王然于柏始等通滇求道。

（五）元鼎六年（前 111），南越反，武帝令发南夷兵，“且兰君恐远行，旁国虏其老弱，乃与其众反”。汉乃发巴蜀兵破之，南越平，且兰亦诛，以为牂牁郡。“夜郎侯始倚南越，南越已灭，会还诛反者，夜郎侯遂入朝，上以为夜郎王”。时邛、莋亦灭，冉駹皆恐，“乃以邛都为越嶲郡，筰都为沈犂郡，冉駹为汶山郡，广汉西白马为武都郡”。

（六）元封二年（前 109），“发巴蜀兵击灭劳浸、靡莫，以兵临滇，滇王始首善……以为益州郡，赐滇王王印，复长其民”。

由上分析，建元六年通夜郎，元狩元年通滇，全为两回事，动机目的俱各不相同。司马相如开西夷与前事有关，与后事无涉，见于下文。夜郎之灭与滇之灭，同由于南越之反，大兴兵戈，与十数年前之通道亦为两回事。然灭夜郎由于灭南越，灭滇则尚须灭劳浸、靡莫，时间不同，亦为两回事，此均明见于《史》《汉》者。所引数言，并为下文求证。

《华阳国志》于此又错误百出。其文先述张骞之言，继述唐蒙之奏，再述司马相如开西夷。后又述相如开越嶲，韩说开益州。再后述唐蒙通夜郎斩竹王。又其后各条述建置，犍为置于建元六年，越嶲置于元封六年，牂牁置于元鼎二年，卷三中又作元封元年，益州作元封二年，匪特与《史》《汉》不合，即按其自述故事亦前后矛盾。《华志》原本若何，虽不可考，然以今本论，则颠倒错乱，毫不足据也。其又述身毒即永昌，唐蒙斩竹王等，更属荒诞矣。

然细考《华志》之所以混乱如是者，盖亦由于误以庄蹻伐夜郎，因之滇与夜郎不分，劳浸与且兰莫辩，庄蹻地兼牂牁，牂牁国并滇海。故前于五尺道时不知其通夜郎不通滇，此于唐蒙、张骞诸事亦不知其何者通滇，何者通夜郎。后之史家凡有误会亦均由于此，我们于此则反复声叙。

二　唐蒙与第一次通夷

汉代主要敌人为匈奴，而武帝之击匈奴乃由于不得已。自高帝至景帝之隐忍政策，已到汉之最后关头，其势是我不破匈奴，匈奴必破我。汉破匈奴之策，是包围其两翼，尤其是切断其与西域诸国联络，即所谓断匈奴之右臂。此为汉对外之基本策略。随此策略而行者，即攘外必先安内，而当时后方最大势力即东越与南越。

建元六年的通夜郎，完全为征服南越。当时最强之东越王已为部下所弑，武帝分立繇君丑与馀善以分其势，剩下的只有南越未服。故唐蒙称其“名为外臣，实一州王”。汉欲伐南越，须下长沙、豫章，翻越五岭。武帝当时的精兵是马队不是水师，是北人不是南人。建元六年东越反，武帝即派大行王恢出豫章，韩安国出会稽以助南越，但俱阻于五岭。因此汉之将军，极力想另求一路，以攻南越。

唐蒙因奉命指晓南越，发现西北有牂牁江通夜郎，因献策贿买夜郎，以夜郎兵攻南越，使其两败而汉收渔利，故曰“此制越一奇也”。唐蒙之策是相当冒险的。因唐蒙所知一切，不过耳闻，其探路之由，只为枸酱。以蜀黔之交通，汉实难控制夜郎，以夜郎之自大，亦绝不肯将十万之师卖与汉人。故唐蒙虽得见夜郎侯多同，“喻以威德，约为置吏”，然夜郎诸国之目的，则在“贪汉缯帛”，而敢于贪取乃是“以为汉道险，终不能有也”。

所以唐蒙通夜郎之使虽完成，其假师灭越的计划却成泡影。制服夜郎，并非“甚易”，因收买既无功，必赖之征伐，而征伐则必须开道。置吏易，开道却难。因有巴蜀骚动，人民怨愤之事，因有司马相如安民查办之事。

南越终由唐蒙所通之道而灭。但伐越者并非夜郎之十万大兵，而为“巴蜀罪人”，夜郎不但未助汉，而且反汉。其结果，则南越被征服，夜郎也被征服。

这一段故事中，可知武帝通夜郎之目的在征南越，而征南越之目的在用事于匈奴，破匈奴是“抗战”，也是“救亡”。绝不是为了“好大喜功”，更非为喜吃枸酱。[1]

唐蒙根据枸酱而建议征伐未免过于疏忽，但唐蒙眼光毕竟远大。枸酱虽系食品，却代表一种经济关系，即《史记》所谓“南越以财物役属夜郎”也。南越与夜郎在经济上相属，灭其一可得其二。故结果“夜郎侯始倚南越，南越已灭，会还诛反者，夜郎遂入朝”。

三　张骞与第二次通夷

张骞为另一热心求道者。张骞之使命，在联大夏侧击匈奴，但汉与大夏之路为匈奴所隔，于是因蜀布、竹杖而想到由蜀通身毒，再由身毒转大夏之路。以今地理言，此路恐永不得通，即得通亦是最下策之路。缘张骞不知身毒究在何处，非但张骞，即晋之常璩或《华阳国志》篡改者，尚以为“身毒即今永昌”。

《汉书·张骞传》：“以骞度之，大夏去汉万二千里，居西南，今身毒又居大夏东南数千里。有蜀物，此其去蜀不远矣。”照张骞之推算，大夏与蜀大约在同一纬度，而蜀与长安在同一经度。故大夏、蜀、长安成一直角三角形。由长安经羌中至大夏为弦，由长安经蜀至大夏走勾股，弦是一万二千里，勾股亦可推知，故这条新路并非远不可测的。成问题者，身毒在蜀与大夏间而又稍偏南，南偏多少又不得知，故求路者必分数道向西并行。

《张骞传》：“乃令因蜀犍为发间使，数道并出。出駹、出莋、出徙、邛，出僰，皆各行一二千里，其北方闭氐、莋，南方闭嶲、昆明。”按徙在莋北，邛在莋南，徙、邛不可同出而莋另出。《史记·大宛传》作“发间使四道并出，出駹，出冉，出徙，出邛、僰”。《资治通鉴》亦取之而删“出莋”，以后有“闭氐、莋”之言也。

按前章所述地理，此四路俱在川康边境，成一直线。其出发必同时向西，或偏西南。但所谓莋者在徙、邛之间，无论出徙之使或出邛之使均无须南下或北上，故虽删“出莋”而言“闭莋”者亦不通。我们以为“出莋”之莋，乃指莋关。莋关在今汉源一带，盖关内蜀人，出关即是莋人。“闭

① 《华阳国志》卷四：“（武）帝既感邛竹，又甘蒟酱，乃拜（唐蒙）为中郎将往喻意，皆听命焉。”

莋”之莋，当指莋人或莋人区，亦即其大本营处，意当今越巂西（见《史记索隐》）。盖出关后虽有莋人，尚不致“闭”，待达莋人深处，则“闭”矣，其“闭氐”之氐，系滇康境之另一种族，非西北之氐，其是否属氐羌系尚成问题，[①] 此氐亦见于后之史籍中。

由上解释，四路俱系向西南平行，并非两路向北，两路向南，如此始与张骞之意度相合。其“北方”“南方”者指北路、南路也。

《张骞传》：“……南方闭巂、昆明。昆明之属无君长，善寇盗，辄杀略汉使，终莫得通。然闻其西可千余里有乘象国，名滇越，而蜀贾间出物者或至焉。于是汉以求大夏道始通滇国。”

此段文字颇有问题，而历来释者未注意。按“巂、昆明”之昆明非今之昆明，而为今大理一带，早见前章。此云其西有“滇越”，“于是”始通“滇国”。滇国不在大理之西，亦不以乘象为特征，此滇越当指今暹罗或缅甸一带，非滇池之国。但若此则与“始通滇国”又何关？

《资治通鉴》卷一九：“上将讨昆明（注：以其闭汉使故也），以昆明有滇池，方三百里，乃作昆明池以习水战。”此段记载，早有人考证其错误，见全祖望《昆明池考》。然误将昆明由洱池移至滇池，又误将滇池作为昆明池，其误必不自司马光始。何时生此误，不可考，但生此误者或由于《汉书》。因《张骞传》述闭于昆明而始通滇国。

我们以为班固治史，未必一误至此，且其言昆明“无君长，善寇盗”，滇国则已有庄蹻之王，封侯甚多。盖班固述“闭昆明”为一事，“于是始通滇国”为另一事。二者不相接，二者间缺述一段故事。此段故事可以《史记》补充之：

> 于是天子乃令王然于、柏始昌、吕越人等使间出西夷，西指求身毒国。至滇，滇王尝羌乃留，为求道西十余辈，岁余，皆闭昆明。

由此知汉使在闭昆明之前先至滇。滇王未阻汉使，且留为求道，所以“始通滇国”，在“闭昆明”之前。《汉书·西南夷传》，亦述此事。足见误滇之为昆

---

① 见宋文炳《中国民族史》“氐羌系”。

明，班固不负责任。但班固何于《张骞传》中叙事如此颠乱？盖《史记》无《张骞传》，《汉书·西南夷传》取自《史记》，《张骞传》则采自《大宛传》，《大宛传》不述西南事，故叙事断续。由此可见创作难，抄书亦不易。

我们用《史记》补充而不以其本书补充之，因《史记》此段较《汉书》有二长处。一，《汉书》将“岁余”改为“四岁余”，盖误将“西”字为“四”。二，《史记》多有两个“西”字，“西指求身毒”，“西十余辈”（此辈记空间非记时间）。此二字虽系泛指，却与我们上述直三角形之假设相合，亦见太史公头中，亦有一直三角形的影子。

这次开西南夷的动机在通大夏，目的亦在防匈奴，亦绝非武帝好大喜功或爱虚荣。故通滇后仍不断求西行之道，惜皆无功。元鼎六年灭滇置郡后，仍未改初衷，“欲地接以前通大夏，岁遣使十余辈，出此初郡，皆闭昆明，为所杀，夺币物。于是天子赦京师亡命，令从军。遣拔胡将军郭昌，将以击之，斩首数十万。后复遣使，竟不得通。”（《资治通鉴》卷二一“元封六年”）其用心之苦，求道之急可知。

四　公孙弘与司马相如

汉武帝并非为开西南而开西南，但在开西南中亦有为开西南而开西南者，亦有为反对开西南而反对开西南者，即司马相如与公孙弘。

公孙弘为天然反对开疆辟土者。其第一次为征博士时年已六十，第一件事即是出使匈奴，因反对用兵匈奴而免官。第二次征为博士年已七十，第一件事即是出使西南，“还奏盛毁西南夷无所用，上不听”。

《史记·公孙弘传》：

> 元朔三年……是时通西南夷，东置沧海，北筑朔方之三郡，弘数谏，以为罢敝中国以奉无用之地，愿罢之。于是天子乃使朱买臣等难弘置朔方之便，发十策，弘不得其一，弘乃谢曰：“山东鄙人不知其便，若是，愿罢西南夷、沧海，专奉朔方。”上乃许之。

公孙弘的理由，我们不得知，朱买臣之“十策”惜亦不闻。但其心理，可以推求。武帝的政治，是内文学外经学的，用为御史、丞相必道貌岸然若公孙弘者，但侍奉后宫者则须才藻华丽若司马相如。相如与朱买臣、邹阳、枚乘等一类人在当时成一特殊阶层，能舞笔为文，也爱坐朝论道。此种人留于郡国，则蛊惑王侯而成吴楚之乱、淮南之罪；收入皇家，则诱导君主而封禅更仪、开疆辟土。①

司马相如更为此类之典型。其青年时代的浪漫生活，使其见逐于卓王孙，不齿于乡里，至贱为犊裈卖酒，心怀积郁，愤而入京。《华阳国志》记其初入长安时题蜀城门曰："不乘赤车驷马，不过汝下也。"其事似可能。不幸入都后亦只执戟为郎，空琴株守。茂陵风雨，实有其苦衷。衣锦还乡，固其一生愿望也，其倡开西夷，除由于"文学之士"之通性外，更多一番私欲。②

相如第一次入蜀，使命在"责唐蒙，因喻告巴蜀民，以非上意"。"非上意"者言唐蒙之开僰道以致劳民结怨、强杀渠率等非皇上本意也。此事详见《史记·司马相如传》中。《华阳国志》于此亦颠倒错杂。郦道元注《水经》曰："汉武帝感相如之言，使县令南通僰道，费功无成。唐蒙南入斩之，乃凿石开阁以通南中。"是完全颠倒事实，推其迹盖由于误信常璩。

相如此行，全是代人弭祸。然唐蒙并不感谢，开道亦不停止，且更"发巴蜀广汉卒作者数万人，治道二岁，道不成，士卒多物故，费以巨万计，蜀民及汉用事者多言其不便"（《司马相如传》）。在此种情形下本不当再有所举动，但相如竟再请开西夷。

相如二次南行，可谓如愿以偿。第一，对国家主上算有一功。第二，一路喧赫可偿夙愿。《司马相如传》：

> 乃拜相如为中郎将，建节往使，副使王然于、壶充国、吕越人，驰四乘之传，因巴蜀吏币物以赂西夷。至蜀，蜀太守以下郊迎，县令负弩矢先驱，蜀人以为宠。

其得意可知。

第三，卓王孙不但一扫旧怨，且重与遗产：

---

① 此系根据吾师钱宾泗先生意见。

② 作者曾作游戏文字曰"构酱"，以分析司马相如此种心理。见昆明《中央日报》1939年11月17日。

于是卓王孙、临邛诸公，皆因门下献牛酒以交驩。卓王孙喟然而叹，自以得使女尚司马长卿晚，而厚分与其女财，与男等同。

第四，相如借此又收了弟子，开云南文风之始：“盛览，牂牁人，学于司马相如。[①] 所著有《赋心》四卷。尝问相如以作赋，相如答曰：‘合纂组以成文，列锦绣而为质，一经一纬，一宫一商，此赋之迹也。赋家之心，包括宇宙，总览人物，斯乃得之于内，不可得而传。’”“同时有张叔者，元狩间闻相如至若水造梁，距牂牁二百余里，亲负笈往从之，受经归以教乡人”（引自顾炎武《肇域志》）。

第五，此次开夷，全系用钱，并不如唐蒙之费力。“邛筰之君长，闻南夷与汉通，得赏赐多，多欲愿为内臣妾，请吏，比南夷”（《司马相如传》）。此钱即“巴蜀吏币”，相如于此是否有所得，不得而知，但事后有人告他通夷时纳贿，因而免官。又“相如使时，蜀长老多言通西南夷不为用，唯大臣亦以为然。相如欲谏，业已建之，不敢。乃著书，借以蜀父老为辞而已，诘难之，以风天子”（《司马相如传》）。所谓“著书”，亦见传中，是又以其子虚乌有之故技，以排廷议而掩蜀人耳目也。

第三节　封仁果考

滇国为庄蹻之后，至武帝通西南时滇王为尝羌，亦庄蹻之后，此马、班、常、范都无异言。但元明而后，则另有一种武帝封仁果以代尝羌之说。《南诏野史·大白国》：“……（庄）蹻遂自立为滇王。庄威之后，好佛法，纲纪不振，国人推张仁果为王。至汉武帝命张骞使滇，立仁果为王，仍称白国。后昆弥氏继之，改白为拜。”

后之传者皆根据《南诏野史》，《野史》则据云取自《白古通》，其书不传。按《野史》一书大抵为明阮元声所作，书记万历十三年（1585）事，杨慎概不及见。其题“倪辂集《野史》一册”，“杨慎标目”

① 按《太平御览》引《西京杂记》，盛览为司马相如友人，牂牁名士。袁嘉谷以为后之传者夸美，相如因改之为牂牁人，相如学生。按以上五条注应置第二节下，误置于此。

者皆系伪记。慎之《滇载记》亦记仁果事，据云译自僰文《玄峰年运志》。张道宗《记古滇说》亦载之。按《记古滇说》旧本题宋张道宗撰，嘉靖沐朝弼序谓道宗为元人，卷末则题咸淳元年（1265）滇民张道宗录。《四库提要》以为系“（杨）慎所依托，而故谬其文，以疑后人”。考其书所记诸事，与慎之《载记》多不合，与《野史》亦异；其金马碧鸡之说尤异于他书，恐非杨慎所作，杨慎不必“故谬其文，以疑后人”也。但书中又记元统二年（1334）立段信苴实为大理宣慰司使事，其必非咸淳中书，或后人改续。总之，以今本《记古滇说》言，其时代当与《滇载记》相符，或较杨慎更晚。

故记仁果事者，当以杨慎、张道宗较阮元声为早。试比较三书，可见其迹。《记古滇说》：“其后有仁果，时居白崖，号白子国，汉使张骞入赐玉印，策为滇王。”《滇载记》：“至汉有仁果者，九隆八族之四世孙也。强大居昆弥川，传十七世至龙祐那……”

再与前野史比较，则见《滇载记》只述仁果强大居昆弥川，《记古滇说》则增加其号白子国，张骞赐玉印策为滇王，《南诏野史》更增加其册封原因，由于庄蹻之后好佛法，纪纲不振。是此事之记载愈后者愈繁，与一般传说之通例相合也。

此传说之演变，亦可更推而后。诸葛元声《滇史》、谢在杭《滇略》、邵远平《续宏简录》、顾炎武《肇域志》、顾祖禹《读史方舆纪要》均载其事，而渐增加武帝因恶常羌而封仁果之说。如《续宏简录》：

> 元鼎六年，西南夷始通。(武帝）遣使至滇，滇王问使曰：汉孰与我大。天子恶其不逊，因册天竺白饭王后名仁果者为滇王，开郡号益州……蹻世乃绝。

二顾之说亦如之，盖附会《史记》。顾炎武更谓“白人之名始此”，此其封白崖也。

封仁果事，乃南诏整个传说之一部。此白饭王，即阿育王之后。《清一统志》：“白饭王本天竺阿育王之后，俗奉佛教，不茹荤，日食白饭，后即以白为氏。”

阿育王故事，前于哀牢考中已述之，以其系南诏国成立后所成之官方古代史，按此提高其民族地位，且延长其世系至九龙氏，更延长至天竺，成一系统。然云南有滇国，滇国为楚庄蹻所立，则明见《史》《汉》，不可改更；于是创武帝封仁果之说，使云南正统，各处归于南诏之族。兹再引《滇载记》，以见仁果后之历史：

> 至汉有仁果时，九隆八族之四世孙也。强大居昆弥川，传十七世至龙祐那，当蜀汉建兴三年，诸葛武侯南征雍闿，师次白崖川，获闿斩之，封龙祐那为酋长，赐姓张氏，割永昌益州地置云南郡于白崖……龙祐那之十六世孙曰张乐进，求逊位于蒙氏，考其时盖唐世也。

再参考其他记载，则此传说之系统可列成一表如后（见表4-1）。

表4-1　传说中的西天天竺摩竭国阿育王传承世系

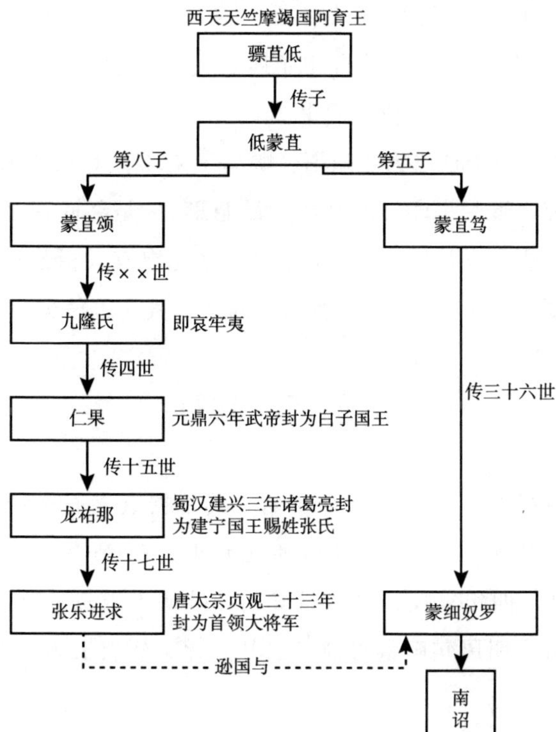

后之治滇史者，如冯甦《滇考》、王思训《滇南通考》、倪蜕《滇云历年传》、王崧《云南备征志》、师荔扉《滇系》等，亦均信此说。冯甦仅疑张乐进求逊国之事，而以为以前事皆“似非无据”。袁嘉谷《滇绎》始更疑龙祐那赐姓张氏，而仍信封仁果。

按仁果建国白崖，即洱海一带，亦即“昆明之属”之地。武帝时其处“无君长，善寇盗，辄杀略汉使”。设如我们所想，仁果是哀牢之后，南诏之族，即是泰族部落。而“昆明之属”如我们前所设想，是藏缅族部落。此时洱海之滨，点仓之下，是昆明之属的天下，武帝屡次通使皆为其所阻杀，又在长安造昆明池，谋兴军征伐。元封六年，又遣郭昌将兵击之，斩首数万。其强悍可知。仁果与之异族，当为其弱小民族，亦即被压迫民族。武帝与仁果联络，册封为王，亦属可能。不过即使有其封国，亦必小国，绝不如《南诏野史》等所传之盛也。

然无论武帝是否封仁果，庄蹻之世并不曾绝。滇于时为一大国，并代武帝向昆明求道，与白崖、洱海，为两隔绝区域。顾炎武述“庄蹻世乃绝”在元鼎六年，其后又述元封中“郭昌、卫广，平其未服，滇王降，请置吏”，蹻世既绝，何得再降？其自相矛盾若此。邵远平述元鼎六年开益州，实益州乃元封二年开，在征伐之后也。

《史记》：“……于是以为益州郡，赐滇王王印，复长其民。西南夷君长以百数，独夜郎、滇受王印，滇小邑，最宠焉。”是终武帝之世，未尝恶滇王而封仁果。太史公且特因之赞叹曰：“楚之先岂有天禄哉！……西南夷国多灭矣，唯滇复为宠王。”太史公曾亲使西南，其言可信也。

第四节　句町

句町为汉牂牁地，有侯，未详所始。其地据袁嘉谷考证，约在今临安（建水）阿迷（开远）一带。[①] 昭帝始元元年（前86年），益州牂牁夷反，遣吕破胡击破之。四年复反，复遣吕破胡，破胡不敢进，夷遂杀益州太守，次年遣王平与田广明风句町侯毋波共引兵入滇，斩首五万，获畜产十余万。

① 见袁嘉谷《滇绎》卷一。

“上曰：‘句町侯亡波率其邑君长人民击反者，斩首捕虏有功，其立亡波为句町王。’”（《汉书·西南夷传》）句町封王自此始。成帝河平二年（前27年），夜郎王兴与句町王禹、漏卧侯俞举兵相攻，汉遣张匡持节和解，不成。杜钦说王凤遣陈立为牂牁守，陈立召夜郎王兴杀之，句町王禹、漏卧侯俞皆入粟。待王莽变政，改句町王为侯，句町王邯怨恨，牂牁大尹周钦杀邯，邯弟承又攻杀钦。其后句町事不复见史传。

句町故事，约如上述，详见《汉书·西南夷传》，年代等则参考冯甦《滇考》，均不赘述。按句町封王之始，由于助汉平乱。当时乱者，昭帝始元元年（前86年），“益州廉头、姑缯民反，杀长吏。牂牁、谈指、同并等二十四邑凡三万余人皆反”。廉头、姑缯约为部族名，或姑缯即姑复，今云南永北一带，谈指今贵州安南郎岱境，同并今云南建水一带。其界自黔东南至滇西南，“二十四邑凡三万余人”，句町亦在其界内，而句町不与反事。四年之乱，“姑缯、楪榆复反”，是叛乱已漫延至西部，几整个滇北俱入反者之手，故吕破胡不敢进也。此次反叛，句町仍未与，故汉得利用句町，使击反者。按句町在反区之南，汉兵在反区之北，句町之两次不与反叛事，设非强大之部落，必为与牂牁夷异种之人。此二可能均有之。所谓“牂牁夷”者，实包括夜郎、滇等地人言，[①] 楪榆人则称“昆弥蛮”，二者如前章所假设，俱为藏缅族人，句町在南，设非同种，则或为泰族人向北发展之嚆矢，其后不久则哀牢内附也。

汉封句町为王，亦以夷制夷之策，故前疑武帝之封仁果，诸葛亮之封龙祐那，俱有可能者，亦以其均系以夷制夷之策。汉代此种政策之应用亦甚多，如建武中以鹿茤制哀牢，[②] 建初元年（公元76年）以永昌夷攻哀牢，又以昆弥夷攻哀牢等。盖凡有一强者起，汉则扶其弱者制之，以利用其民族之复杂与不合作，以求其均势，类今日列强之对巴尔干也。

第五节　东汉时之云南与云南民族

东汉西南夷与中土之往还，较西汉更繁，其事记于《汉书》及《后汉

① 见第1章第2节“《史记》所见之西南夷”。

② 《后汉书》未言汉与鹿茤之关系，然哀牢为鹿茤败后曰：“今攻鹿茤，辄被天诛，中国其有圣帝乎！”遂内附。以此见至少鹿茤已深染汉化者。

书》，参考其他记载，都无甚出入，亦无不明确处，兹均不赘述。唯所言者，则此时西南有数事颇可注意。

汉武之辟西南夷，如前所说，俱有其特别用意，非为辟疆扩土。故其通夷之初，并不重兵力。两次通南夷及司马相如通西夷，均系以巴蜀币帛贿其酋长，此虽伤财，而不甚劳民。仅元鼎六年因平南越之师，一动干戈，而平夜郎与滇。但既置郡县，则不得不维持治安。然终西汉之世，亦只始元中一度遣吕破胡平乱而已。盖西汉之执政者，其注意力仍在匈奴之防御，对于西南，一如武帝，但求能和平相处而已。《汉书·西南夷传》记河平中杜钦说大将军王凤之言，颇足见当时西南情况及汉将吏之心理：

> 杜钦说大将军王凤曰："太中大夫匡使和解蛮夷王侯（指河平二年遣张匡和解夜郎与句町之争事），王侯受诏，已复相攻，轻易汉使，不惮国威（按：王侯并未受诏，夜郎王兴且刻木人像汉吏，立道旁射之，其骄纵若此，故云），其效可见。恐议者选耎（怯懦也），复守和解，太守察动静有变乃以闻，如此，则复旷一时。王侯得收猎其众，申固其谋，党助众多，各不胜忿，必相殄灭。自知罪成，狂犯守尉。远藏温暑毒草之地，虽有孙吴将贲育士，若入水火，往必焦没。知勇亡所施。屯田守之，费不可胜量……即（若也）以为不毛之地，亡用之民，圣王不以劳中国，宜罢郡，放弃其民，绝其王侯，勿复通。如以先帝所立累世之功不可堕坏，亦宜因其萌牙，早断绝之。及已成形然后战师，则万姓被害。"

此文中一方面见西南内部之复杂，一方面见汉将吏之对策，但愿息事宁人，相安无事，甚且放弃其民，绝其王侯，亦未可惜。盖此时通大夏之路既无希望，匈奴亦渐平遁，西南之保持，仅以系"先帝所立累世之功不可堕坏"而已，故王凤听杜钦之言而遣陈立，陈立不假兵威而安抚争纷。其后翁指、邪务之叛变，陈立亦只就地募集群夷削平之。

西南之再见兵旅，始于王莽。王莽于始建国四年（公元 12 年）更制，以四夷称王，违古典缪于一统，于是定诸侯王之号皆称公，四夷潜王号者皆称侯，因有西南之乱，公孙述据蜀后，滇亦独立。王莽此种政策，实为其速亡之一因。四夷对王号之去留，较诸侯尤为注意。前述封仁果、封句町为王，以及前此封夜郎、滇等王，俱西汉对付夷族之重要手段。王莽既欲去之，便不得不仰诸兵力。因有平蛮将军冯茂、宁始将军廉丹、益州牧史熊等先后征滇之事。其兵力初发巴蜀犍为，继之以天水、陇西骑士，动员达三十万人，三岁余而无所成。此为中国对西南之第一次大规模用兵，亦为第一次动员汉军主力，而又不联络夷人之战，其结果不但未能平蛮，越嶲蛮任贵且自立为邛谷王，降于公孙述。治西南者，原非武力所能奏效也。

光武复国后，于建武十九年（公元43年）始遣武威将军刘尚等讨栋蚕、姑复、楪榆、梇栋、连然等夷叛。十九年以前，完全取放任政策。任贵自立为邛谷王降公孙述，蜀平后，任贵亦遣使上，仍以任贵为越嶲太守，授印绶。刘尚之征西南，兵不过万余人，而反者栋蚕与姑复、楪榆、梇栋、连然、滇池、建伶、昆明诸种从东到西，几包括整部云南。刘尚之胜利，一由于平蜀之威，一由于利用朱提夷。此较王莽之“天水、陇西骑士”，有力多矣。还有一重要原因，即此时西南之民族竞争已开始，各部落之“党助众多，各不胜忿，必相殄灭”之事亦日多。这是我们一种假设，容后述之。

终西汉之世，云南的情形，以文化论是东部高于西部。东部主要即“滇国”，西部即“昆明之属”。前者早即置吏通文，后者则“无君长，善寇盗，辄杀略汉使”者久之。西汉屡次用事西南亦皆限于东部。对于西部，武帝虽造昆明池，练水军，以谋征伐，但并未实行。元封六年一度遣拔胡将军郭昌击之，亦不得通。王莽之三十万大军所征者亦是牂牁、滇而不及西部。汉人之对西部用兵，实始于刘尚。刘尚不但破姑复、楪榆，而且追至不韦。实是通前所未通，至前所未至之地，显宗置永昌郡，哀牢、博南二县，从此永昌成西南重要之地，其始则自刘尚。刘尚行军之路线，亦颇可注意。刘尚率军渡泸水，路由越嶲转战洱海之滨、白崖之巅，然后入永昌。诸葛亮南征之路，即与此大致相同。刘尚前之通滇者，大皆循王然于等之路，由邛莋僰道至滇再西行，泸水之道概自刘尚始。然世人称美诸葛“五月渡泸”，而皆不知刘尚。

关于不韦有二个传说。孙盛《蜀谱》曰：“初秦徙吕不韦宗族于蜀汉，武帝开西南夷置郡县，徙吕氏以充之，因置不韦县。”《华阳国志》曰：“孝武时，通博南山……置巂唐、不韦二县，徙南越相吕嘉子孙宗族实之，因名不韦，以彰其先人之恶。”按此传说，实不可靠。武帝置益州，巂唐、不韦等县不过设名，地仍夷人部落，不能徙吕嘉宗族于此也。倪蜕《滇小记》曰：“考《史记·西南夷传》，汉武之时仅能通滇，何由得置不韦而徙吕嘉宗族居之也？今北直隶明有获嘉县，以获吕嘉明矣，则不韦县非因吕嘉而置可信。”其说固是，但获嘉之说仍有问题，非本处范围兹不赘。孟坚《东都赋》曰：“自孝武之所不征，孝宣之所未臣，莫不陆讋水慄，奔走而来宾，遂绥哀牢，开永昌、春王三朝，会同汉京。”西部云南，实非武帝之所达也。

云南西部之通中国始于刘尚，但我们更注意者，则为云南于刘尚时代之背景，亦即刘尚所以能通西部之原因。照我们的假设，刘尚时代，云南西部已入于泰族与藏缅族剧烈竞争之时。

东汉初不重边功，孟坚《东都赋》中铺张亦只滇边二事，即以滇而论，汉亦未尝加意征伐。然其时夷人之归化，则远非西汉所及，亦为后世所未有，如：

（一）建武二十七年，哀牢王贤栗率种人诣越巂太守郑鸿降求内属。

（二）永平十二年（公元 69 年），哀牢王柳邈遣子率种人内属。

（三）永平十七年，白狼、槃木、唐菆等百余国称臣奉贡作诗，朱辅译奏之。

（四）永元六年（公元 94 年），永昌徼外夷敦忍乙王莫延遣使译献犀牛、大象。

（五）永元九年，徼外蛮及掸国王雍由调，重译奉珍贡。永宁元年，复遣使朝贺，献幻人。

（六）永元十二年，旄牛徼外白狼、楼薄蛮夷王唐缯等率种人归义。

（七）永初元年（107），永昌徼外僬侥种夷陆类等三千余口内属，献象牙、水牛、封牛。

（八）元初二年（115），青衣道夷邑长令田，与徼外三种夷三十一万口，赍黄金旄牛毦内属，乃增令田爵为奉通邑君。

（九）元初三年，越巂徼外大羊等八种，亦慕义内属。

此种内附，有数特点。第一，俱系西部及西徼外之夷。第二，俱在建武至元初，即公元一世纪中。第三，其诸种族若哀牢、白狼、槃木、唐菆、敦忍乙王莫延、掸国、楼薄、焦侥、大羊，及元初四年叛之卷夷、大牛种，永初元年叛之三襄种、汙衍种、旄牛夷等，俱前此不见史传者。第四，此种归附，并非由汉之武力征伐，自刘尚南征后，至元初间，东汉并未对西南施其兵力。建初元年类牢之叛，系由永昌、昆明等夷平之，永平元年姑复之叛，仅地方兵不久即平。

此种现象颇可注意，有解释者，则认为系当时理夷事者廉节宽厚之所致。当时如益州太守王追，“政化尤异，有神马四匹出滇池河中，甘露降，白乌见”。永昌太守郑纯，“为政清絜，化行夷貊，君长咸慕，皆献土珍，颂德美”，“纯与哀牢夷人约，邑豪岁输布贯头衣二领，盐一斛，以为常赋，夷俗安之”。邛都太守张翕，“政化清平，得夷人和。在郡十七年，卒，夷人爱慕，如丧父母。苏祈叟二百余人，赍牛羊送丧，至翕本县安汉，起坟祭祀”。益州刺史朱辅，“好立功名，慷慨有大略，在州数岁，宣示汉德，威怀远夷”（俱见《后汉书》）。此皆在滇史中称颂一时者也。此种人事原因虽亦重要，但仍非根本，盖政化之得以清和者，亦由诸夷归附之时势所造成也。

我们的假设，以为公元一世纪中西南夷中发生内部变化，有一新民族之活动。此新民族我们以为即是泰族。泰族之活动，系由西南而东北，此与事实相合，与前所假设之句町亦相合，此时之内附，始于哀牢掸国，是哀牢掸国为此民族中之最大者。哀牢掸照前章所述为泰族人。内附者除白狼、槃木等为西北民族外，其余皆在永昌及西徼外一带，俱有解释为泰族人之可能。又此民族在新兴时，必无统一之大国，而为零散之小部落。故所见名目特别繁多。又如记“白狼、槃木、唐菆等百余国”，哀牢“分为十九部”，贤栗有“六王”，哀牢王柳邈内属“其称邑王者七十七人”，封离之叛平后，“其余三十六种皆求降附”，“大羊等八种”，“青衣道夷邑长令田与徼外三种夷”等，其部落之多可知。此诸小部落兴起于云南西部，不足以与中东部之昆明、滇、邛都、夜郎等相抗衡，又不足以自保，因纷纷向汉输诚，请求封属保护也。

照我们所假设，此时云南之形势如下。北部大部为藏缅人所据，东部大部为苗人所据。西北一角与南部一隅新兴的泰族正在试探活动。前二者已汉化俱深，但叛乱亦多而且有力。后者与前二者的战争总是失败，[1] 对中国则曲意奉承以求保护。

此种形势至东汉末年大变。三国时代诸葛亮所遭遇的环境，和刘尚便不大相同了。

① 指建武二十三年哀牢、鹿茤之战，建初元年哀牢、昆明夷之战，见第 1 章第 3 节“哀牢民族考”。又元初三年封离之叛时，亦见夷人内部之争。

附录一

古代云南大事略（上古至汉末）

此事略根据倪蜕《滇云历年传》、师范《滇系·事略》、王崧《云南备征志》所辑《资治通鉴》及本文所述，而以本文范围内者为限，取其可信，不求丰赡。

（一）周显王、慎靓王（前368～前315）时，楚庄蹻略地王滇。

（二）秦始皇（前221～前210）时，常頞通五尺道。

（三）武帝元狩元年（前122），王然于、柏始昌、吕越人通西南夷，至滇，求身毒道。

（四）元鼎六年（前111），破越，讽滇王入朝。

（五）元封之年（前110），司马迁使巴蜀、南略邛莋、昆明。

（六）元封二年（前109），司马相如通西夷。韩说开益州。郭昌、卫广平西南夷，滇王降。开益州郡。

（七）元封六年（前105），遣郭昌击昆明，通大夏，斩首数十万，道竟不通。

（八）昭帝始元三年（前84年），姑缯、楪榆反，遣吕辟（破）胡击之，败还。明年遣田广明等大破之，句町侯亡波同入滇击反者，有功，封句町王。

（九）宣帝神爵元年（前61年），使王褒求金马碧鸡神，不得通，至蜀遥祭。

（十）成帝河平二年（前27年），夜郎王兴、句町禹、漏，卧侯俞，相攻杀。遣张匡和解，不服。遣陈立，立杀兴，遂服。

（十一）新莽天凤六年（公元 19 年），姑缯等夷反，王莽遣廉丹击之，不克。

（十二）光武建武十八年（公元 42 年），渠帅、栋蚕、姑复、楪榆、梇栋等诸夷叛；十九年，遣刘尚平之。

（十三）建武二十七年（公元 51 年），哀牢夷贤栗等求内属。

（十四）明帝永平元年（公元 58 年），姑复夷反，益州刺史讨平之。

（十五）永平十二年（公元 69 年），哀牢王柳貌遣子率众内附，置哀牢、博南二县，割益州西部六县为永昌郡，始通博南山，度兰沧水。

（十六）永平十七年（公元 74 年），白狼等夷入贡，作诗颂德，朱辅译进之。

（十七）章帝建初元年（公元 76 年），哀牢王类牢反，太守王寻奔逃。

（十八）和帝永元六年（公元 94 年），永昌徼外夷遣使献犀牛、大象。

（十九）永元九年（公元 97 年），徼外蛮及掸国王重译贡珍宝。

（二十）安帝永初元年（107），永昌徼外焦侥种三千内附。

（二十一）元初五年（118），卷夷、大牛种、封离等叛，中郎将尹就讨之，败绩。明年，益州刺史张乔遣杨竦破之。

（二十二）永宁元年（120），掸国王复来贡乐及幻人。

（二十三）灵帝熹平五年（176），永昌太守曹鸾上书谏党锢，杀之。

附录二

西晋西南地图*

本文所论预计止于三国，故绘附西晋西南地图以与本文引证。按西晋建置，于地理上未尽完善，且建置未久，改制频仍，本不适于制图。兹仍采用者，其故如下。

晋制，陕南、川东大部属梁州，川西、康东属益州，黔滇属宁州。以古代经济人文，川北与陕南自成一区域，前屡述之。西晋之益、宁二州，正本文所谓之西南，与本文精神正合也。所绘亦只止？于益、宁。

又秦州六郡包括安南而不及滇、黔、康，西汉益州刺史部虽只八郡而括及陕、蜀、滇、黔及康、鄂之一部，东汉益州更括及豫、桂，三国大致如之，皆辽漠远阔，与本文精神相左。西晋宁州，其西南与交州界处，恰与今之云南、安南、广西界相合；其北与益州界处，又与今之云南、四川界相差无几。只西南一带不若今之开拓，此即野人山与普思沿边中缅未定界处，至今犹成问题者也。又牂牁自刘禅建兴二年分立兴古郡后，其与宁州界约即今云南、贵州之界；其南界、东界、北界约即今贵州与广西、湖南、四川之界。故西晋之宁州，实今日云南省之雏形，而其牂牁郡，即今之贵州。此种界划，东晋即破坏，待明代始划如今日。故求之历史中，唯西晋一度之划界与今相合，亦即谓较合地理人文经济之趋变，而与本文精神相同也。

---

* 原图缺。——编者

本图绘制以《晋书·地理志》为主，以《华阳国志·蜀志》《南中志》为副，并参考王隐《晋太康三年地记》及其他地书。《晋书·地理志》与《华阳国志》时代不同，所载甚异。本图于地名则多兼取以供参考，《晋书》用殿本，参考宋本，《华阳国志》则据嘉庆十九年廖寅校本及其所列表志。古今地名对照，最属困难，则仅得其大略地位而已。

各书所载差异，并见建置表。

附录三

西晋梁州、益州、宁州建置表

《晋书·地理志》		县名	约当今地	《华阳国志》	
州	郡			郡	州
梁州		郪县	汉置，四川郪县三台南	广汉郡（高帝六年置）	益州
	新都郡（泰始二年置，县四）	雒县	汉置，四川广汉		
		绵竹	汉置，四德川阳北		
		什邡	汉置，四川什邡南		
		新都	汉置，成都		
	广汉郡（泰始二年置，县三）	五城	蜀置，四川中江东		
		广汉	汉置，四川遂宁东北		
		德阳	后汉置，四川梓橦北		
益州	蜀郡（汉置，县六）	成都	四川成都	蜀郡（汉置，县六）	
		广都	汉置，四川华阳东南		
		繁县	无考		
		江原	汉置，四川崇庆东		
		临邛	汉置，四川临邛		
		郫县	汉置，四川西川		
	犍为郡（汉置，县八）	武阳	汉置，四川彭山东	犍为郡（建元六年置，县五）	
		南安	汉侯邑，四川夹江西北		
		僰道	汉置，四川宜宾南		
		资中	汉置，四川资阳北		
		牛鞞	汉置，四川简阳西		
	汶山郡（汉置，县八）	文山[1]	汉置，四川理藩（番）南	汶山郡（元封四年置，县全阙）	
		升迁	晋置，四川松潘西北		
		都安	蜀置，四川灌县东		
		广阳	汉汶江，晋改，四川茂县西北		
		兴乐	晋置，四川松潘西北		
		平康	蜀置，松潘西北		
		蚕陵	汉置，松潘西北		
		广柔	汉置，四川汶川西北		

续表

《晋书·地理志》		县名	约当今地	《华阳国志》	
州	郡			郡	州
益州	汉嘉郡	汉嘉	汉青衣,后汉改,西康雅安北	汉嘉郡	益州
		徙阳	汉徙阳,晋改,四川天全东		
		严道	汉置,四川荥经		
		旄牛	汉置,四川汉源南		
	江阳郡(蜀置,县三)	江阳	汉置,四川泸县	江阳郡(建安十八年置,县四)	
		符县	汉置,四川合江西		
		汉安	后汉置,四川江南东		
		新乐	晋新乐在河北省,此无考		
	越嶲郡(汉置,县五)	会无	汉置,四川会理	越嶲郡(县十二,原全阙)	
		邛都	汉置,四川西昌东南		
		卑水	汉置,四川会理东北		
		定筰[2]	汉置,四川盐源南		
		台登	汉置,四川冕宁		
		阐县	汉置,四川越嶲		
		苏示	汉置,四川西昌北		
		大莋	汉置,四川冕宁西		
		三绛	无考		
		灊街	灊街,汉置,今阙		
		安上	无考,南齐置安上郡在四川		
		马湖	蜀置,四川雷波		
		临利	后改	南广郡(蜀置,县四)	
		常迁	今阙,南朝宋置在叙府		
		新兴	晋置,云南玉溪(?)		
	朱提郡(蜀置,县五)	南广	汉置,四川珙县西南		
		朱提	汉置,四川宜宾西南	朱提郡(元封二年置,县五)	
		汉阳	汉置,四川符广南		
		南秦	晋置,今阙		
		堂狼[3]	汉置,云南会泽		
		南昌	后改,汉南昌在江西		
		广谈	南朝宋置,今阙	牂柯郡(元鼎二年置,县四)	
	牂柯郡(汉置,县八)	万寿	晋置,贵州平越		
		且兰	贵州平越		
		毋敛[4]	晋置,今阙		
		夜郎	汉置,晋迁,贵州石阡西南	夜郎郡	
		谈指[5]	贵州安南即岱境		
		平夷	汉置,贵州仁怀西南	平夷郡	
		鳖县	汉置,贵州遵义西		
		并渠	晋置,今阙		

续表

《晋书·地理志》		县名	约当今地	《华阳国志》	
州	郡			郡	州
宁州	云南郡(蜀置,县九)	云平	晋置,云南详云东		宁州
		姑复	汉置,云南永北东南		
		邪龙	汉置,云南蒙化		
		永宁	蜀置在四川开江,南齐在云南		
		云南		云南郡(建兴三年置,县五)	
		弄栋[6]	汉置,云南姚县		
		青蛉	汉置,云南大姚		
		楪榆	汉置,云南大理东北		
		遂久	汉置,四川盐源西南		
	兴古郡(蜀置,县十一)	漏卧	汉置,云南罗平南		
		毋掇	汉置,四川黎县		
		进乘	汉置,云南元江东南	兴古郡(建兴三年置,县七)	
		律高	汉置,云南陆良		
		句町	汉置,云南建水阿达		
		宛温	汉置,贵州盘县西,或谓在宣威		
		滕休[7]	汉置,云南建水南		
		铎封[8]	汉置,贵州遵义		
		汉兴	晋置,今阙		
		都篖[9]	晋置,今阙	梁水郡(建兴元年置,县四)	
		贲古	汉置,云南建水东南		
		梁水	阙,南朝宋置,当在云南境		
		西随	汉置,云南元汉江东	平乐郡(建兴元年置,县四)	
		兴迁	无考		
		平乐	汉平乐在山东,非此		
		三沮	无考		
	建宁郡(蜀置,县十七,无同乐)	新定	汉置,今阙	建宁郡(县十三)	
		味县	汉置,云南曲靖西		
		昆泽	汉置,宜良		
		存駋	汉置,四川宜宾东南,非此也		
		谈稾	汉置,陆良		
		同濑	汉置,曲靖西北		
		漏江	汉置,海通		
		牧麻	汉置,云南寻甸		
		谷昌	汉置,昆明北		
		双柏	汉置,昆阳		
		俞元	汉置,澄江南		
		修云	修云无考		
		冷丘	晋置,今阙		
		同乐	无考		

续表

《晋书·地理志》		县名	约当今地	《华阳国志》	
州	郡			郡	州
宁州		毋单	汉置,云南黎县	晋宁郡(元封二年置,县七)	宁州
		连然	汉置,云南安宁南		
		秦臧	汉置,云南富宁西北		
		滇池	云南滇池		
		同劳	汉置,今阙		
		同安	今阙		
		建伶	汉置,昆明西北		
	永昌郡(汉置,县八)	不韦	汉置,云南保山北	永昌郡(汉置,县八)	
		永寿	无考		
		比苏	汉置,云南云龙西		
		雍乡	晋置,今阙		
		南涪	晋置,今阙		
		嶲唐	汉置,龙县南		
		哀牢	汉置,保山东		
		博南	汉置,云南永平东		
		盘江	无考,盘江桥在云南弥勒南	西平郡(建兴三年置,县三)	
		南零	无考		
		来如	无考		
		河阳	阙,南齐置河阳,当在四川境	河阳郡(元帝置,县四)	
		××			
		××			
		××			

注:

[1] 宋本《晋书·地理志》作“汶山”。

[2]《华阳国志》作“定莋”。

[3]《华阳国志》作“堂螂”。

[4]《华阳国志》作“毋敛”。

[5]《晋书·地理志》作“指谈”。

[6]《晋书·地理志》作“栟栋”。

[7]《华阳国志》作“腾休”。

[8] 宋本《晋书·地理志》作“镡封”,《华阳国志》亦然。

[9]《华阳国志》作“都唐”。

附录四

参考书目

所列参考书，仅限作者直接参阅者，其转引他书者不列。其不出自下列书目者，见各章附注中。

1. 二十五史。

2. 《尚书》。

3. 《诗经》。

4. 《竹书纪年》。

5. 《资治通鉴》。

6. 《诸子集成》。

7. 《华阳国志》。

8. 《云南通志》。

9. 倪蜕：《滇云历年传》。

10. 倪蜕：《滇小记》。

11. 师范：《滇系》。

12. 王菘：《云南备征志》。

13. 由云龙：《滇录》。

14. 袁嘉谷：《滇绎》。

15. 云南杂志社：《滇粹》。

16. 《南诏野史》。

17. 胡翯：《牂牁丛考》。

18. 樊绰：《蛮书》。

19. 田汝成：《边行纪闻》。

20. 《水经注》。

21. 檀萃：《滇海虞衡志》。

22. 李诚：《云南水道考》。

23. 赵元祚：《滇南山水纲目》。

24. 顾炎武：《天下郡国利病书》。

25. 顾祖禹：《读史方舆纪要》。

26. 李兆洛：《历代地理志韵编今释》。

27. 顾颉刚：《暹罗改号与中国之关系》，《天文台半周刊》1940 年 9 月 4 日。

28. 顾颉刚、史念海：《中国疆域沿革史》，商务印书馆。

29. 小岛彦七：《支那古今沿革地图》。

30. 林惠祥：《中国民族史》，商务印书馆。

31. 宋文炳：《中国民族史》，中华书局。

32. 吕思勉：《中国民族史》，商务印书馆。

33. 鸟居龙藏：《苗族调查报告》，国立编译馆。

34. 李拂一：《车里》，商务印书馆。

35. 杨成志：《云南民族调查报告》，中山大学。

36. 杨成志：《㑩㑩说略》，《岭南学报》第 1 卷第 3 期。

37. H. R. Davis, *Yunnan*, pp. 332 – 398. 据郑天挺先生打字抄本。

38. M. Georges, Maspero, L'Indochine, Tome Ⅰ, Geographie humainne, Langues, Ⅱ, Son Histoir.

39. 《民族学研究汇刊》，中山文化教育馆。

40. 陈序经：《暹罗华化考》，《东方杂志》第 35 卷第 20、21 期。

41. 陈序经：《暹化与华侨》，《今日评论》第 3 卷第 2 期，昆明。

42. 陈序经：《暹罗与汰族》，《今日评论》第 2 卷第 1 期。

43. 陈序经：《暹罗与日本》，《今日评论》第 2 卷第 16 期。

44. 方国瑜：《南诏是否泰族国家》，《新动向》第 3 卷第 6 期，昆明。

45. 方国瑜：《僰人与白子》，昆明《益世报》1939 年 10 月 2、9 日。

46. 周锺岳:《云南各夷族及其语言研究序》,《新动向》第3卷第3期。

47. 张凤岐:《暹罗改名泰国与中国西南泰族之前途》,《新动向》第3卷第4期。

48. 陈碧笙:《车里与暹罗》,《新动向》第3卷第4期。

49. 张廷休:《苗夷汉同源论》,《中央周刊》第1卷第32期,重庆。

50. 杨志玖:《庄蹻王滇考》,《治史杂志》第2期,北京大学史学会。

51. 李生庄:《略论云南西南边疆民族问题》,《云南日报》1940年2月26、28日。

52. 陈继儒选评《古文品外录》,上海杂志公司。

53. 彭桂萼:《顺镇沿边的濮曼人》,《西南边疆》第7期,昆明民众教育馆。

54. P. Augourt, "Les Annamites Avant La Dynastie Des Han," *Revue Indochinoise*, XXVIe Année Nos. 9 – 10.

帝国主义在华投资

编者说明

《帝国主义在华投资》，署名“魏子初”，人民出版社 1951 年 1 月初版，人民出版社 1951 年 4 月再版，三联书店 1954 年 1 月第 3 版。本书为“新华时事丛刊”第 77 种。今据三联书店 1954 年 1 月第 3 版收入全集。

目　录

前　言

本书是研究帝国主义在华投资的一个提要性的报告，写于1950年11月。文中的投资估计大都是根据资本主义国家的材料，其意义只是相对的。本拟根据其他材料加以修订，但一时还不能完成。这次由三联书店重印，只作了一些文字上的修改。最后一节“解放后的变化”已与现在情况不同，故删除，另写了一节“结束语”。

著　者

1953年10月

一

投资的历史趋势

帝国主义在华的投资始于鸦片战争，至20世纪初期已有很大的数目。如果在1902年其投资相当于8亿美元，① 至第一次世界大战，12年间即约增1倍。大战至“九一八”事变，17年间又约增1倍。“九一八”事变至“七七”事变，5年间增38%；其中东北增66%，关内增24%。“七七”事变至日本投降前夕约增1倍余；其中东北约增4倍，关内约增40%。44年间共增加11倍余，达98亿美元，简如表1－1。

表1－1　帝国主义在华的投资（1902～1945）

单位：百万美元

年份及代表时期	关　内	东　北	合　计
1902(20世纪初期)	571.9	216.0	787.9
1914(第一次世界大战前)	1248.7	361.6	1610.3
1931(“九一八”事变前)	2362.5	880.0	3242.5
1936(“七七”事变前)	2969.9	1459.0	4428.9
1945(日本投降前)	4158.9	5595.1	9754.0

资料来源：1902～1931年据C. F. Remer, *Foreign Investments in China*，见附表1。1936～1945年是综合的估计，见附表3及附表5。均未计入美元币值的变动。

① 文中所称投资，包括企业投资、不动产投资及政府借款。不包括“宗教”“文化”及“慈善”等侵略投资。借款包括未偿债务及欠付利息，但未能包括大部分庚子赔款及其他赔款，也未包括军事等“援”款。

外人在华投资的数量，就“七七”抗战前说，比各国在印度的投资还大，① 比各国在日本的投资最多时大 2.5 倍，② 比各国在帝俄的投资也多，③也超过外国在南美、南非和南洋诸国的投资。④ 而中国民族工业的发展远不及当年的日本和革命前的俄国，也比不上印度。所以外资在中国的垄断作用，要比在别国大得多。

各国在华投资发展的不平衡性，充分表现了帝国主义的争夺战。英国资本来得最早也最多；甲午战争以后，俄德开始活跃；至 20 世纪初期，三国共占去了 85%。至第一次世界大战时，俄德各占总数 16.5% 左右，日本自极少一跃而超过了法国，英国仍高据首席，占 37.37。至“九一八”事变时，日本已与英国争衡，占 35%，而美国渐抬头，超过了法国，德国则减少。至“七七”事变时，连东北在内，日本占 44.5%，英国占 28.4%，美国占 7.6%，法国占 7.5%，德国仅占 3%。至抗战胜利前夕，日本连东北及沦陷区合计已占 66.6%，英国降至 13.5%，美国因借款关系（美“援”等不计）已追踪英国，占 10.3%，简如表 1-2。

自 20 世纪初期至日本投降前夕，44 年间英国投资约增长五倍，美国增长 50 倍，法国增长 4 倍余，德国略减退，而日本自极少跃居首位。

就抗战前情况说，英国在华投资占其海外投资总数的 6.5%，美国占 1.3%，法国占 5.5%，德国占 8%。唯日本的海外投资有 85% 以上在中国。⑤

---

① 英皇家学会估计 1930 年各国在华投资为 5.8 亿镑，在印度投资为 5.65 亿镑。见 Royal Institute of International Affairs, *The Problem of International Investments*, 1937, p. 223。美国人估计同年在中国的外资是 33 亿美元，在印度是 28 亿美元。见 Eugen Staley, *War and the Private Investors*, 1935, p. 15。

② 外国在日本的投资大都在第一次世界大战前，1913 年估计有 10 亿美元，1929 年估计有 12.75 亿美元，以后渐减少。见 H. G. Moulton, “*Japan*”, pp. 500, 510, 524。

③ 革命前外国在帝俄的投资估计为 38.82 亿美元。其中 27.6 亿美元为俄政府借款，11.2 亿美元为私人投资。见 L. Pasvolsky and H. G. Moulton, *Russian Debts and Reconstruction*, 1924, pp. 177, 179, 182。

④ 在各国的外国长期投资，以百万美元计：中国，3300；阿根廷，3100；巴西，2600；墨西哥，2300；马来亚，1600；南非，1500；古巴，1300；智利，1300；西班牙、葡萄牙，1000。见 Engen Staley, *War and the Private Investors*, p. 13。

⑤ 各国海外长期投资，1930 年，以百万美元计：英，18200；美，14700；法，3500；德，1100。见 Eugen Staley, *War and the Private Investors*, p. 23。又 1913 年及 1930 年估计，见 Alexander Roda, *The Atlas of To-day and To-morrow*。

表 1-2　各国在华投资发展的不平衡性

单位：百万美元

国　别	1902 年	1814 年	1931 年	1936 年	1945 年
英　国	260.3	607.5	1189.2	1272.5	1322.1
日　本	1.0	219.6	1136.9	2007.5[1]	6493.0[1]
美　国	19.7	49.3	196.8	342.7	1003.5
法　国	91.1	171.4	192.4	338.2	365.3
德　国	164.3	263.6	87.0	135.6	158.0
比利时	4.4	22.9	89.0	86.8	160.0
帝　俄	246.1	269.3	—	—	—
其　他	0.6	6.7	351.2[1]	245.6	252.1
合　计	787.5	1610.3	3242.5	4428.9	9754.0

注：[1] 日本 1936 年有 1404.1 百万美元在东北，1945 年有 5595.1 百万美元在东北；其他 1931 年数字中包括尚未被伪满强购之中东路在内。

资料来源：详见附表 1。

抗战胜利后，外人在华投资有了很大的变动。第一，占总数 65% 以上的日本投资和大部分德国投资，经国民党“劫收”变成了官僚资本的产业，而在经营上技术上甚至资金上都直接或间接由美帝国主义参加管理。第二，除美帝国主义外，各帝国主义在大战后已失去了海外投资的能力。新的投资是停止了；但另一方面，由于国民党的许多“新约”和战后对外资的依赖，他们的地位反而稳固了。如租界虽经取消，而外人的土地永租权却确定为所有权。① 第三，美帝国主义的投资获得了空前的优势。而且投资者由私人资本家变成了美国政府，投资的方式也由直接投资变成了对蒋介石政府的贷款，更采用了种种不同的名目。美国政府资本与中国官僚资本的结合，形成这一时期外人投资的特点。“中美合作”不仅表现在伪“资源委员会”、“联总”、“行总”和“经合总署”的许多事业上，而且表现在四大家族的企业上。第四，战争的结果，加深了中国经济对外的依赖，尤其是粮食和棉、油等工业原料的不能自给。加以国民党币制的破产和外汇政策的被动，使中国变成了美货倾销的市场，因此外商贸易业得到了空前的繁荣。

① 国民党规定凡订立“新约”国之政府或人民在通商口岸之土地永租权在办理土地登记时换给土地所有权状。见蒋介石政府所订《各地方政府办理外人地权案件应注意事项》第 14 条及补充办法第 3 条。

美帝国主义对蒋介石进行反人民的内战所给予的“援助”是难以数字计算的。至1948年，美帝国主义正式承认的“借款”达9亿余美元，其中大都无资金输入，而以剩余军事物资转拨。我们根据美国白皮书所发表的材料逐笔估计，这些“救济物资”“租借法物资”“军事援助”以及剩余物资让售等，连同战时及战后借款，共达67亿余美元，其简况如表1－3。

表1－3　美帝国主义对蒋介石的“借款”

单位：美元

类　别	债额或物资总值	动用债额或物资净值
抗战时期借款8笔	705000000	661174131
抗战胜利后借款14笔	918194000	394973545
“救济”物资4笔	799029000	除重复计算者外共值:4709248616
租借法物资2笔	1626789143	
军事“援华”2笔	142666930	
剩余物资让售7笔	2532807543	
合　计	6724486616	5765396292

资料来源：见美国国务院，*United States Relations with China*，1949，pp. 1044－1050。按其中未估价及低估价者有4笔，我们重行估算。

二

投资的特点

帝国主义对华投资是伴随着鸦片战争一连串不平等条约而来的。其中领事裁判权（始于1843年），贸易居住权（始于1842年），设厂制造权（始于1895年），内河航行权（始于1858年），铁路建筑权（始于1863年），土地永租权（确定于1903年）和关税协定（始于1842年），以及租界和租借地之取得，[①] 都是外资发展的重要基础。而由美帝国主义创始的最惠国待遇条款（1844）又将一国所获的特权普遍到所有的帝国主义国家。由于帝国主义国家在中国获得并利用了这一整套特权，就使它们投在中国的资本不同于其他国家的外资，甚至不同于印度等殖民地国家，而有如下特点。

第一，是直接投资所占的成分特别高。直接投资是以外人在华开设分公司和设立企业的形式出现，也是帝国主义剥削殖民地剩余劳动底直接的和原始的形态。这同帝国主义在华特权和中国经济的落后有密切的关系。直接投资在20世纪初期占总投资的63.9%，至第一次世界大战时增至67.3，至“九一八”事变时增至78.2%，在“七七”抗战时占75.1%。[②] 这现象大约为中国所特有。和印度比，英国在印度的投资约有一半是采取贷款和购买证券的间接投资，最近则以印度资本家和英美资本家的

① 租界指通商埠之各国租界（Concession）和公共租界（Settlement）；租借地（Lease）指各国分据之港口，如英之九龙，法之广州湾等。

② 详见附表1。

“合作合同”为主。[①] 和外资最多的加拿大比，美国在加投资约有 38% 为美元借款，7.6% 为收购加拿大证券。[②] 而外国在华的间接投资，除日本有极少数对中国公司借款外，[③] 均属中国政府借款。其中铁路及交通借款不足 40%，大部均为非经济性的政治借款。若除此不计，则直接投资的比例在抗战前将达 89% 了。

第二，是约有半数以上的外资，系用于商业掠夺性的事业，即进出口和与其相关的运输，银行，保险等业，而工矿生产事业所占极微。1931 年以前，一直是以运输部门投资最大。尤其是轮船，与内河航权相结合，成为商品侵略的先锋队，因此我国轮船业始终不能抬头。其次是铁路，与筑路权相结合，也是商品倾销和物资掠夺的基干。外人铁路财产，包括附属事业，达全部直接投资的 22.5%，[④] 而战前所谓“国有”铁路的外债，每公里达 10 余万元。[⑤] 至“七七”事变前的估计，金融业跃居了首位，这和我国这时期金融资本的畸形发展是相联系的。[⑥] 金融、运输、贸易三项合计，1914 年占投资总数的 42.2%，1931 年占 47.6%，而 1936 年增至 52.8%。生产方面工矿合计（不计东北），始终不过占百分之十几。试与印度比较，印度的外资以投于矿业者最多，1929 年占总数 23.3%，又工程投资占 11.7%，而运输业只占 10.6%。[⑦] 因此外资对中国工业化的破坏作用也特别大。各业投资的分配，简列如表 2－1。

第三，是在华外资中超经济的掠夺性质。这主要可以外人庞大的不动产占有，和政治性借款及“宗教”“文化”“慈善”等投资为代表。“九一八”事变前的不动产投资估计是以外商房地产公司为主的，已占到总数 10% 以上。

---

① 印度《共产党人》杂志：《外国资本在印度》，原载《共产党人》第 3 卷第 1 期，马究生译，世界知识社，1959，第 5、11 页。

② 见美国商务部，*The Balance of International Payments of the United States in 1939*，1940，p. 28。

③ 日本对中国公司贷款，1936 年不过 3500 万美元。见日本东亚研究所《列国对华投资与中国国际收支》，昭和十六年，第 2 页。

④ 1931 年南满铁路财产估计 318900 万美元，中东路投资 220900 万美元，广九路 7800 万美元，滇越路 3200 万美元。见 C. F. Remer，*Foreign Investments in China*，p. 90。

⑤ 1931 年国有铁路约 7000 英里，铁路外债 248500 万美元。见 C. F. Remer，*Foreign Investments in China*，p. 140。

⑥ 另一原因，系“九一八”事变以前之估计，限于银行之固定资产及对中国商号放款，1936 年之估计则包括其全部在华资产，又加入保险业及投资业之资产。

⑦ 印度《共产党人》杂志：《外国资本在印度》，马究生译，第 49～50 页。

表 2-1　外资对中国各业的投资

单位：百万美元

业　别	1914 年	百分比	1931 年	百分比	1936 年	百分比
进出口及商业	143	8.8	484	14.9	409	13.5
金融业	6	0.4	215	6.6	754	24.9
交通及运输业	531	33.0	846	26.1	436	14.4
制造业	111	6.9	376	11.6	291	9.6
矿业	59	3.7	129	4.0	60	2.0
公用事业	27	1.7	129	4.0	116	3.8
不动产	105	6.5	339	10.5	484	16.0
一般政府借款	330	20.5	428	13.2	477	15.8
其他	298	18.5	297	9.1	—	—
合　计	1610	100.0	3243	100.0	3027	100.0

资料来源：1914～1931 年据 C. F. Remer，*Foreign Investments in China*，p. 70。1936 年据附表 3 改编，不包括日本在东北之投资，故与前表不同，又其金融业中包括投资业。

1936 年的估计是减除了企业自用房地产计算的，尚占到总数 16%。房地产占有与不平等条约和租界制相结合，抗战胜利后国民党又将外人的土地永租权改为所有权，同时美帝国主义更利用剩余物资换得大批房地产；故这一趋势的发展有增无已。并且有不少土地是“属于英国皇家”又转向中外商人收租的。政治性的借款，不外作为战费、政费、赔款及私用等，结果变成了人民对外的负担。中国第一个外债即是为镇压回民起义而举借的，以后的借款，以迄抗战胜利后的巨额美“援”，都是同样性质。帝国主义用种种威胁利诱的手段，争向中国推销借款，1911 年和 1920 年的“国际银团”更充分说明他们为攫取超经济利润的明争暗斗。“宗教”“文化”“慈善”等侵略投资未计入我们估计中，其数目在 1936 年至少有 1.15 亿美元。① 这种投资，除配合帝国主义政治和军事的目的外，还在奴役中国人的思想意识上发挥很大作用。以上三项合计，1936 年约达外人投资总额的 35%。

第四，是外人投资地域的集中性。这也是和口岸通商条约租界租借地等特权相结合的。除不能划分的一般借款外，“九一八”事变时外人投资有

① 1936 年各国在华“宗教”“文化”等投资估计 33172.3 万元，见日本东亚研究所《列国对华投资概要》，昭和十八年，第 88 页。又同年日本在华之“宗教”“文化”等投资估计 2000 万日元（东北未计），见樋口弘《日本之对华投资研究》，昭和十四年，第 244 页。

42.8%集中在上海，33.9%集中在东北。[①] “七七”事变前，外人的银行业投资有79.2%集中在上海，进出口和商业有80%，工业有67.1%，不动产有70%，都集中在上海（不计东北）。[②] 过去中国工业为寻求外人庇护和外人所控制的运输、动力和原料等便利，也大量集中于沿海口岸，尤其是上海，而造成中国工业的殖民地性，大城市的畸形发展，城乡的严重对立，和农村的破产。

第五，最值得注意的，是外人在华的投资，大部分并非来自外国，而是来自中国。其中一部分是由对中国的原始掠夺而来（如战争赔款，土地占有等）或骗取而来（如开滦煤矿），一部分则为其在华企业利润的累积。不但如此，外人自中国所取回去的资金，还超过其所输入的资金。以事业投资而论，自20世纪初期至“七七”事变，外人输进中国的投资不过10余亿美元，而自中国所汇回的利润却达20亿美元。“七七”事变时外人在华的全部事业投资不过二十几亿美元，故可以说全部是中国资本了。以政府借款而论，借款的累计数目虽然很大，但大部分并无实际资金输进中国。自鸦片战争至“七七”抗战，借款中实际输进中国的估计不过7亿美元，而同一时期自中国付出的本息却达14亿余美元。其情形有如表2－2。

表2－2　外国资本对中国的掠夺

单位：百万美元

年　份	国际收入		国际支出	
	事业投资	政府借款	投资利润	借款本息
1894～1901	—	85.1	—	83.6
1912～1913	290.7	335.7	381.5	491.0
1914～1930	651.3	210.6	1229.0	628.0
1931～1937	93.2	69.5	398.4	226.0
合　计	1035.2	700.9	2008.9	1428.6

资料来源：1894～1930年据C. F. Remer, *Foreign Investments in China*, pp. 220－222及160，167资料改编。1931年据K. Tsuchiya估计，1932年据谷春帆估计，1933年据中国银行估计，俱见林维英《中国白银问题》。1934～1937年据《列国对华投资与中国国际收支》，均系由银两或法币数字换算。折合率：1894～1901年每美元合法币2元。1902～1913每美元合法币2.18元。1914～1930年每美元合法币1.92元。1931～1937年每美元合法币3.23元。据《银行周报》社《民国经济史》。又1931年后不包括东北。

① 1931年外人在各地区投资，以百万美元计：上海1112.2；东北，880；其他各地，607.8；不能划分者，642.5。见C. F. Remer, *Foreign Investments in China*, p. 73。

② 见日本东亚研究所《列国对华投资概要》，昭和十八年，第11页。

所以自 1902 年起，在国际收支上，我们利润和本息的输出，即超过了资本的输入。这虽是一般有外资国家共同的现象，但没有像中国这样发生在投资的初期，而且出超如此巨大的。1930 年时根据美商自己的报告统计，输进中国的资本不过占其投资总额的 36%，而且有许多报告说是“白手起家”，“自一根鞋带做起”的。[①]

最后，我们可看出外人在华投资的高额利润。1924～1930 年间，根据美商的报告，其平均账面利润约为投资额的 10%～25%。在比较正常的 1934～1938 年时期，根据九十几家外商（日本除外）的资产负债表，其平均账面利润为资本额的 15.3%。自 1933 年中国经济萧条过去后，外商的账面利润由 1934 年的 13.2%，递升为 1937 年的 18.4%，至 1938 年更达 20%。其股利率五年间平均为 13.7%（特高的保险业不计），也自 1934 年的 12.8% 递升至 1937 年的 15.5%。[②] 当然没有计入其隐蔽的利润，而隐蔽利润是资本主义企业的惯技，如在美国，隐蔽的利润至少在 1/3 以上。[③] 分业来看，则 1934～1938 年间九十几家外商的账面利润情况有如表 2－3。

表 2－3　外国企业在华的平均利润率与平均股利率

单位：%

业　别	平均利润率	平均股利率
银行业	23.3	21.7
保险业	—	38.5
制造业	13.6	10.7
公用事业	12.3	14.0
航运业	12.7	8.7
电信业	14.8	13.2

① 1930 年报告总资产 3715.1 万美元的美商，报告其原输进中国的资本为 1339.5 万美元。见 C. F. Remer, *Foreign Investments in China*, pp. 292－293。

② 93 家外资企业的资产负债表或零星的利润及股利记载，主要系采自日本东亚研究所《诸外国之对华投资》上、中、下三卷，昭和十八年；日本华北综合调查所《英美烟草托拉斯贩卖政策》；满铁调查部《开滦炭矿调查资料》；及其他零星记载。1930 年的美商报告，见 C. F. Remer, *Foreign Investments in China*, p. 294。

③ 见美国劳工研究协会《美国资本主义的趋势》，侯文初、林绍忠合译，世界知识社，1950，第 45 页。

日本15家在华纱厂的账面利润，1936～1937年度为17.7%，其他企业平均为13.8%。“七七”事变前，日本纱厂的公积金约占其投资总额的30%。①

如果不计日本，则九十几家在华外资企业的利润，和英美本国企业在比较正常时期（没有战争和1929年经济危机以前的时期）相比较，有如下情形（见表2－4）（百分数）。

表2－4　在华外国公司与其本国公司平均利润率及平均股利率比较

平均利润率	年　份	百分数
在华外资公司	1934～1938	15.3
美国本国公司	1909～1914	5.3
	1923～1929	6.2
英国本国公司	1909～1914	9.5
	1923～1929	10.6
平均股利率	年　份	百分数
在华外资公司	1934～1938	13.7
美国本国公司	1908～1931	7.8
英国本国公司	1909～1937	8.9

资料来源：在华外资公司，见日本东亚研究所《列国对华投资概要》。利润率为纯益比实缴资本。美国本国公司，见美国劳工研究协会《美国资本主义的趋势》，侯文初、林绍忠合译，第45页。利润率为纯益比资本净值。美国公司股利率系20家大公司之平均数字，见吴承明《财务报告分析之理论与方法》，《资本市场》第3～4号，原据K. G. Rodkey, *Preferred Stock and Long Term Investments*, 1932。英国本国公司，据英国伦敦*The Economist*，1937年2月13日增刊。利润率为纯利比优先股和普通股额，股利率为平均股利比普通股额。

外人在华投资不但攫取了高额的利润，其本身资产也不断增加。试举开滦煤矿为例。1911年英方开平公司与华商滦州公司联合办理，从那一年起，至“七七”抗战（1937）止，一个持有100英镑开平股票的股东，稳坐在伦敦，已经分得了371镑2先令的红利和96镑的赠股，同时其所持股票的价值又增加了50%。即其100镑的投资已变成665镑2先令了，还不计红利的利息。②

① 据樋口弘《日本之对华投资研究》，第304，584，266、580、581页及第2编末之附表。公积比率据日本东亚研究所《日本之对华投资》。

② 据满铁调查部《开滦炭矿调查资料》，第259～260页，又依日本华北综合调查所《开滦炭矿调查报告》补充。

三

投资在我经济上的比重

抗战以前，帝国主义垄断了中国的煤、铁、航运和公用事业，控制着我国金融、保险和对外贸易。在工业上，也有若干部门外资居于垄断地位。

煤　“九一八”事变前，外资关系的煤矿掌握了全国煤产的56.76%，纯华资的只占43.24%。[①] 1933年时，关内的煤产，日资矿占29%，英资占23.5%，德资占1%，[②] 合计已超过半数，再加上东北，则外资矿占达76.2%。[③]

铁　我国铁产有88.5%在东北，钢产有91%在东北[④]；抗战前全为日资控制。关内铁砂产量亦有90%受日资控制，我国每年用新式制炼的生铁约40万吨，日资控制了95%以上。[⑤]

航运　1936年我国航运吨位中，沿海航线英国船占41.28%，日本船占15.53%，外国船共占63.09%，中国船只占36.91%。外洋航线，英国船占35.72%，日本船占20.82%，15国外船共占83.78%，中国船只占16.22%。[⑥] 同时外商共有码头123座，长达9.7万余英尺，又有仓库1385

---

① 见徐梗生《中外合办煤铁矿业史话》，商务印书馆，1947，第1页自序。

② 见陈真《中国工业的若干特点》，《新华月报》创刊号。

③ 东北煤产占全国48.8%，见东北经济小丛书《资源及产业》下册，第131页。设东北全部由日资控制，依此比例计算全国外资。

④ 见徐梗生《中外合办煤铁矿业史话》，1947，第1页自序。

⑤ 见陈真《中国工业的若干特点》，《新华月报》创刊号。

⑥ 1936年沿海航线外商共62948943吨，内英国41187464吨，日本15494721吨；中国336836351吨。外洋航线外商共37898430吨，内英国16158061吨，日本9418855吨，美国3120875吨；中国7335294吨。见日本东亚研究所《列国对华投资概要》，第186页。

万平方英尺,[①] 均占据着各港埠最好的地段，在设备和经营上也发生垄断作用。

航空 战前中国和中央两航空公司，外人资本额虽均不及半数,[②] 但实际设备均系外人出资，实权也为外人所有。东北的航空则全为日本控制。

电力 1936 年关内有外资及中外合资的电厂 14 家，华资电厂 446 家。但以投资额论，外资占到 65.7%，华资只占 44.3%。以发电容量论，外资占 50.9%，华资占 49.1%。以发电度数论，外资占 59.1%，华资占 40.9%。若加入东北和台湾，则外资电厂共 110 厂，其投资额占总数 85.8%，发电容量占 89.1%。[③] 又据另一估计，1933 年关内及东北共有外资电厂 53 家，其工人数占总数 53.8%，生产价值占总数 53.8%；华资 573 厂，其工人数占总数 46.2%，生产价值占总数 46.2%。[④]

公用事业 1933 年全国连东北有外商自来水厂 7 家，华商 17 家。但以给水量论，外商占 50.7%，华商占 49.3%。以工人数目论，外商占 39.1%，华商占 60.9%。以生产价值论，外商占 37.2%，华商占 62.8%。[⑤] 同年全国有煤气厂 3 家，英国 1 家、日本 2 家，全部为外资。[⑥] 同年全国有电车公司 7 家，外商占 5 家。以路线里数论，外商占 73.1%，华商占 26.9%。以车辆数目论，外商占 92.5%，华商只占 7.5%。以总收入论，外商占

---

① 码头数据日本东亚研究所《列国对华投资概要》第 201~204 页。码头长及仓库容量不包括日本，据《诸外国之对华投资》中卷，第 412 页。

② 中国航空公司实缴资本法币 416 万元，美国占 45%，抗战时期减为 20%，但实际投资均为美国泛美公司。中央航空公司实缴资本法币 691.26 万元，德国占 1/3。

③ 1936 年关内外资电厂 10 家，投资额合 1.88 亿元，发电容量 275295 千瓦，发电量 951352 千度。中外合资 4 家，投资额 1076 万元，容量 46500 千瓦，发电 67639 千度。华资 446 家，投资额 10897.1 万元，容量 309370 千瓦，发电 705314 千度。东北 62 厂，投资额 1.6 亿日元，容量 160 万千瓦。台湾 34 厂，投资额 3 亿日元，容量已完成者 321769 千瓦。见谭熙鸿主编《十年来之中国经济》上册，1948，第 J14~20 页。

④ 1933 年外资电厂工人 19233 人，生产价值 11537.9 万元。见汪馥荪《战前中国工业生产中中外厂生产的比重问题》，伪《中央银行月报》新 2 卷第 3 期。华资电厂工人 16502 人，生产价值 9900.1 万元。见巫宝三等《中国国民所得》上册，1947，第 64~65 页。

⑤ 外商自来水厂给水量 26671981 千加仑，生产价值 1184.7 万元。华商给水量 25919241 千加仑，生产价值 1847 万元。见巫宝三等《中国国民所得》下册，第 65 页。又工人数外商 1974 人，华商 3079 人，见巫宝三等《中国国民所得》上册，第 70 页。

⑥ 外商煤气厂 3 家全年供气量 16145016 千立方尺，生产价值 2769.7 万元，工人 4616 人。华商无。见巫宝三等《中国国民所得》上册，第 70 页，又下册，第 71 页。

81.7%，华商占18.2%。[①]

银行 1936年关内有外商银行33家，华商145家。总资产中，外商（以在华资产为限）占20.8%，华商占79.2%。但外汇资产全部为外商所有，有价证券外商占52.1%，动产、不动产外商占46.8%，放款外商占20.5%。[②] 外商银行的实力，不能单从其在华资产上推断，许多华商银行依靠外商银行资金。外汇价格受汇丰银行操纵，外商银行并有发行纸币保管关税盐税等特权。汇丰银行一家的公积金，即比资本在百万以上的26家中国银行公积大2.5倍。[③]

保险 1936年华商保险公司，连总公司在香港者合计，共35家，总资本不过2700万元；而12家总公司在中国的外商保险公司，总资本即达2800万元，其总资产额比华商大7.6倍。若连总公司在国外的外商保险公司合计，则其资本额将比华商大50倍，32家外商代理保险业还不在内。[④] 另一估计，1933年外商保险公司的在华部分投资比华商保险公司大4倍，其净收益比华商大1倍。[⑤]

贸易 过去我国国际贸易为外商所垄断，无待数字证明。华商贸易行实无异洋行之附庸，代其推销洋货或收购土产。1936年在上海设总公司的英国贸易商每家平均资产达190余万元，各国贸易商合计每家平均亦有50余万元。总公司在国外的英商，其在华部分资产每家平均达220余万元，各国各

① 外商电车公司电车路198公里，车785辆，全年收入1066.8万元。华商电车路73公里，车163辆，全年收入239.2万元。见巫宝三等《中国国民所得》下册，第201～202页。

② 外商银行放款89276.6万元，外汇20411.2万元，有价证券54488.9万元，动产不动产13265.2万元，现金准备金12601.7万元，连其他项目资产总值190753.5万元。华商（国营省营在内）放款346612万元，证券50100.7万元，动产不动产15070.4万元，现金准备金107180.4万元，兑换准备金193624.8万元，连纯损及其他项目资产总值727589.1万元。见日本东亚研究所《列国对华投资概要》，第78页。

③ 见吴承禧《中国的银行》，商务印书馆，1936。

④ 华商保险公司总公司设中国者23家，资本总额1507.4万元，总公司设香港者10家，资本总额966.7万港元，按1.11折合，33家共计资本25804370元。据《中华年鉴》下册，1948，第1188～1189页。加邮汇局中信局各50万元，共26804370元。外商保险公司除代理业32家外，总公司设中国者12家，资本总额27931038元，资产总值203890177元，推定在华资产196891000元；总公司设国外者129家，资本总额1216310182元。据日本东亚研究所《列国对华投资概要》，第96页。

⑤ 外商保险公司在华投资按其资本额5%，合55120174元。华商净收益为6103528元，外商净收益为12440623元。见巫宝三等《中国国民所得》下册，第112～113页。

计每家平均亦有 110 余万元。而中国的贸易商每家平均资本恐不过 5 万元。①

工业 1933 年连东北有外商工厂 673 家，占总数 16.8%，但其工人数目则占总数 30.1%，生产价值占总数 35.3%。同时中国工厂 3100 家，占总数 83.3%，而工人数目只占总数 69.9%，生产价值只占总数 64.7%。② 以投资额论，不计东北，1936 年外人的工业投资占总数 43.3%，中国工业投资（包括国民党政府企业）占总数 56.6%。③ 外商在一般工业上占比重虽不甚大，但在个别工业上则据有优势，甚至垄断地位。

纺织 1936 年 52 家外商纱厂的纱锭设备占总数 45.4%，线锭设备占总数 67.5%，布机设备占总数 57.1%。华商 96 家所占之比重为纱锭 54.6%，线锭 32.5%，布机 42.9%。④ 外商以日资为主，不但在设备上，而且在质量，生产效率，成本和市场上都超过华商。

卷烟 战前我国卷烟业差不多为英商颐中一家所垄断。1933 年连东北有外商烟厂 21 家（其中大部为颐中系统），生产量占总数 63.2%，华商 117 家生产量只占 36.8%。以工人数目论，外商占 62.1%，华商占 37.9%。又外商生产高级香烟较多，故以生产价值论，外商占 63.4%，华商占 36.6%。⑤ 此外，颐中尚附设有种植烟叶、运销产品、包装、印刷、铸造、甚至地产和金融机构，成一完整之托拉斯。⑥

---

① 据日本东亚研究所《列国对华投资概要》，第 169～170 页。

② 全国制造业外商工厂工人 235320 人，总产值 77071.7 万元。见汪馥荪《战前中国工业生产中中外厂生产的比重问题》一文。华商工厂工人 548492 人，总产值 141545.9 万元，见巫宝三等《中国国民所得》上册，第 64、71 页。

③ 工业投资（包括水电气制造）外厂总计 199336.2 万元，华厂总计 22 亿元。见吴承明《中国工业资本的初步估计》和《关于帝国主义在华工业资本》，《中国工业月刊》，1949，新 1 卷第 5、6、7 期。

④ 1936 年全国已完成之纺锭，日商 2135068 枚，英商 221336 枚，华商 2746392 枚。线锭，日商 350284 枚，英商 8670 枚，华商 173316 枚。织布机，日商 28915 台，英商 4021 台，华商 25503 台。见谭熙鸿主编《十年来之中国经济》，第 B6 页。

⑤ 1933 年制烟业，关内有外商 10 厂，销量为 685195 箱，以之代替产量；东北有外商 14 厂，产量估计为 20 万箱。华商关内外共 117 厂，产量 518391 箱，工人 13934 人，生产价值 8344.7 万元。见巫宝三等《中国国民所得》下册，第 132 页。外商工人 22776 人，生产价值 14449.4 万元。见汪馥荪《战前中国工业生产中中外厂生产的比重问题》一文。

⑥ 如颐中烟草运销公司，振兴烟叶公司，许昌烟叶公司，首善印刷公司，中国包装品公司，阿克米铸造厂，广安地产公司，储金管理公司等均属颐中系统。

机器 1933 年全国翻砂业中，外商 9 家，工人数目占总数 60. 8% ，生产价值占总数 59. 7% 。华商 29 家，工人数目只占 39. 2% ，生产价值占 40. 3% 。船舶修造业中，外商 9 家，工人数目占总数 59. 0% ，生产价值占总数 62. 0% 。华商 17 家，工人数目占 41. 0% ，生产价值占 38. 0% 。[①]

制蛋 制蛋业外商也占优势，尤其是英商和记。1933 年全国有外商 10 家，工人数目占总数 54. 4% ，生产价值占总数 56. 8% 。华商 14 家，工人数目占 45. 6% ，生产价值占 43. 2% 。[②] 冰蛋设备全为外商所有，蛋品出口也为外商垄断。

锯木 锯木业也是外商占优势，主要为东北日商。1933 年全国外商 37 家，工人数目占总数 83. 2% ，生产价值占总数 84. 8% 。华商只 7 家，工人数目占 16. 8% ，生产价值占 15. 2% 。[③]

---

① 1933 年翻砂业，外商工人 1616 人，生产价值 145. 4 万元；华商工人 1041 人，生产价值 98. 1 万元。船舶修造业，外商工人 2217 人，生产价值 621 万元；华商工人 1541 人，生产价值 380. 4 万元。见汪馥荪《战前中国工业生产中中外厂生产的比重问题》一文，巫宝三等《中国国民所得》上册，第 64、70 页。

② 1933 年制蛋厂，外商工人 2587 人，生产价值 1552. 2 万元；华商工人 2156 人，生产价值 1180. 6 万元。来源巫宝三等《中国国民所得》上册，第 24 页注 3。

③ 1933 年锯木厂，外商工人 3460 人，生产价值 1280. 2 万元；华商工人 703 人，生产价值 228. 5 万元。来源巫宝三等《中国国民所得》上册，第 24 页注 3。

四

结束语

中国人民解放战争和人民革命的伟大胜利，使帝国主义的在华投资也起了根本变化。

帝国主义在华的特权被取消了，存余的帝国主义在华企业也失去了或被限制了自中国掠夺最高利润的条件，再不能垄断中国市场，操纵我国国民经济了。

然而，外资企业向来是依仗帝国主义在华的特权而赚取高额利润的，随着其特权和垄断地位的消失，其企业本身也就大部分难于维持。解放不久，较小的外商纷纷地歇业停闭，大托拉斯性质的组织也不断地收缩其业务和机构。有些总机构迁移到香港去，另有一部分则企图以转换国籍、委托别人代理等办法蒙混逃避。更有不少帝国主义分子，鼓动怠工，分化职员，破坏工会，制造纠纷，乃至组织秘密活动，散布反动谣言，阴谋破坏。

1950 年 7 月美帝国主义开始停止对中国贸易，并禁运物资到中国来。一向以商业性掠夺为中心的外资企业，乃更陷于严重的困难。同年 12 月 16 日，美帝国主义继其武装侵占我台湾、轰炸我东北、炮击我商船之后，突然无理地宣布管制我国在美国辖区内的公私财产，并禁止一切在美国注册的船只开往中国港口。12 月 29 日，我中央人民政府政务院发布了命令。为了防止美帝国主义在我国境内从事经济破坏和危害我国家人民利益，决定管制并清查美国政府和美国企业在中国的一切财产，并不准破坏，同时宣布冻结在我国境内所有银行的一切美国公私存款，另订动支的办法以维持其正当业务及个人生活。这项命令公布后，各地方人民政府立即对美国企业进行了管制，各该企业的职工都纷纷开会欢迎人民政府的管制专员，控诉美帝国主义的压迫剥削，并保证帮助管制工作的顺利进行。

英国政府在美国不断的压力下，也在对中国贸易上采取了一系列不友好的措施。1951 年 5 月英国政府代表在美国政府所劫持的联合国大会上赞同了美国所提对中国实行禁运的荒谬提案，同年 6 月又公布把运往中国及香港的一切出口货置于特许管制之下。英国在华企业的业务也就更加萎缩，很多企业债务累累，并积欠了大量的应缴我国家的税款和应付职工的工资。例如在解放前垄断我卷烟市场的颐中烟草公司即陷于破产的境地，而不得不要求出让。正如我中央人民政府外交部章汉夫副部长的声明中所指出："在华英商的困境是英国政府管制禁运政策所给予他们的苦果。"

英帝国主义追随美国政府侵害中国利益的行为尚不止此。1952 年 4 月，港英当局突然下令无理地"征用"我当时停泊在香港修理的"永灏"号油轮。同年 7 月英国枢密院司法委员会又荒谬绝伦地将我国中央航空公司留在香港的财产"判给"美国陈纳德；港英当局并出动了批武装警察殴打、逮捕和拘禁我守护该项资产的员工，并劫夺了我中国航空公司和中央航空公司的全部留港资产，包括飞机 70 架在内。此外，港英当局并数次地劫夺我在华南海上的渔轮。

我人民政府为了公众利益，于 1952 年 4 月征用了英商亚细亚火油公司除去其办公处、推销处以外的各种设备财产，并征购其存油；八月间征用了英商英联和马勒两家造船厂；11 月间征用了英商上海电车公司、上海自来水公司、上海煤气公司和隆茂公司的财产。这些企业被征用后，由人民政府管理，都大大地提高了其生产效能，并建立了合理的经营管理制度。

帝国主义凭借不平等条约在中国侵占的农田、兵营、跑马场及其他非法掠取的房地产，也均经我收回。

帝国主义统治中国的时代，显然已经是一去不再返了。

附　表

附表 1　各国在华投资趋势（1902～1945）

单位：百万美元

项　目	1902 年	1914 年	1931 年	1936 年	1945 年
英国事业投资	150.0	400.0	963.4	1124.8	1067.0
政府借款	110.3	207.5	225.8	147.7	255.1
投资总额	260.3	607.5	1189.2	1272.5	1322.1
日本事业投资	1.0	210.0	912.8	（关内）362.0 （东北）1404.1	（关内）897.9 （东北）5595.1
政府借款	0.0	9.6	224.1	（关内）241.4 （东北）　？	（并上） （并上）
投资总额	1.0	219.6	1136.9	（关内）603.4 （东北）1404.1	（关内）897.9 （东北）5595.1
美国事业投资	17.5	42.0	155.1	299.3	308.1
政府借款	2.2	7.3	41.7	43.4	695.4
投资总额	19.7	49.3	196.8	342.7	1003.5
法国事业投资	29.6	60.0	95.0	248.5	246.1
政府借款	61.5	111.4	97.4	89.7	119.2
投资总额	91.1	171.4	192.4	338.2	365.3
德国事业投资	85.0	136.0	75.0	47.7	57.2
政府借款	79.3	127.6	12.0	87.9	100.8
投资总额	164.3	263.6	87.0	135.6	158.0
意大利事业投资	?	?	4.4	7.9	6.3
政府借款	?	?	42.0	57.4	57.4
投资总额	?	?	46.4	65.3	63.7
比利时事业投资	?	?	41.0	21.3	13.9
政府借款	?	?	48.0	65.5	146.1
投资总额	4.4	22.9	89.0	86.8	160.0

续表

项　目	1902 年	1914 年	1931 年	1936 年	1945 年
荷兰事业投资	?	?	10.0	26.9	21.5
政府借款	?	?	18.7	17.7	17.7
投资总额	?	?	28.7	44.6	39.2
帝俄事业投资	220.1	236.5	—	—	—
白俄政府借款	26.0	32.8	—	—	—
投资总额	246.1	269.3	—	—	—
其他事业投资	?	?	275.2	133.9	107.2
政府借款	?	?	0.9	1.8	42.0
投资总额	0.6	6.7	276.1	135.7	149.2
合计:事业投资	503.2	1084.5	2531.9	3676.4	8320.3
政府借款	279.3	496.2	710.6	752.5	1433.7
投资总额	787.5	1610.3	3242.5	4428.9	9754.0

资料来源：1902 ~ 1931 年据 C. F. Remer，*Foreign Investments in China*，1933，pp.405，549，634，650，661，656，658，612，663，又据第 p.76 补充。1936 年据附表3，东北据附表4，1945 年据附表5。因有两项有总额无细数，故合计之总额与合计之细数不符。

附表 2　各国在华投资（1931）

单位：千美元

业　别	英　国	美　国	日　本	其他各国	合　计
事业投资					
运输业	134900	10800	209695	210500	565895
公用事业	48200	35200	25000	—	108400
矿业	19300	105	107465	2100	128970
制造业	173400	20509	169644	12800	376353
金融业	115600	25320	73807	—	214727
不动产	202300	8479	72995	32500	316274
进出口业	240800	47748	182964	12200	483712
杂项	28900	6952	71275	3100	110227
分业数字未详	—	—	—	227400	227400
小　计	963400	155113	912845	500600	2531958
借款投资					
铁道借款	67949	7994	83582	分类	159525
交通借款	1961	1656	17717	数字	21334
政府借款	155904	32061	122779	未详	310744
小　计	225814	41711	224078	218990	710593
总　计	1189214	196824	1136923	719590	3242551

注：折合率：1 镑 =4.85 美元，1 日元 =0.5 美元。

资料来源：据 C. F. Remer，*Foreign Investments in China* 改编。原书美国分业表较其总数少 488.5 万美元，已经加入杂项中，借款合计中包括其他各国。

附表 3　1936 年各国在华投资（不包括东北）

单位：伪法币千元

业　别	英　国	日　本	美　国	法　国	德　国	意大利	比利时	荷　兰	其　他	合　计
金融业										
银行	1055629	156214	236865	271411	41661	9861	28219	80467	33422	1913749
保险	193941	5468	8903	2667	—	—	—	400	50	211429
投资	330352	35191	5063	15360	50	300	—	—	260	386576
合　计	1579922	196873	250831	289438	41711	10161	28219	80867	33732	2511754
贸易业										
进出口	673772	119311	217789	24517	66196	7045	6300	7446	134241	1256617
贩卖	48337	33483	9368	4120	3120	72	—		6639	105139
合　计	722109	152794	227157	28637	69316	7117	6300	7446	140880	1361756
交通运输业										
水运	131909	86842	26661	1850	2653	610	—	960	4584	256069
铁道	—	1276	—	280000	—	—	—	—	—	281276
航空	—	2184	5965	—	9729	—	—	—	—	17878
合　计	131909	90302	32626	281850	12382	610	—	960	4584	555223
矿业	89014	103859	—	—	1350	—	5400	—	—	199623
工业										
机器金属	66469	18053	18409	2900	2200	200	—	—	10150	118381
化学	24466	14826	15814	3430	1200	200	—	—	290	60226
窑业	11100	13556	4664	—	300	—	—	—	1800	31420
纺织	41769	377245	6191	—	—	—	—	—	—	425205
食品	220210	20376	13932	5400	3818	160	—	—	2660	266556
皮革木纸	14607	13679	7168	—	50	50	—	—	3400	38954
其他	8822	9175	7152	—	2080	—	—	—	710	27939
合　计	387443	466910	73330	11730	9648	610	（2600）	—	19010	968681

续表

业　别	英　国	日　本	美　国	法　国	德　国	意大利	比利时	荷　兰	其　他	合　计
公用事业										
电车	11867	—	—	3581	—	—	9609	—	—	25057
汽车	7645	346	4000	1000	500	—	—	—	500	13991
电话	—	—	46187	—	—	—	—	—	—	46187
电力	6911	21882	155542	13085	6000	—	9609	—	—	213029
自来水	50744	357	—	11090	—	—	—	—	—	62191
煤气	5889	—	—	—	—	—	—	—	—	5889
合　计	83056	22585	205729	28756	6500		19218		500	366344
Ⅰ企业投资	2993453	1033323	789673	640411	140907	18498	59137	89273	198706	5963381
土地	766870	159168	176698	166596	8942	5611	9995	52	179712	1473644
建筑物	217853	87820	75695	65125	12414	2698	4850	880	68839	536174
合　计	984723	246988	252393	231721	21356	8309	14845	932	248551	2009818
减：重复计算	228690	73571	44365	43679	3160	252	3002	354	981	398054
Ⅱ房地产投资	756033	173417	208028	188042	18196	8057	11843	578	247570	1611764
铁道借款	209545	116500	54662	67995	158476	—	193464	56669	—	857311
交通借款	6880	34000	6228	—	8207	—	—	—	4273	59588
一般政府借款	275991	654150	83720	231151	126441	191171	24718	2332	1599	1591273
Ⅲ借款投资	492416	804650	144610	299146	293124	191171	218182	59001	5872	2508172
总　计	4241902	2011390	1142311	1127599	452227	217726	289162	148852	452148	10083317

资料来源：日本部分，据日本东亚研究所《列国对华投资与中国国际收支》，昭和十六年，第 2 页附表。换算率 103 日元 = 100 法币，项目重编。政府借款总数据《列国对华投资与中国国际收支》第 56 页，铁道及交通借款，据樋口弘《日本对华投资研究》，昭和十四年，第 387、394 页，房地产估计见下。其他各国，据日本东亚研究所《列国对华投资概要》，昭和十八年。金融业，第 20 ~ 21、80、3 ~ 4、94 ~ 95 页。贸易业，第 3、160、166、149 页。原数限于上海，其他各地按 20% 增列。交通运输业，第 209、5、230 ~ 232 页，剔除香港部分。矿业，第 303 页。工业，第 250。公用事业，第 238 ~ 239、223 ~ 224、231 ~ 232 页，剔除香港部分，又补充依吴承明《关于帝国主义在华工业资本》（《中国工业月刊》新 1 卷第 7 期）。房地产投资：上海部分据《列国对华投资概要》，第 6 ~ 7 页；天津部分依所占亩数，市区按每亩 25000 元计，郊区按 3000 元计，房屋按土地价值 35%。根据各地租界面积，外侨人口，地价等通盘估计，其他各埠约占上海 10%，设与天津相等。减除部分为银行所有房地产（第 64 ~ 65 页），保险业所有（第 96 ~ 97 页），进出口及贩卖业所有（第 154 ~ 155、162 页），均系上海数字，先补充其在租界外部分，再依前比例推定全国数字，再加入水运，公用，工业所有之房地产，均按其固定投资 10%，合计如表列。政府借款：除日本外，均据《列国对华投资概要》第 369 ~ 370 页。

附说：上项估计，尤其是工业部分，与东亚研究所其他出版物之数字不同，兹采用其昭和十八年最后版之数字。

附表 4　各国在东北投资（1931～1945）

<table>
<tr><th>年　份</th><th>国　别</th><th>投资类型</th><th>投资额</th><th>资料来源</th></tr>
<tr><td rowspan="6">1931</td><td rowspan="2">日本</td><td>事业投资
铁路借款</td><td>1100400(千日元)
126270(千日元)</td><td rowspan="7">据 C. F. Remer, Foreign Investments in China, 1933, pp. 506,531,606.</td></tr>
<tr><td colspan="2">合计:1226670(千日元),折合 613335(千美元)</td></tr>
<tr><td rowspan="3">其他国家</td><td>中东路投资
其他投资</td><td>410300(千卢布)
100000(千卢布)</td></tr>
<tr><td colspan="2">合计:510300(千卢布),折合 261784(千美元)</td></tr>
<tr><td>事业投资</td><td>4881(千美元)</td></tr>
<tr><td colspan="3">各国在东北投资总数:880000(千美元)</td></tr>
<tr><td rowspan="4">1936</td><td rowspan="2">日本</td><td>事变前事业投资
事变后证券投资
事变后资本积蓄
事变后分支会计</td><td>1403561(千日元)
1164715(千日元)
100000(千日元)
150000(千日元)</td><td rowspan="4">见樋口弘《日本的对华投资研究》,昭和十四年,第 572 页</td></tr>
<tr><td colspan="2">合计:2818276(千日元),折合 1404138(千美元)</td></tr>
<tr><td>其他国家</td><td>事业投资
事业投资</td><td>100000(千卢布),折合 50000(千美元)[1]
4881(千美元,同 1931 年)</td></tr>
<tr><td colspan="3">各国在东北投资总数:1459019(千美元)</td></tr>
</table>

注:[1] 当时中东铁路已被“伪满”强购。

续附表 4　日本公司在东北的投资（1945）

单位:百万日元

<table>
<tr><th>公司别</th><th>公司数(家)</th><th>投资别</th><th>缴纳资本</th><th>公司债</th><th>借用款</th><th>共　计</th></tr>
<tr><td>旧满铁关系</td><td>55</td><td>日本、“伪满”合计</td><td>1882
465
2347</td><td>2863
564
3427</td><td>155
1027
1182</td><td>4900
2056
6956</td></tr>
<tr><td>日本、“伪满”重工业(满业)关系</td><td>40</td><td>日本、“伪满”合计</td><td>584
289
873</td><td>863
2965
3828</td><td>6
892
898</td><td>1453
4146
5599</td></tr>
<tr><td>特殊公司(不包括满铁、满业关系者)</td><td>21</td><td>日本、“伪满”合计</td><td>694
958
1652</td><td>658
324
982</td><td>796
2187
2983</td><td>2148
3469
5617</td></tr>
<tr><td>准特殊公司</td><td>19</td><td>日本、“伪满”合计</td><td>70
83
153</td><td>—
—
—</td><td>—
93
93</td><td>70
176
246</td></tr>
</table>

续表

公司别	公司数(家)	投资别	缴纳资本	公司债	借用款	共　计
其他重要公司	179	日本、"伪满"合计	985 96 1081	— — —	165 1196 1361	1150 1292 2442
小计	314	日本、"伪满"合计	4215 1891 6106	4384 3853 8237	1122 5395 6517	9721 11139 20860
一般公司	6564	日本、"伪满"合计	944 120 1064	— — —	611 1613 2224	1555 1733 3288
总　计	6878	日本、"伪满"合计	5159 2011 7170	4384 3853 8237	1733 7008 8741	11276 12872 24148

资料来源：据东北经济小丛书，《资源及产业》下册，1947，第 29～30 页。6878 家公司（包括银行）实缴资本及债款等合计，日本 1127600 万元、"伪满" 1287200 万元，共 2414800 万日元，依支配财产价值原则，全部作为日本投资，按官价 100 元、"伪满" 币合 22.167 美元，折合美元 559509.1 万元。

参考"伪满"中央银行发表《日本对满投资》，"九一八"事变前共 18 亿日元，1932～1944 年共 906911.2 万日元，合计 1086911.2 万元，见东北经济小丛书《贸易》，1947，第 111 页。又鲍莱调查团称，参考中、英、美、日各方面资料，至 1945 年 6 月，日本在东北投资之最可靠估为 110 亿日元，见《美国国务院白皮书》（*United States Relations with China*），1949，p. 600（我们系采财产支配原则，不取此估计）。

附表 5　各国在华投资（1945）

单位：百万美元

国　别	投资数额		资料来源及说明
英　国	事业投资(1936)： 减战时损失： 小计：(1945)	1124.8 57.8 1067.0	1936 年据附表 3。战时损失参考韩启桐《中国对日战事损失之估计》,1946,及英资地域分布酌定损失率:贸易 5%,运输,工业 20%,公用 10%,矿业 50%,战前借款 1939 年起停付本息,前此清偿数目未详,从略。1937 年铁路借款 3 笔及战时经济性借款 9 笔,合计 118500000 镑,实际动用者共 26837922 镑。据伪财政部及其他有关资料。唯滞付利息未能计入
	借款投资(1936)： 加战时增加： 小计：(1945)	147.7 107.4 255.1	
	合计：(1945)	1322.1	

续表

国别	投资数额		资料来源及说明
日本	东北部分(1945):	5595.1	东北部分见附表4。1936年据附表3。战时损失据《中国经济年报》,高平叔《外人在华投资之过去与现在》(中华书局,1947),第46页。华北投资为华北开发会社45子公司实缴资本额(侯刚《外人在华投资之研究》,伪工商部统计处油印本,1948,第36页)按资本价格指数折合1936币值。此指数系参酌吴承明《中国工业资本的初步估计》(《中国工业月刊》新1卷第6期)注17所引,定1936~1937年为100,1938~1939年为200,1940~1941年为500,1942年为700,1943~1945年为1000。华中投资系华中振兴会社16个子公司之资本,来源及方法同上。蒙疆部分据陈真《旧中国工业之特点》(《新华月报》创刊号),其他部分为金融业及私人企业设为前总数20%。大体上日本在关内投资较战前增加一倍,参考高平叔《外人在华投资之过去与现在》,第47、48、57页,汪馥荪《战时华北工业资本就业与生产》(《社会科学》第9卷2期)及日本东亚研究所《日本之对华投资》
	关内部分(1936):	603.4	
	减战时损失:	120.0	
		483.4	
	加华北投资:	264.5	
	加华中投资:	40.9	
	加蒙疆投资:	40.0	
	加其他投资:	69.1	
	小计(1945):	897.9	
	合计(1945):	6493.0	
美国	事业投资(1936):	299.3	1936年据附表3。战时损失酌定为运输、工业、公用各20%,参考同上英国部分。战时新投资为Curtiss Wright飞机工厂,见高平叔《外人在华投资之过去与现在》,第58页。美商于战争前期,在沦陷区利润颇厚,尤其是石油五金,见高平叔《外人在华投资之过去与现在》,第56~57页,酌定其积蓄为贸易投资的30%。战时借款,世界贸易公司及中央银行各两笔,总数120,至胜利时已动用117;平准基金1笔50;中美信用1笔500,至抗战胜利时经济用途实支485;见《美国国务院白皮书》(*United States Relations with China*),1949,pp.1044-1045,租借法案未计入
	减战时损失:	15.2	
	小计:	284.1	
	加新投资:	4.0	
	加利润积蓄:	20.0	
	小计(1945):	308.1	
	借款投资(1936):	43.4	
	加战时增加:	652.0	
	小计(1945):	695.4	
	合计(1945):	1003.5	
法国	事业投资(1936):	248.5	1936年据附表3。战时损失酌定为工业、公用各20%,参考同上英国部分。战时借款、铁路2笔,金融1笔,材料1笔,计1030百万法郎,又150万镑,见张肖梅、张一凡《近十年来我国国际收支研究》(《财政评论》第16卷第6期),动用部分不详。
	减战时损失	2.4	
	小计(1945):	246.1	
	借款投资(1936):	89.7	
	加战时增加:	29.5	
	小计(1945)	119.2	
	合计(1945):	365.3	
德国	事业投资(1936):	47.7	1936年据附表3。德国战时与日本合作,投资无损失,且甚活跃,见高平叔《外人在华投资之过去与现在》,第63页,酌定增加为原额20%,战时对国民党政府于1939年有贸易借款一笔,伪法币1.2亿元,见张肖梅、张一凡《近十年来我国国际收支研究》一文
	加战时增加:	9.5	
	小计(1945):	57.2	
	借款投资(1936):	87.9	
	加战时增加:	12.9	
	小计(1945)	100.8	
	合计(1945):	158.0	

续表

国　别	投资数额	资料来源及说明
比利时	事业投资(1936)： 21.3 减战时减少： 7.4 小计(1945)： 13.9 借款投资(1936)： 65.5 加战时增加： 80.6 小计(1945)： 146.1 合计(1945)： 160.0	1936 年据附表 3。战时矿业及公用事业投资全部出让,依附表 3 减除。战时借款有材料一笔,计 2000 万镑,见张肖梅、张一凡《近十年来我国国际收支研究》一文
其他各国	事业投资(1936)： 168.8 减战时减少： 33.8 小计(1945)： 35.0 借款投资(1936)： 76.8 加战时增加： 40.3 小计(1945) 117.1 合计(1945) 252.1	1936 年据附表 3。战时减少设为原投资 20%,战时增捷克贸易借款 1 笔,1000 万镑,见张肖梅、张一凡《近十年来我国国际收支研究》一文

美帝在华经济侵略

编者说明

《美帝在华经济侵略》，署名“魏子初”，人民出版社 1951 年 3 月初版。本书为“新华时事丛刊”第 83 种。今据作者 2001 年审定稿收入全集。

目　录

前　言

1950年12月16日，美帝继其武装侵略我台湾，轰炸我东北，炮击我商船之后，又进一步地宣布管制我国在美帝辖区内的公私财产，并禁止一切在美注册的船只开往中国港口。12月29日，我中央人民政府政务院发布命令，为了防止美帝在我国境内从事经济破坏和危害我国家人民利益，决定管制并清查美国政府和美国企业在华的一切财产。同时为了坚决肃清美帝在中国的文化侵略影响，又于次日发布了《关于处理接受美国津贴的文化教育救济机关及宗教团体的方针的决定》，把一百年来美国帝国主义对中国人民的经济侵略、文化侵略，最后地、彻底地、永远地、全部地加以结束。将美帝国主义剥削中国人民的血腥历史，作了一个总的清算。现在魏子初同志将美帝过去对华经济和文化的侵略投资，来做一个分析和总结。其中所根据的材料，大多经过审慎地选择与审查，比较可靠而没有什么问题的。从这一短文中，我们更可以认识美帝对华经济侵略与文化侵略的真实面目，这对于今日神圣的抗美援朝保家卫国运动是很有益处的。

千家驹

1951年1月12日

一

美帝资本输出的特点

美国是个后起的帝国主义，但却是个“成熟”得最快而榨取利润最凶的资本输出国。

美国是个后起的帝国主义，第一次世界大战后才由债务国变成债权国，开始在资本输出市场上占重要地位。但这并不是说美帝对利润的榨取是较轻的，事实刚好相反。试与英、法这两个老牌帝国主义比较，用资本主义国家各“权威”学者的统计，有如表1-1。

表1-1　英、法海外资本净输出与收益统计

国　别	时　期	资本净输出	海外投资收益	收益比资本净输出(%)
英　国 （百万英镑）	1870～1879	323	478	147.8
	1880～1889	423	648	153.0
	1890～1899	362	924	255.3
	1900～1909	654	1214	185.7
	1910～1912	569	513	90.2
	合　计	2331	3777	162.0
法　国 （百万法郎）	1880～1889	4865	6005	123.4
	1890～1899	6480	7180	110.8
	1900～1909	13675	10445	76.4
	1910～1913	5315	6520	122.7
	合　计	30335	30150	99.4
美　国 （百万美元）	1919～1921	4833	180	3.7
	1922～1931	3326	6421	193.0
	1932～1941	-1783	5293	396.9
	合　计	6376	11894	186.5

资料来源：英国根据 C. K. Hobson, *The Export of Capital*, London, 1914。法国根据 Harry D. White, *The French International Accounts, 1880 - 1913*, Cambridge, Mass. 1933。美国根据 Carl Iversen, *Aspects of the Theory of International Capital Movements*, London, 1935，原资料至1931年止，以后为长期投资与长期收益，据 *Encyclopedia Britannica*, 1947年编。

英国自1870年时海外投资的收益（利息和股息）便超过其资本净输出，19世纪90年代达黄金时期，20世纪开始衰退。至第一次世界大战，43年间海外投资收益合资本净输出的162%。法国的海外投资曾占其国民储蓄的1/3至1/2，但至大战时34年间海外收益只合资本净输出的99.4%，所以法国不是个很“成熟”的资本输出国。美国则在其资本大量输出的第四年即1922年起，便已“成熟”了。此后十年间其海外投资收益达资本净输出的193%。经济大恐慌后的十年间，美国海外长期投资缩减了18亿美元，而此项长期收益竟达53亿美元。总计23年间美国的海外投资收益合其资本净输出的186.5%，超过英国50年的成绩。第二次世界大战后，据美国官方统计，其海外投资收益自战前平均的5.5亿美元增至1946年的8.2亿美元，1947年又增为10.7亿美元。[①] 1948年后资本输出变成了巨额的“美援”，其收益已不能用货币衡量了。

我们计算英国的海外投资收益率，1927年最高时合其投资额的9.31%，以后递减，1930年以后，最高不超过6.42%。[②] 而美国的长期投资收益，据美官方的调查材料，则有如下的情形（见表1－2）。

表1－2　美国在各国的长期投资收益

单位：%

投资地区	收益对投资额的百分比		
	1938年	1939年	1940年
加拿大及纽芬兰	6.3	7.6	7.2
英国	8.1	8.5	9.2
法国	6.0	5.1	6.8
菲律宾	11.0	14.3	14.3
秘鲁	18.3	15.9	17.1
委内瑞拉	15.6	8.4	7.6
智利	7.5	6.5	8.2

资料来源：美国商务部 *Direct Investments in Foreign Countries*，1940，第33页。

① International Monetary Fund，*Balance of Payments Year Book*，1948，p. 362.

② 为长期投资收益比率，据下列资料折算：见 J. Henry Richardson，*British Economic Foreign Policy*，1936，p. 73，*Encyclopedia Britannica*，1947年编。

表1-2不但说明了美帝海外投资的利润高过英国，而且说明了其利润最高的地方是美帝殖民地地区，尤其是菲律宾和秘鲁。至于在中国的情形，我们下章再分析。

所以美国虽是个后起的帝国主义，但却是个成熟得最快而榨取利润最凶的资本输出国。

1916年，列宁曾说法国可以叫作“高利贷的帝国主义”，因其海外投资多半是借贷资本，而不是投在生产企业中的资本。[①] 如今这个称号要让给美国了。1947年美帝288亿美元的海外投资中，借贷资本有194亿美元，若连此后的巨额“美援”计算，则美国在生产企业中的投资，已微不足道了。

资本输出的利润并不限于上述的利息和股息。如列宁所指出，资本输出是鼓励商品输出的手段。[②] 因此伴随着资本输出的还有商品出口利润及连带的运输保险等利润，和制造这些出口商品的利润及生产这些制造品原料的利润。尽管资本主义经济学者力图以巧妙的“理论”否认资本输出和商品输出的密切关系，[③] 但他们却不敢举出美国的实例来。据称，1901~1911年英国供给阿根廷8800万英镑的铁路借款，同时期输进阿根廷的铁路器材约合借款额的35%（自英国输进的合20%）。1906~1911年英国供给了南非1500万英镑金矿借款，同期间输进南非的矿业器材也约合借款额的35%。[④] 1900~1913年外国输进加拿大的资本有25亿美元，同时期输进加拿大的生产器材约合借款额的65%。[⑤] 但美国呢？其资本输出和商品出超的密切关系可从美国官方统计中得到证明（见表1-3）。

① 列宁：《帝国主义是资本主义底最高阶段》，莫斯科中文版，1947，第83页。

② 列宁：《帝国主义是资本主义底最高阶段》，第85页。

③ 如国际贸易理论的“权威”卫纳（D. Viner）。其“理论”简单说是：国外投资大部分用于建筑和工资支出，只有少数购买可自国外运来的器材。另有个巧妙的说法如任克斯（L. H. Jenks），认为和资本输出关系最密切的是“技术输出”，使落后国家“知道了些什么”。

④ C. K. Hobson, *The Export of Capital*, London, 1914，第1章。

⑤ D. Viner, *Canada's Balance of International Indebtedness, 1900 - 1913*, Cambridge, Mass, 1924，第108页及第6章。

表 1－3　美国资本净输出与商品出超

单位：百万美元

年　份	资本净输出	商品出超
1919	2825	4259
1920	1174	3079
1921	834	1865
1922	251	432
1923	0	96

资料来源：Carl Iversen, *Aspects of the Theory of International Capital Movements*, London, 1935, p. 370，原据美国商务部统计。

美国的资本输出，主要是两次大战时期的战争借款和战后"美援"，就性质说，都是百分之百的军火和物资输出。德国人估计 1931 年全世界"政治借款"的 53.6% 是由美国做债主的，而经济贷款则美国少于英国，只占全世界的 28.9%。[①] 第二次世界大战后的"美援"更不必说了。这些借款并非用于国外的生产企业（那只能输出一部分的生产手段），而是用于破坏国外的生产企业（受"马歇尔计划"之惠的欧洲各国工业的破产便是明证），因此不但是百分之百的军火和商品输出，而且使"受惠"国以后要长期地依赖美国的商品。即以平时的"经济"借款说，如 1931 年美帝供给蒋介石的美麦借款和 1933 年的棉麦大借款，也是百分之百的商品输出，而且是在太平洋彼岸堆存了两年卖不出去的过剩商品。

美国很多"进步派"学者，包括在罗斯福幕府中的红人，[②] 都早曾寄厚望于资本输出以解救美帝在第二次世界大战后的生产过剩恐慌。甚至一个写了一本大书反对资本输出与商品输出有密切关系的教授，最后也小心地说："无论如何，国外投资会使美国的出口比其进口相对地增加。"[③] 这位先生并天真地估计：第二次世界大战后美国如大量从事海外投资，可使其制造品的出口

① Julius Hirsch, "Der Wirtschaftliche Weltwille, Die Krisis und die Weltwirtschaftskonferenz," *Weltwirtschaftliches Archiv*, 1933.

② 如哈佛大学的汉森，见 Alvin H. Hansen, *Fiscal Policy and Business Cycles*, New York, 1941。又如在国联出风头的斯坦莱，主张资本输出可使美国"平安地"转入平时经济，见 Eugen Staley, *World Economic Development*, 1944。

③ 指美国加利福尼亚州大学的布吉门，见 Norman S. Buchanan, *International Investment and Domestic Welfare*, New York, 1945, pp. 141－142, 134。

增加达投资额的45%。每10亿美元的海外投资可使美国就业人数增加133700人，以制造此项出口品，连同此项制造品原料的生产，就业人数又可加倍。但美国战后要有22亿美元的海外投资才能使其出口恢复1929年的最高水准，而每年有80亿美元到100亿美元的资本输出才能使美国“稳定国民所得接近于充分就业的水准”。

这位先生的算盘可说是“左右皆错”了。一方面美帝战后的资本输出并不是商品输出占45%的企业投资，而是商品推销百分之百的“美援”。同时资本输出早已超过了这位先生认为不可能的假设（1945年达173亿美元，1946年为78亿美元，1947年增至121亿美元，1948年竟达348亿美元），[①] 而且美国的商品出超在1946～1948年已达247亿美元，较1936～1938年增加24倍。[②] 但另一方面，美国不但没有“充分就业”，反而生产萎缩，失业者达1800万人，占人口总数的1/8，工人的实际工资自1945～1948年降低了23%。[③]

很明显地，无论是“马歇尔计划”“第四点计划”或任何资本输出的伟大计划，都不能挽救美帝的经济危机。因为这些计划的目的在提高垄断资本家的利润，不在提高美国人民的生活水准。相反地，还降低了人民的购买力，增加其贫困痛苦。战后700多亿美元的资本输出，都是美帝政府的投资，而由美国纳税人负担的。同时“美援”的输出膨胀了物价，也增加了对工资劳动者的剥削。这种资本输出，对美国垄断资本家却是完全必要的。列宁早就明确地指出：“发展上的不平衡性和大众生活的贫困，是这种生产方式底根本必要条件和前提。当资本主义还是资本主义时，过剩资本不会用来提高本国人民生活的水准，因为这样便会降低资本家的利润，而是要把资本输到落后国去，藉以提高利润的。”[④] 美国公司的纯利在第二次世界大战中共达520亿美元，而1947年为170亿美元，1948年达208亿美元，1950年更增至224亿美元，比战前增加5倍多，[⑤] 无疑地其中有很大部分是直接和间接从资本输出中得来的。

---

① 1945年据美国财政部，1946～1947年据美国商务部。见陶大镛《世界经济与独占资本主义》，中华书局，1950，第59～60页。1948年据王惠德《学习〈帝国主义论〉从根本上认识美帝国主义》，《学习》第3卷第4期。

② 沈志远：《从美国经济的腐朽性来认识美国》，《学习》第3卷第6期。

③ 沈志远：《从美国经济的腐朽性来认识美国》，《学习》第3卷第6期。

④ 列宁：《帝国主义是资本主义底最高阶段》，第81页。

⑤ 王惠德：《学习〈帝国主义论〉从根本上认识美帝国主义》，《学习》第3卷第4期。

二

企业投资

美帝共拿出5000万美元到中国来，每年赚取了3000万美元的利润，几十年后，在中国还保有3亿美元的财产。

当美帝侵入中国时，中国已被英、法、俄、德等欧洲帝国主义所分割，不久又遇到新兴的东邻日本。因此美国对中国的投资，不得不采取迂回的道路，先提出“门户开放”“中国领土行政完整”等政策，以免中国被别人独占，然后以经济渗入方式，进而谋独霸中国。同时又扮出“慈祥”的面孔，特别注重宗教文化等活动，以麻醉中国人民。大约在第一次世界大战以前，美帝只能要求与别国“利益均沾”；自第一次世界大战至第二次世界大战期间，则由与别国竞争进而谋取独霸；至第二次世界大战后则为其完成独占中国时期。

美商来华始于1784年美商船“中国女皇号”之航行广州，此行赚了3.7万美元的利润。[①] 1818年“旗昌洋行”（Russell & Co.）在广州设立，1828年“阿利发洋行”（Olyphant & Co.）改组成立，是美国初期在华企业的二巨头，垄断了中美贸易。当时外人在华活动限于广州，尚不能据有房地产，洋行是唯一投资。1836年广州有美商9家，主要的资产是白银和鸦片。

① 该船名“Empress of China”，1784年2月出航，8月到广州。见 Tyler Dennett, *Americans In Eastern Asia*, New York, 1922, p. 47。

鸦片战争五口开放后，美帝的投资重心移至上海。这时已有了《望厦条约》（1844）和《天津条约》（1858）为其护符。当英、法等国以军舰大炮在中国夺取租界和租借地时，美帝竟以一个传教士文惠廉（William J. Boone）于1848年开辟了虹口美国租界。当时美国投资以航运为主，1871年时美船占中国沿海和内河航行吨位的43%以上。1877年其“上海轮船公司”的全部船只卖给了招商局，使美船比重减至5%。① 所卖都是旧式火轮，这也是招商局始终不能和外商竞争的原因之一。

19世纪末年美国接连地占领了夏威夷、波多黎各、菲律宾等地，后起的美国已成为拥有若干殖民地的帝国主义。同时伴随着其国内垄断资本的发展，20世纪初美帝在华的企业也换了一副新面孔。“旗昌”“阿利发”等老洋行相继倒闭，而新兴的托拉斯事业如“美孚油行”（1886）、“花旗烟草公司”（1885年左右）、“花旗银行”（1902）等相继来华。“慎昌洋行”和“大来轮船公司”也在1906年开业。摩根和洛克菲勒财阀掌握了此后的对华投资。

紧随着第一次世界大战的结束，美帝在华的企业也骤增。发展得最快的是金融业。1913年的“联邦准备法”鼓励了美金融资本的海外发展，② 1917~1921年有六家美国银行在华开业，1927~1930年又有三家。美国银行的投机性也特别大，六家在金融风潮中倒闭，至“七七”抗战前只剩了“花旗”（1902）、“大通”（1921）、“运通”（1918）、“友邦”（1930）四巨头。抗战胜利后又添了一家“美国商业银行”。

其次是进出口业。其大规模者如推销道奇车的“中国汽车公司”（1914），经营蛋品的“海宁洋行”（1918），美国十大电气公司的推销人“中国电气公司”（1918），机构遍设我西北、东北的“古宝财洋行”（1919），从德国人收买的“科发大药房”（1919），都在大战期间成立。杜邦托拉斯于1920年侵入中国，“德士古”于1929年改组来华。其他大托拉斯如“美国钢铁”“西屋电气”“福特汽车”“古德立”“固特异橡皮”等公

① 同时美商“太平洋邮船公司”的船只卖给了日本。

② 该法取消对“联邦注册银行”在海外经营的限制。第25条规定资本和公债在100万美元以上者，可在其10%的限度内投资于海外。因此美国经营海外业务的银行由1914年的6家增至1920年的12家，海外分行由26所增至181所。见吴群敢《外资银行概况》，上海，1949，第10页。

司，甚至“美国钞票公司”都在华成立机构。各大影片公司则先后成立了中国经理处。此外，根据给美商免税特权的“对华贸易法”[①]设立的公司还有100多家，包括“赫金”“马迪”“中国自动电话”“丽安电气”等大企业。

第三是公用事业。1929年美电气托拉斯“电气债券公司”（EBASO）收买了上海工部局电厂而组成“上海电力公司”。至抗战时发展至183500千瓦的容量，超过当时400家华商电厂的总和。1930年美国电信托拉斯“国际电报电话公司”（I. T. T.）收买了“华洋德律风公司”而组成“上海电话公司”，设备有65600线。和前述之“中国电气公司”为姊妹行，连同“中国自动电话公司”以借款方式控制了上海华商和南京、广州、汕头的电话事业。

此外美国在工业方面也有些投资，主要为“美古绅”等地毯工厂。航运方面，远不足与英国比，唯1930年设立的“中国航空公司”则垄断了中国的航空事业。又美帝在华没有租界和租借地，但其房地产投资却仅次于英国。更因其教会学校等活动，深入中国内地。在京、津、沪、汉、穗五大城市占有土地达14000余亩，推测全国可能有两万亩。

综合美帝在华企业投资的发展简况如表2-1。

表2-1　美帝在华企业投资发展简况

单位：美元

时　代	家　数	投资额
1830（广州时期）	9	3000000
1875（鸦片战争后）	50	7000000
1900（20世纪初）	81	17500000
1914（第一次世界大战）	131	42000000
1930（“九一八”事变）	401	155112778
1936（“七七”抗战）	600（?）	236901900

资料来源：1830~1930年，据雷麦估计，见C. F. Remer, *Foreign Investments in China*, New York，1933，第15章。1936年之估计，见表2-2“资料来源”第6条（第132页）。

① “对华贸易法”（The China Trade Act）1922年公布，1925年修正，使在中国之依该法设立的公司免除联邦所得税，并得到美国联邦法律的保护。

我们估计其投资在“七七”抗战前的分配如表2－2。

表2－2　美帝在华投资资金分配状况

业　别	投资额(美元)	百分比
金融业	75255300	31.8%
银　　行	71059500	
保　　险	2676900	
投资公司	1518900	
贸易业	68147100	28.8%
进 出 口	65336700	
贩　　卖	2810400	
公用事业	61718700	26.0%
电　　力	46662600	
电　　话	13856100	
市内汽车	1200000	
制造业	21999000	9.3%
机器金属	5522700	
化　　学	4744200	
窑　　业	1399200	
纺　　织	1857300	
食品烟草	4179600	
皮革木纸	2150400	
其　　他	2145600	
交通运输业	9787800	4.1%
水　　运	7998300	
航　　空	1789500	
企业投资合计	236907900	100.0%
土　　地	53009400	
建 筑 物	22708500	
合　　计	75717900	
减:企业所有	18394800	
非企业所有	57323100	

资料来源：我们的估计详见拙作《帝国主义在华投资》，人民出版社，1951，第7页，表3。据非企业所有房地产1项曾据新材料稍有修正。其他的估计列下以供参考（均折合美元计算）：

1. 1924年美国国务院李氏估计：土地建筑物及固定设备30000000（见Frederic E. Lee, Currency, *Banking and Finance in China*, 1926, pp. 122－123）。

2. 1928年美国国务院估计：企业投资95352836。据在华领事馆调查材料，包括实物财产。据C. F. Remer, *Foreign Investments in China*, p. 314。

3. 1929年美国商务部估计：制造业10221000，贩卖业6973000，石油业42839000，杂项53721000，共计113754000。包括75家美商，不包括投资人不住在美国的企业，此项企业主要为依“对华贸易法”设立者，其投资20000000～30000000（见“American Direct Investments in Foreign Countries,” *Trade Information Bulletin*，第767号，1930）。

4. 1930年美国商务部估计：直接投资129800000，范围同前（见Paul D. Dickens,“A New Estimate of American Investments Abroad,” *Trade Information Bulletin*，第767号，1931）。

5. 1930 年雷麦估计：运输业 10799918，公用事业 35200000，矿业 104500，制造业 20509095，金融业 25320280，不动产 8478550，进出口业 47748240，杂项 2067395，未详 4884800，共计 155112778（见 C. F. Remer，*Foreign Investments in China*，pp. 285，309）。雷氏估计金融业中不包括对外商之放款，只包括对华商放款。又进出口业显然过低，与美国商务部之估计比较可知。

6. 1936 年日本东亚研究所估计：金融业 42030000，工业 9400000，公用事业 13810000，进出口业 94470000，水运业 5072000，航空业 560000，共计 165342000（见《列国对华投资与中国国际收支》，东京，昭和十六年，第 76 页）。该估计标准极不一致，有财产值，有原始资本额。金融业只限于银行，计算上也有错误。该所同年另一估计：金融业 75249300，贸易业 56789400，水运业 7998300，航空业 1789500，通信业 13856100，公用事业 61718700，工业 21999000，房地产 45186900（见《列国对华投资概要》，东京，昭和十八年，第 3～6 页）。其中贸易业和房地产仅限于上海。

抗战初期，美帝以军需物资供给日本，其在沦陷区的贸易异常活跃，汽油、五金、香烟等获利尤厚。1939 年和 1940 年成了“上海电力公司”的黄金时代，加紧了特高压线的装设。金融业也有发展，一个估计说其投资达 1.38 亿美元，较战前增一倍。[①] 太平洋战争后，据称美国在上海的投资损失 2500 万美元，但我们据常情估计不会超过 1500 万美元，[②] 远低于其初期所获利润。同时美帝在后方也有些投资，如云南之飞机工厂即有 400 万美元。

胜利后，美帝独占了中国，美货倾销泛滥成灾，贸易利润空前。美帝资本与中国官僚资本的密切结合，形成了这一时期的特征，控制了全国的工商业。“西屋”“环球”“美孚”等托拉斯都与蒋介石签订了合同，计划有油矿、轮船、水泥、电机等大规模企业。美国的水运大队和陈纳德的航空队横行中国。铁路方面有成渝、川滇、滇越等协定和西北铁路计划，水利方面有扬子水库计划，电力方面有联合电厂计划，农业方面有“技术合作团”及所谓“中美复兴农村联合计划”。但许多计划都由于人民解放军的迅速胜利而破产。最后集中于 1.5 亿美元的侵略西南计划，也因华南的解放而成泡影。唯台湾则被其深入掠夺，1948 年“雷诺公司”的铝业投资即达 3400 万美元。台湾的电力、肥料、制糖、水泥、化学、樟脑等工业俱入美帝之手。

分析美帝在华的企业有如下的特点：

第一，美帝投资集中于商业掠夺性的企业，而金融资本的庞大尤为突出。金融、贸易两项占去投资总额的 60%。固定设备较大的企业，如“上

① 高平叔、丁雨山：《外人在华投资之过去与现在》，中华书局，1947，第 58 页。

② 参看韩启桐《中国对日战事损失之估计》，中华书局，1946，第 34 页。

海电力”“上海电话”“中国航空”等公司都是在1927年大革命后美帝收买了蒋介石并稳定其统治时设立的。在此以前，商业掠夺性的投资要占到80%以上，而工业投资始终未超过10%。金融资本配合其白银政策和对蒋介石的“货币协定”，使美元在抗战前已压倒了英镑，控制了中国金融。贸易中的石油垄断也为一特色，其投资占美帝在华托拉斯资产的38%。[①]

第二，资本的集中和大托拉斯的活跃，在美帝投资中最为明显。1914年其八大公司的投资即占总数73%。1930年17家大公司的投资占达总数82%，196家中型企业占16.6%，而140家小企业只占1.4%。[②] 目前135家美商中有104家是公司组织，而“上海电力”“上海电话”“美孚”“德士古”等四家占去总投资75%以上。所有大企业都属托拉斯系统，前已指出，美国十大托拉斯在中国都曾设有机构。

第三，美帝企业在经营上是巧妙的，善以少数有管理权的股份控制别人的投资。如“上海电力公司”，中国人和英国人的投资远超过美国，但唯一有管理权的普通股都在美托拉斯之手。“上海电话公司”，美国托拉斯只控制了69.5%的普通股，只占总资本额26%，但包办了其董事会。“中国航空公司”，美国资本只占45%，后又减为20%，但其实权在蒋介石政府交通部长之上。余如中美合办的“中国电气公司”“沪西电力公司”“中美石油公司”等都是同样情形。

第四，最值得注意的是，美帝在华虽有约值3亿美元的企业和房地产投资，但其资金并非来自美国，而是掠夺自中国。

值5000多万美元的地产，可以说全部是不花本钱的。骗取霸占和地价上涨是其投资的来源。

有7000多万美元在华资产的美国银行，并无划定的资本。投资的基金全靠其15个机构在中国所吸收的6000多万美元的存款和其历年的利润。

值6000多万美元的公用事业，也无实出资本。“上海电力公司”在1929年收买的代价是8100万两，美国托拉斯只垫付了初期的3000万两，以后则在上海募集了1.1亿两的公司债，除付清代价外还收回了其初期垫款

---

① 美国商务部1929年估计，见第131页“表2-2”资料来源（3）。该估计限于总公司在美者，可代表托拉斯企业。

② C. F. Remer, *Foreign Investments in China*, p. 281.

的全部6厘债券和大部优先股。“上海电话公司”在1930年收买时估价1000万两，美国托拉斯只付了184.2万两，其余则付给了并无实际出资的虚额股票，其营运资金全靠在上海募集的500万两和1400万银元的公司债。“沪西电力公司”是以“上海电力公司”的利润投资的，美方亦无实际出资。

1930年调查，在华有投资3715.1万美元的美商，其自美汇进的资本只有1339.5万美元，只占投资额的36%。这是限于有汇款的大企业，另有许多报告则自称系“白手起家”“自一根鞋带做起”,[①] 根本无分文汇华，而是靠敲诈冒险发财的。还有一部分是中国人出资，美国人只出名义，分取利润。又如“美光火柴公司”是瑞典人资本，借美商的招牌；“科发大药房”是德国人投资，美国人趁欧战时贱价买来的。

1930年调查，美商填报的利润有高达300%的。若除进出口业不计，其余自10%、20%，以至50%不等，以平均20%计每年即达3000多万美元。除进出口业外，美商每年汇回去的利润平时至少有1000万美元，繁荣时有1500万美元。此外电影片租费每年收入2000万银元，汇回约300万美元。美国医生、律师等每年汇回利润约7万美元。[②] 进出口业和航运、保险业等利润的汇出还无法估计。姑以每年汇回1500万美元计，即合1930年美帝投资额的10%。如前所述，美帝实出的资金最高不会超过其投资总值的1/3，即不过5000万美元。因此汇回的利润高达其出资额的30%，即3年间可收回其全部出资！同时积累在企业中的利润和美籍人员高额的享受，至少也与汇回的部分相等。

因此我们可以看出这一奇迹，即美帝共拿出了5000万美元到中国来，每年赚取了3000万美元的利润，几十年后在中国还保有3亿美元的财产。但这不是奇迹，这是帝国主义资本输出的规律。

---

① C. F. Remer, *Foreign Investments in China*, pp. 292 – 293.

② C. F. Remer, *Foreign Investments in China*, pp. 294 – 295，及《列国对华投资与中国国际收支》，东京，昭和十六年（1941），第226页，第1表。

三

借款投资

中国第一次外债是用于镇压回民起义的，第二次是用于镇压“捻乱”的，所有外债都是同样性质，但比起“美援”来真如小巫之见大巫了。

美帝争夺对华借款的初期历史是失败的。1897 年美国国务卿训令其驻华公使邓班（Charles Denby）：“运用一切适当的方法来扩大美国在华的商业利益”，据说因为美国国务院感到邓班向清廷“强索”京汉路借款权一举超过了“适当”的程度。[①] 京汉路被比利时夺去了，次年美国终于争得了粤汉路。但投资该路的“中美启兴公司”又被比利时银团收买，虽经摩根出资争取，终又被英国强使张之洞以 675 万美元的代价“赎回商办”。

20 世纪开始，美帝集中力量于东北铁路的争夺。1904 年美国支持日本击败了帝俄，铁道大王哈里曼（E. H. Harriman）趁机于 1905 年与日本签订了收买南满铁路的草约，以为其环球交通网的一环，但次年即被日本推翻了原约。1907 年哈里曼的代理人又与奉天巡抚成立了建筑新民屯到法库门铁路和设立东三省银行的备忘录，也被日本以“中日密约”打消。1909 年再

① C. F. Remer, *Foreign Investments in China*, p. 256.

与东三省总督签订了建筑锦州到爱珲铁路的草约，同年美国国务卿提出了借款给清廷收买全部东北铁路的所谓“诺克斯计划”，也因日、俄的联合反对而成泡影。

接连四次失败，美帝只有转而要求加入英、法、德对粤汉铁路的投资银团，塔夫特（Taft）特“破例地”以总统名义电清廷威胁。1911 年终于在四国银团中分得了 150 万英镑的湖广铁路借款，同时其在前一年获得的“改革币制开发满洲”的贷款权也只得分让给四国银团，美帝分得 250 万英镑。此外美帝在 1910 年七国对上海道台的贷款中分得 30 万两，次年四国对湖北总督的贷款中分得 50 万两。这是其“利益均沾”政策的初步成绩。除湖广路借款外，所有这些借款都于 1913 年对袁世凯的善后大借款中扣还。美帝原积极参加善后大借款的六国银团，后因竞选对华财政监督失败，而扬言该借款“迹近干涉中国行政之独立”而退出，但在大借款中同样获得了“革命损失赔偿”。

第一次世界大战期间，美帝趁列强无暇东顾，单独进行对华借款的活动。来华“救济”的美红十字会也于 1914 年和北洋政府签订了 2000 万美元的淮河借款。1916 年订约的有“李海琴荪银行”（Lee，Higginson & Co.）500 万美元的财政借款，“广益公司”（American International Corp.）的 300 万美元的山东运河借款，及 300 万美元的淮河运河借款，“裕中公司”（Siems & Carey）3000 万美元的株钦铁路借款，“大陆商业储蓄银行”500 万美元的所谓“芝加哥银行”借款。1917 年又有“广益公司”600 万美元的大运河借款，代替以前山东运河借款。这一连串借款总额达 5900 万美元，包括 1500 英里的株钦铁路。但美帝此时还没有独霸中国的能力，所以除“芝加哥银行”借款外，都因英、日、法等抗议而未能执行，只借出了少数的预贷额（详见附录）。

1918 年以摩根、洛克菲勒和库恩洛伯财阀为首的 36 家美国银行，由美国国务院出面向英、日、法提议组织对华借款的新“四国银团”。由于帝国主义之间的矛盾，至 1920 年始告成立，但也无结果而散。这时美帝一方面想用“四国银团”来阻止别国单独借款，一方面自行对华单独借款。1919 年重订了“芝加哥银行”借款合同，增至 550 万美元。同年成立了数目相等的所谓“太平洋拓殖公司”借款。这是美帝在借款争夺战中最成功的两笔。以后如 1920 年“寇狄斯飞机公司”（Curtiss-Wright）4308758 美元的购买飞机借款和次年“费德尔电报公司”（Federal Telegraph Co.）4617500 美元的无线电合同，也都因英、日的反对未能实现。

美帝对华的政策，一向是收买所谓“强人”。如所谓“中国通”拉铁摩尔所说：“只要他们能找到这样一个人，在十九世纪末找到一个李鸿章，二十世纪初找到袁世凯，他们总是愿意在贷款、武器、装备、军队训练各方面给予充分的帮助，使他们充分的强有力，来为他们（帝国主义）的利益而统治着中国。”[①] 1899 年美帝曾假想以借款收买李鸿章，其后又有 3 亿两的计划，但当时资力最厚的还不是美国而是英国。为支持袁世凯称帝，美帝曾对袁世凯大量借款。[②] 袁死后美帝认为段祺瑞是“最动人的人物”，曾以 500 万美元借款收买他，但段祺瑞终于投入日本怀抱。其后美帝以军火收买吴佩孚，但在争取军阀上仍不是英、日的对手，其飞机、无线电等借款终遭失败。美帝这种政策，直到 1927 年中国大革命时代，收买了背叛革命的蒋介石后才一帆风顺。此后英、法、比等国渐在中国债市上消沉，美帝渐渐取得独霸。表现得最明显的便是 1931 年 900 多万美元的美麦借款和 1933 年 5000 万美元的棉麦大借款，不但数字惊人，而且明白地以推销美国过剩农产品，破坏中国农村为目的，同时即在借款成立后，使国民党拨出了 1680 万元的“剿赤”经费。

除上述政治借款外，还有美国公司的许多垫款欠垫，主要为铁路材料、电信器材及造币厂的垫款。经我们查明者有 66 笔，虽非完全，但比历来的估计已完整得多。此外还有在欧洲发行的中国债券输入美国者，大都在第一次世界大战期间。[③] 综合我们估计自 1898 年第一次美贷起至“七七”抗战

---

① 钦本立：《美帝经济侵华史》，世界知识社，1950，第 23 ~ 24 页。

② 刘大年：《美帝侵华简史》，新华书店，1950，第 37 页。单位未见说明。钦本立引用时则以 1.26 亿为“元”，而 3300 万为“两”，不知何所据。见钦本立《美帝经济侵华史》，第 25 页。

③ 据雷麦估计，1895 年发行的“清帝国金债券”在 1925 年时有 200 万美元流通在美国，逐渐赎回至 1930 年时约余 25 万美元。又在柏林、巴黎、伦敦发行的 1913 年“善后大借款债券”有 75 万美元流入美国，帝俄部分有 250 万美元存在美国银行，十月革命后废止（见 C. F. Remer, *Foreign Investments in China*, pp. 300 - 301）。

止，美国实贷出约7000万美元，其中80%为政治借款，尚不能包括对军阀的零星补助和暗中借款（见表3－1）。

表3－1　美帝在华的各项借款

单位：美元

类　别	实贷额累计	1936年年底结欠本息
财政借款11笔	54552109	43875833
教育借款5笔	200942	—
工业借款8笔	799921	8860
交通借款28笔	6709949	3892196
铁路借款25笔	6738237	7296821
合　计	69001158	55073710
其他中国债券流入美国者	5500000	1000000

注：湖广铁路、株钦铁路及大运河等借款都纯是政治借款。又表3－1与拙作《帝国主义在华投资》（人民出版社，1951）所列不同。该书系据日本人估计，表3－1系我们逐项的估计。

其他各估计，列下以供参考（均折合美元计算）：

1. 1924年美国国务院李氏估计：政府债券20000000，铁路借款及垫款9300000，美国公司长期贷款10000000，共计39300000（见 Frederic Lee, Currency, *Banking and Finance in China*, 1926, pp. 122－123）。

2. 1928年吉特来基估计：政府及其他债券20000000，铁路等债券18000000，美国公司垫款10000000，共计48000000（见《远东时报》1928年6月份）。

3. 1930年雷麦估计：政府借款28896424，美国公司垫款11814922，其他债券流入美国者1000000，共计41711346（见 C. F. Remer, *Foreign Investments in China*, p. 301）。

4. 1936年日本东亚研究所估计：政府借款41630000，铁路借款11870000，共计53500000（见《列国对华投资与中国国际收支》，东京，昭和十六年，第76页）。该所同年之另一估计：政府借款27907000，铁路借款18221000，交通借款2076000，共计48204000（见《列国对华投资概要》，东京，昭和十八年，第8页）。

资料来源：详见第151～158页附录“美国对华借款（1898～1948）”。

外国借款和外国企业投资一样，虽债额很大，但实际输进中国的资金很少。除了折扣、佣金、发行费用等外，还有很多抵付了赔款。如善后大借款，实收不到举债额的1/3。因此历年支付的本息远超过输进的债金，简况可如表3－2。其中举债额系各期终估计相减数，实际债额累计还要比此数大得多。

表 3-2 美帝在华的举债额

单位：百万美元

时　期	举债额	收进债款	付出本息
1894～1901	284.7	85.1	83.6
1902～1903	550.3	365.9	535.2
1914～1931	197.3	210.6	627.9
合　计	1032.3	661.6	1246.7

美帝对华的借款利息都很高，利上滚利，负债额日长夜大。以“芝加哥银行”和“太平洋拓殖公司”两借款为例，1919 年订约时共为 11000000 美元，1933 年整理时已欠达 23486209 美元。此后迭经付还欠息，1937 年年底结欠 11505000 美元，到胜利后，1946 年又欠达 16270100 美元。又如一笔京绥路的货车枕木垫款，原垫 200 多万美元。13 年后整理竟结欠 600 多万美元。小小的一笔 6 万美元的留学生借款，偿还时付了 8.6 万美元的利息。一般的借款，大都在 10 年间本息增达实贷额的 1 倍。因此美帝对华的借款，大都收回了 3 倍以上的利益了。

抗战时期，美帝对华借款始于 1938 年的桐油借款 2000 万美元，以后陆续有三笔，都有高利息，目的不在帮助中国抗战，而在攫取我战略物资，这些借款都须短期内以钨、锑、锡等输美偿还。连同一笔据称系“私人借款”的飞机借款共 1.35 亿美元。1941～1942 年有 5000 万美元的平准基金借款和 5 亿美元的财政借款，则专为维持蒋介石的反动统治之用。

抗战胜利后，美帝更大规模的“美援”是难以数字计算的。经我们查明，美帝正式承认是“借款”的有 14 笔，达 9 亿余美元，其中大都无资金输入，而以剩余军备转拨。美帝援蒋的主体不是借款，而是各式各样的军火物资，我们根据比较可靠的估计逐笔计算，这些救济物质、租借法物资、军事援华，以及剩余物资让售等共 15 笔，价值 51 亿美元。美帝未曾正式承认的项目，还不在内。其简况如表 3-3。

上列美帝供给蒋介石屠杀中国人民的资本共达 67 亿多美元，至 1948 年止实际支用或净得的也有 57 亿美元。此后在台湾的“美援”还无法估计。战时和战后的借款，除已榨取中国人民收回的本息外，至 1948 年年底还结

表 3-3　美国正式承认的对华“借款”

单位：美元

类　别	债额或物资总值	动用债额或物资净值
抗战时期借款 8 笔	705000000	661174131
抗战胜利后借款 14 笔	918194000	394973545
“救济”物资 4 笔	799029000	
租借法物资 2 笔	1626789143	除重复计算者外共值
军事“援华”2 笔	142666930	4709248616
剩余物资让售 7 笔	2532807543	
合　计	6724486616	5765396292

资料来源：详见第 151～158 页附录“美国对华借款（1898～1948）”。

欠 9.12 亿美元。中国第一次举行外债是 1876 年向英国银行借款，用于镇压新疆回民起义的。第二次外债则用于镇压所谓“捻乱”的。以后的外债大都是此类“镇压”的用途，但比起巨额的美贷和“美援”来，真如小巫之见大巫了。

四

宗教文化侵略投资

“为了扩张精神上的影响而花些钱，即使只从物质意义上说，也能够比用别的方法收获得更多。”——〔美〕詹姆士

来华的第一个传教士摩理荪（Robert Morrison）是1807年乘美国船来的。13年后“美国公理会”才派人来华，1830年才在华开教。初期美国在华传教是依赖着与英国的合作而存在的，但美教会自始即与其商业相关联，此时期的推动人即前述“阿利发洋行”的主人。1835年第二个在华开教的“美国圣公会”，则是以贩卖洋书而来的。1897年美公使邓班向国务院报告美教会的商业活动时说：“这些活动虽无条约根据，但实际上都很普遍。教会皆设有印刷所、书店、职业学校、工厂、商店、药店等。”[①] 更明显的是1848年美教士文惠廉的开辟上海美租界，大做其地皮生意。众所周知，在美国所谓“宗教”“文化”事业都是公司组织，靠免税来经营各种商业的，这一传统也被美教会移植到中国来了。

同时美教会和政治的结合也特别密切。1844年美国教会有了《望厦条约》的特权，自此至第一次世界大战有55个教派在华开教，“青年会”和“女青年会”设于1885年和1890年，成为其广泛的活动组织。大战后别国教会都减少了，美教士则自战前占外籍教士的35%增至1922年的51%，并

① 钦本立：《美帝经济侵华史》，第45页。

于大战中收买了德国教会，从此独霸在华的“传教”事业。1925～1927年的中国大革命给美国教会以很大的打击，这三年间，美国教士由2548人减至2024人，在反帝高潮中许多教堂和学校停闭。此后美教会变成了美帝收买国民党的先锋，孔、宋都是靠教会起家的。1930年蒋介石在宋家正式入了教，美国教会更空前活跃起来。如我们前两章所说，美帝企业和借款投资都以此时期为转折点，实在是得力于其“宗教”活动。1934年蒋介石的“新生活运动”，实际是与美国教会二位一体的活动，宋美龄、黄仁霖之流，都是二者共同的主持人。北美教会汇华的活动费自1925年以后，每年平均减少50万美元，至1933年只有三百九十几万美元，次年与“新生活运动”合流后，即逐年增加，1936年达440万美元。[①] 美帝不但以“宗教”来麻醉中国人民，还以“宗教”控制了中国的统治阶级，这实在是其“杰出”之作。

综合美国教会在华发展的简况如表4－1。

表4－1　美国在华的教会与教会财产

单位：美元

年份	教派	教会	美国教士	教徒	教会财产
1877	11	15	213	—	1000000
1905	44	294	1426	114879	5000000
1914	60	—	2500	—	10000000
1930	71	—	2200	—	27355720
1936	71	2318	2634	355642	—

资料来源：教派据International Missionary Council, *Directory of World Missions*, London, 1938。教会财产据C. F. Remer, *Foreign Investments in China*, New York, 1933，第15章。1936年各项据*Interpretative Statistical Survey of the World Missions of the Christian Church*, London, 1938。其余各项据日本东亚研究所《诸外国之对华投资》下卷，第213～223页。又信徒数包括未受洗者，与拙作《美帝在华的宗教文化侵略》不同（见《光明日报》1950年12月25日）。

以上是基督教。美国天主教本不发达，其来华始于1818年的“玛利诺外方会”。至“七七”抗战时，在华有7个教修会，159个美国司铎，69个修女，73534名信徒。[②]

美国教会的活动以大城市的上层阶级为主，除与英、法、德、瑞合办的

① 日本东亚研究所：《列国对华投资概要》，第404页。

② 日本东亚研究所：《诸外国之对华投资》下卷，第428～429页。

“内地会”外，其中心都在大商埠，就是在农村中也以乡绅地主为主要对象。美国教会不很注重虔诚的“宗教”生活，反而介绍轻浮的美国资产阶级生活，宣传其物质文明，如“青年会”等更以西餐、电影、赛球来麻醉青年。此外，其传教士自然也做了间谍、情报工作，美帝侵华计划和投资计划有不少是根据这些被称为“中国通”或“观察家”的传教士报告写成的，而他们的报告，则一贯地把中国描写成弯腰、小脚、愚昧、无知的野蛮民族，以启发帝国主义的侵略野心。至于教会对中国人民的敲诈钱财、霸占房地，和利用“教案”以索取赔款的事件，更是层出不穷。

美国各教会的经费中，有半数以上是自中国募集的。1936 年“圣公”“公理”“浸礼”“长老”“美以美”五个最大的教会在中国收入了 1875115 美元，而自美汇来的补助费只有 1083229 美元，只占支出的 36.7%。[①] 1930 年调查，美国汇款不过占其教会、学校等财产的 15%，[②] 1936 年北美各教会汇款共 4378810 美元，依我们下面 1 亿美元财产的估计，只占 3.6%。至于天主教更是一向以就地更生为原则，汇款是极少的。

教会以外，美帝“文化”侵略的中心，第一是石油大王的“罗氏基金团”。1915 年收买了北京协和医院，投资约 1800 万美元，成为中国第一名贵族医院。此外该团并从事推行英语，甚至农村放款等活动。第二是“中华文化教育基金会”，系 1924 年以美帝第二次“退还”的庚款成立的，该款总数 12545439 美元，每年由中国海关交美大使再转入基金，所以纯粹是个以中国钱供美帝使用的机关。第三是“华洋义赈会”，系 1920 年许多救灾团体合并成立，靠国内外捐款活动。此外美国哈佛、耶鲁和普林斯顿等大学在华都有联系机构，另有“中美文化协会”“华美协进社”等留美学生的组织。抗战后则组成“美国援华联合会”，号召“多捐一文钱，多一分阻止共产主义的力量”。

美帝在华设立学校，始于 1845 年在澳门设立的“崇信义塾”，即之江大学之前身。教会学校经《天津条约》和《北京条约》而取得保护，戊戌“维新”的洋化崇拜更予以鼓励，发展至 1924 年达于高峰。以后在大革命时代受到了不小的打击，此后校长都换了华人。蒋介石当权后，美国教会、

① 日本东亚研究所：《诸外国之对华投资》下卷，第 416 页后之表 3。

② C. F. Remer, *Foreign Investments in China*, p. 307.

学校又有空前的发展，至“七七”抗战时，拥有大学19所，即圣约翰、金陵、岭南、东吴、沪江、之江、湘雅、协和、辅仁、辅仁女院、上海女医、华南女院、文华图书馆专科、齐鲁、燕京、金陵女院、福建协和、华西协和、武昌中华。后6个有英国教会参加合作，各校共有教职员1928人，学生6841人。已查明的美国教会办的中学有189校，学生32509人，小学1566校，学生101805人。①

美帝对华教育侵略的特点是注重高等教育，全国教会大学中只有一家不属美国系统。学生多为官僚、贵族子弟，学费很高。校内介绍美国资产阶级生活方式，培养崇美观念，奢侈浮华。课程偏重商业性和技术性的学科，故其毕业生受雇于洋行买办者极多。如杜威于1922年所写：“美国教会大学把美国大学的课程和训育观念移植过来，造就的毕业生，不是做为发展民族工业的领袖，而是由于其英文训练，做外国公司的职员。”② 在政治方面则造就了一批亲美、崇美、会说英语，懂得洋人脾气，为洋人服务的官僚，逐年加入国民党统治机构中，以巩固其对蒋政权的控制。1908年美帝“退还”庚子赔款，办理清华学校和其他文化侵略事业，当时美国伊里诺州大学校长詹姆士（E. J. S. James）给美总统的备忘录中说：“为了扩张精神上的影响而花些钱，即使只从物质意义上说，也能够比用别的方法收获得更多。商业追随精神上的支配，是比军旗更为可靠。”③ 其实美帝此举并未花钱。用中国钱替美国办学校，是其独到之处。甚至美国人办的《密勒士评论》周报论述“退还”庚款时也说：“综此以观，可知以后一切对华侵略均将以教育形式出之，各国均以教育中国男女为竞争。”④

美帝在华医院始于1835年在广州设立的“眼科医院”，即后之“博济医院”。1838年成立“中华医疗传道协会”，即后之“中华博医会”。另一系统为“罗氏基金团”之“中华医疗事业局”。抗战后，则有“中国国际救济会”。到“七七”抗战时，美帝在华有148所医院，10685台病床，尚有有关系的医院约80所。其中北京协和医院最为突出，有病床353台，医师

① 日本东亚研究所：《诸外国之对华投资》下卷，第18～25页。

② 钦本立：《美帝经济侵华史》，第45页。

③ 《美帝退还庚款的阴谋》，《人民日报》1950年12月12日。

④ 刘大年：《美国侵华简史》，第29页。

68 人。美帝所注重的也是此类贵族式的大医院，训练为资产阶级服务的医师，介绍美国商业化的高贵医药。1936 年各医院的经费有 51% 靠诊费收入，其余为中外捐款。此外在救济事业方面，受美国津贴的约有 200 所孤儿院，20 所麻风病院，10 所聋哑学校，30 所盲校。

其他的“文化”活动，还有“华北明星报”“大美晚报”“大陆报”以及四种正式期投，一度并收买上海“申报”和“新闻报”。“合众”“国际”等三家通讯社也都在华设有机构。此外其侵略范围最广的是美国电影片，解放前占在中国放映影片的 70%，每年所获租费达 1000 万美元。

美帝对华“宗教”“文化”侵略的投资是很难估计的。从政治意义上讲，其历年活动费用都是累积的投资，因这些活动的成果都是累积在中国人精神上的重担。北美基督教会的汇华款项，1928 ~ 1936 年共计 45740000 美元，[①] 其他教会和天主教会约合北美基督教会的 1/4，[②] 即 11435000 美元。1928 年以前只有零星的记载，多时每年达 700 万美元，上推至 1914 年以每年 500 万计，共合 7000 万美元。以上“宗教”方面共计 1.27 亿余美元。截至 1936 年止，“罗氏基金团”的支出约 3460 万美元，[③]“中华教育文化基金会”支出约 1500 万美元，[④]“华洋义赈会”约 1500 万美元，[⑤] 合计 6460 万美元，连教会汇款共 1.916 亿美元，加上其他零星补助，可估计自第一次世界大战至“七七”抗战的支出共合 2 亿余美元。但美帝所能运用的款项却要加倍。前已说明，1936 年北美各教会在中国募集的经费占一半以上，医院的经费也半数以上为诊费收入，学校都有高额的学宿费和中国政府补助。在早期此项收入较少，姑以各半计算，则美帝在这期间所控制的活动费共达 4 亿美元。

若从其财产看，1930 年美国人雷麦的估计是 43071189 美元，医疗方面约占 14.7%，教育方面占 38.2%，“宗教”救济方面占 47.1%。[⑥] 这估计无

---

① 日本东亚研究所：《列国对华投资概要》，第 404 页。

② C. F. Remer, *Foreign Investments in China*, p. 307.

③ Layman's Foreign Missions Inquiry, *Regional Reports*, Vol. 5, *China*, New York, 1933, p. 446.

④ 依基金数本息酌计。

⑤ China International Famine Relief Commission, *News Bulletin*, 1936 年 6 月号，记该会创立 15 周年大会上 Findley Andrew 报告，原为 5000 万美元。

⑥ C. F. Remer, *Foreign Investments in China*, pp. 308, 306.

疑是太低了，因单协和医院的财产即估值3065.1万美元。[①] 美国国务院曾估计13个大学的财产总数为52109073美元，[②] 同年吉特莱基估计有7000万美元，[③] 而1927年沃文休的估计是8000万美元。[④] 沃氏是教会中人，所说或近似。就趋势看，到“七七”抗战时总有1亿美元左右的财产。不过这庞大的财产，大都是中国资金所购置。1936年美国汇款只占此数的3.4%，大部为支付美籍教士薪津的。其中如农场土地等，更都是无代价取得的。

---

① 刘大钧：《外人在华投资统计》，《中国太平洋学会》会刊，1932，第11页。

② 在通商口岸者26902861美元，在内地者25206212美元。据领事馆报告。见C. F. Remer, *Foreign Investments in China*, p. 314。

③ 《远东时报》1928年6月份。

④ A. L. Warnshuis, “Christian Missions and the Situation in China,” *Annals of the American Academy of Political and Social Science*, 1927年7月号，第81页。

五

解放后的概况

1951年起，结束了100年来美帝在中国的经济和文化侵略，其掠夺自我人民的财产，重入我人民的管制之下了。

英勇的中国人民解放军迅速的胜利，粉碎了美帝奴役中国的阴谋。帝国主义在华特权被取消了，官僚买办资本被打倒了，两者相结合的特性已不存在。巨额的美贷和美援已不再是中国人民的负担，美帝所支持的教会、医院、学校也逐渐改变成中国人民的事业，不再做其精神侵略的工具。存余的美帝企业也失去了或被限制了榨取中国高额利润的条件。同时新中国渐渐走上了经济独立的道路，摆脱了对帝国主义的依赖。另一方面，我国营经济比重日见增加，私营企业在“公私兼顾”的正确政策下也得到了真正的发展。以商业掠夺为特点的美帝在华投资，再不能垄断中国市场，操纵我经济命脉了。

解放后美商之撤退歇业者，较其他外商为多。如天津的美商在抗战前有158家，解放前有37家，目前只存28家。上海的美国进出口商抗战前有274家，初解放时尚有96家，现只存58家。汉口的美商解放前有6家，解放后只存3家。现美商总数约有135家，只及其最盛时的1/4。但歇业者多为小企业，其有固定投资的大企业仍然存在。

解放后的另一现象，即许多美商纷纷将产业委托其他国籍人代管而离华，企图蒙混国籍。已查知委托中国籍者有15家，包括在华有75年历史的

“茂生洋行”，尚有两家转卖给中国人。委托苏联籍者有10家，委托英国籍者有4家。委托加拿大籍者有2家，即有名的“沙利文糖果公司”和“胜家缝衣机公司”。委托德国籍者有4家，包括“马迪汽车公司”。委托法、意、葡、奥、挪威、瑞士等国籍者尚有十余家，包括“柯达照相”“海京洋行”等有历史的机构。其“美光火柴公司”则拟改为瑞典籍。

解放后，美商在经营上的消极、怠惰和对我的阴谋破坏也极为显著。诸如逃避管制，分化职员，破坏工会，散布谣言等现象，层出不穷。“大通”、“花旗”等银行在申请歇业后对华籍职工之解雇始终不依规定待遇办理，对其业务上原负的保证责任也迄无诚意清理，反而分化、威吓华籍职工。各地“美孚”和“德士古”也借口种种劳资纠纷，压迫工人，破坏工会，盗卖设备。“上海电力公司”被蒋介石以美帝飞机轰炸后，美方拟任其破坏，以断绝上海之动力供应，经我工人的努力始告修复。“上海电话公司”也有同样阴谋。初解放时美商拟进行投机，宣传中国必须依赖美帝的工业原料和物资，并由其在华流氓律师等四处活动。其阴谋终于破碎，1950年7月美帝开始对我禁运物资，美商仅有的贸易也告停顿。

目前约135家美商中，进出口业约有67家，公用事业3家，石油公司3家，房地产公司8家，其余均无足重要。总共在中国各地的机构，约有200处，以“美孚”和“德士古”的油栈和经理处最多，次为各电影公司的经租处，业务大都停顿。上海美商约有115个单位，天津约有30个单位。全部职工有2万余人，外籍者有600余人，但如前所述委托其他国籍者甚多，故美国人人数有限。

现存美帝企业的投资，还无法做可靠的估计。粗略地推算，约在1.5亿美元，而上海占1亿美元以上。依解放前的报告，“上海电力公司”的实物资产，约值5700万美元，连同“沪西电力公司”和“上海电话公司”，约值7500万美元。“美孚”和“德士古”的储油运输设备，依旧材料估计约值500万美元。两公司在各地占有大量房地产，并还有若干存货。公用和石油两项，可能占目前美帝投资的75%以上。上海“美商地产公司”占有土地284亩，房屋大小约1000座，现虽价格跌落，也可值三四百万美元。银行所有房地设备等，也值三四百万美元。此外如“慎昌洋行”“海宁洋行”“科发大药房”等都有相当的生产设备。工业方面如“美古绅毛厂”“上海纸版公司”“美光火柴公司”“奇异安迪生电器公司”等，都有相当的规模。照旧材料推算，也有三四百万美元。不过这都是极粗略地估计。香港方面美国人所做的估计，也与此大致相符。

企业以外，美帝在中国还占有大量的房地产。抗战胜利后，美帝又在剩余物资的协定中，要中国供给 3500 万美元为其购置房地产的费用。解放以后，房地价格发生很大的变动，很难估计其价值。粗略地说，连同非企业所有的房地产，美帝在华的投资共约有 2 亿美元。

1950 年 12 月 16 日，美帝继其武装侵略我台湾，轰炸我东北，炮击我商船之后，突然无理地宣布管制我国在美国辖区的公私财产，并禁止一切在美国注册的船只开往中国港口。这正是我人民志愿军帮助朝鲜人民军击败了美帝在朝鲜的侵略军，解放了平壤并指向汉城之时。12 月 29 日我中央人民政府政务院发布了命令，为了防止美帝在我国境内从事经济破坏和危害我国家人民利益，决定管制并清查美国政府和美国企业在华的一切财产，并不准其破坏。同时宣布冻结我国境内所有银行的一切美国公私存款，另订动支的办法以维持其正当业务和个人生活。次日，政务院为了坚决肃清美帝在中国的文化侵略影响，发布了《关于处理接受美国津贴的文化教育救济机关及宗教团体的方针的决定》。所有该项机关团体均由政府协助人民实行完全自办。文化教育医疗机关分别情况由政府接办或由中国人民团体自办，救济机关由中国人民救济总会接办，宗教团体改变为中国教徒完全自办的团体。同时公布了《接受外国津贴及外资经营之文化教育救济机关及宗教团体登记条例》，对所有该项机关团体进行登记，以便管理。

这两项措施公布后，立即受到全国人民的热烈拥护。各地方政府立即对美帝企业进行管制，各企业的职工们都喜气洋洋，燃放鞭炮，欢迎政府的管制专员，庆祝这些吃中国人民血汗的美帝企业获得了新生，改变为人民服务的企业。职工们纷纷开会，控诉美帝的压榨剥削，保证管制工作顺利进行，保证不准有一丝一毫的资产逃避或遭破坏。各地工商界、金融界的人士，身受过美帝多年的经济压迫，也感到特别兴奋，纷纷开会拥护并协助管制清查的工作。

“上海电力公司”“上海电话公司”等，均于 12 月 30 日开始实行军事管制。其他各地也均于新年前后办理，并规定限期造具清册报告登记。1951

年起，结束了100年来美帝在中国的经济侵略，其掠夺自我人民的财产，重入我人民的管理之下了。

解放之初，我政府对接受美国津贴的文化教育救济机关和宗教团体，期望他们能恪守政府法令，所以未予处理。但美帝却仍然不断地企图利用这些机关和团体暗中进行其反动的宣传和活动。一年来已经我公安机关发现多次诸如造谣、诽谤、反动宣传、出版反动书刊，甚至隐藏武器、勾结蒋介石特务进行间谍活动等行动。美帝这些卑鄙行为，曾激起中国人民的巨大愤怒。各地教会学校、教会医院的教职员学生工人等，普遍举行了爱国反美示威，和对美帝的反动破坏活动进行控诉。1950 年 7 月间，中国基督教徒发表了《中国基督教徒在新中国建设中努力的途径》宣言，宣布实现教会的自立、自养、自传的方针。11 月天主教方面也发表了《天主教自立革新运动宣言》，都得到了全国爱国教徒的拥护。

1950 年 12 月 29 日我中央人民政府政务院发布处理美帝津贴的文化教育救济机关及宗教团体的方针后，全国基督教天主教团体、教会医院教会学校等，立即欢腾响应。上海基督教人士于 1951 年 1 月 8 日发表宣言，拥护并保证实行这一决定。各地即纷纷开始行动，接管接办所有受美帝津贴的机关团体。100 余年来美帝国主义对中国人民的文化侵略，也正如政务院的决定所说，从此被“最后地、彻底地、永远地、全部地加以结束”了。

附　录

美国对华借款（1898～1948）

A. “七七”抗战以前

订约日期	名　称（债权人）	借款金额	利息期限	估计结欠本息（美元）	附　注
1898年4月14日	粤汉铁路借款，启兴（合兴）公司	美元4000000	5% 50年	1911年清讫	1900年增为8000000美元，1905年以6750000美元赎回
1910年8月4日	上海道台借款，花旗银行	银两300000	4% 5年	1913年清讫	七国共借3500000两，于善后大借款中扣还
1911年4月15日	币制及满洲开发借款，摩根等四银行	英镑2500000	5% 45年	1913年清讫	四国共借10000000镑，实贷400000镑，善后大借款中扣还
1911年5月20日	湖广铁路借款，摩根等四银行	英镑1500000	5% 40年	1936年7594110 1946年13352868	四国共借600万镑，1937年整理，发无利小票441667镑，改1975年到期
1911年8月14日	湖北总督借款，花旗银行	银两500000	7% 10年	1931年清讫	四国共借2000000两，善后大借款中扣还
1916年5月17日	株钦铁路借款，裕中公司	美元20000000	7% 未定	1936年2334598 1946年—	一说10000000美元，合同未执行，实贷1150000美元，债权后转广益公司，利息改8%
1917年11月20日	大运河借款，广益公司	美元6000000	7% 30年	1936年1201195 1946年—	合同未执行，实贷五笔905000美元，1933年整理，结欠1919127.99美元

续表

订约日期	名 称 （债权人）	借款金额	利息 期限	估计结欠本息 （美元）	附 注
1919年 10月11日	芝加哥银行借款,大陆商业储蓄银行	美元5500000	6% 2年	1936年 8621250 1946年9451750	1916年原借5000000美元。1937年整理,发无利小票1105500美元,改1945年到期
1919年 11月26日	太平洋拓业公司借款,太平洋拓业公司	美元5500000	6% 2年	1936年7516350 1946年6818350	1937年换发新债票4900000美元,改1945年到期
1931年 9月	美麦借款,美粮食平价委员会	美元9212827	4% 2年	1936年16608330 1946年 —	棉麦借款后改20000000美元,实支17086282.48美元。1936年5月28日二借款合并,由美进出口银行继承,结欠数如前列,改1942年到期
1933年 5月29日	棉麦借款,金融复兴公司	美元50000000	5% 3年		
以上财政借款11笔		债额美元120660827 实贷美元 54552109		1936年43875833 1946年29622968	粤汉路以赎回额为实贷额,币制借款以实贷10万镑计
1913年	留美学生借款,美京银行	美元60000	6% 20年	1933年清讫	1933年付本60000美元,利80600美元
1918年	留美学生借款,孟赛银行	美元20000	6% 15年	1933年清讫	1933年付本20000美元,利8628.82美元
1918年	留美学生欠款,哥伦比亚大学	美元2079	无利	1933年清讫	
	留美学生借款,华盛顿信托银公司	美元44847			系1933年6月30日结欠额
	醴陵美教会库券,美教会	银元148033			系1933年6月30日结欠额
以上教育借款5笔		美元200942			银行已折算成美元
1921年	上海造币厂欠款2笔,茂生洋行	美元648628 银两 58826	1% 10年	1932年清讫	
1921年	上海造币厂欠款2笔,茂生亚洲公司	美元77506 银两32361	1% 10年	1932年清讫	
1921年	上海造币厂欠款,黑技师	美元11009	无利	1932年清讫	

续表

订约日期	名　称 （债权人）	借款金额	利息 期限	估计结欠本息 （美元）	附　注
1921 年	汉口造纸厂欠款，茂生洋行	银两 3472		1936 年 6591 1937 年清讫	1933 年 6 月 30 日整理，结欠 11458.38 两
1921 年	汉口造纸厂欠款 2 笔，慎昌洋行	银两　4051 银元 15000	无利	1926 年 2269	银元部分 1932 年清讫，关平系 1933 年 6 月 30 日结欠额
以上工业借款 8 笔		美元 799921		1936 年 8860	
1924 年 9 月	招商局借款，花旗银行	银元 1398601	8.5% 1 年		1934 年 6 月 30 日结欠 1400228.32 元
1918 年 9 月 ~ 1921 年 11 月	电信材料垫款 20 笔，中国电气公司	美元 1969977 银两　6202	7%	1936 年 1021000 1946 年　499857	1924 年改 7.5%。1934 年年底整理，结欠 1573378.40 美元
1928 ~ 1933 年	广州电话借款 4 笔，中国电气公司	美元 1811000		1936 年 958489 1946 年 457257	1936 年整理，结欠 958489.32 美元
1928 年 11 月 7 日	南京电话借款，中国自动电话公司	美元 730198	8% 4 年	1936 年 563374	1934 年年底整理，结欠 463318.64 美元
1929 年 6 月 15 日	汉口电话借款，中国自动电话公司	美元 926000	7.5% 4 年	1936 年 700833	1935 年 6 月结欠 700833 美元
1929 年 6 月 15 日	上海电话借款，中国自动电话公司	美元 570000	7% 4 年	1936 年 648500	1934 年年底整理，结欠 503445.69 美元
以上交通借款 28 笔		美元 6709949		1936 年 3892196 1946 年　957114	
1921 年	京绥路钢轨垫款，美国钢铁公司	美元 765315	7%	1936 年 1422527	1933 年 10 月整理，结欠 1489588 美元，以后无利息
1921 年	京绥路货车枕木垫款 2 笔，泰康洋行	美元 2325000 银元　427800		1936 年 3915500	1934 年 2 月整理，改为 4100000 美元，以后无利息
	京绥路其他垫款 6 笔，大来洋行等 5 家	美元 257173 英镑　58611 银元 457780		1936 年 857000	系 1935 年 2 月债额，又京绥路至 1935 年 6 月 30 日共欠美债银元 22734782 元

续表

订约日期	名　称（债权人）	借款金额	利息期限	估计结欠本息（美元）	附　注
1925～1926年	津浦路材料垫款4笔,大昌实业公司	美元　756 银两 33646 银元 45134	8%	1936年15752	1936年3月整理,结欠银元94512元,以后无利息,年底已还银元47256元
	津浦路材料垫款2笔,美孚、德士古	银元 85349	7%	1936年17640	1934年整理,结欠本金75529.74元,1935年6月结欠52811.29元
	津浦路材料垫款3笔,慎昌洋行、亚细亚	美元 40419 英镑　531 银元　5132		1936年45640	系1935年12月债额
1921年	京汉路机车垫款,包尔温厂、花旗银行	银元 1650000		1936年279434	1933年10月整理,结欠259243元,1936年估欠838301元
1919年	京汉路材料垫款,泰康洋行	美元1890000	5%	1936年400953	1933年10月整理,结欠1427380元,1936年估欠1202859元
1920～1922年	京汉路材料垫款2笔,慎昌洋行	美元 205825 银元 440008		1936年336539	1933年10月整理,结欠664829美元及440008银元
1921年	京汉路材料垫款,中国电机公司	美元1458		1936年1458	1933年10月整理额,以后无利息
1921年	京汉路材料垫款2笔,协隆公司、中美公司	美元4378		1936年4378	原额不明
以上铁路借款25笔		美元　6738237		1936年　7296821	
“七七”抗战前合计		美元69001158		1936年55073710	

B. 抗战时期

订约日期	名称（债权人）	借款金额（美元）	利息期限	估计结欠本息（美元）	附　注
1939年2月8日	中美桐油借款,进出口银行	25000000	4.5% 5年	1941年清讫	至1941年年底动用22000000,利1466574.78,全部偿清
1939年	中美飞机公司借款	15000000	5% 5年		据称系私人借款,支用情形不明

续表

订约日期	名称（债权人）	借款金额（美元）	利息期限	估计结欠本息（美元）	附 注
1940 年 4 月 20 日	中美滇锡借款，进出口银行	20000000	4% 7 年	1946 年 12836633 1948 年清讫	全部动用，1948 年 2 月 29 日尚欠本 8549989
1940 年 10 月 22 日	中美钨砂借款，进出口银行	25000000	5. 25% 5 年	1941 年清讫	全部动用，至 1941 年利 3808245. 15，本利全偿清
1941 年 2 月 4 日	中美金属借款，进出口银行	50000000	7 年	1946 年 22398410 1948 年 16700000	至 1948 年 2 月 29 日动用 4917. 4131. 19 结欠本 16657024. 89
1941 年 4 月 1 日	中美平准基金借款，美财政部	50000000	无利	1943 年清讫	战时动用 10000000
1942 年 3 月 21 日	财政援助借款，美财政部	500000000		1946 年 485000000 1948 年 500000000	战时动用 485000000，战后全部动用，偿还办法未定
1941 ~ 1945 年	租借物资借款，部分美政府	20000000		1946 年 20000000 1948 年 20000000	见下租借物资项，偿还办法未定
以上抗战时期 8 笔		债额 705000000 动用 661174131		1946 年 540235043 1948 年 536700000	

C. 抗战胜利以后

订约日期	名称（债权人）	借款金额（美元）	利息期限	估计结欠本息（美元）	附 注
1946 年 3 月 14 日	中美棉借款，进出口银行	33000000	2. 5% 2 年	1946 年 29500000 1948 年 33000000	1946 年年底动用 29000000 余，1947 年 12 月 7 日动用 32970000
1946 年 6 月 3 日	铁路材料借款，进出口银行	16650000	3% 25 年	1946 年 15250000 1948 年 16200000	1946 年年底动用 15000000，1948 年 2 月 29 动用 16199943. 07，结欠同
1946 年 6 月 14 日	租借物资接管合约，美政府	58900000	2. 375% 30 年	1946 年 51750000 1948 年 50025000	1948 年 2 月 29 日动用 51750000，结欠本 50025000，见下租借项
1945 年 3 月 21 日	永利公司借款，进出口银行	16000000	5 年	1946 ~ 1948 年 2000000	至 1948 年年底尚未能动支，经延长至 1950 年，后动支 1900000

续表

订约日期	名称（债权人）	借款金额（美元）	利息期限	估计结欠本息（美元）	附注
1946年7月16日	购买发电机借款，进出口银行	8800000	3% 25年	1946年5050000 1948年7550000	1946年年底动用5000000，1948年2月29日动用7522612.81，结欠同
1946年8月15日	购船借款，进出口银行	2600000	3.5% 10年	1946～1948年 2600000	1946年年底未动用，1948年2月29日动用2540947.55，结欠同
1946年8月26日	煤矿设备借款，进出口银行	1500000	3% 15年	1946年1201000 1948年1500000	1946年年底动用1200000，1948年2月29日动用1346042.07，结欠同
1946年2月20日	售船贷款，进出口银行	4244000		1946年4244000 1948年4244000	见海委会售船项
1946年4月	进出口银行划定款，进出口银行	500000000		1946年— 1948年—	1947年6月30日满期，未动用
1946年8月30日	剩余物资售卖借款部分，美政府	55000000	无利 20年	1946年55000000 1948年52000000	内20000000为文化费，35000000为使领馆费，20年内向蒋政府支取，取尽作为偿清债款
1946年5月15日	海军设备售让借款，美国外物资清理局	4100000	无利 30年	1946～1948年 4100000	数为1948年10月31日止之移售数
1946年2月20日	售船欠款，美海军委员会	16400000		1946年16400000 1948年16400000	见海委会售船项
1945～1948年	战后租借物资借款部分，美政府	181000000		1946～1948年 181000000	见战后租借物资项，偿还办法未定
1945～1948年	华西剩余物资借款部分，美政府	20000000		1946～1948年 20000000	见华西剩余物资项，偿还办法未定
以上抗战胜利后14笔		债额918194000 动用394973545		1946年178395000 1948年390619000	

D. 其他“美援”

项　目	金额(美元)	说　明
联总救济物资	474048000	截至1947年年底运华5.175亿美元,后修正为5.268亿美元,加运杂费25%,共6.584亿美元,以美国占72%,计如前数
善保会救济物资	3600000	联总结束后以500万美元划交善后保管委员会,美国部分按72%计
美国救济物资	46381000	1947年5月31日“美援外法”划拨中美救济协定约2840万美元,1947年12月23日紧急救济法划拨1800万美元,至1948年6月运华者如前数
经合总署物资	275000000	1948年4月3日“美援华法”拟拨3.38亿美元,6月28日拨定如前数,1949年3月11日运达111075550美元,余运台湾
战时租借法物资	845748221	1941年5月6日“租借法”适用于中国,至胜利止支出如前数,内2000万美元作为中国欠借款
战后租借法物资	781040922	包括空运蒋军支出3亿美元,1946年6月28日“军事援华协定”供蒋军占领费2500万美元,海空军训练费1500万美元。前列系至1948年6月30日支出总数,内5030万美元作为接管合约欠款(后订约为5890万美元),又3600万美元计入海军船只移赠项内,1.81亿美元作为中国欠借款
“中美合作”军事援助	17666930	“中美合作组织”(SACO)1945年6月2日至1946年3月2日拨交之军需总数
1948年“军事援华法”	125000000	至1949年3月11日支出124148891.99美元,至1948年年底运抵60958791.38美元,以后多运台湾
剩余物资售卖	总值 2000000000 售价 205000000	1946年8月30日订“售卖协定”包括在中、印及太平洋17个岛之剩余物资,美方估价8.24亿美元,后重估为9亿美元,作价1.75亿美元,另供给运费3000万美元,抵付方法(1)1.5亿美元抵美军战时欠中国款项,(2)5500万美元作为中国欠借款。又此协定包括前此数次之售卖,如加尔各答汽车2500万美元,小型船只2800万美元,空军器材600万美元,华西物资内500万美元等,共作价7400万美元,美方估值2.4亿美元
剩余军备售卖	总值 100838380 售价 6696830	至1948年11月30日蒋方认购数字,其中一部分由1948年“军事援华法”内拨款购买,约100万美元至1948年年底尚未启运

续表

项 目	金额(美元)	说 明
华西剩余物资售卖	总值 172369163 售价 25000000	美方未估价,蒋方估价 57369163 美元及伪法币 92 亿,兹按 80 元折合如前数。售价为 2500 万美元及伪法币 51.6 亿,法币部分抵充美军在华欠款,美元部分有 500 万美元计入 1946 年 8 月 30 日之剩余物资协定,2000 万美元作为中国欠借款
华北剩余军火让与	总值 无估计 不计价	共 6500 余吨军火让与蒋方,未估价,亦未作价
海军船只让与	总值 141300000 不计价	1947 年 12 月 8 日协定,原让 271 艘,实让 131 艘,总值内有 3600 万美元原系租借法船只
海军设备售卖	总值 41000000 售价 4100000	1946 年 5 月 15 日至 1948 年 10 月 31 日美国外物资清理局移交蒋方之上海青岛设备,未估价,姑按售价十倍计,售价作为中国欠借款
海委会船只售卖	总值 77300000 售价 26200000	售船 43 艘,售价内 1640 万美元作为中国欠借款,424.4 万美元由进出口银行垫付,余付现
以上“美援”15 笔	总值 5101292616	华北军火一笔未计价。又总数内有列入借款者 8 项共 35104.4 万美元,重复计算者两项共 4100 万美元,净数为 4709248616 美元

资料来源:《财政年鉴》正编、续编、三编。《中国经济年鉴》正编、续编。《铁道年鉴》第 3 卷。《中华年鉴》。中国银行《中国外债汇编》。贾士毅《民国财政史》,《民国续财政史》。日本东亚研究所《诸外国之对华投资》中卷。日本东亚研究所,《列国对华投资概要》。C. F. Remer, *Foreign Investments in China*, New York, 1933。A. G. Coons, *The Foreign Public Debts of China*, London, 1930. Mac Murry, *Treaties and Agreements with and Concerning China, 1894 - 1919*, Washington, 1921. *China Year Book. Chinese Year Book.* U. S. State Department, *United States Relation with China*, 1949.《银行周报》社《民国经济史》及其他报纸杂志。

英国在华企业及其利润

编者说明

《英国在华企业及其利润》，署名“魏子初”，人民出版社 1951 年 6 月初版。本书为“新华时事丛刊”第 90 种。今据作者 2001 年审定稿收入全集。

目　　录

前　言

这是研究外人在华投资的第三个小册子。在选材和组织上，不同于对美国的研究（见《美帝在华经济侵略》，人民出版社，1951 年 3 月）；因为英国在“宗教”“文化”方面的侵略投资比较少，在借款方面的投资，目前也已不起作用，所以都略去了，只分析其企业投资。又开滦煤矿是英国掠取中国企业的一个典型，特列为附录。

编　者

1951 年 4 月

英国——资本输出的老大帝国

英国大规模的海外扩张，始于16世纪商业资本极盛时代。商人冒险队和武装海盗在美洲、印度、非洲和东方杀戮土著居民，贩卖奴隶和鸦片，占领了广大的殖民地区。如马克思所指出："这些牧歌的过程，就是原始蓄积的主要要素。"① 掠夺的财产，替英国准备下了18、19世纪之交工业革命的基础，也就是进一步领土扩张和资本输出的基础。"夺取世界各部分殖民地，从那里榨取'剩余资本'以加强自己两世纪继续时间中的工业，而结果变为世界工厂的英国，就是那样地发展起来的"。②

英国向殖民地所"输出"的巨额"剩余资本"，一直就是来源于殖民地的。这一点，下面还要说明。

由商业资本到工业资本，英国的殖民地也有了新的扩张。1840年占领了中国的香港，前后占领了新西兰和阿拉伯的亚丁，自此至1852年，吞并了南非的纳塔尔，印度西北部的信德及判查布和缅甸。从1884～1900年，英国又获得了新殖民地370万平方英里。到1914年英帝国总面积为1270万平方英里，而英本土只有12.1万平方英里，不足总面积的1%。第一次世界大战又给英国增加了150万平方英里的领土。到第二次世界大战

① 马克思：《资本论》第1卷，郭大力译，三联书店，1950，下册，第641页。

② 斯大林：《列宁主义问题》，俄文版，第4版，第217页。译文转引自《殖民地、附属国新历史》，吴清友译，读书出版社，1947，第1册，第A34页。

前夜，英帝国和保护国各属领合计占世界总面积的1/4，人口亦占世界总人口的1/4。

和领土的扩张同时，英国的海外投资也不断增长。19 世纪前期主要在北美，1688 年组成了国外投资的大联合公司，1870～1875 年其投资活动自欧洲、北美扩展至非洲、南美和东方。从 1850 年到 1880 年间，英国的海外投资增加了 5 倍，即由 2 亿镑增至 10 亿镑，到 1905 年又增加了 1 倍，达 20 亿镑，而 1905 年到 1913 年的 8 年间，又增加了 1 倍，几达 40 亿镑。①

18 世纪 70 年代的经济恐慌，已使英国在世界上的贸易霸权受到了削弱；19 世纪晚期，英国的工业霸权也开始衰退，首先退让给美国，后来又退让给德国。但在资本输出和殖民地扩张方面，英国却仍居首位。因此，英国已日益由工业国变为放债国，资产阶级日益脱离生产，变成“剪息票”的寄生阶级。列宁曾引葛利芬的计算指出，在 1899 年，英国从国外贸易所得到的收入只合 1800 万镑，而从海外投资所得到的收益达 9000 万至 1 亿镑。“在世界最带‘商业性的’国家中，食利者底收入竟超过对外贸易方面的收入额五倍！这便是帝国主义与帝国主义寄生性底本质。”②

杜德曾详细地分析了英帝国这种寄生性和腐化的过程。③ 英国煤的产量从 1913 年的 2.87 亿吨降至 1938 年的 2.3 亿吨；纺织设备在1920～1935 年减少了 1400 万锭；造船量由 1918 年的 300 万吨减到 1938 年的

① 《英国之对外投资政策》，《财政评论》第 14 卷第 2 期。杜德：《英帝国的危机》，王丕烈译，五十年代出版社，1950，第 15 页。

② 列宁：《帝国主义是资本主义底最高阶段》，莫斯科中文版，1949，第 93 页。又据瓦尔加和明德尔崧等所补充的材料，有如下的对照（《帝国主义论》增订版，吴清友译，中华书局，1951，第 182 页）。

年　份	对外贸易收入(百万镑)	海外投资收入(百万镑)
1899	18	90～100
1912	33	176
1929	51	250
1932	28	145

③ 杜德：《英帝国的危机》，王丕烈译，第 20～25 页。

200 万吨。工业技术上更是“任其落伍，而不顾惜……与后起的美国和德国日在进步中的技术水平相比，它已经日益退落成为老朽设备的大本营”。农业方面，在 1871 ~ 1939 年，耕地面积由 1820 万英亩减到 1180 万英亩；1918 ~ 1939 年，有 200 万英亩荒废，可耕地面积减少了 400 万英亩。

基本工业的新投资一直下降。1904 ~ 1913 年的 10 年间与 1924 ~ 1928 年的 5 年间，基本工业股票的发行减少了一半，而同时酿酒业的股票发行却增加了 1 倍多，对旅馆、戏院的投资则增加近 3 倍。从就业方面看，生产工人的数目由 1851 年占全部人口的 23%，跌到 1929 年的 13.6%，而从事商业、金融、分配、服务等的人数则继续增高。从财政方面看，寄生于殖民地的生活使英国和平时期军费不断地上升，军备费自 1875 年到 1897 年增加了 1 倍，到 1913 年再增 1 倍，至 1938 年增加了 3 倍多，到 1949 年又增加了 3 倍，总数连追加预算达 8 亿镑，较 1875 年帝国主义扩张时期增加了 30 倍以上。

杜德在分析这种情况时说：“资本投入与积蓄的方向，日益增加转向海外，剥削殖民地以便赚得大量超额利润，其结果日益依赖海外贡品的寄生生活就日益加深，以致对国内工业与农业，任其荒芜朽毁。”列宁在 1916 年就天才地指出了这一规律；到了 1937 年，英国工业的退化达到了这样的程度，就连英国《经济学家》杂志也称述“海外投资”成了“国家最大的一种工业”了。[①]

我们如将列宁所引的霍柏森的原资料加以改编，并补充上此后 35 年的统计，则英国自 1870 年帝国扩张以来资本输出和利润榨取的情况，有如表 0 - 1。

第一，表 0 - 1 说明了英国大规模的资本输出开始于 20 世纪。在 20 世纪开始的 14 年间输出了 13.8 亿镑，平均每年达 9000 余万镑，超过了过去 30 年的总数，那时每年平均不过三四千万镑。所以自 20 世纪起，资本输出代替了商品输出，而成为英帝国主义最显著的特征。

① 《经济学家》（*The Economist*），伦敦，1937 年 11 月 20 日。

表 0-1 英国资本输出及其收益（1870~1947）

单位：百万镑

时期	资本净输出	海外投资收益	收益与资本输出比率(%)
（第一次大战前）			
1870~1879	322.6	477.8	147.8
1880~1889	423.3	647.5	153.0
1890~1899	362.0	924.0	255.3
1900~1909	653.9	1214.5	185.7
1910~1913	725.0	723.0	99.7
合计	2486.8	3986.8	160.3
（第二次大战前）			
1920~1929	881.4	1980.0	224.6
1930~1938	-150.2	1690.0	纯利
合计	731.2	3670.0	501.9
（第二次大战后）			
1946	31.0	153.0	
1947	166.0	153.0	
合计	197.0	306.0	155.3

注：1920~1921年缺资本输出数字。1920~1923年缺收益数字，设四年共为400百万镑。1936年缺收益数字，设为200百万镑。

资料来源：1870~1912据C. K. Hobson，*The Export of Capital*，London，1914。1913~1938据Henry Richardson，*British Economic Foreign Policy*，London，1936；*Encyclopedia Britannica*，1947年编。1946~1947据International Monetary Fund，*Balance of Payment Year Book*，1938，1946，1947，New York。

前已说过，英国的海外投资于1913年约有40亿镑，达到了顶点。当时英国据有世界殖民地外债的7/8，其他国家外债的3/4。在第一次世界大战中，英国消耗了巨额的海外投资，到1918年，所余不足24亿镑。但自1922年至1929年大恐慌前，英国又输出了8.8亿多镑，1922~1923年和1927~1928年的输出数字，超过历史上的任何一年，即使计入英镑贬值，也和20世纪初期不相上下。所以到了1929年，英国又保有34.38亿镑的海外投资了。这时美国的海外投资已超过英国，但美国系以战债为主。1931年的估计，全世界政治外债中美国据有53.6%，英国据有40.7%；全世界商业外债中，美国据有28.9%，英国据有28.1%。[①]

① Julius Hirsch：《世界经济，经济危机与世界经济会议》（Der Wirtschaftliche Weltwille, Die Krisis und die Weltwirtschaftskonferenz），*Weltwirtschaftliches Archiv*，1933。

直到 1929 年大恐慌前，除了大战数年外，英国一直在积蓄其海外资本，而且加速地积蓄着。但自大恐慌起，开始了资本消耗。除 1933～1935 年的三年外，海外投资都有减无增，至 1938 年只有 32.92 亿镑了。第二次世界大战中，英国又消耗其海外投资约 1/4，到 1945 年，估计存余为 23.95 亿镑，战后稍有恢复，1947 年增至 25.92 亿镑。[①] 但比起美国已相差甚远。1938 年美国资本输出占世界资本输出的 13.5%，英国占 10.3%；战后 1947 年美国上升至 32.6%，英国仍维持原数。[②]

第二，从表 0－1 可以看出英国海外投资的利润，却并未在第一次世界大战前达到顶点，而是不断继续地增加。在 19 世纪最后的三个十年中，英国海外投资利润由平均每年 4800 余万镑增至 6500 万镑和 9200 万镑；但自 20 世纪起即超过 1 亿镑，自 1909 年起超过 1.5 亿镑，1912 年起超过 2 亿镑，1925 年起又超过 2.5 亿镑。1926～1927 年为 2.85 亿镑，1928～1929 年为 2.7 亿镑。在大恐慌时期中虽有减少，但最少的一年（1932 年）也有 1.5 亿镑。以后递增，到 1937 年又恢复 2.1 亿镑。这说明了在大恐慌时期，英国资本家在国内投资的损失主要是靠加紧国外的剥削来弥补的。到第二次世界大战后，其海外投资收益仍保持 1.5 亿镑以上，1948 年并增至 1.62 亿镑。

第三，从表 0－1 第三栏可以看出，在 19 世纪后期英国的海外投资收益即超过了资本输出额，尤其最后的十年间，竟达其输出额的 2.5 倍以上。20 世纪开始时，因有大量新投资，比率显得低一点，但 20 年代中，收益又超过资本输出的 2 倍。第二次世界大战前的 20 年中，海外收益竟超过资本输出额 5 倍以上！和殖民历史相当长的法国比，自 1880 年到 1913 年 34 年间，法国输出了 303 亿法郎的资本，而其海外投资收益为 302 亿法郎，两者相等。[③] 这就是说：这期间法国巨额的海外投资并未曾动用其国内积蓄，只是利用国外利润的积累；而在英国，为数更大的资本输出，不但未曾动用英国

① 海外投资数字据 *Midland Bank Annual Review*，引自 J. Henry Richardson，*British Economic Foreign policy*，1936，p. 73；*Quarterly Journal of the Royal Economic Society*，引自 *Encyclopedia Britannica*，1947；International Monetary Fund，*Balance of Payment Year Book*，1938，1946，1947。

② 杜德：《英帝国的危机》，第 46 页。

③ Harry D. White，*The French International Accounts*，*1880－1913*，Cambridge，Mass. 1933.

资本家的一文钱，反而有比输出资本更大的数目收进他们的口袋。约略地说，从1870年到现在，英国海外投资的利润中，有44%转作了新投资，56%用于支持英国资产阶级的寄生生活和腐化的统治。又自20世纪以来，英国海外投资的利润中，只有28%用于扩大再投资，而有72%用于支持垄断资本家的统治。

海外投资的利润，自然不限于上述的直接收益（利息和股红的收益）。如列宁所指出，资本输出是鼓励商品输出的手段。因此伴随着投资利润的，还有商品输出的利润，英国在殖民地的铁路、矿山和工厂，自始并经常地自英国输进机器、工具，以至原料。和此种输出相连带的，又有运输、保险、金融等利润，同时在国内又增加了制造此项出口商品的利润。这方面的收益，都是无法估计的。

列宁曾着重指出，这种殖民地的巨额利润，使资产阶级“造成一种经济上的可能，去收买无产阶级的上层分子，藉以养育、形成并巩固机会主义”。特别是“在英国方面，帝国主义分裂工人，加强工人中间机会主义思想，引起工人运动暂时腐朽的趋向，远在十九世纪末叶和二十世纪初期很久以前就已表现出来”。[①] 列宁并引证1895年英国巨万富翁、财政大王、英布战争的罪魁罗德斯，在参加了一个失业工人会议后的结论所说：“帝国就是饭碗问题，要是你不愿意内战，你就应当做帝国主义者。”而在今日，惯说“帝国主义早已死去”和“社会主义”“银行矿山国有”的英国工党，对付迫在眉睫的英帝国财政危机和无法弥补的国际收支逆差，其所持政策却也没有超越罗德斯一步。1946年1月21日，贝文在下院宣称：“我不是准备牺牲大英帝国，我知道如果大英帝国垮台……那就是说我们国家人民的生活水准，必定大为跌落。”换言之，无非在加强对殖民地的剥削以维持英国垄断资本家的饭碗和统治。一位苏联学者最近曾指出：“英国工党官僚们的罪恶，在于他们试图使英国无产阶级成为在亚洲和欧洲的一切侵略阴谋的共犯。”[②]

但今天的形势，却和50年前大不相同了。资本输出与殖民地剥削，虽

① 列宁：《帝国主义是资本主义底最高阶段》，莫斯科中文版，1949，第97、99页。

② 耶马萧夫：《评英帝国的危机》，《新时代》1950年第10期。

曾引起过英国工人运动中“暂时的”机会主义倾向，但另一方面却产生了殖民地的坚决反抗帝国主义的无产阶级。不但如此，如列宁在 1913 年论“落后的欧洲与先进的亚洲”中所说，在英国“当权的是维持一切落后东西的资产阶级”，而在殖民地“强大的民主运动正在增长、扩大与巩固。那里资产阶级还同人民在一块，反对反动势力，数万万人觉醒起来，趋向于光明和自由”。特别是俄国十月革命胜利后，殖民地的解放运动成了世界无产阶级革命的一部分。中华人民共和国的诞生，实践了列宁论亚洲革命的远见；殖民地解放运动，如火一样燃遍在英帝国领土的每一角落。殖民地制度已是日暮途穷，濒于破产了，这是一方面。

另一方面，工党英国所不同于罗德斯时代的，是英帝国早已失掉了世界的霸权，而其名义上所保有的殖民地和附属国，也实质上为美国所囊括。从 1939 年到 1948 年，英国对加拿大的输出增加不到 3 倍，而美国增加了 4 倍。英国向印度的输出增加 4 倍，而美国增加 7 倍。英国对马来亚的输出增加不到 3 倍，而美国增加 8 倍。从 1938 年到 1947 年，美国的海外投资增加了 4 倍，而大部分都投在英帝国区域里，连同“美援”和“军事贷款”，所有英国殖民地附属国的经济命脉，已均由美国掌握了。①

工党政府目前保存其统治权的唯一办法是俯首听命美国的控制。但这办法是必须以英国为牺牲的。例如战后借款协定使英国再不能自由地依靠殖民地取得美元，哈瓦那贸易协定打击了英帝国内部的特惠关税，“杜鲁门主义”夺取了英国在中东的统治地位，“马歇尔计划”建立了西欧的经济管理机关，“第四点计划”夺取了英国在东方的权益，而更糟糕的是，由于承担了北大西洋集团和西欧联盟的义务，英国不能不在财政危机和贸易破产的情况下再以全部财政进行疯狂的军备，并在朝鲜替美帝国主义做炮灰。

目前英国仍可能自殖民地掠夺到相当的利润，但已远不足应付其为维持殖民地的海外开支。第二次世界大战前后的情况，有如下的对比（见表 0 - 2）②。

---

① 参见拙作《美帝在华经济侵略》第 1 章，人民出版社，1951。

② 杜德：《英帝国的危机》，王丕烈译，五十年代出版社，1950，第 38、176 页。

表 0-2 英国海外投资的支出与收入

单位：百万镑

年 份	1938	1948
海外投资收入(利息、利润)	205	162
海外支出(利息、利润)	30	112
海外净收入	175	50
政府海外支出	16	236

资料来源：杜德《英帝国的危机》，第 38、176 页。

战后比战前，海外投资收入虽只减少了 4300 万镑，但付给外国（主要是美国）的利息利润却增加了 8200 万镑，同时政府的海外支出（主要是海外军费）更增加了 2.2 亿镑。战争结束后的 3 年间，英国海外投资收入总数不过 4.68 亿镑，而同时期海外军费的支出为 6.94 亿镑。以前，英国的贸易逆差主要靠海外投资的收益来弥补，第二次世界大战前夜已不足弥补而首次出现了国际收支的亏短。到了战后，贸易逆差由 1938 年的 3.02 亿镑增到 1947 年的 4.38 亿镑，同时国际收支的亏短达 6.3 亿镑。

殖民地制度是英帝国的基石，殖民地制度的危机便是英帝国危机的核心。没有任何力量可以阻止殖民地的解放这一历史的规律。如果说英国今日仍还是世界上最大的殖民地帝国，但同时英国本身却日甚一日的变成了美国的殖民地。正如杜德所说，殖民地的解放对于英国人民和对殖民地人民是同样的重要。只有垄断资本家加于殖民地的枷锁被打断，英国人民才能在垄断资本家的统治下翻身。

英国在华企业及其利润

一　发展的概况

1715年“东印度公司”在广州设立洋行，为英国在华企业之始。1834年该公司对华贸易独占权废止的前后，英商来华的日多，“怡和”（1832）、“仁记”（1835）等老牌洋行都在此时设立，但仍以广州为限。当时英商占外商的3/4，主要做鸦片贸易。

鸦片战争五口通商后，英商重心移到上海。1845年取得了上海租界，“安利”（1866）、“太古”（1867）等大公司均于此后在上海开业。19世纪后期，英国对华贸易比重跌落，1874年以前占中国进出口的40%，1889年跌至20%，至19世纪末只占12%。但由于香港被英占据，加上由香港、印度的对华贸易，至19世纪末仍占60%。航运方面，此期间发展极快，也以香港为中心。迄19世纪末，英船占航行中国船只吨位的60%以上。“太古”的“中国轮船公司”（1872），“怡和”的“中印轮船公司”（1881），分执牛耳。“会德丰”（1863）则以上海为中心，“怡和”的“公和祥码头公司”（1871）等，开始控制了中国码头仓库业务。金融方面，也在此时建立基础。“麦加利”（1857）和“汇丰”（1865）两大银行都在上海开业。“汇丰”和“怡和”合组的“中英银公司”（1898），在19世纪末开始掌握中国外债。工业方面，1862年开始建立的船厂，即“耶松船厂”之前身。“怡和丝厂”（1882）和“怡和纱厂”（1895），成立于《马关条约》外人攫获设厂权的前后，其余都较晚。

20世纪以来，英对华贸易比重再减，但贸易额则剧增（见表1－1）。此时期的特点是大托拉斯企业的兴起。如“英美烟公司”（1902）、“利华兄弟”的“中国肥皂”（1903）、“通用电气”（1908）、“亚细亚火油”（1913）等，都在20世纪初侵入中国。帝国化学托拉斯的“卜内门洋碱公司”（1920）和“邓禄普橡皮公司”（1921）等则稍迟。航运方面，也是比重略减而吨位剧增。帝国主义在华的航业竞争到了20世纪初达于顶点，以后收买兼并，不一而足，而英商始终占优势。至“七七”抗战时，连香港在内，“怡和”系有“中印”“公和祥”“港九码头”“黄浦船厂”“天星轮渡”等五单位；“太古”系有“中国”“兴记”“蓝烟筒”“大沽拖驳”“太古船坞”“糖房码头”等六单位；“会德丰”系有“上海拖驳”等八单位。

金融方面，在此期中膨胀最快，先后有“有利”（1915）、“大英”（1922）、“沙逊”（1931）、“通济隆”（?）、“达商”（1931）等五家银行在上海开业，连在华分支机构共20处。保险方面，在上海设总公司的“扬子”（1862）、“保家行”（1863）等大有发展，“远东”（1915）、“四海”（1931），英美合办等则系此期内成立。而香港“保安”系渐执牛耳，此外尚有84个在英的保险公司来华活动。投资的情况如下：“福公司”（1904）侵入矿业和铁路，其与“中英银公司”合设的“华中铁路公司”（1904）掌握铁路借款。“扬子银公司”（1930）、“远东营业公司”（1925）等以证券为主，“业广”（1888）、“华懋”（1926）等活跃于地产。

工业方面，“耶松”（1862）和“瑞镕”（1903）两船厂都有相当的规模，抗战前合并为“英联”（1936）。“马勒船厂”（1928）起初规模甚小，抗战时始大扩充。纺织工业在与日本竞争期间扩张最快，除“怡和纱厂”外，以后起的“纶昌纺织公司”（1925）规模最大。此外“崇信”（1920）、“统益”（1928年收买）、“上海毛纺”（1938年收买）、“密丰绒线”（1932）等先后设立。烟草工业中“英美烟公司”于1903年开始在上海设厂，后改组成“颐中烟公司”（1934），机构遍中国，拥有12个卷烟厂、3个烤烟厂、

5个印刷厂。饮料工业除“正广和汽水”（1864）成立最早外，此期有“怡和啤酒”（1935）和“上海啤酒”（1911）两大规模啤酒厂设立。肥皂工业属“利华兄弟”的“中国肥皂公司”（1904）也继续设立了5个性质相同的工厂。蛋品工业由于“和记”（1909）、“培林”（1911）、“茂昌”（?）等大公司之设立，英国已居垄断地位。此外在打包工业中如“平和”（1890）、“汉口打包厂”（1920）等也规模甚大。

公用事业的发展，也在20世纪初。“上海自来火公司”（1863）和“上海自来水公司”（1880），虽在19世纪后期设立，但这两个公司于1901年和1903年分别改组后始扩充发展。“汉口电灯公司”（1905）、“上海电车公司”（1905）同时成立。“中国公共汽车公司”（1923）则为时较晚。

英国在华的矿业掠夺，始于“通兴煤矿”（1896），即“门头沟煤矿”之前身。其后“福公司”在各省攫取之矿权甚多，但多未开采。英国的大规模矿业始于在义和团事变时骗占之“开平煤矿”（1901），辛亥革命时又吞并了“滦州煤矿”，组成“开滦矿务总局”（1912）。“福公司”于1898年侵占“河南煤矿”，后又吞并了中国的“中原公司”，组成“中福焦作煤矿”（1915）。此外“门头沟煤矿”（1918）亦系吞并中国煤矿成立的。三者均名为中英合办，实由英人统治。尤其是“开滦”，规模属关内第一大矿，而英人取得时几乎未出代价。

兹将英国在华企业和有关活动的趋势简列如表1-1。[①]

---

① 除来源于表内注明外，兹将其他关于英国在华的企业投资估计列后，以供参考。

1929年据刘大钧估计（单位：银元）：金融416770848；贸易109303668；航运160384939；地产97655126；矿业90000；工业666567882；公用25814857；其他52794693。合计1529382013，连同间接估计共1572000000银元（均系资本额）。内933569871，刘氏估计只有1/4在中国，故实只约10亿银元，合5亿美元（见刘大钧《外人在华投资统计》，中国太平洋学会出版，1932，第2~4页）。

1929年据英人估计（单位：镑）：地产70000000；工厂3915000；商业建筑4922000；堆栈码头4280000；矿产3300000；机器5528000；船只10646000；车辆832000；存货存料12384000；合计115807000镑，合563980000美元（见刘大钧《外人在华投资统计》，第7~9页）。

1931年据“英国皇家学会”估计（单位：镑）：香港14520300；上海38497400；其他地区13690000；航运4670000；加未有调查报告之土地47500000；矿业2100000；商业借款6000000；合计126977000镑，合618381400美元（见C. F. Remer, *Foreign Investments in China*, pp. 376, 390）。

表 1－1　英国在华企业及有关活动发展趋势（1836～1946）

时　期	1836 广州时代	1900 20 世纪初	1913 第一次世界大战	1930 “九一八”事变	1936[1] “七七”抗战	1946 胜利初期
在华英侨人数	155	5562	8966	13015	16690	
占外侨比重(%)	55	32.4	5.4	3.6	12.5	
工商业户户数	41	401	590	1027	1031	
占外商比重(%)	75	43.0	15.0	12.4	21.8	
直接贸易（百万关两）	?	53.9	113.3	170.9	113.8[2]	869.0[2]
占各国比重(%)	50	11.7	11.4	7.8	10.1	4.5
在华航运(百万吨)	?	23.3	38.1	57.2	57.3	?
占全国比重(%)	?	59.4	40.8	36.8	39.5	24.0
对华借款（百万美元）	?	110.3	207.5	225.8	147.7	255.1
占外债比重(%)	?	38.8	39.5	31.8	19.3	19.1
企业投资(百万镑)	?	30.0	80.0	198.0	233.4	201.8
（百万美元）	?	150.0	400.0	963.4	1141.2	807.3
占外商比重(%)	80	30.0	36.9	38.1	30.9	63.2

注：

[1] 除企业投资外，1936 年计算比重时均不包括东北。企业投资包括香港、九龙。

[2] 1936 年为海关金单位，1946 年为伪法币亿元。

资料来源：1836 年据 *Chinese Repository*，1837，第 5 册，第 426～432 页。1900～1930 年据 C. F. Remer，*Foreign Investments in China*，1933，第 16 章。1936 年：侨民据 *China Year Book*，1937 年航运据日本东亚研究所《列国对华投资概要》，第 185 页；投资额见表 2。1936～1946 年：贸易据海关报告，借款见拙作《帝国主义在华投资》，人民出版社，1951，表 1；1946 年：航运据 G. Astafyev，“China's Economic Problems，”《新时代》1950 年第 13～16 期。投资额系酌定各业战时减少比例，自 1936 年估计推算。

1928 年据上海英商会估计（单位：镑）：上海 164272504；天津 8000000；汉口 3734145；广州 3000000；北京 500000；合计 179506649 镑，合 858042000 美元，包括教会财产（见 C. F. Remer，*Foreign Investments in China*，p. 392）。

1931 年据雷麦估计（单位：镑）：上海 151527500；香港 18455300；其他地区 27979000；合计 197961800 镑，合 963380000 美元（见 C. F. Remer，*Foreign Investments in China*，p. 395）。

1936 年据日本东亚研究所估计（单位：美元）：金融 278620000；工业 329770000；矿业 15810000；公用 14260000；进出口 243870000；航运 53551000；合计 935881000 美元。按该估计方法上错误很多（见日本东亚研究所《列国对华投资与中国国际收支》，第 76 页）。

表1－1可见英国在华企业投资，自20世纪初至第一次世界大战增加1.5倍以上，自大战至“九一八”事变增加2.5倍，再至“七七”抗战增加1.2倍。抗战期间约减少30%，胜利后恢复有限，解放后又有减少，恐已不足2亿镑。19世纪前期，英商投资占中国外资80%以上，“甲午”战争后，俄德势力渐兴，至20世纪初英商比重降至30%，尚小于帝俄（因帝俄在中东路的投资很大）。至第一次世界大战时，日商已与帝俄争雄，但英商增加更快，几占37%，居第一位。至“九一八”事变时，英仍略高于日本，唯至“七七”抗战时，日本投资连伪满合计已超过英国，英占总数1/3强。胜利后日德投资消灭，英占达63%，高出美国3倍以上。[①]

就抗战前情况说，英国在华投资，连政府借款在内，约合其海外投资总数的6.5%。[②]

二　投资的特点

英国在华企业有100多年的历史，其投资完全是殖民地剥削形态，与不平等条约的特权相结合，而且较对印度的投资更富于原始掠夺性质。

第一，英国在华投资可说全部是直接投资，即采取设立英国企业在华的分公司或独立企业的方式，以受其商埠贸易权和领事裁判权的保护。这是帝国主义剥削殖民地剩余劳动的直接的和原始的形态。在矿业中的“中英合资”公司只是为敷衍国民党“矿业法”而设（该法禁止外人独资开矿），实际全部为英人掌握。其余行业中几乎没有对中国公司附股或贷款的投资。和印度比，英国在印度的投资有一半以上是采取贷款和购买证券方式的，最近则以英印资本家的“合作合同”为主。[③] 和运用外资最多的加拿大比，美国对加投资有38%为贷款，7.6%为收购加拿大证券。[④] 至于英国的对华借款，

① 各国在华投资，见拙作《帝国主义在华投资》，人民出版社，1951，第3页及表1。

② 1930年英国海外投资约为182亿美元，见 Eugen Staley，*War and the Private Investors*，p.23。

③ 印度《共产党人》杂志：《外国资本在印度》，马兖生译，世界知识社，1950，第5、11页。

④ 美国商务部，*The Balance of International Payments of the United States in 1939*，1940，p.28。

大都是政治性的借款，即使它亦算为经济投资，在抗战前也只有直接投资的1/10。

第二，绝大部分的投资集中于商业掠夺性的企业。在抗战前，贸易、运输和金融占达总数的64%，而金融资本的庞大尤为突出。所有大规模的企业，都是继承其鸦片贸易时代的发展而来的。生产方面，工矿合计还占不到15%。而工业中如修船、打包、出口加工等仍是商业的附属企业；占数量最大的纺织和卷烟工业，也是建立在原料进口的基础上的。和印度比，印度的外资以矿业最多，1929年占23.3%，此外工程占11.7%。[①] 英国对南非的投资也是以矿业为主，对加拿大则以铁路为主。英国对印度等地的投资较富有开发性，而对华投资，则纯属商业掠夺性质。

我们综合各种材料，估计抗战前英国在华投资的分配如表2-1。[②]

表2-1　英国在华企业投资（1936）

项　目		企业(家)	投资额(千美元)	百分比(%)
金融业	银　行	7	316689	
	保　险	94	58182	
	其　他	46	29331	
	合　计	147	404202	35.4
贸易业	进出口	266	246332	
	贩　卖	65	14501	
	合　计	331	260833	22.9

① 美国商务部，*The Balance of International Payments of the United States in 1939*，1940，pp.49-50。

② 1930年据雷麦的估计（单位：美元）：金融业115600000（占12%），贸易业240800000（25%），运输业134900000（14%），房地产业202300000（21%），矿业19300000（2%），制造业173400000（18%），公用业48200000（5%），杂项28900000（3%）（见C.F.Remer，*Foreign Investments in China*，p.397）。雷氏非直接调查，其金融业不包括对外商之放款投资，各业均不甚可靠。

1936年据日本东亚研究所的分业估计，见第307页注①。该估计在方法上错误很多，尤其是制造业中误将在国外资本额一律加倍数计算资产值，而公用业又只计原始股本数。我们的估计主要系采取该所昭和十八年最后版《列国对华投资概要》和《诸外国之对华投资》二书中的调查资料，重新计算。

又表2-1与拙作《帝国主义在华投资》所列数字略有出入，因已据其他资料修正。

续表

项　　目		企业(家)	投资额(千美元)	百分比(%)
运输业	航　运	20	53551	
	铁　道	1	8000	
	合　计	21	61551	5.4
房地产业		14	202300	17.7
矿　业		3	19541	1.7
制造业	机器造船	23	25923	
	化　学	20	9542	
	窑　业	4	4329	
	纺　织	13	16290	
	食品烟草	34	85881	
	木纸印刷	11	5697	
	其　他	6	3440	
	合　计	111	151102	13.2
公用事业	电　力	6	8784	
	电　车	3	5926	
	自来水	4	19949	
	煤　气	3	4582	
	汽　车	2	2410	
	合　计	18	41651	3.7
总　计		645	1141180	100.0

注：其他金融包括投资信托公司之不动产现金及证券外汇经纪人。家数不计各地分支机构。折合率：1 两合 0.55 美元，1 银元合 0.5 美元，1 伪法币合 0.33 美元，1 镑合 4.87 美元。

资料来源：银行、保险据日本东亚研究所《列国对华投资概要》；贩卖据同书以 20% 补充上海以外部分；工业据同书以 1.3 倍估计资产值；其他金融、航运据日本东亚研究所《诸外国之对华投资》；地产、铁道据 C. F. Remer, *Foreign Investments in China*，矿业据单独调查；公用据吴承明《关于帝国主义在华工业资本》，《中国工业》新 1 卷第 7 期，及其他材料补充。

第三，资本的集中，尤其是大家族和大托拉斯集团的活跃，在英国企业中最为明显。一般说，英国在华投资有“怡和”、“太古”、“沙逊”三大集团和“颐中”（英美烟草）、“亚细亚”（壳牌石油）、“卜内门”（帝国化学）、“中国肥皂”（利华兄弟）四大托拉斯。此外尚有“信昌”“马勒”“仁记”等小集团，“哈同”“安利”等没落财阀。而“汇丰银行”为经济侵华的中枢，其资本与在华十大公司相融。“怡和”来华最早，以贩卖鸦片起家，旋与“太古”分据了在华的航运和贸易，均以上海和香港为据点，分支机构遍设中国，并均设有许多直属公司和投资公司。除航运和贸易外，“怡和”注重纺织、机器、啤酒，“太古”则发展制糖和油漆。“沙逊”家族虽来华甚早，但至“新沙逊”兴起后，于1931年后始大规模在华投资。其活动以地产为中心，“一·二八”后，“哈同”衰落，“沙逊”形成独占；1935年“沙逊”又收买了“安利”兄弟家族，遂又扩张至贸易和重工业。“颐中烟公司”，系1934年英美烟系中几个卷烟公司合并组成，另设有“振兴烟叶”“首善印刷”“启东烟草”等公司；并收买白俄“老巴夺烟厂”、美商“花旗烟公司”等；虽资本独立，实属一个系统，过去曾垄断中国卷烟产销的60%以上。“亚细亚火油公司”，在华原设有南北两大总机构，分支遍处全国，与美国“美孚”“德士古”共同垄断中国石油；而“亚细亚”的火油（点灯煤油）更深入农村，非美国的石油公司可比。“卜内门”的碱和肥田粉也深入中国内地，战前有13个分支机构和无数的联号，并代理倾销50家外国公司的化学产品。“利华”的肥皂占上海产量一半以上，在香港和大陆有六个同系异名的企业，各大城市均设有栈房和营业所。这两家都是遍布世界的大托拉斯（其他各集团的资本系统见表2－2、表2－3、表2－4、表2－5）。

单就目前上海而论，三大集团和四大托拉斯，占英商全部自报资产的60.3%，职工人数的53.1%和所占地亩的57.8%。至于内地各城市，则几乎为“亚细亚”“颐中”“卜内门”等所独占。

小集团中，“信昌”原为机器进口公司，1938年收买了华商“上海毛纺织厂”，解放后又租进英商“纶昌纺织厂”。“马勒”包括“马勒轮船代理公司”、“马勒造船厂”和“福利百货公司”。“仁记”为百年前来华的贸易公司，各地机构很多，投资关系复杂，而与“大英轮船公司”关系最切。

各大集团和托拉斯，又以董事、总经理等方式联系着其他独立的英商，如“上海电车”“上海自来水”“上海自来火”“英联船厂”“平和”等大企业，均属此种关系。同时，几个主要的英商与美国大企业，如“海宁洋行”“慎昌洋行”“上海电力公司”等，也以资本和董事等方式保持联系。

表 2-2　怡和公司资本系统

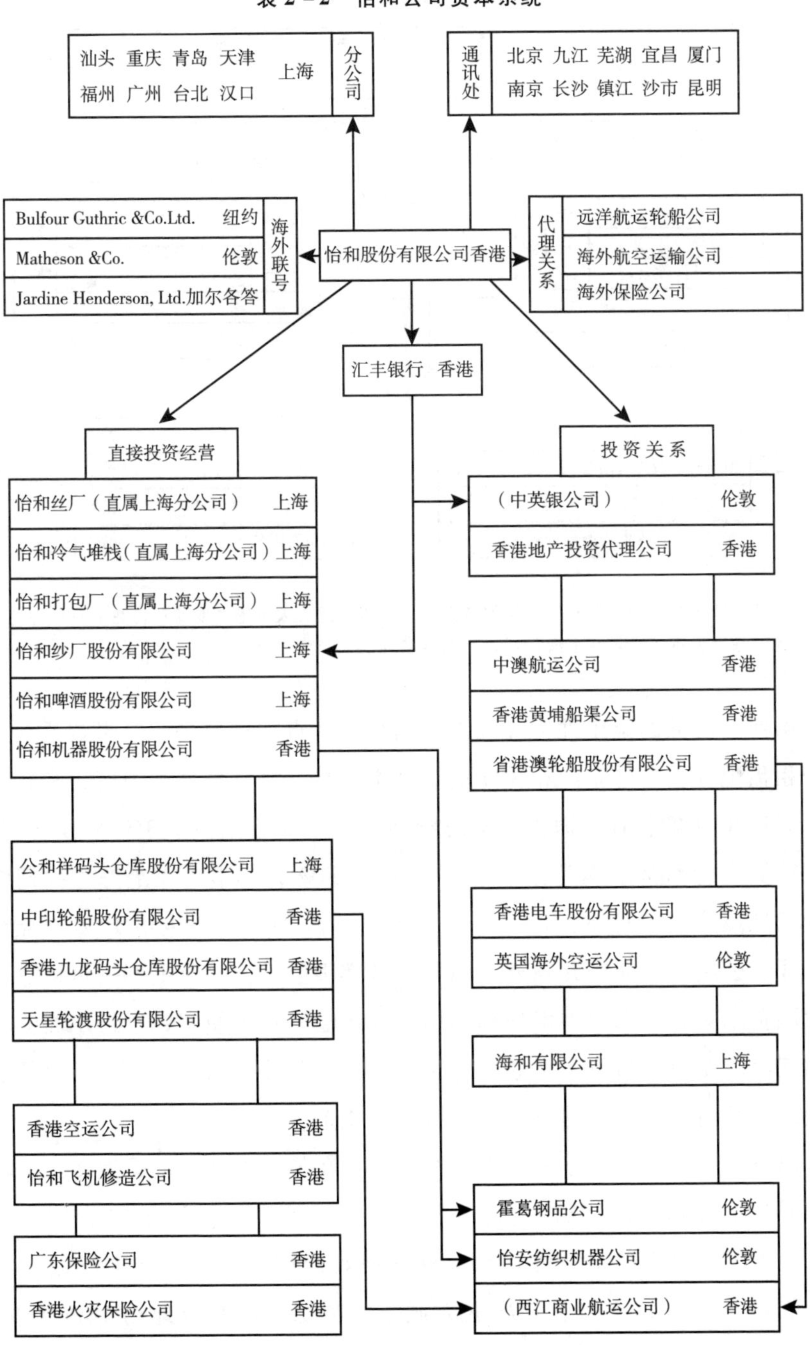

注：地点为总公司所在地，但如怡和机器、怡安纺织机器、霍葛钢品、中英银公司等主要业务均在上海。有括号者为已知结束之企业。

表 2-3　太古公司资本系统

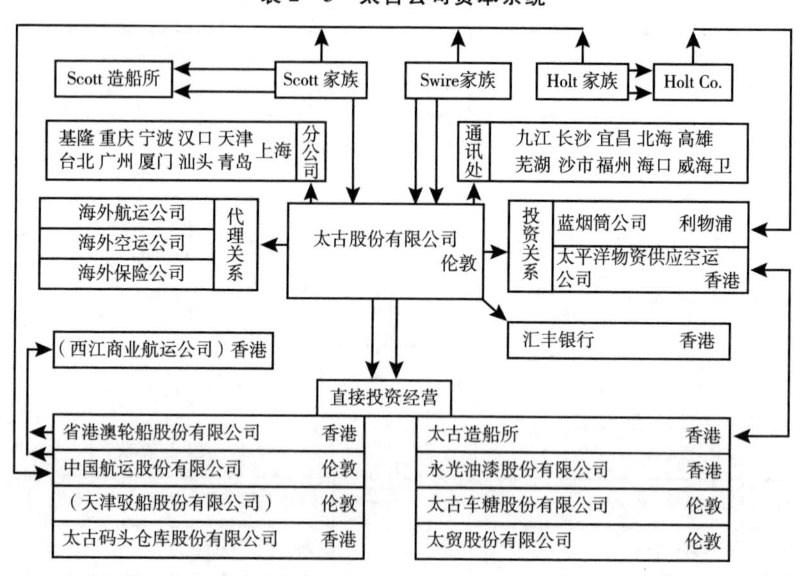

注：地点为总公司所在地，但如蓝烟筒、中国航运、太贸等主要业务皆在上海与香港，永光油漆与太古车糖均在上海设厂。有括号者为已知结束之企业。

第四，地域的集中性为英国投资的另一特点，这也是和口岸贸易权、租界、租借地等不平等条约相关联的。其中心在上海、香港则为航运和转口的中心。1930 年的估计上海占投资总额的 76.6%，香港占 9.3%。[①] 1936 年英商银行资产的 80%、贸易的 70%、工业的 64%，都集中在上海。我们综合估计的地域分布，有如表 2-6。总计上海约占 71%，香港占 12%。唯其中除工业、公用、矿业等几项外，划分地域都很困难，故比重不一定可靠。战前我国资本家为寻求租界保护和利用外人运输原料等便利，也将工商业大量集中于沿海城市，造成了工业的殖民地依赖性和城乡的严重对立，以及农村的破产，都与英国投资的作用有着密切的关系。

第五，超经济的掠夺——土地的占有，在英国投资中也最为突出。租界（1845）和永租权（1847）均自英国开始，所谓"皇家永租契"，即由英政府将在中国所侵占的土地转租给中外商民收取租金，也为英国所创。在上海、天津、武汉、广州、青岛五大城市，英国共占有土地约 18000 市亩，

① C. F. Remer, *Foreign Investments in China*, p. 395.

表 2－4　沙逊家族资本系统

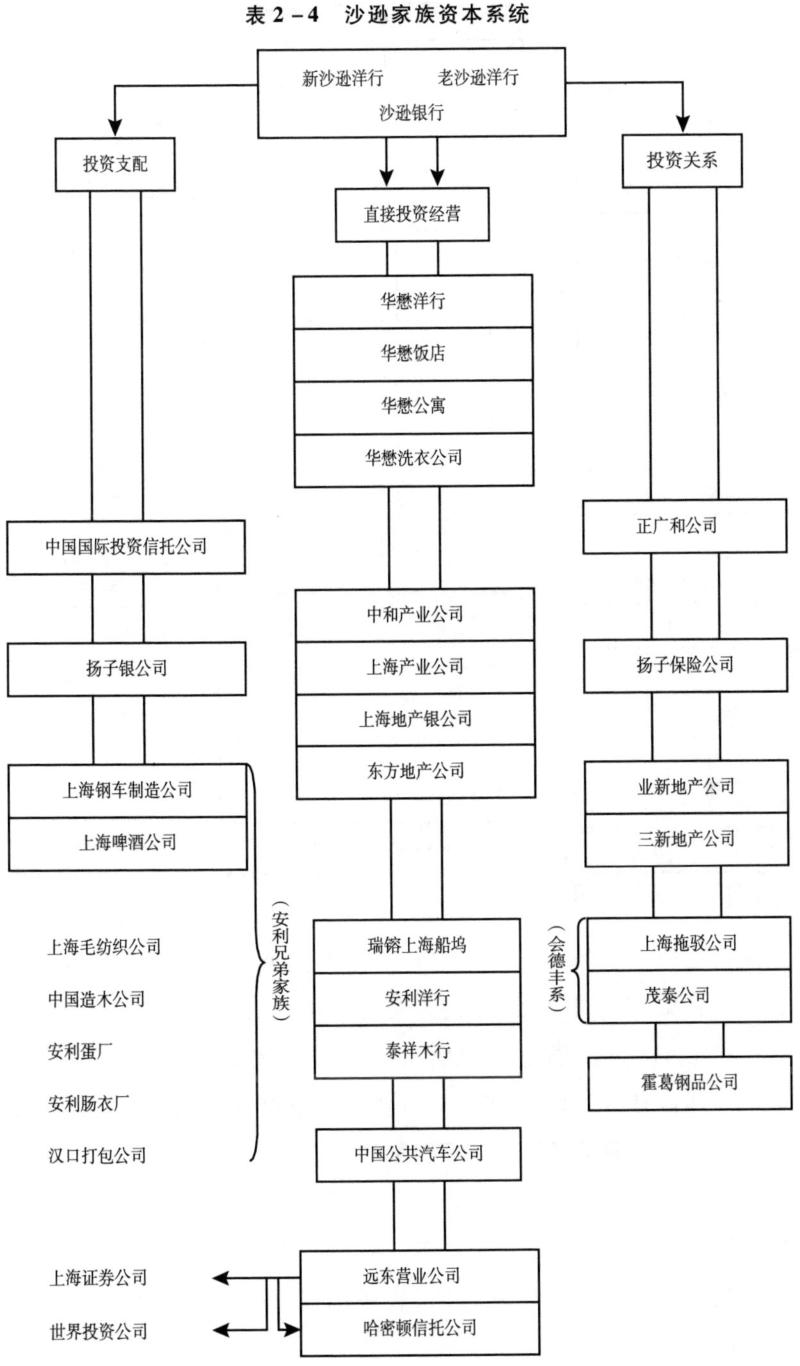

表 2－5　颐中烟公司资本系统

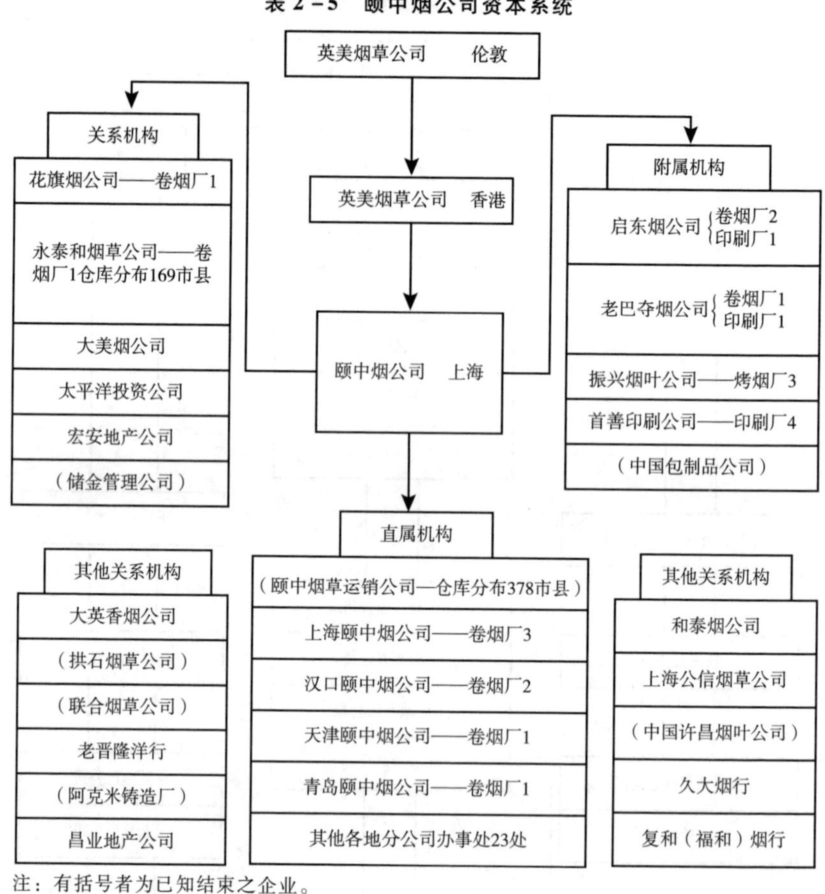

注：有括号者为已知结束之企业。

合外人所占土地总数的 49.5%。除广州因英国所占土地集中于香港、九龙外，在其余各城市的外人土地中均以英国居首位，上海占 42.6%，天津 43.7%，武汉 54.3%。若连郊区计，则英国比重更大，如在天津、塘沽、大沽区英商即占有约 118000 亩，内开滦占有 90000 亩。又英国所占土地大部分为企业所有，即用以从事利润剥削的，而美国、法国所占则以教会、学校等所用为多。上海英国企业所占土地达其所占总数的 79%。专从事地租剥削的地产公司经营，也以英国最多。上海英商地产公司所占土地达外国地产商总数的 78%，在天津也达 63%。[①] 英国在上海所占土地在 1900 年约值

① 据各地地政局登记之数目，其中有非英人所有而以英人名义登记者，亦有英人所有而不以英人登记者，无法查知。所示均最近情况。

700 万镑，至 1914 年时增值 1740 万镑，而 1936 年时估计达 4200 万镑。英人估计 1928 年时其在全中国的地产值 7000 万镑，占其所估全部英国实物资产的 60%。[①]

表 2－6　英国在华企业投资（1936）

单位：千美元

项目	上海	香港九龙	其他地方	合计
金 融 业	298330	75474	30398	404202
贸 易 业	180527	26083	54223	260833
运 输 业	25705	29420	6426	61551
房地产业	182070	?	20230	202300
矿　　业	—	—	19541	19541
制 造 业	96726	28858	25518	151102
公用事业	26534	11433	3684	41651
合　　计	809892	171268	160020	1141180

注：折合率，1 两合 0.55 美元，1 银元合 0.5 美元，1 伪法币合 0.33 美元，1 镑合 4.87 美元。

资料来源：银行、保险据日本东亚研究所《列国对华投资概要》；贩卖据同书以 20% 补充上海以外部分；工业据同书以 1.3 倍估计资产值；其他金融、航运据日本东亚研究所《诸外国之对华投资》；地产、铁道据 C. F. Remer, *Foreign Investments in China*，矿业据单独调查；公用据吴承明《关于帝国主义在华工业资本》，《中国工业》新 1 卷第 7 期，及其他材料补充。

三　资本输入和利润榨取

英国在华虽有巨额的投资，但其实际输入中国的资本却极有限，大部分资金系来自中国，而非来自英国。

首先，占数目极大的地产，可说都是不花本钱而来的。这是不平等条约和租界的产物，即使出价购买者，其原始代价也很低。如在上海以每亩 50 元购进的租界土地，到 19 世纪末已有按每亩 16000 元出售者。[②] 此种土地投机的利润，不但早已超过其原始代价，还成为其他企业的资本来源。如

① 1900 年及 1914 年估价见 C. F. Remer, *Foreign Investments in China*, pp. 348－385。1936 年估计见日本东亚研究所《列国对华投资概要》，第 6 页。1928 年估计，见第 173 页注①。

② *Chronicle and Directory for China and Other Countries*, 1899，香港，p. 138。

“沙逊”家族在华的庞大事业，就都是由土地投机而来的。

其次，庞大的金融业投资，实际也没有真正的资本输入。英国银行都无划定的在华资本，其放款和投资全靠在中国所吸收的存款，在抗战前此项存款达2.37亿余美元。不但如此，英国银行还常以在华吸收的存款投资于南洋等地，甚至投资在欧洲。保险公司也是一样，主要靠其信用，而并无资本输入中国。

其他大规模的企业，有的完全是骗占而来。如在“开滦煤矿”的投资（约值300万镑），是在“庚子”事变时趁八国联军的进攻而占取的，英国人实出资本不过5万镑。其余则大都为鸦片贸易时代起家的，当时使人难以置信的高额掠夺利润，是英国投资发展的基础。小规模的企业，则多半是来华的冒险家或流亡者靠投机敲诈起家的，根本没有资金输入。还有一部分实际为中国资本，英国人只出名义，分取利润，利用英国公司名义在香港注册，以获取特权。

1930年调查时，有汇华资本的美商所报告的汇华资本只合其投资额的36%，另有许多报告则称系“白手起家”“自一根鞋带做起”，根本无资金汇入。[①] 对英商虽无调查，但因其历史较久，初期利润特别优厚，积累的盈余也远较美商为大，其资本输入的比率一定更低。考虑到前述各点，大约英国输华资本总数不会超过其投资额的1/4，即不过5000万镑。而其每年自中国汇回去的利润，高时总在1000万镑以上。

英商的利润，一向是优厚的。且不必谈鸦片贸易时代的一本万利，就近代说，在1928～1930年期间，“汇丰银行”的股红在80%以上，其面额125港币的股票卖到2300元。上海各地产公司的股红为15%到18%，公用事业7%到25%。“怡和纱厂”1929年分红40%，1930年分红15%。“开滦煤矿”1928年分红25%，1929年分红20%。[②] 抗战那一年，“汇丰银行”的股红是71.5%，“怡和纱厂”20%，“崇信纱厂”36%，而“颐中烟草运销公司”竟发了93.1%。[③]

---

① C. F. Remer, *Foreign Investments in China*, pp. 292－293.

② C. F. Remer, *Foreign Investments in China*, pp. 398－401.

③ 日本东亚研究所：《诸外国之对华投资》上卷，第50页；中卷，第22～23页。日本华北综合调查所：《英美烟草托拉斯贩卖政策》。

我们计算1934～1938年，93家外商（内69家为英商）的利润情况如表3－1。此表因资料关系不能代表全面，但大致的趋势是可以看出的。由于美帝白银政策所加给中国经济的灾难，至1933年达于顶点。自此以后，在华外商的利润就稳步上升，至1938年达20%。但这时期的利润比起1928年（资本主义经济危机前）来，仍然是小得多了。1928年以前，英国每年自中国汇回去的利润在1000万镑以上，而抗战前不过几百万镑。

表3－1　外商企业平均利润（1934～1938）

单位：%

业　别	1934年	1935年	1936年	1937年	1938年	平　均
纯利比资本						
银行业	23.2	21.6	24.8	24.1	22.9	23.3
制造业	5.9	7.0	9.3	30.4	15.2	13.6
公用事业	15.2	10.0	8.4	11.9	16.1	12.3
航运业	7.1	7.2	5.6	10.8	32.9	12.7
电信业	14.8	15.2	14.1	15.0	15.0	14.8
平　均	13.2	12.2	12.4	18.4	20.0	15.3
股红比股本						
银行业	19.3	18.2	21.2	25.6	24.3	21.7
制造业	5.5	7.5	9.7	16.5	14.5	10.7
公用事业	17.2	13.2	13.4	14.8	11.5	14.0
航运业	7.3	7.6	6.7	8.7	13.3	8.7
电信业	14.8	13.8	13.5	12.0	12.0	13.2
平　均	12.8	12.1	12.9	15.5	15.1	13.7
保险业	36.7	34.0	33.9	35.5	52.5	38.5

资料来源：根据93家在华外商的财务报告或其他零星记载，大部分系采取“日本东亚研究所”和“华北综合调查所”所发表的各种调查报告。

表3－1利润是根据各企业所发表的财务报告做的，自然不包括隐藏的利润，而利润隐藏又是英国资本家的惯技。除隐藏在企业之内者外，还有外籍人员巨额的奢侈性开支和负担其国外总公司的开支，自然也都出自在中国所剥削的剩余价值。自国民党公布其“公司法”后，每个外商公司都在国外设立了虚名的“总公司”，而将在华企业变成分公司，这样也就使其利润更容易的在国外隐藏起来了。

单就上表账面的利润说，1934～1938年的平均是15.3%，特别高的保险业和进出口业还不在内。而在英国本国的公司利润，除掉战争时期和经济危机时期不计外，在第一次大战前，1909～1914年的平均是9.5%；在大危机前，1923～1929年的平均是10.6%。股利方面，在华企业的平均是13.7%，而英国本国公司1909～1937年的平均只有8.9%。[①] 英国在华企业利润的优厚是显而易见的。

资本输出的利润，自然不限于前述的股利，还有伴随着投资而来的商品输出的利润，和与之连带发生的运输、保险、信贷等利润，以及因制造这些输出商品而剥削的国内工人的利润。在华的英国企业，不但其所使用的机器和工具全部由英国输入并经常的补充，其所需原料也是由英帝国范围内输进中国的，尤其是作为英国在华工业基干的纺织和卷烟工业。这些利润都是无法估计的。特别应当指出，在具有垄断性的大托拉斯进出口贸易中，其利润是惊人的，而且由于贸易以外币基础进行，中国方面所支付的很多是在国外进行，故利润不能由其中国公司表现出来。

我们再举一些实例来观察：

英商“开平矿务公司”，以5万镑的资金，虚称100万镑的股本，自1912年吞并了中国的“滦州公司”起至1937年抗战止，账上共获取了760万镑的纯利。其纯利最高的一年（1919～1920）达股本额的111.2%，1917～1921年的平均是71.9%。股红最高达30%，而1921年连赠股达53.5%。在此期间，一个持有100镑“开平”股票的股东，稳坐在伦敦，已经分得了371镑2先令的现金股红和96镑的赠股，同时其所持股票的价值又增加了50%。即其100镑的投资已变成665镑2先令了，还不计股红的利息。[②] 更可注意的是这100镑的投资，原只花了5镑的本钱。

“颐中烟草运销公司”系1935年由“英美烟草托拉斯”划出成立，资本额定为6070万元，自此至太平洋战争被日本没收，六年间账上共赚了2.86亿多元的利润，却分配了2.91亿元的股红和“临时股红”，几达资本额的五倍。即在物价尚未上涨的1937～1939年，三年间该公司的“临时股红”也各达92.1%、30.1%和39.0%。“颐中”的母体“英美烟草托拉斯”，自1930～

① 《经济学家》（*The Economist*），伦敦，1937年2月13日，《经济学家》增刊，1937年4月24日。

② 满铁调查部：《开滦炭矿调查资料》，第259～260页。日本华北综合调查所：《开滦炭矿调查报告》。

1940年每年的纯利都在16%左右，除保持每年20%的股红外，还有两次特别股红。自1934～1940年7年间，其纯利达3800万镑，即已超过了3400万镑的实缴资本。①

“上海电车公司”，1912～1941年30年间共盈利298万镑，超过原资本额（32万镑）9.3倍。此期间共发股红163万余镑，1919～1924年平均股红为20%。该公司历次增资共35万镑，而其中25万镑为红利股。所以一个原持有100镑股票的股东，到太平洋战争时，已分得了451镑的现金股红和50镑的赠股，即原投资已增加6倍，还不计股票市价的增值和已分现金的利息。②

四　解放后概况

抗战胜利以后，美帝独霸了中国，英国在华的经济势力也一落千丈。1948年在中国的进口贸易中，英国占不到8%，而美国占48%；出口贸易中，英国只占4%，而美国占20%。航运吨位中，英国所占由战前的39%降到1948年的24%，而美国由3%升至27%。就企业方面说，各地现存外商中，在抗战胜利后至解放前设立的，英商有37户，占全部英商的12%；而美商有45户，占全部美商的21%。同时美国更以“美援”“合作”等形式，通过了国民党官僚资产阶级，掌握了全部国民党企业，包括被国民党所劫收的巨量敌伪产业。

这时期英国在华企业虽受到了美国的排挤，但由于蒋介石政府的卖国政策，仍获得了很大的利益。例如自对日贸易中所得到的矿业器材，几乎全部无偿地供给了英人控制的“开滦煤矿”。从官僚资产阶级的华南走私贸易中，使香港的英商获得了空前的利润。又如此时期国民党为进一步出卖主权，将一百年来外人在华的土地永租权改换成土地所有权，受益最大的也是英国。

解放以后，外人在华的投资才起了根本的变化。帝国主义在华的特权被取消了，外国企业基本上已变成单纯经济性的投资。由于新中国逐渐摆脱了对资本主义国家的依赖，以进出口贸易等商业掠夺为主的英国企业也失去了

① 日本华北综合调查所：《英美烟草托拉斯贩卖政策》。

② 依上海“英商电车公司年度报告”编算。

其业务上的地位。例如1950年华北的对外贸易中，英商所经营的不过占2%～3%。同时，由于我国营企业日渐增长，私营企业在“公私兼顾”的政策下也得到了真正的发展，英商在生产事业方面的比重，也已微不足道。过去垄断我国卷烟工业的“颐中托拉斯”，解放后在汉口、青岛均已停止生产，天津的生产也半停顿，上海的产量在1950年上半年只有解放前的40%，占全国产量不到5%。运销方面更因成本关系，不能和国产烟竞争。纺织工业，“怡和纱厂”已由战前的17万锭减为5万多锭，产量仅及过去的1/5，占全国不到1%。“开滦煤矿”的煤，过去也是垄断我煤市场的，解放后因其成本较我国营矿高出一两倍，也减少了生产，1950年占全国产量不过12%。

解放后英商在我经济上的比重虽大为削减，但许多历史上遗留下来的情况还是存在着。英国在华仍保有巨额的财产，高出美国3倍以上。英国仍占有大量的土地和房屋，从事地租式的剥削。沿海口岸和内地商埠中，码头和仓库的最好地段，几全部为英国企业所占据。在上海的电车、自来水和煤气，英商仍据有地方独占性的经营。此外在海外航运和水上保险方面，仍以英商占优势，外汇经营上，英国银行也有相当的地位。若干出口部门，如蛋品加工和打包等，英商还据有设备上的优势。

解放后英商的变化，可综述如下：

经过了抗战和解放，英商在数量上大为减少。如天津英商，在1936年最盛时有185家，抗战胜利后1947年有47家，目前只有41家。上海英国进出口商，1936年有266家，解放后尚存98家，而目前不过60家。汉口英商解放前有14家，解放后营业的只有9家。现全国英商有200余家，连分支机构超过300户，不足抗战前的1/3。

自太平洋战争结束后，很多英商的东方总经理处即由上海、天津转移到香港和印度。解放后有许多英商将财产委托其他国籍人代管而回国，或退居香港做幕后控制，委托给中国和苏联籍商人者尤多。同时进出口方面，在解放初期有自上海向天津转移的趋势，内地英商则有将资产移到上海的趋势。

经营方面，在解放初期英商一般抱观望态度，力求维持其企业。待大陆全部解放后，个别英商甚为活跃，甚至有提出扩大投资、添建新厂的。贸易方面也颇积极，有数家在天津开业。1950年下半年我国实行财经工作统一，物价趋于稳定，工商业走向繁盛后，英商也相当稳定，有的并与我订立了加工合同，或接受出口任务。但大部分仍持消极观望态度或投机的心理。朝鲜战争爆发后，英商受英政府政策的影响，同时美帝的禁运和香港与英国的限制出口，也给予在华英商很大的打击。

劳资关系方面，自解放以后，在英商中即不断地发生劳资争议，大部系以解雇问题为中心。在帝国主义长期压榨下的中国工人，解放后一般政治的觉悟很快地提高了，同时对于新中国的建设也发挥了热诚，因此对于企业不断地提出积极性的要求和改革。但这种要求，正与英方资本家的消极观望态度是相反的。尤其是大托拉斯的企业负责人，很多仍以过去帝国主义特权者的态度对待华籍职工，藐视我劳动法令，甚至打骂侮辱，不一而足。此外，分化职员，破坏工会等阴谋；逃匿资产，隐避纳税等事实；以及秘密组织，反动宣传等活动也是层出不穷。因此若干企业，不但不能配合我经济建设的发展，反而成了计划经济的妨碍。

目前对于英商，还没有系统的调查发表。约略看来，200 余家英商中，仍以进出口业最多，上海约 60 家，天津有 15 家。其余内地城市，大多为“亚细亚”“怡和”“太古”等的分支机构。工业方面约有 50 个单位，大部集中在上海。此外金融业在各地还保有 36 户，而上海和天津的房地产商竟达 29 家。以上所述，均包括中英合资企业在内。

全部英商中，约有 3/4 以上为公司组织，足见多属大规模企业。事实上抗战以来英商虽减少了 2/3，但大家族和大托拉斯的企业基本上未有变动，只是小企业受到影响，因此其投资数额比例并未减少，反而更形集中。如解放后“信昌”集团趁机租进了“纶昌纺织”系统，更是明显的例子。

就设立时期说，目前英商中，以 1920 年以前成立者为最多，足见其历史多甚悠久。1920 ~ 1931 年期间成立者也不少，此后则美国新设者渐多过英国，表示英商地位之逐渐衰替。

全国英商中，共有职工 9.8 万余人，而“开滦”一家约有 6 万人，其余职工中，有 3 万余人集中于上海。外籍人员，只占总数 1/10，且多非属英籍。

资产情况，目前尚无法做精确的估计。就趋势推测，恐不会超过 2 亿镑。原占主要成分的房地产、存货和金融业投资，目前均无估价标准。固定设备资产集中在上海的三个公用事业和“颐中”“太古”“怡和”“亚细亚”四大集团，可能占总数 70% 以上。

附　录

“开滦煤矿”丧失的经过

“开滦”是“开平煤矿”和“滦州煤矿”的简称，位于河北省滦县和丰润县境。两矿藏量约10亿吨，产烟煤，宜炼焦，年产最高达600万吨，至今仍为我关内第一大矿。其地交通便利，由秦皇岛出口可运达江南和国外，尤非其他各矿可比。

“开平”和“滦州”两矿都是中国人创办的，经三次出卖，入于英人之手；而每次都以中国大革命运动为契机，帝国主义勾结中国资本家，巧取了矿权。第一次在八国联军镇压义和团时期，“开平”矿被英人骗占。第二次在辛亥革命时期，“滦州”矿与“开平”联合，受英人控制。第三次在蒋介石反共后日本制造华北事变时期，两矿财产合并，尽入英人掌握。这最后一次，却是由蒋介石政府主动的。

一　“开平煤矿”的出卖

“开平煤矿”是光绪元年（1875）李鸿章奏奉特旨创办的，目的原为“接济北洋兵轮机器等项公用”。因清廷无钱，所以是“官督商办”。初招商股80万两，后曾拨官款，但数目未详。袁世凯说该矿“系由本国公家拨巨款提倡创办”，[①] 而该矿督办张翼在出卖时则说：“开办十有余年，并无官

① 光绪二十九年（1903）十二月袁世凯《参张翼奏折》中驳英公使萘理纳语。又《李鸿章奏稿》卷一四记有“以官款一百二十万两专办煤矿”之事，但未指明系用于“开平”。

款，均系商股商办。”这话不难理解，因其下句即讲明：“凡在矿务局管理局务者，自本督办以下，多系有股之人。”① 张翼在该矿有股 30 万两，占 20%。据袁世凯说张翼“起家寒微”，30 万两的来源可知。所以“开平”的老股本，不论官款商款，可说都是“官僚资本”。

光绪三年（1877）“开平矿务局”成立，以后逐年发展，扩充很快。光绪二十六年（1900）义和团事起，帝国主义进行干涉。张翼乃札派曾任天津税务司的德国人德璀琳（G. Detring）和洋人进行谈判。当年七月，德璀琳便和英商墨林（Moreing）的代表美国胡华（H. Hoover）订立了卖约，将“开平”卖给墨林。墨林的背景是——英、法、比资本家合组的“东方财团”（Oriental Syndicate），曾替张翼办过借款。出卖的财产，依卖约和后来的移交约所载，除唐山、林西、胥各庄三个煤矿外，还包括了“承平金矿”，秦皇岛地皮 4 万亩，新河地皮 8 万亩，运河 14 英里，以及天津、塘沽、烟台、牛庄、上海、香港、广州等地码头 8 处，在上述各地及在杭州、苏州、吴淞、胥各庄、津英租界等地地皮一百余英亩，此外尚有轮船六艘，“建平金矿”“永平金矿”“洋灰厂”和“津唐铁路”的股份，天津总局房屋，胥各庄煤栈，秦皇岛借款未用存款等。这真是惊人之举。

对这一重要的矿权和庞大的财产，英人却没出什么代价。依卖约墨林将成立一“英国有限公司”，即后来的“开平公司”（英文称“中国工程与矿业公司”Chinese Engineering and Mining Co.，足见其野心不限于“开平”，也不限于矿业）。此公司资本 100 万镑，即以其中 37.5 万镑的股票分给中国老股东，作为“一切权利利益之完全赔偿”。原“开平矿务局”的股本是 150 万两，依当时汇率约合 16.5 万镑，今换给 37.5 万镑的股票，故英人说“已加价过半”，② 但一究实际，却是个骗局。

第一，“开平”的原股本虽只 150 万两，但经营二十几年，资产已扩张数倍。墨林曾透露当时已值 85 万镑，③ 至于其债务，在卖约中所载共 296 万两。配合其他材料，我们推测当时“开平”的净值（即资产除负债），在 270 万两至 350 万两之间，而英方所分给的股票，就票面折合也不过 340

① 光绪二十六年（1900）四月十九日张翼“札派德璀琳书”。

② 英总办威英答袁世凯质问词，见光绪二十九年（1903）二月袁世凯《参张翼奏折》。

③ 见一九〇〇年十一月九日“墨林致德璀琳函”。

万两。

第二，英国公司100万镑的股票，除分给中国老股东的37.5万镑外，墨林分得5万镑，“东方财团”分得15万镑，“‘东方财团’所指定之人”分得424993镑，其余7镑酬劳签押人。[①] 其中只墨林的5万镑股票曾缴足股金，[②]“东方财团”的15万镑股票中有10万镑曾在契约中规定限期缴款，[③] 其余都未缴过股金，而是虚股，尤其是数目最大的“‘东方财团’指定之人”的一笔，甚至后来伦敦法院的判词中也说：“此四十二万多股，并未于该公司详细节目外，载明银已缴足。”那么，“又何为而给与‘东方公司’（即‘东方财团’——编者）指派之人四十二万四千九百九十三股？本官（法官）欲求其故而不得。然就审讯时所得之实情而论，被告公司亦被骗去四十二万五千股者，盖非无因”。[④] 有此虚股冲淡实股，故中国人所分得者最多不到其应得的44%，而这点股票，以后也在帝国主义威胁下被英人贱价收买而去。

“开平煤矿”就是这样被英人骗占去的。[⑤]

张翼曾拒绝在此卖约上签字，因为他还未满足。次年他和胡华直接签订了一个移交约和一个副约。前者承认了卖约，后者则加上了“将该局（指原‘开平矿务局’）改为‘中英公司’”一语，和“张大人翼仍充该公司驻华督办……与外国人在华充督办者权力一般无异”一条。于是张翼乃以“加入各国商股”，“改为中外合办”为词，蒙奏清廷。其实该矿并非合办，张翼也未做得督办。昏昧的清廷，竟无人知晓。

到了1902年，因英人不准在“开平”挂龙旗，直隶总督袁世凯才知道此事。等他“销假回津，道出上海”，问了英国公使，才知“开平”不是合办，而是出卖了。当时他最注意的是运河和地亩也列入卖约，故有“臣忝

① 据一九〇一年五月二十五日“开平公司”会议的决议。

② 据光绪二十九年（1903）二月袁世凯奏折，称“有收条呈验”。

③ 卖约第四条和副约序文，及1900年11月9日“墨林致德璀琳函”。唯此10万镑称“行本”（Working Capital），又函中有酬劳东方财团筹募此款之语，是否算股本还可疑。

④ 1905年3月1日英国伦敦法院判决文。

⑤ 此外对于“开平”的出卖还有很多传说，但都无凭据。一说张翼因有通匪嫌疑被拘于英国军舰，英人迫其出卖；一说张翼原拟将“开平”租给英人，俟八国联军乱后仍收回，翻译时在契约中改“租”为“卖”，张翼不懂英文遂签字；一说系翻译将“合办”改为“出卖”。这些都不可靠。

膺疆寄，职在守土，河道口岸列入移交，自不得不澈查补救”等语。但他对收回“开平”，却拿不出办法来。只是三次参奏张翼，由外务部否认而已。最后一折竟说出“现已历时太久，竟至无法可施，实属有负国恩。至应如何处理之处，出自圣裁”等可怜话了。当时我国人民反抗英国的情绪很高，对“开平”的反应尤大。但由于清朝统治者依赖帝国主义的本质，对此事是不会有办法的。历次“圣谕”，也不过是“责成张翼赶紧设法收回”而已。张翼虽被革职，但不久又恢复了三品顶戴，到伦敦法院去演了一幕控诉墨林的丑剧，结果自然也是失败的。

二　“滦州煤矿”的断送

袁世凯在收回“开平”时表现得慷慨激昂，像是个爱国主义者，而其后出卖“滦州”的，也正是他本人。这是不难理解的。出卖“开平”的利益太肥厚了，张翼除分得7.5万镑股票外，还得到34万两白银，[①]英方并答应给他2.5万镑酬劳股和“终身督办”。[②]“开平”是李鸿章创办的，出卖的利益不归北洋系而由张翼独占，袁世凯怎能甘心？故其努力是在“参张翼”而非在收矿权，但张翼也是有靠山的，[③]始终逍遥法外。因此袁世凯乃向清廷取得了一个范围更大的采矿权，创办了“滦州煤矿”。该矿矿区比当时“矿务章程”的限制大10倍，并订明“他矿不得援以为例”。矿质和藏量，都比“开平”好。资金有北洋官款支持，条件可谓特别优厚。

“滦州公司”于光绪三十三年（1907）成立，资本200万两，次年增至500万两，但实缴不过300万两。“滦州”也是“官督商办”的，初由天津“官银号”拨50万两筹备，后又有“直隶绅界”拨入盐斤加价款50万两，学款30万两，但账册上记载的只有10万两官股。[④]

袁世凯原想以“滦州”和“开平”竞争，进而吞并“开平”，成为煤

---

① 卖约所载“开平”欠张翼20万两，欠庆善银号14万两。1901年1月20日“胡华致德璀琳函”中称：“原欠张大人银号之债款计银三十四万两，新公司业已承认照还。”

② 1901年1月20日“胡华致德璀琳函”。

③ 据说张翼继妻和慈禧太后有瓜葛之亲，袁世凯参他时，“慈禧特为缓颊，故枢垣力从宽大”（见杨鲁《开滦历史及收归国有问题》，第23～24页）。

④ 拨款事见1911年“顺直临时省参议会咨直隶都督弹劾开滦文”。

炭大王。但竞争的结果，“滦州”却失败了。1909 年起，乃又有直隶总督陈夔龙的收回“开平”计划。他的原则是坚决否认张翼私约，所以不同“开平”谈判，而直接同英国外交部交涉，方法则是以公债收购“开平”。英国初要价 270 万镑，几经交涉，让到 178 万镑，包括“开平”原有的 40 万镑公司债，由“滦州公司”分 30 年偿付。当时“开平”股票，照市价已合 170 余万镑，连同公司债，能以 178 万镑收回，在当时不能反抗帝国主义的清朝政权下，已属难能可贵了。并且当时“开平”每年净利达 24 万镑，以其盈余偿付每年价款，绰绰有余。但这计划送给清廷核定时，却被无形取消，主要是由于张翼“密奏”反对。他的理由是只要向英人交涉让他做“终身督办”，就等于不花代价而收回“开平”了。

宣统三年（1911），正当革命军迅速北上之时，“滦州”的资本家一方面恐惧革命，一方面受了英人的威胁利诱，乃上书直隶总督，要求与“开平”联合。次年其呈文被批准时，已是袁世凯做大总统，“滦州”总经理周学熙做财政总长，而袁子克定做“开滦”督办了。“滦州煤矿”也就此入于英人控制，而“滦州公司”只成了一个空名。

依“滦州原呈”，“仅将营业一部分联合组织”，而实际上则为全部产销联合。其所拟合同、附件、副则等互有不符，故弄玄虚。而由联合所丧失的权利，比“开平”的出卖还大。

第一，英人骗占了“开平”后，清廷始终坚不承认，其权益始终没有法理上的地位。袁世凯政府批准了联合合同，便无疑批准了英商的地位。英人于此，正是“一箭双雕”的收获。

第二，联合时两矿资本各作 100 万镑，表面上是平等的，实际上却由英方独占。其“附件三”规定联合后的总理，前十年由“开平”举出，“附件四”又规定如遇议事不决时，两公司已发债券多者可加一票表决权，债券多的当然是“开平”。

第三，“滦州”矿区比“开平”大 10 倍，当时的产量，“滦州”占七成，“开平”占三成，而联合合同规定，净利在 30 万镑以内时，“滦州”只得四成，“开平”反得六成。故如盈利为 30 万镑时，“滦州”每年要损失 9 万镑。

第四，联合合同事实上变成无限期的。合同第十七条规定：十年后

“滦州”可将“开平”的财产“由两造商定公道价格购回”，事实上经营有利时“开平”绝不会同意“公道价格”。而“附件七”又规定，“滦州”除依上述规定购回“开平”外，对本合同应永远遵守，亦即永远要受英人管制了。

第五，批准这合同又无异承认了“开滦”可以不遵守中国法令。其第一条规定，两矿合组的“开滦矿务总局”应照“中国通行中外合办矿章”办理，而副则第二条又说：“所言中国通行中外合办矿章包含有已经各国公认之意”，各国不会公认不违反我国家主权的矿章，所以等于取消了第一条。事实上“开滦”对于开采、纳税、矿区、赔偿等一向未遵守过中国的法令。

但这合同对于袁世凯等却有极大的诱惑性。“滦州”实缴资本280.94余万两，[①] 约合36.5万镑。联合后改成资本100万镑，与“开平”相等，似占了便宜。但这还不是主要的诱惑，因当时“滦州”的资产也早已超过了原始投资，公积已有160余万元。[②] 最大的利益是联合后“开平”将代募债券390万两又5万镑，其中150万两给“滦州公司”，100万两给张翼，50万两还“北洋大臣”，50万两给“滦州公司”却无固定用途，40万两“为了结面签合同双方一切要求之用”。[③] 因此引起批评：“此项债款不过供一二人之花用，馈遗运动，咸出其中。”[④] 其实这些债款对“滦州”整个公司说，却是吃亏的。因照合同的结果，两矿合组的“开滦矿务总局”将承担“滦州”方面的借款共合27万镑，而其承担“开平”方面的借款则有62万镑，“滦州”方面的损失可以想见。[⑤]

三　第三次出卖

两矿联合后，英人借其帝国主义特权，垄断市场，操纵煤价，20年间

① 一般称300万两，系据滦州公司的呈文。此则据1912年9月1日“滦州董事会会议记录”。

② 据1930年“河北矿学会”所编《三大问题之研究》。杨鲁称当时“存有现款百余万两，未尝动用”。杨著《开滦历史及收归国有问题》，第41页。

③ 据1912年草合同，附件，及1912年正合同。

④ 1911年“顺直临时省参议会咨直隶都督弹劾开滦文”。

⑤ “开平”原有债券46万镑，新债款中还张翼的100万两和给总局用的5万镑也是“开平”的债务，联合后统由总局负担，共合62万镑。

共获纯利9978万元之巨。"开平"公司，两次增资至196万镑，"滦州公司"比照增至2100万元，均系自盈余中转拨。就"开平"说，自1911年联合起至1937年抗战止，一个持有100镑股票的股东，稳坐伦敦，已分得了371镑2先令的红利和96镑的赠股，同时其所持股票的价值又增加了50%。[①]"滦州"方面，不费吹灰之力，每年坐地分肥三四百万元。这种利益是太优厚了，也正因此，引起了第三次的出卖。

蒋介石政府对这笔肥利是早就眼红的，1931年起便开始了"收开"运动。当时矿学会等的建议是责令"滦州公司"根据合同收回"开平"，否则即根据其不遵矿法抗缴矿税等事实，吊销"滦州"矿权。那时两矿的财产还未合并，而生产系以滦矿为主，滦矿停采，"开平"也就无法维持。但这方案既得罪帝国主义，又得罪"滦州"资本家，是不合蒋集团目的的。

到了1933年，汪精卫做行政院长，陈公博做实业部长时，时机又已成熟。因这年蒋介石已以"塘沽协定"将华北暗许给日本。于是陈公博接连三次"训令"，责"滦州"欠缴矿税，并责"开平""既未依法设定矿业权呈领执照，即历年区税亦从未遵缴"。同时又请外交部暗示英公使："如有组织适宜及经两公司同意之'开滦煤矿公司'成立，本部自能对该煤矿公司发给执照。"英人很了解其意，先送来100万元"预缴区税"，再递上了一件"联合补充合同"。这第三次出卖的文件于1934年4月16日下午4时送到实业部，当天陈公博就批准了。[②]

这是最彻底的一次出卖。

第一，袁世凯虽批准过两矿联合，却未敢承认英方矿权，只发给了"滦州公司"矿照。这次的联合，将矿权转入"开滦矿务总局"之手，陈公博并发给了"采矿权者'滦州''开平'公司收执"的矿照。36年来，清朝不敢承认，北洋政府也不敢承认的英商在"开平"的矿权，蒋介石政府毫不犹豫地承认了。

第二，这合同是"补充"1911年的联合合同的，换言之，即"国民政府"正式追认了袁世凯的出卖，也无异追认了张翼的私约。

---

① 盈利情况据满铁调查部《开滦炭矿调查资料》，第259～260页，及日本华北综合调查所《开滦炭矿调查报告》。

② 见徐梗生《中外合办煤铁煤业史话》，商务印书馆，1947，第23页。

第三，以前的联合，两公司各为主体，中国仍保持在“滦州”的财产权，此次“补充”，实为合并，两公司财产都要过户给“总局”，亦即在法律上确定其受英人支配。此时“开平”各矿已渐枯竭，而“滦州”各矿采掘正盛，且“滦州”矿区比“开平”大 10 倍，合并之后，双方财产“平等”，“滦州”损失之大，可以想见。

第四，合同中的“开滦矿务总局”，在组织、资本和其所营矿区上，都与当时的公司法和矿业法抵触。批准合同，无异承认开滦可以不遵中国法令。

第五，最重要的是，这合同取消了以前十年之后由“滦州”收回“开平”的规定，而在其第十五条甲项中以极复杂的文字写出如下的简单意思，即中国政府如要停止其采矿权，须由会计师将“开滦”全部财产估价，并经“开滦”同意后，由政府收买，否则“开滦”永远享有其全部矿权。① 历史上“滦州”有收回“开平”的责任的所谓“以滦收开”，如今变成由政府收买全部“开滦”了，而价格又须经“开滦”同意，事实上等于不准收“开平”。此外同条乙项还保留了“滦州”可以收买“开平”的字样，但须得“开平”同意，估价人选和方法也须经“开平”同意，又要“保证未得对方同意以前绝不自动处分其在‘开滦矿务总局’内所有之利益”，所以事实上是不能“收开”。

第六，这合同是无限期的。陈公博所发的矿照虽限期 20 年，但批注上说满期后仍得依我们上述关于停止其采矿权的规定继续有效，因此也变成无限期的。此外，合同还规定要“正式照会英国驻华公使备案”。

四　解放以后

抗战期间“开滦”被日本军管，胜利后国民党派员“接收”，当天就“发还”，英国人又继续做“开滦”的主人。由于战后国民党经济事业的破产，对“开滦”的依赖也更增加，其自日本取得的窑木和器材也都供给了

---

① 第十五条甲项规定政府得依附表三、四、七、八项文件停止矿权。七、八项文件为实业部批准收购“滦州”之条件（如文中所述），三、四项文件为批准此项条件适用于开、滦两公司。

“开滦”。很快地在伦敦“开平公司”的账上又积累了60多万镑准备金和100多万镑的流动投资金。

解放以后，随着帝国主义特权的消灭，“开滦”也换了一副新的面目。不管英方怎样地消极怠工，“开滦”在我人民政府大力帮助之下，已有了显著的进步。生产效率已较解放前提高了一倍，生产成本降低了45%。早在1949年即取消了包工大柜，文件账册改用中文，部分地调整了不合理的薪津，提高了劳动情绪。1950年秋季实行了第一步的改革计划，将总局由天津搬到矿区，裁并了不合理的机构，订立了包销制度，初步地调整了产销。

“开滦”有着6万职工，其中大部分是一二十年以上的老工人。他们身历帝国主义和日寇军管下的痛苦，有着长期的斗争经验。唐山解放时，他们英勇地保护矿区，使这四百多平方公里的地区，未受到匪帮的破坏。解放以后，在工会的领导下，展开了各种的学习，目前已成立了正规化的学校。工作上每工的出煤量已由五六百公斤提升至1000公斤以上，装卸工作则由每火车停二三十小时减至10小时以内。在1950年红五月的竞赛中更创立了许多新纪录。

在长期的英人管理下，“开滦”所遗下的是一堆庞大臃肿的机构，腐败浪费的习惯。改革工作不是短期可以完成的。但在人民政府领导下，这一任务的胜利完成是没有疑问的。

帝国主义与开滦煤矿

编者说明

《帝国主义与开滦煤矿》，署名“魏子初编”，神州国光社1954年1月初版。本书为中国近代经济史资料丛刊编辑委员会主编“中国近代经济史资料丛刊”之一种。今据神州国光社1954年1月初版收入全集。

目　录

导　言

开滦煤矿是我国较大的煤矿之一，也是我国最早以机器开采的大型矿区。五十年来，它的历史提供了帝国主义侵略中国矿权的一个典型例子。

在开平煤矿丧失以前，德、英、法等帝国主义已在1898～1899年内攫取了山东、山西、河南、云南和四川等省的许多矿区。这些矿权的掠取都是根据不平等条约而来，地区极为辽阔。如山东是铁路沿线三十里内，河南是“怀庆左右，黄河以北”，山西、云南等矿区都几达全省之半。但是由于人民强烈的反抗，这些矿区大都未能进行开采。在人民的压力下，其中大部分后来又由清政府“赎回”。1900年英帝国主义对开平煤矿的掠夺，采取了另一方式，即勾结中国官僚资本家私相授受，甚至瞒过清朝统治者。所掠取的是一个业经开采多年很有成效的矿。而其所用手段，威胁利诱，欺蒙诈骗，又无所不用其极。这就开辟了以后中国一系列矿权丧失的先例。特别像英国对另一大矿焦作煤矿的掠取，几乎与开滦如出一辙。

开滦煤矿的“中外合作”，造成了此后帝国主义侵略中国矿权的主要形式。所有被帝国主义巧取豪夺的矿区，大都是由反动统治者出来“交涉”一番，甚至“批驳”多次，而最后总是在“中外合资”的形式下取得了“合法”的地位。1908年清政府公布的中国第一个矿业法，是在开滦煤矿直接影响下制定的。以后1914年的北洋矿业法和1930年的国民党矿业法，一方面宣布“全国之矿，均属国有”，一方面对“中外合资”的保护精神却是一脉相承。这形成了旧中国矿业立法上的一个特点。

掠夺开滦煤矿的一些帝国主义人物，也是与中国矿业历史分不开的。例如经手出卖开平煤矿的德璀琳（G. Detring）也就是后来抓取六河沟煤矿的经办者，而他的女婿汉纳根又是仿照开滦手法“合办”井陉煤矿的主持人。经手取得开平矿权的胡华（H. Hoover），即后来曾任美国总统的胡佛，不但是个臭名昭著的反动头子，也是在中国各地活动了多年的“矿师”。

开滦的历史也反映着五十年来中国政治的变化。开平和滦州两矿都是中国人创办的，经三次出卖，沦入英帝国主义之手，而每次都以中国大革命为契机。第一次是在八国联军镇压义和团革命运动时期，开平煤矿被英国人骗占。第二次是在辛亥革命时期，滦州煤矿与开平煤矿“联合”，同受英国人控制。第三次是在日本帝国主义进一步侵入华北、人民抗日运动正渐进入高潮时期，两矿财产合并，尽入英国人之手。每次都表现了在人民革命斗争面前，资本家的软弱，统治阶级进一步依靠帝国主义。特别是第三次的出卖，是蒋介石政府主动地向英帝国主义提出的。

开滦的历史是值得我们研究的。为了便于读者查阅本辑的资料，我们将开滦矿权丧失的经过简要地叙述如下。

一　开平煤矿的出卖

开平煤矿是光绪元年（1875）李鸿章“奉旨”创办的，目的原为“接济北洋兵轮机器等项公用”。因为清廷无钱，所以是“官督商办”。初招商股80万两，后曾拨官款，但数目未详。袁世凯说该矿“系由本国公家拨巨款提倡创办”，[①] 而该矿督办张翼在出卖时说：“开办十有余年，并无官款，均系商股商办。”这话不难理解，因其下句即讲明：“凡在矿务局管理矿务者，自本督办以下，多系有股之人。”[②] 张翼在该矿有股30万两，占20%。据袁世凯说张翼“起家寒微”，30万两的来源可知。所以开平的股本，不论

① 光绪二十九年十月三十日袁世凯《参张翼折》中驳英公使熹理纳语。又《李鸿章奏稿》卷十四记有“以官款一百二十万两专办煤矿”之事，但未指明系用于开平。

② 光绪二十六年四月十九日张翼委派德璀琳札。

官款商款，可说都是“官僚资本”。

光绪三年（1877）开平矿务局成立，以后逐年发展，扩充很快。光绪二十六年（1900）义和团反对帝国主义的运动兴起，八国联军进行干涉。英军借口张翼“通匪”，将他逮捕，不久又释放。为了寻求帝国主义保护，张翼乃札派曾任天津税务司的德国人德璀琳和洋人进行谈判。当年七月，德璀琳便和英商墨林（C. A. Moreing）的代表美国人胡华订立了“卖约”，将开平卖给墨林。墨林将“卖约”窜改了一份假合同，请英国领事证明，又转手将开平煤矿卖给了“东方辛迪加”（Oriental Syndicate）。东方辛迪加是个英、法、比资本家的集团，曾替张翼办过借款，墨林有很大的股份。依“卖约”所载，出卖的财产，除唐山、林西、胥各庄三个煤矿外，还包括了承平银矿，秦皇岛地皮四万亩，新河地皮八万亩，运河十四五英里，以及天津、塘沽、烟台、牛庄、上海、香港、广州等地码头八处，在上述各地及在杭州、苏州、吴淞、胥各庄、天津英租界等地皮一百余英亩，此外尚有轮船六艘，建平金矿，永平金矿，洋灰厂和津塘铁路的股份，天津总局房屋，胥各庄煤栈，秦皇岛借款未用款等。这真是惊人之举。

“收买”这一重要的矿权和庞大财产，英人却没出什么代价。依“卖约”墨林将成立一“英国有限公司”，即后之开平有限公司。此公司资本100万镑，即以其中37.5万镑的股票分给中国老股东，作为“一切权利利益之完全赔偿”。原开平矿务局的股本是150万两，依当时汇率约合16.5万镑，现换给37.5万镑的股票，故英人说“已加价过半”。[①] 但一究实际，却是个骗局。

第一，开平原股本虽只150万两，但经营二十几年，资产已扩张数倍。墨林曾透露当时已值85万镑。[②] 至其债务，在“卖约”中所载共296万两。配合其他材料，我们推测当时开平的净值（即资产除负债），在270万至350万两之间。而英方所分给的股票，就票面折合也不过340万两。

第二，英国公司100万镑的股票，除分给中国老股东的37.5万镑外，墨林分得5万镑，东方辛迪加分得15万镑，“东方”所指定之人分得424993镑，其

① 英总办威英答袁世凯质问语，见光绪二十九年二月袁世凯《请饬外务部声明产地权利折》。

② 1900年11月9日墨林给德璀琳的信。

余7镑酬劳签押人。其中只墨林的5万镑股票大约缴足了股金，[①] 东方辛迪加的15万镑股票中有10万镑曾在契约中规定限期缴款，[②] 其余都未缴过股金，而是虚股。尤其是数目最大的东方辛迪加指定之人的一笔，甚至后来伦敦法院的判词中也说："此四十二万多股，并未于该公司详细节目外载明银已缴足。"那么，"又何为而给于东方公司（即辛迪加——编者）指派之人四十二万四千九百九十三股？本官（法官）欲求其故而不得。然就审讯时所得之实情而论，被告公司亦骗去四十二万五千股者，盖非无因"。[③] 有此虚股冲淡实股，故中国人所分得者最多不到其应得的44%。而这点股票，以后也在帝国主义威胁下被英人贱价收买而去。

开平煤矿就是这样被英帝国主义骗占去的。[④]

张翼曾拒绝在"卖约"上签字，因他还未满足。次年他和胡华直接签订了一个"移交约"和一个"副约"。前者承认了"卖约"，后者加上了"将该局改为中英公司"一语，和"张大人翼仍为该公司住华督办"一条。于是张翼乃以"加入各国商股""改为中外合办"为词，蒙奏清廷。其实该矿并非合办，张翼也未做得督办。而清廷也竟无人知晓。

到了1902年，因英人不准在矿上挂龙旗，直隶总督袁世凯才知道此事。等他"销假回津，道出上海"，请教了英国公使，才知道开平被出卖了。当时他最注意的是运河和地亩，因为"臣忝膺疆寄，职在守土，河道口岸列入移交，自不得不澈查补救"。但这位守土大臣却拿不出补救办法来，只三次参奏张翼而已。最后一折竟说出："现已历时太久，竟至无法可施，实属有负国恩。至应如何处理之处，出自圣裁"等可怜话来。当时我国人民反抗英帝国主义的情绪很高，对开平一案愤怒异常。但清朝封建统治者由于其依赖帝国主义的本质，是不会有办法的。张翼虽被革职，但不久又恢复了三

---

① 光绪二十九年二月袁世凯奏折，称"有收条呈验"。

② 据卖约第四条和副约序文，及1900年11月9日墨林给德璀琳的信。唯此10万镑称"行本"（Working capital），又函中有酬劳东方辛迪加此款之语，是否算股本还有可疑。

③ 1905年3月1日英国伦敦高等法院判决文。

④ 此外对开平的出卖还有很多传说。一说张翼被英军逮捕（此是事实），在军舰上迫其签字。一说张翼原拟将开平租给英人，俟八国联军退后收回。翻译将契约中的"租"字改为"卖"字，张不懂英文遂签字。一说系翻译将"合办"改为"出卖"。这些都无确实凭据。但张翼曾受英人威胁，翻译给张的卖约、移交约、副约等都与英文原本不符，英人后曾窜改卖约，则均系事实。

品顶戴，到伦敦法院去演了一幕控诉墨林的丑剧。这种与虎谋皮的官司，结果自然是失败的。

二　滦州煤矿的断送

袁世凯在攻击张翼出卖开平时，表现得慷慨激昂，活像爱国主义者。而其后出卖滦州的，也正是他本人。这是不难理解的。出卖开平的利益太肥厚了。张翼除分得7.5万镑股票外，还得到34万两白银，[①] 英方并答应给他2.5万镑酬劳股，和“驻华督办，支领薪水若干，将来公司发达，此项利益非同儿戏”。[②] 开平是北洋系的头子李鸿章创办的，出卖的利益归张翼独享，袁世凯怎能甘心，故热衷于“参张翼”。但张翼也是有靠山的。据说他的继妻和慈禧太后有瓜葛之亲，袁世凯参他时，“慈禧特为缓颊，故枢桓力从宽大”。[③] 因此袁世凯乃向清廷索取了一个范围更大的采矿权，创办了滦州煤矿。其矿区比当时“矿务章程”限制大十倍，并订明“他矿不得援以为例”。矿质和藏量都比开平好，资金有北洋官款支持，条件可谓特别优厚。同时又创办了“滦州矿地公司”，垄断矿区附近全部地亩，滦州煤矿所需地亩，均需向矿地公司“租用”。

滦州公司于光绪三十三年（1907）成立，资本200万两，次年增至500万两，但实缴不过300万两。滦州也是官督商办的。初由天津官银号拨50万两筹备，后又有“直隶绅界”拨入盐斤加价款50万两，学款30万两。但账册上记载的，只有官股10万两。[④]

袁世凯原想以滦州和开平竞争，进而吞并开平，成为煤炭大王，但不久证明，军阀是竞争不过帝国主义的。在跌价倾销中，滦州赔累不堪。1909年起，乃又有直隶总督陈夔龙“收回开平”的计划。他的方法是用公债将开平赎回，直接同英国外交部交涉。英国初要价270万镑，最后让到178万

① 卖约载开平欠张翼20万两，欠庆善银号14万两。1901年1月24日胡华给德璀琳信中说：“原欠张大人银号之债款计银三十四万两，新公司业已承认照还。”

② 1901年1月24日胡华给德璀琳的信。

③ 见杨鲁《开滦历史及收归国有问题》，第23～24页。

④ 拨款事见1911年《顺直临时参议会咨直隶都督文》，内中详情不悉，他处也未见记载。

镑，包括开平原有的40万镑公司债，由滦州公司分30年偿付。当时开平股票照市价已合170万镑，连同公司债，能以178万镑收回，对清朝的官僚资本来说是很合算的。因为当时开平每年净利达24万镑，以其盈余偿付每年价款，绰绰有余。当时的清朝政权不能依靠人民反对帝国主义的力量收回矿权，却很可以用剥削矿工的利润来赎回矿产。无奈这个计划送到皇上那里时，又被张翼的“密奏”给无形打消了。张的理由是只要向英人交涉让他做“终身督办”，就等于不花代价而收回开平！

宣统三年（1911），正当革命军迅速北上之时，滦州的资本家一方面恐惧革命，一方面受了英人的威胁利诱，乃上书直隶总督，要求与开平“联合”。次年呈文被批准时，已是袁世凯做大总统，滦州总经理周学熙做财政总长，而袁子克定做开滦督办了。滦州煤矿从此入于英人控制，而“滦州矿务有限公司”只成了一个空名。

依滦州原呈：“仅将营业一部分联合组织”，但实际上则是全部产销联合。其所拟合同、附件、副则等互有不符，故弄玄虚。由“联合”所丧失的权利，比开平的出卖还大。

第一，英人骗占开平后，清廷始终不敢承认，其权益始终无法理根据。袁世凯政府批准了“联合合同”，便无异批准了英商的地位。英人得到了“一箭双雕”的收获。

第二，“联合”时两矿资本各作100万镑。表面平等，实际却是英方独占。其附件三规定“联合”后的总理，前十年由开平举出，附件四又规定如遇议事不决时，两公司以发债券多者可加一票表决权，债券多的当然是开平。

第三，滦州矿区比开平大十倍，当时产量滦州占七成，开平占三成。而“联合合同”规定，净利在30万镑以内时，滦州只得四成，开平反得六成。故如盈利为30万镑时，滦州每年要损失9万镑。

第四，“联合合同”事实上变成无限期的。其第十七条规定：十年后滦州可将开平的财产“由两造商定公道价格购回”。事实上经营有利时开平绝不会同意“公道价格”。而附件七又规定，滦州除依上法购回开平外，对该合同永远遵守，即永远受英人管制了。

第五，批准合同又无异承认了开滦可以不遵守中国法令。合同第一条说：两矿合组的开滦矿务总局应照“中国通行中外合办矿章”办理。而副则第二条又说：“所言中国通行中外合办矿章包含有已经各国公认之意。”帝国主义不会公认不违反中国主权的矿章，所以等于取消了合同第一条。事实上，开滦对于采矿、纳税、矿区、赔偿等从来没有遵守过中国法令。

袁世凯何以要批准“联合”呢？军阀政权向帝国主义献媚，寻求庇护，这是主要的。此外“联合”对开滦的资本家有很大的诱惑性。滦州实缴资本280.94万余两，[①] 约合36.5万镑。“联合”后改成资本100万镑，与开平相等。但这只是表面的便宜，因当时滦州的资产也早已超过了原投资本，公积已有160余万元。[②] 最大的诱惑是“联合”后开平答应代募债券390万两又5万镑。其中150万两给滦州公司，100万两给张翼，50万两呈“北洋大臣”，50万两给滦州公司却无固定用途，40万两“为了结向订立以上所具合同两造一切要求之事”。[③] 因此引起批评：“此项债款不过供一二人之花用，馈遗运动，咸出其中。”[④] 其实这些债款对滦州整个公司说却是吃亏的。因照合同两矿合组的开滦矿务总局承担滦州方面的借款共合27万镑，而其承担开平方面的借款则达62万镑。[⑤] 滦州方面的损失可以想见。

三　第三次出卖

两矿联合后，英人借其帝国主义特权，垄断市场，操纵煤价，二十年间已公开入账的纯利即达9978万元之巨。开平公司两次增资至196万镑，滦州公司也比照此数增资至2100万元。所增资本，并无现款，均系自盈余中转拨。就开平说，自1911年“联合”起至1937年抗战止，一个持有100镑股票的股东，稳坐在伦敦，已分得了371镑2先令的红利和96镑的赠股，

① 滦州呈文称300万两，此系据1912年9月1日滦州董事会会议记载。

② 据1930年河北矿学会所编《三大问题之研究》。杨鲁称当时“存有现款百余万两，未尝动用”。杨著《开滦历史及收归国有问题》，第41页。

③ 据1912年联合办理草合同附件，及1912年正合同。

④ 1911年《顺直临时参议会咨直隶都督文》。其中包括“张燕谋（翼）之索价、杨善庆之薪水……”等，见正合同副则八。

⑤ 开平原债券46万镑，新债款中还张翼的100万两和给总局的5万镑也是开平的债务，共合62万镑。

同时其所持股票的价值又增加了 50%。[①] 滦州方面的资本家则不费吹灰之力，每年坐地分肥三四百万元。这种利益太优厚了。也正因此，引起了第三次的出卖。

蒋介石政府对这笔肥利是早就眼红的。1931 年起便开始了“收开”运动。当时矿学会等“学者”的建议是：责令滦州公司收购开平，否则根据其不遵矿法抗缴矿税等事实吊销滦州矿权。那时两矿财产尚未合并，生产以滦矿为主；滦矿停采，开平也就无法维持。但这方案既得罪帝国主义，又得罪滦州资本家，当然是不合蒋集团目的的。

到了 1933 年，汪精卫做伪行政院院长，陈公博做伪实业部部长时，时机又已成熟。因这年蒋介石已以“塘沽协定”将华北暗许给日本。华北开始“特殊化”，而人民的抗日运动正渐步入高潮。于是陈公博接连三次“训令”，责滦州欠缴矿税，并责开平“即未依法设定矿业权呈领执照，即历年区税亦从未遵缴”。同时又叫伪外交部暗示英公使：“如有组织适宜及经两公司同意之‘开滦煤矿公司’成立，本部自能对该煤矿公司发给执照。”英国人很了解其用意，先送给陈公博 100 万元“预缴区税”，再递上一件“联合补充合同”。这第三次出卖的文件于 1934 年 4 月 16 日下午四时送到伪实业部，当天陈公博就批准了。[②]

这是最彻底的一次出卖：

第一，袁世凯虽批准过两矿“联合”，却不敢承认英方矿权。他只发给了华商滦州公司矿照，却不敢发给英商开平公司矿照。这次“补充”，将全部矿产转入开滦矿务总局之手。陈公博居然发给了“采矿权者滦州/开平公司收执”的矿照。36 年来，清朝政府不敢承认、北洋军阀也不敢承认的英商矿权，蒋介石政府毫不犹豫地承认了。

第二，这合同是“补充”1911 年的“联合合同”的，即“国民政府”正式追认了袁世凯的出卖，也无异追认了张翼的私约。

第三，以前的“联合”，两公司各为主体。中国仍保持滦州的财产权。

---

① 历年盈利情况据满铁调查部《开滦炭矿调查资料》，第 259 ~ 260 页及日本华北综合调查所《开滦炭矿调查报告》(油印本)。

② 见徐梗生《中外合办煤铁矿业史话》，商务印书馆，1947，第 23 页。

这次“补充”，实为合并，两公司财产都过户给“开滦矿务总局”，亦即在法律上确定其受英人的支配。这时开平各井已渐枯竭，而滦州各井则采掘正盛。且滦州矿区比开平大十倍，合并之后，双方财产“平等”。滦州损失之大，可以想见。

第四，合同中的“开滦矿务总局”，在组织、资本和所营矿区上，都与当时的公司法和矿业法抵触。批准合同，无异承认开滦可以不遵守中国法令。

第五，最重要的是，这合同取消了十年后由滦州收回开平的规定。而在其第十五条甲项中以极复杂的文字写出如下的简单意思：即中国政府如要停止其采矿权，须由会计师将开滦全部财产估价，并经开滦同意后，由政府收买，否则开滦永远享有其全部矿权。[①] 历史上滦州公司有收回开平的责任，所谓“以滦收开”。这是袁世凯也不得不承认的。陈公博把他改变了，变成由伪政府收买全部开滦。事实上就是取消了“收开”。价格要经开滦同意，同意与否，当然要看英国人的高兴了。此外同条乙项还保留了滦州可以收买开平的字样，但也须得开平同意，估价人选和方法也须经开平同意。滦州又要“保证未得到对方同意以前绝对不自动处分其在开滦矿务总局内所有之利益”。收回开平算是绝望了。

第六，这合同是无限期的。陈公博所发的矿照虽依矿法规定期限是二十年，但矿照的批注上又注明满期后仍得依上述关于停止其采矿权的规定继续有效。这种无限期的矿照倒是一个“创造”。此外，合同还规定要“正式照会英国驻华公使备案”。

四　开滦终于回到人民之手

1941 年 12 月 8 日，即太平洋战争爆发的第二天，日本帝国主义占领了开滦煤矿，实行了所谓“军管理”。抗战胜利后，1945 年 11 月 19 日国民党反动政府接收了开滦，而于第二天即“发还”给开滦矿务总局。英帝国主义又做了开滦的主人。由于战后国民党经济事业的破产，对开滦的依赖也更

① 第十五条甲项规定政府得依附表三、四、七、八项文件停止其矿权。七、八项文件为伪实业部批准收购滦州之条件（如文中所述），三、四项文件为批准此项条件适用于开滦两公司。

增加。其自日本取得的窑木和器材也都供给了开滦，很快地在伦敦开平公司的账上又积累了60多万镑准备金和100多万镑流动投资金①。

直到1948年底，英勇的中国人民解放军解放了唐山地区，开滦煤矿才开始脱离了帝国主义的统治。在人民政府大力的帮助下，开滦进行了一系列的改进。生产效率立即提高了一倍，生产成本降低了45%。至1950年秋实行了第一步的改革计划，将总局由天津搬到矿区，裁并了不合理的机构，与我国营公司订立了包销制度，调整了产销。英国方面，解放后即采取了消极怠工的态度，并进而破坏工人团结，阴谋牵制生产，对抗改革。但在人民政府正确的领导和工人坚定的努力下，英人的一切阴谋都归破产。

开滦有6万职工，其中大部分是一二十年以上的老工人。他们身历英帝国主义和日本帝国主义压榨下的痛苦，有着长期的斗争经验。唐山解放时，他们英勇保护矿区，使这400多平方公里的地区，未受到匪帮的破坏。解放以后，在中国共产党和工会的领导下，粉碎了英帝国主义残余分子的阴谋，并大力响应政府增产节约的号召，展开热烈的学习。1951年度，开滦又有了进一步的改革，面目全然一新，工人中涌现了大量的积极生产者，提出了很多创造和合理化建议。

开滦的生产组织方面虽有了改进，但其本身的财务却陷于困境。因开滦的资金一向存在伦敦，解放后煤出口的价款也是以英镑支付。而英方总经理裴利耶竟将存英的资金和出口外汇非法扣留，他本人也假借赴日本接洽销煤的名义逃避到伦敦。这样开滦的资金周转便陷于无法维持的境地。1952年4月6日，经滦州公司董、监事联席会议通过，由开滦总经理余明德呈请人民政府派员管理。5月12日经政府批准，由中央燃料工业部代管，组织开滦煤矿总管理处，经营开滦煤矿。

五十年来被帝国主义盘踞的开滦煤矿，现在已回到中国人民的手中，为中国的富强康乐而努力地生产。

---

① 1950年11月25日伦敦泰晤士报《开平有限公司董事会年会报告》。

例　言

一，开滦煤矿历史较长，有关矿权的资料很多。本辑所选主要是历来经办人员的报告、旧中国政府机关与公司的往来文件、已成立的合同章程及内部信札等，其较不重要的文件，尽可能在附注中提要说明。选择时注重前期，即开平矿权丧失的时期，因这一段是最复杂的。至于书籍报纸杂志等有关的论述，限于篇幅，都未辑入。

二，开滦煤矿的合同章程及内部文件等，大都以英文为主，尤其是在前期。凡有官方译本者皆采用原译，但均经与英文本核对。其不符之处，都在附注中加以说明。

三，在编排方面，基本上是按年代顺序。同时以问题为中心，分成十一组，以便检查。唯有若干文件包括在“张翼的代理律师勒威特在伦敦高等法院的控诉笔录”一篇内，不再另列。每篇资料来源，都在附注中注明。

四，关于开滦矿权资料的编辑，据编者所见，也已有数种。一是民国十八年十二月“河北矿学会”编的《开滦矿务切要案据》；一是民国十九年九月“河北矿务整理委员会”编的《河北矿务汇刊》。两者都是根据伪河北省实业厅的档案，因此偏重在政府公文，尤其是后者。两者共同的缺点是对英文资料和内部文件未做蒐集，其所辑的译文也未做校对，后期的资料当然未及列入。另两种是日本人的蒐集。一为昭和十二年（1937）“满铁调查部”所编的《开滦炭矿调查资料》（铅印代誊写版）；一为“华北综合调查所”

编辑的《开滦炭矿调查报告》（油印本，未注明日期，约在1940年）。这两本资料都是以开滦的产销经营设备等为主，但也包括不少的矿权史料，其内容远较上述“河北矿学会”和“河北矿务整理委员会”的收集为广，但多系摘译，且未加详细审查，错误很多。前一种内有几篇日本特务机关提出的攫取开滦矿权的阴谋计划，但后来日本“军管”了开滦，这些计划都未采用。后一种有两个附册：一是摘译开滦议董会和董事会的议事录，主要是关于经营管理方面的材料；一是关于开滦职工情况的调查。此外，开滦矿务总局编印过一本《补充合同文件汇编》，包括1934年两矿合并时的有关文件，为后期的主要史料。

本辑中，仅采取了《河北矿务汇刊》中一部分材料，及开滦矿务总局所编的文件汇编中的材料；其余都未采用，而采取更原始性的记载。

五，有关开滦矿权的比较有系统的论述，编者所见，有杨鲁著的《开湾矿历史及收归国有问题》，自己印行的，虽未注明日期，大约是1931年。该书根据开滦的档案，推测其中利用了一些唐山国民党党部的材料。民国十九年“河北矿学会”编了一本《三大问题之研究》，其问题之一便是开滦的矿权，代表河北地方士绅的意见。较晚期的有徐梗生著的《中外合办煤铁矿业史话》，民国三十五年商务印书馆出版，其河北编第一节即是开滦煤矿。此书所根据的是伪经济部的档案，对1933～1934年蒋介石政府之出卖矿权引证很多。此外张宗芳著有《开滦矿务局沿革》一文，民国二十二年在伪河北省政府的月刊上连载十几期，引用资料甚多。其余在天津《大公报》上有一些论文，但资料不多。

六，编者见闻不广，所接触的资料有限，遗漏错误之处在所不免。希望读者随时指正，并予批评。

一

开平煤矿的设立

直境开办矿务折*

——光绪七年（1881）四月二十三日——

李鸿章

奏为直境招商购器、仿用洋法开办矿务、疏通运道，渐有成效，恭折仰祈圣鉴事。

窃惟天地自然之利，乃民生日用之资。泰西各国以矿学为本图，遂能争雄竞胜。英之立国在海中三岛，物产非甚丰盈，而岁出煤铁甚旺，富强遂甲天下。

中国金银煤铁各矿，胜于西洋诸国。只以风气未开，菁华閟而不发，利源之涸日甚一日。复岁出巨款。购用他国煤铁，实为漏卮之一大宗。

从前江西之乐平及山西、湖南等省，皆以土法开采煤铁等矿，工力较繁，而所得较微，无裨大局。近来如台湾之基隆、湖北之荆门、安徽之池州，经营煤矿，渐用洋法。然或因创办伊始，或因经费未敷，尚难骤得大效。

臣于光绪元年四月间，钦奉寄谕："着照所请先在磁州试办，派员妥为

* 据《李文忠公奏稿》卷一四，商务印书馆影印金陵刻本。

经理。”等因，钦此，仰见朝廷恢拓远图至意。旋经屡次委员往查，磁州煤铁运道艰远，又订购英商鎔铁机器不全，未能成交，因而中止。

旋闻滦州所属之开平镇煤铁矿产颇旺，臣饬招商局候选道唐廷枢驰往察勘。携回煤块铁石，分寄英国化学师镕化试验，成色虽高低不齐，可与该国上中等矿产相仿。采办稍有把握，三年八月臣檄派前任天津道丁寿昌、津海关道黎兆棠会同唐廷枢熟筹妥办。旋据酌拟设局招商章程十二条，批令刊刻施行。迨丁寿昌、黎兆棠先后离津，现任津海关道郑藻如复会办局务。

查初定章程，拟招商股银八十万两，开采煤铁，并建生熟铁炉机厂，就近镕化。继因招股骤难足额，镕铁炉厂成本过巨，非精于铁工者不能位置合宜，遂先专力煤矿。采煤既有成效，则炼铁必可续筹也。

唐廷枢奉檄设局后，勘得滦州所属距开平西南十八里之唐山，山南旧煤穴甚多，土人开井百余口，只取浮面之煤，因无法取水而止。

光绪四年钻地探试，深六十丈，得有高烟煤六层，第一层厚十八寸，第二层二尺，第三层七尺，第四层三尺，第五层六尺，第六层八尺。其第六层之下，尚有一二层，但计所得之煤，已足供六十年之用，因是不复深探。

旋于五年购办机器，按西法开二井，一提煤，一贯风、抽水。其提煤井开深六十丈，贯风、抽水井开深三十丈。地下开横径三道：一在提煤井二十丈开洞门，作旋风之用；一在三十丈，一在五十六丈，两道系取煤之用。所有地下横径直道，均与两井相通。其第一条横径，南开四丈得见第一层，煤质略松，煤层过薄，豫备不用。北开八丈得见第二第三层煤，两层相隔只有一尺，其质坚色亮，燃烧耐久，性烈而蒸气易腾，烧烬之灰亦少。就目下二十丈深之煤论之，可与东洋头号烟煤相较，将来愈深愈美，尤胜东洋。

惟煤产出海，销路较广。由唐山至天津，必经芦台，陆路转运维艰。若夏秋山水涨发，节节阻滞，车马亦不能用。因于六年九月议定兴修水利，由芦台镇东起至胥各庄止挑河一道，约计七十里，为运煤之路。又由河头接筑马路十五里，直抵矿所。共需银十数万两，统归矿局筹捐。非但他日运送煤铁，诸臻便利；抑且洼地水有所归，无虞积涝；而本地所出盐货，可以畅销。是一举而商旅农民皆受其益。所占地亩，均照民价购买。本年二月兴工挑挖，五六月可一律告蒇。

从此中国兵商轮船及机器制造各局用煤，不致远购于外洋。一旦有事，庶不为敌人所把持；亦可免利源之外泄。富强之基，此为嚆矢。

据总办开平矿务局员唐廷枢将大略情形具禀前来。臣查唐廷枢熟精洋学，于开采机宜、商情市价，详稽博考，胸有成竹，经理数年，规模粗备。当夫筹办之始，臣因事端宏大，难遽就绪，未经具奏。今则成效确有可观，转瞬运煤销售，实足与轮船、招商、机器、织造各局相为表里。开煤既旺，则炼铁可以渐图；开平局务振兴，则他省人才亦必闻风兴起。似于大局，关系非浅。

所有直境招商购器、开办矿务、疏通运道缘由，理合恭折具陈，伏乞皇太后、皇上圣鉴。谨奏。

请减出口煤税片*

——光绪七年（1881）四月二十三日——

李鸿章

再据候选道唐廷枢禀称：

开办矿务局以来，购备机器、延订洋匠工司及买地筑路挑河经费，约共用银七十余万两。成本既重，煤价亦因之而昂，若再加现定之税额，即难敌外洋之煤。其势必不能畅销，而关税亦鲜有实获。与其税重而少所收，不若减轻而多所纳。

中国原定洋货税则过轻，土货税则较重，以致华商疲累，难与洋商颉颃。查西洋各国通例：于外来进口货税，无一不重；于本国出口货税，无一不轻。所以征外人之利，而护本国之商，斟酌损益，实有至理。乃中国初定约时，为外人所蒙，转使外洋进口之货税轻，内地出口之货税重。不啻抑华商而护洋商，此通商后数十年之流弊，隐受厥累而不觉者也。

即以煤斤而论，洋煤每吨税银五分；土煤每担税银四分，合之一吨，实有六钱七分二厘。若加复进口半税，已合每吨银一两有奇，盈绌

* 据《李文忠公奏稿》卷四〇，商务印书馆影印金陵刻本。

> 悬殊至二十倍之多。前两江督臣沈葆桢于台湾基隆开煤时，奏准土煤每吨征税一钱，较洋煤业已加重。嗣湖北用机器开采，亦奉谕旨准照台湾税则在案。
>
> 揆从前严定土煤税章之意，惑恐煤税减轻，则土煤出口日多，内地煤价必长，故特重其税以示限制。惟是土法采煤，只能售于近地。若从陆路车运出口，脚价太重，断不合算。况其所采浮面之煤，实不足供轮船制造等用。如直隶西山等处煤产，专济五城内外之需，并无转运来津者，是其明证。似多运出口一节，本可无虑。
>
> 今开平煤矿全用西法，每日出至五六百吨之多。据洋师测量，足供六十年采取。除运要口，分供各局及中外轮船之用，并可兼顾内地民间日用。刻下运道疏通，脚价既省，若再将税则减轻，煤之售价必廉，可以畅销无滞。而运售于各局者，不致再用洋商昂贵之煤，其有裨于公款不少。

等情前来。臣复饬津海关查取历年洋煤土煤进口数目，开具清折。自同治十年起至光绪六年止，洋煤进口计八万一千五百余吨，土煤进口仅五千五百余吨。而出口土煤，则天津向所未有。盖由税则厚薄不一，土煤壅滞难销，遂使厚利为洋商所垄断。若不变通设法，更定章程，殊非通筹理财之大计。

合无仰恳天恩，俯准开平出口煤斤，援照台湾、湖北之例，每吨征收税银一钱，以恤华商而敌洋煤。庶风气日开，利源日旺，而关税亦必日有起色矣。

理合附片具陈，伏乞圣鉴训示。谨奏。

二

开平矿权的丧失

卖　约*

——一九〇〇年七月三十日——

此合同系于西历一千九百年七月三十号订立。立合同人：一为在中国天津之德璀琳，一为胡华。兹因欲将中国开平矿务总局产业原约内无“产业”二字。移交与此三字原约内系“改为”二字。[①] 英国有限公司，按照西历一千八百六十二年所定公司新例，在英国注册。为此，开平矿务总局，派德璀琳为代表，并为代理产业人，[②] 给予全权，处置该总局之产业、利权、利益。该胡华，系英国伦敦之墨林原约内系“毕威克墨林公司”。所派。今定合同，德璀琳与胡华所两相允愿照约行事者如左：

一　该德璀琳，与该开平矿务总局，因得有此约内后列之利益，实允将

---

*　卖约（Indenture 即所谓 Agreement of sale）原系英文，最初译给张翼的中文本与英文本不符。此系后来之译本，见于开滦档案，民国十八年十二月经“河北省矿学会”编入《开滦矿务切要案据》内。该约签订后曾被英方窜改，而与原约有意义上的出入；文内夹注系原译本所作，兹再参照窜改前后的英文本加以注释。又约中日期据称系倒填，窜改时亦未更动，参见本书所辑《张翼的代理律师勒威特在伦敦高等法院的控诉笔录》。

①　原约为“Transformed to”，窜改后为“Transferred to”。

②　原文为“Agent and Attorney”。

该开平矿务总局所有之地亩、房屋、机器、[①] 货物，并所属、所受、执掌，或应享之权利、利益，[②] 一并允准、转付、卖予、移交、过割与该胡华，或其后嗣，或其所派办事掌业之人。[③] 原约内此下有“代行执掌”四字。[④] 其执掌之法，应照此约内后开章程限制办理。原约第一条至此为止。又此约内议定售卖之产业，有在通商口岸之外，及在开平煤田之外者。如不能作为移交，只能订立租约，开平矿务总局应当照办，订立租约。租约内所订租价，仅有虚名，以九十九年为期；每逢九十九年期满，照前续订，永远不绝。俾承租者于此项产业煤田，有专用独操之利权，不致另生枝节阻力。

二　该胡华实允以墨林“墨林”二字，原约内系“毕威克墨林公司”。相助之力，立一英国有限公司（此下但称有限公司）。按照西历一千八百六十二年所定公司新例，用开平矿务公司名目注册。原约内此下有“该胡华应将此约所允准、转付、移交之产业、利权、利益，用受托人之名义，代有限公司执掌”等字。[⑤] 一俟有限公司注册成立后，该胡华有权将其由此约所得之一切利权、权据、利益，转付并移交与有限公司。其办理之法，应依此约所立权限，但必可行，方能照守，并依该胡华以为合宜之方法。以上三句，原约内无。又该胡华组织该公司时，有权可用自以为正当之经营方法办理此事。以上一节，原约内系“该胡华组织该公司时，有权可用寻常设立公司人所公认之正当经营方法，办理此事”。[⑥]

三　该有限公司，应以一兆镑英金注册为母本，[⑦] 作为一百万股，股各一镑。并应接受开平矿务总局之一切产业，承认其一切确实有凭之债欠[⑧]。产业债欠草单，附录于后。嗣后此项债务，均与开平矿务总局督办总办无涉。

---

① “机器”，原文为“Buildings”，应译为“建筑物”。

② “权利、利益”，依原文应译为“动产抵押权、权利、利益、特许营业权”。

③ 依原文应译为“其后嗣、执行人、管理人或所指定之人”。

④ “代为执掌”依原约应译为“以为信托”（Upon the Trusts），窜改时删去。

⑤ “用受托人之名义”，原文为“As a trustee”。

⑥ “其办理之法”以下各句，依原约为“应照本约所列条件与条款，并在组设该公司时，有权使用与此同类之公司在组设时所常用的及通常视为正当的那些方法与措施”。依窜改后之文字为“应照本约所列条件与条款，只要能以实行，而且一般是按照那些条件与条款，如其认为合宜者；并在组设该公司时，有权使用该 H. C. 胡华认为正当的那些方法与措施”。

⑦ 此所译“一兆镑英金注册为母本”，依原文实际是“应有登记资本一百万镑”。

⑧ “确实有凭之欠债”，依原文为“善意的负债”（Bona fide liabilities）。

四　该胡华允许于有限公司立成之时，或事机顺便，在其立成之先，总之，须在西历一千九百零一年二月二十八号以前，由墨林原约内系“毕威克墨林公司”。招集英金一十万镑，作为行本，或备的实契券，[①] 分期支交，以供办理开平矿务公司事业之用。二者悉依墨林原约内系“毕威克墨林公司”。裁夺，所集款项，应交天津印澳支汇理银行[②]，作为开平矿务公司存款。

五　该胡华原约内系“该有限公司”。允将开平旧股每股百两之一万五千股，每股发给有限公司每股一镑者二十五股，作为旧公司移交与有限公司一切权利、利益之完全赔偿。此后，有限公司之股友，其权利责任，[③] 一律相同，毫无歧异。

六　该德璀琳并开平矿务总局，原约内无“并开平矿务总局”等字。于有限公司照此约所订办法立成之时，允将所有应行订立画押之契约、文书、合同、权据，以及各项文件，尽行订立画押。俾该胡华得将旧公司所有之产业、权利、利益，[④] 转付有限公司，原约内系“俾有限公司，接受旧公司所有之产业、权利、利益”。照旧经营事业。并将一切契约、文书、保单、文件、宗卷等，交存天津印澳支汇理银行，以供设立有限公司办事之用。

七　有限公司集股注册，承接事权，[⑤] 不得过西历一千九百零一年二月二十八号。如因北方军兵隔阂，亦可于期满之后，早日接管，用其权力，维持有限公司各股东之利益。

八　该墨林原约内系“毕威克墨林公司”。如以此约之条款为不合意，尽可勿庸加押。如有此事，与墨林原约系“该公司”及胡华均无责任，此约即行作废。但墨林原约内系“毕威克墨林公司”。无论是允是却，均应于此约签押后九十日之内，明白回覆。

九　该德璀琳并开平矿务总局原约内无“并开平矿务总局”等字。除依此约所载各款办理外，此约未经墨林原约内系“毕威克墨林公司”。核定之前，不得将旧公司之产业、利益、权利，[⑥] 交给过割与他人，或议行交给过割与他人

---

① “行本”，原文为“Working capital”；“的实契券”，原文为“Approved securities”。

② 即麦加利银行。

③ “权利、责任”，依原文为“权利、特权、义务、责任”。

④ “产业、权利、利益”，依原文下尚有“特许营业权”。

⑤ “承接事权”，依原文为“接收开平矿务总局之事务”。

⑥ “产业、利益、权利”，依原文为“产业、利益、特许营业权”。

之事。

今订立此约之两造，因欲有凭，故于西历一千九百年七月三十号，公同延中，签名盖印于此。

德璀琳　押

胡　华　押

此约于西历一千九百年七月三十号，经德璀琳、胡华公同签名盖印，系我等所亲见者。

汉纳根　押

伊美斯　押

开平矿务局产业单

天津东岸码头　天津西岸码头　塘沽码头　烟台码头　牛庄码头　上海码头　香港码头变价卖银　广州码头　新河地皮八万亩　杭州地亩　苏州地亩　秦王岛地皮四万亩　唐山煤矿　林西煤矿　胥各庄煤栈　新开河长十四五英里　承平银矿　建平永平金矿股份　洋灰场股份　津唐铁路股份　天津总局房屋　轮船六只　秦王岛借款未用存款

开平矿务总局债欠单

原有股本每股百两作为二十五镑一百五十万两　欠德华银行四十五万两　欠庆善银号十四万两　秦王岛借款一百四十万两　欠银钱所支应局五十万两　欠张燕谋二十万两

西历一千九百年七月三十号立于天津

德璀琳　押

移交约*

——一九〇一年二月十九日——

西历一千九百零一年二月十九号，因督办直隶全省及热河矿务开平矿务局帮办关内外铁路大臣前内阁侍读学士张京卿燕谋，于光绪二十六年五

* 移交约（Indenture，即所谓 Agreement of Transfe），原系英文。最初译给张翼之文，与原文不符。此系后来之译本，来源同卖约。兹再根据原文加以注释。

月二十八日，札饬津海关税务司德君璀琳，招集股本英金一百万镑，中外合股，凡开平矿务局之矿地等各产业（有后细单详载），均移交听凭办理，且供给应添资本，以备整顿，开办一切。复因德君璀琳于西历一千九百年七月三十号，因奉此札，特与墨林代理人胡华，订立合同，设立公司，名“开平矿务有限公司”，股本英金一百万镑，将所云之产业，归该公司管业办理。又因该公司已照所订合同设立，即此约内以后所云之开平矿务有限公司也。今开平矿务局，其总局设在中国天津，张京卿燕谋，该局之督办，德税司璀琳，该局之总办，与胡华与开平矿务有限公司，订立合同，将开平矿务局之产业，交与开平矿务有限公司，其以下所订各条，均已允可。①

计开

一　开平矿务局，及该局之督办张燕谋，总办德璀琳，由胡华承允移交，而张燕谋以督办直隶全省及热河矿务大臣之资格，实行移交，与开平矿务有限公司，产业如下：

一，直隶省开平煤田所有之地亩、煤矿、煤槽，凡于唐山西山半壁店、马家沟、无水庄、赵各庄及林西所知之煤矿、煤槽，地脉相连之煤矿、煤槽及矿质，皆在其内。此外，凡界内之寻察开采煤质及他项矿质之独有专权，与夫开平矿务局与此相关之一切利权及他项利益。

二，所有自胥各庄至芦台之运煤河暨河地及开平矿务局他处之运河、并开平矿务局所有在通商口岸或他处之地亩、院宇等等（详载细单之内）。以及利权与此相关者，暨开平矿务局所有在彼处一切利益。自此日起，由开平矿务有限公司及其接办人，永远执守。

二　今因订立合同，② 开平矿务局暨张京卿燕谋、德君璀琳、（胡华君允可），兹将以下所开，尽归开平矿务有限公司接管：

一，所有房屋、器具、机器、铁路、码头、货厂，凡一切不能移动之物，或在移交开平矿务有限公司地亩之上，或与其产业有关用者。

二，所有开平矿务局之承平银矿，建平、永平金矿，唐山左近之洋

① 以上之序文文字上与原文颇有出入。兹经重译，重译部分见第 267 页。

② 按原文系“该合同”，指前订之卖约而言。

灰厂暨天津唐山铁路各处股本，开平矿务局所有他人欠彼帐目，以及该局一切订约，并全产之利益。①

三　开平矿务局暨张京卿燕谋、德君璀琳，今允开平矿务有限公司，凡于移交全产与开平矿务有限公司所需文件及须行之事，均必署名签押。

四　开平矿务有限公司，允为开平矿务局将其至此日为止之司信之帐目，② 承认代还，即与开平矿务局及张燕谋、德璀琳无涉。至其款项若干，开平矿务局张京卿燕谋、德君璀琳即不理问矣。

因订此约，开平矿务局暨开平有限公司兹特盖印于此。张京卿燕谋、德君璀琳及胡华君，今于西历一千九百零一年二月十九号、树押盖印于上，以昭信守。

细单附录于下：

计开

天津　河东地亩码头约十六英亩，河西地亩码头约九英亩，并英新租界旁海大道、赛马路及密多斯路基地约一十英亩。

塘沽　地亩、码头约四十英亩。

烟台　口岸前讨回地亩约五分英亩。

牛庄　地亩、码头。

上海　浦东地亩、码头约四英亩半，吴淞地亩约五英亩。

广州　地亩码头约十一英亩。

新河　地亩。

杭州　地亩约一英亩半。

苏州　地亩约一英亩半。

秦王岛　地亩码头产业约一万三千五百英亩（内有清丈局地亩）。

胥各庄　煤山及地亩。

光绪二十七年正月初一日

西历一千九百零一年二月十九号

---

① 按原文为“有关全部产业之契约的利益”。

② 按原文为“善意的负债”（Bona fide liabilities）。

张燕谋

德璀琳

墨林代理人　胡　华

见证人　丁嘉立

顾勃尔

副　约*

——一九〇一年二月十九日

窃因去夏之乱，中外失和，开平矿务局，其属可危：一则因该局系有半官性质，深恐他国占而有之，竟将全产充公；一则恐他国要索也。① 故是为国家暨保全股东之利益起见，意将该局改为中英公司，按英例注册，以便得其保护也。复因该局以兵端之故，甚形拮据，非添招洋股，不足以济其难，前已以该局全产作抵，② 挪借英款矣。该局督办张大人翼，故特派德君璀琳，设法为之。德君因即为开平局，与英京墨林之代理人胡华君，订立卖约，③ 以便墨林君在欧招集股本，按英例存案。当即言明，移交之后，该局仍用原名，将按定章④办理。华洋股东，利益均沾，盈绌同享。限于西二月杪以前，先招集股本⑤英金一十万镑。此中紧要各节，已由胡华君办妥，禀知督办张大人矣。本日决定嗣后该局之组织及办法，均按照以下所开各条实行。

计开

一　该局股本，英金一百万镑整。

二　凡华股东每股值银一百两者，将得新股二十五股，每［股］英金一镑者。

* 副约（Memorandum）原系英文。最初译给张翼之文，与原文不符。此系后来之译本，来源同卖约。兹再提据原文加以注释。

① 按原文其危险一为“财产充公”（Confiscation of the property），一为“最后被强制让与”（Eventual cession by compulsion）。

② 按原文“以公司财产作抵”，无“全产”字样。

③ 此处所用为“A deed of sale”。

④ “定章”，原文为“Articles of Association”，按系指英国商事法律中之“公司章程”。

⑤ 按原文为“Working capital”十万镑。

三　开平矿务局之实在可信之帐目,[①] 及员司应得之花红，股友之余利，以及官商欠款，至西二月十九号，即华二十七年正月一日，新公司均皆承接。凡依照所立之正式合同应还各款，一律查明、承还。

四　于还所借北洋官款，先还二十万两，下余设法早还。[②]

五　无论华洋股东会议之时，议事之权，一般无异。

六　该局各事，将由两部办理之人定夺：一在中国，一在伦敦。[③]

七　张大人翼，仍为该公司住华督办，管理该公司各事宜。并据督办资格，有权派一中国人充总办，与在华之各外国人充总办者，权力一般无异。[④]

八　其该公司在华产业，办理之事，将归华部。

九　英部办理之人，将由中外股东公举。

十　“有限”二字，其义盖谓股东除股分之外，别无他责。

十一　凡该局所应付中国国家之税则，新公司应仍前付给。

十二　督办为中国官场与该局一切交涉之津径。

十三　该局办理，务使华洋平沾利益，互相保护，使民国俱富也。

十四　凡该局未清之帐目及地亩问题，均属公平商酌办结。[⑤]

督办开平局　张燕谋

代理开平局总办　德璀琳

墨林代理人　胡　华

伦敦部总办　吴德斯

见证人　丁嘉立
顾勃尔

光绪二十七年正月初一日

西历一千九百零一年二月十九号

---

① 按原文为“善意的负债（Bona fide liabilities），包括自股红或准备金中应付职工或股东之奖金花红”，并无“以及官商欠款”字样。

② 按原文本条为：“兹特同意承还并如期付还得自皇家政府的借款。自第一批资金中应先还二十万两，其余尽速偿还。”

③ 按原文本条为：“公司之管理，应由两个董事部（Boards of Directors）为之，一在中国，一在伦敦”。

④ “督办”，原文为“Director General”；“总办”，原文为“Director”。

⑤ 按原文为“将相互商议公平调整之”。

开平矿务有限公司试办章程 *

——光绪二十七年（1901）四月十八日——

第一款　开平矿务有限公司，所有在华公事均归华局办理。① 所谓华局者，即系于天津设立督总领袖诸人，专以会议裁决公司所有应行事宜者也。人数职任详第四款。

第二款　以下所载各条，系为试办章程，大约其行用以十八个月为期；期内无大更动，但办法须益求精密。② 总期察酌本矿情形，求一最善办法，然后可以永守。

第三款　开平矿务公司，现因添招新股，议加“有限”二字。惟此矿仍为中国土地，务须恪守钦设矿务总局章程。至公司办法，则用英律。其督办全省矿务大臣，系中国国家代表，有官督商办之权。其管辖矿工，与英国国家所以管辖民矿者一律。

公司帐目，于年终造册，缮呈督办察核。其股东会定出入诸帐，亦按章造册，呈凭察核。

督办或督办所派自代之人，得以细察：新股东于旧股利益，是否公平无欺，并公司所用华洋诸员司，是否和衷共济。③

第四款　其第一款所指华局以资试办者，通共六人，由中外各股东公举，督办准派。

一　领袖股东一员。华洋人均可充，亦云议事首领。

二　华总办兼总帐房一员。

---

* 此章程系中文原文，另有英文本。在英文文件中引用时通称为“1901 年六月四日的临时管理规则”。关于其签订的经过，见本书所辑《张翼的代理律师勒威特在伦敦高等法院的控诉笔录》。中英文不符之处，另行注释。

① 以下各句，英文本无，只有“华局设于天津”字样。

② 以下一句，英文本无。

③ 第三款之英文本如下：“开平矿务局虽已增加新股并改为开平矿务有限公司，其矿仍属中国主权，该公司并应遵守路矿总局之章则。然由于公司系按英国法律管理，作为中国政府代表之省的督办，对公司有公职管理权，并对其业务行使权力，一如英王陛下政府所得行使者。帐目应按时送其核批，每年终股东会通过之资产负债表亦应同样送给他。督办并将注意新股东是否履行对旧股东之责任。他将特别考察并注意矿上中外职工，以使之和谐。”

三　华总办兼文案处一员。

四　洋总办一员。亦云洋经理。

五　开平矿务有限公司代表人一员。

六　洋总办兼文案帐房一员。[①]

第五款　领袖股友，有监察局所及华洋员司之权，又即为督办之代表人。其薪俸若干，由华局议给，使无办公竭蹶之虞。如有疾病外出等事，准于华局六人中举人暂行代理。

第六款　洋总办[②]有总理公司大小诸事之权。局所员司，均归节制。每月公司经费若干，须由该总办豫核，呈经华局公同议准后，即交该员支发。如有糜滥，惟该员是问。遇有外出疾病等事，准其于华局六人中，举人暂行代理。

第七款　洋总帐房兼文案，有管理公司款项之责，并将应报事件，报明股友。[③] 凡洋总办所划支票银条交其支发者，该员与华总帐公同会押公支。

第八款　华总帐，于公司帐目，有稽核之权，并于年终造册，报明督办，布告股友。一切支发核算之事，与洋总帐公同办理。洋总办所划支票银条，该员与洋总帐公同署押。如有异同，得以传单会集华局诸总办，公同裁夺。[④]

第九款　开平矿务有限公司、代表人，于华局会议时，公同在座，评论裁决。

第十款　华总办兼总文案，综理一切华文函稟及公司契券，刊布翻译诸事。其约束华洋各员司工役等事，与洋总办和同办理。洋文案事件，该总办得以随时稽察。其华文案事件，洋总办亦可随时稽察。

第十一款　于西历一千九百零二年九月杪之前，开平矿务有限公司得与

---

① 依英文本该项人员为：一，主席一人，中外人均可充任；二，中国董事（Director）兼总会计一人；三，中国董事兼秘书长一人；四，外国总经理（General Manager）一人；五，公司股东代表一人；六，外国董事、洋总会计兼秘书一人。

② “洋本办”，英文总中系“外国总经理”，即“General Manager”，按其他之“总办”，均为“Director”。

③ 依英文本为“报告公众及股东”。

④ 第八款之英文本如下：“中国董事兼总会计有权管理公司帐务，以编制中文年终帐目，报告中国督办，通知中国股东。他应与洋会计合作照料帐目单据诸事。他有权与洋会计共同签署总经理所签发之支票，有权保留，并召开董事会以决定他与总经理间争议之点。”

督办商议重订章程，期与法律并各股友利益相合。此章定后，即可传集股友，宣示一切。其定章，即于一千九百零三年一月一号行用无改。

第十二款　今年期内，中外合办一切章程定准后，督办意欲集在华诸股友，告以：开平矿务局经注英册，归其保护，并添招中外新股，议加“有限”二字，定章试办，各情形。听从督办之便。

第十三款　凡本公司重要契约，均归储银号中，以昭慎重。俟本公司置有保险之处，即行收回存储。

第十四款　凡本公司前缴煤斤焦炭税项，历年均有成案可稽，新有公司应行遵照抽缴。假如中国国家另须报效之处，应由督办商议公司，量力输将，总期于股友利益无亏。

第十五款　查旧章：本公司于北洋大臣、热河都统、矿务总局、总理衙门，皆有节次文报，嗣后仍行照章办理。[①]

第十六款　本公司所雇匠役人等，如有斗殴情事，华人归地方官办理，洋人归各该管领事官办理。其有赔款等事，归本公司自理，与国家无涉。

第十七款　本公司售卖北洋官用煤斤，海军诸船、制造厂、船坞之类，向系减成收价。此节今仍照旧办理。如遇兵事，本公司恪遵国家功令，并依各国通用公法而行。

第十八款　督办张京堂权责，经于第三款叙明。今若张京堂荣膺升秩，于矿政不能兼顾，其后任督办直隶全省及热河等处矿务大臣，权责与张京堂无异。

第十九款　本公司原系官督商办，今经改为有限公司，其中一切事宜，仍应华洋共济，以期与股友利权无亏。

另款　再者，以上各款，会议后即行照办。华洋公认，并无异词。如有细节小目，一时未经议及者，可于后来细章，再行重订。

议事首领德璀琳　中国华部总办严幼陵、梁镇东　伦敦部总办吴德斯

① 第十五款之英文本如下：“依开平矿务局旧章，应向直隶总督、热河都统、路矿总局及总理衙门呈送报告。现公司虽因加入洋股而改组，所有报告仍应照旧并依章呈送；该项报告应由天津局之董事们送至各衙门审查。”

开平矿局加招洋股改为中外合办折*

——光绪二十七年（1901）五月——

张　翼

奏为开平矿局加招洋股、改为中国合办有限公司、以保利权而维商本，谨将办理情形恭折具陈，仰祈圣鉴事。

窃臣溯查：开平矿局前于光绪四年间，据前福建试用道员唐廷枢禀，请仿照西例公司办法招集商股，在于唐山地方开采烟煤，接济北洋兵轮、机器等项公用，以塞漏卮而开利源，等情。当经臣鸿章，前在北洋大臣任内，查核批准试办；并经奏请援照湖北、台湾成案，交出口正税及复进口半税银两，奉旨"依议，钦此"，转饬钦遵，各在案。迨至光绪十八年，该唐道物故，臣以江苏补用道员奉委接办该局事务。当查该局以开办已久，赀本不敷，一切措施，周转竭蹶。惟有殚竭心力，设法经营。

查开平矿务，以采取、销转、运路三宗为要义。乃先行加修矿井，以期采取不致缺乏。继则疏通各处销场，俾利源得以流转。加以添置轮船、起筑码头，以济转运存储，不致贻误。数年以来，诸物渐有头绪。除林西地方——距唐山五十里——另开矿井之外，复于滦州属下之无水庄、白道子等处，勘与唐山煤线一脉贯通处所，禀明购地开井，以备接济唐山等地之不逮。又准总理各国事务衙门奏奉谕允准，在秦王岛海口地方，自开通商口岸，等因，行知钦遵到局；有该局应行设立之码头、建筑之厂栈，亦经价购地亩，预备应用，亦在案。惟以上购地等项，经费既巨，该局历年存款，已经随时垫置码头、机器等项，动用无余。时际库藏支绌，又不便请借官款。再四筹计，俱为不容延缓之需，惟有或借洋债，或加商股，方足以资摒挡。

正在筹办间，适值上年五月，匪徒肇衅，各国联军到津。其塘沽、天津各码头厂栈，均被联军占踞；该局之轮船在津者，亦为联军截留。缘开平一

* 本折于光绪二十七年五月二十六日硃批："知道了。该大臣责无旁贷，着即认真妥为经理，以保利源。"据开滦旧档案，见于伪河北省矿务整理委员会所编《河北矿务汇刊》，民国十九年九月。

矿，久为各国垂涎，窥伺之机，蓄志已非一日。是以一值衅开中外，即将该局紧要之地，均行占据无遗。是该局全体，已失其半矣。当其变起仓猝，危险已极，挽救之机，势已无从措手。伏念此矿为中国收有成效之局，上则国家之赋税，下则各商之血本；若一旦荡然告尽，实于北洋全局，大有攸关。焦灼万分，禀承无自。当查有前税务司德璀琳，适在天津。该税司驻华有年，办事颇为公允可靠。因思仍借资洋员经理，或能保全万一。即由臣札委该税司暂行代理总办开平矿局事务。该税司奉委之后，办事亦颇认真。无如联军势众，力有难支；讵于八月间，联军东发，由北塘、芦台一带，直达胥各庄河头，以至唐山、林西等处。凡该局厂栈处所，一律被占，于唐山局地遍插各国旗号。

查唐山矿井，为该局根本之地。时被占踞，幸各员司工匠人等，尚未尽行逃散。惟思该局系属商务，自与官产不同。查欧洲西例，虽有战事，商产皆不得充公。如与外洋商务联络一气办法，或能以资保全。并查路矿总局前发章程，内载有“准招洋股合办”之条。当此危急之际，别无拯救之方；既不能听其倾危，委诸气数，又不敢拘泥物论，坐失机宜。再四踌躇而出此加添洋股合办之议，亦万不得已之举也。臣当即会商该税司德璀琳及英国富商墨林等，妥为商订：拟将开平矿局，加入各国商股，连同原有旧股，共合成资本银一百万镑；计中国旧股及加续中国新股，共占五十万镑，其余五十万镑，由各国洋商分认，改为中外合办有限公司。所谓有限者，一切措置即以此一百万镑资本为度，此外无所加责也。随即定立合同，电达英京挂号，自二十七年正月起办。其向来禀定章程，及应完国家税款，均议定照旧办理，至办事各员司人等，亦中外平等事权，核定办事章程，以凭信守，各无争执。

计自议定之后，一面即饬令该局司事，赶为结算以前帐目；一面派令洋矿司，前赴唐山等处，整顿一切事宜。将各国所插占旗帜，全行撤去，改树中外合办旗号。唐山、林西各井，照旧集工开采，出煤仍由火车运往津沽，以备各轮到埠应用。其各厂栈原存煤斤，亦概行收回，外洋不得充公。该局轮船被联军截留者，亦皆收回自理。应完商煤税厘，现已议定，先行登记数目，俟联军退后，照数补交、并无亏短。此该局议定合办后之大概情形也。

惟正在扰攘之间，递收转圜之效。实由我国家深仁厚泽，无远弗周，德化所及，有以感格。故能使该局已成倾覆，终获完全，实非臣愚浅之见初料所及者也。除将未尽事宜，妥为商订，随时咨请路矿总局暨总理各国事务衙门查照备案外，所有议定中外合办开平矿局事务缘由，谨会同北洋商务大臣、直隶督臣李鸿章，恭折具陈。伏乞皇太后、皇上圣鉴。谨奏。

三

开平矿权丧失后的议论

请饬外务部声明产地利权折[①]

——光绪二十九年（1903）二月——

袁世凯

奏为英商依据私约侵占产地，应请旨饬下外务部切实声明，以期复我疆土、保我利权，恭折缕陈，仰祈圣鉴事。

窃查直隶开平煤矿，采办多年，规模宏大，在东亚各矿中，殆亦首屈一指。自光绪二十七年五月间，经侍郎张翼，奏明将该局加招洋股，改为中外合办公司，原为保全中国矿产起见。乃上年十月间，开平局员候补道杨善庆及地方官认为中外合办，因在该局悬挂中国龙旗，与英旗相对并峙；而英使萨道义函至外交部，诘责此事，请饬查办；驻津总领事金璋，亦函请护督，饬将龙旗下落。臣销假回津，道出上海，遇晤萨使，以勒下国旗，损辱国体，曾向理论。诘以“中外合办公司”何以不许悬挂龙旗？该使谓：开平矿务局，前已卖与洋商，至英国挂号，现在英国公司，非中外合办公司，断不准悬挂龙旗。臣以与张翼奏案两歧，再三驳论。该使谓：确有凭据，存在

① 本折于光绪二十九年二月十八日硃批：“着责成张翼赶紧设法收回，如有迟误，惟该侍郎是问；并着外务部切实有效期商妥办。”据开滦旧档案，见于伪河北省矿务整理委员会所编《河北矿务汇刊》，民国十九年九月。

天津领事署，当饬该领事抄送核阅，便知始末。臣抵津后，旋据代理驻津英总领事施密士，录送张翼发给洋员德璀琳代理移交洋文凭单，德璀琳出卖矿局洋文合同，张翼移交矿局洋文合同各一件。经臣饬译核阅：其移交合同第一款之二节内载："所有自胥各庄至芦台之运煤河道河地，及开平局他处之运河，并该局所有在通商口岸或他处之地亩、院宇各项，均行移交，由接理人永远执守"各等语。末附地亩细单，内除外省地亩及天津、塘沽、新河、胥各庄地亩关系较轻外，惟秦王岛地亩及产业，计一万三千五百英亩，以华亩计之，不下八万亩。查该岛，即二十四年三月间，经总理衙门奏准开作通商口岸之直隶抚宁县属秦王岛也；所有地亩，亦即筹备自开口岸之地亩也。

臣忝膺疆寄，职在守土。河道口岸，列入移交，自不得不澈查补救。迭向张翼一再询诘，仍称：系中外合办公司，并未卖与英公司，已遣讼师赴英国控讼，正月内必有头绪。而现届二月，尚无消息。日前诘询德璀琳，亦一味支吾。上月十六日，英署使焘纳理来津，复由臣反复诘询。该署使复坚称：开平矿局实为英国公司，并非中外合办公司，无论如何，不能再改，非讼师所能挽回；纵然讼能得直，亦不过将红股酌量断减等语。臣又以联军所占秦王岛地段，日本最多，曾向日提督秋山好言商索。答称：现为英公司地段，碍难退还。昨复招英公司总办英人威英来署，谆切诘询。该英人呈验出卖、移交各合同，与英署总领事所送各件，文义相符。并称：张翼、德璀琳，实已将开平矿局全数卖给本公司，所有合同内载地亩、河道及秦王岛口岸地段，均归本公司收执管理。臣诘以卖合同系德璀琳签订，非张翼画诺，应不足为据。答称：与张翼签订无异，况嗣后张翼又签订移交合同各件，更不能饰词抵赖。又诘以凡交易买卖，须有价值；开平矿局并未收价，何得称为出卖？答称：旧股票每股只值英金十一镑，计银百两，本公司增为二十五镑，针银二百余两，已加价过半；华十一月间，由本公司墨林经手，送给矿局英金五万镑，计银五十万两上下，兹有收条呈验，并有英领事作证，此即出卖之价值。各等语。

臣查矿地乃国家产业，股资乃商人血本，口岸、河道、土地乃圣朝疆域，岂能任凭一二人未经奏准，私相授受。在张翼等情急自救，不得不支吾拖延；人正可乘我拖延，从容布置。朦混愈深，所有口岸、河道、土地、矿产，恐终无规复之日。且庚子之乱，环球动兵以向我，尚未损失土地，又岂能凭片纸私约，侵我疆域。臣自去冬以来，诘查数月，辩论多次，几于舌敝唇焦；而两造各执一词，迄无办法。如再含混掩延，日深一日，恐人之占据愈久，即我之办法更穷。应请饬下外务部，迅速照会英使，切实声明。谓“开平矿局，系经前直督李鸿章筹集官商股本，奏准开办，远近中外，靡不共知。而胡华私约，并未奏明，我政府断不承认，亦断不能作为英国公司，尤不能以我之口岸、河道、土地移交该公司管理。如英人必欲合办，应由外务部查照，奏定矿章，另定中外合办章程，专案奏准，以资遵守”各等语。庶可藉资援救，早图转圜，而我之产地利权，不至凭空断送于外人之手，实于大局有裨甚巨。

除将英署总领事录送洋文凭单，合同原件及饬译汉文各三纸咨呈外务部查核外：谨照录译文清单，恭呈御览。臣为规复疆土、保全利权起见，理合恭折据实缕陈。伏乞皇太后、皇上圣鉴训示。谨奏。

参张翼折*

——光绪二十九年（1903）十月三十日——

袁世凯

臣于本年二月间，以直隶开平煤矿暨秦王岛口岸，经侍郎臣张翼卖给英国公司胡华执管，曾奏请饬下外务部，照会英使，切实声明，以资挽救，等情。奉硃批：“著责成张翼赶紧设法收回，如有迟误，惟该侍郎是问；并著外务部切实磋商妥办。”钦此。仰见朝廷慎重疆域保守利权之至意。圣训严切，钦服莫名。该侍郎应如何激发天良，力图盖愆，上以慰宸廑，下以赎己过。乃张翼始而朦混奏称加招洋股，改为中外合办；继因案据毕露，无可掩饰，又藉口与洋人兴讼，冀可延宕。一则曰“数十日即有端倪”，再则曰“一两月必有头绪”，辗转支吾，现计已有九阅月之久，仍属毫无眉目。该侍郎掩耳盗铃，任意欺罔，无足深论。而英商在秦王岛口岸及开平煤矿，竭力经营，不惜縻费。即秦王岛码头一处，闻已费至百万之多；如再拖延愈久，该英商经营愈固，费用愈多；将来纵有转机，可以由我收回，而计费清

* 据伪河北省矿务整理委员会编《河北矿务汇刊》，民国十九年九月。

偿，恐亦无此财力。

本年四月杪，英署使焘纳理来访仍坚称“该地段为公司产业，请准其指觅地段，另开煤井”。当经臣驳以开平煤矿由本国公家筹拨巨款提倡创办；始为接济海军，继为接济铁路；虽有商股，实同官产，无论何人，不得擅卖。秦王岛系我自开口岸。本国自开国以来，向无人有此全权，能以擅卖疆土。该地段断不能认为英公司所有，不准另开新井。焘纳理语塞而去。是张翼未经请命，擅卖公产，亦为英人所深知。但我如不究诘，彼正可逐步经营。臣前奏所称：“在张翼情急自救，不得不支吾拖延，人正可乘我拖延，从容布置。朦混愈深，规复无日”等语，实洞知张翼之隐情，而窥见英人之伎俩也。

夫开平为东亚著名佳矿，秦王岛为北洋最要口岸。当庚子之乱，故大学士李鸿章甫抵大沽，即托俄人遣兵护矿，始终无人占据。迨至次年正月，大局粗定，竟为英人窃订私约，攫之以去，殊堪痛惜。查天津之大沽，奉天之营口，每届冬令，即行冻合。而奉天之青泥洼，通年可以行舟，俄人方经营之，以侵夺我天津营口之商利。惟秦王岛向不结冰，以之开埠，足以抵制俄谋，乃又为英人私买执管，损害大局，尤足令人寒心。且私买土地官产，此端亦万不可开。现在国势积弱，人心叵测，觊觎窥伺，纷至沓来。以吾中国神皋隩区，丰腴沃壤，不啻绮交绣错，皆足动人垂涎。杜渐防微，慎固封守，犹恐有失，其何可投肉喂虎，阴拱让人。况张翼当日不过一局员，而胡华者，仅一外国之商旅耳。以国家之土地产业，如听其私相授受，而朝廷如之何，则群起效尤者，尚复何所顾忌。设在我有更大于局员者，利令智昏，挟奸欺而甘心损国。在人更大于商旅者，乘间蹈隙，结宵小而阴售狡谋。徒使公家大受其亏，而若辈坐分其利。国土国产，潜剜暗割，其为后患，更复何堪设想！不但此也，从来割据之事，大都起于纷争。即租界之条，亦须互订盟约。今则我方未及觉察，而已含混而失之；人亦不费兵力，而竟轻易而得之。不特为环球所希闻，抑且为万邦所腾笑；将谓中国之要地佳矿，任令一二人凭空断送，如此国法何在，国权何在？又安怪协以谋我者，不论其国之大小强弱，皆视眈眈而欲逐逐耶！《诗》有之曰：“谁生厉阶？至今为梗。”臣言念及此，而不禁为之太息痛恨者也。

总之，此案关系极巨：为疆域计，为利权计，为目前之时局与将来之后患计，皆有必须挽回断无弃掷之理。臣赋性戆直，受恩深重；忝列封圻，职司守土；寸壤尺地、义所必争。区区愚诚，但知利国，不敢畏避嫌怨，挟徇欺朦。惟有仍请饬下外务部，督饬张翼迅速设法收回；并遵照前旨，一面与英使切实磋商，以期力图补救。大局幸甚！国家幸甚！

谕张翼革职*

——光绪二十九年（1903）十一月十九日——

十一月壬午谕军机大臣等：开平煤矿，系国家筹拨巨款，提倡创办；秦王岛为我自开口岸。疆土利权，均关重要，岂容擅卖？前降旨：责成张翼设法收回，如有迟误，惟该侍郎是问。至今数月之久，仍改支吾拖延，迄未收回，实属罪有应得。张翼著先行革职，仍著袁世凯严饬张翼，勒限收回，不准稍有亏失。倘再延宕，定将该革员从重治罪，并著该督切实挽回，俾资补救，以重疆土，而保利权。

再参张翼折**

——光绪三十年（1904）二月——

袁世凯

窃查开平煤矿暨秦王岛口岸，前由革员张翼，擅行卖给英国公司执业，曾经臣奏奉谕旨："严饬张翼勒限收回，不准稍有亏失"等因，钦此。上年十月三十日，复经臣奏明：遵旨勒限两个月，严饬该革员迅即如期收回，毋再延宕。去后，至本年正月初间，臣以限期已过，仍未据该革员呈复，当即备文切催。乃该革员始则支吾掩饰，所复各节，多与奏案事实不符。继则复呈已与公司英人那森议定六条："一，英公司不得侵损中国国家主权暨地方官事权；二，照纳煤斤厘税，报效银两；三，该公司兴办之事暨每年帐目，呈北洋大臣鉴核，国家向定矿章，敬谨遵守；四，该公司一切事宜，由张翼

* 据《东华实录》卷一八四，光绪朝，宣统元年版，第54册。

** 本折于光绪三十年二月十八日硃批："仍着严饬张翼赶紧收回，不准亏失。"据伪河北省矿务整理委员会编《河北矿务汇刊》，民国十九年九月。

与洋总办公平议办；五，不得侵损秦王岛口岸主权；六，秦王岛内该公司自置地亩及为中国代理地亩，所有国家主权，地方官事权，该公司俱行遵认，至应如何自开商埠及设立工巡局务，由津海关道查照前案、禀明北洋大臣批准施行”等语。

伏思此案系钦奉谕旨，严饬张翼收回，不准稍有亏失。所谓收回者，应将英人有限公司挂号注销，收归中国自管；所有局产房屋、运煤轮船，一律收回自行管理；其秦王岛地亩、码头亦议明发还垫款，交割清楚，即由中国执业；始与谕旨“严饬收回不准稍有亏失”之意相符。乃现议六条，系与英公司商订。是该公司依然尚在，并未撤销；至各项事权、主权，英公司本不得侵损；厘税报效，该公司本未违误；呈报北洋，只系具文；所议多属赘言。惟第六条内，于秦王岛口岸，虽无切实办法，然该公司已认为中国自开商埠，由关道查照前案禀办，自属稍有转机。据津海关道唐绍仪禀称，迭次与英人会商秦王岛办法，此案大致相同。应由臣仍督饬该关道，随时设法筹办，冀挽回一分，即可补救一分，以副朝廷慎重疆土之至意。但此案结束，要以能否收回矿地为断。张翼自去春以来，迭经奉旨责成收回，而延宕经年，迄未办结。曾据英人言及：如饬张翼亲赴英国控讼对质，或易措手，然亦毫无把握。复与西人之谙法律者，再四考核，佥谓：张翼在二十七年立约出卖，亲加印押，事经多年，断难收回。纵能收回，必应偿补英人所失，计六七百万金，不足抵赔；中国亦难猝办此款，等语。

查张翼起家寒微，受国厚恩，正应竭力图报；乃乘庚子之变，生心出卖矿地。迨至二十七年春间，庆亲王奕劻、前督臣李鸿章在京议约，大局粗定，该革员不先禀全权，妥筹办法，辄敢擅具印押，卖给洋人；并不候李鸿章核稿书奏，而捏附其名，会衔入告；又不将实在情形，即时奏明，只朦混奏称加招洋股，改为中外合办；所订正副条款，并不分别抄录奏咨；自系有意欺罔。迨案情渐露，仍不肯立即检举迅速收回，而节节推延，多方掩饰。现已历时太久，竟至无法可施，实属有负国恩。至应如何办理之处，出自圣裁。理合恭折具陈。

四

在伦敦法院的交涉

张翼电请回华料理请旨定夺折*

——光绪三十一年（1905）二月二十七日——

袁世凯

奏为开平矿案经英公堂断认副约，张翼质讼事毕，电请回华料理，谨将核办情形请旨定夺，恭折仰祈圣鉴事。

窃照开平矿产暨秦王岛口岸，迭次钦奉谕旨“责成张翼设法收回，不准稍有亏失”等因，钦遵在案，嗣因张翼以开平矿案，遣控告洋员庆世理，在英京兴讼，请前往对质。经臣于上年十月，奏奉硃批“张翼着赏三品顶戴，准其前往，设法收回，如有迟误，定行严办。钦此”。当即照会张翼遵照。

去后，兹于本年二月，据张翼由英京来电称：“自遵旨来英后，英公堂于去腊十二日开讯，新正初八始毕。择录判文，内开：原告理直，副约章程各条，断令全行遵办。原告讼费，被告赔偿。一有违背，当将矿产交还原主。其因背约欺骗之股款，亦断令赔偿；但非墨林一人所吞，按英律须由公司查明，另案控索。德璀琳私立卖字，全不为据，以副约为主。等因。责任

* 据伪河北省矿务整理委员会编《河北矿务汇编》，民国十九年九月。

副约，则官督商办，国家主权及公司总办之平权，全已收回。如欲撤销中外合办，恐有窒碍，非能办到。请奏派大员接办，以便料理回华，清厘善后。电请核夺”前来。

臣当以此案经四次奉旨，严饬收回，不准亏失，自应钦遵：将开平矿产，悉数收回，由华自办。尤要在秦王岛商埠、地亩、码头暨河道各土地，一律收回，与英公司无涉。今张翼电称各节，收回矿产，未能办到。英堂断主副约，其原立卖移正约，是否作废。又称：官督商办，华官有无管理之全权；其商埠、河道各土地，能否由我专主，英人不得干涉；来电均未声明，电令详确查复。续据电称：“英堂不以卖约为据，即系作废明证。移交约未废，但系诈骗而成，亦不足为据。断主副约，华官全权无失；且国家特派督办，管理该公司一切事宜，矿产归我主持，利权实已收回。秦王岛系自开口岸，地面工程巡警等事，应由津海关道分别官商办理；其开平自置之地亩，借款自造之码头，开办时奏明有案；开平代理之地亩，仍照前督臣裕禄批准札文办理”等语。

臣查移交正约，载有“移交各地段，接办人永远执守”字样。亦系卖约，既未断废，何能不以为据。副约权利，多给英人，华官自不能收回全权。又另设英部，华督办何能管理。先后电请外务部核示。旋准部电：“此案虽经英堂断定，闻被告尚须上控。且照原断，仍系中英合办，如遽行派员接办事务，并令张翼回华，万一再有反覆，张翼转得置身事外”，属由臣酌复，等因。

臣以张翼来电，核与收回严旨不符。究竟能否遵旨收回，将来有无反覆，在英是否另有办法，电饬详陈。昨据电复：“详询律师，据称此条实能遵旨收回，无稍亏失，被告将来必不能有反覆。在英别无办法，照副约办事，须在中国行之。被告理屈，初欲藉上诉恫吓，现已无闻；即或上控，无非藉以延宕赔款，于华官管矿主权无损。被告曾供愿认副约，又经堂断，更无反覆。卖移约及在英注册，因乱骗我，乃以副约补救；现断主副约，非主移约，我只能照副约办事。其伦敦一局，代理外国股友之事，乃公司所立，督办自有管理之责。是地主矿权，仍在中国，并无英官干预；照副约收回，利权似无亏失。近由律师追索赔款，无须在英守候。现在办法，总以回华照约收回为最要，并候旨回华”等语。

臣复查此案迭经奉旨，责令收回矿产。乃张翼以照副约办事，作为收回，一再牵混。其副约首端，内载“该局改为中英公司，按英例注册”。又载“招集股本，按英例存案。移交之后，该局仍用原名，按定章办理”各等语。既按英例注册有案，祇遵英例，不用华例；名为中英公司，实则全辖于英例。遵用英例，英官理当干预；不用华例，华官何从行其主权。且声明办理在移交之后，其移交正约，一脉相承，依然尚在。第六节载“该局各事，将由两部办理之人定夺，一在中国，一在伦敦”；第七节载“张翼仍为该公司住华督办”；十二节载“该局与中国官场交涉，均由督办理问”各等语。既载明办事应由两部定夺，张翼只为在华督办，又管理华官交涉各事，俨若商号聘用来往官场出名人员，亦安有管理英部之责。统按副约各条，并不能挽回补救。按副约与移交正约，本系同日所订，似难偏废。且张翼于订副约后，又由有限公司订立华局试办章程。该章程第六款载“洋总办有综理公司大小诸事之权，局所员司，均归节制”；第七款载“洋总帐房，有管理公司款项之责”；第八款载“华总帐于公司帐目，有稽核之权”；第十款载“华总办兼总文案，综理一切华文函禀及公司契券、刊布、翻译诸事”各等语。是洋总办有综理节制之全权，而华总办仅核帐司文之分任。所谓中国督办者，仅照第三款“管辖矿工，并察新旧股东，是否利益公平；华洋员司，是否和衷共济”，并无实权，徒拥虚位。第十二款又载明“矿局归英保护”，托名合办，实全在英人掌握。盖其隐含于副约者，更明著于章程。该章程虽并为英堂断认，而原章第二款载明“行用以十八个月为期”。现在逾期已久，张翼既称以副约为主，应与该公司拟订详细约章：声明移卖正约，不足为据；并将副约内“按英例注册”“按英例存案”暨“移交之后”字句，一律删改；又订明中国督办，实有统辖两部之全权，中国总办，实有管理公司之责任；始与张翼所称“收回权利，似无亏失”之意相合。今张翼赴英质讼，仅争到照副约办事，他无办法，遂牵强含混，自谓全已收回；迨臣屡经驳诘，又复始终支吾。

究之，前订副约，亦多失我主权，未便遽行迁就。然张翼在英，业已计穷力竭，亟欲回华。应否仍遵叠次严旨，责成收回矿产土地，无稍亏失；抑责令张翼与该公司另订详约，切实删改，以期实有主权；或即准其回华料理之处，请旨定夺。

谨将张翼与英商胡华原订副约暨有限公司前订《试办章程》，录缮清单，恭呈御览。理合恭折具陈，伏乞皇太后、皇上圣鉴训示。谨奏。

张翼的代理律师勒威特在伦敦高等法院的控诉笔录*

——一九〇五年一月十七日——

本文中所引读之文件：（一）一九〇〇年六月二十三日张翼给德璀琳的授权书。（二）光绪二十六年四月十九日张翼委派德璀琳札。（三）德璀琳致张翼呈（无日期）。（四）光绪二十六年五月二十八日张翼给德璀琳的指令。（五）一九〇〇年卖约（略）。（六）一九〇〇年十月十日墨林致英国外交大臣塞利斯波瑞的信。（七）一九〇〇年十月十三日毕维克·墨林公司的认可书。（八）一九〇〇年十月十六日胡华的备忘录。（九）一九〇〇年十一月九日墨林致德璀琳的信。（十）一九〇〇年十二月二十一日开平矿务有限公司设立章程（节录）。（十一）一九〇一年一月二十六日胡华致墨林的信（未完）。（十二）一九〇一年一月二十四日胡华致德璀琳的信。（十三）一九〇一年二月九日胡华致德璀琳的信。（十四）一九〇一年二月十二日胡华致墨林的信。（十五）一九〇一年二月十九日移交约（节录）。（十六）一九〇一年二月十九日副约（略）。（十七）一九〇一年二月二十八日东方辛迪加致胡华电报。（十八）一九〇一年五月二日墨林与东方辛迪加之合同（节录）。（十九）一九〇一年五月二日墨林与东方辛迪加之卖约（节录）。（二十）一九〇一年五月二日东方辛迪加与伦敦开平矿务有限公司之卖约（节录）。（二十一）光绪二十七年四月十八日开平矿务有限公司试办章程（略）。（二十二）一九〇一年七月十四日吴德斯致东方辛迪加董事的信（节录）。（二十三）一九〇一年七月二十日佛兰魁致开平伦敦董事的信（节录）。

法官：卓候士（Mr. Justice Joyce）。

原告代理人：皇家律师勒威特（Mr. Levett，K. C.），皇家律师吉尔

* 本文是伦敦高等法院《张燕谋控诉墨林案》第一天的法院笔录，主要在译述张翼的代理律师在法庭上所提出的二十几种文件。原文根据捷瑞、本尼特和戴维斯（Cherer Bennett & Davis）的速记录，由伦敦法院出版。译名有旧译名者悉从旧译。

（Mr. Gill，K. C.），皇家律师杨格耳（Mr. Younger，K. C.），劳伦斯（Mr. George Lawrence）。

被告代理人：皇家律师休士（Mr. Hughes，K. C.），皇家律师艾萨克（Mr. Rufus Isaacs，K. C.），哈特（Mr. Hart）。

开平矿务有限公司[①]代理人：皇家律师郝尔丹（Mr. Haldane，K. C.），皇家律师汉弥顿（Mr. Hamilton，K. C.），魏尔能（Mr. Vernon）。

勒威特：假使阁下愿意。我和吉尔先生、杨格耳先生代表原告出庭，我有学问的朋友休士先生、艾萨克先生代表被告出庭，我有学问的朋友郝尔丹先生、汉弥顿先生代表开平矿务有限公司出庭。

此次诉讼和一个公司有关，这个公司是为了经营中国直隶省某些矿业而组成的。我不知道阁下是否方便看一张地图，有几个地名将被提到。我可以递上地图一张，上面绘有所引述到的地方。你可以看出北京、天津和大沽的地区所在。这三个地名将为阁下听得最多。此次诉讼和若干煤区名曰开平煤区者有关，该煤区位置在中华帝国直隶省。原告是张燕谋大人。他原是公司督办，[②] 该公司是共同原告，兹后，我将称之为中国公司；他也是直隶省及其邻省热河的皇家督办。[③] 他有双重地位；他在公司中有其地位，同时又是中国皇帝的官员。这煤区很大，在所谓英国势力范围之内。阁下或许记得，[在中国] 曾以一线，我想即是中国的长城，被择为势力范围的划分线，而此间所说的矿区即位于我所称的不列颠势力范围之内。

阁下可从地位上看出，在那以温水海知名海岸上找一个港口是很重要的，阁下又将闻知，公司的计划之一，即是能取得一个港口为常年运煤之

① 开平矿务局，英文名 Chinese Engineering and Mining Company，文件中有时称之为 Kaiping Mining Company，本文均译为“开平矿务局”，但文中单以 Company 一字指称时，则译为“公司”。一九〇〇年英人攫取该矿后，仍用原名，但加“有限”二字，Chinese Engineering and Mining Company Limited，有时指称为 The Limited Liability Company，本文中均译为“开平矿务有限公司”，或“有限责任公司”。此间郝尔丹所代表者为开平矿务有限公司，但原记录漏列“有限”二字，兹依下面勒威特第一段发言改正之。

② 此间所谓“公司”及“中国公司”，系指开平矿务局而言。张翼在局中职位是“督办”，勒威特在控词中称之为 Director General。

③ 按张翼当时是直隶热河两省矿务督办，勒威特此地漏述“矿务”二字，但下文中已述全名。

用，这是一个重要步骤。公司系早在一八八二年[①]依据皇家敕令设立的，阁下可以料知，在中国并无所谓公司法者。

卓候士法官：什么是法律呢?

勒威特：皇帝的绝对意志。

卓候士法官：完全不是英国法律。

勒威特：有关公司部分将要提到的。

卓候士法官：当地法呢?

勒威特：那是皇帝的意志。中国公司是依据皇家敕令设立的。这样按照中国制度设立的公司不像我们的［公司那样］是一个独立机构，而是由政府委派公司官员，股东有若干权利也有若干责任，公司的管理实际是间接操在皇帝手中。

当公司早在一八八二年设立时，认为应将西方采矿方法介绍到中国，新试当然有很多困难，起初几年公司便毫无赢利。新措施既未迅见功效，也无赢利，而第一任公司督办已经委派，他的名字叫唐景星。[②] 他是派到公司的第一任督办，已在一八九二年故去。他死后，原告张燕谋便经委派为这公司的督办。我想，他们所用的名称是公司督办。[③] 那就是他和公司的关系，他是奉皇家当局委派为公司督办的。当他接办时，一切事物，进行颇坏，但在他的经营下有了改进，公司乃至能支付股红，但也因而需要增加资本以扩展煤区工作。这煤区是很大的，并需取得我先已告知阁下的那个港口，以便运煤出海。一八九八年，亦即原告担任督办后的第六年，秦皇岛港，我恐怕阁下务须知道这个地名，便被择为所谓条约口岸（Treaty port）。意思就是：依据条约，欧洲商贾可以在这样的港口通行。那是一八九八年的事。

第一被告墨林先生（Mr. Moreing）是一位工程师，谙于采矿及采矿公司事务，一八九八年，他正在中国。他与原告张和一位德璀琳先生（Mr. Detring）结识。德璀琳，后面阁下将时常听到这个名字，是德国籍的中国海

---

① 开平煤矿系于光绪三年（1877）设局办理、五年（1879）购办西洋机器开采，普通以1877年为成立之期，此间所说1882年成立公司，不知何据。

② 唐景星即唐廷枢。

③ 张翼是“督办”，勒威特称之为 Director General，上一“总办”，称之为 Director，“总办”系开平矿务局之旧名，1901年的副约也从此译，但在本文中它处，仍译为“董事”，以见其原意。

关官员，他和旧督办熟识，曾协理事务，旧督办故后，他仍继续协助现在的原告经理矿务。这时，德璀琳经委派为中国公司的一位董事（Director），我不记得准确日期，但是后来的事了。在第一次会晤中，没有决定什么，墨林先生即回到英国，这不过是原告张如何与墨林先生发生关系的历史的一部分。在一八九九年，我前已告知阁下，张奉派为直隶、热河两省矿务督办，这时，他已将业务开展至相当程度，并借贷款项以充需用，但公司的财务状况并不好，感到如果真想把矿务扩充，必须采取增加资本的步骤。几年前有一个旧谕旨明显地期望到西方资本将为中国企业所需，因此引起了我下面要向阁下叙述的那种措施的动机。取得西方资本以发展中国事业的意见是经过官方批准的。由于公司需要款项维持，墨林与公司之间乃成立第一个业务上的让与（concession）。第一次贷款二十万镑是由墨林在英国为中国公司募集的。贷款总数是二十万镑，但非一次付清，所付实数大约是六万四千镑。张做了矿务督办后，即想勘视在他［所管］省内是否尚有别种矿藏和其它煤矿，他请墨林先生派遣一个能将他［所管］两省各种矿藏向他报告的能干的工程师。墨林先生派去的人就是胡华先生（Mr. Hoover），他的名字将时常出现。我想，他的薪给是二千五百镑，同时他也是毕维克·墨林公司（Bewick Moreing & Co.）和墨林先生自己的代理人；他是双方的代理人，他取得了德璀琳先生和张的信任。在那阶段，我们可以说，计有四个人：张、德璀琳、墨林先生和胡华先生。在一八九五年或一八九六年中日之间发生战事，[①] 当时感到的最大困难是：当日本武力侵进中国时，公司能否安全。因而讨论为了保护公司，应否将其置于外国政府之下（英国政府曾被提及，德国政府也被提及），以便在战争或入侵中，它可被视为中立财产而比较安全。但中日之间成立和议，这事也就作罢。在1900年，阁下或许记得，拳匪之乱起来了。[②] 驻北京诸使馆遭受了侵击，各国联军遂登陆并终于营救了使馆。拳匪乱中，张和德璀琳都在天津，我想，胡华那时也在。联军第一步要做的是攫取大沽炮台，而后在他们向北京进军中，阁下可以看出，他们也必

① 指中日甲午战争，按系1894年7月13日在朝鲜牙山正式开始，1895年4月17日即签订马关和约。此间所述大约包括和约后退还辽东半岛等交涉时期而言。

② 义和团战争，即1900年北方农民和手工业者群众武装反对帝国主义的运动，帝国主义者诬称为“拳匪之乱”（Boxer Riots）。

需拿下天津。张素来反对拳匪活动，他在天津有莫大危险，因而避居在所谓欧洲地区——正确名称是外国租界——内，联军拿下天津时，他正在那里。那时，中国人普遍地为联军所不信任，很难知道，这变乱是真的变乱，还是由政府玩手法支持的。在张是政府官员自有嫌疑的这个意义上，唯一的材料就是：他养有大量的鸽子，因而断定他是利用鸽子做工具与乱徒通消息。怀疑既深，以至张被捕，我想是被不列颠海军军官在一九〇〇年六月二十二日逮捕的。那是联军拿下天津以后的事。这时，矿务经营是在极混乱的状态中。仆役们都害怕了，很多跑走了，煤被作为战时禁运用，有些联军实际占据了公司的产业。我想，各国旗帜都飘扬于产业的各部分，而张以一政府官员兼督办，必须考虑的是如何保护这个财产。他是一个中国人而且被怀疑着，但德璀琳是德国籍，又为他所信任，经详细考虑后，张决定委派德璀琳做他的代理人，予以全权处理矿务和其他各种财产、船只以及所有属于中国公司的东西。这就要引到我需向阁下提到的第一个文件。我想，阁下已有了这个授权书的抄本。

卓候士法官：这翻译是否已经认可？

勒威特：文件是英文的，但上面有中文翻译："一九〇〇年六月二十三日。我指派天津约瑟夫·德璀琳（Joseph Detring）为法律代理人（attorney），兼为开平矿务局总代理人（general agent），授与他全权管理该公司财产，他将善为股东利益着想。一九〇〇年六月二十三日，代表开平矿务局"签字，张燕谋和周××。[①] 那第二个签名是后来补上的。张自己签字，正是他在联军做狱囚时，第一个证人唐绍仪[②]是张的同囚者，在他们所在的房子内目睹他签字的。那就是张给德璀琳的第一个授权书。德璀琳和胡华先生向不列颠当局陈说张实与乱徒没有往来，我想，主要是由于他们的努力，张被释放了。他是在一九〇〇年六月二十四日从拘留所中被释放的。困难却仍然存在，战争情势在进行中，公司经营被含有敌意地占领着，而且有很大危险，于是问题又起来了。

卓候士法官：被谁占领？

① 原文为 Chow Chow Ching，不知何指。据直隶同乡京官所提之开滦记略述此事时称："于是德璀琳得为洋总办，由道员周学熙、唐绍怡签押作证。"见《北洋文牍类纂续编》卷一九，宣统二年夏降雪斋版。

② 原文为 S. Y. Tang，兹作唐绍仪，见同页注①。

勒威特：各国的联军。俄国有些，德国有些，不列颠也有些。

卓候士法官：联军？

勒威特：是的。老问题又来了，为了公司的利益，什么是最好的方法来保护这些矿，老主意又提起了，最好的方法就是：求助于外援，使变成或找到一个外国公司，那公司实际拥有所有权，或者，假使在中国不容许有所有权（是否容许有所有权是一个问题），则需要有事实上（de facto）矿产所有权的工作机构。德璀琳，加上墨林先生的代理人胡华先生的协助，把这事策划好了。说［墨林］能在英国组织一个公司来做两件事情，不但使为外国势力所希冀的公司财产获得保护，而且也能得到外国资本以继续发展矿务。它有双重目的。张被释后在天津住了一二星期，在七月十日，即他离开天津的第二天，他是去一个地方叫塘沽的，那不在这个地图上，而是在从大沽到天津的河流上再上去一点（据说是半路上）。在大沽，张遇携有他的授权书的德璀琳和墨林先生的代理人胡华先生来访。他们抱着找出保护公司和获得另增资本的方法的目的会晤了多次。当时感到，一张一般的连印鉴都没有的授权书不能授权给德璀琳去办这样一件重要的事情，把一个中国公司改组（transforming，这是他们自己所用的名词）为一个英国公司。给予德璀琳进一步的权能的文件叫做“札”，我现在就要读它的译文，是由张，我想是在七月十六日签字的。［原］日期是以阴历计的，我恐怕我不知道中国历书。我递给阁下的包裹里有三件文书，我们将称之类：A，B，C。第一件是由张给德璀琳的札，授权他从事实行我适才已告知阁下的事。所署日期是光绪二十六年四月十九日，据说，那就是七月十六日。它有意写做五月十七日，但据我确知，是在七月十六日写成的。据说，［阴历］四月十九日是五月十七日。尽我们所知，在塘沽签字的真实日期，最接近可能的是七月十六日，即必为在张离开天津以后，但经倒填日期，以便有一个在拳匪之乱以前的明显标题。[①] 措辞是这样的：[②]

---

① 按阴历四月十九日是阳历五月十七日，此间“有意写作五月十七日”是指阳历而言。此间所说七月十六日，按阴历计应为六月二十日。

② 以下札文系中文原文，根据伪河北省实业厅接管之旧档案，由伪河北省矿务整理委员会整理，编入该会于民国十九年九月印行之《河北矿务汇刊》内，原札署光绪二十六年（1900）四月十九日。勒威特所宣读之译本，与札文无意义上的差别，唯于宣读时曾加入一二解释语，兹从略。

为札委事：照得开平矿务局开办十有余年，并无官款，均系商股商办。凡在矿务局管理局务者，自本督办以下，多系有股之人。由唐山至林西一带，煤苗之脉，本属相连。前经本督办将该处之半壁店、开平、均庄、白道子、无水庄等处，均已买妥，以备开采。又秦皇岛设立码头，并添无水庄新井，已各借款兴办。而近年唐山井下，连被水淹。现欲扩充矿务，非大为整顿、广集巨款不可。前接路矿总局行知章程，内开：准令中外合股办理。查该税务司德璀琳，在华有年，熟悉中外情形；且曾奉前北洋大臣李札委会办矿局事务，凡于矿务，尤为出力，洵属实心任事，老成可靠。为此，札仰该税务司立即遵照，或借洋款，或集外国股本，将唐山开平矿局，作为中外矿务公司。应如何办理，于矿务有裨，仰即妥拟章程，具报本督办查核饬遵。勿违，切切，特札。右札仰税务司德璀琳。准此。

[下略一段]

勒威特：……要紧在注意最后一句："改唐山开平矿务局为中外矿务公司，并草拟章程，包括一个妥谋公司兴盛的计划，报我批准。"[①] 明显地这授权书里以草拟章程并经张批准为前提的。

德璀琳给张的覆文叫做"B"。[中略数句] 我现在就要宣读这文件的译文了。

[中略勒威特与郝尔丹及法官之对话。据勒威特称：该文件没有日期，德璀琳交与张翼的是中文，此系英译文。]

"谨陈者：奉大人之命，嘱我广招外股以整顿开平矿务局事务。我谨拟具下列规程，以便中外合办公司，并招募股份。我敬候大人指示。与公司有关的官员和董事们应赋与适当的权利，以便他们行使职权。为了扩展公司的利润，应招进一百万镑的外国资本做股份，以应公司之需。公司规则应加更改，以符合于西方第一流方法所用者，并依照不列颠法律注册。公司将添加外国股份以扩充其资本，并将改为中外联合管理的公司。"阁下将会知道，真实点之一乃是：全部有效的管理是在伦敦，所谓在中国的联合管理，几乎是没有

① 此句系直译勒威特宣读之英文译本。

的，有也纯粹是英国的。“它将继续称为‘开平矿务公司’，但所有代表购置地亩、房屋及建筑物、轮船、码头及其有关的林西和承平银矿等的股份及其有关帐目，均将置于中外合办的管辖之下。在开平公司被置于中外联合管理之下后，所有有关公司行政的事务，以及所有有关地亩之事务，应仍继续授权于督办（Director General）。”这是最重要的。张是督办，而且有双重地位，这里并未说他应放弃管理权，但管理权应授之于督办则为新公司之主要原则。

卓候士法官：那指的是皇家督办，还是公司督办？

勒威特：那时，他兼任二者。

卓候士法官：是的，但这指的是那一个？

勒威特：据说，这是指的公司，但阁下可以看出，在这个案件中，是很难把这两个身份分开的。“至于开平矿务局之老股一百五十万两”——据说，一两大约值三先令——“每股值一百两，计共一万五千股。现规定［新股］每股价值一英镑，二十五镑之新股将换取每股一百两之老股；老股本一百五十万两作为三十七万五千镑。”这看起来好像是有了赢利，但其计算方法是这样的：银两贬了值，虽然此金额是相当地大过于股份现值，但由于银价贬值，也只和他们认买时的价值差不多。“新旧中外股东应享有同等权益。重组后的开平矿务公司，将在中国及国外设立营业所，分别为中外管理之用。自十万镑之数付讫之日起，即将执行中外合办公司的章程，公司事务之管理权亦将同时接收。公司资产估计五百万两，负债估计四百一十万两，俱将移交于联合管理，由其承认及处理。一切事务有关雇佣人员，公司各矿之安排，以及其他未列入本条者将于将来草拟的详细章程中规定之”等语。那就是德璀琳根据我所称的文件 A 的最后一句话而提供给张的章程。文件 C 是张的答覆。

文件 C 有一个日期，是［阴历］五月二十八日，被译作我们的日历时，是非正式授权书的次日，即一九〇〇年六月二十四日。同样，那是这文件上故意写的，其真实日期是在七月十六日以后。这文件如下：“前学士、[1] 直隶矿务总局张。指令税务司德璀琳先生。委派。我前曾叙明，近年来唐山开平矿务局各矿工程，多数屡遭水患。十多年中，矿经开采，坑道众多，采掘

---

① 原作 Late Grand Secretary，移交约中作 A Reader of the Grand Secretariate，按张翼之级位是“内阁侍读学士”。

渐次推；矿井已深至一千呎以上。大部分机器因年久陈旧，需更换近代化的设备。各方面都需用资金，支出非只零星之数。秦皇岛码头及无水庄挖掘的新井，虽已借了一笔外债，但远不敷建筑码头及无水庄新矿的需要。我常和总副经理，董事及股东们商讨实施计划，并对他们讲明，若不取得新股本以增资，将无法进行。大多数股东都不准备进一步［投资］，集资成为难事，亦不易从此处设法。愁困中我想到从路矿局接到的章程，其中准许外国股东（及中国［股东］）联合认股出资。因此我委派税务司德璀琳先生将股份上市，以备外国投资者［认购］，并草拟章程，以建立一中外合资公司。所拟章程，至为完善，并已由我批准。”那就是文件 B。“举例言之，开平局原有资本一百五十万两，作成一万五千股，每股票面一百两，拟发之新股每股一镑，二十五股折换一一百两的旧股。［价值］略增，所有股东均受赢利。旧股东仍可如前购买股份，但所有新股将与发售给外国人者同样计算。唐山矿务局将改为中外公司。我兹令税务司德璀琳邀集外国投资十万镑之数于公司股份，在这笔资本交讫后，开平各部门，林西、镇平洋灰公司，轮船码头，新开矿区和分支部门各种职司的保留或裁减，以及支付雇员薪给之数，悉交由德璀琳先生定夺。所有各部帐目，皆由他以海关方法稽核之。税务司久住中国，经验丰富，必将能与职司间中外雇员共事愉快。他必不负我。我已决定付给他年薪一千二百镑，我相信他将热衷完成必需之任务，使此事得以妥善处理，而矿务兴盛，将与日俱进。这是我所切望的。”这就是我所说的张、胡华和德璀琳有同样立场的三个文件。

下一步就是要成立一个正式文件，以尽可能地做为中国公司财产给与一个英国人的转让契据。

郝尔丹：我有学问的朋友可否说一下，他是什么日期在这文件上签字的？

勒威特：它们大概都是在七月十六日，我说不出准确日期。

卓候士法官：也许后来一点？

勒威特：是的，可能一两天，他们是不断会面的。

郝尔丹：所有的都大约同时吗？

勒威特：是的。

下面一个文件，写的是七月三十日，其实，订立的日期大约是八月四日或五日。

［下略数行］

勒威特：是的，但它［指这个文件——编者］不同于起诉书中［所载的那个］。我要把这事弄清楚。起诉书中所载的文件是这个文件在一九〇一年一月修订后的修订本。

郝尔丹：对了，双方在一九〇一年一月重新订立，而倒填了日期。我们现在讨论的是他的原始本，我很同意这样。

勒威特：它是英文的……

［下略一段］

勒威特：现在我要念他……

［所读者即一九〇〇年之卖约，是本书第七页。① 修订之处，均经注明。——编者］

那就是第一个合同，在八月初签字的，我不能推定较后的日期。这对我们很重要，因为，根据该合同，胡华是做为筹办中的公司的产业受托人（trustee）。由于这种关系，我可以拿出信件说明双方都知道，合同转让给与新公司是不能产生利润的。正是为了允许产生利润的公开目的，才做了以后我要提到的修订。根据这个合同，新公司应接收老公司的股份，并且必需要作成三十七万五千镑的股份；但后来所执行的实际处理是：这些移交给了新公司，但变成了一百万镑股票，而不是三十七万五千镑。这在本案中是极端重要的，即原始合同第一节所说“以为信托”，第二节所说“做为该有限责任公司的产业受托人”，及第五节所说“有限责任公司对……股份应付给……”

我现在看到的是，胡华是这企业的代理人，以此文件为武器，而德璀琳执其副本做为在华财产的一种挡箭牌。于是胡华须回英国，将它交给墨林，看他们是否接受；因为他们只有九十天考虑接受与否。胡华似乎是经过上海回来的，他手中有这个契约同一个我叫做“A”的札。

现在我要递上的文件是一个在上海注明日期的译本，我自对方得来的，说明胡华所携带的是什么。

［以下勒威特宣读该文件，即前引之张翼委派德璀琳的札的英文译本，但与勒威特前宣读该札时的英文译本文字有所不同，内容则一致。——编者］

---

① 见本卷第 221 ~ 224 页。——编者

卓候士法官：没有签字。

勒威特：没有，阁下。在底行写着："以上是一件中文文件的正确翻译，该中文文件作为是原始文件的可靠抄本。抄本上没有签字或日期。"

郝尔丹：它作为是在一九〇〇年八月二十四日完成的翻译。

勒威特：不论怎样，那时胡华执有这件文件，而且我们知道，翻译的日子是八月二十四日。我们知道，它是从上海得来的，我们可以追寻那文件的抄本，或许，就是这一份文件，墨林送去外交部了。

卓候士法官："本督办"就是原告张，我想？

勒威特：是的，阁下。现在，这一件是我们从对方得来的文件之一。它是一九〇〇年十月十日墨林先生给塞利斯波瑞爵士（Lord Salisbury）的一封信。"阁下：我荣幸地告知阁下，我的公司已缔结了一个合同，将一个名为开平矿务的中国公司改为一个英国有限责任公司。根据这个合同，我们已筹备并进行英国公司的组织。我荣幸地附上各文件的抄本。文件 A 是开平矿务局给予格斯特勿·德璀琳先生（Mr. Gustav Detring）的中文授权书的译文，[嘱他]草拟章程并进行谈判。"那就是适才读的译文。"文件 B 是开平矿务局给格斯特勿·德璀琳先生的英文授权书"那个，我们相信，就是我交给阁下的写着六月二十三日日期的文件。① "文件 C 是格斯特勿·德璀琳先生和我的企业之间所订合同的抄本，根据这个合同，我们着手组织英国有限责任公司。这文件中的条款，德璀琳先生在他签字之前，已提交开平矿务局，并经他们批准和盖印。"我们完全否认那最后的两行。现在，我们从外交部要来了一份抄本，我想，我有学问的朋友会同意的。

卓候士法官：C 是什么？

勒威特：说是原始订立的契约。

卓候士法官：是七月三十日的，或者是，作为是这天的？

勒威特：是的。我想，我有学问的朋友一定同意这份抄本符合于原始订立的契约。

郝尔丹：那是在十月里。

勒威特：我最好宣读它。文件"C"是外交部送来的一份抄本，并且是

① 按此文件即勒威特在控诉开始时所宣读之授权书，见前。

标为七月三十日原始订立的契约的抄本。

郝尔丹：对了，它一定是那样，因为在二月以前，它是没有更改的。

勒威特：这里面有一些重要的辞字我要仗恃的——“信托”，“产业受托人之职权”，而且，它是公司的文件。

现在，下一步是完成合同手续，我们一定要有毕维克·墨林公司的认可书，那认可书的日期是一九〇〇年十月十三日。用的形式是一封德鲁门、飞利普与顾勃尔等几位先生（Messrs. Drummond. Phillips & White Cooper）写的信：

“我们遵照毕维克·墨林公司的指示，通知你们，按照一九〇〇年七月三十日以你们自己为一造，以 H. C. 胡华先生为另一造之间所立合同的第八款，毕维克·墨林公司签准并证实该合同。我们遂于今晨用 A. B. C. 电码寄上电报一件如下。”接着就是电文：“请于接到此签准合同的通知书后，以邮件示覆，至为感谢。”阁下可以看见，无条件地签准了那个合同。在那时候，没有提起别的问题。

现在，请阁下翻阅被告毕维克·墨林公司辩护书的第九节：“一九〇〇年十月十三日，德鲁门、飞利普与顾勃尔诸先生代表被告查礼士·阿尔几能·墨林（Charles Algernon Moreing）用信件通知该格斯特勿·德璀琳，告以最后提到的被告乐意进行组织公司和执行该卖约的条款，但须于中作某些修改。”我已经把信读过了，阁下；它不是从查礼士·阿尔几能·墨林那里来的信，里面也没有修改的影迹。

下一件文件我要宣读的是我们得自对方、署日十月十六日的一件文件，它显然是胡华所写的备忘录，但缩写记名是“B. M. 公司”，也就是毕维克·墨林公司。它是［这样写的］：“程序备忘录。开平矿务局。(1) 合同规定在二月二十八日以前交存股票和现金作为保证。指定给中国人的股票只在一面印刷不记名股据，留其反面在上海印刷中国文字。为了此项工作，并考虑寒季到达天津可能延误，股票寄送上海［日期］应不晚于十二月一日。(2) 必需在天津成立一个公司的当地顾问部，名曰‘中国董事部’,[①] ［人选］应如下列：张大人燕谋［督办］，格斯特勿·德璀琳，H. C. 胡华。

① “中国董事部”（China Board），“伦敦董事部”（London Board）旧译为“华部”，“伦敦部”，在试办章程中为“华局”，“洋局”。

(3) 为避免与中国主权发生摩擦起见，现在的开平矿务局仍应保持存在。矿地、煤区及财产之不在条约口岸者必需定出年限租借与新公司。”我相信他们只能在条约口岸才能保有不动产，其外，他们不能作不动产所有人。“(4) 公司现有未付德华银行（Deutsche Asiatic Bank）借款四十五万两，第一期在六月一日到期，公司（为战事所累）既无基金，又为预防攫取，已将船只及条约口岸财产之一部分移交与银行，而由公司为代理人。该财产将于财务调整后，再移交［回来］。(5) 矿务技术管理方面需要立即重新组织，目前，由于勒索，已吸取了足有百分之五十的收入。”我相信那是专门术语；意思是：公司在中国受到了惨酷勒索，被惨酷勒索的结果就是：一半钱跑掉了。“公司至少要经营四大煤坑、工厂、港口、船只及其他，需有一位具有非寻常才能的总经理。建议从美国大煤业铁路公司聘请一人，聘请这样的人需要三千五百镑至四千镑的薪金。必须立刻聘定，胡华先生自荐去美国选聘。”我们知道，在那时候，有人告诉他们，一定要有一个中国董事部，像英国董事部一样。那是胡华自己的备忘录。

下一步是一封信，最天真地解释了为什么那个契约要更改。这封对方拿出来的信是一九〇〇年十一月九日墨林写给德璀琳先生的：“胡华在本周首途中国，约于一月十日可抵达，即将此信交上。关于开平矿务局的合同，需作一些轻微的修改，因为其中胡华兼做旧股东的代理人和新股东的产业受托人，这身份于法律固无不合，但任何人都不得获利。”一些轻微的更改就是授权在这上面赚个六十万镑，“我判断，这不是你自己和张所希望的。［又］为了避免出卖条约口岸以外土地的指摘，似应将‘出卖’地亩及煤权改为‘租借’。此节并非绝对主要，但对张较为妥当，卡特莱特（Cartwright）这样建议的”。我相信，卡特莱特曾一度在中国当关税官员，可能有那些常识。“为要使这事业的经营有在国际上的立足点，我已将之转移于东方辛迪加。[①] 他们有雄厚的财源为后援，在其他重要金融机关中，［它与］东亚公司（Compagnie d'Orient）和华俄道胜银行（Russo Chinese Bank）都有密切往来。我正与东方辛迪加磋商，希望给你一个中国顾问的位置，年薪一千镑，并且，为了证实你同他们的利害关系，你将领受东方辛迪加五千股股金

① 东方辛迪加（Oriental Syndicate）旧译为“东方公司”。

交足、每股票面一镑的股票。”他们是以五千镑辛迪加的股票来安抚他的。“这些股票在出售时每股不得低于十镑，并且须和我们及比利时人所有的合并办理。开平矿务局的筹款之事是极为困难，公司负债既重，欧洲对所有中国事业又都极端不信任。虽然我充分相信公司的前途，但当我请我的朋友们认缴款项以实行我所筹策的财政计划，并给他们看资产、负债表时，他们立刻见到资产是八十五万镑，负债则达六十万镑。”这些数字与银两数字不很相合，但与合同中所载者近似，即五百万两和四百一十万两或类此之数。“欲使公司情况好转，必需筹还德华银行借款，我们无疑地将发行六厘利息的债券来处理这事；又秦皇岛借款亦须换发［债券］降至六厘。要以如此低利募集资金，必须给以开平矿务公司的股票［为津贴］，而当足数股票付出用以导诱认缴增资十万镑现款后，所余股票便无几了。我想你必同意我所建议的筹划是令人满意的。”事实是：后来他们得到一笔五十万的借款，而他们只以半数股款付清的股票给与放款人做报酬，即以二十五万股票取得了五十万现钞。“中国董事部和伦敦董事部俱在创设中，英国董事部尽职于英国股东的利益，中国董事部［尽职于］在华股东的［利益］。”可见他们完全明白要有两个董事部。“由于胡华之坚持，特约张为中国董事部的终身督办——你自己也在中国董事部。我们正在商洽关于你自己和张以中国董事部人员而能得优厚报酬的事。请即和胡华商谈你及张的报酬问题，我已和他约定电报密码，以期立刻解决。我是东方辛迪加股东，与开平矿务公司[①]将无直接关系，胡华也已分得该企业的股份若干。辛迪加为承办改轻秦皇岛借款［利息］和招募十万镑增资，应执有大量开平矿务公司之股票以为报酬。将来整顿经营，产业发展，该项股票可增值至二镑，用此方法，丰厚的利润是可以实现的。这样做，也许需要两年的时间，那时，拨付与你自己和张的股票将变成很大的价值，而中国股东所有的财产，也将比在他们自己经营时增加三倍。东方辛迪加希望在中国做更多的营业”[②] ——我无需读了。我们现

① 按该文件中均用 Chinese Engineering and Mining Company，实际此处应为 Chinese Engineering and Mining Company Limited，经将必要的改译为“开平矿务有限公司”。

② 该文件未引述完。其下为：“这次这样办理，我们已奠立了基础；如你所愿意组织的，使英、法、德、俄等国的大银行都包括在内的国际公司，将来也可以实现。东方辛迪加有许多国家的股东，张既不愿意将事业归一国独占，这也是适当的。我们希望将来更能经过你与张，参与各方面的新事业。”

在知道他们那时候关于两个董事部和使张做终身督办的想法了。

下一步就是英国公司成立于十二月二十一日。阁下可以看出其目的在——（a）进行并执行第三条所述之合同，该合同如须修订，得于取得同意后修订之。资本是一百万股，每股一镑。假使你翻到第十页，你可以看到第三条："董事部将按照草约条款进行订立一合同，该草约已由根据公司设立章程①规定之认股人二人签记以资证明，董事部亦应执行该草约，如有任何修改，须经董事部批准。"在公司与东方辛迪加之间，后来订有某项草约，我将顺次谈到它，无疑地这里所提到的就是那个草约。我们没有发现这个草约。现在我们再看该公司是否设有在中国的董事部和是否给张做了终身督办。请阁下翻到第二十六页第七十四节："董事人数不得少于三人或多于七人。"现在已经改成十二人。第七十五［节］规定：公司可以随时增减董事。七十六［节］：董事可……七十七［节］：董事有权随时并在任何时候委派任何条件适当的人为董事。七十八［节］是关于改选的。七十九［节］："第一任董事应在公司组成之前或后由公司设立章程规定之认股人之多数书面提名之。"现在我们知道适当条件，董事权力和八十四［节］的董事程序了。

郝尔丹：可否请你读一下八十三［节］?

勒威特：他们可"设立当地董事部，当地经理或咨询委员会，在联邦王国或国外当地经理人，并委任其中一人或数人，或任何另一人或数人为其委员，并给与一定的权能和职权，根据一定的章程，规定一定的任期和他们认为适当的报酬，并可随时撤消任令。"我理解，［原］建议要在条文中在中国指定一个相等的董事部，这个只是授权给与他们认为合适的有限权利，他们随意可在任何时对任何人撤消。

卓候士法官：它启示于我的和你想的不一样。我毫无概念。告诉我，结果是怎样。

勒威特：那是双层的；使公司订立明文契约，他们的代理人照这些明文订定副约。他们转过来说：不错，我们的代理人已在副约上签字，我们已得

① "公司设立章程"（Memorandum of Association）指英国法律规定公司章程中必须载明之事项。

到了财产转让，但是我们说我们的代理人没有实权；我们保留转让，但完全不承认副约。第二点就是：根据合同，老公司的老股东在公司中应有三十七万五千镑的实缴股，而他们所得的是三十七万五千镑搀水股，公司的股东已搀水了六十万至七十万镑。我们要弄它回来——

郝尔丹：我在起诉书中没有看见这个。

勒威特：我是在回答钧座的。

卓候士法官：好了，你用不着这样认真；我只要［知道］你的意思。

勒威特：我们还要要求赔偿损失。三十七万五千镑的股票应该值得更多些，我们说它已被搀水至七十五万之谱。就是这两点。我们说，他们如果没有副约，便不能享受转让，他们一定要把所有这些都做得好好的。

八十三 a［节］我已经读过了，它绝对没有要在中国创设一个相等的董事部，当我来读副约的时候，阁下可以看出八十三 a［节］是否有任何形状或方式纪录着它。我注意看这真实到什么程度，因为副约和［公司］条款已照他们原来准备的修改过了。我们可以看看有没有草拟的条款委任张为终身督办；那只是次要损害，他丢失了他将要得到的，终身委任可以给他一份好薪水。这样，除了八十三 a［节］是之外，我自己读过全文，在条款中就没有一个字提到我所称的条件：应该有一个独立的中国董事部，而张应该是督办。我现在已把情节讲到一九〇〇年十二月三十一日。

郝尔丹：阁下听见，我有学问的朋友叙述的，一个独立的中国董事部。

勒威特：好了，结束了一九〇〇年。

胡华先生抵达天津，据我所知，大约是在一九〇一年一月月中，我们相信他身边带回来的是七月三十日的契约的更改本。阁下现在应该看出更改本的另一面是原始本。我想，我有学问的朋友会同意，契约之更改是在胡华先生离开美国之前。

［下略一段］

勒威特：现在我要宣读一封从他们那里得来的信，日期是一九〇一年一月二十六日，由胡华先生写给他的东家墨林的："我和吴德斯（De Wouters）去了一趟北京，明天还要再去。"现在出现了第五个人吴德斯。很难说吴德斯究竟属于什么地位；我们只能说他是一个代理人，特派出来代表比利时人在辛迪加的利益的。从这时起，胡华和吴德斯在一起工作，代表英国公司；

他们在那里签立文件、写信，这些我都要宣读的；这是吴德斯第一次出现。我们以后大概可以知道谁派遣他去和谁雇用他的。目前，我们不知道。“我和吴德斯去了一趟北京，明天还要再去。我先见了美国公使，他愿意给予在他权限之内的任何协助，他并且给了一封给厄纳斯·萨托爵士（Sir Ernest Satow）的信。我见了厄纳斯爵士，说明我们的事业，而后用所附的信证实。他说他将尽其所能给予协助，但不甚热心。他究竟比他的前任好多了。吴德斯见了他本国的和法国的公使，都答应他极力支持。他又去见华俄道胜银行经理鲍可特罗（Pocotello），鲍可特罗坚决反对，说那是敌对大连湾的一个计谋，他们不要一个强大的英国企业在他们的大门口山海关。商酌之后，吴德斯向他指出如下数点：一，英国政府业已认定了秦皇岛。你反对的唯一效果可能使我国人——他们是你们的朋友——撤退，这样，你们自己原可得到的间接支配权也将丢失。二，很肯定，由于新公司所能应用的资本有限，它永不会成为对大连湾的严重威胁，特别是在牛庄铁路为俄国占有的情形之下。三，假使华俄道胜银行给予热情支持，它可能做这新企业的银行交易。之后，他变得驯服了些，并且应允了一些有限度的支持。但俄国公使是直截了当地反对的，这无异允许在他们去北京的路上建立一个英国封锁寨。”阁下看到商业的利益如何与政治混合起来，它们是一起走的。“无论如何，在吴德斯和其他的影响之下，他渐见驯服，应允目前不加以反对。主要困难在于吴德斯因此消极而发出了不利的电报，我就必需争辩那完全是威吓，吓虎比利时人不支持我们而暗击我们。”我读这个来讲明吴德斯的代理人职务。如此行动，是因为［他的］代理人职务被否定了。信接着：“开平矿务局。由于军队强占财产，中国人惊慌万状，又由于他们行将撤退等事实，我迫切希望立即将重要移交事宜签字。我要求立刻将顾勃尔（White Cooper）派来这里，东方辛迪加显然完全没有给我支持。”后来，顾勃尔是因胡华的要求派来了——“我只得再由意姆斯（Eames）协助草拟文件。第一个是：煤区和所有条约口岸以外地亩的租借约，德璀琳和张马上就要签字了，张是用他的两种官员地位签字批准”；意思就是皇家官员和公司的督办，“并且盖上他所有的各种不同的印鉴，接着就是要总督李批准，吴德斯说他可以办得到。第二个是：我正在进行由张给予德璀琳一份新授权书，特别是要授权于德璀琳处理在条约口岸以内的全部财产。我不知道这是否必需，但它们既由银行［保管］，在中国就没有其他较为妥善的名义了。”再就是一些琐碎事，我不拿来打扰阁下了。我所要提出的就是：这两个人在一起，代表公司晋见领事们，准备用以促成执行七月的合同文件的行动。我们曾交呈阁下一个包裹，不过，可否请阁下不要看我没有宣读过的那些。

卓候士法官：当然，不放在里面的我都不要看。给我那包裹。我想我没有那些未经宣读过的。

勒威特：一月二十四日胡华先生写信给德璀琳，问题之一便引起来了，他们实际上是在说，你姓张的受贿二千股。

休士：那可不是这样，至少在我们这方面不是这样看。

勒威特：我有学问的朋友可以有他自己的看法。

休士：我们是说：［张］大人与德璀琳俱将享受一份移交所获得的赢利，那是真的，你如认为是贿赂，也好。

勒威特：你高兴怎样说都成。

卓候士法官：我恐怕我听不明白这段讨论，我也不要明白。你能否照你自己的说法继续下去？

勒威特：这是第一次提出给张报酬，所以我读这封信。“关于我们所谈张大人因经手事务，将来应得的赢利，我所理解如下，我相信是正确的。(1) 张大人执有现股，我相信是三千股，他将享有票面七万五千镑的新股票七万五千股；(2) 将为你自己和［张］大人保留票面五万镑的新股五万股。如平分，［张］大人将享有二万五千。墨林先生既须从他的利益中分给他的朋友和出力的人，同样，［张］大人如有必需支付之处，自可从这些股份中使用。(3) 新公司承偿原欠张大人债款三十四万两（在他银行中）；(4)［张］大人在新组织中将任在中国的督办，领薪水终身，此项［收入］，随同公司的兴隆，将非同儿戏。”就是一月二十四日在天津，他们仍表示他将是终身督办。“(5) 由于改组、扩展和合理的成功，［张］大人将有向其他方面发展的极大可能，一如我们所曾讨论过的。东方辛迪加为此企业筹款，并无大利可图，除非将来之兴盛达到使其股票涨价至百分之百，他们的宏愿也在于达到此目标。他们成功了，［张］大人所执有的，用整数说，将值到约二百万两，而现在可卖到的价钱大约在二十五万两以下，同时还有我在 (4) 和 (5) 中所说的其它大笔收益。由于财产受到保护，免于被外国强占，免于因重大的债务而致面临颠破，以及由于秦皇岛借款减息至六厘等，所获之一般的利益，［张］大人也都会分享的。我们自己的一切希望都寄托在成功上，没有它，我们过去或未来的努力就都得不到酬报，在筹划拯救我们自己时，我们也筹划了［张］大人和其他股东的。”[①] 那是举办公司的一个新名词。我们现在知道，假使举办公司的含意是每一百万出价三十七万五千镑，就变成救命工作了。我现在的要点是：有这样一个五万［股］的声明，这在诉讼记录中已经提到；阁下以后就会听到事实经过的。

其次是二月九日胡华给德璀琳的：“下面是关于新组公司管理方面的布置，就所能预料者列述。详细的事情，只能从经验中决定，在获得经验之前，不可能作详细计划；事非一蹴而成，必须一步一步地进展，十年之后，还是在进展。［前］与你谈话时，我所渴望说明的，就是你自己及中国股东与新管理方面所应有的关系问题。彼此同意的主要原则是：重新组织的公司应是一个英国公司。在这一点上，英国法律是很完备的，规定管理必需有效率、诚实、光明正大，亦即你数年来所热心提倡的。为了便于企业经营顺利以满足分散如此广远的股东们的要求，业已组织了两个董事部，[②] 一个在伦敦，一个在中国。”到底怎样做的我们最后可以知道，不可能假设这个人是幻想的。这封信，在表面上，是既成之事的真实叙述，但是另外一个董事部

---

① 该文件之条件，系对张翼而言。兹将旧译本所列列下，以供参考：

一　张大人现有老股三千股，应得新股七万五千股，计值平价英金七万五千镑。

二　另有新股五万股，备给足下与张大人，计值平价英金五万镑。如二人平分，张大人可得二万五千股。墨林既由其所得之利益分给其友及出力之人，张大人于此间如有应费之处，自应由其所得之股票分给，以昭公允。

三　原欠张大人银号之债款，计银三十四万两，新公司业已承认照还。

四　张大人终身充新公司之驻华督办，支领薪水若干，将来公司发达，此项利益，非同儿戏。

五　公司事业，若能重新整顿推广之后，可期成效大著。则张大人于公司之外，必能得它方面之利益，有如吾侪所论及者。

东方公司为此事业筹集巨款，既无大利可图，彼之意向，必在希望将来新公司事业发达，股票价值能涨至两倍。若能如愿，则张大人所执之股票约当值银二百万两之谱，而现在价值仅在二十五万两以下。此外尚有第四第五两节所言之利益，皆须注意。且如此办法，公司产业既能保护，不为外人侵占，外欠巨款，亦可有着，不致颠覆全局，而秦皇岛之借款年息亦可减至六厘。种种利益，张大人实与共之。我等之希望悉在将来之成效，如无成效，则我等已往及将来所用之心力，全无报酬，故我等自救，即所以救张大人及其它股东也。

② 按旧译本此句作：“特拟设立两部：一在伦敦，一在中国。”意义颇有出入。

的组织好像是完全化为乌有了，我们不知是由于谁的主使。“伦敦董事部为公司全体股东所选举，每股一权。中国人和外国人一样，如果当选了，都可在伦敦董事部中占席位。你知道好大一个数目的股票将在中国人和他们朋友的手中。在你的能干的指导之下，他们被任为伦敦董事的优越情势，是无需再强调说明了。新公司的一般财政事务，如招募股份等等，当然必需交给伦敦董事部办理。关于这一节，按照英国法律，凡属重要举动，非经与股东商询是不能施行的，依此事实，我更无需指出最后裁决权之所在了。”接着这个：“我已向你解释了，中国董事部的组织是要由张大人来决定的。有人建议中国董事部由三人组成：一、张大人，根据合同他是终身督办”——“根据合同”——“这样便对一部分股东的利益给与了一个前所未闻的保证。”那是中国的部分。“二、由张大人选择一位董事，伦敦的人希望你将为［张］大人所选中，在中国董事部中占一席位。假使［张］大人出国时，知道是你来代理他的职务，他们一定极为满意的。三、董事部之第三人将由伦敦董事部选择一个对一般［业务］及矿务有经验的经理。他应具有矿务经理的通常职能。”所以，虽然具体细节没有说出，其要领却已完全在他自己的信里了。

现在看看这个董事部要做些什么，它是否仅应是个附属的董事部而听命行事的。“如此组成的董事部，其本身将有全权经理在中国的公司财产，新经理对于为实现最大与最有利的共同目标所行之必要的改革，应作成计划呈交它。无疑的，一些相似于你所建议的制度——海关［制度］——将是可取的。”我说，这就把这事说得无庸置疑了。

卓候士法官：这个不对吧，“相似于”？

杨格耳：我想是对的，［所用］制度是海关制度。假使你加进“即是”字样，那就对了。

卓候士法官：在我想，它没有意思。

勒威特：我想，这些字是属于同位的；它形容你所建议的，即是。接着，“一定要认识到，我们之能怂恿我们的朋友投资于一个有这样管理机构的企业，是经过极大困难的”。又来了，假使前面这意思是说管理的机构只是有权任命一个附属委员会或附属董事。其目的是什么呢？那只是用来作为辩护的，说这不是一个寻常的公司，我们有极大困难找人投资进去。“这是第一次外国人容许中国人共同经营一个大企业，其中有若大数量之资金在危境中。”“共同经营”这个字眼，是不适用于根据我所念的条款所指派的附属委员会的。“在该公司充分显示其健全的经营之前，我想这样的计划绝不会再［有人］使用。”这能引用到指派一个附属董事部或附属委员会的可能上去么？“中国人有各种理由来庆祝接受这样一个外国人的策划。”那是什么策划？一个他们仅可委派一个代表，听凭人家高兴给与一些权利，而明天就撤销他的策划。他们从哪点上足资庆祝？“并且应从各方面协助我们执行并搞好我们的始创。我还可以说，假使不是他们对你特别信任，并知道你能影响张和其他与旧公司有关的中国人，［他们］决不会接受［这办法］的。我无需再说这事的成功对你和对中国人的意义，也［无需说］，假使失败，则所有有关的人在海外再次实行这种计划的前途将永远告终。”这是在中国投资的第一次试验，他们理会到，假使这次失败了，其后果将远比此事本身的后果为广泛。我提出这些，因为那是胡华在他获得契约以前自己写的信件。现在我要宣读一九〇一年二月十二日他们的文件之一，是我们从他们那里得来的，胡华先生写给墨林先生的信，很清楚地描写了他更改［契约的情形］：“亲爱的墨林先生——我们在更改本函所附的契约中有无穷纷乱的状况，因为，签订一个誊清本，填写现在的日期是绝对必需的事，但对改迟日期之事遭到了严重的反对。关于在敌对时期财产转让问题现有一些领事条例，是在七月三十日以后颁布的，但在那时，大部分所述财产都不在敌对区域之内，后来才变成在敌对区域之内。所以这合同是在军事占领唐山之前。”阁下从这内容可以看出，他们的产权，如果是在占领之时得到是要比在占领之后得到坏得多的，因此他们就不重订或是更改日期了。“况且，我所希冀的是保有香港地皮，如更改日期就会失掉它。再则，原填日期已经呈送此间外交与领事当局，我们就必需把我们的意图说清楚来满足他们。为了尽可能避免这许多麻烦”——他们所做的精彩的事来了——“我们签订了一本誊清本，但填的是原来的日期，并且由领事馆证明为抄本。登记的目的除上述者外，它还在此间当局面前给了我们一个正式身份，这在我们请他们代表我们参与［此事］之前是必需的”——保护的老主意——“它已经备案并且被认可为实际的财产移交，虽然我们有各种理由个别地移交每件财产。假使原始文件在传递中遗失，则誊清本将与原始本同等有效。”我不知道是否他们想到了他们所更改过的这本杰作会遭到意外，我说不出；总之，他们准备了它会遗失，而还有一份完善的誊清本。下一步就是，契约更改了，从我所得到的报道中，我不能肯定是否由意姆斯先生完成全部更改，或怀特·顾勃尔也有一手在内。我是想这些更改是由意姆斯先生独自做的，我们以后就知道了。

［下略一段，其中法庭并休息了片刻］

勒威特：……

现在，我请阁下看看这些更改是些什么和它的效果是什么。要我按法律来判断，我就要说，其效果是毫无价值——权利是创设的，而不能这样更改的。

郝尔丹：这里有一份上面显示着更改的抄本（递上）。

勒威特：我的朋友郝尔丹先生好意地借给我他的抄本，我也就能立刻提出重要的更改。第一个重要更改在第一段叙事的中段。原来意思是：它“应改组为英国有限责任公司”。被更改成“应移交与”。在第三段叙事中，原来是：“他为毕维克·墨林公司所委派”，更改成“查礼士·阿尔几能·墨林为代理人”。我以为，就是根据这个，他们说我们控告的应该是该企业。而后，在第一节末尾，有一段增加：“关于一切此中同意出售的财产……”

卓候士法官：“以为信托”被删去了。

杨格耳：那个给删去了。

勒威特：“执掌该项［产业］以为信托。”

卓候士法官：它是：“执掌该项［产业］并受［下列］条款。”①

勒威特：那个现在已经没有了。我读给阁下听的信里已经解释过了。那末尾增加的只是关于条约口岸以外的租借。［后来］也有没办。那就是我所称为移交性的更改——没有别的。第二节里，第一个更改又是去掉企业的名字而放进查礼士·阿尔几能·墨林的名字。在我这本子的第二页上，删去了所有关于产业受托人的事。那些字都删去了，“该赫伯特·C. 胡华（Herbert C. Hoover）应作为该有限责任公司的产业受托人来执掌本契约所给与、让与及移交之财产、权利和利益”。这全都没有了。这时其权力只是让

① 按勒威特此间所读者为原始卖约第一节中之一句，法官所读者为更改后之该句。

与，措辞是“按照后列条件与条款”，“只要能以施行，而且一般是按照那些条款与条件”，像他所认为正当的［那样］。我们立刻看出放进这些为的是什么：订一个合同，该合同要给他们在举办［公司］中以随意制定条款的权力——叫他们绝对自由。于是他们删去末尾的几个字。意姆斯先生起初拟草时，他很正当地放进了这些字：“与此同类之公司在组设时所常用的及通常视为正当的那些方法与措施。”他们不满意于正当方法，因而放进了这些字：“该 H. C. 胡华认为正当者。”这可能是什么目的？依此，假使他们的代理人胡华要放进一条最不正当的条款而说他认为正当，就可能实行了。第三节没有更改。在第四节里，唯一的更改就是他们放进墨林先生的名字代替了企业的。第五节是很具体的。按照原来策划，旧股东是由有限责任公司付偿的。这里，他们说由胡华付偿旧股东。这又是同样的意思；整个理论更变了，理由是：他们有一个策谋，要转卖这个合同。我可以宣读所已订立的合同。那就是他们所作所为——出卖这个合同。真的，虽然在条款中，他们没有准备他们一定要付偿旧股东，他们没有保留这整个的一百万镑，而是他们为旧股东准备了三十七万五千股。这比他们实际的合同好些。在第六节里，更改之处也都是要收到这同样的效果。具体的是五和九。旧合同是使公司接收财产；这里，他们改为使胡华做那里所说到的事。它是一份全然不同的合同。第七节没有更改。在第八节里，唯一更改是放进墨林先生的名字代替企业的。第九节有同样的更改。所以，在实质上，更改之点有二：他们取消了所有的产业受托人的事，那是第一点；第二点是，他们使胡华先生成为一个绝对的买主，有权在举办中，从心所欲地处理和获取利润。

卓候士法官：改企业的名字为个人的名字这一点，你怎么说？

勒威特：那个我找不出来。我给不出一个解答。

休士：一开始就是墨林先生的事，而不是他的企业的。

勒威特：阁下，我们已经说到更改过的七月三十日的契约。现在来谈起诉书中申诉文所引述到的两个文件：那是两个署日一九〇一年二月十九日的文件。为了使我的论点清楚，我只要宣读申诉文。

郝尔丹：你有没有确定这些文件是在什么时候办的——在一月份？

勒威特：大概是那时候。请阁下看看请愿书，它是：“宣告该一九〇一年二月十九日盖章的副约有拘束所有被告的力量，并申令贯彻执行该副约中的条款。如认为该副约无如此之拘束力；则下列二者［必有其一］：（a）宣告该一九〇一年二月十九日的移交约是由欺诈的手段及被告或其代理人的欺诈取得的，应予取消，并申令予以取消，（b）宣告被告无权保留该约的权益，除非在这种条件下，即对原告妥行该副约所载之义务并履行［该副约］所列之条款。”我们的案情简单就是这样：他们要求张签订移交约，他坚决地拒绝了，而后他被诱惑签订，在胡华和吴德斯于同时签订副约的条件下，签订了；现在要抗驳的是：为了被告公司的利益，他们可以保留转让契约的权益。

卓候士法官：你现在所说的什么转让契约是一个还没有教我注意的问题？

勒威特：就来了。他们的论点，即如他们自己的主席所表示的，我相信是，虽然他们有转让契约，这个同时［签订］的合同则最多是张废纸。我不知道他们在这里的论点将是什么，但是我们知道他们的公开谈话是如何说的。

第一个问题是他们要张订立什么转让契约。阁下不必麻烦去看原本；抄本就在这里。我很高兴地说，它没有更改过。这个就是他们要张订立的转让契约：[①]“本约立于一九〇一年二月十九日。以开平矿务局，一个在中华帝国天津设有总局的中国公司，和内阁侍读学士、直隶全省及热河矿务督办、帮办关内外铁路大臣及该开平矿务局督办张燕谋，和该局董事、天津皇家海关税务司格斯特勿·德璀琳为第一造，C. A. 墨林的代理人赫伯特·C. 胡华为第二造”——阁下可以看见，企业没有提了，而且他被说成是 C. A. 墨林的代理人——“及开平矿务有限公司为第三造。因前由该矿务督办张燕谋于光绪二十六年五月二十八日札委该格斯脱勿·德璀琳（Augustus Detring）”——那就是“C”。比我想象的更有利。他们在申辩书中完全否认知道 A、B 和 C。我曾指明他们有 A 的抄本，现在从这叙述中表明他们正在叙述 C 所载的授权书。这是一个抵触我自己的错误：“因前由该矿务督办张燕谋于光绪二十六年五月二十八日札委该格斯特勿·德璀琳，授权该格斯特勿·德璀琳成立一公司，资本一百万镑，中外联合投资，以接办该开平矿务

① 即一九〇一年二月十九日之移交约，此间系摘要宣读，全文见第 224 ~ 227 页。其条文前之叙述部分旧译本与原文文字上颇有出入，兹在此间按原文译出。

局的矿地、地亩及其他产业如后所述者（详单附后），并充做该［矿］正当经营及发展所需增加之资金。”现在阁下可否翻回到 C 一下。阁下便可发觉，此间所谈的一百万镑资本是在 C 中完全没有提到的。你在 B 中可以找到谈到一百万镑的地方。我的话也许还要纠正，但我已加探究，发现这一百万镑一定是从 B 来的。他们说了半天他们没有 A、B 或 C。我们知道他们有 A；他们已引述了 C，并且指明，C 陈述了一些他们只能从 B 得来的东西。这叙述接下去：“又为实现该札所授权办理之事，于一九〇〇年七月三十日订立合同，以该格斯特勿·德璀琳为一造，赫柏特·C. 胡华为另一造，同意设立一公司，名为开平矿务有限公司，资本一百万镑，以接收、经理并发展该项财产。又因该公司已依照该合同组织成立，即做为本约之第三造。”我已经向阁下指明，［公司］组成之日，唯一存在的合同就是老合同。成立的日期是一九〇〇年十二月二十一日，已经公认，在一月什么日子——我说不出日期——以前，它还未经更改。所以，如果“依照该合同”这几个字的意思是指原始合同以外的东西，那就绝对是谎话。契约接着下去：“（1）开平矿务局及其董事该张燕谋及格斯特勿·德璀琳，经该赫伯特·C. 胡华同意移交，并由该张燕谋以直隶热河两省矿务督办之资格证实”① ——在这里，双重地位又搬出来了，督办和皇家官员，都和所有这些矿有关。我不再把一些琐碎麻烦阁下了。第二节：“依照该合同，该开平矿务局及该张燕谋和格斯特勿·德璀琳，经该赫伯特·C. 胡华之同意，兹［将下列］让与。”他们于是让与了一些东西。第三节：“开平矿务局及该张燕谋和格斯特勿·德璀琳兹同意，凡属为完成移交已经同意移交的所有财产与开平矿务有限公司而依理需要的一切其它文件及应行之事，均为开平矿务有限公司签署或办理之。”于是，有限公司承受了中国公司所有的善意的负债，并附有清单。那就是他们放在张的面前并要他订立的契约。我想我能确定它的日期。张在一九〇一年二月十六日回到天津，在这天，他被要求签订这个契约，他拒绝了，次日，他又拒绝了，又次日，他仍拒绝了。只是当胡华和吴德斯同意了那个同时［产生］的副约时，他才答应签订它，结果是：事实上这合同在这天很晚的时候才作好；还需要送出去作抄本，直到一九〇一年二月十九日

① 此句未完，下述财产内容。见第 225 页。——编者

晚八时，这个契约和副约才俱行签订。现在谈谈其具体部分。张所坚持的副约是什么？

［以下宣读一九〇一年二月十九日之副约，见本书第一六页[①]］

这个契约是引诱张签订转让契约的唯一原因，因为可以很具体地看到，那个转让契约是完全不打算表示出来的，转让只是公司和张和德璀琳的转让。假使我的报道是对的，证据就很清楚，这样的一个转让契约是与原来的安排完全矛盾的。它只是交割的一部分，当事人也都知道它只是一部分，而且，在胡华和吴德斯订立并且在这契约上签字的时候，他们实际是英国公司的代理人，也是墨林的。法律上的问题有待于阁下以后决断的将是、是否可能假想，移交是在个人或公司签订合同的条件下办了，财产移交给他了，他也保有这财产了，但说，我不理会这个合同。我提供，我也有权［这样说］，那是做不到的。你不能占有两面。

［下略一段］

勒威特：……

现在我说下去。我不懂中国法律，只听说它是中国皇帝的绝对意志，这什么也没有说明；但是，拿英国法律来说，我准备证实这说法：根据这些条款所得的转让，必须履行这些条款才能予以承认。所以，这一点也许是不错，让我们看看他们怎样申辩的。阁下可否看看墨林申辩书的第十四节："总之，被告等业已肯定，并且是事实：在一九〇一年二月十九日签订移交约之先，原告张曾请该赫伯特·C. 胡华与歇瓦里·德·吴德斯（Chevalier de Wouters）签订某项文件，他可以之呈示于中国政府官吏，以便在这些官吏不能明白因该移交约所造成之交割的性质时，他便可以满足他们说，他已充分地保障了中国政府及华股东和债权人的利益；于是该赫伯特·C. 胡华和歇瓦里·德·吴德斯答应了并且签订了副约，亦即起诉书第十二节中所引述者"云云。接着在十六节："被告等否认该赫伯特·C. 胡华与歇瓦里·德·吴德斯，或其中一人，是以被告等或某一被告之代理人［的资格］而签订该副约的，［也否认］该副约是，或被了解是，或有意认为是，一个合同。倘其中有任何表示（那将不予承认的），也仅是一种意图的申述，而该

---

① 见第 227 ~ 228 页。——编者

赫伯特·C. 胡华和歇瓦里·德·吴德斯竟信以为真而已。”公司在第八节里另外有一段辩护。他们说：“被告公司不承认签订了起诉书十二节中所引述到的副约。假使副约在事实上已经签订，则该赫伯特·C. 胡华和歇瓦里·德·吴德斯，或其中一人，不是以被告公司之代理人签订，而是完全未经公司及其董事与知、允许或授权，并且是越权（ultra vires）所签订的。”这“越权”的辩护是不容易成立的。假使公司没有经副约授权而进行交易，则越权是个很好的辩护……

［下略一段］

直至目前，阁下还没有从文件中听到一个字是关于东方辛迪加的。他们在移交上不是当事人；但现在，我即将宣读第一个提到东方辛迪加的文件。他们所承认的文件之一是一九〇一年二月二十八日胡华先生在天津接到的一封电报，电文是：“请接受我们的热诚祝贺。天津华俄道胜银行已受命宣布关于十万镑之事，并通知麦加利银行（Chartered Bank）。我们已电知德璀琳，你和吴德斯已被任为临时总经理。执掌财产以待执事者到达，他们将与佛兰魁（Francqui）于三月四日起程”——佛兰魁先生是不久以后来做经理的一位先生——“暂时，你们有权联合签发支票并作所有必须之布署。东方辛迪加。”这是电贺当事人获得移交，但决不是移交给辛迪加而是移交给英国公司。这里，我们可以看到我以后所要解释的是什么。东方辛迪加装做所有者，汇出布置中所需要的一笔十万镑现款。同年五月二日，有三个合同，可以说明东方辛迪加，和墨林，和英国公司之间的关系如何。

五月二日有三个合同。这一个是在以查礼士·阿尔几能·墨林为一造，东方辛迪加为另一造之间所订的合同：“兹因该查礼士·阿尔几能·墨林将签署一个在同此两造之间的一个合同，并拟署与此同一的日期，以将在中华帝国天津之开平矿务局的财产、权利及经营出售与该辛迪加，辛迪加将在买卖完成之时，将前此根据一八六二年至一九〇〇年之公司条例（英国）组织成立的，有限责任的，有资金一百万镑，分为一百万股，每股一镑，悉属同一等列并享有相同权利与优先权的，以取得开平矿务局之财产、权利与经营为目的那个公司的五万股全部股金缴足的股票，因该合同而分派或过割给与该查礼士·阿尔几能·墨林或其指名人，以便他分配给因经纪或参与而使该查礼士·阿尔几能·墨林得以获取一个将开平矿务局之财产、权利及经营出卖与他的合同的那些人。”这是举办中的第一步。这是讨价还价。墨林先生为了要引诱他签立辛迪加合同，要求订立这个前约，有了这前约，他便有五万股好去分配。那个合同是签字了，墨林先生于是在同一天进行和辛迪加签立合同。在移交中没有一个字提到这些；没有建议过以一百万股票为报酬，双方的唯一文件所提到付给旧股东的只有三十七万五千股。

现在，墨林先生反订了这个一九〇一年五月二日的合同，以查礼士·阿尔几能·墨林为一造，东方辛迪加为另一造：“该查礼士·阿尔几能·墨林应享有之利益（1）一九〇〇年七月三十日和中华帝国天津开平矿务局所立合同，以收买该公司财产、权利与经营，其副本已列入附件一。”原始［合同］在什么地方？我没有这附件的抄本。我要把这事弄得很清楚（文件递与陪审官）。

郝尔丹：这是最后在一月里签订的那个。

勒威特：这附件不是原始合同，而是在一九〇一年更改过的合同。我要得到那个。我听说附件没有抄出来。

卓候士法官：没有，这里我没有看见什么第一附件。原始合同在什么地方？

勒威特：我有学问的朋友郝尔丹给我看过。很明显地它是七月合同的更改本。

卓候士法官：你说附件一就是那个更改本？

勒威特：是的，阁下，它一定是的，因为，否则他们就会让企业做当事人，因为企业原来是当事人。在这个合同里，企业不是当事人了。其次，（2）引述到另一个在这次诉讼中没有发生的问题的合同。我可以把它都读出来，假使我的朋友希望那样。第（2）是这样：“为裨益于办理募集资金用以发展直隶、热河各矿事务而由该各矿之督办于一九〇〇年七月二十五日手自签押之文件，其副本已列入附件二。”那个，我有一份抄本。但其具体的部分是：它不包括在这次诉讼中的煤矿。在第二页的末尾，是这些字：“其现由当地矿主所经营者及开平矿务局、建平公司和承平公司所经营者，都不认为是他的抵押之一部分，但在本借款期内，不经你亲自的允许，该省诸矿与矿产权（在原地者），都不能让与外国人，亦不得用外国方法或外国机械经营。”我没有拿这条来麻烦，因为：已明白表明，开平矿务局的矿物地不包括在所叙述的合同里。接下去："该查礼士·阿尔几能·墨林同意将该合同[①]之利益照下述价格及条件售与该辛迪加。双方同意如下：(1) 该查礼士·阿尔几能·墨林应出售，辛迪加应收购该合同及该查礼士·阿尔几能·墨林所应享之全部利益如前所述者。(2) 此项收购之代价为以股金缴足的七万九千五百股每股一镑的辛迪加股票分派给该查礼士·阿尔几能·墨林或其指名人。(3) 辛迪加之收购，应认为系已经充分注意了该合同的全部内容及其所列的全部条件与义务，并应认为截至购买完成之日，该项有关之全部条件与义务已被遵行并完成，辛迪加对之并应不持任何异义或要求。(4) 由于分派该项股金缴足之股票与该查礼士·阿尔几能·墨林，或其指名人，以为收购之报酬，该保证及事项以使该合同及其全部利益得委交与辛迪加，并在合理要求时，给予充分便利。"其次："对辛迪加之保证应有一契书"云云；就是这些。所以现在，我们知道辛迪加在五月二日从墨林先生那里买了两份合同；有一份就是我们所要谈的。[②] 当然，只要胡华先生一天是产业受托人，墨林先生决不能出卖那第一份［合同］。但是事实上，在该合同由于产业转让给英国公司而完成之前的大约两个月内，合同显然不想在那时出卖。移交的日期，我读给阁下听的是二月十九日。三月整个过去了，四月整个过去了，却在五月二日这一天，两个多月以后了，他们才进行了这个形式——我宁可叫它做滑稽剧——把该合同卖给辛迪加。

郝尔丹：关于这一点，我的朋友不大正确。还有一封一九〇〇年十二月十三日的信哩。

勒威特：我的朋友无疑地是对的，我没有看见它。它不在我的文件中。他们的供词在星期六才呈上去，而我没有疑惑我的朋友有许多我所没有得到手的文件，我接受他的声述，但我在这里只是说，我所得到手的文件，就是这份正式合同。也许有我所不知道的非正式的。这个显然是在实际移交与公司之后两个多月作成的，而且它给下面一个合同种了根，使公司为这些财产付出一百万镑。

郝尔丹：这里我们有一个一九〇〇年十二月十三日的正式合同，它是有

① 以下所称墨林卖与东方辛迪加之"合同"二字，均系用复数，即前叙墨林所有两项利益的两个文件。

② 指第一个合同，即开平矿务局之卖约，下面所说者也指此。

效的合同。条款都没有更改。你最好现在读读它。

勒威特：我立刻回答，你不能够，因为在那时候胡华先生是产业受托人，他不能够出卖。那时也无可出卖的；他是产业受托人。

郝尔丹：这个合同给予我以条件，使我可能理解下面那个由适当的当事人在中国如期订立合同。

勒威特：一个纯粹有条件的合同。我的朋友在谈到它时一定会得到它的便利的。

郝尔丹：原始文在这里。

勒威特：以后会说到它的，我没有怀疑。有许多文件我没有看到。我希望在审判终结时我们可以知道全盘事实。现在，已谈到这里，我该谈谈同天的第三个合同了，这个在东方辛迪加与被告公司之间［所订］的合同："本合同作于一九〇一年五月二日，以伦敦东方辛迪加有限公司（以下称辛迪加）为一造，伦敦开平矿务有限公司（以下称公司）为另一造。辛迪加享有与中华帝国天津开平矿务局为了收买该局财产、权利与经营所订的合同之利益，其副本已列为附件。"附件就是我所称为更改后的七月合同的抄本。"辛迪加已同意，按下述价格及条款将该合同的利益卖与公司。"［下略数行勒威特之解释］它接着；双方同意如下："1. 辛迪加应出卖，而公司应收购该合同及辛迪加所应享有之全部利益如前所述者。"（业已实际移交）其次："2. 此项收购之代价为以股金缴足的九十九万九千九百九十三股每股一镑的公司股票分派给辛迪加，或其指名人，另付还辛迪加前为公司登记费所付之现款二千五百五十一镑五先令。"这是我的第二点。我说那不能成立——以一百多万的价格伪装出售、伪装转让；它不可能成立。公司不能在那时候装着在张大人的原安排之下作移交，我们将要求从被告那里追回那超过付给旧股东三十七万五千股之外的购价。

［下略一段勒威特与休士等因程序问题而发生的争论］

勒威特：现在，这个合同进行到第三节了："公司之收购，应认为系已经充分注意了该合同的全部内容及其所列的全部条件与义务，并应认为截至购买完成之日，该项有关之全部条件与义务已被遵行并完成，公司对之并应不持任何异义或要求。"这是一个很严肃的形式，其实，对他们说起来，他们已在两个月以前就完成他们的买卖了。其次，第四节："由于分派股金缴足之股票及偿付该二千五百五十一镑五先令与辛迪加，或其指名人，以为收购之报酬，辛迪加及所有其他必要的当事人（假使有），应由公司负担费用而完成并作一切保证及事项将该合同及其全部利益妥交与公司，并在合理要求时，给予充分便利。”这就是那老合同，它完成的时候，移交已经两个月了。其次：“（5）移交与公司时，应由公司与辛迪加及其他必要之当事人［立］有一个契书，以为实行并遵守该合同所载之条件条款之用，而在辛迪加或任何必要之当事人须实行并遵守者，并以为保障他们和他们的财产实行不受任何损失之用”云云。其次：“（6）售购之事一经完备，辛迪加即自此以后不再享有该合同的利益，而该合同即被视为原系直接由该中国公司与伦敦公司所订立者。”对这一点，我想他们很该同意，在他们已经到手一百万的时候，它应该当作是直接在二者之间所立的。我一点也不能抱怨。

事情已谈到那时了。我们有主要的文件，可以说明这事情是如何发生的。

下一步是：他们最初是想试着执行他们的合同，而那位吴德斯先生也确实签立了一些章程，同意在中国有一个独立的管理权。我所引述到的章程是在一九〇一年六月四日签字的。假使阁下愿意看看这些签字，签字的是德璀琳，吴德斯和两位中国先生，严复和梁诚，[①] 他们两人都是公司董事。但这又被否认了，虽然吴德斯订了这些条款，我以后要把他自己的信读出来。简言之，他怕和我们争吵，他签立条款和我们闹着玩，他知道它们不会拘束住他的东家的。这些就是所同意的章程：

［下宣读光绪二十七年四月十八日的开平矿务有限公司试办章程，见本书第一九页；[②] 中文本与英文本不同之处，均经注明。——编者］

我现在打算给阁下读一封我们从对方得来的信，是吴德斯在一九〇一年七月十四日写给董事们的。它说：“佛兰魁先生”他就是被派去的那位先生，“已告知你们关于我和胡华先生如何费尽心力，接收开平矿务有限公司的全部管辖，并尽可能避免中国人干涉。你们业已知道副约——绝对无价值的——我们不得不在二月十九日签订它”。这是这位先生自己的看法，“我们不得不在二月十九日签订它”。为什么他们不得不签订它，因为他们知

① “开平矿务有限公司试办章程”，系由严幼陵、梁镇东二人签字。严幼陵即严复、梁镇东即梁诚。此间所用为“Yen Fu and Liang Cheng”，后文又有作“Liang Chang”者，谅系笔误。

② 见第 229 ~ 231 页。——编者

道，假使他们不签订副约，张就绝对拒绝签订移交契约，“你们也知道在什么情况之下我们被迫着接受德璀琳先生加入临时董事部。在协商开始时，墨林先生便已答应张燕谋，中国人在新公司中将继续享有权利，我对那个没有反驳。胡华先生——你们请他详告我开平之事的——从一起初就说，东方辛迪加已知道并且认可这事”。胡华先生是这样告诉他的。“我们只是一步一步才变成了主人。张的抗拒，为德璀琳先生所撑持着，主要是由于想保证他们本身得到我适才所说的默许。每一天都有一步进展，现在我们要斗争的已不是不良的意志，而是中国人的天生麻痹，和在一个战乱的国家内管理上的困难。当以临时证券换取旧股票后，我们就会更有力地向前进展了。”这就是他们要做的事。“二月十九日的契约虽已立即在英国领事馆登记，但我们必需不断奋斗以获取每一块地亩的有效过户。就是在这奋斗中，才使我签了那个文件，其副本附上。”那就是我所读的那些条款。我只是凭着实据得到它的；我没有附着的副本。“你们一定觉得它很可笑，但是注意地读下去，你们就会看出，若以你们给银行的、指名胡华先生和我签署支票的电报对照着，它就没有什么可以拘束我们的了。”这是老一套，我说，他们和我们闹着玩。“相反地，它容许我们设置一个没有实权的董事部，其所作决议我们都可以不理，但是，它给中国人留了面子，并保证给我们在这天朝帝国所不可缺少的当地的支持。张没有坚持要胡华先生在这文件上签字。我想着，在这样一个古怪的文件上——你们也许会在必需时否认它——签字愈少愈好，我也就没有提出这个问题。”我想他倒是很聪明。“张所选定的中国方面代表，第一个是德璀琳先生，他给他的名义是中国董事部主席，然后就是两位道台，严复和梁诚。”接着他描写这几位先生，而后在再下一节中说：“即使我签的文件被认可，这几位先生的委任也是绝对非正规的。他们的委任，照张自己的愿望，应该在大会上由股东决定。他们却自以为已经就职，他们既无害于我们，暂时让他们幻想下去，对我们还是有利的。用一点权术，经理方面可以顺利地进行到明年年底，这是中国人自己规定的树立公司正式制度的期限。它还更有便于使纯粹中国式的管理变为欧洲式的。”我们可以知道他们一贯的谋划了。“我唯恐所有这些妥协将使董事部不快，但我希望他们能了解——有如佛兰魁先生自到中国即能了解者——我们的处境是多么微妙，假使我们不极端谨慎从事，便会在中国人之间掀起一次大风潮，由一些忌妒的欧洲集团支持着，可能危害了整个的事业。即无论如何将给我们无数的麻烦，来一次罢工就会给矿里造成不可计算的损失。现在，如我所说，事情都很安静地进行着。胡华先生和我行事都很如意，通知中国董事部的只是一些让他们知道也无妨的事，必要时，就决然进行而不理他们。我们正在一点一点地分别登记由于领事馆无数例行手续所耽延下来的每一件契约，又须处理具体困难——契约之已经销毁或遗失的需要补办，缺乏计划，等等。在任何事业中都属必需性的而这里就是这样过了二十三年，没有任何真实的帐目或管理。”下面一节不重要。我读它是为了表明——无疑地，我们从吴德斯先生在证人席上，将听到更多他们如何有意欺骗和玩弄“中国方面”[的事]。

我们还有另一件文件，一封佛兰魁先生在七月二十日写的信：“胡华、吴德斯两先生各交给我一九〇一年六月四日所订管理规则的副本一份，兹附上（第一号）。”那就是和前面一样的文件：“你可以看出这文件仅由吴德斯先生签字，很显然在他的权力中他没有资格作这些安排。吴德斯先生签署这文件时，很清楚地了解他没有使开平矿务有限公司的董事部受拘束。”那就是他们自己的描述了：“像他这样做了——并且是和胡华先生协商的，是为了使许多有利于公司的问题得到解决。章程的主要条款是由德璀琳先生拟的，一经签字，张即委任德璀琳先生为‘中国董事部’主席。胡华先生在仔细考虑这问题之后，认为董事部必需立即提出对于这个由中国人作成的章程的意见。所以他向董事部建议，给煤矿督办和我们在上海的律师顾勃尔先生寄一封信去，信的副本附上（第二号）——而吴德斯先生却准备建议董事部直截了当地批准这个章程（见所附上的他的信，第三号）。显然，这[两位]开平董事给我们的建议完全不同。一个过分从中国人立场看事情；另一个只从欧洲人利益着想，仅求令后者满足。我的意见是，开平矿务有限公司董事部不可犯其中任何一个的错误。事实上，如照胡华先生建议，事先宣告这章程不能予以接受，将是一个错误；另一方面，如照吴德斯先生[建议的]，好像是要求不加限制地赞同原章程，就是更大的错误了。须注意中国人的意思，第二条所讨论的股东会议一定要在中国举行，由张亲自主持。我宁可劝董事部只是承认收到了这章程‘提请核准’。”那是给董事部的劝告。于是：“在我接到你们六月二十五日电报中所说要寄来的处理计划，领会了你们的意思和中国人的心情时，我便能够拟出一份精确的处理计划呈交你们。此刻，我们还是继续做我们现在做的事，那就是说，我们采取——不经中国人同意——所有必要的手段保证这企业的稳步前进，限制我们自己不向德璀琳先生提起那些除非是他知道了也没有什么不方便的事。最后，要紧的是：在张燕谋在欧洲停留期间，应避免谈论中国董事部的事，每当他提起，话题便应该改变。”这些不是我的话。这是他们自己的话。事实上其原因是：由于德国公使被害而向德国皇帝道歉时，［张］大人被派出来了。［张］大人是来照管派来的中国王爷的。所以他在欧洲。在一九〇二年年底，墨林先生带着股票来了。所有中国股东都分到了不记名的股票。

［下略］

英公堂判文*

——一九〇五年三月一日——

法官卓候士[①]判曰：此乃张大人及天津之中国矿务公司控告墨林等之案。该矿务公司，本官今特名之曰中国公司。张大人请将案中所谓一千九百零一年二月十九号订立之副约（其实订立之期乃在数日以后），责令被告照认，并将约中所载各节，请令奉行，若不如是，则案中所谓一千九百零一年二月二十九号所立之移交约，即系由骗得来，理应谕令作废；又谕令被告等如不遵照副约所载各节或本公堂所谕办理，则不得享受上文所说之移交约之利益；[②] 此外原告又索赔偿。

查移交约由顾勃尔[③]办稿，文用英语。顾勃尔乃上海之讼师，特请前赴天津办理此事。该约系用合同格式。立约之人：一为督办直隶全省及热河等处矿务大臣、中国公司督办张大人及德璀琳，一为墨林之经纪人胡华，一为

---

* “英公堂判文”系旧译本，见于开滦旧档。文系意译，与原文词句段落均不同，但意义无大出入；兹再根据原文将重要之处加以注释。“公堂”系英皇家法院高等法院（Royal Court of Justice，In the Hight Court of Justice，Chancery Division）。

① “法官卓候士”Justice Joyce。

② “即系由骗得来”，原文系“obtained by the fraudulent representations and fraud of the Defendants or their agents”。又此段原意为：“或则宣告……移交约……应行作废；或则宣告……被告等……无权享受该移交约的利益。”

③ 顾勃尔，White Cooper。

被告公司。

约中述及一千九百年七月三十号所立之合同（此合同本官随后再提），并作为按照该合同订立，将中国公司产业移交于被告公司，而并未载及给价值。惟订明中国公司一切责任均由被告公司担当；如因该项责任而有损失之处，被告公司亦为补偿。

移交约中所说产业系何种物件、大小若何以及价值甚巨各节，本官可以一千九百零一年七月十七号特别会议时中国公司之总办宣说各节而论之。

立约各人，张大人为最要紧之人。张大人既不谙英语，自于英国之公司法律以及英国法律皆所未晓，故该约译有汉文。汉英两稿，除被告公司外，其余各人皆经签押，并盖有督办该省矿务张大人关防。既盖有该关防，即系中国政府代表，且盖有中国公司之印，是该约为合法。

签押之地，在中国天津；约中所载之产业，亦在是处。在中国国中凡可以搬移之产业，若按照该约，是否按业主所住之地方之法律而论，本官不知，然窃以为未必如是办理。

今按英文约中第三款载云：开平矿务局暨张京卿燕谋、德君璀琳今允开平矿务有限公司，凡于移交全产与开平矿务有限公司所需文件及应行之事，均必署名签押等语。中国律例于此各节究竟若何，并未告知本官，本官虽谓此层须申辩明白，而两造皆未申说及此。

查移交之事煞费议论，所议论者，乃要将中国公司改成外国公司。[①] 该中外公司，即在中国议办。其用意所在，以当时北方拳乱猖獗，地方不靖，照此办理，可以保全中国公司产业，并得招进洋股，以便大兴矿务。

议办此事之人：一为墨林及其公司；一为督办矿务张大人及中国公司；襄助张大人商议此事者，有德璀琳君，在华多年，在中国海关曾任要差。

商议之始，凡中外公司应如何设立、如何经理各节，即经张大人一一条议。而新公司股本须一百万股，每股一镑；又此一百万镑中，须提出三十七万五千镑交与中国公司旧股友，作为公司产业之半价。惟中国公司之债款，虽亦移交新公司，然老股友仍须担认。凡此各节，初议时亦皆计及，而详切订明也。

---

① “改成外国公司”，原文直译为：“为了将这中国公司改组成一个我将称之为英—中公司者，在英国成立。”

此外须立二部：一在中国，一在伦敦。产业之在中国者归华部经理，张大人仍充督办，管理一切事务。

今查被告公司[①]于一千九百年十二月二十一号，经墨林被某东方公司在英挂号。墨林与该东方公司，于此一事，彼此颇有往来，故创立新公司一事，墨林遂转付于该公司。本官且以为墨林并将如何集股、如何经理新公司之处，一概交与办理也。

照东方公司所立之办事草章而言，其最要之著，欲将谋公司所立之办事细章第三款所开之合同，酌量变通办理。查该款载云："该公司即欲按照草约订立合同。该草约已经签画办事细章之股友两人写有暗号，以便别认。除略有更改外，本部即将施行"云云。

查此草约于审讯时并未呈交出来，恐亦不能呈交出来，此实事之可异者也。如果有此草约，本官亦不知此约何似。

当商议之初，在一千九百年八月间曾订立一合同，即本官上文所说之一千九百年七月三十号之合同。该合同作为中国公司之代表人德璀琳将中国公司产业移交于墨林之代表人胡华之据，并载有胡华应即将该产业代拟立之新公司抚有经理等语。

该约虽经被告及东方公司之代表人如上海讼师顾勃尔等迭经催取，德璀琳亦在旁为之进言，而张大人始终以约中未将所订新公司应如何设立如何经理各节详切载入，不允照办。就今而论，其不允也实属见事明亮。且当时呈送之各文件，张大人亦以为俱不足以保护彼之政府及彼与股友等之利益。彼之所见，亦属甚是。而所订定筹给老股友之三十七万五千镑应如何给付之处，本官今亦知约中遍未载及也。

张大人与东方公司及被告之代表人商量此事，计有四日之久。前日录取胡华口供时，胡华亦认曾经恫吓张大人。[②] 其所供各节，本官今亦不必全读，阅堂讯草底第八十页、一百六十四页、三百零七页便知之矣。

---

① 此句依原文为："被告公司于一九〇〇年十二月二十一日注册，注册系由墨林，或一个与墨林有业务关系的东方辛迪加（Oriental Syndicate）办的；他并将组织公司一事，我想还有如何集股与经营之事，以某种方式，交给了它（东方辛迪加）。"

② "曾经恫吓张大人"，依原文为："胡华，如其自己所承认者，甚至对（张）大人使用了种种威吓（Threats）。"

张大人既不肯将移交约画押,[1] 顾勃尔即谓所议各节当另文订明，此即本官前所谓之副约。此事亦经再三议论，张大人方乃允可。并经该代表人等详切告知，谓议行各事均以副约为主，约中所载各节，立约之人均一律奉行勿违。因此切实之言，张大人始肯与墨林之代表人胡华及吴德斯[2]（想系东方公司及被告公司代表人）等，将该副约之汉文与德璀琳一同画押。如果可以作移交产业论，则此副约实为移交一事最要之关键。[3]

在签押时，在场之证见，即为上文提及之顾勃尔。彼乃墨林公司及东方公司之代表人，移交约与副约皆彼为拟立。

自此案争执事起后，德璀琳于一千九百零二年七月二十五号代原告张大人将所争执各节函告上海顾勃尔讼师行，因该行系被告公司之讼师。一千九百零二年七月二十五号该讼师覆函云：（本官不必将全函宣读）“因欲维持君与张大人之利权，是以订立副约。移交约亦同日订定。胡华与吴德斯皆以为该约乃两造遵守之约，而为移交公司产业之先著。既如是，则副约所载，自必奉行勿违。惟君与张大人现既有不满意之处，本行当即将本函抄录一份，下次邮期届时即行寄交伦敦部，听其酌夺办理。君之所索各节，如不允从，则于公司大局，必大有妨碍各等情，亦于致伦敦部函中提及之矣”云云。

今听胡华口供，似胡华亦有此意。吴德斯则谓彼之签押副约者，以约中所载无他，皆已定之事耳，此说亦是。

此案所议各节其应如何办理之处，皆以副约所定为本，审讯时两造并未力辩其非。而该约亦为后日移交中国公司之先著，亦两造所深知。原告索偿说帖之中，谓副约并未奉行；被告申辩说，帖内舍而弗提；审讯之时，于此亦未见大有争执：是索偿说帖中所载副约未经遵行一节，显系确有其事。

且就所听供辞而论，被告公司已占有中国公司产业，并谓按照移交约彼固应得而有之。然至此案开讯后，彼迄未认副约，约中所载，彼亦不肯奉行。读一千九百零一年三月二十二号胡华信，知被告公司之所以得有中国公

① 此节与原文略有出入。直译为：“最后（张）大人勉强地被引诱（induced）同意顾勃尔的提议，即他由于在移交约中未曾写明而拒绝签字的那些条款，应载于另外一个文件即副约中……或与移交约同时签字。”

② 吴德斯，De Wouters。

③ 此句依原文为：“真实地说，我觉得副约的签订及其条款，不但成为转移（如果是转移的话）所述财产的报酬中的一个实质部分，而且是一个基要（essential）部分。”

司产业者，乃用强劲手段。审是，若准被告公司享受中国公司之产业，而不担副约之责任，藉口于胡华、吴德斯无代表之权签画此约，或托词于非将被告公司更立，则约中所订各节万难奉行。夫若是，其如公理何？且不啻明准失信之事矣。本官以为无论何国法律，此种失信之事，皆不能放纵也。

按照英国法律：凡购买产业者，虽已得该产，然若不能行其所订之事，则该产仍须交还。如欲援案以为证，有大法官霭尔敦所断梅克尔雷思控告赛挨孟一案之判文云："无论为法律、为公理，一人如欲他人奉行一约，彼虽不为签约之人，当先自奉行该约。"今本官如欲秉此理以办理此案，应将移交约及副约两项不作两件看，而作一件文件论。①

虽然，被告人等终不以原告所言为然，于是原告遂起而与之争执而兴此讼案矣。

审讯之时，被告墨林与被告公司各递申辩说帖一，所辩各节，似可不必细提，然皆经本官披阅，所争各节俱无甚道理。至后张大人与德璀琳一同来英，以便本公堂质讯此案，本官以为被告于此必大失所望也。张大人口供录取后，复经被告律师鞫问德璀琳亦如是。而鞫问德璀琳时，本官曾问一语，因此一语，被告公司之律师即谓彼等于副约一节并无争执，此乃第一次听见此语。供词既已录取，而彼忽为是言，欲望讼事有成，本官实不敢信。于是彼乃举法学以难原告之案。嗣后墨林之律师亦见其申辩之难，几欲谓副约一层彼亦并未争执不认也。

今就本官所见而言，② 无论该副约与移交约视为一件文件与否，要非为本官可所勒令奉行之合同。欲径行勒令照行，本官无权；而原告如欲控告被告人等索讨赔偿，恐原告亦必大有所为难。

---

① 此句依原文为："我想，必要时，在此情形下，将移交约与副约视为事实上是一个文件。"

② 以下为判词主要部分，依原文直译如下："我不以为此副约，无论是否与移交约在一起，形成一种合同，依其性质本法院可以命令执行者。我不能直接命令其实施；我想原告若坚持对任何被告要求赔偿之执行，必大有困难。但我认为并宣判，一九〇一年二月十九日之副约对被告有约束力——现在，勒威特先生（Mr. Levett，按系张翼的代理律师），你可依你自愿采纳或不采纳下面另一宣判——同时，被告公司过去和现在都无权取得或保有或管理移交约中所述之财产，或其利益，而不同意并执行副约中所订之条款与义务。换言之，我意除非在一合理时期内副约中之条款与义务被同意并执行了，本法院应尽其所能将移交约中之矿与财产还交给原告，必要时或可以谕令制止被告公司、其代理人及雇用之人保持其所有。因此原告在本案中之主要部分是胜利的，我意他们值得他们所付的代价。"

本官判得一千九百零一年二月十九号之副约，应当遵守奉行。又判得被告公司若不按照副约奉行所载各节，则自今以前及当今之时俱不得享受移交约所说之产业及其利益。是即谓本官意中，如副约所载各节不能于近情之限期内奉行勿违，则本法堂当尽力而行，将矿产及产业收回交原告。如出于不得已，亦或颁发谕单，禁止被告公司及其所用之人等享受该项产业。是此案中最要之争执之事，今判得原告得直；其所需讼费，即应由被告筹给。

本官今拟进论赔偿事。

查被告公司创设于一千九百年十二月二十一号。每谓按照一千九百零一年二月十九号所立之移交约，系按一千九百年七月三十号所立之合同办理，该公司得享受中国公司产业。

然按一千九百零二年五月二号东方公司与被告公司所订之合同，东方公司诈将一千九百年七月三十号所订合同之利益，售与被告公司，得价九十九万九千九百九十三股，是即由分给东方公司之一百万股内提算。此外又给与英金二千镑，盖被告公司挂号时东方公司曾化费此数也。

一千九百零一年五月二号所立之约，似于是月二十五号被告公司会议时，盖印签押。

会议之际，分给墨林五万股；东方公司十五万股；中国股友三十七万五千股，此股友乃即所谓老股友；此外又给与东方公司指派之人四十二万四千九百九十三股。此事实属离奇。所有股本，除去七股归签画该公司办事草章七人外，余剩之股，即为该四十二万四千九百九十三股。如本官记忆不差，此四十二万多股，并未于该公司详细节目外载明银已交足，然我知彼等却作如是想。此种办法，无怪原告前往责问："如上文所说之五万股又十五万股统共二十万股为酬谢劳设立公司起见，则又何为而给与东方公司指派之人四十二万四千九百九十三股。"本官欲求其故而不得。

然就审讯时所得之实情而论之，似所谓被告公司亦被骗去四十二万五千股者，盖非无因。而应得三十七万五千股之中国股友，遂因而大受亏损。此三十七万五千股之价值，并未虚有其名，皆系实在，且卖时高出原价。今原告云此项股票价值以被告等擅出以上各股票遂致大减，此说本官亦以为近理也。

据被告等云：彼之所以分去二十五万股者，以格外酬谢五十万镑股票。此五十万之款，以借票作抵，惟出借票时并未与中国股友说明，原告则答以不必出借票若是之多。查所筹之二十万镑或二十万镑左右，并未用去，尚存在被告公司往来之银行，如须用此款，本可取而得之，无害于各股本。据本官所知，股票并未开市，不过创立公司之人，将此分肥，并分赠各友耳。该友等我想尚执有此等借票并所谓银两交足之股票四十二万四千九百九十三股，其实各该股皆未交足股价也。

一千九百零二年五月被告公司总办之办理一切情形，本官虽不敢自以为已经一一叙明，然甚以为非常离奇。彼等所办各节，亦未彻底根查。均［总］而言之，此事创设之初，既未妥贴；今欲改而正之，本官亦殊有所不能。

出卖所谓银两交足之股票案中，谓为并未经股友核准，其所以说此者，意盖重在索偿。墨林既出卖此项股票，中国公司老股友之股本三十七万五千股即因而受损，索偿之故，即本于是。

就本官所见而论，如此事可以归同本案办理，则所索偿者须以不守副约为词，副约确由墨林代表人胡华签押者也。虽然，副约之中并未订明墨林不得筹集银两交足之股票，亦未订明彼即为正用或为实在好处起见，亦不得筹集该项股款。则今彼之妄用此款给东方公司，原告如何可以径行前向墨林责问？是即谓原告之以被告公司总办之妄为，或以东方公司即创立被告公司之人之妄为，因而受有亏损者，本官不能责令惟墨林是问也。

虽然，将来被告公司如欲兴讼，凡人之为创立被告公司，或为筹集该项银两交足之股票，或为该公司或该总办等所办各事，欲控告各被告者，俱不得以本官今之所断而听断有偏。

当开讯此案之时，原告律师曾请将索偿说帖酌改，本官当即应允。其所改之处，阅说帖印本便见。嗣于第十三次堂期，各供录取后，墨林律师正在结叙案情时，原告律师又请酌改索偿说帖，谓德璀琳为一千九百年十一月九号墨林致伊之信所骗，因允从某某更改之处。其实竟将本官迭次所说之一千九百年七月三十号所立之件，重行订立。至如何有此更改之处，非一言两语所能尽。虽将来或有以此为极关紧要之一日，然于此案尚未十分关系。且本官又以为此更改之处，既未与被告公司先行言明，则此亦不能遵守。若谓原告等因此受损，本官亦不能以为然；且两造今亦未尝争辩，谓此更改之处必当遵守也。

又原告律师请酌改索偿说帖中，又谓张大人之所以肯立一千九百零二年二月十九号移交约者，亦为一千九百零一年二月十号胡华致德璀琳信所骗。

但胡华非为被告，乃为墨林之代表人。读所改之索偿说帖之第十七段，即知非将副约判令作废，则索偿一节是否要办，本官未由深悉。如副约责令承认奉行如今所定，原告等亦何得谓因张大人立有移交约而遂受有亏损乎？

总之，酌改各节，本官理应允许。但将来原告人等如以上文所说两信中有诳骗情事，因而欲再控告，则不得以本官今日之所断，而有所偏听也。

又张大人因以失去优差因向被告索偿一节。其所谓优差者，本官想系指未照副约仍给与华部督办权利，一如一千九百零一年二月十九号彼为中国公司督办各节而言。然我不知张大人非仍为中国公司督办也。如欲此索偿之事可以有理由申说，当以不守副约某款而言。况又有为难者，如判给赔偿，则将与本官所判承认副约一节，不能并行不悖。

本官既经判令承认副约，则副约所载各节，自当一律奉行；否则被告公司即不得享受所争产业。账目或须查对，而被告公司所费之款，凡非取给于矿利者，亦或可以照还。至副约各款，如不肯奉行，或故宕延时日，则应如何赔偿之处，我今姑不论，俟本官今日所下之判文之结果如何而后再议。

原告堂费，由被告公司付给。被告墨林既为控告公司案内必须到之人，而审讯将毕之时，其一切办法以及其一切举动情形，又此案堂费因其有此举动、有此办法而大增，凡此各情，今为一并计及，墨林等应自给堂费。

本官现尚有一言宣告：本官审讯此案各情，查得张大人绝无有失信义之处，亦绝无不端之处；至于被告一面，有数人我不能告以此言也。

英上控公堂谕帖*

——一九〇六年一月二十四日——

原告为张大人燕谋并天津开平矿务局

* “英上控公堂谕帖”系旧译本，见于开滦旧档，其前注明：“查张翼原译之谕帖，华英两文不符。左列之谕帖系按照英文谕帖译成华文。”按此译本系意译。所谓“上控公堂”，原文为“In the Court of Appeal Ⅱ”，并非英国之最高法院（枢密院）；此谕帖之裁决人为杰克逊（Mr. Jackson），称“注册人”（Registrar）。又此译本第三段后节“本公堂之意……”为谕帖之主要部分，兹直译如下：“本公堂之意（此意为原告律师所承认），按照该副约条款之构造，并未给与或有意思给与原告张燕谋以督办（Director General）之权，或彼可以以此职位行使超过依照被告公司组织章程之条款所能有效地给与一个该公司执行董事（Managing Director）者之权。”

被告为墨林、毕威克墨林公司并开平矿务有限公司

此乃上控西历一千九百零五年三月一日按察司卓候士所判之案。由被告墨林被告毕威克墨林公司并被告开平矿务有限公司之律师，于西历一千九百零六年正月十六号、十八号、十九号、二十号、二十二号、二十三号及本日在本公堂辩论。兹就原告各造律师所论各节及原断判词，详加察核，发给谕单如下：

本公堂谕令西历一千九百零五年三月一号之判词，除关于存堂款项及各项单件外，应行更改如下：

本公堂宣示一千九百零一年二月十九号之副约，被告墨林、被告毕威克墨林公司及被告开平矿务有限公司，皆应遵守。本公堂之意（此意为原告律师所承认），按照副约之真实解释，张燕谋应得之权，不能过于该公司遵照注册章程给予董事兼总理者之权。此外该副约中并未给予原告张燕谋督办之权，亦无给予此权之意，而张燕谋亦不能实行此权。

故本公堂谕令原告因被告墨林、被告毕威克墨林公司违背副约等一款所索之赔偿，应不照准。

本公堂谕令被告开平矿务有限公司应付此案之讼费，俟收费员酌定后照数给付原告。惟将来被告开平矿务有限公司或他人如有因创立该公司事，或发给股票债票事，或该公司或其各董事所办之事彼此控告者，均不得因此次判文有所妨碍。又原告各人如有以西历一千九百年十一月九号墨林致德璀琳之信或西历一千九百零一年二月九号胡华致德璀琳之信所言不实、无论是否有意欺骗、另行控告者，亦不得因此次判文有所妨碍。

本公堂谕令原告暂不得上控墨林与被告毕威克墨林公司。

本公堂之意，西历一千九百零一年二月十九号之副约所载条款，被告开平矿务有限公司已经违背，原告是否因此受有损失，特此谕令调查。

本公堂谕令将来调查损失之费，如何担任及由何人担任，统俟将来再定。

将来调查之后，两造均可呈请本公堂宣示所查结果及其用费等事。

本公堂之意，此次上控两造所用讼费，理应各自给付。

五

滦州煤矿的设立

札饬官银号招股筹办滦州煤矿文*

——光绪三十二年（1906）十一月初二日——

袁世凯

为札饬事：

据关内外铁路总局详称：

窃照职局于本年九月初四日奉宪台札："据工艺总局禀称：'中国煤矿惟开平为最著。查前准造币分厂移送石佛寺地契，该处矿苗甚旺，曾派矿师往勘数次，其南北二三十里，如无水庄、白道子、马家沟、半壁店等处，苗线相连，随在皆是。若就该处一带，择地开采，确有把握。如蒙允准由职局主持筹办，拟一面派员会同滦州添买地亩，一面从前开平所用华矿师妥拟办法。至成本银两约需百万，若先尽开平现有之华股东附入，人必乐从；此外再由官商合筹，尚不甚难。理合禀请示遵'等情到本大臣。据此，除批：'据禀已悉。查前据矿政调查局来

* 此札系以"钦差大臣、太子少保、陆军部尚书、都察院都御史、办理北洋通商事务、直隶总督、部堂袁"之名义发出，下数札亦同。据《北洋公牍类纂·矿务类》，光绪三十三年九月。

禀，以煤为日用必需，近年商旅日增，用煤益巨，来源稀少，购觅为难，洵非多开煤矿，不足以资民用。拟请由关内外铁路局迅派矿师，在于铁路附近滦州、丰润等处逐加查勘，择其煤脉最佳之矿，即速筹款开办，用济煤荒。业经饬据铁路局详复，拟俟秋后再行查勘，并经批准如拟办理各在案。据禀前情，仰仍商同关内外铁路局周道、吴道，迅即查勘开办，以挽利权而维工业；并候札行该局查照。缴。’挂发外，合行饬局查勘开办具报”等因；奉此，并准工艺总局移同前因。当经职局饬知矿师摩拉赶紧前往查勘去后；兹据禀覆，将查勘开平一带煤苗情形，并酌拟开挖煤井所需款项，及预算出煤获利各数目，分别开折绘图呈送前来。职道等复查无异，理合录折并照绘图说，具文详请查核，俯赐酌夺示遵，实为公便。

等情到本大臣。据此，除批：“据详并图折均悉。该局前已勘定新邱煤矿将来可供铁路之用。此次查勘之矿应作为北洋滦州煤矿，即由天津官银号招集商股、妥订章程、觅选熟谙矿务工程员司，迅即筹办；并候分行遵照。缴。”挂发外，合行札饬，札到该局，即便查照。

此札。

札矿政调查局滦矿矿界与开平矿产无涉文*

——光绪三十三年（1907）四月二十四日——

袁世凯

为札饬事：据天津官银号禀称：

窃查开平煤矿，当日初开唐山煤井之时，曾经唐道廷枢禀蒙北洋大臣李批准：“距唐山十里之内，不准他人开采”；并订明“如煤价过于每斛东钱八百文，即仍准民间开矿”等因。迨后添开林西煤井时，并

* 原官银号禀系周学熙所上。周前拟“开办滦州煤矿有限公司办法”内“三，宜定矿界以免争端也”称：“……计东自范各庄起，迤西无水庄、白道子、石佛寺，杨子岭、陈家岭、马家沟、至半壁店止……”据《北洋公牍类纂·矿务类》，光绪三十三年九月。

无“十里内不准他人开采”之案。此次英公司移交约内，虽有半壁店、马家沟、无水庄、赵各庄等地名，系指开平局曾在该处买有民地数段而言，并非有批准开采之案。此不过同民间耕种完粮之地亩，一律营业而已，与开矿无涉。况该地亩，至今并未税契，亦未在滦州地方衙门过割立案。张道翼前在英公堂即以此为辩论，英官颇直之。所以前年开平洋人在半壁店、马家沟等处打钻，经杨道善庆率同滦州禁阻，该洋人即将钻停撤。又上年郭连山请领商部执照，在白道子、陈家岭、马家沟等处开矿，开平洋人并不过问，此开平移交约内所载地名不足据之明征也。

至此次职号所定矿界，系按照距唐山十里以外，作为西界边线。其东界并酌距林西六里以外。因林西并无“十里”成案，只按照商部矿章，预留三十方里地步，实已仁至义尽，彼无可言。纵彼将来强词争较，而我亦理直气壮。至职号将来开井之处，现已购买民地，足敷应用，并不占开平原买之地亩。此则各管各业，更不能越境阻挠，尤不足虑。此职号现订矿界并无与开平干涉之情形也。

总之，矿产与地亩，系属两事。人人皆可买地，不能人人皆得开矿，此中外通例。开平距唐山十里之外，即非其矿；无论是何地主，非经禀明地方官批准转请商部执照，不得开采矿产。此即开平至今在华人之手，亦应如此办理。何况开平原买界外地亩，至今并未移交清楚，亦未呈明地方官过割立案；是其地亩营业之权，尚为中国官所不承认，遑言开矿耶？

以上各节，本司学熙曾充开平总办有年，知之甚确，故言之能详。窃恐以后年久，无人知其原委。爰缕细陈明，伏乞宪台查核立案，并饬行矿政调查局暨滦州一体遵照备案，实为公便。

等情到本大臣。据此，除批：“另禀现订矿界。所经白道子等处，实与开平矿产地址毫无干涉，并准立案。仍候分饬矿政调查局暨滦州一体遵照备案。图折式单存，此缴。”挂发外，合行札饬：札到该局即便遵照备案。此札。

札准滦州煤矿立案文[*]

——光绪三十三年（1907）五月十三日——

袁世凯

为札饬事：

光绪三十三年五月初二日准农工商部咨：

光绪三十三年四月二十五日接准咨称："据天津官银号详称：'窃照光绪三十二年十二月奉宪台札开：滦州一带煤矿经铁路总局勘定，饬令迅速筹议招股开办。当经职号将遴派员绅前往购地筹画开采各节，先后详蒙宪台鉴核批示各在案。现遵饬勘定滦州一带煤苗地亩，业经择要购买，并拟于马家沟先行借款开采，一面招集商股。谨拟订公司办法并招股章程，绘具矿界图说，呈恳宪台察核；并将招股章程、矿界图说各备一份，仰祈转咨农工商部俯准立案。另由职号照章径缴照费，承领开矿执照。理合备文详请核夺示遵。再查部章每矿不得过三十方里，惟此矿系为北洋官家用煤便利而设，与他矿事体不同，自宜稍示区别，其矿界特为宽展，嗣后他矿不得援以为例，合并声明'① 等情到本大臣。据此，除批：'据详已悉。所拟开办滦州煤矿办法并招股章程，应准如拟办理，仰候分别奏咨立案。至此矿系为北洋官家用煤而设，与他矿情形不同，所请矿界方里量为宽展之处自可照准，他矿仍不得援以为例。此

---

* 据《北洋公牍类纂·矿务类》；光绪三十三年九月。

① 天津官银号原详，系周学熙所拟，附有"开办滦州煤矿有限公司办法"及"滦州煤矿有限公司招股章程"。招股章程十八条，后经修改，兹从略；其第三条所订招股数目为："按天津行平化宝银二百万两，分为两万股，每股一百两，以招足两万股为额，逾额附股不收"；第七条："本公司招股权限：专为华商附股，概不搭入洋股；如有托名华商，希图影射情事，此项股票，当注明作废。"开办办法十三条，原文甚长，兹从略；仅录其目录，为：一，请咨部立案以凭注册也；二，刊刻关防以昭信守也；三，宜定矿界以免争端也；四，招集商股以障公益也；五，集股宜有限制以保利权也（"均系华股，概不附搭洋股"）；六，酌借本银以早开办也（"拟由天津官银号暂行主持借银开办"）；七，明定事权以责专成也；八，选举董事以维久远也；九，撙节经费以昭核实也；十，详稽簿籍以防流弊也；十一，结帐分红以示公允也；十二，划一税厘以免歧异也；十三，声明法律以资约束也（指定立章程约束矿厂工役而言）。

批。'挂发外，相应咨会贵部，请烦查照，立案见覆施行。"等因前来。查该官银号开办滦州煤矿，系为官家用煤而设，自与他矿情形不同。所订招股章程及矿界图说均经贵大臣批准，应即先予立案。惟该公司既系招集商股，一切应遵照商律办理，以昭信用。相应咨覆查照施行可也。

等因到本大臣。准此，除分行并附奏外，合行札饬，札到该局，即便查照。此札。

滦矿公司详请咨部发给执照并恳减免照费文*

——光绪三十四年（1908）五月——

为详请事：

窃查滦州煤矿，于光绪三十二年间，奉前北洋大臣袁札，饬天津银号筹办，当将招股章程、矿界图说详请转咨农工商部立案，旋复请发开矿执照，奉批："据禀已悉。查该银号筹办滦州一带煤矿，前经北洋大臣批准，将招股章程、矿界图说咨送到部，并声明：'此矿系为北洋官家用煤便益［利］而设，与他矿事体不同，其矿界特为宽展，嗣后他矿不得援以为例'等语，经本部照准咨复在案。现既禀请先用土法试采，自应发给开矿执照，以便开办。惟本部奏定矿务新章业经实行，填注矿照一切应照新章办理。该矿界虽在新章实行以前特准宽展，而占地亩数及四至界限必须声明，官地民地尤宜分别，庶将来划界缴租，便于稽核。兹发交本部新定矿表一纸，仰即遵照款式详细填注，暨随文应送各件，由该道咨照直隶矿政调查局详请北洋大臣咨部核办可也。此缴。附表一纸。"等因各在案。

本年四月间复奉宪台札委本司学熙为该矿总理，职道多森为协理，并蒙筹拨官股银五十万两，谕以"宽筹商股，大加扩充"等因，奉此。本司职道等遵即筹集商股银一百五十万两，于天津设立总理处，名曰北洋滦州官矿有限公司。并经详准矿界以内，勘定马家沟、石佛寺、洼里三处，划分三

---

* 据《北洋公牍类纂续编》卷一九，宣统二年夏降雪斋版。按该矿系光绪三十三年（1907）四月成立，原名"滦州煤矿有限公司"；光绪三十四年改为"北洋滦州官矿有限公司"，此详在改名之后。

矿，募工照西法次第开挖大井，派员赴欧洲购新式机器，并与滦州矿地公司禀定地股办法。规模开拓，股本不敷，复经招集商股银三百万两，计共官商股份银五百万两。

伏查直隶矿产甲于他省，而滦矿尤为命脉所系。官家水师制造等事，在在需煤孔亟。本司职道等谬荷委任；目击时艰，思开固有之利源，藉杜外人之觊觎，本年八月间业蒙禀明在案。现在部署经理，诸已就绪，亟应请领开矿执照，以符定章。兹特谨遵部颁矿表款式，逐条填注，及随文应送之件各备二份，一并呈请宪台鉴核，俯赐转咨农工商部准予注册，并颁发开矿执照，以凭遵守。至应缴照费，为数过巨，既系官矿，可否并请准予减免，以示维持，实为公便。

除咨直隶矿政调查局备案外，所有开办滦州官矿、请咨部准予注册发给执照、并恳减免照费缘由，理合具文详请宪台察核，批示祗遵。为此备由具详，伏乞照详施行，须至详者。

计呈北洋滦州官矿有限公司矿表清折二扣，附呈招股章程清折二扣，股票息单式样二纸，滦州官矿公司与业立矿地公司商允会详字据清折二扣，滦州官矿图二纸，滦州矿质二匣，延聘洋矿师合同清折二扣。

北洋滦州官矿有限公司招股章程*

——光绪三十四年（1908）五月——

一　本公司定名为北洋滦州官矿有限公司。一切遵照商律有限公司办理。

二　本公司禀奉北洋大臣咨准农工商部立案注册，并颁发木质关防，以昭信守。

三　本公司宗旨，在开辟地利，保守主权，官家得用煤之便益，股东享天然之美利。

四　本公司系官督商办：官任维持保护之责，商任集股经理之事。凡关于营业内容，悉照商规办理，由总协理主持；其特别事件，随时开股东会

* 据《北洋公牍类纂续编》卷一九，宣统二年夏降雪斋版。

议，禀请北洋大臣核示办理。

五　本公司总理处，暂设在天津玉皇阁内；其矿局，设在滦州马家沟地方。

六　本公司矿界，坐落直隶滦州地方，约占三百三十方里。矿界以内，不准他人开采，详奉北洋大臣咨部核准；并订明此系官矿特展矿界，嗣后他矿不得援以为例。

七　本公司矿界以内，曾延西洋矿师、勘测多次，并试钻数处，煤层极旺，煤质极佳，称为中国希有之矿产。

八　矿界内地段广袤，可开井处甚多；兹划定马家沟为第一矿，石佛寺为第二矿，洼里为第三矿，此三处均开大井。中间所开小井，视与何处相近，即作为某处附矿。现用西洋新式机器，先从第一矿开采，其第二第三两矿，陆续举办。

九　矿界以内，应用开井地亩已由本公司向矿地公司照拨。

一〇　本公司上年曾在第一矿附近陈家岭地方，先开附矿，用土法试办；现在所出煤块极佳，远近争购，已可获利。

一一　本公司采出之煤，运输各处，应完税厘，悉照开平成案办理。

一二　本公司专集华股行平化宝银二百万两，分为二十万股。其股票分整股零股两种：整股每股银一百两，零股每股银十两，凡本国人官绅商庶，均可入股。

一三　本公司奉北洋大臣杨札准筹拨官款银五十万两，作为官股五万股，以示提倡维持之意；该股与商股，享受利益，不稍歧异。

一四　本公司现开第一矿，所招股本，除官股款已交齐外，其商股分作两期缴纳：第一期，整股先收银五十两，零股先收五两，其余第二期再收。至交款期限，随时由公司登报广告，有愿将股款全数在第一期交者亦听。

一五　本公司自上年已有先交股款者。现定光绪三十四年九月以前交股者，均作为优先股；每十股另酬红股一股，无论整股零股，概按十成加一计算，给予红股。十月以后交款者，概作为寻常股。其红股将来官利余利，与正股同。

一六　凡交股款，随时掣给收款执照为据；其股票息单，另行定期填换，届时登报告知。

一七　凡股东交过第一期股本，而第二期股本逾公司定限未交者，由公司登报，展限一月，倘再逾限不交，即失股东之权利。

一八　本公司股息，定为常年八厘，均以交款次日起息。

一九　每年赢余，除官利及酌提公积外，分为十四成：以七成归股东按股均分；一成报效北洋，兴办实业；二成为机器折旧；二成为总协理及董事酬劳；二成为在事人花红。

二〇　每年以年底截帐，二月开股东会议，三月凭折发息，先期登报布告。其交款未及周年者，截日摊算，不计闰月。

二一　本公司煤产既旺，尽力扩充，拟俟股款招齐，接续再招三百万两。其一切招股章程，仍照此次办理，惟先尽原股东摊入，如不足时，再开股东会议，补招新股。

二二　本公司股份，每股一号，其股票愿填若干股者听。股票由总协理签押、并盖用关防为凭；每股票附息单一纸，岁掣取息，敷二十期之用，满期续给。

二三　股票归注册人收执。数人合股者，认首注册人为股东；行号公司出名者，认总协理为股东；堂记出名者，认出股本之人为股东。

二四　股票不得提取现银，只能转售。其转售时，须先向公司声明，认可后方准改名注册；若未经声明者，本公司不认买主为股东。

二五　股票如有遗失毁坏等情，先将缘由与号数股数，报告本公司，并登津沪各报一个月，无人干涉，始由公司给予准补股票凭单；届一年结帐分利之期，并无人支取息银，始准取殷实绅商保证书，连同原给凭单，到公司换领新票。凡换新票一纸者，缴费行化银一两。

二六　本公司事当创始，其总协理与查帐员，暂由创办人分任，俟开正式股东会时，再行选举。其选举总协理，用复选举法；选举董事查帐员，用单式选举法。

二七　凡年已弱冠之股东：五十股以上有发议权；百股以上有选举权；满五百股者有一议决权；每一股东，至多不得逾二十五议决权；二千股以上，有查看细帐权。凡五十股、一百股、一千股、二千股等数，均以零股为衡，每一整股，即作十股计算。

二八　凡一千股以上年已及壮之股东，可被选为董事与查帐员；二千股以上曾充董事之股东，可被选为总协理。其查帐员，不得以在事人兼任。凡一千股、二千股等数，均以零股为衡。

二九　本公司簿记参用中西式；半年一小结，年终一大结，刊布帐略，以昭大信。

三〇　本公司招股处，在天津北马路天津银号，其外埠天津分银号，亦可就近缴股，惟汇费须入股人自给；有愿将股款径投本公司者亦可。统以本公司收股执照为凭。

三一　以上所订，系招股章程；其余公司办事各项细章，随后另行拟订。

光绪三十四年五月　日

滦矿公司详拟再续招股本银三百万两文*

——光绪三十四年（1908）八月——

为详请事。

窃本司职道等于本年四月初八日奉宪台札饬，勘办滦州官矿；并以滦矿界内产煤甚富，亟当宽筹股本，大加扩充，以辟利源而供取给；并蒙筹拨官股银五十万两，以示提倡。本司职道等遵即公同招集商股银百五十万两，勘定矿界，购订新机，建厂开办，迭经先后详明各在案。

伏查滦州官矿原定矿界三百三十方里，划分三段，为三大矿。现在马家沟第一矿业经兴工开挖大井，其附矿之陈家岭等处亦已出煤甚旺。布置经理，诸已就绪。亟宜将第二第三两矿接续开办，以冀速收成效。

惟是规模既扩，股本宜充，原招官商股银二百万两，实不足资展拓。经本司职道邀集各股东公同会议，拟再续招商股银三百万两。其公司股票息单及招股章程，一切均照前式办理。仍分整股零股两种，以便招集。官利仍当年八厘。先尽原股东摊入，不足者再招新股，以资经营而宏矿利。

---

* 据《北洋公牍类纂续编》卷一九，宣统二年夏降雪斋版。原无日期，据它处材料订入。文中“本司职道等”指直隶臬司周运司学熙、直隶补用道孙道多森。光绪三十四年四月，派周学熙为滦矿总理，孙多森为协理。又“督宪杨”指直隶总督杨士骧。

所有扩充矿井添招股本缘由，理合详请宪台鉴核示遵，实为公便。

督宪杨批：

据详已悉。该公司原招股本银两不敷展布，拟再续招商股银三百万两，其利息、股票、息单仍照前案办理，事属可行。仰仍将续招股本数目，随时具报查核。缴。

六

滦州矿地公司

筹设北洋滦州矿地公司文*

——光绪三十四年（1908）五月初一日——

敬禀者：

窃维矿产为天地自然之美利；土地乃国家所有之主权。滦州地方矿产丰富，宝藏蕴蓄，实为北洋莫大之利源。本司职道等奉委创办滦州煤矿公司，并蒙筹拨官股补助提倡，仰见宪台保全地利、杜渐防微之至意，钦佩莫名。惟是滦州矿产，面积广袤。匪特煤铁所在多有，即玻璃、磁釉等原料亦取用不竭。外人固觊觎生心，而本处奸民亦多勾串影射，弊端百出。若不及早堤防，诚恐大利坐失，后患无穷。

伏读农工商部奏定矿章：第九款“外国矿商不能充地面业主”。第十款“业主愿得地价，不愿入股，则该地应由官收买，租与矿商合办，官即作为业主”。第十四款“承办地腹各矿之矿商，并不能有地面业主应有一切之权利”。又曰：“无论华商洋商，均不能将地权给与该矿商掌管。”又曰：“倘有民间私将矿产卖于外人，由官局查明，除矿地充公外，并将该业主照盗卖

* 据《北洋公牍类纂续编》卷一九，宣统二年夏降雪斋版。原无日期，据它处材料订入。参阅“滦矿公司详拟再续招股本银三百万两文”之注。

律治罪。”第二十款：“矿业不得私自换卖及质押，违者依私自买卖矿地律治罪。”凡此限制，立法至密，用意綦深，其斤斤于土地之主权也，固无微不至。

滦州矿地散漫，向难查考。杜空穴之来风，须绸缪于未雨。本司职道等再四思审，佥以设矿地公司为今日迫不可缓之图。爰拟具章程二十四条，缮折禀请鉴核。如蒙批准，拟恳宪台俯赐准拨官股，以示提倡。并请转咨农工商部察核立案，用维久远。

本司职道等为保全利权、预防流弊起见，所有筹设滦州矿地公司缘由，是否有当，理合禀请宪台核示祗遵，实为公便。

督宪杨批：

据禀已悉。所请遵照农工商部新章、筹设滦州矿地公司，系为保全地权、整齐矿业起见，应准照办。兹将滦州矿地公司木质关防一颗随批发去，仰即妥为经理。所请发给官股，容妥筹饬拨；并候察酌章程，咨请农工商部核明立案。缴。折存。

滦州矿地有限公司章程*

——光绪三十四年（1908）五月初一日——

一　本公司定名为滦州矿地有限公司，一切遵照商律股分有限公司办理。

二　本公司呈请北洋大臣批准，发给木质关防，并咨明农工商部注册立案。总理处设在天津，经理处设在公司地方，以便就近办理。

三　本公司股本，以行化银一百万两为额，官商合力认筹，分为十万股，每股银十两。官利常年六厘，以交股款日起息。一切权利，官股均与商股一律，毋稍轩轾。

四　本公司专集华股，不附洋股。除官股外，其商股，凡系本国人民，无论官绅商庶，均可入股。如有华人影射洋股者，一经查觉，立将该股注销。

* 据《北洋文牍类纂续编》卷一九，宣统二年夏降雪斋版。原无日期，据它处材料订入。

五　滦州矿产丰富，煤路尤夥。本公司以整齐矿业、保存地权为宗旨，无论官地民地，凡关系矿产者，概归本公司收买后，再转给矿商开采，作为地股。如有私相授受者，由滦州地方官查究充公，将该矿封停，以杜隐患，而重地权。

六　本公司收买地亩，均按照时值，公平给偿；该业主亦不得故意居奇。

七　凡原业主如有实在碍难，不愿出卖，可将该地亩公平定价，作为本公司股份，或将该地公平议租，由公司每年照缴租款。惟至将来该业主如愿出卖时，仍应尽本公司收买，不得售与外人。

八　本公司所有购买地亩，如有与原业主及租户商议不洽之事，均由滦州地方官秉公评断。

九　本公司遵照矿章第十四款："无论华商洋商，均不能将地权给予该矿商掌管"等语，是地主与矿商划分两事。本公司既有收买滦州矿地之权，嗣后凡有矿地，无论该业主自行开采，或与人开采，均应将该地划归本公司管理，或作价卖，或作股分，或作租用，均可协商办理。该地主不得藉口自有之地，遂不交割，致滋淆混。

一〇　本公司设立以后，无论华商洋商开矿，必须将该地亩与本公司议妥，订明地股办法，由本公司呈请北洋大臣批准后，方可作为合格之矿商，然后再请发照。

一一　本公司收买地亩，除开矿应用外，可以其余地建造市房；或兴种植，或建设他项工厂，或修筑随矿支路，藉资营运，而兴地面。

一二　本公司可于矿厂左近，相度地势，开设市镇，招商贸易，俾随矿佣工相依居聚；其街道形势，须预先绘图、知照滦州立案。俟街市成立后，由滦州拨派巡警，保护弹压，以维治安。其修理街道及巡警经费，可临时酌量抽收铺捐，以资办理。

一三　凡交股，随时掣给收款执照为据；其股票息单，另行定期填换，届时登报告知。

一四　股票不能提取股银，只能转售。其转售时，应以本国人为限；须先得公司声明认可后，方准改名注册换票。凡换票一纸者，缴行化银三钱；倘未经声明及注册改名换票者，本公司不认买主为股东。

一五　股票如有遗失损坏等情，先将缘由与号数股数，报告本公司，并登津沪各报一个月，无人干涉，始由本公司给予准补股票凭单；届一年结帐付利之期，并无人支取息银，始准取殷实绅商保证，连同原给凭单到公司换取新票。凡换票一纸者，缴行化银五钱。

一六　每年赢余，除官利及酌提公积外，分为十四成：以九成归股东按股均分；一成捐助滦州地方办理公益之事；二成为总协理及董事酬劳；二成为在事员司红花。

一七　每年以年底结帐，二月开股东会议，三月凭单发息，并随送帐略；先期登报布告，其交款未及周年者，截日摊算，不计闰月。

一八　本公司股东会议，分寻常、特别两种：每二月开会一次，宣布上年盈余情形，预筹本年营业方针，是谓寻常会议；如遇有紧要事件，由总协理董事召集股东会议，是谓特别会议。至会期会场及所会议事件，在会期二十日前先行函知，或登报通知。

一九　股东有欲开临时会议提议事件，但有数在十人以上者，能合全股东十分之二，即可举行召集开会。惟与议人数须有全股过半之数，方为合格；不及数，不得开议。

二〇　本公司事当创始，开办三年内，头绪纷繁，其总协理，暂由创办人分任；俟股分招足，公司成立后，开正式股东会时，即行选举董事查帐员；三年后，诸事就绪，再开会另举总协理。其选举总协理，用复选举法；董事查帐员，用单式选举法。

二一　凡年逾冠之股东：五十股以上者，有发议权；百股以上者，有选举权；五百股以上者，有一议决权，每一股东，至多不得逾二十五议决权；二千股以上者，有查看细帐权。

二二　凡一千股以上年已逾冠之股东，可被选为董事与查帐员；二千股以上曾充董事之股东，可被选为总协理。其查帐员，不得以在事人员兼任。

二三　总协理任期三年，董事任期二年，查帐员任期一年。任满均得续举连任，其未满任期，将股分售出，有失资格者，立即退任。

二四　以上所订，系开办章程，其余办事细章，随时另行拟订。

北洋滦州官矿矿地两公司详订合同请予立案文*

——光绪三十四年（1908）八月二十六日——

为会详事：

窃本司职道于本年四月间奉宪台札饬勘办滦州官矿，遵即招股购机，建厂开办。复因滦州矿地散漫，向难查考，本司职道等为保全地权起见，于五月间筹设矿地公司，拟具章程，禀蒙宪台批准照办各在案。并蒙准给官股，以示提倡，复蒙转咨农工商部立案，仰见宪台维持矿产有加无已之至意。

伏查农工商部奏定矿章，各矿商不能有地面业主应有一切之权利，无论华商洋商均不能将地权给与该矿商掌管，是矿商与业主各有权限，立法至为周密。

今官矿与矿地两公司既经次第设立，所有两公司办理权限，亟应公同商酌，订立合同。

在滦州官矿，遵照原定矿界三百三十方里之内，次第开办。惟暂难拘定亩数，拟随时由矿地公司拨用，俟将来工程完竣，再行截数立界。此项地亩，即以拨用之日作为地股，照章专分余利，不认亏耗；并照丙字类矿，余利应得十成之二五，按年结帐后与银股同时分给。惟开矿事无把握，余利迟速多寡均未可必，此项地股拟自拨地之日起，彼此议定相当之值作为股数，由官矿公司按年付给八厘官利。此项官利，无论余利之有无，均须照付。

至官矿公司所拨地亩，只能专用开矿，不得另作他用，亦不得转给他人。如所拨之地并非开矿所必需，或所开之矿至已停废，均应即时仍将该地归还矿地公司掌管。

如矿地公司愿于矿厂左近建筑市房、兴立街市，或兴办种植及作他项工厂，或修筑随矿支路，其应如何布置相宜之处，均得随时与官矿公司协商办理，以期两无妨碍。

至每年国家应征矿界年租，应由官矿公司认缴；其随地应征钱粮，应由

---

* 据《北洋公牍类纂续编》，卷一九，宣统二年夏降雪斋版。原无日期，据他处材料订入。参阅“滦矿公司详拟再续招股本银三百万两文”之注。

矿地公司认缴，以清界限。

所有商订两公司权利办法并公立合同缘由，理合会详缮折，呈请宪台俯赐鉴核，准予立案，批示祇遵，实为公便。为此备由具详，伏乞照验施行，须至详者。

督宪杨批：

据详两公司会议办法，查核所订合同，尚属平允，应准立案，仰即遵办。缴。

北洋滦州官矿矿地两公司地股合同*

——光绪三十四年（1908）八月二十六日——

一　滦州矿地公司，应允照滦州官矿现定之矿界三百三十方里，以及将来推展之矿界，随时将开矿应用之地购办，如数拨与滦州官矿公司，作为地股；即以拨地之日，作为入股之期。

二　官矿公司，应允所有应用开矿之地，彼此事前会商，绘图定界，概由矿地公司拨用，不向他人直接租卖地亩，以归划一，而符定章。

三　矿地公司所拨地亩，议定专作开采煤矿，官矿公司不得改作他用。

四　官矿公司每开一矿，自拨地之日起，限半年内必须动工，倘逾期不即开采，或因资本不足，中辍至一年以上，矿地公司除收回地亩外，并令赔偿相当之损失。

五　所拨矿地，以官矿公司开办日起，停办日止为期限，矿地公司不得无故转拨他人；官矿公司亦不得私授他人，如遇有窒碍，不便开采，须知照矿地公司，勘验明确，亦可随时退回。如所退地亩，仅一部分，无碍全矿工作，则原官利余利，仍应照给，不得议减。

六　官矿公司既认地作股，即自拨用之日起，彼此议定地亩相当之值（应统计地价及其办公费，合并摊算）。由官矿公司比照银股，一律按照常年八厘官利，付与矿地公司。此项官利，无论官矿盈亏，均须按年照付。

七　官矿公司，除给官利外，应按照农工商部奏定矿章丙字类矿，在每

* 据《北洋公牍类纂续编》卷一九，宣统二年夏降雪斋版。原无日期，据它处材料订入。

年所得余利内，提十成之二五，于银股分息时，酬与矿地公司。此项余利，专以官矿银股全额为准，不以用地多寡为增减。

八　官矿公司，如因开采以致亏耗，及各项损失，均与矿地公司无涉。

九　矿地公司，可派人在官矿公司会计处充一职任；惟此人须遵照官矿公司章程任事，设未合宜，应知会矿地公司，另举堪任者接充。

一〇　官矿公司，除提官利花红公积折旧外，应将余利按原订章程分提，不得任意赢缩。

一一　每年国家应征之矿界年租，由官矿公司担任；其随地应纳之钱粮，则归矿地公司认缴。

一二　矿地公司，既以地亩拨作地股，所有决议权、查帐权、选举权，与二千股以上无稍歧异。

一三　矿地公司如在矿厂左近建造市房、开通街衢，或举办种植，及他项工厂，及修筑随矿支路；其应如何布置相宜，均得随时知会官矿公司，商明办理。其关系公益互相辅助之处，随时会商，另订细章。

一四　官矿公司如至停办，所有矿厂房屋等项，应随同地亩统交矿地公司收管，如有他人接办，须先向矿地公司议定地股合同，方准承受。倘一时无人承受，而官矿公司又不将厂房等产交管，则地股官利仍向官矿公司收取。

一五　此合同，无论彼此两公司，将来如何更变，其承受接办人均应遵守。如有未尽事宜，随时会商增订；倘实有窒碍，至须商改之处，应先期六个月，彼此关照，开股东会议，妥协后，再行呈请北洋大臣核准后，方可施行更改。

一六　此合同，由官矿公司与矿地公司，彼此总协理会同签押，盖用关防，各执一纸为凭，并禀请北洋大臣鉴核立案，永远恪守。

七

关于开滦矿权的议论

直隶同乡京官议决开平煤矿办法公启*

——光绪三十四年（1908）三月初三日——

此事开宗明义须定准，此项交涉，两造皆居股东地位，不能作为国际交涉。此界一清，则英之公使、我之外部皆居调人地位。勿论英商呈递说帖作何要索，我外部应概不可否，但令英商与张燕谋重开正式谈判后，将彼此谈判不协之要点指出，呈明英使、外部求为解决。若仍不协，应令仍赴英廷再讼，或请局外公断。此一定步骤也。外部若不推之张燕谋，遽加可否，则该商必甚愿舍却张燕谋，直向外部开谈判。是直变个人交涉为国际交涉矣，于位置既不合，而情事之远近，办法之先后，亦殊失当然之次第。故第一须明此为商股（一作个人）交涉，决非国际交涉。

次要点则吾直同乡所争者：以开平矿为吾全省官商公产，无端为外人白手攫取，全省人士皆有放弃权利之耻，或不知而谓争在滦矿者，此大错也。滦矿与开平无涉，虽英商藉词抵赖，有正约已包滦矿在中之说。抑知我国矿章以三十方里为限，而各国商约具载洋商必遵照中国矿章，准其一律入股。

---

* 据《北洋文牍类纂续编》卷一九，宣统二年夏降雪斋版。原无年份，疑系光绪三十四年之事。

渠国家所允之约，该商讵能逾越。又况迄今无论正约、副约，皆在应废之列（详下）乎。故第二节须明此番之争，专在开平，与滦矿无涉。

以上两节，所以定此事之界限；次当论者，则为争持此事之主脑矣。盖刻下误点之亟宜辨者，为履行副约之说。此说当英廷涉讼时，犹可以此为词（其实彼时已当作废，姑不论）。涉讼后英判明云："不于合宜期内履行副约，即不能把持产业"，此三十一年正月判也。判前硬霸产业已四年有余，判后仍不履约，仍行霸据者又四年有余。勿论何等铁证，何国法律，此约已久同废纸。乃失信如彼，强横如此，不名一钱，霸开我矿八九年之久。至于今，若仍取当废之约，迫我再认，使彼又得挟约以箝我，天下宁有是理哉！况副约为中外合办，而正约竟无异于卖休，两约矛盾，万难并合。今我倘认行副约，则彼将迫我以认正约，是再为所骗也。正文中且殃及滦矿，是前此所失仅开矿，而认约所失，并滦矿而无之矣。今日倡言废约，义正词严，十分理足。故今日之第三要义，在专争废约，而不及履约。

约既争废，则彼霸产八年之赔偿，自为正当之要索矣。既云中外合办，天下有不出分文之股东乎？该商自霸产以来，手执六十万磅之债票，觍颜自号为股东，而公司实未见丝毫现银，此英判所明决者也（此后容有收卖老股之票，然全由霸产项下所购买者）。既未入股，则合办公司之名目应消灭；既纯系攘夺而得者，则八年出产所得，自全应偿还，自无异议矣。故第四须要索八年矿产之赔偿。

八年之矿产应索，则该商所发之债票全属虚股，自又应一律作废可知矣。故第五应将彼之虚股概不承认。

此外又有应索之赔偿，张燕谋之讼费及失职，又国家税则八年均未交纳。

以上六条，于三月初三在京开会，经同乡京官所公决者。

滦矿事实纪略*

——光绪三十四年（1908）——

庚子变起，督办直隶全省及热河矿务开平矿务局张京卿燕谋，以不谙战

* 据《北洋文牍类纂续编》卷一九，宣统二年夏降雪斋版。原无日期，疑系与"直隶同乡京官议决开平煤矿办法公启"为同时所作。

时国际法，误谓添招洋股、改名中外合办公司可以保全矿务。于是德璀琳得为洋总办，由道员周学熙、唐绍怡［仪］签押作证。张避赴上海，矿师胡华因而百计煽惑，谓非诡立一约作卖，托言与中国无关，不足拒联军之扰，遂有卖与英商墨林（一译摸恩）、胡华之草约。张于八月随李文忠回津，胡与德等逼迫恫吓，令张承认，张不允。则又立正副合同二分，正合同作为中外合办，副合同加入张终身为总［督］办，并设立华董云云，张乃签押（一云张仅签副约）。张乃调梁诚、严复代伊经理一切，已则随今摄政王使德。胡华乃一概把持，不令中国人过问，声言此矿已卖与英商，不论副约，但以德璀琳诡立之草约为凭。

又原定合办公司，共招英金一百万镑，一镑为一股。旧股所有为三十七万五千镑，下余六十二万五千股，胡华并未出分文，声言共出借债票五十万镑，又津贴债票二十五万镑，均作实股。公司中未得丝毫现银，反添股本虚数三分之二。

股东屡开会议，订定办法：一、应将胡华、墨林侵骗之项——或红股，或银款——如数退还；一、应将中国办事之权规复旧制；一、应将国家厘税按课纳交；一、应按照副约合办章程，实力奉行，否则照西律合同作废。

乃胡坚持不让，张遂以卖矿失权为袁项城奏参革职。延律师与严几道复赴英廷控诉。英按察使佑斯君，以案关重大，派员至唐山调查，六月回英。乃当堂判决，略云："统观卷宗，一千九百一年二月十九号之约所关最巨，实足限制各被告。被告不照原约办理，则不应把持此项产业。若被告不于合宜期内照约办理，则本公堂必将各产业送回原告。又查各供证，知被告所指四十二万四千九百九十三股之实股，实无其事，不过创办者与其友人全行购去，实金尚在诸人之手，余实不能使中国公司受此莫大之亏损。此外索偿一项，俟结局再定。"此判词寄中国，袁项城犹以为未足云。[①]

英廷判断后，判词寄来中国，袁宫保犹以为未足。张亦不实行催结，遽行返国。胡华且不甘心，在英控，亦无直其所为者。于是袁宫保力主将胡华虚股一概作废；胡华益不肯就范，霸据自若。张畏物议，不敢复问，袁亦不能如愿。案悬不结，彼愈得坐享霸产之利。嗣胡华又将所持案据及霸产，尽

① 自此以下，原另为一文，名《续滦矿事实纪略》，兹并入之。

售归纳森承袭。计自庚子迄今，白手夺据此产，已历八年有余。

袁宫保乃创别开滦矿之议，以与争利。而英人以有妨开平生意，藉词抵赖，谓正约所载，滦矿已包在开矿之内。其实副约尚未履行一字，更何有于正约。

纳森今呈说帖于外部。外部不明原委，但见有股本百万镑之说，遂谓可将百万镑之股改为中国之借款，许以重息，庶可了结此案。不知英商之所谓股票，全系抵赖，并未出丝毫现银；且百万镑中并包含中国真股本二十七万镑在内。今外部欲将英人抵赖之虚股全认作真实股本，又欲将中国原有之真股并送于英商。若竟如此了结，不惟诸多窒阂，且成外交笑柄。

吾同乡京官探悉此事，乃有片奏阻止之举（史履晋）。亦甚幸纳森得步进步，不允外部之所请；不然则外部早铸成大错矣。

此开平矿庚子迄今日之大略也。

八

收回开平矿权的交涉

奏复开办滦矿并筹议开案情形*

——光绪三十四年（1908）八月——

杨士骧

奏为奉旨筹办滦州煤矿，并蒙谕饬设法收回开平局产，谨将办理情形恭折据实复陈，仰祈圣鉴事。

窃臣承准军机大臣字寄，光绪三十四年五月二十二日奉上谕："有人奏滦州一带煤苗尚旺，请饬北洋大臣派员迅速开办等语，著杨士骧按照所陈妥筹办理。原片著钞给阅看。钦此。"遵旨寄信前来。正在缮折复奏间，复承准军机大臣字寄，光绪三十四年六月二十四日奉上谕："大理院少卿刘若曾等奏请将开平矿产克日收回等语，著杨士骧按照所陈，懔遵前旨，迅速设法收回，以保利权。原片著钞给阅看。钦此。"遵旨寄信前来。

臣遵就先后寄到钞片，详加阅看，如请办滦矿原奏所称："直隶开平煤矿昔年开办，专为水师与制造而设。乃经庚子之变，又入英人掌握。唯幸开平当日原定矿界，仅以唐山十里为限。其界外滦州一带煤苗尚旺，闻上年间经直隶总督咨明商部亟图开采，商部复准。惟恐有忍心媚外之大员从中作

* 据伪河北省矿务整理委员会编《河北省矿务汇刊》，民国十九年九月。

祟，倘再蹈开平覆辙，后患何可胜言。请旨饬下北洋大臣遴派干员，将滦州一带煤矿迅速开办，以顾水师命脉。”各节。

伏查开平矿务局系前任督臣李鸿章筹款创办，以备水师及公家各项要用，本属中国产业。自光绪二十七年前督办矿务道员张翼，因兵乱仓卒，与英公司私立合同，遂有外人阑入种种纠葛之事。历经升任督臣袁世凯禀奉谕旨，责成张翼将开平局产及秦王岛口岸各地亩设法收回，尚无端绪。

至滦州煤矿则系升任督臣袁世凯，因北洋近年工商并盛，轮轨交通，局厂林立，需煤甚多，迥非开平向办唐山、林西两井出产煤斤所能敷用。据矿政调查局、工艺局先后详请，在于滦州一带择要采办，当经行令京奉铁路局遴派谙习矿工各学人员前往探验。勘得东自范各庄起，西至半壁店止，北有石佛寺、马家沟，南有洼里等处，煤苗尚旺，堪以采取。饬由前署直隶臬司周学熙、直隶补用道孙多森等筹议办法，购买民地，招集商股，于马家沟先行试采，名曰北洋滦州煤矿有限公司。并据声称：“水师制造，均以煤为命脉。现在拟开此矿，系专为公家用煤便益而设，与他处商矿事体不同。故矿界四至，较定章三十方里特为宽展，他矿不得援以为例。其运煤出口厘税统照开平成案，以昭划一。”等情，酌拟章程，绘具图说，详经咨请农工商部核明复准，饬即妥筹速办在案。

嗣因外洋机器购运需时，一面在马家沟布置大井工程，一面先在左近陈家岭地方用土法试采，藉探煤苗，兼供大井工程之用。

臣抵任后，旋据该司道等禀称：前定滦矿界内迭经矿师踩勘多次，并试钻多处，煤质极佳，煤层极旺，洵为中国希有之矿产。该矿界内地段广袤，约占三百三十方里。所有应用地亩，业经购齐。可以开井之处甚多，拟分三段：以马家沟为第一矿，石佛寺为第二矿，洼里为第三矿。此三处均开大井，中间所开小井，视与某处相近，即作为某处附矿。其陈家岭已开之小井，应作为第一矿之附矿。现在出煤已极畅旺，远近争购。拟即商由京奉铁路添筑岔道，以便运输至马家沟。第一矿机器业已订购，厂房业已起造。其商股原定二百万两，现亦陆续收集，并酌借官款以济之。改名北洋滦州官矿有限公司，刊发关防，以昭信守。仍饬遵奉公司章程，妥为经办；俟商股招齐后，所有董事、查账员一切均照商律办理。现仍暂派创办人周学熙为总理，孙多森为协理。因该矿距津稍远，并派分省试用道孙传棨为驻矿监督，以期督率工作，迅速观成，用济水师制造要需。此筹办滦矿之一切情形也。

惟该矿所定西界本在开平原界唐山十里限外，东界亦约距林西六里，因该矿并无十里以内不准他人开采之案，故照农工商部矿章留出三十方里地步。彼此界限，本极分明。乃英人以张翼移交约内载有半壁店、马家沟、无水庄、赵各庄等地名，执以为辞。其实此等私约，并未由朝廷派议于前，亦未奉朝廷批准于后，在我自无承认斯约之理，在彼即无干涉该矿之权。上年筹办滦矿之初，驻津英总领事曾来询及，当经升任督臣袁世凯，以张翼私立移交等约国家始终并未承认，剀切驳复。本年四月间驻京英使又令英总领事商请暂停滦矿工作，以便拟议开平局事。当以开平原有利益，正思设法挽回；开平原有利益以外之利益，岂容藉端占取。况滦州各矿自升任督臣袁世凯筹办以来已及一载，原为接济公家用煤而设，综计置地开井、购机建厂费用巨万，更难据并未裁可之私议，遽自辍早已举办之要工。复经查照前案，力持不允。

是刘若曾等原奏所谓开平矿务局经英商设计骗占，并未由国家允许，无论有何私约皆可不认一节，与升任督臣袁世凯争持开案之意相同。即此次英人阻挠滦矿，亦系据此理由与之驳论。

滦州煤矿业于未奉寄谕之先派员开办，而开平一案自张翼赴英涉讼，该国公堂判照副约办事，迭经严饬妥议，尚未就我范围。

刘若曾等原奏内称："多占一日，即夺我一日之利源。且既占唐山矿，又占林西矿，兼及秦王岛，溪壑之欲，有何餍足。尤宜及早收回，以免别生枝节。"等语，诚为笃论。

惟英使自经臣一再驳拒以后，仍执先停滦工再议开案之说，径向外务部要请照办，现在部臣正与据理诘辩。此英人因议开案，牵涉滦工，历与磋议之一切情形也。

臣责在守土，凡属国用民计所关，无不竭力维持，以期保我固有之权利。

所有遵旨复奏缘由，除咨外务部，农工商部查照外，谨恭折陈复，伏乞皇太后、皇上圣鉴。谨奏。

筹办开平矿案折*

——宣统二年（1910）二月三十日——

陈夔龙

奏为沥陈筹办开平矿案情形，恭折仰祈圣鉴事：

窃臣奉旨筹办开平矿案，当以事关重要，奏蒙允派熟悉情形大员三品京堂张翼、前长芦盐运使周学熙随同办理。数月以来，督同该员等悉心研究，并遴募深明法律洋员检核案据及中英条约，互相参证。伏查此案纠葛日久，端绪纷繁，历经前任督臣暨外务部王大臣力与驳辩，持义甚严。当日英商骗订私约，实违理法，有碍主权，始终未蒙朝廷允准。即英国公堂判断此案，亦称英商欺诈。公论所在，中外佥同。现在着手之初，若不先行证明私约应归无效，则彼此争执，易滋牵混，难期公平了结。臣谨遵叠次谕旨，并查照外务部前致英使节略，拟具华洋文说帖，将英商私约不能强令中国承认之理由详细声明。先与驻京英使接洽，复派洋员前往英京，期与英国外部会晤谈判，俟前项说帖解决之后，再行提议了结方法。此详核案情拟定入手之次第也。

旋准外务部转据英使照会，现奉本国命令请将此案提归公断，并将开平有限公司所开条款附送前来。当经臣覆称："公司所请公断各条，似是于私约无效一层未经决定以前，尚非应议之件。全案关键，重在此著，无论如何碍难听人公断。若果此关解决，将来细目或有未能允洽之处，再行商用公断办法较为相宜。"等语，咨请照覆。近又准外务部转据驻英使臣李经方电开："英外部照称：'开平矿案英商无理处政府本不帮助，但非公断难见曲直'"等因，臣仍按照原议函请电覆去后。兹接英京来电："所派洋员已由驻英使臣通知英外部定期接见"，当饬遵照前议，竭力磋商。此近日往复商办之情形也。

臣维此案中外注目，得失匪轻，非惟商业所关，实为主权所系。相持十载，损失已多。若办理消失机宜，更贻隐患。臣奉旨筹办，自当勉力进行，随时会商外务部，一意坚持，以期补救于万一。至所用华洋员司一切薪费川

* 据《庸庵尚书奏议》卷一三，癸丑（1913）贵阳陈氏印本。

资等项，俱由臣先行设法挪垫，俟办结后再行筹还，另案核销。

所有筹办开平矿案缘由，除咨外务部外，理合恭折具陈，伏乞皇上圣鉴训示！谨奏。

陈夔龙给与开平有限公司之条件*

——宣统二年（1910）二月——

本条件所定两款：开平有限公司，认明私售矿产之一切文件，如德璀琳与胡华私订卖约，张燕谋与该公司私立之移交约、副约等件，一概无效后，始得就两款中，择认一款。其细目，应由该公司之代表，受有相当之权，来华与本大臣商订。再本条件所订两款，为中国国家宽厚至于极点之办法，且为立待解决之著，应即克期见覆。是要。

计开：

一　中国国家，接受有限公司之矿，及一切财产并欠款，以该公司最后年总结帐之日为断，债票亦在其内。一俟财产移交时，中国国家发给该公司一百万镑中国国家担保之债票，长年七厘行息，五年之后、二十年之前赎回。至该公司原有之债票，或全数由中国国家还款；或全数换给中国国家担保之七厘债票；或分别还款换票；均应听原主自便。

二　中国国家，接受有限公司之矿及一切财产，以该公司最后年总结帐之日为断。中国国家即设立一中国公司，名“北洋官矿公司”，将有限公司交出之矿，连滦州公司之矿，一并开采。因此，滦州公司之价值，与有限公司之财产，作为同价。北洋官矿公司资本作为二千万两，每股十两；以一百万股分给有限公司，以一百万股分给滦州公司。北洋官矿公司，接受有限公司一切欠款亦以该公司最后年总结帐之日为断。至于有限公司原有之债票，或还款，或换给北洋官矿公司之债票，听原票主自便。北洋官矿公司，应用合宜之官督商办之法办理。其股东之利权、利益及责任，查照中国矿务章程，与此事情形相宜者遵行。

本条例以华文为主。

---

* 据伪河北省矿务整理委员会编《河北矿务汇刊》，民国十九年九月。

筹议收回开平矿产情形折*

——宣统二年（1910）八月初六日——

陈夔龙

奏为筹议收回开平矿产情形，并请饬下部臣预为妥拟善后办法，恭折仰祈圣鉴事：

窃臣于宣统元年十月十二日奉旨筹办开平矿案。十一月二十四日奏，蒙特派熟悉情形大员三品京堂张翼、前长芦运司周学熙随同办理。嗣因案情重要，复遴委直隶绅士分省补用知府李士伟、分省补用知县王劭廉，及深明法律华洋员司马尼尔、庆世理等详核文卷及中英约章，参互考证，悉心研究。宣统二年二月三十日业将筹办大概情形奏明在案。现在办理渐有端倪，谨将详细案情及所拟收回办法，为我皇上缕晰陈之。

伏查开平矿产，煤苗丰富，广袤数十里，且近接铁矿，地又濒海，交通利便，为国家莫大利源。光绪元年，前直隶督臣李鸿章奉特旨筹办，以济军国要需。先派候选道唐廷枢会同现任司道，设法集股创办，并扶以官力。嗣后二十余年，叠经困难，卒著成效。不幸庚子拳乱，前矿务督办张翼委洋员德璀琳设法保护矿产，讵德璀琳与矿师胡华私立卖约，继复由张翼签订移交约及副约。举凡开平煤矿原定十里矿界以外之所有矿产，并推广及于与矿产相连之利益，全行包括在内。是以唐山、西山、半壁店、马家沟、无水庄、赵各庄、林西等处地脉相接数十里之矿产，以及奉旨代办之秦王岛通商口岸码头地亩，与附属之承平、建平金银等矿，悉移交英公司执掌。其约中：一则曰照英律注册，再则曰按英律存案；是不特地利入外人之手，即国家主权亦多所放弃。迨前督臣袁世凯到任后，英公司竟有秦王岛不准中国兵轮停泊，唐山矿厂不准升挂龙旗，胥各庄运河不准民船行驶等事。遂一再陈奏，奉旨严饬张翼勒限收回。厥后张翼呈请赴英控诉，仅责认副约，名为得直，而迄今十年，外人仍安享权利。历经前直隶督臣及外务部与英使据理力争，

* 据《庸庵尚书奏议》卷一四，癸丑（1913）贵阳陈氏印本。宣统二年八月初六日硃批："该部妥议具奏。"

该使但凭该公司一面之词，故意拖延，甚至要求禁阻开采滦州煤矿。此开平矿案积年轇轕之实在情形也。

臣奉命筹办，检核案据，窃以当日英商骗订私约，实违理法，有碍主权，始终未蒙朝廷允准。即英公堂判断此案，亦称英商欺诈。筹办之初，自应先行证明私约应归无效，乃易着手。爰与张翼、周学熙等通盘筹画，商榷办法。张翼坚主责认副约，谓实行副约可为中外合办，无须费款赎回，即可同享利益。不知副约原于移交约，移交约原于卖约，三约一脉相承。英国中公堂判词，明明断为移交约与副约应作一件看，是认副约即不能不认移交约，认移交约即不能不认卖约。一认卖约，主权何在？况副约中所谓张翼仍充该矿督办有管理一切之权者，英国上公堂已并此而驳之。是即以副约论，亦毫无效力，何况有移交约、卖约为之根据。且十年以来英公司何曾实行副约一字，不过徒为掩饰卖约之空文。往者尚幸国家并未承认，若今日复经国家允准，则该公司执约相绳，凡开平相连数十里之矿产——无论何种煤铁金银等矿，并他项利权，皆非我有。设有缓急，海军用煤泊船，均须仰给外人，后患何堪设想！经臣再三研究，未敢稍涉迁就。谨遵历次谕旨，并依据外务部前致英使节略宗旨，督同周学熙及李士伟、王劭廉等筹议办法，拟具说帖，声明当日骗诈行为，引证切实案据，派员向英使解释，并派洋员马尼尔等赴英，向英外部详晰剖陈。始而英外部一味偏袒，谓张翼从前控诉，仅责认副约，并未提议私约为无效，机会已失。经该洋员详切驳难，告以张翼赴英，中国国家实系责令收回，始终并无承认副约之说。英外部总知案无遁饰，乃复谓事阅十载，难言收回。臣当洋员赴英时，即预定条件两项：第一条件为将矿产收回后，所有公司股本一百万镑换给国家担保之债票，并接还旧债约四十余万镑，均以七厘行息，五年之后、二十年之前将债票全数赎回；第二条件为将矿产收回后，仍准洋商附股，所有公司股本换给中国股票，一切遵照中国矿章办理。此两项条件均属情至义尽，并密谕洋员注重第一条件办法，以为完全收回地步。至是洋员即本此往复辩难抗议半年，英外部及英公司时而恫吓，时而要挟，变幻多端，无所不至。臣随时商承外务部，内外坚持，英公司知难而退，始情愿收受债票，将产业交回。惟索款至二百七十万镑之多，继经严拒，复减至一百七十八万镑，且要求赎回债票期限展长至三十年以后，核与第一条件所定款数相差三十余万镑，期限相差十余年。并经英外部电饬驻京署使与我外务部交涉。据其照会内称："按照上开一百七十八万镑数目，每年英商所得债票利息不及十二万五千镑；而此矿每年获利，即以去年而论，已有二十四万七千镑。"并云："此事若因细数，败于垂成，殊属可惜"等语，复经外务部据理驳回。惟以中英友谊素敦，总宜互相退让，期于了结为要义。准外务部知照前来，臣当电饬洋员等谨守斯意，相机磋商。固不得因此微数，致令要案久悬；亦不得因示退让，致令别生枝节。并经臣函商度支部，所有债票将来拟由大清银行发行，以昭大信。此筹议收回，历次交涉之情形也。

臣维此案轇轕多年，中外注视。如能仰托朝廷威福，得以全数收回，虽国家暂时担任百数十万镑之债票，而全矿产业皆为国家所有，每年进利足抵本息而有余。且此项矿界，范围极广，将来逐渐开采，洵为莫大利源。较之责认副约、空言合办、权利尽属外人者，此中得失，相去天渊。况秦王岛通商口岸，关系国家疆土，尤非寻常矿产可比。现在一面磋商妥议，一面即须预筹善后事宜，拟请饬下外务部、度支部、农工商部分别预为妥筹接收矿产码头、发行债票办法，以资准备而免贻误。

所有筹议收回开平矿产情形，并请饬部妥拟善后办法缘由，理合恭折具陈，伏乞皇上圣鉴训下！谨奏。

上载泽等论收回开平书*

——宣统二年（1910）——

刘若曾

窃以开平矿产，自经外人骗占，于兹十年，权利坐失。幸荷朝廷主持，饬令外务部北洋大臣妥筹办理；一年以来，竭力交涉，闻渐有收回之议。所以仰副先朝谕旨，而挽回国家主权者，至重且巨；凡属士民，无不额手称

---

* 此系刘若曾等上载泽、盛宣怀、陈夔龙及外务部书。刘时为大理院少卿，陈夔龙奏请备款收回开平后，清廷命载泽、盛宣怀为查办大臣，时张翼密奏反对，故刘等有此书。文据经宗芳所著《开滦矿务局沿革》，载民国二十二年六月伪河北省政府月刊；原注称：系根据盐山刘驹贤所藏刘氏之石印呈稿。原未载日期，依陈夔龙先后奏折所称，此书当在宣统二年八月初六以后，十二月初五以前。

庆，亟愿早日观成。乃昨见报章，张京堂翼密上封奏，其内容仍系固执私见，回护前失，以责认副约为有利，而以给款收回为受害，闻之遏胜诧异。

伏查开平矿产，原为军国要需。庚子拳乱，张京堂翼委任德璀琳与英商私立卖约，继复自立移交约、副约，举数十里之矿产，并秦王岛口岸，以及各项权利，悉数移交外人掌管。其约中载明：按照英例注册；是不特地利尽失，即国家主权亦因以多所放弃。事后入奏，冒称中外合办，并不提卖约一字。迨赴英控诉，朝旨责令收回，而张竟责认副约。按其副约文义系承接移交约，移交约又系承接卖约而成。故英公堂判词声明：副约应与移交约作一件看。名虽得直，而实则为卖约加一层案据，其去收回之义更远。况副约中所谓“张翼仍充该矿督办，有管理一切之权”者，英上控公堂亦并此而驳之。是其谓中外合办者不过为掩饰卖约之空文，如此而言副约之利，其将谁欺！

再查开平苗线，据辛丑年英公司矿师胡华刊本报告书内载：“就现在所开唐山、西山、林西三井口估计，已确见可采之煤一万万吨；按每年出煤一百二十万吨计，足供八十余年之采取；而在此三井之外，尚有煤二万三千五百万吨”等语。现即以已有井口煤数一万万吨论，每吨按极少获净利一元，已可收一万万元之余利。此外如添开井口，更有可采之煤二万二千五百万吨，其利更增二万万元以外。是其煤苗孕蓄之富，固无可疑议者。且其机器力量，英公司近年添换电力机系一千五百匹马力者四副，比现在需用之力尚二倍有余。是采煤工作，又无可顾虑者。至谓销路，以煤之成色及运道交通二者为主。查开平煤质：煤块以九槽为最；末煤以西井一号为最，十二槽、八槽次之。经化学师平均考验，末煤百分中仅有土质十五六分，块煤仅有十分上下；且火坚焰长，堪炼上等焦炭，足供熔铁炼钢之用。日本所产煤质，尚较逊之；即中国沿江沿海，如胶州、抚顺等煤质，亦无足与相埒者。故开平煤久为火车、轮船、机厂所欢迎。而其运道，出海最近：东至秦王岛仅三百六十余里，西至塘沽仅一百六十余里。且自有码头，凡天津、新河、塘沽、秦王岛、上海、烟台、营口、香港、广州共计九处。又自有轮船数艘，故能指挥如意。其入内地，则天津为五大河汇归之处，由天津分运内地，航路四通八达，尤为便利。是以成色论，日本煤、抚顺煤不能与之敌；以交通论，井陉、临城、福公司、保晋公司、峄县等矿均不能与之争。如此，则销路又无可虑者。故开平所占天然优胜，在五大洲可称巨擘。西人之游历中国，著作论说多艳称之。此犹就煤之一件而论，若其附属之产业，如轮船、如码头、如地亩、如金矿等股分，总计所值，又达四五百万两，尚不在内。

故开平股票，在未交涉以前每镑涨至十九两零，共合股票值价银一千九百余万两；现虽因有信交回，股价稍落至十四两零，仍合值一千四百余万两。以此美产委弃外人，而日事忧贫，殊为可惜。如能乘机收回，将来无论归官办或交商办，皆有百利而无一害。至其办法：若宗保守主义，照英公司每年出二三十万吨，余利少者一百数十万元，多至二百万元以外；除备偿本息外，每年可坐获赢利三五十万元。若宗扩张主义，以开平为基础，联合滦矿，集大公司，开相连一带之矿产，则更为富国远图。况秦王岛为北方不冻口岸，运输利便，尤为兴办海军重要之地；倘使权不我属，坐失形胜，噬脐何追！是其所言给款收回之害，又将何欺！

公论所在，事实可征，此乃人人所共见。张久办矿务，又何尝不洞悉底蕴。而必为此明知故昧颠倒是非者，无非欲荧惑上听，以遂其从中攘利之私，而掩其前此欺朦之罪。且此案为中外所注目，张以办理矿务之人，因受欺骗而私卖国家疆土产业，所幸朝廷始终并未承认其事，此次与英外部据理力争，即本此为根据，彼始就我范围。兹当交涉吃紧之时，外人变幻多端，稍纵即失，正宜上下内外，合力同心，以资抵抗，而冀成功。夙钦钧座公忠体国，经猷宏远，为薄海士民所同深仰戴，用是疾痛迫切，合词吁恳鼎力主持，据实奏闻，立辟奸谋，以伸正义。则主权可挽，大利可回。直隶幸甚！天下幸甚！

开平矿案妥筹添股借款办法折*

——宣统三年（1911）三月初五日——

陈夔龙

奏为开平矿案遵旨饬令滦矿公司妥筹添股借款办法，恭折仰祈圣鉴事：

窃臣于宣统二年十二月初五日钦奉上谕："载泽、盛宣怀奏，查明开平

* 据《庸庵尚书奏议》卷一五，癸丑（1913）贵阳陈氏印本。

矿务一案始末情形及现拟收回办法一折，所拟滦州矿局加招商股、即就开滦两矿发给公司债票归并办理，如有把握，尚属可行。倘或英公使要求无厌，不妨坚持定见，徐筹抵制。著按照载泽等所奏各节妥筹办法。”等因，钦此，并准军机处钞录查办大臣载泽、盛宣怀原奏到直。查原奏内称：“责成滦州煤矿迅速加筹商股五百万两，连滦矿原有股分五百万两，凑足商股一千万两，并作开滦煤矿公司。即以两矿产业作为抵保，出立债票，分年清还英商应得之款。否则如能由公司另借轻息之款，一起付还，尤为直捷。此两层应归该公司自行妥议，呈请直隶总督酌核奏明办理。揆之各国实业债票办法，均属相符。”等语，是就滦矿接收开平业经恭奉谕旨，自应钦遵办理。惟查该公司上年股东会决议——由该矿添集资本、将两矿合为一事、担任接办还款，乃悉查照臣前定条件，俟国家担保发给债票、实行收回开平以后之办法。今若照载泽等覆奏，先由滦矿添股，出立公司债票，而以两矿产业作为抵保，办法又不相同。自应饬令该公司切实研究，以速进行。

兹据该公司股东会呈称：“开滦两矿对峙，关系至为密切。现在恭奉谕旨，饬令就滦收开，主权所系，自不容外人假中外合办之空名，以为影射。惟此案交涉中途停议，现在所筹办法尚未接续磋商，收回之期既难预定，人心疑虑，招股借款殊不易言。且原奏责成张翼查核英公司历年款目，迄今亦未着手，给予债票之数，更难预计。惟有先将招股借款两项办法公同妥议，列为开滦公司招股章程二十二条，借款办法四则，并预算表一纸，呈请查核奏明立案。一俟款目核定，交涉议结，再由公司按照所拟酌量情形分别筹备。至张翼既负核算帐目之责，开平英商又有变动产业之议，将来交涉结局，所有该矿产业必须力求完全，由滦矿遴派专员核明价值。其债票额数，亦务期少于前议一百四十二万镑之数，方足以轻负担而免亏失。”等情，并据该公司总理周学熙呈请辞职前来。

臣查所拟各节，悉遵查办大臣载泽等原奏办理，尚无不合。惟交涉一日未结，则所有招股借款办法均属空言，应请敕下外务部迅饬张翼，遵照查办大臣原奏，克日与英公司核算历年帐目，并磋商核减债票之数，俾臣得以早日接议收回办法，免致要案久悬。至周学熙经营滦矿，苦心筹画，劳怨不辞，现当扩充营业、议收开平之时，事体更为重要，自未便准其辞职，仍应责成赓续经理，以竟全功。

所有开平矿案遵旨饬令滦矿公司妥筹添股借款办法缘由，除咨外务部查照外，理合恭折具陈，伏乞皇上圣鉴训示！谨奏。

滦矿公司自行担保发行实业债票片*

——宣统三年（1911）三月初五——

陈夔龙

再开平矿案日久未结，与滦矿营业实有密切关系。臣前奉谕旨，饬令坚持定见徐筹抵制，仰见朝廷廑怀利权之至意，曷胜钦服。惟念抵制之法，空言不足为功，必须内力充盈，方足以操胜算。查滦矿开办数载，成效卓著，如能加意维持，与开平实力竞争，于收回之议必能大有裨益。近闻开平英商恃其资本雄厚，锐跌煤价，以图倾轧。若不速筹维系滦矿之策，后患将不可胜言。

兹据该公司股东会呈：请广筹销路，宽备行本，拟在东南各埠及外海等处遍设分销处，租赁轮船以资输运。并请援照京师自来水成案发给保息银两三年，每年四十万两；或准由公司自行担保发行实业债票一百五十万两，在余利项下分年摊还等语。

臣维此矿，关系甚巨。当此商业竞争时代，所筹办法固系切要之图。惟库款支绌，所请按年发给保息一层，实属无从挹注。至所拟由公司自行担保，发给实业债票，商借商还，核与各国实业债票通例，尚属相符，自可照准。除饬妥慎经理设法抵制、并咨农工商部查照外，理合附片陈明，伏乞圣鉴！谨奏。

---

* 据《庸庵尚书奏议》卷一五，癸丑（1913）贵阳陈氏印本。

九

滦州矿权的丧失

滦矿公司禀直隶总督陈文[*]

——宣统三年（1911）十二月初十日——

敬禀者：

职公司宣统三年二月间，遵旨筹议接收开平矿产。比经预拟招投章程暨借款办法，并声明分别责成，俟交涉定议接收有期，再由职公司按照办理，禀蒙宪台奏咨在案。

嗣因交涉久未进行，接收无期，而开平大减煤价，力图倾轧，职公司惟有就营业上锐意竞争，实行抵制。数月以来，坚苦撑持，不稍退懈。该公司知为劲敌，遂挽人绍介，商请职公司与议合办。

于本年闰六月间，该公司代表帮办洋员萨敦致函于职公司董事部，请派代表协商合办事宜。职公司当即开董事会悉心研究。佥以交涉既杳无消息，若仅恃营业竞争，则股东血本涸竭堪虞；既据公司请求协议，自未便过事拒

---

* 此系滦州矿务公司禀直隶总督陈夔龙之文。宣统三年十二月十一日陈批："据禀已悉。此案应查照新章，呈内阁核办，毋庸具奏，并候分咨外务部、农工商部查照立案，俟复准至日，再行饬遵。清册分别存送。此缴。"十二月二十七日，北洋大臣咨农工商部，称"奉内阁核准在案"，请派袁克定为督办，并发给关防。以后经过，见该公司呈署理直隶都督张文。据伪河北省矿务整理委员会编《河北矿务汇刊》，民国十九年九月。

绝。比经公推士鉴为董事代表，前往与议。继因该代表萨敦要求职公司先停发行债票，遂致中搁。

厥后该公司又派总办洋员那森为代表，重申合办前议，复经士鉴与之磋商。那森拟具合办条件，职公司迭次开董事会，并以事关地方利害，又添邀直绅阎凤阁、周暻、王劭廉、胡家祺为协议员，详加研究。嗣复开股东特别会，公同讨论。

旋经董事等详细核议。咸谓此事纠葛多年，所以不能谅解者，盖从前所持合办之议，皆系将两公司取消，另立一新公司。其中关系法律问题，彼此争执，各不相下。在开平当日虽得受为不正当，而自英人一方面观之，则仍遵该国法律注册，是英国固有保护之权；此时欲取消其注册之案，势必动多窒碍，故开平之不易就范者以此。而在滦州则系遵照矿章组织成立，是为中国完全自主之矿，又断不能取消奏咨各案。此所以屡议屡辍，迄难就绪之原因也。爰反覆推求，乃得营业联合之一法，所有两公司名义各自存在，仅将营业一部分联合组织，设一开滦矿务总局协力进行，以息争端而维权利。

当经拟具合同底稿，续开股东特别会，悉心商榷，议决通过，并经股东推举学熙、士鉴暨董事李士伟为全权代表，与该公司代表那森切实协议，再三磋磨，乃始就绪。遂于宣统三年十二月初九日由彼此代表签订，计华洋文草合同十七款，附件九条，分执存照；并声明俟奏咨奉准后，再立正式合同。

伏查此项合同首先声明开滦矿务总局遵照中国矿章办理，并请中国政府委派督办，有监察保护之权。而又令呈缴北洋关于矿案一切款项，计银五十万两。至对于股东权利，亦极注重。职公司股额五百万，实收不过三百万，现提作英金一百万镑，与开平立于平等地位；虽所获净利四六分配，而超过三十万镑之数，以及将来另添事业，仍可平分；每年分利在七厘以外，并可提十五分之一作地方公益之举。

该公司之在伦敦，职公司之在天津，仍各设董事部，事权不相侵越。并于天津总局内设立议事部，各举议董，以为监察之机关。

自此合同奉准后，所有以前未经批准之案，一概取消。并预计十年后，职公司有权将该公司收回。将来分合，均可自由。

凡此规定，微特职公司固有权利仍自保存，抑且营业划一，指日可期发达，是于实业前途大有裨益。

除秦皇岛等事不在矿务范围，业蒙宪台委派卢前学司靖与开平公司协商，另案禀结外，谨将开滦矿务总局联合办理华洋文草合同十七款、附件九条、照印清册，禀请宪台察核，俯赐奏咨立案。仍俟奉准后，再由职公司与订正式合同，俾便实行。

所有筹议开滦矿务营业联合办法，签订草合同并附件缘由，理合禀请鉴核，批示祇遵，实为公便。

开滦矿务总局联合办理草合同*

——一九一二年一月二十七日——

计开

一　开平矿务公司、滦州矿务公司为发达营业起见，联合组织，设一开滦矿务总局。该两公司均仍其旧，各照有限公司律例自行办理。此总局应照中国通告中外合办矿章办理，呈请北洋大臣奏咨立案。

二　按照本合同，两公司之股本应各仍其旧，计开平股本一百万镑，滦州股本一百万镑。

三　两公司议定：总局按现有营业所得之利，应照以下所开分派：所有净利在英金三十万镑以内，开平公司股东应得百分之六十分，滦州公司股东应得百分之四十分；过此赢余之数，应由两公司股东平分。嗣后总局兴办新事业，以及离现有之煤井另开机器大井，所得净利，应由开平、滦州股东平分。按前项净利，系指余利除去总局一切经费并下开各款而言：

甲　开平矿务有限公司现有债票英金四十六万镑之六厘利息；

乙　滦州矿务公司新债票一百五十万两之六厘利息；

丙　张燕谋新债票一百万两之六厘利息；

丁　行本新债票英金五万镑之六厘利息；

戊　还北洋公款新债票五十万两之六厘利息；

己　按照以上所开甲乙丙丁戊五项债本之总额，每年提存五十分之

---

* 开滦矿务总局联合办理草合同及附件，系宣统三年十二月初十日滦矿公司禀直隶总督陈文之附件。

一，以备赎债之用；

庚　公积每年按照毛利提百分之十五分，或至少英金三万五千镑，此项公积应归两公司平均承受。

四　嗣后无论何事，如须添招股本或添募债票之时，应由两公司华洋代表，用总局议事部议董名义，开支议定其数。无论若干，应归两公司股东平均分任；所得余利，亦应平分。

五　开平在英京董事部，滦州在天津董事部，均各照旧章选举，各管所有股票权利事，其经费由两公司各在所得净利内开支。

六　总局在天津设一议事部，由开平滦州两公司各举议董三人，会议总局之事，并随时将总局办事情形报告于开滦两董事部。此议事部应有监察总局经营事业内一切详细情形之权。会议时以多数决定。

七　总局营业事宜，应在天津设总营业处，应由议事部选派总理、协理各一人，总理主持营业一切事宜，协理襄助之。其紧要各分处，应各派华洋正副经理，此项华员应先尽滦州矿务公司旧人派充。

八　总局应呈请中国政府派矿务督办一员，随时监察保护经营之事业，并报告于中国政府，其薪水应由总局支给。

九　总局各项帐簿单据皆用华英文合璧，使开平滦州两公司中外股东易于稽查。每年分二次结帐，派中外合格查帐人查核，刊布华英文帐略。

一〇　总局矿界应以开平滦州两公司原定立案之矿界为限。矿界之内，不准他人开采。

一一　滦州矿务公司原租滦州矿地公司之地应给之地租、余利，均由滦州矿务公司股东付给。嗣后总局另办他项事业，仍用滦州矿地公司之地，其地租、余利应由总局与滦州矿务公司公平商订。

一二　所有应行交纳中国国家厘税报效各项银两，应与现阶段开平公司按照旧章所给之数相同无异，一俟中国通行中外合办矿章实行之时，总局仍应遵守。

一三　股东分利满十五万镑之后，所余之数先提十五分之一，归直隶兴办实业之用。

一四　两公司联合时，所有有效力之合同、约据、契券，总局均应遵守。联合之日两公司存欠各款，应由两公司各自清理。两公司订购未到之机器材料，应由总局接收；其未付之价，一并由总局付给。本合同实行之日起所存之煤，应归总局接收。

一五　本合同作为草案，用华英文合璧。彼此两造代表在天津会同签字后，呈请北洋大臣奏咨立案，并由中国政府照会驻京英公使查核。俟英使覆到后，再由两造延聘律师，即商订正式合同，彼此签字，即由两公司实行组织联合营业办法。

一六　本合同自奉奏准之日起，所有以前未经中国政府批准之案，一概取消。

一七　自本合同签定之日起十年后，滦矿公司应有权可将开平公司全产，由两造商定公道价值购回。

以上各条款，均由华文译英文，系两造协商联合办法之大义，将来订立正式合同时，其文义字句尚可协商略为修正，以期完善。

开平矿务有限公司代表　那　森　押

李伯芝　押

滦州矿务有限公司代表　周缉之　押

李士鉴　押

见证人　萨　敦　押

德璀琳　押

宣统三年十二月初七日

西历一千九百十二年一月廿七日

开滦矿务总局草合同附件

计开

一　开平公司担任招募合同草案第三条所载应需之各项债票，并于正式合同签字之后，从速将各该项债票所收之现款分别付给：计乙项一百五十万两，付给滦州矿务公司；丙项一百万两，付给张燕谋；丁项五万镑，付给总局；戊项五十万两，呈缴北洋大臣。

二　合同一经成就后，除合同草案第三条所载各项债票外，由开滦总局另行从速募集新价票五十万两，付给滦矿公司现款，其还本付息照草案第三条内所募之债票办法办理。

三　前十年内，总局之总理，开平公司所举议事部议董选择之人，经滦州公司所举议事部议董认可，公同任用。

四　议事部会议，如因可否均数不能解决时，应由开平滦州两公司担任已发顶票占多数者所派之议重中，惟一人加一数以决之。

五　两公司于产业上之一切权利，均各仍旧享受。

六　两公司应承：自今以后，如未先经天津议事部允可，不得将产业抵押于人。

七　最后合同签字后，除滦矿公司照草案第十七条将开平公司产业购回外，应永远遵守。

八　两公司承诺：不各自另办新事业；如有此项事业，应归总局承办。

九　此草合同签字以后，倘各方面有向开滦两公司要求之事，如有一方面不承认了结清楚者，此草合同即作为无效。

开平矿务有限公司代表　那　森　押

李伯芝　押

滦州矿务有限公司代表　周缉之　押

李士鉴　押

见证人　萨　敦　押

德璀琳　押

宣统三年十二月初七日

西历一千九百十二年一月廿七日

滦矿公司呈署理直隶都督张文*

——民国元年（1912）六月二日——

为呈请事：

窃本公司于中华民国元年三月二十八日奉都督札开：

* 本文系呈署理直隶都督张锡銮者。六月六日张批：“据呈已悉。仰候分别咨行查照备案，清册存送，抄由批发。”其后经过，见“袁克定厘定开平主权问题七项条件”一文之注。据伪河北省矿务整理委员会编《河北矿务汇刊》，民国十九年九月。

> “中华民国元年三月二十四日，即壬子年二月初六日，准外务部咨：‘前准直隶总督来咨，以据北洋滦州官矿有限公司总理周学熙、代办协理李士鉴禀称：滦矿公司现与开平公司协商联合事宜，所有两公司名义，各自存在，仅将营业一部分联合，组设一开滦矿务总局，协力进行。由彼此代表签订计华洋文草合同十七款、附件九条，分执存照，俟奉准后，再立正式合同；并将草合同清册咨送立案；等因。当经本部照会英朱使。去后，旋准该使开具节略：先行述明请诺，并称于合同宗旨毫无抵牾，不过将所提各节全行清晰释明，等语。复经本部逐条签复，准该使复称：已转致开平公司，合请转致滦州公司，以便两公司认真遵守，等情前来。查开滦公司所拟联合事宜，既经与英朱使往复商订，自应赶紧订立正式合同，以期实行。相应抄录照会暨来往节略，咨行贵都督查照，转饬公司矿务总协理，与开平公司彼此协商，分别订定，仍咨本部存案可也。’等因到。本署都督准此，除分行遵办外，合行札饬；札到，该公司即便妥为会商酌定，具复核。计抄单……”等因。

奉此。遵即由本公司代表总理周学熙、代办协理李士鉴、董事李士伟，与开平公司代表那森，反复磋商。按照前外务部与英使往复照会内所提各节，彼此协商，订明八条，列作副则，连同旧历上年十二月初九日所订合同草案及附件，作为一件，并即作为草案第十五条之所谓正式合同。迭经两次股东会议决认可，业于新历六月初一日由两造代表会同签订，各执一份存照。至英使照会内称取消案件应列清单一节，现经彼此商明：此项案件不另开单，即以与本合同相抵牾者为断，业于副则第七条载明，以免误会。

除旧历上年所订合同草案及附件，曾经呈明有案，毋庸复录外，所有遵饬签订开滦矿务总局联合办理正式合同情形，并增订副则八条缘由，理合照印清册五份，请都督察核，并分咨国务院、外交部、工商部备案，并由外交部转咨英公使查照。实为公便。

开滦矿务总局联合办理正合同*

——一九一二年六月一日——

此合同于西历一千九百十二年六月初一日所订立。其订立者：此造为开平矿务有限公司，系遵照英国公司条例组织之公司，其注册办事处设在伦敦奥斯丁佛拉并司街第二十二号门牌（此后称开平公司，此名称应包括现在之开平矿务有限公司或其改组之新公司）；彼造为滦州矿务有限公司，系遵照中国律例在北京农工商部注册之公司（此后称滦州公司）。

兹因意欲除去彼此竞争，并发达事业上之经营，愿使开平滦州两公司之利益互相联合。

又因为达以上之目的，两造已经约定联合组织，设一联合机关，名曰开滦矿务总局。该两公司之团体及其一切附属之权利，除后文所载另行办理外，均应各自照旧保存。

又因以上所言之缘故，故该两造已于西历一千九百十二年正月二十七日在天津订立合同草案一件，且于同日又立附件一件，当由开平公司之代理人兼总经理都司那森代此造签字，又由滦州公司总理周缉之、董事李伯芝、协理李士鉴代彼造签字。此项合同草案并附件，业经呈明中英两国政府核准在案。

又因以达上文所言之目的，并载明各条办法，以备将来两造协同经营各有之事业有所遵循。

兹两造互相约定声明：认此项合同草案并附件以及下开副则作为该合同草案第十五条内所谓之正式合同，且此项副则条文应与合同草案并附件作为一件。

此合同系由那森受有西历一千九百十二年五月初八日盖用开平公司图章之全权文凭，以开平公司之全权代表资格签押；又由滦州公司盖用关防，并由该公司之总理周缉之、董事李伯芝、协理李士鉴三人受有正式代表之权，签押为凭。

以上所言之副则，开列于下：

计开

---

* 此合同系民国元年六月二日滦矿公司呈署理直隶都督张文之附件。

一　中国政府与英国公使已表同情，允准开平公司，为遵照此合同办理，将现时开平公司取消，另设新公司；并按照附件第五条之意，将开平公司之权利产业移交于新设之公司。

二　合同草案内所言中国通行中外合办矿章，含有已经各国公认之意。

三　合同草案及附件及本副则内所载之应付各项，应俟上文所言之新公司成立之后能行发出应用债票时，再行分别付给。现彼此约定：此项债票应由开平滦州两公司签字，并由开平公司从速担任发行，不得无故迟延。

四　所有应发之债票，可以用金镑发行。此项债票，并名为开滦债票。

五　以下所开各款，应加入按照合同草案第三条发行债票所募之数。此等款项亦应募集，并应于同时按照同一条款办法办理。

甲　一未定之数，以备招募所言发行债票通常之费用，两造之中无论何造为持债票人之担保签订债票并立受托契券之一切费用包括在内，及购回开平公司现有债票时应付之三厘贴水；

乙　该附件第二条内所载之五十万两之数；

丙　四十万两之数，为了结向订立以上所具合同两造一切要求之事。

六　遵照合同草案及附件及本副则发行之各项债票，均应作为平等，并应以两公司所有之各种产业财产作第一次之抵押。如开平公司或其新公司为坚固债票之信用起见，为债票受托人订立契券，或立别项担保，或行他事，或照例应为之事，两公司应分别会同签押办理。

七　依照合同草案第十六条，兹特约定声明：以上所具合同一经实行，所有以前关于开平滦州两公司办理一切营业之文件与此合同相牴牾者，一律取消。

八　张燕谋之索偿、杨善庆之薪水，并巡警费、老开平公司员司之花红及中国政府关于主权及他项问题等，系该附件等第九条内所言之各项要求，均已议结，故订立以上所具合同之两造特此约定声明：自此合同实行之日起，此项议结之事两造均应承认。

开平矿务有限公司代表　那　森　押
李伯芝　押
滦州矿务有限公司代表　周缉之　押
李士鉴　押

见证人　马尼尔　押
　　　　甘博士　押

中华民国元年六月初一日

西历一千九百十二年六月初一日

袁克定厘定开平主权问题七项条件*

——民国元年（1912）六月初二日——

为咨会事：案查开滦联合营业正合同依次签字，所有开平公司关于主权问题自应订明，以免后来误会。兹经本督办厘定条件七项，列作清单，交由该公司承认签字具复并请声明二项前来。除另文咨会外，相应照录清单并抄录开平矿务有限公司代表那森复文各一份，备文咨请贵都督咨送外交部，转咨英国驻京公使查照备案，望切施行，须至咨者。

计咨送条件清单及开平公司复文各一份。

右咨

直隶都督张。

照录开平有限公司俟开滦联合实行后关于权利条件清单

计开

一　开平有限公司现在秦皇岛执业之地亩，应照下开办理：

甲　所有官家盐荒地亩，应行划作中国官有产业。

乙　前项官有地亩得由开滦总局承租，每年缴地租银若干。如将来中国国家须在该处开辟口岸之时，所有新筑海港工程、船坞、市场等事，亦得令开滦总局按照从前中国政府与开平旧公司原议代中国国家办理，并照商业性质经营。此项应另交报效，照本条件第二条所订遵行。

* 此系开滦矿务总局督办袁克定呈署理直隶督都张锡銮之文。此文及袁克定同日之呈文（即呈送联合办理正合同者），均由张咨请北洋军阀政府工商部立案。工商部于民国元年六月十四日咨覆张锡銮，称："……查开滦两公司联合组织，所订合同草案，业经本部核准，咨覆在案。兹准咨送正式合同及附则等件，本部详核，尚属妥协，自应照咨备案。至关于主权事项，关系重要，应由袁督办主持，磋商议结。所拟七款，及该公司代表洋员那森所要求二款，大致于中国主权无碍，自应准其立案。相应咨覆查照。"据伪河北省矿务整理委员会编《河北矿务汇刊》，民国十九年九月。

丙　开平旧公司所购之地亩应归开滦总局经理，在该管地方衙门税契过割，所获余利应照开滦总局旧事业分成派利之法分派。

二　嗣后如因开辟口岸，办理第一条乙项事件，势必添招华洋资本，或发股票，或发债票，必须由开滦总局按照开滦合同第四条（即草合同第四条）办理，届时另订详章呈请立案。每年所得之利，除先付股息七厘或债票本息外，余利按十五分之一提归中国官家作为报效，其余应归开滦两公司股东平分。

三　秦皇岛现有码头以及将来所修海港，中国兵船停泊时不收各费。如修造中国兵船，应减去十成之二收费。至于该处地方行政、司法以及治理巡警、卫生等事为中国国家主权，由中国官家主持办理。

四　两公司矿界相连之铁矿，应准开滦总局与永平金矿公司联合办理。至开滦总局界内如发现他种矿质，先尽开滦总局开采。

五　旧开平局对于建平、永平金矿、承平银矿、细棉土厂、沽塘公司所有股权债权，应作为一律取消。除细棉土厂早经北洋大臣收归启新公司承受外，其金银矿及沽塘公司均由直隶都督收回，另招商办。

六　胥各庄河道原为运煤起见，每年所收闸捐系专备修浚该河之用，应准开滦总局仍旧经理。

七　开滦两公司各矿厂、轮船码头、栈房，应各仍旧悬挂原有商标旗帜；至开滦总局并各分处应另订一式，作为开滦总局专用之旗帜。惟遇应悬国旗之日，无论两公司何处矿厂、码头、栈房及开滦总局并各处，概用中英两国旗帜平列悬挂。

以上条件，应俟该公司复到后，即行咨请直隶都督分咨国务院、外交部、工商部立案。

抄录开平矿务有限公司代表那森复文

开平矿务有限公司为呈复事：中华民国元年五月二十一日奉督办照会并条件清单二份，系为中国政府给予开平矿务有限公司俟开滦联合实行后关于权利之事。本代表对于条件内各节，均谨遵守；并以一分存公司，一分签字呈缴，伏祈查照备案。惟尚有二事应请督办允准者：一，建平、永平金矿、承平银矿从先开平亏赔甚巨，今既股权、债权一律取消，如果将来有添招洋股之事，应请先尽开滦总局附股；二，沽塘公司地亩，于种植矿用树木最有关系，应请于收回另办时，仍先尽开滦总局领办。以上二事，务请咨明直隶都督查照备案，实为公便。谨呈。

计呈缴清单一份。

右呈

督办开滦矿务总局袁。

中华民国元年五月二十九日

开平矿务有限公司代表　那森　押

修订滦州矿务有限公司章程*

——民国元年（1912）五月九日——

一　本公司原名北洋滦州官矿有限公司，嗣于辛亥年十二月禀准更名为滦州矿务有限公司，继续办理；一切遵照商律有限公司定例，呈由直隶都督咨部立案。

二　本公司开采烟煤，制炼焦炭，并随时扩充，举办下幵各项事业：

甲　本公司营业可担任现时或将来得有他项矿产权利，随时推广；

乙　凡经本公司认可或与本公司营业性质相宜之事业，无论系全分或一部分，个人或别家公司之产，本公司均可酌量购买或担任其事宜；

丙　凡与本公司直接或间接有利益，而本公司照章能办之事业，本公司可与个人或别家公司合股，共享利益，或公同合办；

丁　凡前项公司之股票或货物或不动产，本公司均可酌量收购，或留为自有，或转相发售；

戊　各项产业以及他项权利，如于本公司有相当利益者，如矿产、矿物、五金、舟船、铁路、机件、厂栈地亩、机器积货等类，本公司均可租购；

己　凡与本公司营业性质大略相同之公司股票、债票及抵押等物，

---

* 此系开平、滦州两矿联合办理后修订之章程。该章程由滦州矿务公司于民国元年五月九日呈直隶都督察核转咨北洋军阀政府工商部立案。原呈称："现开滦矿务总局业于七月初一日组织成立，本公司暂举周学熙、李士伟、李士鉴三人为总局议事部议董……惟查本公司从前立案章程按照现时情事多有变迁，自应分别修改，经股东会公同酌订章程二十五条副章十条……"据伪实业部档案。

本公司若认为相宜，可将本公司事业全分或一部分出售以转购之；

庚　别家公司如与本公司直接或间接实有裨益者，本公司可与之合并组织一他项公司，或另立公司，以承受本公司全分或一部分之事业；

辛　本公司可发行长期或短期债票，以公司现时及将来产业全分或一部分作抵，并可将已认未缴之股银附入；

壬　凡以上关系之事，如另有事业可达以上所述之营业目的者，本公司皆可举办；惟自甲款以下各事，凡有关于股东权利者，均应先经股东会议决，方能办理。

三　本公司设在天津，矿厂设在滦州马家沟、赵各庄等处地方。

四　本公司仍系原定矿界，坐落直隶滦州地方，约占三百三十方里，西至半壁店，东至范各庄、横河庄、无水庄，北至杨子岭一带山脉，南至京奉铁路洼里、古冶等车站，应以原禀立案地图为准。所有应用地亩，随时向矿地公司拨用，或作地股，或作地租，遵照部章随时与矿地公司协商办理。该矿界以内，不准他人开采。

五　本公司股本为英金一百万镑，以一镑为一股，共一百万股。内以十成之六为记名股，只准中国人为股东；以十成之四为不记名股，无论中外人等可转相售受。

六　本公司股份每股一号。其股票分一股、五股、十股、五十股、一百股、五百股、一千股，均系华英文字合璧对照，由本公司正副主任董事签押，盖用公司图记为凭。其记名、不记名均在票内印明，记名票注列股东姓名、籍贯，其不记名票只编号数。

七　凡股票附息单一联，分二十期，每期小票一张，凭以发息，次第掣销。此项息单均于期满后再行续给。

八　股票不能提取股银，只能转售。其记名股票转售时，须该股东亲具证书，送交本公司查符定章，方能允可更名注册换票。设原股东有意外之事，未及亲具证书，能有殷实亲友三人以上具保证书，亦可核允。但未经更名注册换票者，本公司不认受主为股东。所有更名注册换票费，每票缴洋二角。

九　记名股票或息单，如有残污，本公司允为注销另换。倘系遗失烧毁，应由本人自费将股票姓氏、堂记、号数先登天津报纸详细声明，满一星期，邀同妥保具保证书向公司声明，方准换给新票。换票费每票缴洋四角。

一〇　不记名股票或息单，如有残污，亦可照记名票办理。倘遗失烧毁，应由本人持股票号数报知公司先行挂号，并自费照登天津中西报纸一星期详细声明，俟满两个月，再觅切实保证担保股票并股息，公司始能另发新票交担保行商代存，并照章缴费；每届股息由担保行商代领转给，俟满三年，如无原股票及息单发见，担保行商始可将新票交原股东收执；否则担保行商须将该新票退还公司，其已付股息并由原领之人缴回。

一一　本公司如续招股本时，应酌定期限，先尽原股东分认；倘不愿分认或认不足数，逾限后即另行招募，售与股东以外之人。

一二　本公司如因添办事业，发行定期债票，其详细办法随时由股东会议决施行。

一三　本公司选择董事，用单选举法，以投票法定之。董事九员，二年一任，任满如被公举，仍可续留；第一次任满，应掣留五分之三，以后按期轮替。

一四　凡年已逾冠之股东，每百股有一议决权，以上二十五权为限。如记名股票不能亲自到会，准其派代表人到场，用该股东名义代行其权；但须具委托书，载明该股东姓氏、股数、股号并代表人姓名，先期持赴公司验明，始能到会。

一五　凡年已逾冠，有本公司记名股份一千股以上者（以股票面载有姓名者为断），方有被举为董事之资格；惟本公司在事人员兼充董事者，不得逾董事全额三分之一。

一六　本公司聘用华洋查账员各一员，一年一任，并得连举连任，由董事部选聘，经股东会认可。

一七　本公司事宜统辖于董事部，由董事部公选正副总经理各一员，遵照董事部议决之规则，以经理公司营业事宜。其在总经理以下之人员，可由总经理选任。

一八　本公司办事规则，可由董事部议定。其关于股东权利事件，应由股东会议决。

一九　本公司股东会分寻常特别两种。以每年派利之前为常会之期。凡开常会，须将会期、会场，距会期二十日前，登京津沪汉报纸通告。如有特别紧要事件，可由董事临时招集开会。至董事会无定期，随时函邀。凡股东会倘与议人股数不逾全股之半，议案仍属无效。

二〇　本公司股东对于公司内容，除经董事会或股东会议决宣布事件外，概应共守秘密。如有疑难，可向董事部质问，董事部应即据实答复；或由记名股东十人以上有公司全股十分之一者函请公司开临时股东会，公同讨论；不得遽行在外宣布，致损公司信用。

二一　本公司簿记，参用中西式，华英文合璧，每年汇刊账略，分送股东，以昭大信。

二二　本公司每年所得余利，除去本公司开支及滦州矿地公司照合同应付之额利并提股东六厘正利外，下余之数按十成分派；以九成归股东，按股均分；以一成作为滦州矿地公司红利，拨交该公司查收。

二三　凡本公司股东，如有亏欠公司款项，不能归偿，本公司有权将其股票按照时价扣抵。

二四　凡附本公司股份者，无论中外股东，均当遵守本公司章程。

二五　本章程呈请工商部立案，嗣后如有未备或修改之处，应由董事会修正，由股东会议决。

修订滦州矿务有限公司副章*

——民国元年（1912）五月九日——

一　本公司为发达营业起见，与开平矿务有限公司公同设立开滦矿务总局，联合办理开采销售一切事宜。其滦矿产业以及股东权利等事，仍归本公司享有管理。至开滦总局一切营业内容，应由本公司所举之议董随时报告于本公司董事部。

二　在联合期限内，开滦总局可在本公司矿界内开采煤斤，及办理与本公司商定认可之他种事业。

三　倘遇开滦总局议事部按照正合同议决添招股本或添募债票之时，俟有报告到本公司董事部，凡招股应照正章第十一条办理；如募债应开股东会，临时议决办法。

---

* 见“修订滦州矿务有限公司章程”之注。见第330页。——编者

四　本公司设董事部，经理本公司股东权利事件，并由董事互选正副主任董事各一员，兼摄正副总经理之职务，经理日行事件，其任期以二年为限。凡开董事会时，另推主席董事，作为议长。

五　本公司董事应互选三员，兼任开滦总局议事部议董，会同开平公司所举议董，专司会议监察、报告总局营业事宜。

六　开滦总局每届结账后，将账略交本公司董事部，照章报告股东。

七　本公司矿厂采煤费用及员司人等薪工各项，均归开滦总局开支；至董事部正副主任董事及董事查账员并执事人等薪工、夫马各项，应由本公司在所得净利内开支。

八　除开滦总局每年按照合同酌提公积归两公司平均承受外，本公司董事部每年接受开滦总局所拨净利后，查照本公司正章第二十二条分利之法办理。

九　如经开滦总局议事部议决，本公司将产业与开平产业立于平等地位作为抵押，平均募债，以经营本公司与开平公司合办之事业，其利益亦归开滦两公司平分。

一〇　本公司与开平联合营业期限，自合同签字日起十年后，本公司有权将开平公司全产由双方商定价值购回。

周学熙呈明筹办滦州官矿兼办理开滦联合颠末由*

——民国元年（1912）六月初三日——

为呈明事：

窃学熙筹办滦矿前后数年，自顾戆愚，谬荷历任总督委任之重，各股东付托之殷，绠短汲深，夙夜滋惧。

---

* 此系滦州矿务有限公司总理周学熙呈署理直隶都督张锡銮之文。同时，滦州矿务有限公司并以公司名义呈张锡銮，略称："……查矿章本有中外合办之条，本公司与之营业联合，主权自在，不得谓之为卖。协意联合，出自董事股东同意，草正两合同，迭经股东会公同议决，并邀请士绅协商，复经两次呈奉咨部核准，何得诬之为盗。联合动机，发生于辛亥闰六月，其时大局欠安，更不得斥为乘机。合同第一条声明：总局应遵照中国通行矿章办理，两公司均仍其旧，各照有限公司律例，自行办理。第八条声明：中国政府派督办一员，随时监察。第十七条并订明：十年后，滦矿公司有权收回开平。凡此规定，所谓丧失主权者何在。"此事之背景，是因当时顺直临时省参议会以周学熙丧失利权，提出弹劾。据《开滦矿务切要案据》，民国十八年十二月河北矿学会编。

自开滦联合之议起，各股东于迭次会议时，以大义相敦迫，令将开滦联合合同始终其事，义务所在，曷敢诿辞。现在正式合同业经签订，另文呈报在案。惟兹事结束于学熙，当日创办滦矿抵制开平，与夫平日以滦收开之苦心，究不免有所剌谬，谨将此中颠末为我都督缕晰陈之。

查光绪三十二年间学熙办理工艺总局时，禀请筹办滦州煤矿，原为促进开平交涉起见，旋奉批准饬由天津官银号招股承办。其时学熙兼办银号，一面议招商股，一面禀请借拨开办经费，以期迅速集事。而开平见我实行抵制，始则阻止钻探，继则商缓采掘，肆意要求，横生阻力。际兹群情疑惧，谁复冒险投资。学熙坚持定见，一意进行，筹款试办，树厥风声。迨至光绪三十四年奉前总督杨拨附官股，饬招商股，并奏委学熙充任总理，辛苦经营，无非以筹办滦矿为收回开平张本。

嗣以矿工浩大，非厚集资力，末由展布设施；非开拓规模，无以助壮声势。复经禀准俟二百万股本招足后，接续再招三百万两。数年以来，并举兼营，工程大备，中外人士莅矿参观者，佥谓与外洋大矿相颉颃。

顾我之筹备愈工，开平之猜忌愈甚，时复怂恿英使与我政府为困难之交涉。

宣统元年冬，前总督陈奉办开平矿案，派学熙与王绅劭廉、李绅士伟随同办理。迭经讨论，雇用律师赴伦敦，向英政府剖辩解释，卒经议定：由中国国家担保发给债票，收回开平。私意方幸积年纠葛之案，一旦解决，桑榆之收，或可差强人意。乃谗慝中伤，陡生波折，以至国家不允担保，遂乃寝议。

厥后奉饬滦矿加招商股，自发债票，徐图收开之计。学熙明知事机棘手，巨款难筹，不过政府藉此为敷衍地步。当于股东会再三声请辞职，退避贤路，各股东坚切挽留，卒未允可。事关股东利权，既不敢因个人之为难，隳弃全局，亦不敢因一时之艰苦，顿改初心，始终撑持，不稍气馁。

开平知我股本未足，经济支绌，毫无后援，锐减煤价，实行倾轧。滦矿抵制竞争，势不得不宽备行本，而官府既补助为难，商号亦通挪殆遍，不得已议发债票一百五十万两，以资周转。事已垂成，又复为开平所破坏，无米为炊，困窘殆不可言喻。学熙与在事同人及董事等东绌西罗，勉力支拄，幸免颠蹶。

未几，开平浼人绍介，函请我公司推举代表，协议联合。比开董事会，公推李协理士鉴为代表与之协商，并邀请阎绅凤阁、周绅景、王绅劭廉、胡绅家祺协议，会同董事研究。中间枝节环生，屡议屡辍。继后开平总办那森回华，重申前请，磋议联合，甫有端绪。旋开股东会，多数赞成。

学熙曾声明：公司总理责任，以营业为范围；至于与他公司合并，应由董事充清理人了结一切，非总理所应与闻。乃股东复推学熙与李董事士伟会同李代表士鉴办理签订合同之事。辞不获已，遂于旧历上年十二月初九日订立草合同。近数月来磋商正式合同，屡与那森争执事权，议辄不谐，嗣经议定以草合同作为正合同。虽底稿均由股东议决，多数认可，然学熙私心窃计，有不能不重为声明者。

盖学熙承办滦矿，规模不大，不能势均力敌；而资本不充，安得不借贷；煤价不跌，何以能竞争；而销路有限，又焉得不抛售。凡此权宜之法，悉关抵制之方。在智者以为今日之结果，悉由当日之苦心毅力而来；而不知者乃指摘吹求，甚至列为罪状。

此次联合之议，倡自开平，而董事提议，股东赞成，实非学熙之本心。旧历上年股东会报告情形，并再三陈明：遵照商律，公司合并，总理不负责任。嗣经股东强令学熙随同与议，会同磋磨，蹉跎数月，舌敝唇焦，心痛力殚，而合同条款仅如此结果。明知事后之责备必不能免，而今日股东坚意必须责成学熙签字。以为总理不签字，则事不得成，并近以不应因一人而贻误股东全体之事。自维智能浅鲜，奚敢重违众意。矧公司以股东为主体，总理系为股东办事之人。股东既愿与开平联合，总理为股东之公仆，更何敢过事执拗。

比在股东会当众声明：此项合同条款，其中得失既经股东会议决，事后倘有所指摘，应由股东同负责任。遂于新历六月初一日会同李代表士伟、李代表士鉴与开平代表那森彼此签订，分执存照。

是学熙对于股东意旨，实出于委曲求全；而平昔以滦收开之初心，乃今日竟为以滦合开之事。抚衷循省，抱憾良深。此不得不备述颠末，以略明心迹者也。

理合据实沥陈，伏乞都督鉴察，准予备案，无任惶悚。谨呈。

为筹备收回开平矿产特设专处呈*

——民国十五年（1926）十二月十六日——

呈为筹备收回开平矿产，特设专处，酌拟章程，请鉴核备案，并派员会同办理，以利进行事。

窃维矿产为实业之基础，开平矿务为吾直之富源。溯自光绪初年由总督李文忠公奏明招股创办，成效甫彰，拳乱遽起，遂为外人乘机占有。层经交涉兴讼，经历多载，迄未收回。

于是吾直官绅招集股本，开办滦矿，以资抵制，而为以滦收开之张本。彼此竞争，几将不支。乃定联合营业办法，并于条文内订明十年后滦矿有收回之专条。挽全失之主权，收得半之功效。

迨至民国十一年，届满十年期限，当即根据合同专条由本公司向开平公司提议收回，并屡荷钧署函饬援案进行在案。函电纷驰，叠经敦促，并属选派全权代表来华，以便早日定议。嗣据最后函复声明可以协商，并据称各项节目为协商时之依据者，必须详细研究，为时甚久等语。后又一再去函，请其从速研究。以上历年规划情形，业经先后函致直隶实业厅转呈钧署；又于本年十二月公推敝公司法律顾问冯熙运君为代表，赴农商部接洽各在案。

惟是收回一事，头绪纷难。故于上期股东会中即提出报告，复于本年十二月十一日招集股东特别大会，讨论表决，特设机关专力筹画，名曰筹备收回开平矿产事务处，专任筹备各项事宜。当场通过组织章程，计七条。除由敝公司股东会公举理事七人外，特设筹议员五人，拟请钧长及农商部、直隶省议会各选一人，由敝公司另聘娴悉法律矿务专家二人，公同筹办。

敬希鉴核，准予备案施行，并酌派筹议员一人加入筹备。庶几上下一心，通力合作，共图对外，以期收回巨产。上以慰钧长注重国家权利之廑

---

* 本文系呈北洋军阀政府直隶省长褚玉璞者。呈到后由直隶省政府训令直隶省实业厅："案据滦州矿务有限公司正主任董事陈惟壬、副主任董事言敦源呈称：为筹备收回开平矿产……无任企祷之至，等情。据此，除批'呈折名单均悉。应准备案。查购回开平矿产一事，迭经令行实业厅详细筹备在案，兹即派该厅长会同办理。此批'等因印发外，查此事关系重要，合仰该厅长即与各董事等，将筹备事宜会同办理，随时具报备查。此令。"据伪河北省矿务整理委员会编《河北矿务汇刊》，民国十九年九月。

虑，下以偿敝公司多年之宿愿，无任企祷之至。

除将筹备章程另折缮呈外，谨呈

直隶省长。

附呈抄送筹备章程清折一扣，又举定理事名单一扣。

滦州矿务有限公司正主任董事　陈惟壬

滦州矿务有限公司副主任董事　言敦源

筹备收回开平矿产事务处组织章程

第一条　本处系由滦州矿务公司根据开滦联合合同第十七条所载，自本合同签定之日起十年后，滦矿公司应有权可将开平公司之全产由两造商定公道价值购回之规定，呈明农商部、直隶省长设立，并请派员协助进行，故名曰筹备收回开平矿产事务处。

第二条　本处设理事五人至七人，由滦矿股东会公举筹议员五人，由滦矿呈农商部、直隶省长各选派一人，并函请直隶省议会选任一人，由滦矿聘请娴习法律矿务专家二人，公同筹办，以集众思而获广益。

第三条　本处应行筹办事项列下：

一　关于与开平矿务有限公司协商收回事项；

二　关于调查评定开平矿产价值事项；

三　关于筹备收回开平矿产集款事项。

第四条　本处筹办前条事项，理事筹议员对内用合议制行之，对外交涉应由理事、筹议员互推代表二三人行之。

第五条　本处筹办第三条所开事项，遇必要时，滦矿董事亦得列席与议。所拟办法，并提交滦矿全体股东会决定后，始能实行。

第六条　本处经费应由滦矿先行筹拨；其应如何支销，俟收回事宜办理完竣时，再行酌定。

第七条　本章程由滦矿股东特别大会通过，呈请农商部、直隶省长备案，并函直隶省议会查照。

滦矿公司股东会举定理事七人名单

俞人凤　傅增湘　冯熙运　赵元礼　李宝谦　王其康　娄裕焘

十

开滦矿权的再度断送

一九三四年八月十日补充合同*

——一九三四年八月十日——

立合同 开平矿务股份有限公司（设于英国伦敦之伦敦华尔大厦门三号）（后文简称为开平公司）。
滦州矿务股份有限公司（设于天津曾向南京实业部依法注册）（后文简称为滦州公司）。

此合同于中华民国二十三年，即公历一千九百三十四年八月十日所订。缘开平公司及滦州公司曾于宣统三年拾贰月初玖日即公历一九一二年一月贰拾柒日，订立联合办理合同草案及草案附件契约两纸；又于民国元年即公历一九一二年六月一日订立联合办理合同契约一纸（以上契约三纸以后简称曰联合合同）；又依照其他规定一切办法合组开滦矿务总局（以后简称总局）。该总局自联合办理合同签订后即正式成立，依据上述之联合合同及其他规定一切办法继续营业。现双方对于上述之联合合同及其他规定一切办法为两

* 此合同即通称之“合并合同”，因内容实系两矿合并，在国民党伪行政院批核时称“修正联合合同”；文字为正式中文本，另有英文本。开滦两公司于民国二十三年四月十六日会呈伪实业部，“请将全部矿区移来开滦归两公司公有，并将开滦矿务总局改组，使两公司之矿权及一切利益、资产暨管理上之责任、权限悉归平等”。伪实业部于四月十八日以矿字第八七八六号批示照准。开滦两公司于八月十日签订该合同后，呈伪实业部请“准予备案，并咨行外交部照会英国公使查照”。伪实业部部长陈公博于九月八日提送伪行政院，经第一七八次院会讨论，决议“由实业部立案，并咨外交部”。伪实业部于九月二十二日以矿字第一〇〇四九号批覆开滦，准予备案，并咨外交部。均据开滦档案。

公司共同利益计，认为有依照本合同后文规定修改变更之必要。此项修改及变更原在双方固有权限范围之内，且为其各个公司章程所许可，并经开平公司董事会于本年八月二日通过，滦州公司董事会于本年八月六日通过各在案。

兹将双方同意之各条款开列于下：

一　总局营业应遵照国民政府现行关于中外合资公司通行之矿业法办理，但应受本合同附表所载之呈文及部批之办法之限制。

二　本合同两造应仍各保留其独立之资本。

三　联合办理合同草案第三条应即作废。

四　总局营业所得之纯益金应由双方平均分受，即各得一半，所有债务亦由两造平均各半负担。

五　前条所称纯益金系指总局收入除去总局一切营业开支及下列各项所剩余之数而言：

甲　现有及将来经两公司同意发行之债券之利息；

乙　为清偿债券之用每年提出现有债券总额五十分之一，及将来所发债券在发行时规定每年应提之数；

丙　除经议董部另行规定外每年应提存公积金，其最低限度不得少于除去上开（甲）（乙）二项后之盈余纯益金之百分之十。

六　联合办理合同草案之第四条原文应即作废，改易下条：

除因总局营业需款外，两公司中任何公司不得发行债券。如经议董部认为总局营业有给与现款之必要，此项需款或由两公司各半供给，或经两公司同意由其中一公司发行债券，由发行债券所得之款全交总局应用。此项债券之本息之偿还亦由总局担负。

七　联合办理合同草案第五条应仍继续有效。

八　总局业已依照联合办理合同草案第六条在天津设立议董部，该草案之第六条原文应即作废，改易下条：

议董部之议董总数不得过十人，两公司各举半数。议董部之职务在随时审查总局营业之各种状况，规定两总理应遵循之方针，向两公司报告一切重要事件，并在总局营业需款时向两公司建议募集款项。

议董部议决事件以投票之多数定之，惟每次投票双方列席之议董人数须相等，并至少各有三人。议董有暂离天津者，其所代表之公司得另举他人代理之。有议董二人以上具名之请求书即可召集议董会议，如连续二次会议到会人数不足时，代表任一方面之议董得向其本公司董事部提出任何问题，备与其他一公司之董事部直接交涉。如议董部会议投票可否之数相等，应将问题提交两公司之董事部解决之；如两公司之董事部不能同意，则由两公司各选公断人一人公断之；倘公断人不能同意，则应将问题交由仲裁人作最后之决定。此项仲裁员之人选于本合同签订后应即商定。仲裁员之任期为八年，在该时期内如因仲裁员死亡或辞职或经两公司同意将其解除职务，该仲裁员之任期即行终止。第一任之仲裁员应由滦州公司指选，如开平公司对于滦州公司第一次指选之人不能接受，则滦州公司得继续指选他人，以得开平公司之同意为止。至第二任之仲裁员则应由开平公司依照同样办法指选，以后即由两公司轮流指选之。

九　联合办理合同草案第七条原文应即作废，改易下条：

总局之业务应由两总理代表执行之。两公司在本合同有效期间应各指派总理一员，与对方所指派之总理依照议董部随时所定之方针，并在其监督之下，会同处理总局一切事务。此项总理之薪金津贴应由两公司商定，由总局支付之；但其他服务条件如与本合同规定无抵触者，应由各总理与其受指派之公司分别自行订定之。两总理意见不同时，所争之点应请求议董部解决之。总理在离开天津时，各有委任代理人之权，其所委代理人之权与总理同。

一〇　矿务督办之职业经国民政府取消，联合办理合同草案第八条应即作废。

一一　兹将联合办理合同草案第九条改易如下：

总局之总事务所应设于天津，并应办理下开事务：

甲　应在总事务所以中英两国文字编造总局之一切帐册、帐单及付款证；

乙　每年应办理截至六月三十日止之一切帐务决算，并于决算日期后最短期内，将全年帐务决算报告议董部，由该部转报两公司；

丙　将所有帐册、帐略及付款证交由两公司所派之审计员审核，并予此项审计员以必要之协助及便利。

一二　联合办理合同草案第十条原文应即作废，改易下条：

实业部核准两公司共同之矿业权载明于本合同之附图。

一三　联合办理合同草案之十一条原文应即作废，改易下条：

总局及滦州矿地公司现有之协定、一切办法，在未得双方同意修改或作废以前，应继续有效。

一四　联合办理合同草案第十四条原文应即作废，改易下条：

总局应继续承认在民国元年即一九一二年六月一日签订联合办理合同时有效及现时仍继续有效之一切契约及租契。

一五　联合办理合同草案第十七条原文应即作废，并易以下条：

本合同有下开情事之一发生方得终止之：

甲　经国民政府依照本合同附表内第三、四、七、八项文件所载条件停止矿业权后，所有全部财产之价值应尽先偿付总局一切债务，其余数应由开平及滦州两公司各半分受；

乙　经两公司同意，并须由滦州公司偿还开平公司在清付总局一切债务后、所余两公司交总局管理之财产资产估定价值之半；估价之人选及方法须预经两公司同意方能有效。

为谋本条之规定得有效施行起见，各公司愿向对方保证：在未得对方同意以前，绝不自动处分其在开滦矿务总局内所有之利益；并在其权力范围内，不得容许任何事件发生，亦不得容许其任何职员或雇员有任何行为或事务，而其结果足使公司陷于解散或清算之地位。

一六　草案附件第四条应即作废。

一七　草案附件第五条原文应即作废，改易下条：

所有两公司现有及将来单独或公共取得交总局管理之一切财产、资产、利益、权利悉归两公司平均共有；所有总局债务亦归两公司平均负担。所有上述之一切财产、资产、利益、权利之目录详开本合同附表，并作为本合同之一部。两公司应将各项财产或资产之户名更正，并呈请登记或为其他法律上所必需之手续，使本条之规定得以实现。

一八　草案附件之第六条原文应即作废，易以下条：

非经两公司同意，两公司平均共有之财产、资产、利益、权利之任何部分，均不得转让、抵押或为其他之处分。

一九　草案附件之第八条仍继续有效。

二〇　联合办理合同副则第二条应即取消。

二一　联合办理合同第六条业已履行，所有两公司与白里米银公司于民国元年即一九一二年十月十四日所订之信托合同二纸及附加信托合同一纸，仍应继续有效。

二二　在本合同签订后如经两公司认为有必要时，或经国民政府命令办理，得将总局依照附表内载呈文及批文之条件改组为中英合资公司。

二三　两公司在本合同签订后应会呈实业部，请求将本合同登记，并正式照会英国驻华公使备案。

二四　联合合同内任何条文未经在本合同内提及者，此后概行作废。

此合同系由那森爱德受有公历一千九百三十四年八月二日盖用开平公司图章之全权文凭，以开平公司之全权代表资格签押，又由滦州公司盖用关防，并由该公司之周学辉、龚心湛、孙多钰、顾振受有正式代表之权签押为凭。

上述之附表

（一）滦州矿务公司公历一九三四年二月二十六日呈实业部文（一九三四年二月二十八日呈递）。

（二）实业部公历一九三四年三月二日对于上开呈文矿字第八四二五号批。

（三）滦州矿务公司、开平矿务公司公历一九三四年四月十六日会呈实业部文。

（四）实业部公历一九三四年四月十八日对于上开呈文矿字第八七八六号批。

（五）开滦矿务总局公历一九三四年四月十七日呈实业部文。

（六）实业部公历一九三四年四月二十五日对于上开呈文矿字第八八四一号批。

（七）滦州矿务公司公历一九三四年二月二十六日呈实业部文（一九三四年三月二日呈递）。

（八）实业部公历一九三四年三月十五日对于上开呈文矿字第八五零九号批。

（九）实业部公历一九三四年三月十四日致滦矿公司矿字第八五零二号通知。

（一〇）滦州矿务公司公历一九三四年三月对于上开通知之呈文（一九三四年四月十七日呈递）。

（一一）实业部公历一九三四年四月二十三日对于上开呈文矿字第八八一四号批。

（一二）实业部用印加注第六零一七号矿区图。

开平滦州两公司平均共有，归开滦矿务总局管理之财产、资产、利益、权利目录表：

甲　一、唐山矿厂

二、西北井矿厂

三、马家沟矿厂

四、赵各庄矿厂

五、林西矿厂

六、唐家庄矿厂

上开各项产业，连矿厂内外各地，暨其邻近一切煤槽、泥槽及石矿，并一切建筑物、工厂及进行之工作，以及所有地上、地下可移动及不可移动之各种家具、器具、机房、机器、设备品均在其内。

乙　一、河东码头及煤厂　　天　津

二、西码头及煤厂　　天　津

三、码头及煤厂　　塘　沽

四、港口及界内区　　秦皇岛

五、日晖港码头及煤厂　　上　海

六、浦东码头及煤厂　　上　海

七、荔枝阁码头　　香　港

上开各项产业，连其区内及邻近各地，暨一切建筑物、工厂、进行之工作、道路、种植地以及所有家具、器具、机房、机器并陆上或水上、水下可移动与不可移动之设备品均在其内。

丙　天津咪哆士道总局

上开产业连其四近一切地亩及建筑物，并所有家具、机房、机器、设备品均在其内。

丁　一、天津香港路总理住宅

二、天津英中街及开滦胡同之总理住宅

三、天津英中街之大楼及铺房

四、天津开滦胡同之三所员司住宅

五、天津董事道之员司住宅

六、天津海大道之铺房

七、北平林纳佛其之产业

八、北平东便门之产业

九、新河之产业及农场

一〇、汉沽之产业

一一、都各庄及芦台之产业

一二、滦县之产业

一三、北戴河之产业

一四、牛庄之产业三处

一五、烟台之产业

一六、杭州之产业两处

一七、苏州之产业两处

一八、吴淞之产业

上开各项产业连其一切地亩、建筑物、工厂暨所有器具、机房及设备品均在其内。

戊　由阎庄达胥各庄之运河。

上开产业连一切地亩、建筑物、桥梁及工厂均在其内。

己　船舶：连开平轮船暨装煤驳船两艘，及各种较小之船舶均在其内。

庚　合同附表内所录各文件中规定开平矿务有限公司及滦州矿务有限公司之矿业权。

辛　一切其他产业资产及权利，为开滦矿务总局所主有，或执管，或经理，或享受者，其下列各款亦包括在内：

一、无论何处所有总局执有或从（a）中国政府（b）滦州矿地有限公司及（c）其他方面租用一切地亩，连一切煤槽、泥槽、石矿暨各项建筑物、工厂、道路、种植地，并进行工作以及地上地下一应家具、器具、机房、机器，可移动与不可移动之设备品均在其内。

二、上海开滦售品处及开滦码头经理处一切所有之权利、利益。

三、总局所执有华南地亩有限公司及秦榆电灯公司之一切股票。

四、所有按租买合同交与北宁路局之一切机车车辆。

五、一切现存及存在银行之款。

六、一切可售之存货及可用之库料。

七、一应债款暨可要求之权利，以及抵押品与可收得之款项。

开平矿务股份有限公司代表　那森爱德（英文签名）

见证人　裴利耶（英文签名）

滦州矿务股份有限公司代表　滦州矿务股份有限公司印

孙多钰　印

周学辉　印

龚心湛　印

顾　振　印

见证人

冯熙远　印

卢开瑗　印

一九三四年八月十日补充合同之附表*

一　呈国民党实业部文

呈为呈请事：窃查开滦煤矿遵照现行矿业法规应行办理各项事宜，叠奉大部严催依法解决。惟开滦交涉停顿，不得已只能由商公司先行遵令接洽请领矿

* 此项附表之各表标题，已载入该合同中，兹只另作简目。又附表第十二号，系伪实业部用印加注第六〇一七号矿区图，兹从略。据开滦档案。

区执照，仍保留开平公司依法已得及能继续维持之矿权。如开平公司能于最短期间将一切问题解决，经商公司呈请大部核准，则将此次所领矿区执照改换开滦矿区执照，归两公司所有。至纳税一节，自商公司领得依据此次所呈矿图面积计有四百万余公亩之矿区后，该矿区系将现已开采区域暨其间不能利用之地合为一整个区域，所有以前开滦总局按照联合办理合同草案第十二及十三两条内规定历年所缴之各项厘税、报效等款，应作为已抵缴矿法内规定之区产等税，此后该合同草案内第十二及十三两条所规定之各项厘税、报效等款，与矿业法不符，并请大部明令取消。其开滦以前对于河北省政府垫付各款，均由开滦矿务总局自与财政部暨河北省政府清理解决。商公司领得矿区后，即预先筹垫五年矿区税之二分之一伍拾万元，自二十二年七月一日起算，如以后换领开滦矿区执照，开滦应偿还商公司此次垫付矿区税之本利，并归商公司负责。由开滦缴纳大部自二十二年七月一日起第六年至第十年共五年之矿区税之二分之一，亦作为预缴税款。此两次预缴之税款，应按年在应缴矿区税内扣还半数，至十年终清结。是否可行，理合呈请大部鉴核，批示给照，实为德便。谨呈实业部

附呈矿区图二份

具呈人：滦州矿务股份有限公司　印

中华民国二十三年二月二十六日

二　国民党实业部批

实业部批　矿字第八四二五号

原具呈人滦州矿务股份有限公司

呈一件呈送矿区图请核准给照由

呈悉。所称各节，尚属可行。除矿照应俟测勘后补行填发外，余悉准予照办。附图一份，应即备案；余一份批注后，随文发还。仰即知照，此批。

发还矿区图一份

中华民国二十三年三月二日　[实业部印]

部长陈公博

三　呈国民党实业部文

呈为呈请事：窃滦州矿务股份有限公司曾于本年二月二十六日呈请大部，蒙准依附呈之图发给矿区，保留开平公司已得及能继续维持之权利，并经声明以后由滦州矿务股份有限公司呈请，经大部批准，可将全部矿区移交开滦归两公司公有等语，在案。现因滦州矿务股份有限公司及开平矿务股份有限公司同意将现时之开滦矿务总局组织修改，使两公司之矿权及一切利益、资产暨管理上之责任、权限悉归平等，故两公司愿将各自有之全部矿区移交开滦矿务总局应用、享受，以后关于此项全部矿区之矿权如须停止时，其停止之方法，拟请准照大部对于滦州矿务股份有限公司已准之办法办理。又该开滦矿务总局如须改组成为中外合资公司时，该合资公司之股东须以中英二国籍为限。现因有多数华人已为开平矿务有限公司之股东，同时为奖励外资及免两公司中任何一公司坌断损及其他一公司之利益起见，拟请大部特准：日后或奉大部命令，或经两公司自认为有必要时，两公司即可组织开滦煤矿中英合资公司；惟在该中英合资公司内，两股东公司之股本、资产、利益及一切权限、责任悉归平等。以上各节，如蒙核准，拟请批示祗遵，并咨行外交部正式照会英国公使备案。实为公便。谨呈实业部

具呈人　滦州矿务股份有限公司　代表　印
　　　　开平矿务股份有限公司　　　　　印

中华民国二十三年四月十六日

四　国民党实业部批

实业部批　矿字第八七八六号

原具呈人　滦州矿务股份有限公司
　　　　　开平矿务股份有限公司

呈一件，为滦州、开平两公司同意将总局组织修改，使一切利益、资产、权限平等，请将前次部准滦州公司之全部矿区附带保留开平已得之矿区移交开滦矿务总局享受，以后如须将此项矿权停止时，依照已准滦州公司之办法办理，及以后须改组为中英合资公司时，两股东公司之

股本资产、利益、权限等悉归开平等由。
呈悉。应予照准，此批。

中华民国二十三年四月十八日 [实业部印]

部长　陈公博

五　呈国民党实业部文

呈为呈请事：关于开滦两公司纳税问题，滦州矿务股份有限公司曾于本年二月二十六日呈蒙大部批准各项办法，并于三月二日预缴自去年七月一日起矿区税五十万元，各在案。兹职局依照滦州公司二月二十六日呈部批准办法，续缴五十万元，先后共壹百万元，作为预付自去年七月一日起十年矿区税之半数，以后每年平均由职局在应纳之区税内扣还。又滦州公司曾于二十一年七月十四日单独预缴矿税七万元，拟请俯准亦于自去年七月一日后应缴区税项下扣还。查昨日滦州及开平两公司呈请移交之矿区总面积系肆百零叁万千叁百公亩，每年应缴矿区税贰拾万壹千陆百伍拾元零肆角伍分，即截至本年六月三十日止，职局再补缴现款叁万壹千陆百伍拾元零肆角伍分，即将去年七月一日起一年内应缴之区税全数缴清。谨乞批示祗遵。谨呈实业部

具呈人　开滦矿务总局　印

中华民国二十三年四月十七日

六　国民党实业部批

实业部批　矿字第八八四一号

原具呈人开滦矿务总局

呈一件，为依照滦州公司呈准办法续解预垫矿区税银五十万元乞核示祗遵由。
呈悉。据该总局依照本部矿字第八四二五号批文批准滦州公司所呈各项办法，续解银五十万元，连同前次滦州公司已解之五十万元，共计一百万元，作为预先垫付自二十二年七月一日起十年以内开滦总矿区矿区税之半数，业经先后核收，其收据并已另行分别填发。惟滦州、开平两公司呈请移交

于该总局之矿区总面积约计为四百零三万三千三百公亩，在未经实勘给照以前，暂以此数为根据，按每公亩年纳国币五分计算，自二十二年七月一日起至本年六月三十日止，共应缴矿区税银二十万零一千六百六十五元。除在上项预垫之税款内扣抵十万元，及将二十一年七月滦州公司预解之七万元抵销外，尚欠三万一千六百六十五元。仰即如数补缴本部，以资清结。此批。

中华民国二十三年四月二十五日 【实业部印】

部长　陈公博

七　呈国民党实业部文

谨呈者：查矿业法第十六条规定采矿权不得过二十年，限满后如经大部核准展期，其展限之期亦不得过二十年一节，如依法实行，我国矿业必至无由发展。因采矿事业不但较其他事业危险为甚，且非长期投资不能收效。如二十年后即有不能展期之虞，人民决不敢投巨大资本，用合理方法开采。势必致用最少资本，贪图近利，损坏矿脉，殊与社会经济原则有背。且商公司投资原在矿法颁布以前，为数甚巨，如此次依法领取矿业权后二十年后即有停止之虞，不但商公司损失过巨，亦决非大部奖励矿业之本意。拟请大部俯准援照矿业法第五十五条之例，以后无论何时如须停止商公司已得之矿业权，须经有相当知识经验之会计师将商公司全部资产公平估价，经大部核准，商公司同意，由大部备款收买，否则仍准继续享受已得之全部矿业权。实为德便。惟商公司既已缴纳矿区税，无须再照矿法第五十四条缴纳租金，合并声明。谨呈实业部

具呈人　滦州矿务股份有限公司　印

中华民国二十三年二月二十六日

八　国民党实业部批

实业部批　矿字第八五〇九号

原具呈人　滦州矿务股份有限公司

呈一件，为商公司采矿权展期问题，呈请鉴核由。

呈悉。既据称该公司投资原在矿法颁布以前，为数甚巨等语，尚属实情。所

请比照矿业法第五十五条之例，以后如须停止该公司已得之矿业权，须经会计师将该公司全部资产公平估价，经本部核准，该公司同意，由本部备款收买等情，自可照办。此批。

中华民国二十三年三月十五日　【实业部印】

部长　陈公博

九　国民党实业部通知

实业部通知　矿字第八五〇二号

通知滦州矿务股份有限公司

案查该公司此次所呈煤矿矿区总图计矿区面积四百万余公亩，其中所载 Li Ko Chwang 与国营丰润县许甄子车轴山煤矿矿区之李各庄相重复。又该区西南部铁路线之北，亦与该国营区重复。其重复后数究有若干，应俟测勘后始能确定。至其余所载地名，中英文字既不相同，且详略各异，又非经实测后不能明晰。特此通知。

中华民国二十三年三月十四日　【实业部印】

部长　陈公博

一〇　呈国民党实业部文

呈为呈复事：窃商公司接奉大部矿字第八五零二号通知，内开：案查该公司此次所呈煤矿矿区总图计矿区面积四百万余公亩，其中所载 Li Ko Chwang 与国营丰润县许甄子车轴山煤矿矿区之李各庄相重复。又该区西南部铁路线之北，亦与该国营区重复。其重复亩数究有若干，应俟测勘后始能确定，至其余所载地名，中英文字既不相同，且详略各异，又非经实测后不能明晰。特此通知。等因。窃查此项国营煤矿区，现时政府并未开采，一时尚无开采计划，且单独经营不能如商公司大规模开采之能合于经济原则。前次商公司所呈矿区，既已蒙大部批准，按图准发矿照，给予矿权，并经商公司依照图内面积预缴矿税在案，拟请大部俯准将此划归国营之煤矿区与商公司现有矿

区重复部分仍归商公司所有，俾商公司得以享受已蒙大部准给之全部矿区。实为德便。谨呈实业部

具呈人　滦州矿务股份有限公司　印

中华民国二十三年三月

一一　国民党实业部批

实业部批　矿字第八八一四号

原具呈人滦州矿务股份有限公司

呈一件，呈为拟请将划归国营之丰润县许甄子车轴山煤矿矿区与商公司总矿区重复部分仍归商公司所有，俾得享受全部矿区由。

呈悉。该公司现有之总矿区与国营丰润县许甄子车轴山煤矿矿区究竟重复若干公亩，非俟测勘后其界线面积不能确定。兹据呈称各节，所有该矿区重复部分，自可准由该公司依法承租，照纳区税；如该承租区因距离该公司现在实行开采之地段尚远，一时不能即行着手开采，亦可准俟该公司总区内采煤工作达到该承租矿区时，再行着手从事矿厂设备，实行开工。合行批示知照。此批。

中华民国二十三年四月二十三日　[实业部印]

部长　陈公博

常务次长兼代政务次长职务刘维炽代行

国民党实业部采矿执照

——一九三五年十一月二十九日

实业部采矿执照　采字第玖玖壹号

据滦州开平矿务公司呈请在河北省滦丰润县赵各庄唐家庄林西马家沟唐山等处开采矿业法第二条所列煤矿计矿区面积肆百零叁萬叁千叁百公亩经河北省主管官署查明转呈到部业经依照矿业法之规定准其在上项区域内设定采矿权自民国拾玖年拾贰月壹日起至（在民国三十九年十一月三十日后仍得依照民国二十三年二月二十六日滦州公司呈文及本部矿字第八五零九号批文继续有效）民国叁拾

玖年拾壹月叁拾日为有效期间除令饬该省主管官署登记外合行填发执照以资凭证

部　　长　陈公博　印

矿业司司长　黄金涛　印

中华民国贰拾肆年拾壹月贰拾玖日　实业部印

采矿权者滦州开平矿务公司收执

开平矿务股份有限公司及滦州矿务股份有限公司因实施一九三四年八月十日补充合同第十七条所为信托及共同利益之声明*

——一九三六年五月十八日——

本契约于西历一九三六年五月十八日订立。此造为开平矿务股份有限公司，按照英国法律设立其注册办公处设在英国伦敦华尔大楼三号（后文称开平公司）；彼造为滦州矿务股份有限公司，按照中国法律设立其总办公处设在中国天津大沽路一一一号（后文称滦州公司）。缘开平公司与滦州公司（后文合称两公司），各为产业单所述及附图所绘各区地亩之注册合法所有人，或有其他按照执有契据所述之利益关系，而此项所有权与利益系包括该地上所有房屋、定着物以及一切设施工作在内。又各该地产等（后文称产业），有为两公司从前之营业而取得与设施者，有为依据一九一二年六月一日两公司订立联合办理合同（内附一九一二年一月二十七日之草合同经呈明中英两个政府有案）所合组之开滦矿务总局（后文称总局）为两公司出资取得与设

---

* 此契约系中文原本，另有英文本，据开滦档案。此契约后附有产业单三十一件，以文字过长，兹将其内容编列一表附于本文之后，原文则从略。各产业单文字内容大体一致，兹举其第一号产业单为例。

第一号产业单（本契约内所指之牛庄区）

地数段，坐落满州牛庄；其面积按照该处当地度量核算，约合一五·七七七亩；又其坐落地点在所附一五五三号A图内以红色标明。各该红契业在牛庄英国领事署地亩处登记，一切详情均载在开滦矿务总局天津总办公处保管之地亩册籍以内，该契在该册籍上第一页，编为第一号至第三号。

施者。并查一九三四年八月十日两公司对上述合同所订补充合同（经呈明中英两国政府有案）第十七条订定：两公司当时或将来交由总局管理及将来由总局取得之一切财产、资产、利益、权利为共有财产，归两公司共同平均享有；又订定两公司关于登记之所有权及其他事项为实行上开合同所必需或为法律上所允许者，须加整理等语。又两公司商定为实行上开合同之最便方法计，应将在一九三四年八月十日两公司现有各自登记之已产与租产，互以信托名义照合同条款继续代对方公司管业，惟对于所执或因而享有该产业之契据，其效力如何，不负责任；并对其他有权益关系之产业作应需之联合声明；而此外对一九三四年八月十日以后所置产业之办法亦当有所规定。兹依照上开最后合同，订定本契约条款于下：

一　开平公司声明对自第一号至第十六号产业单所列之产业，当依信托而管有之，并照总局随时得有两公司书面许可后所指示办理执管、出售、过户、抵押、租赁或其他之处分。

二　滦州公司声明对自居第十七号至第十九号产业单内所列之产业，当依信托而管有之，并照总局随时得有两公司书面许可后所指示办理执管、出售、过户、抵押、租赁或其他之处分。

三　兹特声明：凡本条所指述之各种产业或利益内之权益关系，以及其他一切与此有关之权利，悉为两公司共有之产业，应由两公司平均享有之。即：

（A）凡以开滦矿务总局名义登记之地亩，开列在自第二十号至二十六号之产业单中者；

（B）凡在新河由开平公司执有升科执照之地亩，开列在第二十七号产业单中者；

（C）凡由滦州矿地有限公司租与滦州矿务有限公司之地亩；开列在第二十八号产业单中者；

（D）凡由滦州矿地有限公司租与开滦矿务总局之地亩，开列在第二十九号产业单中者；

（E）凡政府荒地租与开滦矿务总局，开列在第三十号产业单中者；

（F）凡由启新洋灰有限公司租与开滦矿务总局之地亩，开列在第三十一号产业单中者；

（G）凡两公司中之任一公司，或开滦矿务总局，或滦州矿地公司，或其他公司，或个人在一九三四年八月十日为总局之利益及进行其业务暂时代为执管各地亩之一切利益。

四　兹又声明：附开产业单所载各种产业，系照一九三四年八月十日以前各该公司等所管有或享有权益之产业，如前条所述；并声明一九三四年八月十日以后为两公司联合营业所租购或以他种情形享有权益之地亩，悉归为两公司公有之财产，其权益当由两公司平均享有之。

五　兹又声明：凡现在或以后属于本信托契约之地亩，其地亩上及属于该地亩之任何种类之一切房屋定着物以及任何设施工程均视同包括在内；惟所有利益由两公司中任一公司，或开滦矿务总局，或滦州矿地公司，或其他公司，或个人为总局之利益及进行其业务代为执管者，应以原附之义务及其限制范围为限。

六　兹又声明：本契约各条文，对于两公司中之任一公司，或总局，或其他代表任一公司或总局之团体，或个人所执管各产业之现有信托契约既无妨害，而且证实之。

七　两公司互相订明：双方由任何产业所收得之进款，悉应各自保管，列入两公司平均公有之账。

八　此后为总局所需而取得之资产权利等，应归总局购买，列入两公司平均公有之账。

九　两公司各为狭义之被信托人，对于所执管之产业或其权原不负责任。

一〇　各产业契据之保管，应由总局凭两公司之书面许可随时决定之；其缴纳一切捐税、保险等费以及处置产业上发生之事件，亦应由总局负责酌量办理。

一一　本契约所有关于信托之相互声明，不影响于本契约双方与白里米放款有限公司为担保开滦债券之发行于一九一二年十月十四日所订之主信托契约与第一补充信托契约及于一九三五年十月二十三日所订之第二补充信托契约。

一二　两公司及其继承人应遵守本契约各规定，并以巩固其权益。

本契约系于开端所载之年月日由两公司订立。

产业单号数	契约内所指之地区	按当地度量核算约计亩数	附图数号及标明之颜色	所执红契之登记机关	在天津开滦总局地亩册籍上之页数及其编号
一	牛庄区	15.775	1553A 红色	牛庄英国领事署地亩处	p. 1 No. 1 - 3
二	秦皇岛区	16668.501	2483 红色	临榆县县政府	pp. 2 - 8 No. 1 - 11,13 - 15,18, 19, 21, 21A, 22, 26, 27, 29, 34 - 48, 50 - 52,53A, B, C, E, G,54,55
三	唐山区	2775.703	1247 红色	滦县县政府	pp. 10 - 17,19 - 20 No. 1 - 36,38 - 59,61, 62,64 - 68,94 - 104
四	马家沟区	1156.404	1437 红色	滦县县政府	p. 21 No. 105 - 110
五	赵各庄区	1404.961	1644 红色	滦县县政府	pp. 22,23 No. 114 - 125
六	林西区	1519.671	1833,2009 红色	滦县县政府	pp. 25 - 29 No. 136 - 155
七	唐山至胥各庄区	527.161	2223 红色	滦县及丰润县县政府	p. 30 No. 156 - 162, 165 - 166
八	芦台附近都各庄区	3717.773	2222 红色	丰润县县政府	p. 31 No. 167
九	胥各庄至阎庄区	4948.105	2224A 红色	丰润及宁河县县政府	p. 32 No. 168 - 173
一〇	汉沽区	46.191	2208A 红色	宁河县县政府	p. 33 No. 174
一一	塘沽区	235.500	2533 红色	宁河县县政府及天津英国领事署	p. 34 No. 1 - 2
一二	新河区	2575.000	1532 红色	宁河县县政府	p. 35 No. 1 - 5
一三	天津区	179.104	1530 红色	天津英国领事及俄国领事署地亩处	p. 37 No. 1 - 7
一四	烟台区	3.338	1528A 红色	烟台英国领事署	p. 39 No. 1
一五	上海区(连苏州及杭州)	221.807	2434,1524A 1526A 红色	上海英国领事署	p. 40 No. 1 - 5,7 - 12
一六	香港区	541.613 方呎	1557A 红色	香港政府	p. 41 No. 1 - 2
一七	北戴河区	300.000	2535 绿色	临榆县县政府	p. 9 No. 1

续表

产业单号数	契约内所指之地区	按当地度量核算约计亩数	附图数号及标明之颜色	所执红契之登记机关	在天津开滦总局地亩册籍上之页数及其编号
一八	天津区（杨柳青）	15.103	2525 绿色	天津地方法院	p. 37 No. 8
一九	北平区	49.5262	2532 绿色	北平财政局地亩处及大兴县县政府	p. 38 No. 1 – 14
二〇	秦皇岛区	802.014	2483 黄色	临榆县县政府	pp. 2,3,4,6,7,8 No. 12,16,17,20,23,25,28,30 – 33,49,53D,53F
二一	唐山区	367.585	1247 黄色	滦县县政府	pp. 12,14,16 – 19 No. 20, 37, 60, 63, 69 – 93
二二	马家沟区	75.254	1437 黄色	滦县县政府	p. 21 No. 111 – 113
二三	赵各庄区	145.849	1644 黄色	滦县县政府	pp. 23 – 24 No. 126 – 124
二四	唐山至胥各庄区	14.171	2223 黄色	滦县县政府	p. 30 No. 163 – 164
二五	新河区	28.777	1532 黄色	执有白契	p. 36 No. 20 – 21
二六	上海区	3.382	2534 黄色	执有刘鸿生所出之保管契约	p. 40 No. 6
二七	新河区	91245.150	1532 紫色	执有升科执照	pp. 35,36 No. 6 – 19
二八	开滦矿区内： 马家沟 赵各庄	3186.807 2368.951 817.856	执有滦州矿务有限公司向滦州矿地有限公司租用地亩之契约		详载在滦州矿地有限公司天津总事务所保管之地亩册籍内
二九	开滦矿区内： 唐　山 马家沟 赵各庄 林　西 唐家庄 菀豆山 半壁店	29072.0096 4558.274 7134.384 6614.7246 6464.733 3656.586 545.935 97.373			
三〇	秦皇岛区	9167.255	2483 棕色	由开滦矿务总局向中华民国政府租用，于民国九年七月十五日及民国十六年一月七日订有租约两份	
三一	马家沟区	1506.624		执有一九一七年十一月七日开滦矿务总局向启新洋灰有限公司租用地亩之契约	

十一

秦皇岛地亩问题

贺璧理申呈秦王岛添开通商口岸文*

——光绪二十四年（1898）

二品衔津海关税务司贺璧理为申呈秦王岛添开通商口岸，拟定界限，详立章程事：

窃奉三月二十五日钧札，饬以总署拟将秦王岛等三处添开通商口岸。又奉四月十五日钧札，内开："美国田大臣请将由秦王岛至戴赭河洋人建屋处、沿海岸往内三里地方划归通商地界，若允其所请，与大局并无妨碍。惟中国自开商埠，与约开通商口岸有别，饬会同关道详商妥善办法。"等因，当经会同关道，往返详商。旋准关道函称："北洋大臣裕札，派候选王道修植约同税务司前往该口，详度地势，测量海水，究应于何处建设码头。其秦王岛对面地方如划归通商界内，有无妨碍"等因，准此。税务司与王道台商订于二月二十九日前往该处，会同办理一切。所有拟定各节，开列于下：

---

* 秦王岛系光绪二十四年三月五日总理衙门奏请自开口岸。总税务司赫德饬津海关税务司贺璧理调查，此系贺璧理之呈。光绪二十五年三月三十日，总税务司申呈总理衙门派德璀琳令办开埠事宜。据伪河北省矿务整理委员会编《河北矿务汇刊》民国十九年九月。

一　拟定界限

查美国使臣请将该口界限，定由戴赭河口往内三里之处起，至东北秦王岛地方止，原为将教堂等购买之地、盖造之房均归通商地界内。惟秦王岛至戴赭河约四十里之远，其间距离秦王岛以西约二十五里之远，有金山嘴一处。金山嘴以北有山，名曰尺头山。自秦王岛西边至尺头山沿海皆系沙滩、沙山，建造房屋不甚相宜，是以无须往内推展三里。但自尺头山往西至戴赭河沿海之地，以及山内，大半业经卖与教堂，是以此处必须加宽，推展界限。第相度地势，亦无须离海边三里之远；若离海边二里定界，已买之地全可包裹在内。况定界离海边三里之远间，有村庄坟墓在内；若离海边二里之远，即立界外，是以定界由戴赭河往内二里至尺头山，自尺头山至秦王岛，西边离海不过一里半，在秦王岛一带仍离海二里，堪备各洋商盖行之用。谨附图说一纸，自可一目了然。

二　建设码头

查秦王岛距天津以东约五百里之遥，其间并无大埠，故货物就近并无销路。所来洋货，先运至津，土产由津运至秦王岛，皆以铁路转运，需费甚重，货值难免昂贵。故此该新口于西边各埠，谅贸易未能兴旺。该口以东亦无大埠，东边之贸易亦大率相同。仅有开平矿务局之煤，即在秦王岛、塘沽二处中间，所产之煤，运至塘沽或运至秦王岛，其运费无甚出入。且塘沽码头时常拥挤，装载不便，每至冬令封河，未能工作，而秦王岛终年不冻，或专为开平局装煤之口。惟该处沿海之水较浅，所来各船须离岸较远停泊，遇风波浪汹涌，殊属危险。若不建造码头停泊之所，实恐不妥。因此曾经宪台允派营造司哈尔定前往该处，详勘地势，测量海水，试验沙滩，定于何处设立码头为宜。该营造司自戴赭河起至山海关止，一再详细履勘，其间不过有两处——一为金山嘴、一为秦王岛，水势较深，起卸尚便。惟该地常起东北风，以致该两处东岸波浪甚大，只可在西边停泊商船，建造码头。以上二处，若无一铁道接连津榆之路，仍属无用。但金山嘴较铁路甚远，且必由山路崎岖之处经过，用费必大；秦王岛较铁路甚近，且经行之处甚为平坦，用费必小。况秦王岛海面风小浪静，是以码头应在秦王岛建设。惟该营造司履勘之后，俄国教士在金山嘴盖造房屋教堂，似此尤属不便设立码头并囤煤之厂。是以应在秦王岛以西设立码头，限定商船起卸处所。

照会美国领事官文*

——光绪二十四年（1898）十二月十四日——

钦命二品衔、赏戴花翎、监督天津新钞两关、北洋行营翼长、办理直隶通商事务兼护海防兵备道李为照会事：

光绪二十四年十二月初五日蒙北洋大臣裕札开：

准督办直隶矿务候补四品京堂张咨呈内开："案据会办开平矿务局周道学熙等称：'窃查秦王岛一带前经奉准作为通商口岸，所有建关办公，起筑码头，需地甚多。前经勘得秦王岛山场地方约长五里余、宽二里余，又由岛麓迤西沿海至汤河口、约长五里余、宽二里余，该处地段皆为起筑码头、盖造栈厂应需要地，当经插签标记，并由临榆县示禁民间私相买卖。惟秦王岛一带海面风潮沙线，涨落无定，四时不同，所有码头地段必须多置数处，以备选用，现就前次插标之处，重行履勘，立定地界。复查汤河口西南沿海接连至尺头山一段，计长约十里余、宽二里余，应一并归入职局备用地界，俾将来码头厂栈等事，得以布置宽展，不致左支右绌。伏乞咨请北洋大臣查核立案，转饬津海关道照会各国领事：凡有洋商购地，务令认明职局地界，毋受奸民欺朦，以免纠葛而清讼源'等因。查秦王岛北戴河一带，系由中国自行拟开通商口岸，与他处约开口岸，事有不同。外洋通例：凡自开口岸，其地亩愿卖与否，均听民间自便，外人不得强勉；所有本国官商应用地段，应尽本国先行划留备用。此次中国既系自开口岸，自可仿照办理。且兹经贵大臣委派王道修植查明通商界址，自秦王岛至戴赭河延袤四十余里，定界本属甚宽。其中自金山嘴至戴赭河一带，计长二十余里，地形高阜，洋人乐居，以作通商口岸，尽足敷用。至周道所查开平局应用地段，自秦王

* 据伪河北省矿务整理委员会编《河北矿务汇刊》，民国十九年九月。

岛至尺头山约长二十里，目前自因风潮未经审定，开平局码头地段不能不多备以资选择。而将来直隶全省各矿大兴，厂栈林立，需地甚多，正必预为筹备。且北洋官码头及海关、邮政、招商各项官局，无一不需地亩。是此项地段，即可留为中国直隶矿务及各项官用。惟该地须即查明官荒民灶各产，分别升科、给价、津帖等事，所需款项甚巨，应先由开平局筹垫，该地即归开平局护理。将来倘有别项官用，届时再行商拨。除批饬周道遵办外，相应咨呈贵大臣查照立案，并希饬知长芦运司、永平府、临榆县及津海关道转行照会各国领事一体知照，实为公便。'等因到本大臣，准此。除分行外，札李道遵照办理。

等因，蒙此。除通行照会并分行外，相应备文照公贵领事，转饬各洋商、教士一体知照施行。

须至照会者。

照会英国公使文*

——光绪二十五年（1899）二月二十四日——

为照复事：

前准来文，以秦王岛沿海至尺头山约长二十余里，为开平矿务局留用，有碍各国商民利益，亦与通商口岸办法不符，经本衙门咨行北洋大臣确查去后。兹据覆称：

查秦王岛自开通商口岸，与约开通商口岸情形不同。所有码头、街道、工程局等均应由中国自行筹办，俾各国商民均沾利益。惟秦王岛地面三面悬海，欲设码头，必须建筑铁坝，加以衔接铁道，平治马路，所需经费甚巨，不能不借资商力。开平矿务局每年所出煤斤，运销东南各处，于该处出口甚属相宜，是以此项码头工程，该局当能独任。据该局

* 此系总理各国事务衙门之照会。据伪河北省矿务整理委员会编《河北矿务汇刊》，民国十九年九月。

委员查明，金山嘴以西一带，既为各国教堂所占，自秦王岛至尺头山二十余里，其建造码头处所必须由工程司详细履勘，是以暂为圈留，以便择定。俟码头既定，除该局所用及招商、邮政、海关应用各地留存外，其余之地仍可出卖于各国商民，并非将此二十余里地方据为己有，似于各国商民利益并无妨碍。现拟饬地方官详细查勘，划定界址，责成矿务局设立公司，另派委员会同经理。所有预留地段，除建造码头及各项公用外，如有各国商民情愿假买，即由公司经手代办，以便稽核。

等因前来本衙门。查秦王岛沿海至尺头山二十余里，开平矿务局暂行圈留，系为择建码头及各项公用起见。所余地段，仍准各国商人购买办治，尚属妥洽，与各国商民利益亦无妨碍。相应照复英大臣查照可也。

须至照会者。

勘明秦皇岛地亩归开平矿务局经理奏折*

——光绪二十六年（1900）四月二十六日——

裕　禄

奏为临榆县属秦皇岛荒地，现在勘明亩数，饬归开平矿务局经理，照例升科完赋，恭折仰祈圣鉴事：

窃查前准总理各国事务衙门咨行具奏，直隶海滨之秦皇岛隆冬不封，每年津河冻口，开平局船由此运煤，邮政包封亦附此出入，与滦榆铁路相近，殊于商务有益。奉旨允准咨行，将应办事宜妥筹开办等由。

当以该处地近海滨，洋人造屋居住者颇多。即经派员会同天津税务司前往会勘，议立口界，立牌标记。凡附近居民村庄，有应划出界外者，有与洋人房地毗连交错应留于界内者，饬令详细查勘。并因秦皇岛本系海滩，其中民地、灶地、旗地夹杂不清，自有开作通商口岸之说，民间冒认地亩，抬价居奇，必多纠葛，应责成开平矿务局设局经理。将来建造码头及留备各项公用之外，如有各国商民情愿价买，即由开平矿务局经手代办，以便稽核。复

* 据伪河北省矿务局整理委员会编《河北矿务汇刊》，民国十九年九月。

经派员会同该局，查明民灶各地，划定界址，招集股商垫买，即归矿务局执业。除原有粮课照旧完纳外，其官荒地亩向未升科者，应查照升科成案照则完赋。

兹据开平矿务局详称：

临榆县属之秦皇岛至赤土山一带地亩，经芦台通判、临榆县知县、归化场大使逐细勘丈，共得地四万一千二百七十亩有奇。内除沙沱、河沟、水洼地一万二千四百七十亩毋庸议令升科外，又除矿务局前后共买民灶各地一万五千三百二十一亩四分二厘应换［按］原有粮课照数完纳，其余官荒无粮地计一万三千四百三十六亩三分二毫应照例升科。并前于光绪十七年间，有宁河县佃户徐积善等报垦荒地升科一案，经前天津河防同知会同宁河县知县勘明，禀经前北洋大臣李鸿章咨部，以长草不长苗地亩，遵照赋役全书从前民粮水草科则，每亩征正银四厘，并摊丁匠，及遇闰加征地闰、丁闰等银；其斥卤不能长草地亩，予限八年，令该佃设法试垦，一俟成熟，再行升科；奉部核准，颁发部照，转给该佃收领执业在案。秦皇岛至赤土山一带官荒地一万三千四百三十六亩三分二毫，均系近接海滨、风潮堆积、一片沙碱，较之宁河县斥卤不能长草之地，荒废更甚。惟系议作通商口岸备用之地，必须议定征粮数目，方便执业。拟援照宁河县草地升科成案，照民粮水草科则，每亩照完正银四厘，并摊丁匠，及遇闰加征地闰、丁闰等银，俟经部核准后，即先由矿务局各股商垫款照数完纳。嗣后遇有中外商民租购地亩，再行按亩分拨，责令业户照完，以杜混淆而重赋课。

等情，请奏前来。覆核无异，仰恳饬部照案升科，颁发执照，以维商务。

理合照缮地亩银数清单，恭折具陈，伏乞皇太后、皇上圣鉴训示。谨奏。

谨将临榆县属秦皇岛至赤土山官荒地，查照草地升科银粮数目，缮具清单，恭呈御览。

荒地一万三千四百三十六亩三分二毫，

每亩应征正银四厘，共计正银五十三两七钱四分五厘二毫八忽；

每两均摊丁匠银二钱七厘二丝六忽八微一纤九沙二尘八埃二渺七漠三湖，

共摊丁匠银十一两一钱三分九厘六毫七丝二忽九纤五沙二尘七埃二渺七漠七湖；

遇闰之年每亩加征地闰银六毫九丝四忽六微五沙八埃三渺七漠六湖，

共加征地闰银九两三钱三分二厘九毫二丝二忽六微六纤三沙二尘五埃四渺六漠五湖五虚五澄二清；

每两加征丁闰银七厘九毫四丝一忽一微七纤八沙五尘八埃二渺一漠二虚七澄四清，

共加征丁闰银四钱二分六厘八毫二微九纤六沙八尘八埃八渺九漠八虚八澄三清。

秦皇岛官荒地亩租约*

——民国九年（1920）七月十五日——

主承租官地约：

直隶财政厅
开滦矿务总局　案照直隶省临榆县秦皇岛官荒地亩，前系开平矿务公司代政府经营，开滦联合之时所立条件，有此项官荒地亩应行划作官有产业、得由开滦矿务总局承租、每年缴地租银若干等语，均经有关系各部立案。今议原案承租，除照章领取承租部照外，议明租期、租价及一切办法，订立此约，报部立案，以资信守。兹将订定条款开列于下：

一　此约订定后，凡关于此项官地一切办法，悉依此约办理，所有开平矿务公司管理该地各种要求前案一律取消。

二　该地亩数，前于民国三年十二月间由直隶财政厅派员会同临榆县知事暨矿局代表勘得一万一千零三十八亩八分四厘五毫，绘具详图，应以该图一份粘连租约，以备查考。但该地内应除京奉铁路局在北戴河、山海关两站中间改筑干路应用之官荒地如下：

---

* 据开滦档案。

甲　秦皇岛车站地基，需地六百八十七亩六分六厘，每亩合英度六千五百一十平方尺；

乙　车站东首地一条，计三十四亩九分六厘，每亩合英度六千五百一十平方尺；

丙　车站西首地一条，最宽处系四百尺，计地一千一百四十八亩九分七厘，每亩合英度六千五百一十平方尺。

以上地亩共计一千八百七十一亩五分九厘，系京奉铁路局与开滦矿务总局测量，切实核定。所有划归铁路需用之官荒地亩，与此项租约所载条件无涉。但此约对于其余官荒，计地九千一百六十七亩二分五厘五毫，即矿局承租之地，则适用之。该地九千一百六十七亩二分五厘五毫，在图内系以黄色涂染。此外另有河沟、洼地、沙堆等无租税之地，按照会同丈量之数，共计一万二千四百七十亩；又卫生局占用之四十五亩三分九厘，亦于图内验明：但均不在矿务局承租之列。

三　矿局租用此项地亩，订明十年为一期，三十年为限满，照章领取承租十年执照，以凭管业，每届十年换照接租。

四　矿局租用此项地亩，议定每亩每年缴纳租价大洋一元，并于发给承租执照以前预交十年租金。以后每届十年换照接租，仍于发给执照以前收十年租金，照前预付。

五　此项租地，以双方议定租约签字之日为起租日期，并为第一次预交十年租款日期。其未定租约以前，矿局情愿报效国家银一万元，即随同第一次租款交清。

六　此项矿局租用官地，因公用途如建筑口岸等事，政府于此租限三十年之内，得有随时收回之权。收回时，如地面上有矿局投资经营之建筑种植等物及开沟筑路费用，由政府派员会同矿局公平估值偿还；其租价即照收回亩数核减。

七　此项官荒界址内，如有现在未结及将来发生地亩纠葛之案，民间持有证据，查验确凿、经地方官署判决、奉政府核准给还地亩者，则矿局应即查照判定亩数，随时让出；矿局租价，即随让出亩数核减。

八　此项租约精写两份，画押盖印。一份由财政厅收执，一份由矿局收执。俟三十年限满，此项租约作为无效。

中华民国九年七月十五日

直隶省财政厅　　汪士元　印
见证人　　叶崇质　印
开滦矿务总局代表　（杨嘉立总理 英文签字）
见证人　　王劭廉　印

直隶省长令财政厅准与开滦总局会签修订秦皇岛租地条件文*

——民国十六年（1927）一月六日——

案据查办开滦启新两公司大员李福源、孙逸尘呈称：

窃福源等奉令查办开滦启新两公司侵占官地一案。前因开滦公司业经草订办法四条，当经缕晰详细情形，呈请钧座核准在案。嗣奉令饬谆谆以有益国库、无损国权相训勉，福源等祇领之下，敢不竭尽驽骀，再三审慎，以期仰副我宪台注重国权之至意。兹复经与开滦矿务公司总经理、董事等往复磋商，将前草订办法四条分别修改删除，以切事情而免后患。谨再分呈于下：（一）秦皇岛附近官地业由该公司绘出详细地图，渲设黄红两色，注明：黄色者系该公司在民九承租之九千一百六十七亩（前呈误为九千二百六十亩，应请更正）；红色者即曾经侵占之官地一万二千余亩，现允完全退还。此项退还官地，应俟签字后，由官产、旗产、荒地清理处委员前往接收。（二）该矿局允担保整理公债，将从前之赈灾、兴利五次各债票化散为整，再增加续募公债一百一十万元。原定二十四年本利还清，现因上项三种公债执票人发生争执，认为年限延长，有碍从前执票人权利，业已改订八年本利还清。已由财政厅与该局直接商订公债条例，另案呈请钧座核准施行。（三）（四）两条，

* 此系北洋军阀政府直隶省长褚玉璞之令。所称整理公债，系直隶省公债。所退让之地亩，直隶财政厅于三月三日咨直隶全省官产旗产荒地清理处接收。据伪河北省矿务整理委员会编《河北矿务汇刊》，民国十九年九月。

现均删除。盖前次草订办法，原因该矿局原约承租之地九千一百六十七亩，期限三十年，现又请求展限二十年，前后共为五十年；如准其展限，即可将租金增加，全数预缴云云。兹经福源等详加研究，深以国土攸关，碍难准其展限，则责令预缴全数租金，该局亦坚不肯承认，遂将（三）（四）两条删除。以上办法，既经商定，应即另与该矿局修订条件三项，以为原订租约之一部分。此项修订条件，如经过双方签字之手续，则上述两种办法即可立时实行。事关重大，福源等未敢擅专，谨将拟定修订条件缮呈钧座鉴核。如蒙令准施行，即由福源等会同财政厅长正式与该矿局签字。此查办开滦公司，近日进行经过之情形也。至启新洋灰公司日前奉到钧署训令，当即转函该公司知照，刻正在积极进行中。俟有办法，再行转呈请示。所有此次查办开滦公司，改定办法及修订条件各缘由，是否有当，理合缮同修订条件，呈请钧座鉴核，迅赐指示，以便早日签字，不胜感祷之至。

并附修订条件清折一扣等情，据此。除指令“呈暨清折均悉。该员等所拟与开滦矿务公司修订条件三项尚属妥协，应准即行签字。前次草订办法并经修改删除，亦当如拟办理。除分令财政厅暨官产处查照外，仰即遵照签字。俟签字后，另文呈报查核，切切勿延。清折存。此令。”印发并分行外，合行令仰该厅即便遵照，会同签字，呈报查核。此令。

修订条件

民国九年七月十五日直隶财政厅与开滦矿务总局原订秦皇岛官荒地亩租约，现因双方解释有发生误会之处，兹为解除双方从前误会，以期将来便利起见，修订条件如下：

一　按照上述租约条件，租与开滦矿务总局地亩之面积，无论原订有租税、无租税之地，现改为附图内涂黄色之处为准，仍以九千一百六十七亩为限，一律缴租。

二　开滦矿务总局对于秦皇岛官荒地亩，除附图涂黄色内承租之地九千一百六十七亩，其余官荒地亩一概退让管辖及经营权。

三　此项修订条件作为原订租约之一部分，该原订租约除由此项条件修订外，余均继续有效。

直隶财政厅长	马官和　印
特派大员	李福源　印 孙逸尘　印
在见人	许省诗　印
开滦矿务总局总理	杨嘉立签字
在见人	签字

中华民国十六年一月十二日

西历一千九百二十七年一月十二号

收复秦王岛口岸计划书*

——民国十九年（1930）——

第一篇　秦王岛地方之概论

秦王岛地在北纬三十九度五十五分，东经一百一十九度三十八分。岛不甚大，略作半圆形，伸入海中而成。港湾之所在，水势极深，经冬不冻，底为泥沙，并无岩礁。湾面可容巨舰百余，载重万吨以上之船亦易入口。背枕长城，面朝渤海，位于直隶、辽东两湾交点附近，又为北宁铁路枢纽。地点适中，四通八达，不特将为辽、蓟运输总汇，而内外蒙铁路建成之后，尤为吐纳门户，他港莫可比伦。查华北较大之商港，向称营口、天津，然皆河口，而非海口，近年河道日形淤塞，通商颇感困难，因而连岁蒙受损失，税收减缩既多，工业亦难进展。此时欲谋救济，舍另设口岸，别无良图，而华北最良海湾莫过此岛，果能一意经营，不难驾青岛、大连而上之也。

秦王岛原为我国自开之口岸，始由开平代理地亩，继由开滦占用码头，全岛之权亦相随落于外人掌握。查开平时代，曾于戊戌年勘定码头，先在岛之西面筑一防波堤，以便停泊商船，兼备装煤出口之用，谓之大码头，计长一千八百尺，同时可泊载重数千吨之船五艘。及北宁铁路通行后，开滦总局

* 此系伪河北省矿务整理委员会所拟，呈河北省政府之计划。该会成立于民国十九年一月十一日，同年九月结束。此计划当在此期间所呈，草拟主持人为常济安。据该会于民国十九年九月所编《河北矿务汇刊》。文中“附记：柳江、长城之煤出口费用计算法”内（五）海关税之二五附加一节计算似有错误。

又在该岛湾内另建小码头，计长七百尺，两侧亦可同时停泊轮船两艘。两码头环列岛前，有若畸形二螯，上敷铁路以与北宁衔接，距车站各三里许。两矿煤焦由此出口，平均每日约在万吨以上，遂握河北矿产权利要枢矣。

秦王岛自被开滦占用码头，全岛遂为实行垄断，专擅兴造，不待呈明，锐意经营，视同己有。迨民国九年张氏地生纠葛，该局亦起恐慌，乃运动直隶财政当局，订立租约，以为掩盖买地非确之具。是后益复恣肆横行，居然喧宾夺主，藐视官府，剥削客商，阻止他人另开口岸，增大商船停泊税捐（事实详后）。富而不仁，向所未有，以大例小，他可知矣。

秦王岛车船辐辏，陆海要冲，大好港湾，岂容一局恃强独占。又况该港本为官产，奏准开建码头，而开滦以代理地亩之名，久假不归，早已为中外商民所侧目。倘能因势利导，先行停止续租，取销九年非法租约，并以次查办该局前后主要当事人假借官力外权、私吞土地。不惟地方经济可资解决，而我之膏血物产亦可免为外人吸收，其利益之远大，尤未可以道里计也。

第二篇　秦王岛设港之沿革

秦王岛设港原议，发轫于光绪甲午、庚子之间。彼时海疆多故，旅大、威、胶先后被外人约质，廷议兴复海军，迄无良港可资利用。适英教士甘林（Gandlin）于联峰山营寨，守者以告。大府恐我奥区复为有力者所攫取，特檄矿务督办张翼周视洋河口等处之海滨。张翼认为可用，遂于光绪二十三年假托铁路公司名义，派员在金山嘴、联峰山等处从事收买地亩。此为最初勘查设港地段之起因，亦即张翼假名霸占荒地之所由来也。

附记： 张翼捏造积善堂名，由民人李春太、张钧等手中买到庙地两份，虽经该处十三牌会首联名控告，而临榆县正堂李仍将此项地亩断归官用。但为预防滋生事端起见，并即判明："将来如无因公动用之处，应请发还该县，以作官地。"在案。按此即最初勘妥码头地段，嗣因改在他处实行建筑，此处仍为中外人士避暑之地。张翼以所占官荒传诸其子，计共占地段均归提寨、赤土山庄、单庄、刘庄、草厂庄、王葫芦庄、小新庄等村附近，实已包括金山嘴在内，长约二十里，宽约里半至四里不等。内有已施耕种之地不下十顷，石山所在多有（售石一方，价洋不下二元，山主得三成）。又在此地段内，树木到处成林，其子每年所得收入颇巨，用一当地人杨某为之经营。此张翼假名占地之大概情形也。

秦王岛开作通商口岸，系于光绪二十四年三月五日总理衙门片奏，奉硃批定议者，继由总理衙门钦遵咨行，并札饬总税务司妥筹办理在案。旋据总理税司申称：拟饬津海关税务司派帮办前往经理。复于光绪二十五年二月间由总税务司札饬津海关德璀琳前往秦王岛，作为会办开埠之税务司。先是于光绪二十四年四月间准美国田使照会："请将由岛至戴赭河洋人造屋处所沿海往内三里，及东北至秦王岛对面，均划归通商地界"等语，曾由总理衙门咨行北洋大臣札道会商税务司妥筹具报。同年复奉北洋大臣裕札王道会同税务司办理；继派营造司哈尔定详勘地势，测量海水，试验沙滩。该营造司自戴赭河至山海关勘得两处，一为金山嘴，一为秦王岛。彼时以北戴河海滨尚未兴修铁路，而秦王岛距汤河车站颇近，易于敷路；是以该营造司主张应在秦王岛建设码头，由税务司申送图说具覆。此为秦王岛设港之初步，又即前开平着手秦王岛之始期也。

秦王岛初开口岸，所有码头、街道、工程局等既系官家自行筹画办理，约估经费不过一百余万元，本可无须借资商力。乃开平矿局以彼时东路铁道已经通至关外，唐山、林西两矿所出煤斤运销东南各处，由此出口比较大沽为宜，遂竭力担任建筑码头工程之事。同时又禀准预圈地段，以为选择，拟将该口地方自秦王岛沿海至赤土山，约长二十余里，均留为该局及各项官私之用。光绪二十四年十二月间，据会办开平矿务局周道学熙禀称："此项地段即可留为中国直隶矿务及各项官用。"又谓："该地须即查明官荒民灶各产，分别升科、给价、津贴，所需款项甚巨，应先由开平局筹垫，该地即归开平局获理。将来倘有别项官用，届时再行商拨。"等语，奉北洋大臣立案，并照会各国领事。当时英窦使照称："商人需用之地，皆为该局包揽。秦王岛乃添开通商口岸，今照所拟，则开此口岸，不过与开平有益。"可见尔时舆论一斑。此为秦王岛被开平矿局侵掠之初基，又即周学熙假公济私之隐默也。

秦王岛地亩原案，清光绪二十五年二月直隶总督裕禄委洪道恩广为临抚清地局总办，并饬临榆县及归化场大使会同办理。四月二日周道、洪道在西盐务庄成立清地局，派员逐细查勘，圈占地亩，绘具详图，分为三十六段。是年十月间办讫，即注销清地局，以后所有地亩事务即统归矿务局办理。二十六年四月，北洋大臣裕奏："前准总理衙门咨行具奏：'直隶海滨之秦王岛隆冬不冻，每年津河冻口，开平局船由此运煤，邮政包封亦附此出入，与津榆铁路相近，殊于商务有益。奉旨允准咨行，将应办事宜妥筹开办'等因。当以该处地近海滨，洋人造屋居住者颇多，即往派员会同天津税务司前往会勘，议定口界，立牌标记；及附近居民村庄有应划出界外者，有与洋人房地毗连交错应留界内者，饬令详勘。并因秦王岛本系海滩，其中民地、灶地夹杂不清，自有开作通商口岸之说，民间冒认地亩，抬价居奇，必多纠葛，应责成开平矿务局设局经理。商民情愿价买，即由开平矿务局经手代办，以便稽核。复经派员会同该局，查明民灶各地，划定界址，招集商股垫买，即由矿务局执业。除原有粮课照旧完纳外，其官荒地亩向未升科者，应查照升科成案照则纳赋。兹据开平局详称：'临榆县属之秦王岛至赤土山一带荒地，经逐细勘丈，共得四万一千二百二十七亩有奇。内除沙滩、河沟、水洼地一万二千四百七十亩无庸议令升科外，又除矿务局前后共买民灶各地一万五千三百二十一亩四分五厘应按照原有粮课照数完纳，其余官荒无粮地计一万三千四百三十六亩三分二毫应照宁河县草地成案升科。'等情，复核无异。仰恳饬部查照升科，颁发执照。"未几，联军入国，不及照办。此秦王岛地亩由开平矿局代行经理之初期，而借名代办实行窃据之机已伏矣。

秦王岛地亩特权奏归开平矿局经理后，旋因拳匪之乱，张翼以开平矿务托庇外人，该局遂为英公司占骗；而秦王岛开平自置之地亩，借款自造之码头，以及代行经理之官荒，亦即随之而暗渡。厥后虽经直督袁世凯一再陈奏，严旨责令张翼勒限收回。然控诉英京，名为得直，究竟仍归无形停顿。及滦州继行创办，本意为谋抵制开平，不久复由辛亥之役，周学熙勾结士绅，与开平订立联合草合同，非只开平矿产未能赎回，滦矿事权又复奉送。故我自有主权之秦王岛口岸，无不统由外人独断独行。十余年来，不敢过问。迁延至民国九年，虽经订立地亩租约，不过藉掩前非。第论租价之微，情弊已可概见。后即曾加修改，类如柳江之车站煤厂、长城之车站煤厂、曜华玻璃厂之工房、开滦之总局煤厂、南大寺一带有树之地、靠近海岸之石山场、连年私填沟洼之建筑地点等，皆属该局历年私自占用之官荒，反因修改，概予圈入承租界内。计地不逾千亩，论值可达百万余元，黑幕重重，更仆难数，过去罪无可逭，现在漫不知惩，谁谓契约可信守乎。

第三篇　秦王岛该局违法之行为

秦王岛本我借款自造之码头，自开平矿局被英人侵占，而当年官府委托该局代为经理码头附近之地亩，英人亦并沿袭故事，枉法取之。当时无与抗争，嗣后益弗忌惮。今则违法行为，更不胜枚举矣。

一　侵夺主权：如码头地亩任意改组加租，勒取卫生捐，私收北宁车站电费，自办电报及长途电话，近又安设无线电台，改建大电力厂，行使电力机关车，凿甘水井，开石子山，设造冰厂，均未立案，自行动作。该处未设行政机关，仅由山海关公安局借用保安队四十名，专负保护码头之责。局内任何事项，不得干涉。该局除月助保案队津帖洋五百元及完纳旧有煤税、煤厘外，对于中央地方各税概不承缴。该局所定权利条件第三项中国兵船停泊该岛，概予免费，而民国十三年中国海军通过该岛，多方留难。该局所造东山避暑房舍，不出贷于华人。民国十三年海军司令拟到南山饭店休息，亦为所拒，其他平民可知矣。

二　垄断口岸：如该局船只在该岛不受海关指挥。倘有该局包定之船或来装该局货物之船，不论到达先后，必须令其先泊。其他任何船只泊岸之时，须先得其许可。若遇各国船只同时抵岸，英船先泊，日船次之，华船最后。再如我国商船停泊及商人运货，无不格外勒索留难。绸缎计值至贵也，则必堆之露天，任受风吹雨淋；面粉赢利至微也，必令入栈，添多一层花费。要车不给，自雇大车，必令远绕大湾。此仅荦荦大者，其小自不待言矣。

三　敲剥客商：开滦既自命为局；其擅定擅改各费，谓为 tariff，意同国课。查开滦定章，每船收代理费银三十五两。又按船之大小，分为三等，加收码头费，例如：船长在三百尺以下者，收银每日八十两；船长逾五百尺者，收银每日二百七十五两。此外，风船靠岸收银二十两。若夜间装船，收夜工费每夜二十一两。定价之昂，向所未有。犹以为未足，又复巧立码头捐，每吨收银三钱或五钱之名目。既非政府机关，乌得加捐商货，且较津沪租界工部局之吨捐倍蓰其值。又北宁路收开滦运费，由唐山至岛计程一百英里，收洋一元三角余；而由岛出口至码头仅一英里，该局则按每吨七角核收。若由岛转北宁，每吨收洋三角二分，谓为过道费。又上下脚力，共按每吨二角二分五厘；若由码头装车，每吨收费二角；入栈，每吨收洋六角；码头存堆，每吨每日收洋五分；栈租，每吨每日收洋三分。取费之苛，他所未有。又如柳江煤矿由东省买来道木，每立方尺费用，由天津入口仅合七分者，自岛入口则合一角五分，两者相较，又不止一倍矣。

四　结算违法之获利：按该局对于柳江、长城两矿所订收费办法，分作甲乙二种计算。所收柳江、长城乙种之利益，足抵本身例缴之煤税、煤厘而有余。而该局所得甲种利益及本身省缴各费，全年约不下三百五十余万元。再加上述敲剥客商货物各项，全年所得收入，尚不止三百余万元。即照此数计算，连向该局本身省交利益，两共七百余万元，实为该局每年由秦王岛得利全额之最少限度。彼之所得，即我之所失，思之能弗痛心，设法补救乎！

附记：柳江、长城之煤出口费用计算法：（一）开滦代理费：普通按每吨须洋一角至一角五分，假作平均一角三分计算；（二）码头费：每吨柳江须付银三钱，长城须付银五钱，两矿平均以四钱计算，六七作价，约合洋六角；（三）开滦运费：每吨七角；（四）上下脚力：每吨二角五分五厘；（五）海关税：每吨银一钱零五厘，二五附加每吨银五分二厘五，共银一钱五分七厘五，合洋二角三分；（六）统税：每吨块煤六角五分，末煤每吨三角二分五厘；（七）出井税：块煤每吨三角，末煤每吨一角五分；（八）公益学捐：每吨二分。其（一）（二）（三）（四）等项谓为甲种，共合洋一元六角八分五厘；（五）（六）（七）（八）等项谓为乙种，共合洋块煤一元二角，末煤七角二分五；两种共合洋块煤二元八角八分五厘，末煤二元四角一分。以此计算，柳江、长城两矿全年出煤二十万吨以上，该局所得柳江、长城之利益可见。而开滦现产煤量年约四百五十万吨，每年缴纳税厘不过三四十万元。以次结算，则该局所获所省之利益，全数可得而知矣。

第四篇　秦王岛收复问题之解决

秦王岛据一二三篇所述经过，码头初系自开，地亩实为官产，中被外人枉法攘取，近多违法专擅行为，自不得不及时收回自办，设法振兴。然欲决一事，必先于事之前题预为假定，然后依据前题逐项核实归纳，全案自不难迎刃而解矣。

此案前题约分二项：

一　秦王岛地方建筑物之价值：按该处建筑物之最要者为两码头。案查该码头借款一百四十万两创始，复由开平继续完成，统共用洋不逾五百万元，又加折旧，约以三百万元作价即可。新发电厂于去秋开车，系以一百五十万金购自欧洲，现仍作价洋二百万元。又修理厂、碎石厂、玻璃厂、甜水厂、造冰厂，连同机器，共作价洋四百五十万元。铁路八道、车头十余辆，连同车房、仓库，共作价洋一百五十万元。五共合洋一千二百五十万元，此为秦王岛地方建筑物之价值也。

二　该局攘夺我所应有之利权：按上篇所述，该局在秦皇岛码头全年获利，最少限度为七百余万元。查自辛丑攘取之后，至今几三十年，共应得利二万万余元。壬子之前，设备尚未完全，或不能获利如此之厚。由壬子前后，折中统计，共得厚利亦应在一万二千万元以上。该局在秦王岛所得利益，即我被攘后损失利益。此该局攘夺我所应有之利权，应由该局赔偿之总额也。

上述两前题既定，以彼应行赔偿之款，扣还我应偿彼建筑之费一千二百余万元，尚不及十分之一，其余仍须追索。按该局在庚子之前，不论有无商股，系属官办，秦王岛码头地亩尚有代行经理之可言。庚子之后，该局已被外人攘夺，此项前由该局代行经理事业，万无沿袭故事，并得攫取之理。今欲依法收复，无论如何让步，亦可无偿收回。

其收复亦分二项：

一　明令该秦王岛地方河北省拟设市府，开滦矿务局前代官府经理之码头、地亩业务即行交还。其民国九年未经省议会通过之租约取消，不得再行续租换照。所有该局与官方应行结算事项，即由省府派员查照历来前案，依法结算。

二　明令秦王岛原系自开口岸，今查照前清总理衙门批准片奏原案，仍将该岛地方开作通商口岸，又复筹设市府。并依照前案，如有官用即行收回之语，凡该局原来主要当事人在该地占有之地亩，亦援迭次县判，一并收回。

此案解决之后，即实行筹设河北省秦王岛市府。并同时先将滦矿收回官管，逐渐解决开平矿产。而三十年暗无天日之全案，一旦可以向明；河北省每年数千万之利益，亦不至永沦不复矣。

帝国主义在旧中国的投资

编者说明

《帝国主义在旧中国的投资》，署名“吴承明编”，人民出版社 1955 年 10 月第 1 版。今据作者 2001 年审定稿收入全集。

目　录

序

19 世纪中叶，中国还是一个以小农业生产为主的封建社会，社会中主要的阶级矛盾是地主对农民的封建剥削。但同时，中国已经有了资本主义生产关系的萌芽，已经出现了全国性的市场、出卖劳动力的手工业工人和雇佣数百人乃至千人以上的手工业工场。这种资本主义因素的发展将必然地使中国进入资本主义社会，虽然在中国的特殊条件下可能是十分缓慢的，但是，自 1840 年鸦片战争后，外国资本主义对中国的侵略中断了中国社会独立发展的道路，使它走上了另一条道路，即半殖民地半封建的道路。资本主义列强的侵略破坏了中国封建社会自然经济的基础，促进了商品经济和资本主义因素的发展；但另方面，它们又控制了中国的政治和经济命脉，把中国变为它们掠取最大限度利润的独占市场，严重地阻碍着中国新的生产力和生产关系的发展。

一百年来，帝国主义和封建主义相结合把中国变为半殖民地半封建社会的过程，也就是中国人民民族民主革命的过程。帝国主义的侵略在中国发展了它自己的对立物——中国的民族资本和中国的工人阶级。帝国主义对中国经济的垄断和它们与中国封建主义、官僚资本主义的结合，决定了中国民族资产阶级的软弱性和它对革命运动的动摇性。另方面，随着帝国主义资本的侵入而发展和集中起来的中国工人阶级，自始就作为革命的斗争力量而长大；俄国十月革命的胜利和中国共产党的成立，使中国工人阶级迅速地成为人民革命伟大的政治力量和领导力量。这就说明了为什么中国资产阶级性的民主革命必须是在工人阶级领导下才能获得胜利，和这种胜利之必然地发展到社会主义革命。

一切社会历史的发展都有其复杂的因素。帝国主义对中国的侵略不只是经济上的，而是有军事的、政治的、文化的各个方面。企图用一种外来的因素解释全部社会发展的现象是十分危险的。但是，了解帝国主义侵略对中国经济的发展，特别是对中国新的生产力和生产关系的发展所发生的作用和影响，无疑的是了解中国近代历史的一个关键。

从 1840 年到 1894 年中日战争，资本主义列强还是处在自由竞争时期，它们对外的经济侵略是以商品输出为特征的。它们曾对中国发动多次的侵略战争，攫取了一系列的特权，为它们在中国倾销商品造成了有利的条件。这时它们已在中国设立了为数不少的银行、航运业和工业企业，但这些企业主要还是为商品贸易服务的。19 世纪末叶，资本主义列强进入了帝国主义阶段，垄断代替了自由竞争，它们对中国的经济侵略已经不只是商品输出，而日益注重于资本输出。1894 年中日战争后，帝国主义取得了在中国开办工厂的特权，随即展开了争夺中国铁路权、矿山权、借款权，划分势力范围和投资区域的斗争。帝国主义对中国的侵略形式日益变为垄断性的：一方面，它们已不能以获取一般的经济特殊性权为满足，资本输出需要它们瓜分中国，建立独占的市场；另方面，它们加紧了与中国封建地主和官僚资本的结合，加强了对中国民族资本的压迫和限制，不这样就不能稳定它们在中国的资本的垄断地位。1894 年以来帝国主义在中国的投资活动，说明了中国经济的殖民地化的一些主要过程，虽然并不是全部过程。

资本输出是帝国主义最重要的特征之一，是帝国主义国家资本集中和生产垄断发展的必然结果。资本的集中，特别是财政资本的发展，在一些强大的资本主义国家中形成了“过剩”的资本，而生产的垄断形式又使它们在国内找不到有利的使用，就必然被输出到殖民地和落后国家去，作为奴役和掠夺他国人民、获取最大限度利润的一项有力工具。列宁和斯大林关于帝国主义经济的分析，天才地指出了帝国主义资本输出的规律。资本输出加深了垄断资本主义的寄生性和腐朽性，加深了资本主义的矛盾和危机，促使它们更广泛地争夺市场、原料产地和加强剥削。帝国主义时代经济和政治发展的不平衡性使资本主义国家进行着不断地瓜分和重新瓜分世界殖民地的残酷斗争，结果就使剥削其他人民的国家的数量日趋减少，而被剥削的国家的数量日益增加。

20 世纪开始时帝国主义在中国的资本约合 15 亿美元，到第一次世界大战时增加到近 23 亿美元，到抗日战争爆发前又增加到近 34 亿美元。在 20 世纪开始时支配中国的主要是英、德、俄、法四个帝国主义国家，它们在中国的资本占外国在华资本总额的 87% 左右。辛亥革命前后，美、日帝国主义兴起，形成了六国银行团统治中国的局面。但到了第一次世界大战以后，支配中国的就不是“六强”或“四强”，而只有英、美、日三国了；“九一八”事变后，又形成了美、日两国斗争的局面，和以后的日本独占中国的一部分与美国在第二次世界大战后独霸全中国的局面。1914 年至 1936 年，美国在中国的资本增加了 2.5 倍，日本增加了 6 倍，而英国只增加 0.5 倍多，法国只增加 1/10。到 1948 年，美国在中国的资本，如果连同美“援”合计，将近各国在华资本总数的 80%。

帝国主义在旧中国资本的发展和主要帝国主义国家资本输出的变化情况，都以不可辩驳的事实证明了列宁、斯大林关于帝国主义经济的理论分析的完全正确性。研究帝国主义资本输出的变化和它的一般规律对于了解近百年来中国经济的殖民地化过程是很有帮助的，本书将以独立的一篇“导论”来讨论这一问题。但是帝国主义在中国的资本还有它的特殊的、历史的特点。帝国主义资本对中国经济发展的作用和影响不仅在于它的一般的性质——它的数量，它的垄断地位和高度剥削，它控制着中国的经济命脉，这自然是主要的一面——还在于它的特殊的一面，它的特点。

帝国主义在旧中国的资本主要有这样一些特点。第一，绝大部分投资，一般说占总数的 70% 以上，是直接投资，即帝国主义资本（其中又主要是垄断集团的资本）在中国直接经营的企业，或者它们在中国的分支机构。第二，占最主要部分的资本，一般说占总数的一半以上，是商业掠夺性的资本，即投于进出口业和与商品倾销相关的运输、银行、保险等事业的资本。特别是运输业投资（铁路、航运、航空）一直占重要地位，而金融业投资发展最快。工业、矿业等生产资本为数很少，一般占不到总数的 20%，而其中又有很多是为进出口服务的土产品加工工厂和进口器材的修配工厂。第三，巨大数目的战争赔款债务、军事政治借款等占据了外国在华资本的重要项目。第四，它们的投资集中于少数地区，特别是帝国主义各自的势力范围地区。

帝国主义在旧中国资本的这些特点，主要是基于这一事实而产生的，即：在较长时期内中国是几个帝国主义共同支配的国家，同时它们的投资是建筑在由于互相竞争而终于共同化了的各种特权之上的。在这种情况下，每个帝国主义都不容易找到它完全属于自己的、长期稳定的中国代理人，不能获得完全排他性的特权基础。当这种情况改变时，帝国主义投资的形态也就会发生某些变化。例如，在日本帝国主义完全统治了东北以后，它在工业方面特别是重工业方面的投资就有了相当程度的发展，而金融、贸易转居不重要的地位；又如抗日战争胜利后美帝国主义独霸了除解放区以外全部中国的时候，间接投资就转占到最大的比重，投资地区也有了某种程度的转移。

从整个时期看，以商业掠夺性资本为主的投资是帝国主义在旧中国投资的基本形态，几十年来它只有数量上和国籍间的变化，而没有性质上的变化。它是典型的半殖民地的外国资本。在这一点上，它不同于革命前在俄国的外国资本，也不同于第二次世界大战前在印度的外国资本；在那里，外国资本主要集中于采矿业，而且间接投资占很大比重。

众所周知，商业资本本身并不能使产业革命。马克思曾指出当时（19世纪后期）英国人的商业在印度，对于生产方式只是在把统一于农业共同体中的纺织业分解出来这一限度内发生了革命的影响；而“在中国，因为没有直接的政治权力加进来帮助，所以［对生产方式影响的］程度还是更小”。[①] 20世纪以后情况发生了很大的变化。但是以商业资本为主的外国投资，对中国的原有的生产方式的影响主要仍只在于破坏自然经济的基础这一面，事实上被分解出来并稍获得独立发展的也只有纺织业。而中国这些纺织工业也和其他幼稚的民族工业一样，在第一次世界大战以后就迅速地走向衰落和破产的道路，其中又主要是由于外国商品倾销的打击所致。在民族工业日益走向破产途径的时候，作为帝国主义资本的买办的中国的商业资本和银

① 马克思：《资本论》第3卷，人民出版社，1953，第413页。

行业资本却日趋于繁荣。解放前曾有人研究中国的国民所得，根据这一研究，1933 年全国商业的净所得要比工厂生产的所得额大 5 倍。[①] “商人资本的独立发展与资本主义生产的发展程度成反比例”，“在商业资本仍然支配着的地方，腐旧的状态就会支配着”。[②]

帝国主义资本对中国生产力发展的桎梏还表现在它的另一重要特征上，即它们在中国的巨额资本主义大部分并非自国外输入的，而是掠取自中国的。估计 1930 年帝国主义在中国的企业财产和房地产约值 20 亿美元，而截止这年为止它们输进中国的资本只有 9.4 亿美元。截至 1930 年中国外债额累计约合 15.9 亿美元，而其中国外实际输入的债款最多不超过 6.3 亿美元。这种没有资本输入的投资，除了它们在中国的利润积累外，主要是通过帝国主义银行吸收中国人资金和用对中国直接掠夺的办法得来的；特别是后者，如战争赔款、土地强占、欺诈勒索等都是主要的项目和手段。直接掠夺是资本主义原始积累的方式之一，被掠夺财产的资本化，成为帝国主义在旧中国投资的一个重要来源；大部分战争赔款被通过“退还”、转借等方式再投资于中国，在被强占的土地上则进行着地租剥削。因此，帝国主义在旧中国的投资活动不只是榨取最大限度的利润，而且是对中国资本的掠夺，对中国生产资金的强盗式的占有。

较少的实际资金的输入和巨额的利润榨取，就必然要造成中国国际收支上严重的逆差。估计自 1894 年到 1937 年，帝国主义输进中国的企业资本和借款约合 17.4 亿美元，而同时期自中国输出的投资利润和借款本息达 34.4 亿美元，为输入资金的两倍。国际收支的逆差无疑严重地破坏了中国经济的平衡，原料和贵金属被迫大量流出，这就进一步阻滞了生产力的发展。

帝国主义资本对中国经济发展的阻滞还在于它是与封建主义和官僚买办资本密切结合着的。地主、军阀、商业高利贷资本和一切前资本主义剥削形式都被帝国主义保存并利用来作为它们统治和剥削中国的工具。买办资本，特别是以蒋介石为首的官僚垄断资本集团，成为帝国主义资本的最忠实的代理人。国民党的政治组织和它的庞大的“国营”事业实际上是帝国主义垄断

① 见巫宝三主编《中国国民所得》上册，中华书局，1947，第 12 页。

② 马克思：《资本论》第 3 卷，第 406、404 页。

资本，特别是美帝国主义垄断资本在中国的分支机构。封建主义和官僚资本主义替帝国主义执行着双重的任务，不仅是替帝国主义掠取中国人民，而且要使中国永远保持着被剥削的殖民地的地位，永远保存着落后、贫穷的状态。

帝国主义者是估计不到人民的力量，特别是估计不到工人阶级的力量的。中国不会永远保持着落后的、贫穷的、半封建半殖民地的状态。中国不是依照帝国主义的意愿，而是依照它自己的历史的发展规律而前进的。中国人民终于在中国共产党的领导下，推翻了帝国主义、封建主义和官僚资本主义的统治，建立了人民自己的国家，并正在建设着繁荣幸福的社会主义社会。

以上是本书的一些主要的看法，它是非常不成熟的。我们希望能够通过掌握比较全面的关于帝国主义资本在旧中国活动的材料，来说明中国近代经济史上的某些问题。但是就本书的内容和编者实际工作中的重点来说，它还只能说是一本资料性的书。我们大部分的工作，是用在对于有关帝国主义在旧中国投资的各种历史资料的整理上，并根据这些资料，尽可能地提供一个帝国主义在华资本的比较完整的估计。在编写方法上，主要是用比较数字来说明一些问题，因此它是一本充满了数字的书。我们不希望把资料的整理变成单纯的现象罗列，但由于编者理论水平低，目前还只能要求本书主要尽某些资料性的作用。

应当特别说明的是：帝国主义在中国的投资活动虽有几十年的历史，但对它从来没有过完整的统计。本书所用的材料大部分是帝国主义国家或者外国私人所做的调查和估计。这些材料本身的正确性既有问题，所用的方法又互异。所以虽经我们尽可能地加以修正和补充，也只有它相对的意义，即大略可以看出帝国主义在旧中国的资本的变化趋势和分配情况。为了便于读者参考，我们将有关帝国主义在华资本估计中的方法问题和一部分资料列为附录。

编者在经济、历史和统计学等方面的知识都很贫乏，编写这样一本书只是一个大胆的尝试，在各方面的错误都会是很多的，希望读者批评和指正。

本书材料系由吴承明、黄仁勋、郭太炎、张智联共同整理，由吴承明编写。

编　者

1954 年 12 月

导　论

帝国主义的资本输出和利润榨取

资本主义输出是帝国主义最重要的特征之一。列宁曾经指出："自由竞争占完全统治的旧资本主义的特征是商品输出，垄断制占统治的现代资本主义的特征是资本输出。"①

帝国主义时代经济发展的不平衡性，使资本主义国家内出现了少数具有巨大财政资本实力的国家。在这些国家中所形成的"过剩"资本，由于生产的垄断形式，使它在本国内不可能找到有利的使用，必然就要输到殖民地和其他经济落后的国家去；因为在那里资本少，工资和地价低廉，原料便宜，也就是说有较高的投资利润。

垄断资产阶级经常地使用他们的国家机器，以及大炮、军舰、飞机和政治实力来帮助并保护他们的国外投资。因此帝国主义的国外投资绝大部分是特权性质的投资。在第二次世界大战以后，帝国主义的政府更代替了垄断资本家而成为最主要的资本输出者。

资本输出是帝国主义奴役和不断掠夺其他国家人民以获取最大限度的资本主义利润的一项有力工具；同时，它也是帝国主义寄生化、腐朽化和走上垂死道路的重要因素之一。资本输出加深了帝国主义之间的矛盾，加深了帝

① 列宁：《帝国主义是资本主义底最高阶段》，人民出版社，1953，第66页。

国主义与殖民地附属国之间的矛盾，结果，它也就破坏着帝国主义的经济制度和动摇着它的经济基础。

一　英国的资本输出和利润榨取

英国的资本输出是和它对海外殖民地的扩张及国内工业的发展相伴而来的。在由商业资本到工业资本的转化过程中，英国的殖民地不断地扩张：1884 年到 1900 年增加了 370 万平方英里，第一次世界大战后又增加了 150 万平方英里。同样，如果 1880 年英国的国外投资为 15 亿镑，1900 年左右就达 25 亿镑，而到第一次世界大战前就增加到 40 亿镑。到第一次世界大战时，英国据有世界殖民地外债的 7/8，其他国家外债的 3/4。①

在第一次世界大战中，英国出卖了巨额的国外资本，到战后约只保有 26 亿镑。但自 1920 年至 1929 年经济大恐慌前英国加速了资本输出，国外投资又恢复到 37 亿镑。这时美国资本逐渐侵入了英国的投资市场，以后英国资本输出减少，而资本输入增加。英国国外投资的变动情况大体如表 0－1。需要说明的是，这里所引用的英国官方和半官方的数字，和本书中所引用的其他资本主义国家的统计一样，是不可靠的，它的意义只是相对的。②

英国的国外投资主要集中在殖民地和它的附属国内。以 1938 年的情况来说，它的 56% 以上是在大英帝国的领土中，其中又以澳洲和加拿大为主；加上在南美的投资（主要集中在阿根廷），殖民地和附属国地区约共占 80%。

① 见杜德《英帝国的危机》，五十年代出版社，1950，第 15 页。

② 例如以 1938 年英国的国外投资总额为例：表 0－1 所引金斯来（Sir Robert Kindersley）的数字是 36.9 亿镑，英格兰银行公布的数字是 35.5 亿镑，英经济学家科南的估计是 45 亿镑〔《世界知识手册（1954）》，第 1124 页〕，美国国会的材料将它估为 46.8 亿镑（联合国：《国际收支年鉴》，1947，第 153 页），而英国皇家学会认为只有 32.9 亿镑（《大英百科全书》“资本输出”条，1947）。英国的数字，除了它一般不肯暴露真实情况外，还由于它是采取“名义价值”（norminal value），即票面价值，而且只限于持有人居住在英国的（一般说，第二次世界大战前英国债券的持有人约有 20% 不居住在英国），因此，它的估计是偏低的。

表 0-1　英国的国外投资

单位：百万镑

年　份	国外投资总额	年　份	国外投资总额
1875	1400	1945	2417
1890	2000	1946	2329
1910	3500	1947	2274
1913	4000	1948	1960
1929	3738	1949	2038
1935	3788	1950	2020
1938	3692		

资料来源：1875～1913 年据斯坦莱《战争与私人投资者》（Eugene Staley, *War and the Private Investors*），1935，第 525 页；1929～1938 年据联合国《国际收支年鉴》，1947，第 158 页；1945～1950 年系英格兰银行公布的数字，见《世界知识手册（1954）》，第 1123 页。

第二次世界大战中，英国又出卖了约 1/4 的国外资产，甚至在战后 1947 年它还不得不再缩减 2.5 亿多镑的国外投资。英国的投资市场已逐一被美国侵入，在美国的胁迫下英国国际收支的逆差于 1947 年几达 6.4 亿镑，1951 年更超过 10.4 亿镑。[①] 但是，英国资产阶级政府却仍想用尽一切方法来扩大它的国外投资。战后 6 年中英国输到英镑区国家的资本超过 10 亿镑，依照帝国政府所制定的科伦坡计划还要在以后 6 年之内对它的殖民地和附属国投资 18.68 亿镑。这理由很简单，垄断资本家们首先考虑的是国外投资的最大限度的利润，并把强加于殖民地和附属国的剥削作为挽救帝国财政危机的手段。战后英国的 37.5 亿镑的所谓“英镑节余”中有 27.9 亿镑是在它的殖民地和附属国之手；甚至这些国家的“联邦官员们”也说，这是英国控制它们的政治资本，而帝国的国外投资计划是“英国企图改善自己的财政情况而牺牲其他联邦成员国”的诡计。[②]

根据官方和半官方的材料，英国资本输出和利润榨取的情况如表 0-2。表中“资本净输出”是资本输出减去当年资本输入后的余额，“利息红利收入”是指已汇回英国的部分。

① 不包括资本移动项目，据联合国《世界经济报告（1950～1951 年）》，第 83 页。

② 1952 年 9 月 21 日在伦敦召开的“联邦官员会议”讨论了英国政府拟定的国外投资计划，引语见 1952 年 10 月 6 日合众社伦敦电。

表 0－2　英国的资本输出和利润榨取

单位：百万镑

时　期	资本输出	资本净输出	利息红利收入	收入比净输出(%)
1860～1869	344			
19 世纪后期:				
1870～1879	435	323	478	148
1880～1889	639	423	648	153
1890～1899	487	362	924	255
合　计	1561	1108	2050	185
20 世纪初期:				
1900～1909	757	654	1215	186
1910～1913	895	725	723	100
合　计	1652	1379	1938	141
第一次世界大战后:				
1920～1929	1064	881	1980	225
1930～1939	553	－150	1890	—
合　计	1617	731	3870	529
第二次世界大战后:[1]				
1946	50	31	153	494
1947	270	166	153	92
1948	152	149	179	120
1949	266	256	185	72
1950	155	149	245	164
1951	153	130	271	208
合　计	1046	881	1186	135

注：[1] 第二次世界大战后的资本输出及净输出是专指对英镑区的国家。

资料来源：资本输出，1860～1929 年据瓦尔加《帝国主义经济与政治基本问题》，人民出版社，1954，第 209 页；1930～1939 年据联合国《国际收支年鉴》，1947，第 146 页；1946～1951 年系对英镑区输出，见《世界知识手册（1954）》，第 1125 页。资本净输出及利息红利收入：1870～1913 年据霍柏森《资本输出》（C. K. Hobson: *The Export of Capital*），1914，附表；1920～1939 年据《大英百科全书》"资本输出"条，1947；1946～1947 年据国际货币基金《国际收支年鉴》，1948；1948～1951 年的资本净输出据联合国《世界经济报告（1950～1951 年）》，第 86 页，利息及红利收入据瓦尔加《世界经济报告（1950～1951 年）》，第 259 页。各材料多经重新整理，个别原缺的年份经斟酌补入。

从这一材料中，可以看出如下的情况。

第一，英国远在它没有发展到资本主义垄断阶段以前就已开始往外输出资本，但资本输出的急剧增加是在20世纪的初期。在20世纪最初的14年间它输出了16.5亿镑，超过过去30年的总数。所以，自20世纪起，资本输出代替了商品输出成为英帝国主义最显著的特征。

在第一次世界大战期间资本输出暂时停止，但自战后1920年至1929年，英国又输出了10亿镑以上的资本，超过过去任何10年。只是在1929年经济大恐慌以后，英国的资本输出才真正受到了打击，此后10年间它输出的资本还抵不上资本输入。第二次世界大战以后，英帝国的衰落已经十分明显；战后6年虽然仍有10亿镑以上的资本输出，但如果计入英镑的贬值就已不过相当于第一次世界大战后的半数，而且还不足以弥补这6年间它的国外资产的减少。英国国外投资的总额至1950年还低于1946年的水平。

第二，英国国外投资的利润收入并不像它的国外投资一样在第一次世界大战前达于最高峰。在19世纪最后30年间，英国国外投资的收入由平均每年4800万镑增至9200万镑；但自20世纪起就超过了1亿镑，自1905年起超过1.5亿镑，自1912年起超过2亿镑，自1925年起超过2.5亿镑。就是说，在投资总额减少的时候它的利润收入还是增加的。在1929~1933年经济大恐慌期间投资利润虽有减少，但最少的1932年也有1.5亿镑，而这时英镑的购买力提高；到1937年又恢复到2.1亿镑。这说明了在经济危机期间英国资本家在国内投资的损失是靠加强国外剥削而得到了补偿。第二次世界大战以后，英国也是这样地将它对美国的沉重负担转嫁给殖民地和附属国，1951年它的国外投资的利润收入已达2.7亿镑。

第三，19世纪70年代起英国国外投资的收入就超过了它的资本输出额，最后十年达资本净输出的2.5倍。20世纪开始因资本输出剧增，收入的比率显得低些，但到20年代收入又达资本净输出的2倍以上，在第二次世界大战前的20年间共达5倍。和殖民地历史相当长的法国比，依照法国官方材料，自1880年到1913年34年间法国的资本净输出为303亿法郎，而它的国外投资收入是379亿法郎，投资的净收入（减去利息红利支出）是302亿法郎。[①] 就是说，法国巨额的国外投资并未动用它国内的储蓄，只

① 见怀特《法国国际账目》（Harry D. White, *The French International Accounts, 1880 - 1913*），1933；各期数字见拙作《美帝在华经济侵略》，人民出版社，1951，第2页。

是利用国外剥削利润的积累。而在英国，为数大过法国 5 倍以上的国外投资，不但未曾动用资本家一文钱，反而有极大的盈余收进他们的钱袋。约略地说，自 1870 年英帝国大规模扩张以来，英国自国外掠取的巨额投资利润中，约有一半转作了它的历年输出的资本，另一半则用于维持英国资产阶级的寄生生活和他们的统治；而这后一半的比重又是不断扩大的，也就是说，英国资本家是日益地依赖剥削殖民地而生活了。

二　美国的资本输出和利润榨取

美国是个后起的帝国主义。在第一次世界大战前，美国在国外的投资不过 35 亿多美元，而外国在美国的投资达 72 亿美元。但大战以后这情况就改变了，1919 年美国的国外投资增到 165 亿美元，达外国在美国投资的 5 倍。[①]

到 1919 年，美国已是一个“成熟了的”资本输出国了。依照资产阶级的经济理论，这样一个国家就应当放宽进口，允许入超。在战后经济极端困难的欧洲资本主义国家自然希望美国这样做。但美国却采取了关税壁垒政策：1921 年提高进口税，1922 年实行了“福奈 - 马克堪伯关税法案”，1930 年实行了“斯慕特 - 赫莱关税法案”。[②] 这就使欧洲各资本主义国家不能向美国输出商品，而必须输进美国资本来平衡国际收支。1919 ~ 1929 年美国由于商品出超国际收支净盈 116 亿美元，其中约 8.8 亿美元由外国输送黄金来偿付，其余就成为外国欠美国的债务。同时期美国的国外投资由 165 亿美元增加到 287 亿美元，私人国外投资增加近 1.5 倍。

第二次世界大战以后美国限制进口的政策变本加厉。臭名昭著的“巴特尔法案”和一系列的封锁禁运政策，它的结果之一就是增加了其他资本

① 有关美国国外投资的估计都是根据美国商务部的调查。这种调查，股票是采取账面价值，债券一般是票面价值，而且只包括持有人居住在美国境内的，因此是偏低的。例如，美国商务部估计 1940 年美国在中国的五家公用和交通事业共值 954.7 万美元，但我们知道单美商上海电力公司一家的账面资产即合 5000 万美元。又如依照美国“中国贸易法”（China Trade Act）在中国设立的美国公司有 100 多家，因它的资本主不住在美国，美国的统计都不计入。

② “Fordney-McCumber Tariff Act，1922”，“Smoot-Hawley Tariff Act，1930”，目的都在限制进口，鼓励出口。

主义国家国际收支的困难，而给与美国以资本输出的机会。1947～1948年美国商品与“服务”的出超达176亿美元，其中有35亿美元由国外输送黄金来抵偿，116亿美元为美国对外的贷款。1951年美国的国外投资几达战前1939年的3倍，私人直接投资也增加了1倍以上。

美国国外投资的增长情况如表0－3。其中1929年以后的缩减主要是由于价格的低落。

表0－3　美国的国外投资

单位：百万美元

年　份	国外投资总额	私人投资				美国政府借款
		私人投资合计	长期直接投资	长期证券投资	短期投资	
1869	75	75	75	75	—	—
1897	685	685	635	50	—	—
1908	2525	2525	1639	886	—	—
1914	3514	3514	2652	862	—	—
1919	16547	6956	3880	2576	500	9591
1924	22528	10754	5389	4565	800	11774
1929	28694	17009	7553	7839	1617	11685
1935	25709	13694	7219	5622	853	12015
1939[1]	12485	12445	7280	4105	1060	40
1941	12990	12505	7525	4110	870	485
1945	16690	14590	8120	5555	915	2100
1946	21600	16500	8900	5300	2300	5100
1947	28900	16900	10000	5400	1500	12000
1948	31300	18300	11200	5400	1700	13000
1949	32500	19000	12400	5100	1500	13500
1950	34700	21000	13600	5800	1600	13700
1951	36100	22300	14900	5700	1700	13800

注：[1] 自1939年起，欧洲各国所欠的战债不包括在内，此项战债自1929年后陆续停付，至1950年底止，本息共为136亿美元。

资料来源：1914年的数字是7月1日为止的数字，其余都是年底数字。1869～1935年据小派特芬《世界经济导论》（*Ernest Minor Patterson*：*An Introduction to World Economics*），1947，第416页；1939～1945年据国际货币基金《国际收支年鉴》，1949，第362页；1946～1951年据《世界知识手册（1954）》，第1120页。原材料都是根据美国商务部的调查。

由表中可以看出，直接投资在美国国外投资中占最重要的地位。这种投资是以美国资本在外国设立公司的形式进行的，其中又主要是美国垄断托拉斯的国外分公司。美国资本家显然已不再以购买证券分取部分剩余价值为满足，而要求直接剥削国外劳动人民。美国的国外直接投资一直在增长，而证券投资和短期投资则随着国际形势的变化而时常波动。

美国的国外投资主要集中在殖民地和经济落后地区。第二次世界大战后美国的直接投资有 2/3 是投在拉丁美洲、中东和其他殖民地国家。1950 年底美国在拉丁美洲的投资达 65 亿美元，比战前增加一半以上；在加拿大的投资达 73 亿美元，比战前增加 35%；在澳洲和南非洲的直接投资达 4.6 亿多镑，比战前增加近 1 倍；在印度的投资近 4 亿美元，几为战前的 10 倍。但是从它的全部资本输出看，作为战后主要特征的，乃是过去剥削落后国家的资本主义国家也都变成了美国资本剥削的对象。到 1953 年 7 月为止，英国欠了美国 47.3 亿多美元，法国欠了美国 20.5 亿多美元。1950 年美国在日本的投资已达 10 亿美元，约为战前的 5 倍；它在联合王国的直接投资达 8.4 亿余美元，比战前增加 60% 以上。美国的全部国外资产中，有 3/5 是在英帝国和西欧资本主义国家之内。[①]

从投资的性质上看，至 1950 年，美国国外直接投资中有 69% 是用于石油、采矿和与此有关的事业上，而这一比重在拉丁美洲为 83%，在“马歇尔计划”国家的殖民地为 96%。[②] 这说明了美国垄断资本家们首先要求占领资源市场，并把采矿的笨重劳动放在落后国家人民的肩上。1951 年美国在国外的石油直接投资达 44.6 亿多美元，超过 1945 年的 3 倍。它在中东所控制的石油，1939 年占中东石油总产量的 17%，1946 年占 31%，1950 年占 44%，1952 年占 59%。[③]

根据美国官方材料，美国的资本输出和利润榨取情况如表 0－4。

表中“在美国发行的外国证券”一栏，可以代表美国资本输出的趋势。

---

① 此节主要据弗·索罗陀夫尼科夫《论第二次世界大战后的资本输出》，《人民日报》1954 年 2 月 9 日；杜德《论英美矛盾》，《人民日报》1954 年 1 月 8 日；并见《人民日报》1952 年 9 月 29 日；《世界知识》1953 年第 22 期。

② 赫曼·奥尔登等：《第四点计划——希望还是威胁》，《国际问题译丛》1952 年第 1 期。

③ 《新时代》1953 年第 26 期。

由于资本主义世界1920年的经济危机和美国的黄金勒索政策,[①] 在战后第一个五年内这种发行为数尚不大。在第二个五年，即1924~1928年的资本主义市场相对稳定时期，外国证券的发行扩大了1倍。其中值得注意的是外国公债，特别是德国公债的发行，成为美国资本支持欧洲资本主义国家扩军备战的有力工具。[②] 在第三个五年，即1929~1933年资本主义经济大恐慌时期，外国证券的发行极度收缩，由1930年的10.8亿多美元降至1933年的7000多万美元，至1934年只有900万美元。以后外国证券的发行仍无起色，但这时美国的资本输出已逐渐转移到美国政府的对外贷款上，证券发行已居于不重要地位了。

表0-4　美国的资本输出和利润榨取

单位：百万美元

时　期	在美国发行的外国证券	资本净输出			利息红利净收入
		合　计	私　人	政　府	
第一次世界大战后：					
1919~1923	3427	5052	3721	1331	2681
1924~1928	6889	3011	3941	-930	3663
合　计	10316	8063	7662	401	6344
经济大恐慌后：					
1929~1933	2239	1896	2472	-576	4456
1934~1939	535	-5953	-6033	80	1944
合　计	2774	-4057	-3561	-496	6400
第二次世界大战时：					
1940~1945	202	38911	-2857	41768	2119
第二次世界大战后：					
1946	142	8098	1100	6998	810
1947		12643	1802	10841	1146
1948		8117	2020	6097	1375

① 如当时的美国财政部部长葛拉斯说：“美国不能更多地贷款给欧洲各国，像它在1914~1918年时那样，它将要求以黄金来抵偿美国的商品。”

② 1924年的“道威斯计划”，1928年的“杨格计划”，都是美国资本扶植德国军国主义的明显标志。这时期外国流入德国的长期投资有100亿马克至150亿马克，其中70%以上是美国供给的。见苏联情报局编《揭破历史捏造者（历史事实考证）》，人民出版社，1954，第7~8页。

续表

时　期	在美国发行的外国证券	资本净输出			利息红利净收入
		合　计	私　人	政　府	
1949		7437	1584	5853	1405
1950		5499	1798	3701	1743
1951		4479	1299	3180	1840
合　计	142	46273	9603	36670	8319

注：资本净输出包括长期、短期投资及单边支付（“租借法案”“联合国善后救济总署”“合作总署”等在内）之净额，不包括黄金、美元储备之收支。

资料来源：在美国发行的外国证券据美国商务部《美国统计提要》，1942，第352页；1947，第460页。资本净输出及利润净收入，1919～1939年据联合国《国际收支年鉴》，1948，第160～168页；1940～1945年据“美国统计提要”，1947，第889页。1946～1949年的资本净输出据《1951年世界经济统计资料汇编》，第673页；1950～1951年据联合国《世界经济报告（1950～1951）》，第66页。1946年以后的收入系实际收益而非净收入，据美国商务部《目前商业调查》，1951，第10页；1951年据1952年10月19日美国《指南针日报》史蒂尔论文之材料推算。以上各栏数字，大都经编者根据原材料改编过。

但是在资本净输出中（即资本输出减资本输入，见表0－4第二栏）却表现了另一种情况。当1924～1928年美国资本输出最活跃的时期，净输出反比上期减少，1934～1939年且成为负数。这是因为有大量外国资本流入美国所致；在美国的外国资本1929年有88亿美元，1939年达96亿美元。① 这些外国资本主要是在经济不稳定的情况下从欧洲逃避到美国来的流动资本和殖民地国家地主、官僚、军阀在美国银行的存款。所以表面上看美国净输出的资本并不大；而实际上美国在外国的资本是支配外国经济资源直接掠取剩余劳动的投资，而外国在美国的资本只是分取部分证券存款利息的投资，这种投资适足以补充美国垄断资本向外扩张的实力，正像一个大银行吸收存款一样。

自第二次世界大战起，美国政府资本的输出占了压倒一切的优势。表0－4这一项是减去了外国偿还贷款后的净数，它在战后6年的总额已超过了第一次世界大战后全部资本净输出的4.5倍。在资本主义总危机和资本主义世界的矛盾日益深刻化的战后年月里，美国垄断资本家也必然日益要求利

① 美国商务部：《世界经济中的美国》（*The United States in World Economic*），1943，第122～123页。

用国家机器来为他们的利润服务。根据美国官方所愿意发表的材料，美国政府输出到国外的“援助”，从 1941 年 7 月到 1945 年 6 月共约 490 亿美元，战后 1945 年 7 月到 1953 年 6 月约有 437 亿美元，1953 ~ 1954 年度计划是 78.6 亿美元，合计超过 1000 亿美元。①

应当注意的是，美“援”的作用不仅在于支配外国的政治和经济、便利美国商品的倾销，也在于保证美国垄断资本家国外投资的利益和竞争上的优势。例如，1948 年 4 月 3 日美国国会通过一个法律，规定以美“援”奴役欧洲十六个国家的“马歇尔计划”的执行人要保证美国私人投资每年增加 3 亿美元。“马歇尔计划”的美法协定第六条规定法国要“充分保护”美国在法国的公司，第九条又规定当这些公司因法国的措施而亏损时应作赔偿。为了保护美国的国外投资还必须限制外国自己工业的发展。“十六个欧洲国家应当对其工业迅速地扩大及现代化或者对其农业广泛地机械化加以节制。欧洲人使其资本投资——不论是国家机关的或者私人事业的投资——过于庞大的企图，会很快地打击援助计划追求的目标。”②

1950 年美国“全国对外贸易协会”的大会宣言中说：“美国政府将第四点（指‘第四点计划’，即美国对落后国家‘开发’的计划）的主要努力用于创造一种国际环境，有利于私人资本向需要国际投资的国家流动，这样做是完全适当的。”③ 美国“共同安全总署（美‘援’的执行机构）”的官员宣布他们“已在实行一种计划以鼓励私人资本在国外投资，这计划保证私人资本不致被没收，并保证当地货币可以换为美元”，④ 1952 年这计划已在十五个国家内实行了。美国商务部部长沙逸宣称：“美国应该以私人投资和贸易方式来（对美国所奴役的国家）进行长期援助”，而美“援”的任务在于“建立有利的环境以吸引美国私人投资”。⑤

还可以指出，1950 年美国在朝鲜发动的侵略朝鲜民主主义人民共和国的战争，也同样带有鼓励资本输出的目的。美国民主党副总统候选人斯巴克曼

① 据美国商务部材料，见 1952 年 10 月 21 日和 1953 年 11 月 20 日美联社华盛顿电。

② 1947 年“哈里曼委员会报告”的第一点，这是“马歇尔计划”的第一个议会报告。

③ 见赫曼·奥尔登等《第四点计划——希望还是威胁》，《国际问题译丛》1952 年第 1 期。

④ 1952 年 11 月 7 日美联社华盛顿电。

⑤ 1952 年 12 月 18 日美联社华盛顿电。

1950年在联合国委员会的会议上说："我不知道有多少人会注意朝鲜战争对国际投资的意义。朝鲜战争的长远效果将对私人资本的国际流通有好处。"①

从美国国外投资的利润上，更明显地看出如下的特点（参阅表0－4）。

第一，第一次世界大战后，美国国外投资的净收入就迅速地增长；战后三个五年中，由平均每年5亿多美元增加到9亿美元。在1929～1933年资本主义国家经济大恐慌期间，美国国外投资的利润净收入不但没有减少，反而空前地增加。这说明美国资本家是靠着加强对国外的剥削来缓和国内的经济危机的。1934年以后利润净收入的减少，主要是因为这时期大量欧洲资金逃避到美国，因而美国付给国外的利息增加所致。如果将它的利润收入和利润支出分开来看就更明显了（见表0－5）。

表0－5　美国国际投资的利润收支

单位：百万美元

年　份	1934	1935	1936	1937	1938	1939
利息红利收入	436	521	568	577	584	541
利息红利支出	135	155	270	295	200	230
净收入	301	366	298	282	384	311

资料来源：见联合国《国际收支年鉴》，1948，第160页。

第二次世界大战后，美国国外投资的净收入由战前平均每年3亿多美元增加到1946年的8亿美元，1949年的14亿美元和1951年的18亿美元。自第一次世界大战后到第二次世界大战前，20年间美国从国外净收进了127亿美元的投资利润，而同时期它的资本净输出不过40亿美元；即是说：利润收入达资本输出的3倍多，这是其他资本输出有历史的国家，如英国和法国所望尘莫及的。

第二，直接投资的利润在全部国外投资收入中的比重不断地增加，而这种增加主要是由于国外企业利润榨取率的扩大而来。这可以由直接投资利润比重增加的速度超过直接投资额比重增加的速度这一事实而得到证明（见表0－6）。

① 1952年10月3日美联社纽约电。

表 0－6　美国国外直接投资的比重

单位：%

年　份	1930	1935	1940	1950
直接投资额占全部私人投资额	47	53	60	68
直接投资利润占全部私人投资利润	47	63	78	84

资料来源：直接投资利润比重据美国商务部《1940 年美国对外直接投资》（*American Direct Investments in Foreign Countries - 1940*），1942，第 29 页；1950 年据《第四点计划——希望还是威胁》，载《国际问题译丛》1952 年第 1 期。

在直接投资的利润中，又以美国公司的国外分支机构为最高，这些都是属于大托拉斯的特权企业。1938 年到 1948 年，美国国外投资的利润收入增加了 35%，而国外分支机构汇入美国的利润增加了 16 倍；分支机构的收入 1938 年占国外投资总收入的 8%，1948 年则高达 50%。①

第三，直接投资利润中的再投资（未分配盈余）大量增加。这说明了美国的国外投资日益依靠在国外剥削所积累的资金。我们上面所说的投资收益都只是利润中汇回美国的部分，事实上还有很大部分留存在国外。据美国官方调查，1937 年国外利润再投资是 1.5 亿美元，而这年美国在国外的新投资和公司间信贷净增加只有 1700 万美元；1939 年国外利润再投资是 1.4 亿美元，同年国外新投资和信贷净增加只 1000 万美元。② 第二次世界大战后，国外利润再投资由 1946 年的 3 亿多美元增至 1951 年的 7 亿美元（见表 0－7）。

表 0－7　美国国外投资利润

单位：百万美元

年　份	1946	1947	1948	1949	1950	1951
私人直接投资收入	636	924	1111	1148	1469	1330
国外利润再投资	303	387	581	436	443	700
私人直接投资总收益	939	1311	1692	1584	1912	2030
其他国外投资收益	174	222	264	257	274	270
美国国外投资总收益	1113	1533	1956	1841	2186	2300

资料来源：据美国商务部《目前商业调查》，1951，第 7 页；1951 年据 1952 年 10 月 19 日美国《指南针日报》史蒂尔论文材料改编。

① 见联合国《国民收入统计（1938～1948 年）》，1950，第 184 页。

② 据《1940 年美国对外直接投资》，第 6 页。

第四，美国国外投资利润主要是榨取自殖民地和附属国，并且大部分是来自石油等资源掠夺事业。第二次世界大战以前，美国自拉丁美洲掠取的投资收入，1935 年占国外直接投资总收入的 30%，1940 年增到 36%；自亚洲、非洲、澳洲殖民地国家掠取的收入，1935 年占 11%，1940 年增到 18%。第二次世界大战以后，美国自拉丁美洲掠取的投资收入约占它的直接投资总收入的 40%，并由 1946 年的 3.1 亿多美元增至 1950 年的 6.6 亿多美元；同时期自“马歇尔计划”国家的殖民地掠取的投资收入由 2000 万美元增至 9000 万美元，自菲律宾掠取的收入由 500 万美元增至 1800 万美元，对其他落后地区（主要是中东）的掠取由 5100 万美元增至 1.96 亿美元。这些收入中，在战前 1940 年有 23% 来自石油投资，在战后 1950 年则增至 41% 以上。石油投资的收入 1940 年是 1 亿多美元，1946 年是 2 亿多美元，1950 年增到 7 亿多美元；其他矿业及农业投资的收入，1940 年是 1.16 亿美元，1950 年是 2.1 亿美元。①

美国官方所愿意承认的利润虽然已是大大减低了的，但也不能掩饰它的剥削的相对性质；依这些材料所计算的美国国外投资的利润率如下（见表 0 - 8）。

表 0 - 8　美国国外投资的利润率

单位：%

国　别	1948 年利润率	项　目	1950 年利润率
在欧洲非“马歇尔计划”国家	7.60	投于公用事业	3.40
在“马歇尔计划”国家	14.50	投于制造业	7.70
在“马歇尔计划”国家的殖民地	20.00	投于商业	9.10
在拉丁美洲国家	17.40	投于矿业	10.60
在中东及其他落后国家	31.30	投于石油	17.30

资料来源：《第四点计划——希望还是威胁》，《国际问题译丛》1952 年第 1 期。

第五，美国的国外投资利润是集中在少数垄断企业手中，这些企业在国外的利润率远高过它们在国内的利润率。依美国官方统计，12 家大公司在

① 第二次世界大战前据《1940 年美国对外直接投资》，第 30 页；第二次世界大战后据《目前商业调查》，1951，第 11 页。

第二次世界大战期间获得了国外直接投资总收入的35%，而在1947年增加到55%。1948年各大公司的全部营业（包括国内国外）的平均利润率是13.8%，而其中国外部分，仅“账面价值的调整利润率”就达17.1%。这些公司在自己的报告中承认：由国外投资所得的超额利润等于正常利润率的三至四倍。例如，新泽西美孚油公司的投资有42%在国外，但它的利润有58%来自国外；1948年它的国内利润率是11%，而国外（西半球）是33%。同年，安那康达炼铜公司的国内利润率是5%，国外是13%；费斯登橡胶公司国内利润率是7%，国外是26%。甚至像国外投资主要是在已发展的资本主义国家的通用汽车公司，它在1951年报告中说，它在美国的投资利润是19%，而在国外是95%。国外的超额利润可用一件事来说明：1950年美国铜矿工人的平均工资是每年1000美元，而在智利铜矿（大部分是美国资本）只有275美元。①

三 国外投资利润和其他国外利润

列宁曾指出，资本输出是鼓励商品输出的手段。因此伴随着国外投资利润而来的，还有因此而增大的商品输出的利润，以及连带的运输、银行、保险利润，制造这些出口品的利润和生产这些制造品原料的利润。尽管资产阶级的经济学家们力图用巧妙的“理论”来否认资本输出和商品输出的关系，② 但也不得不承认一些实际的例子。据说，1901～1911年英国供给了阿根廷8800万镑铁路债券，同期间它输进阿根廷的铁路器材有3100万镑。1906～1911年英国给予南非金矿1500万镑借款，同期间约有此数25%的矿业器材销往南非。③ 1900～1913年外国输进加拿大的

① 见蒲尔罗《美帝国主义论》，五十年代出版社，1953，第54～55页。

② 如资产阶级当代国际贸易理论的“权威”卫纳（J. Viner），他的“理论”简单地说是国外投资主要用于剥削外国的工人（工资支出），因此对接受资本的国家是有利的。另如任克斯（L. H. Jenks）认为和资本输出关系最密切的是“技术输出”，使落后国家“知道了些什么”。这就远不如波格丹（福特汽车公司财务主任）之流的商人们来得明白了。他在1949年美国第三十六届对外贸易年会上说：“第一必须使所有政府明了，这种投资主要是以利润的动机为基础；不必希望为股东的利益而经营的公司会为‘第四点计划’下的人道、政治、社会或军事理由去考虑投资的。”

③ 霍柏森：《资本输出》（C. K. Hobson, *The Export of Capital*）第1章，1914。

资本约有 25 亿美元，同时期输入加拿大的生产器材约合此数的 65%。[①] 1928~1931 年法国借给罗马尼亚、南斯拉夫、波兰、捷克、芬兰的贷款共 43.57 亿法郎，同时期法国输出的军用器材和飞机约合此数的 30%。1923 年英国印度事务大臣在下议院宣布，印度所得的英国贷款有 95% 用于购买英国货物。[②] 美国资本输出和商品输出的关系可从下列数字中得到证明（见表 0-9）。

表 0-9　美国的资本输出和商品输出

单位：百万美元

年　份	资本净输出	贸易出超
1919	2825	4259
1920	1174	3079
1921	834	1865
1922	251	432
1923	0	96

资料来源：伊味孙《国际资本流动理论概观》（Carl Iverson, *Aspects of the Theory of International Capital Movements*），1935，第 370 页。

列宁在引述旧德意志帝国对罗马尼亚、葡萄牙、阿根廷、智利等国的公债发行和商品输出的关系时指出：这种剥削如同“从一条牛身上剥下两层皮。第一是公债上取得一笔利润，第二是当这笔公债用来购买‘克虏伯’工厂的新产品或钢铁辛迪加的铁路材料等等时，又是从这笔公债上取得许多利润”。[③]

现代帝国主义的对外贸易利润并不是一般的商业利润，而是垄断价格“剪刀”式的剥削。这就是：把输出品的垄断价格提高到国内价格水平以上，把输入的原料的收购价格压低到市价甚至落后国家的生产成本以下。例如，1948 年美国钢板的厂价平均是每百磅 3.2 美元，而出口价是 5.58 美元；烧碱的厂价是每百磅 2.85 美元，而出口价是 6.27 美元；由工厂到口岸的运杂费不到差价的 1/3。同年，美国主要的进口品如咖啡，在美国市价是

① 卫纳：《加拿大的国际债务平衡（1900~1913 年）》（J. Viner, *Canada's Balance of International Indebtedness, 1900-1913*），1924，第 108 页。

② 见列宁《帝国主义论》（明德尔崧等增订），中华书局，1951，第 121~122 页。

③ 列宁：《帝国主义是资本主义底最高阶段》，人民出版社，1953，第 130 页。

每磅0.51美元，而进口价只有0.25美元。美国所需的锡和天然橡胶几乎全部是进口的；1951年6月至1952年4月美国将东南亚的橡胶价格由每磅0.81美元压低到0.38美元；在1951年4月至8月，将东南亚的锡价由每磅1.5美元压低到1.0美元。① 又如1952年9月英国垄断资本家在乌干达收购咖啡的价格是每吨200镑，而在国外市场出售的价格是512镑，差价达2.6倍；在非洲黄金海岸收购可可豆的价格是每吨128镑，而在国外市场出售的价格是294镑，差价达2.3倍。②

帝国主义国家同时也垄断了航运、保险等价格。在美国，航运、保险等收入几乎与它的国外投资利润的收入相等。

根据美国一位学者的估计，1948年美国自殖民地和附属国所攫取的超额利润的组成部分如下（见表0－10）：

表0－10　1948年美国自外国掠取的利润

单位：百万美元

类　别	数　额	类　别	数　额
官方承认的私人直接投资利润	1692	抬高出口价格的收益	2500
官方承认的其他国外投资利润	264	压低进口价格的收益	1200
运费、保险费收益	1384	合　计	7528
各项“私人服务”的收益	488		

资料来源：投资利润据美国商务部《目前商业调查》，1951；其他利润据蒲尔罗《美帝国主义论》，第57、63页。

这仍然不是帝国主义资本输出的全部利润。例如它们在国外由于垄断土地，控制海关，垄断汇率、利息和贵金属交易，控制外国铁路、航运，乃至走私、赌场等所获取的利润，是无法计量的。我们还可再举一项“合法”的收入，即发行外债的佣金。美国李斯曼金融公司在1924年对奥地利的水电站借款中，银行和其他中间人的收入达借款额的19.2%；在1925年对匈牙利钢铁厂借款中，中间人收入为18.3%。③ 帝国主义对中国的借款，中间

① 蒲尔罗：《美帝国主义论》，五十年代出版社，1953；又《人民日报》1953年4月14日。

② 《世界知识手册（1954）》，第1131页。

③ 见列宁《帝国主义论》（明德尔崧等增订），第102页。

人的收入一般在15%以上，最高的达27%。列宁在研究帝国主义财政资本时曾引用德国《银行》杂志的话说："在本国内部，没有哪一种事业，能获得近似于在发行国外公债时作中介所赚得的那样高度的利润。"①

四　帝国主义资本输出的危机

列宁把资本输出叫作"双倍的寄生现象"。列宁说："帝国主义最重要经济基础之一的资本输出，更使食利阶层完全脱离生产的现象加强起来，使靠剥削数个海外国家和殖民地人民劳动为生的国家处处都呈现出寄生性的特征。"②

列宁曾指出，在1899年英国从国外贸易所得到的收入只合1800万镑，而从国外投资所得到的收益达9000万镑至1亿镑。因此，"在世界最带'商业性'的国家中，食利者的收入竟超过对外贸易方面的收入额四倍！这便是帝国主义与帝国主义寄生性的本质"。③这种情况，例如到1929年，英国从国外贸易所得到的收入约为5100万镑，而国外投资收入是2.5亿镑，若连国外短期投资和手续费等收入合计则达3.78亿镑，合国外贸易收入的7倍多。④

美国的情形，国外投资收入比重增长的速度更快：1923年约合对外贸易收入的3.3倍，1929年合4.5倍，1932年则达7.7倍。第二次世界大战后，由于美"援"等输出，对外贸易额大增，但1949年国外投资收入仍合贸易收入的3.7倍。⑤

帝国主义寄生性的增长也表现在它的国外投资收入在国民收入中所占比重的增加上。1917～1929年英国的国民收入增加了11.4%，而国外投资的收入增加了55.1%。差不多同时期内，1922～1929年美国的国民收入增加了34.5%，而国外投资收入增加了133.9%。第二次世界大战后，1946～1949年

① 列宁：《帝国主义是资本主义底最高阶段》，第59页。

② 列宁：《帝国主义是资本主义底最高阶段》，第110页。

③ 列宁：《帝国主义是资本主义底最高阶段》，第131页。

④ 见列宁《帝国主义论》（明德尔崧等增订），第182页。

⑤ 1923～1929年据《帝国主义论》，第183页；1949年投资收入据美国商务部《目前商业调查》，1951；贸易收入是按贸易总额的2.5%计算的，不包括压价、抬价的利润。

美国的国民收入增加了 20.2%，而国外投资收入增加了 65.4%。[1]

帝国主义的寄生性和腐朽化，当然更表现在它生产力的停滞，技术的停滞，生产人口比重的减退，失业人口的增加，工农生活的贫困化和购买力的降低等方面。这里再举一个例子：至 1951 年，社会主义苏联的工业生产差不多已增长为 1929 年的 13 倍，而美国只是在战争的刺激下才增长为 1929 年的 2 倍；同一时期内，英国的工业生产量只增加了 60%，而法国只增加了 4%。[2]

值得注意的是，在帝国主义寄生化、腐朽化和经济衰退的过程中，即使是食利阶层寄生生活的主要凭借、他们掠取最大限度利润的主要来源之一的资本输出，从长期趋势看，它的增长情况也是陷于迟缓和停滞的。英、美、法、德四个主要资本输出国的私人国外投资，在 1900～1913 年 13 年间增加了 200 亿美元，而在 1913～1930 年 17 年间只增加了 30 亿美元，到 1930～1949 年 19 年间更减少了 110 亿美元。情况有如表 0－11。

表 0－11　主要资本输出国的国外私人投资

单位：10 亿美元

年　份	1900	1913	1930	1949
美　国	0.5	3.0	17.0	19.0
英　国	12.0	17.0	19.0	12.0
法　国	6.0	12.0	7.0	2.0
德　国	2.5	9.0	1.0	—
合　计	21.0	41.0	44.0	33.0

资料来源：见蒲尔罗《美帝国主义论》，五十年代出版社，1953，第 20 页。

第一次世界大战后的许多年代里，欧洲各资本主义国家存在着大批的闲置资金，但它们大部分是以短期投资的方式流动于各国投机市场之间，而很少作为固定性的国外长期投资。第二次世界大战后也有同样的情形，1949 年底外国在美国的存款超过 50 亿美元。美国私人资本战后虽然有一些输出，

① 第二次世界大战前据《帝国主义论》，第 185、188、189 页；第二次世界大战后国民收入据《联合国统计月报》1951 年 3 月，投资收入见第 105 页第 2 表。

② 见马林科夫《在第十九次党代表大会上关于联共（布）中央工作的总结报告》，人民出版社，1952，第 4 页。

但也只是在美国政府大量的美“援”和各种政治、军事条件的保护下进行的，并且短期投资的增加速度也超过长期投资。

当垄断资本比任何时期都更需要庞大的投资出路时，国外投资的活动却是不景气的。造成这种现象的原因有两方面：一方面是在资本主义总危机的条件下垄断资产阶级本身地位的动摇和他们相互间矛盾的加深，特别是资本主义各国间市场竞争和矛盾的加深，这就从根本上削弱了帝国主义对外投资的活动力量；另一方面是资本主义统治的市场范围日渐缩小和瓦解，这既缩小了帝国主义资本输出的道路，也进一步加深了资本主义总危机和促使它们内部矛盾趋于尖锐化。

伟大的俄国十月革命不仅剥夺了帝国主义已经投放在沙皇俄国的巨额资本，而且永远取消了它们在这个广大地区的剥削市场。更重要的是，“十月革命开辟了一个新时代，即世界各国被压迫人民与无产阶级联盟并在无产阶级领导下进行殖民地革命时代”。[①] 这就使帝国主义的殖民制度，也就是它们国外投资的基础，从根本上发生动摇。中国新民主主义革命的胜利和中华人民共和国的成立，也不仅是推翻了这个广大国土上的帝国主义垄断资本的统治，而且动摇了它们在整个东方的统治地位。东欧人民民主国家的胜利，也具有同样的影响，缩小了帝国主义垄断资本在欧洲活动的范围。

从上面的数字中也可看出，自第一次世界大战以后，帝国主义的国外投资主要是在各资本输出国之间转移和代替。某些国家增加了，其他国家减少了，总数基本上是没有大量增加的。

每次帝国主义战争的结果，都使资本主义世界中食利者国家的数目减少，而被剥削国家的数目增加。第一次世界大战后斯大林即指出：

> 一般的结论就是：剥削世界的主要国家数量与战前时期相较已缩减到极点了。从前，主要的剥削国是英、法、德三国以及部分地包括有美国，现今这个数量已缩减到极点了。现今世界上主要的财政剥削国，亦即世界上主要的债权国，乃是美国和部分地包括有它那个帮手即英国。

① 斯大林：《十月革命底国际性质》，《列宁主义问题》，苏联外国文书籍出版局，1950 年中文版，第 258 页。

> 但这还不是说，欧洲已转入殖民地状态。欧洲各国继续剥削着自己的殖民地，同时它们自己现在已落到了在财政上服从美国的地位，因此它们现在受着美国剥削，并且将来还会受美国剥削。就这个意义上说，在财政方面剥削世界的主要国家数量已缩减到最低限度，而被剥削的国家数量却增多了。①

这种趋势在第二次世界大战以后就更加明显了，法西斯德国和在这次大战之前膨胀起来的日本的财政资本已在世界的投资市场中被排除，美国成为整个资本主义世界的最高剥削者。“其他资本输出的国家，包括英国在内，甚至也可以包括加拿大，都成了美国的代理人，而从事着资本再输出，充当美国投资的中间人或中间地带之类的角色。”②

但这并不是说欧洲资本主义国家就停止了它们的资本剥削。相反地，如前文中所提及的，它们正在加强对殖民地和附属国的剥削以图补偿它们对美国的严重的财政负担。这种情况的真实意义和它实际的结果，乃是进一步加深了资本主义国家间争夺市场的矛盾。

早在 1927 年，斯大林在评论资本主义总危机时期市场相对稳定的阶段时即指出：“生产能力增长与市场相对稳定间的这种矛盾，乃是使市场问题现今成为资本主义面前主要问题的基因。一般销售市场问题的尖锐化，特别是国外市场问题的尖锐化，局部是资本输出市场问题的尖锐化——这就是资本主义现今的情形。”③

要知道，第一次世界大战后的资本主义市场相对稳定时期是帝国主义资本输出的扩张时期。即在这个时期，资本输出的矛盾也是日益尖锐化的。例如：1924～1929 年美国的外国证券发行是 75.95 亿美元，平均每年 12.66 亿美元，而在战前 1914 年只有 4400 万美元。另一方面，同期英国的外国证券发行合 30.77 亿美元，平均每年 5.13 亿美元，而在战前 1913 年是 7.81 亿

① 斯大林：《在联共（布）第十四次代表大会上关于中央委员会政治工作的总结报告》，人民出版社，1953，第 7～8 页。

② 列昂节夫：《资本主义总危机的进一步尖锐》，三联书店，1950，第 65 页。

③ 斯大林：《在联共（布）第十五次代表大会上关于中央委员会政治工作的总结报告》，人民出版社，1953，第 15 页。

美元；同期法国的外国证券发行合4.41亿美元，平均每年7300万美元，而在1913年是6.74亿美元。①

这就是说，战后世界平均每年外国证券发行的总数，如果加入币值变动的因素，几乎是与战前相等的，但是它在各国之间的分配起了极大的变化。

第二次世界大战之后，资本主义国家间市场的竞争，更因统一的无所不包的世界市场的瓦解，两个平行的世界市场的对立而进一步尖锐化。两个平行的世界市场是在两种相反的方向中发展的。民主世界市场随着民主阵营的生产的发展而容量一年比一年扩大，资本主义世界市场则由于这些国家的生产停滞和经济危机而日益缩小。"由此可以得出结论说：各主要资本主义国家（美、英、法）夺取世界资源的范围，将不会扩大而会缩小；世界销售市场的条件对于这些国家将会恶化，而这些国家企业开工不足的现象将会增大。这也就是由于世界市场瓦解而使世界资本主义体系总危机加深的原因。"②

市场矛盾的尖锐化严重地削弱了帝国主义资本输出的可能性。第二次世界大战之后，如果专就私人国外投资来说，它的总数不是增加，而是比战前减少。采用发行有价证券形式的资本输出，在战后时期是微乎其微的；1948～1950年在美国发行的外国证券不过1.5亿美元，而同期国内证券的发行是255亿美元。③ 在这种情况下，美帝国主义就必须乞助于国家机器，乞助于美"援"来作为争夺市场和争夺殖民地资源的工具，而它的结果，不过是进一步加深了美国与其他资本主义国家之间的矛盾。正如马林科夫所说："由于美国资本主义在'援助'的借口下，以贷款方式打入英国、法国和意大利的经济，夺取英、法殖民地的原料和销售市场，英美之间和美法之间的矛盾已经尖锐而且将更加尖锐。英国，接着还有法国和其他资本主义国家，正力求摆脱对美国的依附，以便保证自己有独立的地位和高额的利润。英国资本家为了反对美国对国际贸易的严密控制，现在已展开顽强的斗争。"④

① 美国的数字据美国商务部《美国统计提要》，1942，第352页。英国、法国的数字据留比莫夫《资本输出论》，立信出版社，1952，第28页。

② 斯大林：《苏联社会主义经济问题》，人民出版社，1953，第27页。

③ 据美国《联邦储备公报》1951年10月号，第1287页。

④ 马林科夫：《在第十九次党代表大会上关于联共（布）中央工作的总结报告》，第10页。

帝国主义资本输出加深了资本主义经济的寄生性和腐朽性。殖民地反帝运动的高涨，一个一个国家之脱离资本主义体系，从根本上动摇了建筑在殖民地制度之上的帝国主义资本输出的经济基础。而资本主义国家之间矛盾的尖锐化，特别是市场问题的尖锐化，进一步给它们的资本输出以严重的打击。帝国主义者最后不得不乞灵于“马歇尔计划”之类的东西，但这也正如斯大林所说：“很像快要淹死的人抓住一根草一样。”①

① 斯大林：《苏联社会主义经济问题》，第28页。

第一章

帝国主义在旧中国资本的扩张

一　初期的外国资本

1715年英国东印度公司在广州设“行”,[①] 这可能是外国资本在中国的第一个重要企业。其次当是1818年在广州设立的美商旗昌洋行，它是19世纪美国在中国最大的商业机构。1834年东印度公司的贸易独占权被废止前后，英商来中国的日渐增多；怡和洋行（1832）、仁记洋行（1835）等大公司都在这时设立。这时清朝政府对外采取的是闭关锁国的政策，它拒绝了英国几次派使通商的要求，1751年又关闭了宁波、厦门等港口，只准广州一口和外国通商，并颁布“防范外夷条规”，给外商以种种的限制。所以在1840年鸦片战争以前，资本主义列强在中国的投资是很有限的。1836年左右在广州的外商大约只有55家，其中英商约41家，美商9家。当时它们还不能据有房地产，它们的财产主要是以鸦片为主的商品和准备购买中国货物的现金。据一个美国人说，1830年左右美国人在广州的财产约值300万美元，其中5/6是白银。[②]

资本主义列强与中国的贸易并不是普通的国际贸易。当它们要求打开中国门户的时候，正是欧洲资本主义列强大规模地向海外扩张的时期；这时欧

① “行”（Factory）是外商代理人的住处，经过“行”来进行交易。

② 见雷麦《外人在华投资论》，商务印书馆，1937，第58页。

洲资本主义国家已经发展成熟，商品生产的扩大推动它们不只以国外通商为满足，而是要开拓可以长期进行奴役和掠夺的海外殖民地。不过清朝政府之所以对它们采取闭关政策倒不是因为预见了资本主义的这种对外侵略性，而正如马克思所指出，主要是因为它害怕外国人会助长了中国人民反对它专制统治的情绪。[①]

鸦片战争的结果，列强在中国开辟了上海、广州、福州、厦门、宁波等“条约口岸”，它们掌握了中国的关税，获得了领事裁判权和内河航行权，不久又获得了土地永租权。以后，它们在历次对中国的侵略战争和一系列的不平等条约中，又将这些权利巩固、扩大并继续获得了新的权利。[②] 在特权的保护下，列强在中国的侵略活动迅速地增长起来，它们在中国的企业和财产也开始具有了殖民地投资的意义，执行着把中国变为它们的殖民地的任务。同时外国资本的活动中心，也自广州移到上海。

1865 年到 1894 年的中日甲午战争以前，资本主义列强对中国的贸易额增加不到一倍，而它们在中国进出口的商船吨位却增加了三倍以上。这时期外国商船运输吨位中有 70% ~80% 是航行于中国沿海各口岸和内河的。这说明了外国资本所经营的已不只是对华的贸易，而是日益增长的在华贸易了；它们的投资已不只是对殖民地贸易的投资，而是在殖民地的商业资本了。大的轮船公司如美国旗昌洋行的上海轮船公司（1862），英国太古洋行的中国轮船公司（1872），怡和洋行的中印轮船公司（1877）和公和祥码头公司（1871）都陆续设立；它们独霸了中国的远洋和内河航运。在 1872 年美国旗昌洋行将它的过时的船只卖给中国的招商局以前，中国自己还没有近代的航运业。

1853 年，英、美、法等国趁太平天国革命战争的机会攫取了上海外国人居住地区的行政权，形成了租界制度，并趁中国地主富绅大批逃往租界避难时开始了房地产的投机生意。1869 年上海英租界的土地约值 670 万两，美租界约值 135 万两，到了 1899 年英租界的土地已增值到 2330 万两，美租

① 见《马克思恩格斯论中国》，人民出版社，1953，第 48 ~49 页。

② 这些新特权中最重要的应该是 1844 年中美《望厦条约》中的“最惠国待遇”权利，即某一国在中国所获取的特权，必须同样地给予其他资本主义列强。

界增值到1430万两了。[①] 于是土地和航运（轮船、码头、仓库等）变成了这一时期列强在中国最重要的投资。

1845年，广州出现了第一家外国银行，即英商丽如银行，并于1847年在上海设分理处。从那时起到1894年中日甲午战争，英国的有利银行（1854）、麦加利银行（1858）、汇丰银行（1865），法国的法兰西银行（1860），德国的德意志银行（1872）、德华银行（1890），日本的横滨正金银行（1893），都陆续在中国设立了机构。

最明显表现列强在中国资本性质的转变的是外国工业企业的设立。中日甲午战争前，列强还未在中国取得设厂权，但是外国资本所设立的非法工厂至少已有一百多家，其中英商约63家，美商约7家，俄、德、法商约33家。[②] 其中如英商耶松船厂（1865）、怡和丝厂（1882）、太古糖房（1882）、平和洋行（1870）和隆茂洋行（1870）的打包厂、屈臣氏药房（1850年代）、正广和酒厂（1864）、江苏药水厂（1860年代）、泌药水厂（1892）、祥泰木行（1884）等，直到中国解放时还都存在；美商的旗昌丝厂（1878）、章华纸厂（1884），法商的信昌丝厂（1893），德商的科发药房（1866）和蛋厂，俄商的砖茶厂等，都具有相当的规模。同时英国已在上海设立了煤气厂（1864）、电灯厂（1882）和自来水厂（1883）。1870年英国人甚至在厦门设了一家鸦片厂“把生鸦片制成烟膏”。[③]

但是，这时期西方列强还是处于以商品输出为主要特征的资本主义时期。它们在中国的企业和财产虽然已具有了殖民地投资的性质，但还不同于后来的帝国主义时代的国外投资。甲午战争以前，它们在中国的企业资本中，除了航运和贸易以外，其余都不占重要地位。1897年以前中国还没有本国的银行，外国银行独霸了中国的银行业。但当时这些银行的主要业务还是在进出口贸易和国际汇兑方面，它还没有与工业资本融合在一起，还不具备独占资本输出中枢的地位。这时期外国资本的工业企业也主要是为国际贸

① 见罗志如《统计表中之上海》，商务印书馆，1932，第19页。

② 见孙毓棠《中日甲午战争前外国资本在中国经营的近代工业》，《历史研究》1954年第5期。

③ 见孙毓棠《中日甲午战争前外国资本在中国经营的近代工业》，《历史研究》1954年第5期。原语据海关册，1894，第430页。

易服务的造船厂和出口品加工工厂，如缫丝、制蛋、制茶、打包等，这类工厂前后不下 70 家；而从事于商品生产和贩卖的工厂约只有 30 家，规模都很小，它们在生产上和市场上还不具备垄断的作用。作为后来帝国主义在华工业投资的主体的纺织工业和烟草工业，这时还都不曾出现。这时它们在中国也还没有开办矿场。①

这一时期列强在中国的资本还没有材料可以估算。据一个美国人估计，1875 年左右美国人在中国的财产约值 800 万美元，这时美国资本约占在华外国资本的 1/10。②

二　帝国主义资本的扩张

中日甲午战争前后（1895 年左右）是外国资本侵略中国的一个转变时期。这时资本主义列强已逐渐发展到帝国主义阶段，它们对中国的经济侵略已不只是商品输出，而日益注重资本输出；它们在中国的活动也就不能满足于经济权益的一般竞争，而是要求瓜分中国，树立自己独占的殖民地。日本对中国的战争就是在这个基础上发生的（美、英帝国主义实际是这一战争的帮凶和共谋者）。由于这一战争的结果，帝国主义在中国获取了开设工厂、开采矿山和建筑铁路的权利，获取了“租借地”，划定了“势力范围”。

---

① 1891 年左右辽宁烟台煤矿曾被英国人“私行挖掘”。但一般说，中国第一家正式的外资矿是 1896 年美国人施穆与华商合办的北京附近的门头沟煤矿。

② 见雷麦《外人在华投资论》，第 58、239 页。

据陈正炎同志最近估计，甲午战争前外国在华的投资如下：

业　别	投资额(千美元)	百分比(%)
银　行	33030	26.3
保　险	5993	4.8
进 出 口	42374	33.8
其他商业	5979	4.8
航　运	13549	10.8
工　业	14245	11.2
借　款	10380	8.3
总　计	125550	100.0

资料来源：参见许涤新、吴承明主编《中国资本主义发展史》第 2 卷第 2 章第 3 节，人民出版社，1990，第 133 页。两表统计数据略有不同。——编者

正如列宁所说："欧洲各国政府（而俄国政府几乎是第一个）已经开始瓜分中国了。不过它们开始不是公开地瓜分，而是像窃贼一样鬼鬼祟祟地瓜分。它们偷窃中国就像从死尸上偷窃东西一样……"①

甲午战争以后巨额的对日赔款使清朝政府的财政陷于破产，随着就出现了帝国主义一项新的投资，即对中国政府的政治和军事借款。远在 1853 年清朝政府即曾向外国银行借款以为镇压太平天国革命之用，此后直到甲午战争，这类政治借款不下 30 笔，地方性的临时借款尚不在内，但数额都不大，借后不久即清还，它还不具有控制中国财政的作用。1895 年以后的外国借款性质就完全不同了，它成为长期缚在中国人民身上的铁链，也成为帝国主义左右中国政局的有力工具。这些借款都是以中国的关税、盐税乃至内地税为抵押的，因而帝国主义就控制了中国全部的财政收入。1895 年至 1910 年间帝国主义供给清政府的财政借款约合 2.7 亿美元，1911 年至 1926 年间它们供给北洋军阀政府的这种借款达 5.2 亿美元，而 1927 年以后至 1948 年它们供给国民党反动政府的财政借款约合 16.8 亿美元，还不包括未划作借款的美帝国主义给予蒋介石的"援助"。借款无疑是帝国主义资本输出最简便的方式，但它却产生极复杂的结果。帝国主义国际借款的复杂性就在于它必然是和政治上的支配结合在一起的。帝国主义对中国借款的发展历史，也就是它们在中国争夺霸权和它们与中国的封建地主及官僚资产阶级相勾结的历史。

甲午战争以后帝国主义在华资本的另一新的项目是铁路和矿山投资。外资铁路和外资矿山的出现表明外国在华资本之趋向于固定性的投资，同时也表明中国的进一步殖民地化。因为这些铁路和矿山的出现并非中国工业发展的结果，而是以帝国主义瓜分中国，取得地区的独占权为前提的，铁路权利和矿山权利是帝国主义在中国划分"势力范围"的标志。②

---

① 列宁：《中国的战争》，《列宁斯大林论中国》，解放社，1950，第 17～18 页。

② 例如，1896 年中俄"密约"，帝俄取得建筑中东铁路的权利，并规定沿铁路 30 里内的矿山"不准中国人或其他外国人开采"，北满就成为帝俄的"势力范围"；1897 年德国出兵占领青岛，取得胶州湾"租借地"，获取了胶济铁路建筑权和沿铁路 30 里内的矿山权，山东就成为德国的"势力范围"。又如 1898 年英、德划分"势力范围"的协定，规定津浦铁路北段属德国，南段属英国；1899 年英、俄划分"势力范围"的协定，互相承认帝俄在长城以北和英国在长江流域的铁路权。当然，"势力范围"也有以其他方式出现的，例如要中国政府宣布某地"不得割让"等。

帝国主义对中国铁路权利（建筑权、经营权、借款权等）的掠夺曾形成三个高潮。第一次是在1897～1898年前后清朝统治时期，它们所攫取的路权不下14000公里。第二次是在1911～1914年北洋军阀政府时期，所攫取的路权达18000公里。第三次是在1935年以后国民党统治时期，这次瓜分因抗日战争的爆发而中止，但在二三年内国民党所出卖的新路权已不下7000公里。帝国主义对中国的铁路投资初期着重于直接经营方式。如帝俄的中东铁路（满洲里—绥芬河）、南满铁路（长春—大连，1905年转让与日本），德国的胶济铁路（胶州—济南），法国的滇越铁路（昆明—河口）等都是在1900年以前开始建筑的；资本雄厚的铁路公司成了它们在这一区域经济统治的中心。但在后来，它们就主要是通过借款的形式来控制中国的铁路了。1902年以前帝国主义借给中国的铁路借款不过4800多万美元，1903年到1914年就达2.05亿美元，1915年以后共约2.66亿美元。旧中国所有的铁路，除少数矿区和省市专用小铁路外，没有一条不受外国资本控制。1903年我国有铁路4360公里，1913年为9744公里，1936年增至19028公里，抗日战争期间，日本在关内外新筑的铁路又有6000多公里。除财政借款外，铁路投资一直是帝国主义在旧中国投资中最大的项目。

帝国主义对中国矿山权利的掠取与争夺铁路权同时开始，也和掠取铁路权同时形成三个高潮。如不计“九一八”以后的东北，帝国主义在中国所获得的矿权前后不下90多处（英国约18处、美国3处、法国约12处、德国9处、帝俄8处、日本不下42处）。但是重要的外资矿山却大都是它们自中国人手中兼并或强占过来的。如开平煤矿在1901年被英国人骗占，门头沟煤矿在1911年被英国人兼并，焦作煤矿在1915年被英国福公司兼并，抚顺煤矿和本溪湖煤铁矿在1905年被日本人强占，井陉煤矿在1902年被德国资本侵入，临城煤矿在1905年被比利时资本侵入，汉冶萍煤铁公司在1913年被日本借款统治等。1916年外资关系煤矿的产量约700万吨，1930年增至1480万吨，1936年则近2000万吨。

帝国主义时代银行的作用已根本改变了。它的主要任务已不是替工商企业担任支付的中介，而是与工业垄断资本融合在一起，成为财政资本统治的中枢。这也就使得它们在中国的银行变成了帝国主义垄断资本输出的指挥机构和执行机构。它们的任务是：掌握中国政府的借款、控制中国的财政；投资于铁路和矿山；在中国吸收存款、发行纸币来壮大自己的资本，削弱中国的资本；操纵金银、独占外汇，控制中国的贸易和金融。麦加利、有利等原以殖民地贸易和汇兑为主要任务的旧式的“特许”银行这时已渐居于不甚重要的地位，而由怡和、太古、亚细亚等十大公司的代表们所组成的新式的股份公司式的汇丰银行变成了英国在华资本的总代理人。同样，由法国三大银行合并并吞并其他小银行而组成的东方汇理银行在1899年代替了上海的法兰西银行，成为法国侵华资本中心。美国大垄断资本花旗银行也于1902年来华。有些银行，如由五家法国银行和一家俄国银行合组的华俄银行（这银行在1910年又吸收北方银行改成华俄道胜银行）和法国银行团在1913年合组的中法实业银行（这银行1925年改组为中法工商银行）等，几乎是以掌握中国政府的借款为专业的。在铁路投资方面，汇丰银行与怡和洋行合组了中英银公司（1898），英、法、比资本集团又合组了中华铁路公司（1904）。1910年，以汇丰、东方汇理、德华、花旗等为主组成英法德美四国银行团，1912年俄日加入成为六国银行团。

第一次世界大战以后，外国银行更迅速地增多起来。其中重要的如英国的大英银行（1922）、通济隆公司（1925年左右）、沙逊银行（1930），美国的大通银行（1921）、运通银行（1919）、友华银行（1919）、友邦银行（1930），日本的住友银行（1916）、三井银行（1917）、三菱银行（1917），荷兰的安达银行（1920），意大利的华义银行（1920）等，大部分都在1925年以前来中国。这时期外国银行不但执行着财政资本统治的任务，并且进行了狂烈的金融投机和地产投机。大批专以投机为业的外商银行设立起来了，如以赌博式的“摇奖”为业的法商万国储蓄会（1912），以政治投机为业的美资中华懋业银行（1920），以及美资美丰银行（1917）、信济银行（1927）、天津放款银行（1932），日资中华汇业银行（1918）、上海银行（1918）等。这些银行都是以吸收中国资本为主，并都采取了中外“合资”的形式，前后不下十余家，其中大部分都在金融危机或政治危机中倒闭。

从甲午战争到1913年第一次世界大战，中国的进出口贸易增加了2.5倍，外国轮船航行吨位增加了2倍；从1913年到1930年“九一八”事变前，进出口贸易增加了1.3倍，外国轮船吨位增加了1倍；同时外轮航行吨位中远洋航运的比重增高，自20世纪前的25%左右增加到20世纪30年代的40%左右。这都表明，随着帝国主义资本输入的剧增，商品输入也迅速地增加了。根据海关统计，1895年各商埠有外侨10091人，外商603家，1913年时已有外侨16.3多万人，外商3805家，1930年有外侨36.2万人左右，外商8297家。各国在华商船航行吨位见表1-1。①

表1-1　各国在华商船航行吨位[1]

单位：千吨

年份	英国	美国	法国	日本	德国	其他国家	中国[2]	合计
1882	10815	168	172	195	883	380	4776	17389
1892	19317	61	253	631	1466	1152	6561	29441
1901	26151	898	733	5518	7542	1140	6435	48417
1913	38120	899	1233	23422	6320	3437	19904	93335
1920	40316	4718	853	28192	—	2535	27653	104267
1930	57247	6490	1846	45631	4246	10947	29199	155606
1936	57346	3771	1598	24914	2624	7594	47172	145019
1941	5683	1163	494	17160	6	3053	2541	30100
1948	5590	4566	98	78	—	6244	37205	53781

注：

[1]本表系在海关进出口报关的数字，包括远洋航运、沿海航运和内河航运。

[2]包括轮船及民船。

资料来源：据历年“海关册”。

20世纪以来外国贸易商方面最显著的变化是世界性的托拉斯组织侵入中国。如英国的英美烟公司（1902）、利华兄弟托拉斯的中国肥皂公司（1903）、通用电器公司（1908）、亚细亚火油公司（1913），美国的美孚油公司（1894）、大来洋行（1905）、美国钢铁公司（1919）乃至美国钞票公司（1908）等，都在第一次世界大战前即在中国设立了机构。大战以后，托拉斯的企业更是增加了，如英国的卜内门洋碱公司（1920）、邓禄普橡皮

① 我们没有将各国对中国贸易的情况列出，第一因为贸易统计在各书中都常见到；第二因为海关报告的贸易数字并不能代表各国实际的商品交易。英国对华贸易大部分是通过中国香港和印度的，而美国的对华贸易则通过日本。并且，为了便于走私和操纵价格，1932年以前帝国主义不准中国海关实行领事签证货单的制度，因而我国进口货的来源就无人知道了。

公司（1921），美国的杜邦公司（1920）、通用电气公司（1920）、福特汽车公司（1926）、西屋电气公司（1929）、德士古油公司（1929）等。丹麦人设立的慎昌洋行在1925年被美国通用电气托拉斯收买，而成为数十家美国大公司在华的总经理人。法国的永兴洋行（1920），德国的德孚洋行（1924），瑞士的汽巴公司（1919）等，也在这时侵入中国。1936年，不算日本约有1600家外国贸易商，它们的设立情况如表1－2。

表1－2　外国在华贸易商的设立情况

单位：家

国　别	英　国	美　国	法　国	德　国	其他国家[1]	合　计[1]
1936年贸易商数	501	400	123	293	286	1603
其中进出口商数	262	193	56	108	152	771
已查明设立年代的进出口商	182	105	41	77	117	522
其中设立在：						
1900年以前	39	2	3	14	9	67
1901～1910年	14	9	7	5	13	48
1911～1920年	28	23	5	1	21	78
1921～1930年	63	43	12	22	49	189
1931～1936年	38	28	14	35	25	140

注：[1]不包括日本，1936年日本在上海的贸易商677家。

资料来源：贸易商数据日本东亚研究所《列国对支投资概要》，1943，第113～115页；进出口商及年代据该所《诸外国之对支投资》上卷，1943，第二部之材料综合。

甲午战争后帝国主义获得了在中国开设工厂的权利，工业投资迅速地增长起来。首先是它们以前在中国非法设立的重要工厂开始改组扩大，逐渐变成了垄断性的大企业。如英商耶松船厂于1900年与祥生船厂合并，增资到570万两，1936年它又与1903年设立的英商瑞镕船厂合并成立英联船厂，资本扩充到1400万元，成为上海最大的船厂。又如上海电灯厂1882年设立时资本5万两，1893年由英租界工部局收买，作价6.6万余两，1929年又被美国垄断资本收买成立上海电力公司，作价已达8100万两，到1936年它的财产超过5000万美元，成为中国最大的火力发电厂。但甲午战争以前的外商工厂保留下来的不过十几家，大部分外商工厂是在1895年以后开办的。1913年在中国较有规模的外国工厂有166家，到1936年，不计日本占领下的东北，各种类型的外国工厂就不下八百二十几家了。

20世纪初，租界公用事业的发展迅速。如上海法商电车电灯公司（1906），英资北京电灯公司（1903），比商天津电车电灯公司（1904），英商汉口电灯公司（1906）以及日商在大连、长春、沈阳等地的电厂都在这时设立。但所有这些公司都没有1929年和1930年美国的上海电力公司和上海电话公司的规模那样巨大。上海电力公司属于摩根财阀奇异电气系的“美国电气债券公司”，上海电话公司和它的姊妹公司——中国电气公司（1918）属于美国电报电话系（即所谓A. T. T.）的“国际电报电话公司”。大托拉斯系统工厂的设立表明帝国主义在中国的工业投资已不同于过去。这些工厂已不只是进出口洋行的附属品，而日益着重于商品的制造和贩卖了。重要的工业企业，如中国肥皂公司（1909）是属于英国利华兄弟托拉斯的；东方修焊厂（1918，实为氧气制造厂）属于被称为世界工业“权威”之一的法国“液化气体公司”；[①] 慎昌机器厂（1925）属于美国通用电气托拉斯；美光火柴厂（1928）属于瑞典火柴大王的泛美火柴公司；华铝钢精厂（1931）属于瑞士标准铝业公司；永光油漆厂（1934）属于太古系统；怡和啤酒厂（1935）属于怡和系统。其他较小的如马勒船厂（1928，英资）、培林蛋厂（1911，英资）、和记蛋厂（1913，英资）等也都各自由几个厂或公司连成体系。其中最值得注意的当是英美烟公司。这个托拉斯在1902年由英国和美国的烟草公司合并组成，1903年就吞并了在上海的英、美卷烟厂，又陆续设立了汉口（1908）、沈阳（1909）、天津（1922）、青岛（1925）各地卷烟厂，并收买了哈尔滨的俄商老巴夺烟厂（1915）。1934年英美烟公司在中国的机构改组成为颐中烟公司，资本2.5亿元，1936年它和它的14个主要子公司的账面资产共达7.77亿元。[②]

更明显代表帝国主义在华工业的新性质的是外国棉纺织工业的建立和扩张。棉纺织工业是中国资本最早经营的工业，1894年以前中国已有了四家纱厂。自1865年起，外商即不断要求在中国设立纺织厂，当时纺织业是由清朝的官僚独占，外商的要求未能成功。但1894年怡和洋行不顾中国的禁令，坚决运纺纱机进口。就在这年，帝国主义获得了设厂权，次年上海即有

① “L’Air Liquide”，在欧洲和东方有很多机构。

② 日本东亚研究所：《英美烟草托拉斯》，1943年油印本，第93页。

4 家外国纱厂出现，即英商怡和、老公茂，美商鸿源和德商瑞记，共约有纺机 15.8 万锭。1902 年日本收买了华商兴泰纱厂，1905 年又收买了华商大纯纱厂，组成上海纺绩会社。1907 年日资又兼并了华商九成纱厂，1911 年日本的内外棉纺织托拉斯开始来华，到 1914 年在上海连设 3 厂，此后日本资本的纱厂就迅速地发展起来。1914 年我国有日本纱厂 6 家、英国纱厂 4 家；1930 年有日本纱厂 45 家、英国纱厂 3 家；1936 年关内有日本纱厂 48 家、英国纱厂 4 家。日本纱厂的纱锭和织布机数目，如果以 1919 年为 100，则 1930 年纱锭为 547，织布机为 709；1936 年纱锭为 746，织布机为 1456。① 棉纺织之外，毛纺织也是外国资本的一个重要目标，其中也以日、英资本为主。

1936 年关内约有外国工厂 800 家，其中大部分是在 20 年代和 30 年代设立的，情况如表 1－3。

表 1－3　外国在华企业的设立情况

单位：家

年　份	英　国	美　国	法　国	德　国	其他国家[1]	合　计[1]
1936 年工业企业数[2]	142	67	18	29	39	295
已查明设立年代的工业企业	60	38	11	14	16	139
其中设立在：						
1895 年以前	7	0	0	3	0	10
1895～1910 年	14	2	3	4	5	28
1911～1920 年	14	11	1	0	2	28
1921～1930 年	16	21	3	6	8	54
1931～1936 年	9	4	4	1	1	19

注：

[1]不包括日本，1936 年日本在关内的工厂约为 543 家。

[2]包括公用事业，不包括采矿工业，不包括进出口商附设的小工场。

资料来源：据日本东亚研究所《诸外国之对支投资》，1943，中卷，第三部之材料综合；上海日本工厂数据日本东亚研究所《列国对支投资与支那国际收支》，1941，第 35 页。

如果我们以第一次世界大战、“九一八”事变、抗日战争、太平洋战争等几个历史阶段作为基期来分析帝国主义在中国的资本的增长情况，它的变化趋势就如表 1－4 所示。这里应当说明，有关帝国主义资本的估计，大部

① 见上海棉纺织业工业同业公会筹备会编《中国棉纺统计史料》，1950，第 1、3 页。

分是根据资本主义国家或者外国人个人的调查材料编制的，虽经我们尽可能地修正和补充，也只有相对的意义。①

表1－4　帝国主义在旧中国的资本

单位：百万美元

国　　别	20世纪初期1902年	第一次世界大战前1914年	"九一八"事变前1930年	抗日战争前1936年	太平洋战争前1941年	解放以前1948年
英　　国	344.1	664.6	1047.0	1045.9	1095.3	1033.7
美　　国	79.4	99.1	285.7	340.5	482.4	1393.3[1]
法　　国	211.6	282.5	304.8	311.9	285.1	297.3
德　　国	300.7	385.7	174.6	136.4	137.0	—
日　　本	53.6	290.9	1411.6	2096.4	6829.0[2]	—
帝　　俄	450.3	440.2	—	—	—	—
其他国家	69.6	92.7	263.9	354.3	333.0	374.6
合　　计	1509.3	2255.7	3487.6	4285.4	9161.8	3098.9[1]
不计庚子赔款	812.8	1711.2	3314.6	4178.9	9095.5	3068.8

注：

[1]不包括未转作借款部分的美"援"，估计有4709.2百万美元。

[2]是1944年日本投资最高峰时的估计。

表1－4显示，从1902年到第一次世界大战12年中间，帝国主义在中国的资本增加了近一半，从第一次世界大战到"九一八"事变17年中间增加了一半以上，而从"九一八"事变到"七七"抗战6年中间增加了近23%。它们投资增长的速度，第一期是平均每年6000多万美元，第二期7000多万美元，而第三期达1.3亿多美元。1936年以后，增加的速度更快了，在抗日战争期间增加了1倍以上；从1941年到1948年7年中间，如果不计战后被收回了的日、德资本，增加在40%以上，如果连同未转入借款的美"援"合计，增加超过2.5倍。

上面的材料包括庚子赔款的未偿本息，它是20世纪初期中国人民所负担的最大的一笔外债。如果不计这笔完全没有资本输入的债务，那么1902

① 本书所引有关帝国主义在华资本的估计，除另有注明的以外，都见本书附录《关于帝国主义在旧中国资本的估计》。

年帝国主义在中国的资本合 8 亿余美元，1914 年合 17 亿余美元，1930 年合 33 亿余美元；就是说，每期增加的速度将不是一半，而是一倍了。

就第二次世界大战前的情况说，帝国主义在中国的资本约合 43 亿美元，这个数目比革命前各国在帝俄的资本还大，也高于帝国主义国家所估计的它们在印度的资本，比各国在日本投资最高额时大两倍多，它超过各帝国主义在缅甸、越南、泰国、印度尼西亚、马来亚、菲律宾六个东南亚国家投资的总和，也超过它们在中美、南美各国和在南非的投资。[①] 这时中国民族工业的发展远不如革命前的俄国和当时的日本，也比不上印度。因此，外国资本在旧中国的垄断作用也较它在别的国家为大。

三　帝国主义资本发展的不平衡性

列宁说："经济上政治上发展的不平衡性是资本主义的绝对规律。"[②] 帝国主义在旧中国的投资的发展和变化，充分地证明了这一规律；它的发展和变化是帝国主义瓜分和再瓜分中国的历史标志。

---

① 革命前外国在帝俄的投资估计为 3882 百万美元，见帕斯沃尔斯基等《俄国的债务和经济建设》（L. Pasvolsky and H. G. Moulton, *Russian Debts and Russian Reconstruction*），1924，第 177、179、182 页。这估计中直接投资部分与苏联奥尔的估计是一致的，借款部分则是根据英、法官方材料。

英国皇家学会估计 1930 年各国在中国的投资是 5.8 亿镑，在印度的投资是 5.65 亿镑。见该会 1937 年出版的《国际投资问题》（*The Problem of International Investments*）第 223 页。美国人估计同年在中国的外国资本是 33 亿美元，在印度是 28 亿美元，见斯坦莱《战争与私人投资者》（Eugene Staley, *War and the Private Investors*），1935，第 15 页。但据印度人综合估计，1933 年在印度的外国资本达 13.31 亿镑，见《外国资本在印度》，世界知识社，1950，第 5 页。

外国在日本的投资，1913 年估计有 10 亿美元，1929 年估计有 12.75 亿美元，以后渐减少。见莫尔顿《日本》（H. G. Moulton, *Japan*），第 500、510、524 页。

各国在东南亚的投资估计如下：缅甸，1939 年，2.33 亿美元；越南，1938 年，3.84 亿美元；泰国，1938 年，1.24 亿美元；马来亚，1937 年，4.55 亿美元；印度尼西亚，1937 年，22.64 亿美元；菲律宾，1935 年，3.76 亿美元，合计 38.36 亿美元。见加黎《东南亚和菲律宾的投资》（H. G. Callis, "Capital Investments in South-East Asia and Philippines," *Annals*, 1943, No. 3）；引见吴纪先《东南亚经济概观》，中华书局，1951，第 39 页。

南非的外国资本估计为 15 亿美元；南美各国，阿根廷 31 亿美元，巴西 26 亿美元，墨西哥 23 亿美元，古巴 13 亿美元，智利 13 亿美元；均为第二次世界大战前估计，见斯坦莱《战争与私人投资者》，第 13 页。

② 《论欧洲联邦口号》，《列宁文选》（两卷集）第 2 卷，人民出版社，1953，第 904 页。

在19世纪末期，支配中国的主要是英、德、俄、法四个欧洲资本主义强国，这时是四强瓜分中国的局面。20世纪开始时，这四国在中国的资本占外国在华资本总额的86.6%，约共合13亿美元，而其中英、德同俄、法又各占约半数。在这以前，在许多争夺中国政治和经济权利的斗争上，英、德同俄、法结成了两个对立的同盟。帝国主义之间的同盟是不稳固的，到了第一次世界大战快要爆发的时候，这两个同盟的均衡局面就已经遭到了严重的破坏：英国的势力大大增进，它的投资增加了近一倍；德、法的投资增长较慢，帝俄在1905年日俄战争中被削弱了；而同时与英国结成新同盟的日本帝国主义在中国的投资已经同德、法相抗衡了；英日同盟掌握了2/5的中国投资市场。

日本帝国主义是在英、美等直接援助之下战败帝俄，进入中国市场的，它自欧洲和美国输入资本，又将它投于中国。正如列宁当时所指出："日本有了掠夺东方各国、亚细亚各国的可能，但是没有其他国家的援助，它就没有财政上和军事上独立的力量。"① 和日本同时活跃于中国投资市场的是美帝国主义，它在1905～1911年间曾经数次猛烈地夺取东北的投资权，但都遭失败，这就使得它不得不挤入英、法、德的集团。美、日侵入中国市场，形成了一个新的局面，这就是1911年以后帝国主义"银行团"统治中国的时期，"六个强国（英、法、俄、德、日、美）银行团力求使中国破产，以便削弱和破坏这个共和国"。②

随着1914～1918年帝国主义再分割殖民地的战争，列强在中国的势力又起了新的变化。帝俄已经被伟大的十月革命所推翻，德国在战争中被削弱了，法国在战后也失掉了资本输出的能力：支配中国的主要帝国主义国家已不是四强或者六强，而只有英、美、日三强了。1920年以后，资本主义各国进入了暂时稳定的局面，而中国则正处在大革命的前夜。斯大林分析这时候资本主义的稳定的表现之一即在于"英国、美国、日本的资本，关于在中国，在国际资本的这个广大市场上确立势力范围，关于掠夺它的方式，暂时达成了协议"。③ 这种稳定当然是不巩固、不平衡的。这反映在中国投资

① 列宁：《在共产国际第二次代表大会上的报告》，《列宁斯大林论中国》，第89页。

② 列宁：《中华民国底大胜利》，《列宁斯大林论中国》，第37页。

③ 斯大林：《关于国际形势》，《列宁斯大林论中国》，第112页。

市场上的结果是：1914～1930 年，英国在中国的资本增加了近 60%，美国的资本增加了近 2 倍，而日本的资本增加了 4.5 倍。这就意味着，新的风暴就要爆发了。

“九一八”事变后，东北变成了日本的殖民地，日本在东北的投资，包括它所控制的伪满洲国资本，从 1930 年的 5.5 亿多美元增加到 1936 年的 14.55 亿多美元，[①] 但是它在关内的投资，由于借款余额减少，基本上没有增长。如果不计东北，那么 1930～1936 年中间在关内投资大量增加的只有美国一国，它的资本增加了 40%；这时期国民党反动政府从国外所取得的财政借款中，有 76% 是美国供给的。同时期，英国、德国和法国的投资都陷于停滞状态。所以，自“九一八”事变起，争夺中国市场的主要力量已不是三国，而只有美、日两个帝国主义了。日本依靠几次的战争，夺取了别的帝国主义国家在中国的产业作为它自己的投资；美国则在第一次世界大战和“九一八”战争前后，大量“收买”德国和英国在中国的企业成为己有。

抗日战争时期，日本帝国主义占领了很大部分的中国领土，它在中国的资本增加了 3 倍以上，1944 年达 68 亿多美元，当然，其中大部分是掠夺自中国人民的财产。战时日本的投资主要仍在东北，1937～1944 年日本在东北的资本增加了近 3 倍，达 57.4 亿多美元，而关内部分只增加 1 倍多。同时，美国的投资，主要是对国民党政府的借款，也大量地增长，1937～1941 年增加了 40% 以上。其他的国家都很少增加，或者减少。

第二次世界大战以后，欧洲各资本主义国家都失掉了国外投资的能力，美帝国主义独霸了中国。1937～1948 年美帝国主义供给了蒋介石反动政府 14.4 亿多美元的借款，如果连同其他未转作借款的美“援”合计，超过 60 亿美元。到 1948 年，这些美“援”和其他美国投资合计将近各帝国主义在中国资本总数的 80%，同时，其他帝国主义在中国的投资权利也逐渐转入美帝国主义之手。例如原英国所控制的粤汉铁路和计划中的滇缅铁路，原法国所经营的滇越铁路和计划中的成渝铁路，都转由美国管理或借款。几十年来由英国控制的中国海关，在抗日战争时期改由美国人担任总税务司，几十年来由英国银行垄断的中国外汇市场，在抗日战争期间也转入美国银行之

① 1930 年的估计据雷麦《外人在华投资论》，商务印书馆，1937，第 494 页。

手；战后的美“援”协定中规定这些款项必须由美国银行经手。战前中国有6家英国银行、4家美国银行；战后英国银行有3家复业，美国银行不但全部复业，并且在1949年上海快要解放之前，还有一家新的美国垄断资本的美国商业银行开业。1936年美国占中国对外贸易总额的22.6%，战后1946年跃升为53.19%，1936年美国占中国进口货总额的19.7%，1946年跃升为57.2%，1948年占48.4%，各种方式的走私进口还不计算在内；同时英国所占中国对外贸易总额比重由1936年的10.6%降为1946年的4.6%。1936年美国只占在华外国轮船航行吨位的3.9%，战后1948年增为27.5%，同时期英国所占的比重由58.6%降为33.7%。1936年英国与美国在华企业数目的对比是100∶58，战后1948年则为100∶75。抗日战争胜利后英国在上海新设的企业有27家，而美国新设的企业有32家。

但以上这些情况，还都不能确切说明战后美国资本的独占势力。第一，战后美国国外投资的机构已由个别的资本家集团改为美国政府；它对中国的资本侵略已不只是设立企业和借款，并且大量地通过“美军总部”“联合国救济总署”之类机构来进行。例如1946年“联合国救济总署”免税输进中国的棉花占海关记录正式进口棉花数量的58%，而1947年更超过海关记录进口的1.2倍。又如这些机构的“航运大队”“空运大队”等的运输，也超过美国正式商船在华的运输。第二，美国政府资本与中国官僚资本的结合，成为这时美帝国主义对华投资的特点。中美“经济合作”“技术合作”“农业合作”等协定，成为美国资本侵略的主要形式。国民党的全部经济机构，事实上都是由美国顾问、美国银行和美国借款所掌握的。美国资本同时也渗入了四大家族的企业和部分民族资本的企业。因此这一时期美帝国主义对中国的资本侵略已不是数字可以表明的了。

第二章

帝国主义在旧中国资本的特权性质

一　帝国主义在旧中国资本的特点

由于旧中国是几个帝国主义国家共同支配下的半殖民地，又由于它们在中国获取了一整套的特权，就使得帝国主义在中国的资本不同于其他国家的外国资本，甚至不同于第二次世界大战前印度等殖民地国家的外国资本。

帝国主义在旧中国的资本有如下的特点。

第一是直接投资所占的成分特别高。直接投资一般是以在国外开设分公司和设立企业的形式出现，它是帝国主义剥削殖民地剩余劳动的直接的和最初的形态。帝国主义在中国的企业全部是直接投资，少数所谓“中外合资”企业也是由外国人掌握经营管理。它们在中国所占的房地产也是直接投资的性质，其中有很大部分是外国房地产公司和以经营房地产为业的外国教会所有。如果不计算战争赔款的未付额，则 1914 年帝国主义投在中国的资本中，间接投资的借款只占 33.7%，而直接投资占 66.3%；到 1930 年直接投资的比重升为 72.9%；1936 年又升为 80.5%；1941 年更升为 90.4%。只是在抗日战争胜利后，美帝国主义独霸了中国并供给了蒋介石反动政府以大批屠杀中国人民的资本，借款的比重才转居于重要地位。如果和印度比，1929 年英国在印度的投资中约有一半是借款和购买印度证券的间接投资；① 和外资数量最多的加拿大比，1939 年美国在加拿大的投资中约有 38% 是美元借款，7.6% 是购买加拿大证券；② 和革命前的俄国比，外国在俄国的投资中有 70% 以上是借款，企业投资中也有很多是收买帝俄证券。③ 帝国主义在旧中国的投资主要是直接投资，这是因为在半殖民地的中国，由于列强间剧烈的竞争，每个帝国主义都不容易找到它稳固可靠的中国代理人，而直接设立企业则可以根据一系列的特权无限制地利用中国廉价的劳动力和原料，并受自己法律的保护。如果我们把帝国主义的投资分为企业、房地产、借款三大类，则其各时期发展情况如表 2－1。

表 2－1　帝国主义在旧中国的资本

单位：百万美元

年　份	1902	1914	1930	1936	1941	1948
企　业	478.3	1000.3	1977.1	2693.5	7080.4	698.6
房地产[1]	50.1	134.9	440.4	671.3	1142.2	788.6
借　款	284.4	576.0	897.1	814.1	872.9	1581.6[2]
赔　款	696.5	544.5	173.0	106.5	66.3	30.1
合　计	1509.3	2255.7	3487.6	4285.4	9161.8	3098.9

注：

[1]不包括外商企业所占有的房地产，但包括外商房地产公司所占有的房地产。

[2]不包括未转作借款部分的美“援”，这项美“援”估计有 47.092 亿美元。

第二是商业掠夺性的资本占最主要的地位。前章曾提及，中日甲午战争以后帝国主义在中国投于铁路、矿山等固定性的资本增加了。但这只是说它们已日益成为真正的殖民地投资，而不同于甲午战争以前的以商品输入为主的性质。帝国主义在旧中国的资本，可以说始终没有脱离它以商业掠夺性投资为主的基本形态。进出口业和与商品倾销相关的运输、银行、保险等事业的投资，1914 年约占帝国主义在华资本总额（不计赔款）的 41%，1930 年

① 见《外国资本在印度》，世界知识社，1950，第 5、11 页。

② 见美国商务部《1939 年美国国际收支》（*The Balance of International Payments of The United States in 1939*），1940，第 28 页。

③ 帕斯沃尔斯基等：《俄国的债务和经济建设》（L. Pasvolsky and H. G. Moulton, *Russian Debts and Russian Reconstruction*），1924，第 177、179、182 页。

约占50%，1936年也占一半左右。[①] 另方面，工矿等生产事业的投资为数很少，1930年以前只占在华资本总额的百分之十几，1936年连日本在东北的以掠夺中国资源出口为目的的工业投资合计，也只占20%左右，这些工业企业中，又有很多是为进出口服务的土产品加工厂和进口器材的修配工厂。几十年来帝国主义在中国的资本可以说只有数量上和国籍间的变化，而没有性质上的改变。

试与帝国主义在印度的投资相比，印度的外国资本以投于矿业的最多，1929年占外国资本总数的23.3%，又工程投资占11.7%，而运输业投资只占10.6%[②]。与革命前的俄国相比，在帝俄的外国资本中投于工矿企业的有15亿卢布[③]，而投于商业和金融业的只有3亿多卢布。帝国主义在南非、中东和南美等地的投资，也是以矿业为主的。这说明了，帝国主义在旧中国的资本是典型的半殖民地形态的投资，它对中国工业化的破坏作用要远大于它的积极影响。

第三是在华外国资本的超经济掠夺部分。这主要可以巨大数额的战争赔款、特权条件的借款和土地的占有等投资为代表。庚子赔款本息共982238150关平两，合7.56亿余美元；甲午战争对日赔款2.3亿两，以俄法和英德等借款支付，合1.85亿余美元。1914年帝国主义在中国的资本中，这两项赔款债务占60%以上。此外零星的赔款和勒索，也为数不少。多数借款附有政治性的特权条件，因而其性质并不只是经济剥削：例如1910年和1920年的“国际银团”的活动，列强间主要的争执即在于如何分配它们对中国的财政管理权，从而获取财政上的利益。这种借款也正是帝国主义维持中国封建统治和分裂局面的工具。房地产投资，包括“宗教”“文化”“慈善”团体的财产，1902～1936年增加了12倍，比企业投资的增加快得多。如果不计东北，1936年房地产投资占外国资本总额的18.2%，而其中地产又占74%。它们掠取中国的主要方法

① 我们没有1914年的分业估计，此数系根据雷麦《外人在华投资论》，第60～62页。又1936年东北无分业估计，这里所用系大略分布的情况，详见本书附录。

② 印度《共产党人》杂志：《外国资本在印度》，马兖生译，世界知识社，1950，第49～50页。

③ 见彼得罗相《苏维埃工业化方法》，作家书屋，1953，第188页。

是巧取豪夺、地租剥削和土地的垄断与投机。

第四是外国资本的地域集中性。这是和帝国主义在中国划分“势力范围”的竞争，以及口岸通商条约和租界等特权分不开的。外国企业主要集中在上海、天津等口岸城市和沿外国铁路的特权区域，后者尤以东北为典型。根据外国人估计，除不能划分一般借款外，1930 年帝国主义在中国的资本中有 42.8% 集中在上海，33.9% 集中在东北。[①] 抗日战争前，在关内帝国主义的银行业投资有 79.2%，进出口和商业有 81.2%，工业有 67.1%，房地产有 76.8% 都集中在上海，[②] 同时期东北的日本资本占各国在华直接投资总数的 43.2%。因而上海和东北，在历史上成为各帝国主义矛盾的中心。此外，各帝国主义还各有它自己的投资中心，如法国资本集中的云南，第一次世界大战前德国资本集中在山东，而英国资本集中在长江沿岸。这种情况，就造成了过去中国沿海大城市的畸形膨胀，中国工业分布的极端不合理，城乡关系的严重对立和中国经济的分裂状态。

第五是外国资本之集中于少数垄断集团。大家族和大托拉斯集团，在外国企业中最为明显。英国资本集中于怡和、太古、沙逊三大集团和亚细亚火油公司、颐中烟公司、卜内门洋碱公司、中国肥皂公司四大托拉斯。1948 年这三大集团和四大托拉斯在上海的企业约占上海英商全部资产的 60%，职工人数的 53% 和占有土地的 58%。根据美国人调查，1930 年 17 家大公司的投资占全部美商在华财产的 82%，而其余 336 家只占 18%。[③] 1929 年美孚油公司和德士古油公司在中国的投资占美国在华财产总额的 38%。[④] 日本南满铁道会社经营工、矿、交通、贸易、港口乃至旅馆、报社等十几种营业，它的财产 1914 年占日本在中国全部企业投资的 55%；1944 年南满铁道公社和由它划分出来的满洲重工业会社共设有 95 个公司，它们的资本占日本在东北投资总额的 52%；而日本在关内的投资则全部为华北开发会社和华中振兴会社所网罗。

---

① 见雷麦《外人在华投资论》，第 63 ~ 64 页。

② 银行、工业据日本在东亚研究所《列国对支投资概要》，1943，第 11 页；其余见本书附录。

③ 见雷麦《外人在华投资论》，第 252、266 页。

④ 见美国商务部《商业情况》（*Trade Informational Bulletin*），1930，第 367 号。

二　帝国主义在旧中国的企业资本

企业投资是帝国主义剥削中国最重要的部分。1920～1941 年的 20 多年间，帝国主义在中国的企业资本增加了 14 倍；1914 年它占全部外国资本（包括赔款）的 44.3%，1930 年占 56.7%，1936 年占 62.9%，1941 年更升为 77.2%。只是在抗日战争胜利后，庞大的日本企业被收回，同时美帝国主义以大量借款支持蒋介石进攻革命，相形之下企业投资才不居重要地位了，1948 年它只占全部外国资本的 22.5%。企业资本的内容见表 2－2。

表 2－2　帝国主义在旧中国的企业资本

年　份	1914		1930		1936(关内)[1]		1948	
资　本	百万美元	%	百万美元	%	百万美元	%	百万美元	%
金融业	6.3	0.6	317.1	16.0	310.2	22.6	143.3	20.5
贸易业	142.1	14.2	555.0	28.1	397.7	29.0	96.0	13.8
运输业	338.8	33.9	407.2	20.6	169.3	12.4	68.6	9.8
矿　业	59.1	5.9	151.1	7.6	69.8	5.1	55.3	7.9
制造业	110.6	11.0	312.2	15.8	281.6	20.6	163.0	23.3
公用事业	26.6	2.7	119.0	6.0	132.3	9.7	172.4	24.7
其　他	316.8	31.7	115.5	5.9	8.4	0.6	—	—
合　计	1000.3	100.0	1977.1	100.0	1369.3	100.0	698.6	100.0

注：[1]1936 年日本在东北的企业资本为 13.242 亿美元。

资料来源：1914 年的分业估计据雷麦《外人在华投资论》，第 61 页；原书总数与我们的估计略有出入，已在“其他”一项内调整。其他各年，均见本书附录，其中 1930 年除英、美、日原有分业数字外，其他各国系参照 1936 年的比例分列。

帝国主义在旧中国的企业投资主要是商业性资本。金融、贸易、运输三项合计，1914 年约占外国企业财产总数的 49%，1930 年和 1936 年占 64% 以上，除抗日战争后的东北外，这是帝国主义在中国企业投资的基本形态。

首先值得注意的是金融资本的猛烈发展，特别是在第一次世界大战后。表 2－2 的数字是减去了重复投资部分计算的，如外国银行和投资公司等对其他外国企业的投资、放款和对中国外债的投资等都未计入。如果加上这些，1936 年关内外国金融业的资产将达 7 亿多美元，要较表 2－2 数字大一倍多。每个帝国主义国家都有它自己的中心银行，如英国的汇丰银行、美国的花旗银行和大通银行、法国的东方汇理银行等，作为它们资本侵略的总枢纽。1936年在中国有41家帝国主义银行，连同它们的分支机构，共90多处，此外，还有173家保险公司和32家现代保险行。它们不但吸取中国资金，支持外国企业，并且是从事政治军事借款活动和操纵中国财政金融的大本营。

贸易业投资经常占有巨大数量。大商行很多是在19世纪后期对中国进行鸦片贸易中养肥起来的，在它们积累了巨大的资本之后，就从事工厂、航运、房地产和其他事业的投资；这里的贸易业投资并不包括这些托拉斯的全部财产。贸易投资在外国企业资本中的比重不断地增长，1914年占14.2%，1936年占29%，1936年不计日本在六个大城市中有外国贸易商1600多家，它们的资产中有90%以上是进出口行业。帝国主义在中国虽然有庞大的销售机构乃至百货公司，但它们的商品主要是通过一套完整的买办体系经过中国商人而倾销到全国的。

运输业投资中，值得注意的是帝国主义在中国直接经营的铁路，1914年它占运输企业资本的80%以上。1930年由于价值2亿多美元的中东铁路改变了性质，直接投资的铁路所占比重降低。航运业的投资也增长极快，其中很大部分是日本在东北的港口设施。1936年在中国约有外国轮船公司34家，它们占据了中国最好的港口和码头。1930年起，美、德、日的航空公司相继在中国设立，中国的海、陆、空运输就全部控制在帝国主义手里了（见表2-3）。

表2-3　帝国主义在旧中国的运输业资本[1]

单位：百万美元

年　份	1914	1930	1936(关内)[2]	1948
铁路借款	192.5	356.6	346.1	185.0
企业投资：				
直接经营的铁路	292.0	196.4	52.4	13.5
航运投资	46.8	208.8	111.7	51.6
航空投资	—	2.0	5.2	3.5
合　计	531.3	763.8	515.4	253.6

注：

[1]由于材料限制，对外人直接经营的铁路是按造价估计的，对其他铁路是按借款余额估计的，帝国主义实际控制着的铁路财产还要大得多。对于航运投资，不包括外国轮船公司的远洋轮船，只包括它们航行于中国沿海和内河的轮船。

[2]1936年日本在东北的运输业资本约为5.5亿美元，内直接经营的铁路4.117亿美元。

1948年情况是比较特殊的。首先，由于第二次世界大战后欧洲资本主义国家，特别是英国，对外贸易衰落了，而独占中国市场的美国商品又主要的是通过美“援”，通过“联合国救济总署”和其他官方途径来进行的，私人资本增加很少，因而贸易投资数字表现减少了。其次，外国人直接经营的铁路战后已不存在，航运方面美国代替了英国，而美国这时还主要是远洋运输，并且有部分运输是由美国海军和“联合国救济总署”的“水运大队”等负担；因而运输业投资也表现减少了。再次，金融业方面，虽然美国银行的数目增加了，但由于占外国银行资产数字很大的外汇连同它们在中国所吸收的外币存款和证券，都在战时转移到国外，因而金融业资本也表现得不大了。虽然如此，在1948年金融、贸易、运输三项商业资本仍占帝国主义企业资本总数的44%以上。

生产性的投资，矿业、制造业、公用事业合计，1914年只占帝国主义企业资本总数的19.6%，1930年占29.4%，1936年由于在东北的巨额的铁路投资未包括在内，它的比重增加到35.4%。

帝国主义曾经剧烈地争夺中国的采矿权，但除东北外，它们所掌握的矿区大部分都未进行开采，矿业投资所占比重很小。这一方面是由于矿区的中国人民激烈的反抗，另方面，帝国主义既然阻滞了中国工业的发展，也就影响了矿产的开发；虽然如此，仅有的几家外国矿，却已掌握了绝大部分中国的矿产，有的矿产，如铁，几乎全部被帝国主义掌握。

帝国主义在中国的制造工业几乎全部是轻工业。1936年它们在关内的制造业投资中，纺织工业占48%，烟草和食品工业占26%。两者合计已近3/4。属于重工业的机器和造船工业只占11%，而其中基本上只是修理轮船和装配外国进口器材的工厂，是为外国进出口贸易商服务的工业（见表2-4）。1936年帝国主义在关内有800家工厂，雇用工人约16万人。

帝国主义的公用事业垄断了各大城市的电力和水源，它的投资随着大城市的畸形膨胀一直在发展。1936年帝国主义在关内有14个电厂，4个自来水厂，4个电车和公共汽车公司，1个电话公司，1个煤气公司（见表2-5）。

表 2－4　帝国主义在关内的制造业资本（1936）

单位：千美元

国　别	机器及造船	化　学	窑　业	纺织染	食品烟草	皮革木纸	其　他	合　计
英　国	15704	6840	2330	17531	58563	4382	1986	107336
美　国	5523	3744	1399	1857	4180	2150	2146	20999
法　国	870	1029	—	—	1620	—	—	3519
日　本	5416	4448	4067	113174	6113	4104	2753	140075
德　国	660	360	60	—	1145	15	624	2864
其他国家	3400	1100	500	—	700	1000	129	6829
合　计	31573	17521	8356	132562	72321	11651	7638	281622

表 2－5　帝国主义在关内的企业资本（1936）

单位：百万美元

国　别	金融业	贸易业	运输业	矿　业	制造业	公用事业	合　计
英　国	169.2	230.2	79.2	34.2	107.3	31.1	651.2
美　国	36.8	70.3	12.2	—	21.0	70.5	210.8
法　国	36.3	10.0	44.7	—	3.5	13.2	107.7
日　本	40.3	45.6	27.6	34.8	140.1	8.5	305.3[1]
德　国	8.6	22.8	3.1	0.8	2.9	1.9	40.1
其他国家	19.0	18.9	2.5	—	6.8	7.1	54.3
合　计	310.2	397.8	169.3	69.8	281.6	132.3	1369.4

注：[1]包括其他杂项 840 万美元。

英、美、日三国，1930 年占帝国主义在中国企业投资总额的 86%，1936 年占关内企业投资的 85%；1948 年，英、美两国占外国企业投资总额的 80%。只有最强大的国家才能保护它们大量的企业财产，不少较小国家的工厂逐渐被大国，特别是美国所吸收吞并；甚至逐渐衰老的英国企业，例如它在上海的电力厂和电话公司，也被新兴的美国资本所收买。至于中国工业之被外国的，特别是被日本的企业和银行所吞并的为数更多。帝国主义在旧中国的企业的发展和变化的过程完全是一种“噬人而肥”的过程。

日本在东北的企业投资稍有不同。日本对东北的“开发”目的在于掠夺资源，它的所谓“五年计划”（1937～1941）是根据包括 460 万吨钢铁和

2800 万吨煤的“输出计划”所制定的。但是，根据日本人所遗留的一些材料看，抗日战争前日本在东北的企业投资仍然不脱离其他帝国主义在华企业的基本形态，即是金融、贸易、运输等商业资本仍占最大数量，1936 年可能占 70% 左右。只是在“七七”事变以后，工矿企业，主要是铁、煤和石油，才有较大的发展。然而到 1941 年太平洋战争爆发时，铁路等运输投资仍占最大的比重。日本在东北的企业可以说完全是服务于战争的性质；它虽然在东北建立了一些重工业基地，然而这些工业完全是殖民地性质的，当地所生产的铁必须运到日本去炼钢，当地仅能冶炼的少量的钢又必须运到日本去轧制钢材。

日本占领了华北和华中后，也曾设立了“开发”会社，制订过“五年计划”，但事实上除了修筑一些军用轻便铁路和若干准备飞机原料的铝矾土工厂外，工业的发展是很有限的。根据日本人统计，日本在占领华北一年半以后它的投资增加了约 6 亿美元，而其中 4 亿多美元是金融业和商业。

三　帝国主义对中国的土地掠夺和房地产投资

帝国主义在中国占有土地是不平等条约的产物，而租界制度和教会权利又是它们进行土地掠夺的重要支柱。

租界是帝国主义在中国领土上所分割出来的殖民地，完全由它们直接统治。但从另一方面看，租界本身也无异一个大企业。租界的“董事”都是外商大公司的负责人，特别是大房地产商。大租界，如上海的公共租界、法租界等都发行公司债以聚集资金。有的租界，如广州的沙面租界完全是以合股公司的方式开设的，英股占 4/5，法股占 1/5。各国在中国所攫取的租界权利不下 38 处。其中也有因受别国竞争而经营失败的，如天津比租界；也有因资力薄弱而中途停业的，如汉口意租界；也有因地址选择不当而不得不放弃的，如沙市日租界因江水泛滥。但多数租界都从土地投机和其他垄断性事业的经营中获取了超额的利润，并不断地扩大；如上海公共租界 1910 年扩至 3.35 万多亩，1925 年又侵入西区达 4.75 万多亩。每次扩充都由外国大房地产商选好地皮，由租界筑路，使地价一涨数倍，再行吞并。

租界的扩占土地限于通商口岸，而外国教会则深入内地。几乎每个较大的县镇都有天主堂和基督教堂，并在教堂的附近占据着大量的农田山林。以英国人所创办而逐渐被美国势力所代替的基督教内地会为例，这个差会1885年有正式教堂55处，1895年有154处，1905年有475处，1917年有914处，1935年更增达1223处，另有支会2261处。1935年外国基督教各差会在中国拥有教堂不下5800处，其中约57%为美国差会所有。天主教则以法国势力为大，1935年它在中国有117个教区。试以人口较少的云南省为例，除少数民族地区及边区外，1948年天主教在该省35个市县内占有房地产153处，美国内地会在七个市县内占有房地产12处，英国循道会在五个市县内占有房地产33处，其他教会占有房地产7处。在大城市中外国教会所占房地产数量也极为可观。1948年北京、上海、天津、汉口、广州、青岛、哈尔滨等七个城市外国人所占的土地中有44.4%为教会所有，外国人所占的房产中有43.2%为教会所有。这些房产中有80%以上是出租牟利的。教会并专设有房地产公司，如上海的英法产业公司，即为法国修会江南天主堂所创办。

租界和教会以外，外国银行也是进行土地掠夺的重要机构。没有一家外国银行不从事土地投机，没有一家外国房地产公司不是以银行为后台。1936年估计外国银行在中国占有的房地产合1.3265亿元；8家英商房地产公司在银行的透支达它资本额的54.5%，3家美国房地产公司在银行的透支达它资本额的89.7%。[①] 有的银行，如英商沙逊银行，完全是从土地投机的利润中创办的，它所占有的地产占银行总资产的75%。外国银行吞并土地最主要的方式是“抵押”。1936年左右抵押在14家外国银行中的土地值1.2128亿元，相当于这些银行货物抵押价值的1.47倍。[②] 外国银行不但直接承做土地抵押，还自中国银行和钱庄手中做转抵押。土地抵押不只行之于银行，也行之于外商大企业和投机商人。美国人估计，1931年上海法国人以抵押方式取得的非法国人产业值900万两；[③] 英国人估计1929年英商的地产押款

① 日本东亚研究所：《列国对支投资概要》，第28、37、65页。

② 日本东亚研究所：《列国对支投资概要》，第333页。据称系据银行“极密”业务表，未注明日期。

③ 雷麦：《外人在华投资论》，第630页。

有350万镑，而同时其他商业放款只有245万多镑。①

此外，帝国主义在侵略战争中占领土地，假借中国人名义购置土地，以及用骗取强索等方式占有土地也都是屡见不鲜的。特别是在外国人没有“永租权”的内地市镇，它们就通过买办或勾结当地官僚来套购土地。例如英商亚细亚公司、卜内门洋碱公司等，用这种方式所占的土地几乎遍布全国。又如英美烟公司在山东潍县假借中国人名义掠取的土地有600亩，在河南许昌西关也有数百亩；该公司并专设了两个以华商名义经营的昌业地产公司和宏安地产公司。日本烟草株式会社也以同样方法掠取许昌烟区的土地，甚至连日本官方论述此事的报告中也说：“帝国主义与中国封建因素相互依存关系，封建因素之从属于帝国主义，都明白地呈露出来。”②

依照不平等条约，除教会外，外国人在通商口岸以外的地方是没有土地永租权的。但事实上，它们在内地和城市郊区所占的土地要超过市内几倍。例如，外国公司在重庆郊区所占的土地超过它们市内土地的一倍；外国人在河北塘大区所占的土地比它们在上海、天津等七大城市所占的土地总数还大1/3。历来中国的土地法，甚至国民党的土地法，都规定农、林、牧、渔、盐、矿等土地不得移转或租赁给外国人。但事实上，外国人在天津所占的农地空地即不下6000亩，在北京不但占有农地，还有果园、山地，在秦皇岛占有林地，在西北占有牧地，老河口的一个天主堂即占有农田数千亩，广州一个外国学校竟占有农场两万数千亩。

日本占领东北后，1937年即由三井、三菱、住友等财阀组织了“满洲拓殖会社”，计划每五年向东北移民500万人，共拟占地1.6亿亩。1940年日本又组织“满洲开拓会社”，这两社垄断了伪满嫩江省耕地面积的45%。“七七”事变后，日本在华北华中也进行了土地掠夺。例如“中日实业公司”在河北的农场占地5.6万多亩，并计划侵占冀东、山东土地3.4万亩；“冀东垦殖公司”的“东洋民生农场”也占地数万亩；1940年日伪所办的垦殖公司圈定河北沿海一带农地100万亩，冀东沿海一带农地700万亩。

① 见刘大钧《外人在华投资统计》，中国太平洋学会，1932，第7～9页。

② 日本东亚研究所：《列国对支投资概要》，第313页。

抗日战争胜利后，国民党反动政府“废除”了通商口岸和租界制度，外国人占领土地已不受地区限制；同时国民党又将历来外国人的“土地永租权”改为土地所有权，甚至对原来规定有年限的外人租契也换发给“土地所有权状”。①

国民党这种惊人的慷慨主要是对美国主子的献媚。战后很多租界地产转入了美国人之手。1933 年帝国主义在上海所占的土地中，美国只占 8.4%，战后 1948 年美国所占比重上升到 20.6%，而同时期英国所占比重由 69.4% 下降为 52.5%（见表 2－6）。1946 年美国和蒋介石订立的“剩余物资售卖协定”中并规定以 3500 万美元作为美国政府在中国圈占房地产之用，凡属美国中意的产业，即由蒋介石政府出钱代为强购。这样圈占的房地产在上海有 13 处，天津 6 处，青岛 4 处，并远及昆明、成都等地。

表 2－6　帝国主义在上海的土地占有

单位：市亩

国　别	英　国	美　国	法　国	日　本	德　国	其他国家[1]	合　计
公共租界	16904.9	1598.7	587.7	2855.4	147.9	240.6	22335.2
法租界	3641.2	2048.3	4440.5	216.8	0.4	1381.0	11728.2
越界区	17892.9	1000.0	—	2403.7	—	—	21296.6
抗战前合计	38439.0	4647.0	5028.2	5475.9	148.3	1621.6	55360.0
抗战前百分比	69.4	8.4	9.1	9.9	0.3	2.9	100.0
1948 年百分比	52.5	20.6	17.9	—	—	9.0	100.0

注：[1]其他国家指资本主义国家。

资料来源：抗战前据日本东亚研究所《列国对支投资概要》，第 323 ~ 324、327 ~ 330 页。其中公共租界是 1933 年调查，法租界是 1934 年调查，越界区是 1937 年调查。1948 年调查同第 241 页表 6－19。

① 国民党的这种卖国热情甚至连国民党政府的官僚们都难以体会。例如 1947 年 5 月广州租界清理委员会就电询外交部：“查广州前英租界租期为九十九年……按年征收地租。原日皇家租契之租赁权人何以能获得土地所有权，而准其换发所有权状？此中意义颇难明了。盖沙面租界自 1861 年划定，迄今已阅八十五年，所余租赁期限只有十四年。以持有皇家租契只有十余年租赁权利之租赁权人，而享受土地永久所有权利，衡量轻重，未免相去太远。”而外交部的批复是：此事“英大使馆要求沿照汉口、九江两地之成例办理……广州市租界清理委员会所述理由虽甚妥当，惟碍于上引前例……”因此仍以“一律换发所有权状为宜”。其实，1927 年北伐革命军收回汉口、九江英租界时并无此“前例”，在当时的“换文”和“特区章程”中都是规定换发永租证书，绝非换发“所有权状”。

根据国民党“收回”租界后的材料，解放前帝国主义在上海、天津等七个大城市中房地产占有的情况有如表 2 －7。这些城市的外人房地产在数量上虽远不如它们在内地所占的多，但在价值上则居于绝对重要地位。

表 2 －7　帝国主义在七大城市的房地产占有（1948）

单位：%

国　别	英　国	美　国	法　国	其他国家[1]	总　数
Ⅰ．各国占总数的百分比					
土地[2]	42.4	18.8	14.9	23.9	100.0
房屋	37.3	11.8	30.9	20.0	100.0
Ⅱ．各国土地总数中占有类型的百分比					
政府所占	2.0	2.1	5.2	0.8	2.2
团体所占	8.9	2.2	0.5	0.1	4.3
私人所占	11.9	10.6	9.0	21.9	13.6
教会所占[3]	16.9	53.0	67.4	72.2	44.4
房地产商所占	10.6	5.3	6.2	2.8	7.1
企业所占	49.7	26.8	11.7	2.2	28.4
合　计	100.0	100.0	100.0	100.0	100.0
Ⅲ．各国房屋总数中占有类型的百分比					
政府所占	1.2	3.6	1.2	0.5	1.4
团体所占	0.3	5.6	0.1	1.0	0.8
私人所占	23.0	8.2	4.8	23.0	15.7
教会所占	1.0	33.3	82.7	66.0	43.2
房地产商所占	48.3	26.5	8.2	9.0	25.4
企业所占	26.2	22.8	3.0	0.5	13.5
合　计	100.0	100.0	100.0	100.0	100.0

注：

[1]其他国家指资本主义国家。不包括郊区土地和帝国主义兵营。

[2]土地比重按亩数计算，房屋比重按建筑面积计算。

[3]教会包括学校、医院及其他文化机关。

从表 2 －7 可以看出，土地的占有以英国最多，美国次之；房屋的占有英、法都不少。美国所占房屋比重较小，是因为美国侵占时间较晚，尚不及大量建筑，同时美国的房地产投资很多是渗入英、法产业的，例如在上海英商恒业地产公司中就有 40% 以上的美股，并且由美国人做经理。

英国所占的地产中，几乎一半是企业所有；其中又主要集中于大托拉斯集团，怡和、太古、沙逊三大集团占上海英商企业所有土地的57.8%。托拉斯企业不断地兼并土地，成为它们一项经常的投资业务。以亚细亚火油公司为例，这家公司在上海所“购置”的地产1882～1920年39年间有13起，1921～1930年10年间有16起，而1931～1937年7年间即达22起，战后1947～1948年2年间即达12起，所兼并的土地面积也是递增的。

美国所占土地中有一半以上是属于教会所有，所占房屋中教会占1/3。而在法国所占的土地中，教会占有67.4%，教会房屋更达82.7%。这些教会实际无异于一个大房地产公司。美国人估计，1930年左右法国教会在上海的财产中有91.1%是“生财资产”，只有0.9%是教会自用的。①

英国的房产中几乎有一半是房地产商所有，美国房产中，房地产商占26.5%。依照不平等条约，外国人在中国只有土地永租权，没有土地所有权，对永租的土地是不得进行买卖盈利的，甚至在上海的英国“最高法庭”在它正式的判决书中也不得不承认这个观点。② 但事实上远在太平天国革命战争时期，外国人就开始把中国的土地当作它们自己的商品来买卖。外国房地产公司的出现，乃是土地商品化的结果。至抗日战争前，上海的外国房地产公司不下75家，在天津和汉口也有10余家。这些公司无一不是从土地投机的利润中肥育起来的，至于建筑和经租房屋，只能说是第二等的业务。表2-7中房地产公司所占有的土地比重虽不很大，但经它们买卖的土地却是很多的。马克思告诉我们：“在急速发展的城市内，特别是在建筑业像在伦敦那样采取工厂方法经营的地方，建筑投机的真正对象，是地租，不是房屋。”③ 马克思所指的伦敦投机家的一些方法，例如租地造屋之类，也正是

---

① 雷麦：《外人在华投资论》，第632页。

② 1845年上海的土地租赁章程中规定外人所租之地如“不架造房舍以资居住及囤货者，应认为违背条约”（第十五条）；“倘该产不愿居于其所租地上，而将全部让与他人，或以一部转租他人，则所让地之租金，只能依照原价，不得加增以取盈利”（第九条）。以后的租界章程和其他土地约章都有类似规定。乃至国民党上海地政局的永租契上也写明：“若未经上项手续将永租之地私自转与他人……即将此契通告作废，所租土地由本局收归市有。”

1932年7月“英国在华驻沪最高法庭”对哈同遗产案的判决文曾引用科得纳克斯所著《上海会审公堂和工部局》一书第38页的论点，驳斥原告关于在上海土地所有权的主张。又1937年该“法庭”在爱士拉哈同对俪穗哈同案的判决文中，引用1904年英国法官汉奈在天津地产讼案的判决，认为英国人在中国的地产并无不动产的性质，只是租赁的权利。

③ 马克思：《资本论》第3卷，第1010页。

上海的外国房地产商所经常采用的。

土地的价格是地租的资本化，土地价格的上涨，亦即地租剥削的增长，是帝国主义在中国投资中最肥美的利润。依照1845年租赁章程的规定，外国人在上海永租土地每亩应付原业主押租1.5万文，约合银10两。这每亩10两的土地到1930年时一般已值到3万两以上。外国人在天津取得永租权时，代价较高的土地每亩也不过五六十两，到了1930年左右，最低的也值到每亩5000两以上。上海南京路、西藏路、贵州路一带土地，1860年每亩约值60两，1882年涨到2750两，到1927年竟涨到20万两。

外国人估计它们上海公共租界的地产1869年值527万两，1900年值4420万两，1933年值75650万两；估计上海法租界的地产1934年值36700万两；越界区外国人所占土地1936年值17400多万元。① 以上三区在抗日战争前共约合16亿元，或5.5亿美元。

如果连同外国企业所占用的房地产计算在内，房地产投资将是帝国主义在中国直接投资中最大的项目。1929年英国人估计英国在中国的地产值7000万镑，连同各种建筑物值8890万镑，占它直接投资的46%。② 1933年美国官方估计它在中国的教会财产和侨民财产（其中主要是房地产）值6500万至7500万美元，占它所估计的美国直接投资的35%。③ 1938年法国人估计法国教会和私人在中国的土地值14亿法郎，占法国在华直接投资的38%。④

根据各种不完全的材料综合估计，帝国主义在旧中国所占有的房地产价值（包括外国企业所占房地产），1914年约合2.25亿美元，1930年增至7.26亿美元，1936年不计日本约值7.747亿美元，至1948年，除掉了被收回的日、德、意财产，约值11.4亿美元（战后币值）。其中地产约占4/5，房产只占1/5。情况如表2－8。

---

① 日本东亚研究所：《列国对支投资概要》，第321、328、330页。

② 见刘大钧《外人在华投资统计》，第7～9页。

③ 美国商务官估计，见日本外务省通商局《法国对支经济势力之全貌》，1940，第194页。

④ 拉加姆估计，见日本外务省通商局《法国对支经济势力之全貌》，第176页。

表 2-8　帝国主义在旧中国的房地产投资[1]

单位：千美元

国　别	1902 年	1914 年	1930 年	1936 年	1948 年
英　国	51500	141300	411052	405724	587689
美　国	10000	24000	68383	71233	216257
法　国	10100	22500	65500	86023	202793
日　本	—	22469	175118	—	—
德　国	8000	15000	6000	7676	—
其他国家	—	—	—	204032	134783
合　计	79600	225269	726053	774688	1141522

注：[1]包括企业所占房地产。

四　帝国主义借款和美“援”

帝国主义对旧中国反动统治者的借款，是把它当作一种特殊的政治权利和经济权利来进行的。为了争夺在中国的借款权，形成了帝国主义之间紧张的局面，形成了帝国主义之间两个同盟对立的局面，形成了帝国主义之间妥协、组织“四国银团”“六国银团”的局面和出卖“银团”暗中单独活动的局面。

帝国主义既然以借款作为它们统治中国的锁链，也就决定了这种借款必然是政治军事性的借款。如果我们把旧中国的外国借款大体上分为军事财政借款和铁路借款两类，那么从表 2-9 就可以明显地看出：军事财政借款的数字逐期增长，而铁路借款的趋势是下降的，铁路借款的总数不过合军事财政借款的 1/5。同时，这里面还没有包括两项最大的军事负债，即 1902 年八国联军向中国所勒索的庚子赔款和抗日战争胜利后美帝国主义对蒋介石的“援助”。庚子赔款的总数合 7.56 亿多美元；而美帝国主义对蒋介石的“援助”，除掉已转作借款的部分以外，不下 47 亿美元。

表 2-9　帝国主义对旧中国的借款

单位：百万美元

年　份	军事财政借款		铁路借款	
	借款总额	平均每年借款额	借款总额	平均每年借款额
1865～1902	286.4	7.5	48.3	1.3
1903～1914	238.3	19.9	205.2	17.1
1915～1930	304.1	19.0	161.5	10.1
1931～1936	35.8	6.0	51.2	8.5
1937～1941	635.9	127.2	18.8	3.8
1942～1948	999.8	142.8	34.2	4.9
合　计	2500.3	29.8	519.2	6.2

注：不包括庚子赔款、“九一八”以后日本对伪满的借款和未转作借款的美国对蒋介石的“援助”。

以上是指实际借贷的款，还有很多借款虽然订立了合同而实际未发行，或一部分未发行。未发行的原因，主要是由于帝国主义之间彼此的干涉，反动政权的垮台或政治危机，以及为更有利于帝国主义的借款所代替等。这种未发行的借款以铁路借款为多，这就说明了帝国主义在中国建筑铁路的要求远没有它们对中国政治和财政支配权的要求来得迫切。特别是在抗日战争时期，当中国在日本的封锁下迫切要求修筑后方的铁路时，帝国主义对铁路借款的贷放也最悭吝，这时期实际贷出的铁路借款不到合同数目的1/10。但是我们知道，借款虽未发行，帝国主义的借款又已经取得，如果是铁路借款，就表示某帝国主义已经取得某一条路线的投资权，如果它不高兴建筑的话，别的帝国主义不能再要求建筑，中国也不能自己兴建。

“铁路借款”只是一个名义上的分类，实际上铁路借款并不完全用于铁路，有的并且完全不用于铁路，而是变相的财政借款。又电信借款中也至少有半数是被移作政费的。我们约略计算，铁路借款中被挪用于军费政费的有6900万美元，电信借款中被挪用的有750万美元。经过这样调整，总计1865～1936年，军事财政借款和被挪用于军事财政的借款约占外国借款总额的70%；而在1937～1948年国民党统治后期，这一比重上升为97%。在1936年帝国主义对中国的借款投资中，有36.5%是投于铁路等事业，到了1948年就不到11.7%了。

关于旧中国的外债，已有不少论著，我们从简。但就帝国主义投资而论，我们所要求的并不是它们的借款额，而是截至某一基期年的结欠额，包括未偿本金，已到期而未付的利息和经理费，这些都是它们在那一年的生息资本，也就是我们说的借款投资。各基期的结欠额，按国别分别估算如表 2－10。

表 2－10　帝国主义对旧中国的借款（各年度结欠额）

单位：百万美元

国　别	1902 年	1914 年	1930 年	1936 年	1941 年	1948 年
英　国	109.4	195.7	162.9	150.1	314.4	318.2
美　国	4.5	7.3	50.8	64.4	223.9	1008.3
法　国	61.0	119.9	102.7	90.9	81.1	71.1
德　国	78.3	127.1	93.6	89.4	93.0	—
日　本	—	37.4	373.3	258.2	—	—
意大利	—	—	51.5	69.7	—	—
帝　俄	26.1	45.1	—	—	—	—
比利时	4.4	18.1	42.3	54.6	113.6	113.6
荷　兰	—	—	19.1	35.1	17.8	17.8
丹　麦	0.6	1.6	0.9	1.7	—	—
其他国家	—	23.8	—	—	29.1	82.8
合　计	284.3	576.0	897.1	814.1	872.9	1611.8

注：不包括庚子赔款、“九一八”以后日本对伪满的借款和未转作借款的美国对蒋介石的“援助”。

借款既然是帝国主义争夺中国统治权的工具，从借款数字上也就可以看出它们在中国势力的消长。从 1914 年到 1936 年，英国在中国债权人的地位不是增加，而是减少了；同时期日本在中国的债权增加了 5.9 倍，而美国增加了 7.8 倍。1914 年英国借款占中国对外借款负债总额的 34%，美国只占 1.3%；到 1936 年英国的比重降为 18.4%，美国比重升为 8.9%；1948 年英国占 19.7%，而美国占 62.6%。战后美国在中国外债上的比重超过中国外债历史上任何一国，也超过任何两个最大的债权国加起来所占的比重。任何一个国家，即使是 1936 年的日本，它所持中国的债权从来没有超过中国国外借款总额的一半；任何两个国家，如在中国外债史上的俄法同盟、英德同盟、英日同盟，它们所持的债权也没有超过总数的 60%。这就是说，战后美帝国主义已经确立了它在中国外债上，因而也就是确立了它在中国政治上的独占地位。这种绝对的优势几乎是没有任何其他资本主义国家可以代替的。但在伟大的中国人民革命力量面前，它又是如此脆弱，迅速地被连根拔除了。

美帝国主义给予蒋介石进行反人民内战的“援助”并不限于借款；借款之外还有更大数量的“售让”的和“赠与”的，计价的和不计价的飞机、大炮、军舰、“剩余物资”和“救济物资”。这些美“援”的价值是难以估计的，约略地说，自抗日战争起至1948年止，它的总数不下67亿美元。简况如表2－11、表2－12。

表2－11　美帝国主义给予蒋介石的“援助”

单位：美元

项　目	债额或物资总值	动用债额或物资[1]
抗日战争时期借款8笔	705000000	661174131
抗战胜利后借款14笔	918194000	394973545
“救济”物资4笔	799029000	除重复计算项目外共值4709248616
租借法物资2笔	1626789143	
军事“援华”2笔	142666930	
剩余物资“售让”和“赠与”7笔	2532807543	
合　计	6724486616	5765396292

注：[1]截至1948年6月动用额。

资料来源：物资部分据美国国务院《中美关系》（*United States Relation with China*），1949，第1004～1050页。

表2－12　美帝国主义给予蒋介石的物资“援助”

单位：美元

项　目	金　额	说　明
联总救济物资	474048000	截至1947年年底运华517500000美元，后修正为526800000美元，加运杂费25%，共658400000美元，以美国占72%，计如前数
善后保管委员会救济物资	3600000	联总结束后以5000000美元划交善后保管委员会，美国部分按72%计
美国救济物质	46381000	1947年5月31日“美援外法”划拨中美救济协定约28400000美元，1947年12月23日紧急救济法划拨18000000美元，至1948年6月运华者如前数
经合总署物资	275000000	1948年4月3日“美援华法”拟拨338000000美元，6月28日拨定如前数，1949年3月11日运达111075500，余运台湾

续表

项　目	金　额	说　明
战时租借法物资	845748221	1941 年 5 月 6 日"租借法"适用于中国,至胜利止支出如前数,内 20000000 美元作为中国欠借款
战后租借法物资	781040922	包括空运蒋介石军队支出 300000000 美元,1946 年 6 月 28 日"军事援华协定"供蒋介石占领费 25000000 美元,海空军训练费 15000000 美元。前列系至 1948 年 6 月 30 日支出总数,内 50300000 作为接管合约欠款(后订约为 58900000),又 36000000 美元计入海军船只移赠项内,181000000 美元作为中国欠借款
"中美合作"军事援助	17666930	"中美合作组织"(SACO)1945 年 6 月 2 日至 1946 年 3 月 2 日拨交之军需总数
1948 年"军事援华法"	125000000	至 1949 年 3 月 11 日支出 124148891.99,至 1948 年年底运抵 60958791.38,以后多运台湾
剩余物质售卖	总值 2000000000 售价　205000000	1946 年 8 月 30 日订"售卖协定"包括在中、印及太平洋十七岛之剩余物资,美方估价 824000000 美元,后重估为 900000000 美元,作价 175000000 美元,另供给运费 30000000 美元,抵付方法(1)150000000 美元抵美军战时欠中国款项,(2)55000000 美元作为中国欠借款。又此协定包括前此数次之售卖,如加尔各答汽车 25000000 美元,小型船只 28000000 美元,空军器材 6000000 美元,华西物资内 5000000 美元等,共作价 74000000 美元,美方估值 240000000 美元
剩余军备售卖	总值 100838380 售价　6696830	至 1948 年 11 月 30 日蒋介石认购数字,其中一部分由 1948 年"军事援华法"内拨款购买,约 1000000 美元至 1948 年年底尚未启运。
华西剩余物资售卖	总值 172369163 售价　25000000	美方未估价,蒋方估价美元 57369163 及伪法币 92 亿,兹按 80 元折合如前数。售价为 25000000 美元及伪法币 51.6 亿,法币部分抵充美军在华欠款,美元部分有 5000000 美元计入 1946 年 8 月 30 日之剩余物资协定,20000000 美元作为中国欠借款
华北剩余军火让与	总值无估计 不计价	共 6500 余吨军火让与蒋方,未估价,亦未作价
海军船只让与	总值 141300000 不计价	1947 年 12 月 8 日协定,原让 271 艘,实让 131 艘,总值内有 36000000 美元原系租借法船只
海军设备售卖	总值 41000000 售价　4100000	1946 年 5 月 15 日至 1948 年 10 月 31 日美国外物资清理局移交蒋介石之上海青岛设备,未估价,姑按售价十倍计,售价作为中国欠借款
海委会船只售卖	总值 77300000 售价 26200000	售船 43 艘,售价内 16400000 作为中国欠借款,4244000 由进出口银行垫付,余付现
以上 15 笔	总值 5101292616	华北军火一笔未计价。又总数内有列入借款者 8 项共 351044000,重复计算者两项共 41000000,净数为 4709248616

资料来源：据美国国务院《中美关系》(*United States Relation with China*),1949,第 1044~1050 页。

第三章

帝国主义资本对中国的利润榨取

一　帝国主义投资的利润

掠取最大限度的利润，是现代垄断资本主义的基本经济规律的要求。斯大林曾天才地论证说："如果认为现代垄断资本主义的头子夺取殖民地、奴役各国人民、策动战争的目的只是想给自己保证平均利润，那就可笑了。不，不是平均利润，也不是那照例比平均利润稍为高些的超额利润，而正是最大限度的利润才是垄断资本主义的发动力。正由于必须取得最大限度的利润，才推动垄断资本主义去采取这样冒险的步骤，如奴役和不断掠夺殖民地和其他落后国家，把许多独立国变为附属国，组织新战争、即现代资本主义的头子们认为是取得最大限度利润的最好'生意'，以及企图夺取世界的经济霸权。"①

帝国主义者从侵略战争中抢劫财物并勒索巨额赔款，从鸦片贩卖中吸取人民的财富，从土地占有中掠取投机暴利，这都是中国人民所最熟悉的事情。如果我们先不计算这些血账，单就帝国主义者"最正当的"经营来看：根据它们自己的报告，1928～1930年，英商汇丰银行股东所分得的股红在80%以上，它的原面额125元港币的股票已卖到2300元。上海英商怡和纱厂1929年分红40%，1930年分红15%；唐山英商开滦煤矿1928年分红

① 斯大林：《苏联社会主义经济问题》，第34～35页。

25%，1929年分红20%。[①] 抗战那一年，汇丰银行的股红是71.5%，怡和纱厂20%，崇信纱厂36%，而英商颐中烟草运销公司发了红利93.1%，它的买办机构永泰和烟草公司的利润率是120%。[②]

据美国人调查，1930年在华美商填报的利润一般为10%～25%，进出口公司有的高达50%，有的高达300%。[③]

根据日本人调查，1936～1937年度日本在华纱厂的账面盈利一般在20%左右，其他企业一般在15%左右；如内外棉纱厂的利润是22.8%，丰田纱厂31.5%，而上海纱厂为41.5%。1935～1936年华商纯利润厂停工的锭数达一半以上，而同时上海日商纱厂分派股红达22.2%。[④]

在比较正常的1934～1938年，根据93家在中国的外商（不包括日商）的资产负债表计算它们的账面平均利润率如表3－1。这材料的代表面是不大的，但也可以看出大致的趋势。由于美帝国主义收购白银政策所加给中国经济的灾难至1933年达于顶点，自1934年起，外商的利润就逐年上升，从12%左右上升到1938年的20%，它们的股红也从1.28分上升到1.51分。但这时期的利润比起1929年以前的时期（资本主义经济危机以前的时期），还是小得多。表3－1中同时可以看出金融资本的特殊地位，银行的股红平均在20%以上，保险公司1938年达52.5%。

这些利润率是根据各企业的账面材料做的，自然不包括变相的利润和未入账的隐藏利润；而利润的隐藏是外国资本家的“正当”习惯，如在美国，隐藏的利润至少在1/3以上。[⑤] 此外，还有外籍人员奢侈的开支和历年负担它们国外总公司的开支，自然也都出自它们在中国所剥削的剩余价值。特别是自从国民党公布“公司法”以后，每个外商公司都在国外设立了虚名的“总公司”，这样就更便于它们把在中国榨取的利润“合法”地转移到国外隐藏起来了。

① 见雷麦《外人在华投资论》，第383～386页。

② 日本东亚研究所：《诸外国之对支投资》，1943，上卷，第50页；中卷，第22～23页。日本华北综合调查所：《英美烟草托拉斯贩卖政策》（油印本）。

③ 见雷麦《外人在华投资论》，第278～279页。

④ 见樋口弘《日本对支投资研究》，1941，第304、266、580～584页。股红分配见张肖梅《日本对沪投资》，商务印书馆，1937，第62页。

⑤ 见美国劳工研究协会编《美国资本主义的趋势》，世界知识社，1950，第44页。

表 3－1　帝国主义在华企业的账面平均利润率（1934～1938）

单位：%

年　份	1934	1935	1936	1937	1938	五年平均
业　别	纯利对资本的百分比					
银行业	23.2	21.6	24.8	24.1	22.9	23.3
制造业	5.9	7.0	9.3	30.4	15.2	13.6
公用事业	15.2	10.0	8.4	11.9	16.1	12.3
航运业	7.1	7.2	5.6	10.8	32.9	12.7
电信业	14.8	15.2	14.1	15.0	15.0	14.8
平　均	13.2	12.2	12.4	18.4	20.4	15.3
业　别	股红对股本的百分比					
银行业	19.3	18.2	21.2	25.6	24.3	21.7
制造业	5.5	7.5	9.7	16.5	14.5	10.7
公用事业	17.2	13.2	13.4	14.8	11.5	14.0
航运业	7.3	7.6	6.7	8.7	13.3	8.7
电信业	14.8	13.8	13.5	12.0	12.0	13.2
平　均	12.8	12.1	12.9	15.5	15.1	13.7
保险业	36.7	34.0	33.9	35.5	52.5	38.5

资料来源：根据93家在华外商的资产负债表和其他零星材料，大部分采自日本东亚研究所和日本华北综合调查所所发表的调查报告。

单从表3－1的账面利润说，不计利润特别高的保险业，1934～1938年五年的平均数是15.3%；① 这数就已经远远高过了美、英等本国国内公司的平均利润。股息方面也是同样情形。在比较正常的时期（没有战争或周期性经济危机的时期），它和美、英等国内企业利润的比较如下（见表3－2）。

表 3－2　企业账面利润率的比较

平均利润率	年　份	%
在华外资公司平均利润率	1934～1938	15.30
美国本国公司平均利润率	1909～1914	5.30
	1923～1929	6.20
英国本国公司平均利润率	1909～1914	9.50
	1923～1929	10.60

① 由于材料的限制，这个平均数是每家公司利润率的算术平均，没有加权；由于利润最高的大都是资本最大的垄断企业，所以这个平均数肯定是偏低的。

续表

平均利润率	年　份	%
在华外资公司平均股利率	1934～1938	13.70
美国本国公司平均股利率	1908～1931	7.80
英国本国公司平均股利率	1909～1937	8.90

资料来源：美国本国公司据《美国资本主义的趋势》，利润率是纯利对资本净值的百分比；美国公司股利率是20家大公司的平均数，据罗德凯《优先股和长期投资》（K. G. Rodkey, *Prefered stock and Long-Term Investments*），1932。英国本国公司据《经济学家》杂志（*The Economists*），1937年2月13日和4月24日增刊，利润率是纯利对优先股和普通股股额的比例，股利率是平均股利对普通股股额的比例。

国外投资的利润自然不限于企业的直接剥削，伴随而来的还有商品输出利润和与之连带发生的运输、保险、信贷以及因制造输出品而产生的国内利润。在华的外国企业不但使用的机器和工具全部是由国外输入和补充，而且所需的原料也很多来自国外，例如占工业中最重要地位的卷烟、棉纺、毛纺等都是这样。特别是在垄断性的大托拉斯的进出口贸易中，利润是非常惊人的，而且由于中国的对外贸易是用外币计算，中国方面的支付很多是在国外进行，它们的利润很多已划到国外，因此不能在中国公司的账上表现出来。

我们还可再从一些具体的实例中来观察：

英商开平矿务公司，以不超过15万镑的资金，虚称100万镑的股本，自1912年吞并了中国滦州煤矿起到1937年抗日战争止，账上共获得了760万镑的纯利。它纯利最高的一年（1919～1920）达股本额的111.2%，1917～1921年平均是71.9%；股红最高达30%，而1921年连赠股达53.5%。在此期间，一个持有100镑开平股票的股东，稳坐在伦敦已经分得了371镑2先令的现金股红，另加96镑赠股，同时他所持股票的价值又增加了50%，即他的100镑投资已变成665镑2先令了，还不计已分现金的利息收入。①

颐中烟草运销公司是1935年由英美烟草托拉斯划出的，资本6070万元，自1935年到1941年太平洋战争爆发被日本没收止，6年间账面上共赚了2.86亿多元的纯利，却分配了2.91亿元的股红和“临时股红”，几达资

① 历年红利据满铁调查部《开滦炭矿调查资料》，1937，第259～260页，及日本华北综合调查所《开滦炭矿调查报告》（油印本）。

本额的5倍。颐中的母体英美烟草托拉斯，从1930年到1940年每年保护20%的股红，此外还有两次特别股红。1939～1940年它的纯利达3800万镑，即7年的纯利已超过了3400万镑的实缴资本。①

上海英商电车公司，1912～1941年30年间账面盈利共298万镑，等于原资本额32万镑的9倍多。在此期间共发股红163万余镑，1919～1924年平均股息为20%，它历次增资共35万镑，而其中25万镑是红利股。所以一个原持有100镑股票的股东，到太平洋战争爆发时已分得了451镑的现金股红和50镑的赠股，即原投资已增加了5倍，还不计股票市价的增值和已分现金的利息收入。②

南满铁道会社，1917年以前每年付给日本政府红利250万日元，以后递增，到1929年为1150多万日元；付给日本股东的红利，1914年以前是0.6分，以后递增，到1929年是1.1分。自1907年开业到1931年“九一八”事变，南满铁道会社付给日本政府的红利约为1.45亿日元，付给日本股东的约为2亿日元，此外付给英国及日本的公司债利息在3亿日元以上，账面公积有1.886亿日元，四项合计达8.336亿日元，而该会社的实收股本到1931年不过3.9亿日元。③

在许多情况下，帝国主义对中国借款的利润又要高于它的企业利润，它们不只经常地收进利息，还一次地收进巨额的回扣。列宁评论1913年英、德、法、俄、日对窃国大盗袁世凯的借款时说：“借款数目约为二万万五千万卢布，票额是一百卢布实收八十四卢布。这就是说，‘欧洲’资产者付给中国人二万万一千万卢布；而他们从公众方面实收二万万二千五百万卢布。看啊，几星期的功夫，一下子就赚得一千五百万卢布的纯利！这岂不真正是一笔绝妙的‘纯’利吗?”④

如果我们以俄法借款、英德借款、英德续借款、克利斯浦借款和善后借款这5笔大借款为例：5笔借款的总额是7782万镑，而利息共为1.0469亿多镑；借款回扣是八三到九四，5笔共扣去了918万镑；经理费用是2.5‰，

① 据日本华北综合调查所《英美烟草托拉斯贩卖政策》（油印本）。

② 据《上海英商电车公司年度报告》各年材料编算。

③ 见雷麦《外人在华投资论》，第467～470、475页。

④ 列宁：《落后的欧洲与先进的亚洲》，《列宁斯大林论中国》，第43～44页。

5 笔共 45.6 万镑；全部利润合计 1.1432 亿多镑，合实缴借款额的 166.6%。就是说，帝国主义每借给中国 100 元，要收到 166 元的纯利。因此在中国政府的外债负担上，利息支出经常要超过还本支出；1915～1925 年每年利息支出一般为 4400 万银元，还本支出约 2000 万银元。[①]

由于历代反动政府未能如期照付外债的本息，帝国主义又借欠款而收到更多的利益。例如美国的芝加哥银行和太平洋拓殖公司借款，1919 年订约时共为 1100 万美元，1933 年整理时已滚欠 2348 多万美元，10 年间涨了 1 倍多。短期借款和垫款欠款由于利息较高，利润也更大。例如美国一笔京绥路的货车枕木垫款，原垫 200 多万美元，13 年后整理竟结欠 600 多万美元；小小的一笔 6 万美元的留学生借款，偿还时单利息付了 8.6 万美元。

二　帝国主义在旧中国资本的来源

帝国主义者不但向中国掠取最大限度的利润，它们还不断地掠取中国的资本，占用中国的生产资金。在研究帝国主义对中国投资问题中，最值得注意的是，它们在这里的巨额资本大部分并非自国外输入，而是掠取自中国。它的来源主要有这样几种：

第一是由对中国的原始掠夺而来，战争赔款和土地强占是其中最典型的项目。例如中国最初的三次大借款（俄法借款、英德借款、英德续借款）共合 4800 万镑，其中 9/10 并未进入中国国境，而在伦敦就转付给日本作为赔款了。截至 1902 年中国借入的各项外债共约合 6.8 亿美元，其中庚子赔款和为偿付对日赔款所借的外债达 5.2 亿美元，就是说 76% 以上是没有资金输入的。土地投资是帝国主义在华财产的一个重要项目，经常占到它们企业投资的 1/4 到 1/3。但这些土地可以说都是不花本钱取得的，它是不平等条件的产物。即使出过代价，也是很低的。如外国人最初在上海永租土地的代价是每亩 1500 文，约合银 10 两，到了 1930 年已值二万六七千两了。

第二是骗取和勒索。例如英国最大的矿业投资开滦煤矿，就是用威胁利

① 见胡善恒《公债论》，商务印书馆，1936，第 307～308 页。

诱乃至造假文件的方法自中国人手中骗取的；这矿在抗日战争前价值五百数十万镑，而英国当时的出资最多不超过 15 万镑。[①] 勒索的范围更广，单在历年借款中的回扣、佣金、手续费等项即达数亿美元。1913 年的善后大借款债额是 2500 万镑，中国实得不过 2100 万镑，其中一半又被扣去偿还帝国主义的垫款和“革命时期损失”，甚至连外商因辛亥革命未脱售货物的利润也要中国负担。此外，因“教案”“侨案”乃至因外国军舰的损失而勒索的款项更属常见。这些勒索都变成了中国对外的债务，因而也就成为它们对中国的投资。单美国 1925 年开送中国的外债清单即包括这种“赔款”11 笔，共约 120 万银元。

第三是吸收中国的资金。这在金融业中最为明显，抗日战争前外国银行在中国的资产约值 5.6 亿美元（不计东北），而它们在中国所吸收的存款据说曾达 9 亿至 12 亿美元，比较保守地估计单在上海也有五六亿美元，[②] 而外商在中国的全部财产（不计东北）最多时也不过十二三亿美元。外国银行不但靠吸收中国的存款来支持帝国主义在华的投资，还时常将在中国吸收的资金投放在南洋等地。保险业和其他金融投机业也是同样情形，例如法商万国储蓄会 1936 年的账面资产值 3700 万伪法币，合 1100 余万美元，这个“会”开办时并无一文资本，全部是靠“有奖储蓄”吸收中国资金长肥的。其次，很多外商大企业靠在中国发行公司债的方式募集资本。例如上海电力公司在 1929 年由美商收买时代价是 8100 万两，美国托拉斯只垫付了初期的 3000 万两，以后就在上海募集了 1.1 亿两的公司债，除付清代价外，还收回了它初期垫款的全部 6 厘债券和大部分优先股。上海电话公司 1930 年由美商收买时估价值 1000 万两，美国托拉斯只付了 184.2 万两，而在上海募集了 500 万两和 1400 万银元的公司债。外国房地产公司更是大量地利用公司债来聚集它们的投机资本。如英商华懋、业广等地产公司的公司债都流通很广，而中和地产公司更以发行公司债为它的中心业务，这里的实缴股票不过 18 万银元，而公司债达 2940 多万银元，债票的认购者大部是华籍银行。

---

① 见魏子初《帝国主义与开滦煤矿》，神州国光社，1954，第 4 页。

② 资产数包括外国银行对外商的投资，见附录第 3 节。存款据日本东亚研究所《列国对支投资概要》，1943，第 20 页。

第四是利用"中外合资"这一"合法"形式。从清朝到国民党的反动政府，制定了一系列的关于"中外合资"的法律，在这些法律下，外国人不能取得的东西（如采矿权）可以"合法"地取得，并且可以大量地利用中国的资金。我国重要的矿大部分都是"合资"的，航空事业全部是"合资"的，在工业，特别是独占性的电业中"合资"的也很多。"合资"的企业事实上是由外国人全部控制，华股只能分些残余利润。例如英商怡和纱厂，英股不到5%，但依章程享有全部管理权，华股占73%，却无权过问。日本对于"合资"的形式利用尤广。日本在东北的企业投资中，1907～1917年，纯日资企业的资本增加了77%，而"合资"的资本增加了436%；1917～1927年，纯日资的资本增加了214%，而"合资"的资本增加了655%。[①] 1944年"满洲铁道株式会社"所属各企业中也吸收了约30%的伪满资本，而在鲇川财阀的"满洲重工业会社"系统中伪满资本竟占到70%以上。[②]

帝国主义政府也经常以法律来鼓励外国人攫取中国资本。依照英国的"皇家殖民地法"，很多以中国资本为主的公司在香港注册成为英商；1915年起英国对这些公司又逐渐以法律规定英国人应占有总管理权和财务管理权，但并不限制它们大量吸收中国人的资本。[③] 1922年美国议会通过"对华贸易法"，使"中美合资"的企业由美国保护，1925年又加以修改；一个美国资产阶级的代言人评论道："修改最后草案所根据者，是这样一个原则，即：鼓励在华'殖民地'（指美国在华的公司——引者）攫取中国的资本经营在华的企业。"[④]

最后，帝国主义在中国所掠取的高额利润，也是它们积蓄资本的一个重要来源。各大公司都有巨量的公积金，并用利润来补充资本。日本南满铁道会社1930年单账面公积金即达1.886亿日元；英商开滦煤矿两次"增资"共392万镑全部是从利润中划拨的；1934年上海日本纱厂的

① 见满铁调查科《日本对于满蒙之投资状态》，第70、166页。

② 据伪东北物资调节委员会研究组编《资源及产业》下册，1947，第29～30页。

③ 1915年《中国（公司）枢密院敕令》［*China*（*company*）*Order in Council*］规定多数董事、查账员、清算人应为英人，1919年规定总管理人应为英人。见英文《中国年鉴》，1919，第647～651页。

④ 见雷麦《外人在华投资论》，第303页。

账面资产合它们实缴股本的2.8倍，1936年合2.9倍。很多财阀集团，如拥有14个直属公司、银行和约20个旁系公司的沙逊财阀，它的全部财产都是靠地产投机和鸦片贩卖的利润在中国积累的。据美国人调查，1930年在中国有投资37151000美元的美商，它们自美国汇来的资金仅13359000美元，只占投资额的36%。这是指有资本输入的企业，另有许多企业自称是“白手起家”，“从一根鞋带做起”，竟根本没有资金输入。[①]

我们估计截至1930年帝国主义在中国的企业和房地产约值24亿美元，而截至这年为止帝国主义输进中国的企业资本只有9.4亿美元。截至1930年，中国所代理的外债债额累计合15.9亿美元，但自国外实际输入的债款最多不超过6.3亿美元。[②] 这种差额，主要是由于帝国主义对中国的直接掠夺，也可说是超经济的掠夺而来的。

我们知道，对外国人民的直接掠夺是资本主义原始积累的方式之一。在帝国主义时代，这种直接掠夺的财产，通过土地占有、战争赔款的再投资等方式而资本化，成为进一步掠夺殖民地的资本。因此可以得出结论：帝国主义对旧中国的投资，不只是一种资本输入制度，同时是一种资本掠取制度。这种制度之具有双重的、超经济剥削的性质，不仅在于它直接地补充了帝国主义国家内部剩余资本的输出，而且在于它直接地占有了殖民地国家的生产资金，阻止着殖民地国家生产的发展和资本主义化。这种现象，也是我们上章所分析的帝国主义在旧中国投资的诸特点的必然结果；既然它们的投资主要是商业掠夺性的企业和军事政治性的借款，它就不单是榨取利润，而且要掠取资本。

三　帝国主义投资与中国国际收支的恶化

帝国主义在旧中国的投资既然大部分并无资金输入，每年又自中国掠取了惊人的利润，因而在它们资本大量侵略中国的初期就造成了我国国际收支

① 见雷麦《外人在华投资论》，第277～278页。但这本书译语不同，我们是根据英文本第292页重译的。

② 关于资本输入的估计见下节。

的逆差，就是说，资本的流入小于利润的流出，而且这一差额不断地扩大。

根据过去估计的材料，中国国际收支中资金的流动情况如下（见表3-3）。

表3-3 帝国主义投资与我国国际收支

单位：百万美元

年份	国际收入			国际支出		
	企业投资	政府借款	合计	投资利润	借款本息	合计
1894~1901	—	85.1	85.1	—	83.6	83.6
1902~1913	290.7	335.7	626.4	381.6	491.0	872.6
1914~1930	651.3	210.6	861.9	1229.1	628.0	1857.1
1931~1937[1]	93.2	69.5	162.7	398.4	226.0	624.4
合计	1035.2	700.9	1736.1	2009.1	1428.6	3437.7

注：[1]不包括东北。

资料来源：1984~1930年据雷麦《外人在华投资论》，第153、160~162、215~218页；1931~1932年据谷春帆《银价变迁与中国》，商务印书馆，1935，第76页，原据日本人土屋计左右的统计；1933年据中国银行《中行月刊》第8卷第4期，第9页；1934~1937年据日本东亚研究所《列国对支投资与支那国际收支》，1941，第226页后第1表。电影片租金及外侨汇出款计入企业利润内。国际收支的统计通常是按本国货币计算，为了便于比较，我们将它折成美元，折合率是每一美元折银元或伪法币数：1894~1901年2.00；1902~1913年2.18；1914~1930年1.92；1931~1937年3.23。

必须注意，表3-3主要是根据帝国主义者所提供的材料；特别是1930年以前，它对企业资本的输入是按投资额增加数来估计的，肯定是偏高的，而利润输出是按投资额的4%估计，又肯定是偏低的。虽然如此，我们还可能看出：在20世纪初期，中国资金的出口即超过外国资本的输入，约合资本输入的1.4倍；自第一次世界大战到“九一八”事变时期，资金的出口就合到资本输入的2.2倍；而“九一八”事变到“七七”抗战时期，又增加为3.8倍。1894年至1936年的四十几年间，帝国主义输进中国的借贷资本约合7亿美元，而它们自中国取回去的本息（主要是利息）在14亿美元以上，同时还在中国保留有9亿多美元的债权；同一时期，不计“九一八”事变以后的东北，它们输进中国的企业资本约合10亿美元，而从中国所汇回的投资利润达20亿美元，同时在关内还保持有19亿美元的企业财产和房地产。这就是说，四十几年间，它们自中国所取回去的资金为它们所输入的资本的2倍，同时它们在中国所持有的债权和财产达它们所输入的资本的1.6倍。也就是说，它们每投入中国100元，就取回去200元，还存留下160元。

解放以前七十几年中国的国际贸易一直是入超，因而造成国际收支严重的逆差。帝国主义对中国的投资活动又造成了国际收支的另一种逆差，使我国国际收支情况进一步恶化。这就从事实上粉碎了资产阶级经济学者的荒谬“理论”，他们硬说：外国的投资有助于改善国际收支不平衡的情况。

抗日战争爆发后，国民党取得了大批外债和美“援”，我国国际收支发生了变化。根据国民党公布的材料，1937～1947年帝国主义资本的输入共约合46亿美元，有关的国际支出为12.5亿美元。这时期资本输入是超过输出的。但从表3－4的材料中可以看出：除占不到22%的战时外债外，这时期的资本输入都是美国的“剩余物资”和租借物资之类，而中国付出去的价值都属现金支出，除付外债利息外，一部分是付给美国在华驻军做军费，一部分是付给了美国轮船公司，作为它们在中国推销过剩商品的运费。因此这种资本输出的目的，完全是为了推销过剩的商品（见表3－4）。

表3－4　战时帝国主义资本与国际收支（1937～1947）

单位：百万美元

国际收入		国际支出	
外债	1008.5	偿付外债本息	254.1
美国核定之借款	550.0	付给美国“剩余物资”之代价	825.0
美国租借物资	1613.9	付给美国“剩余物资”运费	30.0
“联合国救济总署”运华物资	569.0	付给美国租借物资运费	10.9
美国“剩余物资”	855.0	付给“联合国救济总署”运费	112.5
		负担“联合国救济总署”经费	21.4
合　计	4596.4	合　计	1253.9

资料来源：据张肖梅、张一凡《近十年来我国国际收支研究》，《财政评论》1947年第6期；并据王永吉《评张肖梅“中国的国际收支”》修正，见《世纪评论》1948年第12期，并减除苏联的借款。

“九一八”事变以后东北成为日本的殖民地。从这时起，东北的国际收支情况也发生了变化，资本输入也超过了利润支出。根据伪满官方统计，1932～1944年，日本资本输入东北约90亿日元，同时期从东北汇回的利润有32亿日元，合资本输入额的35%以上。专就东北而论，在“九一八”事变以前它的对外贸易都是出超的，而自“九一八”事变以后就变成了入超，并且入超额逐年加大。日本把东北变成它独占的投资市场，也把东北变成它独占的商品倾销市场；历年日本投资额的数目和变化几乎是与东北贸易收支逆差的数目和变化相等的。这说明了日本帝国主义对东北的投资主要是通过商品输入的形态。在这一点上，“九一八”事变后的日本之于东北和抗日战争及战后时期的美国之于蒋介石统治区，基本上是没有差别的，都是伴随着商品倾销而来的资本输入。其不同的只是日本对东北的商品输入包括了相当部分的生产器材，而美国供给蒋介石的则主要是军事“剩余物资”和过剩消费品（见表3－5）。

表3－5　日本对东北投资与伪满国际收支

单位：百万日元

年　份	日本对东北投资	投资利润汇回日本
1932～1936	1155.8	420.7
1937～1944	7913.4	2798.0
合　计	9069.2	3218.7

资料来源：见伪东北物资调节委员会研究组编《金融》，1948，附表2、附表23；1932～1936年投资利润汇回据满铁调查部《满洲经济提要》，1938年“极密”本，第607页。

第四章

帝国主义资本在旧中国经济中的比重

解放以前，中国的经济命脉是掌握在帝国主义手里。它们垄断了中国的煤、铁、动力等资源和重工业；它们垄断了中国的铁路、航运和航空；它们控制着中国的财政、金融和对外贸易；它们还控制了轻工业中的许多主要部门。

斯大林在指出中国革命的第一个特点是反对帝国主义时说："帝国主义在中国的统治不仅表现在它的军事威力上，而且首先表现在中国工业的命脉即铁路、工厂、矿山、银行等处在外国帝国主义者支配或控制之下。"①

根据过去一些不完整的材料，帝国主义资本在旧中国经济中的比重大概如下：

煤 中国的新式采煤工业很早即受外国资本控制，第一次世界大战时期与外资有关系的煤矿的产量占全部产量的90%以上。大战期间中国自办的煤矿稍获发展，但此后由于军阀混战不断停工减产，外资煤矿则继续增加。"九一八"事变后中国新开煤矿数处，但同时日本在东北的煤矿发展更快。外国资本经常占新法采煤产量的75%以上，占全国总产量的55%左右，情况如表4－1。抗日战争以后，在日本控制下东北的煤产量1943年增至2500多万吨，华北的开滦煤矿也增至680万吨，同年国民党后方的煤产量只有

① 斯大林：《论中国革命的前途》，《斯大林全集》第8卷，人民出版社，1954，第322页。

600万吨，而这些后方的主要煤矿也被英国资本侵入了，纯粹中国资本的大矿一家也没有了。①

表4-1 帝国主义资本在中国采煤工业中的比重

单位：千吨

年　份	全国总产量	新法采煤产量	外资关系矿产量	外资关系矿占全国总产量(%)	外资关系矿占新法采煤产量(%)
1916	13438	7420	6970	51.9	93.9
1920	21260	14669	9779	46.0	66.7
1930	25991	19932	14752	56.8	74.0
1936	35923	25605	19827	55.2	77.4

铁 第一次世界大战前，我国新法开采的铁矿只有日本资本控制的大冶一处，年产约50万吨，以后陆续增加，但也都和日本资本有关。“九一八”至“七七”抗战，我国新法开采的铁矿年产约200万吨，其中60%在鞍山和本溪湖，由日本资本经营，40%为大冶等矿所产，受日本借款控制，铁砂都运往日本；而中国资本的炼铁厂所用铁砂每年不过六七万吨。所以大矿所产铁砂99%是替日本炼铁厂生产的，供中国自用的只有土法开采的铁矿，年产不过四五十万吨。

我国新式冶铁工业，在第一次世界大战前只有两家，日本资本控制的汉阳铁厂每日生产能力650吨，华商的合兴铁厂只有12吨。“九一八”事变时，1931年日本资本的鞍山、本溪湖二厂产生铁33.5万吨，中国资本的则只有六河沟、保晋二厂继续开工，产量不过四五万吨，此外则为土法炼铁，产12.6万吨。至“七七”事变时，1937年鞍山、本溪湖的产量增加到81.1万吨，而土法炼铁减至3.1万吨。所以新式冶铁工业可以说全部为外资掌握，连同土法在内，外资的比重也自1931年的70%增至1937年的95%。炼钢方面，1937年日本在东北生产钢材24.6万多吨，而中国资本的钢厂生产不过5万吨，外资占83%以上。抗日战争后，1943年东北产生铁170.2

① 1916~1930年据历次《中国矿业纪要》材料；1936~1943年，东北据伪东北物资调节委员会研究组编《煤炭》，1948，第24页；关内据谭熙鸿主编《十年来之中国经济》上册，中华书局，1948，第126~128页；国民党后方据《中华民国统计提要》，1945。新法采煤一般指年产10万吨以上之大矿而言，唯东北系指日本“管制”部分的产量而言。

万吨，华北、华中产68.1万吨，都在日本控制之下，而国民党后方的炼铁厂产量不过3.3万吨；同年东北产钢材49.4万吨，华北、华中产4.8万吨，而国民党后方的钢厂产量不到9000吨。这些国民党后方的钢铁厂又几乎全部为美国人主持的“战时生产局”所控制。①

石油 旧中国的石油产量极少，全部是由外国资本控制。1936年日本在东北生产的页岩油有12.3万多吨，而关内石油只有炼焦的副产品，不过300吨，且大部分是德国资本所控制的井陉煤矿所产。抗日战争时期国民党开始经营甘肃的油矿，1943年所产各种油合计不过1万多吨，而同年日本在东北的页岩油产量达25.5万吨。② 但是控制中国石油市场的主要是美国，70年来美国石油约占中国进口油量的70%；抗战前中国每年进口石油90万至100万吨。美、英三个石油公司在中国设有几百个分销机构，并有全套的油库、加工厂、油车、油船、码头、仓库和附属工厂，垄断了全部石油储运设备。

电力 第一次世界大战前我国约有外国资本的电厂23家，中国资本的电厂43家，中国资本电厂的设备容量不到外资厂的一半。③ 从“九一八”到“七七”抗战，外国资本电厂所占发电容量的比重由60%增至73%，所占发电量的比重由68.5%增至77.1%，情况如表4-2。在资本方面，外资厂更占优势，1936年关内外资厂的资本额约合1.99亿元，占64.6%，中国厂只有1.09亿元，占35.4%。同时中国资本的电厂多属小厂，以供应电灯为主，1932年电力的供应只占发电量的27.4%，而外资电厂则以供应电力为主，如美国上海电力公司供应工业用电占发电量的85%~90%。因此在电力供应上，外资实占垄断地位。美国的上海电力公司是关内最大的电厂，1936年它的发电量有81万多千瓦时，超过46家中国电厂的总和。抗日战争后，在日本人控制下东北的发电量

---

① 日本控制各项产量据伪东北物资调节委员会研究组编《钢铁》，1948，第31、78、79、82、87页；土法炼铁等据曹立瀛《工业化与中国矿业建设》，商务印书馆，1946，第28、31、38页；国民党后方据《中华民国统计提要》，1945。

② 东北据伪东北物资调节委员会研究组编《化学工业》下册，1948，第114页，关内据《工业化与中国矿业建设》，商务印书馆，1946，第35页；国民党后方据《中华民国统计提要》，1945。

③ 杨大金：《现代中国实业志》上册，商务印书馆，1940，第917页以下之表。

1943 年达 420 多万千瓦时，而这时国民党后方的电厂发电不过 23 万千瓦时。[①]

表 4-2 帝国主义资本在中国电力工业的比重

项 目	设备容量（千瓦）				发电量（千瓦时）			
	外国资本		中国资本		外国资本		中国资本	
1931								
关 内	242241	50.6%	236464	49.4%	833890	62.1%	509182	37.9%
东 北	203800	77.0%	60800	23.0%	492910	83.1%	100000	16.9%
合 计	446041	60.0%	297264	40.0%	1326800	68.5%	609182	31.5%
1936								
关 内	321795	51.0%	309370	49.0%	1018991	59.1%	705314	40.9%
东 北	518725	—	—	—	1350500	—	—	—
合 计	840520	73.1%	309370	26.9%	2369491	77.1%	705314	22.9%

注：1931 年关内有外国资本电厂 11 家，中国资本 452 家；1936 年关内有外国资本及中外“合资”电厂 14 家，中国资本 446 家；关外电厂包括工矿自用发电在内。

铁路 旧中国的铁路全部不脱离外国资本关系。1903 年中国有铁路 4360 公里，其中帝国主义直接建筑经营的 2735 公里，其余都是借外债建筑的。至 1913 年，中国有铁路 9744 公里，其中帝国主义直接经营的 3827 公里，借外债建筑的 5271 公里，只有 646 公里的所谓“民营”铁路可算属于中国资本的，只占总数 6.6%。至 1936 年，中国有铁路 19028 公里。其中东北占 8296 公里，系由日本“满广州铁道会社”经营，加上法国经营的滇越铁路，共 8766 公里。国民党的所谓“国有铁路”7987 公里，[②] 都是抵押给外国债权人的；据国民党报告，1935 年这些铁路资产共值 9.17 亿元，而所借外债为 8.45 亿元，如果按当年汇率计算，外债超过 10 亿元。[③] 此外有 2275 公里的“省有”“市有”和矿区等专用铁路，包括许多窄轨和轻便铁

① 1931 年据《中国经济年鉴》第 3 编，1936，下册，第 L. 143 页；1936 年据谭熙鸿主编《十年来之中国经济》上册，中华书局，1948，第 J. 14～20 页；东北据伪东北物资调节委员会研究组编《电力》，1948，第 15～16 页，后方据《中华民国统计提要》，1945。

② 其中有南浔铁路 128 公里不是“国有”，但国民党铁道部已负担其外债，故并入“国有铁路”。

③ 《铁道年鉴》第 3 卷，1936，第 890、974 页。

路，外债关系不大，如以它作为中国资本，只占 1936 年铁路总长度的 12%。抗日战争期间，日本在关内关外新筑铁路约 6700 公里（同时拆掉了一些旧路），同时期国民党虽也修建了约 1000 公里的铁路，但全部都是靠外债建筑的。[①]

航运 第一次世界大战前，1913 年在中国外洋航运和国内航运的吨位中，外国船占 78.7%，中国船连同机帆船在内占 21.3%；到“九一八”事变前，1930 年外国船所占比重升为 81.2%，中国船降为 18.8%；到“七七”抗战前，1936 年关内外国船占 67.5%，中国船占 32.5%，关外则大都是日本船。1936 年关内的外洋航运共 4520 多万吨，其中外国船占 83.8%，中国船只占 16.2%；同年国内航运共约 9980 万吨，其中外国船占 63.1%，中国船占 36.9%。[②] 就是说，外国资本不但垄断了中国外洋航运，也控制了中国的国内航运。1936 年在我国沿海和内河航行的，约有外国船 609 艘，57 万多吨，同时各式中国船，包括机帆船和拖驳，约有 3457 艘，57.6 万吨。[③] 但中国轮船因受外商打击经常停航，并且经常有 10 万吨左右租给外商经营，所以设备吨位虽与外商不相上下，而实际航行吨位只占 1/3 强。此外，外国轮船公司在中国约占有码头 123 处，长达 3 万公尺，又占有仓库约 150 万平方公尺，[④] 都是在沿海和沿江商埠中最好的地段，因而垄断了沿海和内河的储运设备。

航空 1930 年帝国主义开始在中国设立航空公司，至 1936 年已有美、德、日三家。这三家都是所谓“中外合资”的，但事实上全部由外国人经营管理。至于中国自有的航空事业，伪交通部仅有的上海重庆航线成立后不到一年就被美国的中国航空公司吞并；官僚资本的西南航空公司也成立不久就停航了。

银行 20 世纪开始时，已有 7 家外国银行在中国开业，中国资本的银行还只有中国通商银行一家，而它的业务却是由英国人“洋大班”主持。

---

① 本节铁路里程，1936 年据陈晖《中国铁路问题》，新知书店，1936，附录一；抗战期间东北据伪东北物资调节委员会研究组编《运输》，1948，第 15～22 页；其余据张嘉璈《中国铁道建设》，商务印书馆，1946，第 9、18、163 页。

② 均据历年海关报告，参见第 417 页表 1－1。

③ 外国船据日本东亚研究所《列国对支投资概要》，1943，第 185、190～199 页；中国船据《中华年鉴》下册，1948，第 978 页。

④ 码头数据《列国对支投资概要》，第 201～204 页；码头长度及仓库不包括日本，据日本东亚研究所《诸外国之对支投资》中卷，1943，第 412 页。

1934 年中国已有 170 家本国银行，资本总额约 3.56 亿元，而当时美国大通银行一家的资本即有 1.48 亿美元，全部中国银行的资本还抵不过一家外国银行。如果以外国银行的资本平均只有 10% 用于中国计算，1934 年 53 家外国银行在中国的资本约合 1.5 亿元，[①] 与本国银行资本为1∶2.4。但就资产来说，1936 年 33 家外国银行在华资产估计为 19 亿元，而同年 69 家华商商业银行和储蓄银行的全部资产只有 14.3 亿元，即外国银行的资产比华商银行要大 1/3。[②] 如果连同国民党的“国家银行”合计，中国银行的资产要比外国银行大得多；但国民党“国家银行”的资产很多是代管的财产，同时有很多是商业银行的存款和保证金，即重复计算的资产。更应注意的是，外国银行的实力并不能从它在中国的资产数字上来论断。它们控制着中国的财政、掌握中国政府的外债、独占进出口贸易和外汇；中国银行的数目和资产虽然不少，但它们是处于外国银行的附庸的地位，替外国银行执行买办的任务。

保险　1936 年中国资本的保险公司有 40 家，其中 10 家的总公司在香港；这些保险公司的资本共约合 2800 万元。同年，12 家总公司在上海和香港的外国保险公司即有资本 2800 万元，它们的资产达 2.04 亿元；此外还有 129 家总公司在国外的外国保险公司，它们的资本合 12 亿元。[③] 无论在资本上和家数上，外国保险公司都占垄断地位。同时华商保险公司事实上也是替外商服务的，多半是代外商保险公司分保，成为它们的经纪人。据说 1930 年左右中国各埠的水火保险费收入每年约有 2000 万两，其中约 90% 为外商所得，华商所得不过 10%，[④] 而许多进口贸易系在国外投保，华商没有份。

贸易　抗日战争前中国的进出口贸易约在 20 亿元，据日本人推测，其中出口约 80% 和进口几乎全部都是外商所经营的。[⑤] 中国的资本家也认为上海进出口业务的 90% 是由外国资本经营。[⑥] 其实外国资本之垄断中国对外贸

① 见吴承禧《中国的银行》，商务印书馆，1934，第 11、103 页。

② 见吴群敢《外商银行概况》，现代经济通讯社，1949，第 41 页。

③ 华商据《中华年鉴》下册，1948，第 1188～1189 页；外商据日本东亚研究所《列国对支投资概要》，1943，第 96 页。

④ 见吴承禧《中国的银行》，第 114 页。

⑤ 见日本东亚研究所《列国对支投资概要》，1943，第 108 页。

⑥ 陈光甫语，引见《中国的银行》。

易是无待数字证明的。中国进出口商行实际只是外国资本的买办，替外商推销洋货和收购土产。1936 年总公司在上海的英国贸易商平均每家资本达 190 多万元，总公司在上海的各国贸易商合计平均每家也有 50 万元。总公司在国外的英商，它们在中国部分的资产平均每家合 220 多万元，各国合计每家也有一百十几万元。而中国的贸易商平均每家资本恐不过 5 万元。①

纺织工业 棉纺织业是中国民族资本最有发展的工业，1933 年它的产值占全部制造工业的 1/3 以上，但在这一行业中，也是外国资本居于统治地位。在第一次世界大战开始时，外国纱厂占全国纱锭和织布机设备的一半左右。大战期间民族资本的比重略见增加，但自 1920 年以后，外国纱厂的势力又迅速地增长。外国纱厂所占纱锭的比重由 1920 年的 39.5% 升到 1936 年的 48.2%，同时期它们所占织布机比重由 34.8% 升到 56.3%，尚未计入 1936 年东北日本纱厂的 21 万锭，情况如表 4-3。中国纱厂在纱锭和织布机的数目上已居劣势，在资本和生产效率上更不如外商。1930 年华商纱厂的资本和公积金共合 1.27 亿元，外国纱厂合 1.61 亿元，外资占 56%，华资占 44%；相反，在劳动力上华商纱厂有工人 16.19 万多人，外国纱厂有 7.7 万人，外资占 32.2%，华资占 67.8%。华商纱厂由于资本小，成本高，经常为债务所累；外国纱厂则资本雄厚，趁机压制和吞并华商，单 1936 年就有 6 家华商纱厂被外国资本所吞并。

中国的毛纺织工业虽然建立很早，但在 20 世纪初期即由于外国毛绒进口的打击而全部失败，直到抗日战争前才稍有发展，主要也是掌握在帝国主义者之手。在抗日战争胜利前后，中国资本的毛纺织厂共约有毛纺机 4.8 万锭，毛织机 1100 台；而日本在关内外经营的毛纺织厂有毛纺机 5.4 万锭，毛织机 840 台；英国在上海有毛纺机 2.5 万多锭，毛织机 180 台。② 即是说，外资约占毛纺锭的 62%，毛织机的 48%。同时中国的毛纺织业主要依靠外国进口的羊毛，又受进口毛绒的打击，华商的毛纺厂经常不能正常生产。

---

① 见日本东亚研究所《列国对支投资概要》，1943，第 169~170 页。

② 日本毛纺织厂，关外根据伪东北物资调节委员会研究组编《纤维工业》，1948，第 180 页；关内根据伪中国纺织建设公司接收日本毛纺织厂的统计，见《中华年鉴》下册，1948，第 1562 页。华商和英商根据我们的调查。

表 4－3　帝国主义资本在棉纺织工业中的比重

年　份	华商纱厂			日本纱厂			英国纱厂		
	厂数	纱锭(枚)	百分比	厂数	纱锭(枚)	百分比	厂数	纱锭(枚)	百分比
1915	35	599034	56.3	4	219152	20.6	5	245824	23.1
1920	63	1774974	62.7	29	801662	28.3	5	256284	9.0
1925	69	2034816	57.0	45	1332304	37.3	4	205320	5.7
1930	82	2499394	55.6	45	1821280	40.5	3	177228	3.9
1936	96	2919708	51.8	48	2485352	44.1	4	230006	4.1
年　份	华商纱厂			日本纱厂			英国纱厂		
	厂数	布机(台)	百分比	厂数	布机(台)	百分比	厂数	布机(台)	百分比
1915	—	2254	49.4	—	1386	30.4	—	924	20.2
1920	18	7740	65.2	3	1486	12.5	5	2653	22.3
1925	28	13371	58.3	25	7205	31.4	4	2348	10.3
1930	34	17018	50.8	16	14082	41.8	3	2480	7.4
1936	53	25503	43.6	27	28915	49.5	4	4021	6.9

注：1915 年日本纱厂中包括德商一家，计纱锭 53200 锭，织机 500 台；英国纱厂中包括英德合资一家，计纱锭 50768 锭。又 1936 年不包括东北纱厂。

资料来源：1915 年据龚骏《中国新工业发展史大纲》，商务印书馆，1931，第 136、148 页；1920～1936 年据上海棉纺织业工业同业公会《中国棉纺统计史料》，1950，第 1、3 页。

麻纺织工业据 1933 年调查，有三家日本工厂，但还没有中国工厂。此后中国有几家小厂建立，至抗日战争胜利前后，约有麻纺机 7900 锭，麻织机 160 多台；而同时日本在关内外经营的麻纺织厂有麻纺机 5.89 万锭，麻织机 1550 多台，英国在上海有麻纺机 2700 多锭，麻织机 140 台。①即是说，外资占麻纺机的 89%，占麻织机的 91%。

卷烟工业　卷烟工业也是旧中国的重要工业之一，它的产值仅次于棉纺织业。但旧中国的卷烟生产差不多为英商颐中烟公司一家所垄断。第一次世界大战前，中国资本的卷烟厂不过三四家，而外国资本的卷烟厂已有七八家，其后外国烟厂就逐渐为颐中烟公司的前身英美烟草托拉斯所收买和代替。1932 年颐中各厂生产卷烟 62.8 万箱，占关内卷烟总产量的 51.3%，关内其他外国烟厂（主要是日本厂）生产 3.4 万箱，占 2.8%；中国资本的

① 日本麻纺织厂，关外据伪东北物资调节委员会研究组编《纤维工业》，第 191、194 页；关内同第 464 页注②。华商和英商根据我们的调查。

100多家烟厂共生产56.2万箱，占45.9%。到了1935年，颐中各厂产量增至64.65万箱，占59.4%；其他外国厂产1.54万箱，占1.4%；而中国烟厂产量降为42.7万箱，占39.2%。[①] 外国烟厂生产高级卷烟较多，所以在产值上，外国厂约占63%以上。在资本上，华商烟厂更居劣势。1930年上海和江苏各地八家外国烟厂的登记资本合4200多万元，总资产达4亿元，而60家华商烟厂的登记资本只有1500多万元，总资产只有7700万元。[②] 颐中烟公司不但在全国五个城市都拥有卷烟工厂，并且附设有种植烟叶、运销产品、包装、印刷、制罐等专门机构，甚至还自办有房地产公司和金融公司，成一完整的托拉斯。

其他制造业 帝国主义资本在制蛋、制革、肥皂、锯木、造船等工业中也占有重要地位。由于国民党历次的工业调查外商都拒绝填报，无法确知外国企业界生产数字。根据1933年的估计，外国资本在若干制造工业中所占的比重大概如表4-4。此外在面粉工业、火柴工业中，外国资本也占一定的比重。从这些材料可以看出，帝国主义所投资的工业主要是食品工业和为进出口贸易服务的工业。同时也可看出，外国资本的工厂数目不多，雇用的工人也往往比华商工厂少，而它的生产量很大。它们是以现代机器来统治中国的半机器工业的。

表4-4 帝国主义资本在制造业中的比重（1933）

项目		单位	外国资本	百分比	中国资本	百分比	合计
卷烟	卷烟厂	家	21	15.2	117	84.8	138
	生产量	箱	885195	63.1	518391	36.9	1403586
	工人	人	22776	62.0	13934	38.0	36710
	生产值	千元	144494	63.4	83447	36.6	227941
制蛋	制蛋厂	家	10	41.7	14	58.3	24
	工人	人	2587	54.4	2165	45.6	4752
	生产值	千元	15522	56.8	11806	43.2	27328
制酒	制酒厂	家	3	42.9	4	57.1	7
	工人	人	437	49.5	446	50.5	883
	生产值	千元	1311	52.7	1177	47.3	2488

① 见日本东亚研究所《英美烟草托拉斯》（油印本），1943，第67~68页。

② 见杨大金《现代中国实业志》，商务印书馆，1940，上册，第805页。

续表

项目		单位	外国资本	百分比	中国资本	百分比	合计
制茶	制茶厂	家	1	2.2	45	97.8	46
	工人	人	376	10.9	3086	89.1	3462
	生产值	市担	54000	43.2	71000	56.8	125000
制冰汽水	制冰厂	家	4	23.5	13	76.5	17
	工人	人	770	53.0	683	47.0	1453
	生产值	千元	3080	57.2	2306	42.8	5386
制革	制革厂	家	5	18.5	22	81.5	27
	工人	人	472	26.9	1284	73.1	1756
	生产值	磅	4560000	80.2	1126875	19.8	5686875
肥皂	肥皂厂	家	6[1]	28.6	15	71.4	21
	工人	人	930[1]	47.6	1023	52.4	1953
	生产值	千元	25562	78.4	7046	21.6	32608
锯木	锯木厂	家	37	84.1	7	15.9	44
	工人	人	3460	83.1	703	16.9	4163
	生产值	千元	12802	84.9	2285	15.1	15087
翻砂	翻砂厂	家	9	23.7	29	76.3	38
	工人	人	1616	60.8	1041	39.2	2657
	生产值	千元	1454	59.7	981	40.3	2435
造船[2]	造船厂	家	5	22.7	17	77.3	22
	工人	人	1860	54.7	1541	45.3	3401
	生产值	千元	5213	57.8	3804	42.2	9017

注：

[1]系1936年数字。

[2]外国资本不包括日本海军造船厂，中国资本不包括国民党官营造船厂。

资料来源：据巫宝三主编《中国国民所得》上册，第64页后附表，第70、71页及下册各有关附录。唯外资肥皂产值原计算不当，改用《列国对支投资概要》数字，第268页；又翻砂业原缺东北，经补充，见汪馥荪《战前中国工业生产中中外厂生产比重问题》，《中央银行月报》新2卷第2期。

公用事业 公用事业是帝国主义投资的主要部门之一。根据1933年的估计，全国有外商自来水厂7家，中国自来水厂17家。外商自来水厂有工人1974人，占39.1%，但供水量达266.7亿多加仑，占50.7%；中国自来水厂有工人3079人，占60.9%，而供水量只有259.2亿加仑，占49.3%。①

1933年估计，全国有电车公司7家。其中外商占5家，有电车路198公里，占73.1%，电车785辆，占82.8%；华商2家，只有电车路73公里，

① 见巫宝三主编《中国国民所得》上册，第70页；下册，第67页。

占26.9%，电车163辆，占17.2%。[①]

1933年全国有3家煤气厂，全部都是外国资本经营的。

帝国主义在中国虽然只有一家美国上海电话公司，但它的规模很大，解放前它的容量有6.91万线，职工1500多人；同时它的姊妹公司中国电气公司垄断了电话材料的进口和电话机制造。广州、南京、汉口等地电话虽是国民党经营，却都是美国电话公司借款建立的。

综合上述，就抗日战争前的情况说，帝国主义资本大约占据中国钢铁和石油工业的95%，采煤和电力工业的75%，纺织工业的60%，食品工业的一半。帝国主义资本控制了中国全部铁路、航空和海洋运输，占据国内航运的2/3。外国资本在中国基本工业中的比重，超过革命前的俄国，也超过印度；在帝俄和在印度的外国资本主义主要集中于矿山和五金工业，在轻工业中比重不大；[②] 而在中国，则外国资本不但掌握了重工业，也控制了主要的轻工业——纺织和食品工业。

据上海市的调查，1928年上海全市工业资本中，外国资本占64.7%，中国资本占35.3%。[③] 另有人估计抗日战争前在关内的工业和运输业资本

① 巫宝三主编《中国国民所得》下册，第201页。

② 外国资本在帝俄的采掘工业中占比重最大，全部矿业资本约有半数属于法国资本家；1913年铣铁的产量有60.4%是和法国资本有关系的工厂生产的。铜的产量则有52.2%属于英国资本，石油生产也大部分为外国资本所控制；但在轻工业中外国资本比重不大，外国资本投于纺织工业的不到9%（见彼得罗相《苏维埃工业化方法》，作家书屋，1953，第188～189页）。外国资本在印度各种工业中所占的比重，据印度内阁秘书处的材料如下：煤矿62%，其他矿73%，电力43%，石油97%，棉纺21%，食品32%，橡胶93%，机器制造33%（见伊·列明《英美垄断资本在印度和巴基斯坦》，《经济问题》1952年1月号）。

③ 见伪上海市社会局编《上海之工业》，1930。根据该书各项材料整理，1928年上海工业资本情况如下：

业　　别	中国资本		外国资本		合　计
	银　元	百分比	银　元	百分比	银　元
纺织工业	45087250	22.8	152676800	77.2	197764050
食品工业	25892760	52.1	23822200	47.9	49714960
化学工业	5418980	73.3	1976900	26.7	7395880
机器金属品	3058000	96.1	125000	3.9	3183000
印刷造纸	12432800	95.3	615791	4.7	13048591
水电事业	8930000	47.2	10000000	52.8	18930000
其　　他	2803010	78.6	763000	21.4	3566010
合　　计	103622800	35.3	189979691	64.7	293602491

中，外国资本占74.1%，中国资本只占25.9%。[①] 由于中国工业未经详细的调查，过去的所谓“资本”又只是登记的股本额，并且限于较大工厂，这些材料并不可靠。但从各方面看，抗日战争前在中国的现代工业和运输业中，外国资本大约占70%以上，中国资本不到30%。我们估计大概情况如表4－5。

表4－5　帝国主义资本在中国工业中的比重（1936）

单位：百万美元

业　　别	中国资本	外国资本	合　计
矿 冶 业	38	270	308
制 造 业	517	433	950
公用事业	135	182	317
运 输 业	85	1065	1150
合　　计	775	1950	2725
比　　重	28.4%	71.6%	

资料来源：外国资本根据我们的估计：其中日本在东北的投资无分业材料，只是大略的估计；运输业中包括铁路外债。中国资本，制造业根据吴承明的估计，见《中国工业资本的估计和分析》，《新华月报》1950年创刊号，系资产价值，其中原包括的冶炼和水电事业部分经分列；另补充采矿3000万美元，航运5000万美元，公路汽车3500万美元。

① 见谷春帆《中国工业化通论》，商务印书馆，1947，第170～171页。他所用的中国工业资本主要是1933年的调查，另加“国有”铁路及轮船公司、公路汽车等；所用外国资本是1930年雷麦的估计。他估计的结果如下：

业　　别	中国资本(元)	外国资本(元)	合计(元)
制 造 业	627812964	1076700000	1704512964
公用事业	—	277700000	277700000
矿　　业	44296000	88000000	132296000
运 输 业	315167548	1378136169	1693303717
合　　计	987276512	2820536169	3807812681
比　　重	25.9%	74.1%	

说明：中国资本制造业内包括电气及自来水业134203625元。

第五章

帝国主义资本与中国经济的殖民地化

一　帝国主义资本与中国资本主义的发展

我国在明朝时已有了资本主义生产关系的萌芽，但由于封建统治坚强的阻碍和明清两朝对于海外通商的禁止，它的发展是很迟缓的。在外国资本侵入中国以前，我国的生产力，特别是生产工具，还没有发生基本的变化。蒸汽机是随着外国资本同时被输入中国的。

列宁说："资本的输出，在所输到的那些国家中，是要影响到那里的资本主义的发展，且异常加速这种发展的。"①

如第二章所说，1842 年鸦片战争结束后，资本主义列强在中国的财产开始有了殖民地投资的意义，外国资本的新式企业设立和增加起来。约 20 年后，即从 1861 年起，清朝的封建官僚和军阀就开始建立了一些军火工业，其中如江南制造局、马尾船厂等都具有相当的规模。又约 10 年后，即 1872 年，中国出现了第一家私人资本的机器丝厂。1880 年前后，清朝的官僚和军阀也陆续建立了纺织、缫丝、织呢、造纸、火柴等日用品工业，并进行开矿、冶铁。差不多每一种新工业（除了纺织和采矿）都是在外国资本的这种工厂设立若干年后，中国才开始经营的。到 19 世纪终了，清朝的官僚和

① 列宁：《帝国主义是资本主义底最高阶段》，第 70 页。

军阀所设立的新式厂矿前后有30多家，而资本在1万元以上的“商办”的新式企业则不下113家；但后者一般规模很小，它们受着“官办”企业的压制。[①]

20世纪开始，西方资本主义国家已发展到帝国主义阶段，它们对中国经济的侵略已日益注重于资本输出。1900年至1913年帝国主义在中国的企业数目增加了2.8倍，它们在中国的企业财产和对中国的借款都增加了1倍以上。同时，甲午战争后清朝封建统治的腐朽和脆弱已经完全暴露，尚在幼稚状态的中国资本主义已开始反抗清朝对新式工业的“官办”垄断政策，而争取到了“准各省广开民厂”的合法地位。自1900年至1911年，中国商人所设立的资本在1万元以上的工厂和矿场不下286家，资本额共6300多万元，平均每家合22万元；而在1872～1899年私营厂矿的资本平均每家只有16万元。[②] 据北京军阀政府农商部的统计，到1913年中国资本的7个工人以上的工厂有21754家，雇用工人656723人。1913年中国资本的纱厂已有纱锭65.16万多锭，为1890年的5.7倍。[③]

第一次世界大战期间是中国民族工业的“黄金时代”。自1914年到1920年，中国资本的纱厂由35家增至63家，纱锭由68.79万多锭增至135.45万多锭，即增加了97%；织布机由4633台增至9695台，即增加了110%。[④] 同时期面粉厂增加了84家，面粉的出口由7万担增至396万担，并由入超转为出超。据北京军阀政府农商部统计，1914年工业企业注册的资本是6200多万元，1920年增为1.55亿多元，增加150%；同时资本在50万元以上的大企业1914年只占总数的4%，1920年增加为14%。在采矿工业和运输业方面也有相当的发展。1916年至1920年，中国资本新式煤矿的产量由44.95万吨增至488.97万吨，即增加近11倍；1913年至1919年中国轮船吨数由133223吨增加为287592吨，即增加116%。

毛主席指出：

① 参看汪敬虞、李一诚《中国工业发展初期的厂矿统计表》，《近代史资料》1954年第2期。

② 参看汪敬虞、李一诚《中国工业发展初期的厂矿统计表》，《近代史资料》1954年第2期。

③ 见杨大金《现代中国实业志》上册，商务印书馆，1940，第38页。

④ 据杨大金《现代中国实业志》，与前章所用的数字不同，因后者无1914年统计。

> 中国封建社会内的商品经济的发展，已经孕育着资本主义的萌芽，如果没有外国资本主义的影响，中国也将缓慢地发展到资本主义社会。外国资本主义的侵入，促进了这种发展。外国资本主义对于中国的社会经济起了很大的分解作用，一方面，破坏了中国自给自足的自然经济的基础，破坏了城市的手工业和农民的家庭手工业；又一方面，则促进了中国城乡商品经济的发展。
>
> 这些情形，不仅对中国封建经济的基础起了解体的作用，同时又给中国资本主义生产的发展造成了某些客观的条件和可能。因为自然经济的破坏，给资本主义造成了商品的市场，而大量农民和手工业者的破产，又给资本主义造成了劳动力的市场。①

由此可见，帝国主义对中国经济的侵略，破坏了中国自给自足的封建经济基础，同时也就给中国资本主义的发展造成了某些条件。但是，正如毛主席所继续指出的，这只是帝国主义侵入中国以来所发生的变化的一个方面，还有和这个变化相反的一个方面，就是帝国主义勾结中国封建势力和买办资产阶级来限制和压迫中国民族资本的发展。从一百年来的历史看，这正是帝国主义资本作用于中国经济的主要方面。事实上中国的民族资本只是在帝国主义资本对中国的侵略和压迫比较放松的时候，即当它们忙于分割殖民地的第一次世界大战的几年间才有了一些实际的增长。即使在这一时期，日本帝国主义在中国的经济势力增长速度也是超过中国民族资本的。1913 年至 1920 年，日本对中国的公开借款增加了 274%，它在东北的投资增加了 367%，在中国的纱锭增加了 132%，在中国的企业数目增加了 237%。②

毛主席指出："帝国主义列强侵入中国的目的，决不是要把封建的中国变成资本主义的中国。帝国主义列强的目的和这相反，它们是要把中国变成

① 毛泽东：《中国革命和中国共产党》，《毛泽东选集》第 2 卷，人民出版社，1952，第 620～621 页。

② 借款、对东北投资据日本东亚经济调查局《支那政治经济年史（1930～1931）》，1932，第 457、459、464 页；纱锭见杨大金《现代中国实业志》上册，第 38 页；企业数目据海关报告。

它们的半殖民地和殖民地。”① 这就是说，要使中国的经济依赖于它们，作为它们的商品市场和原料补给地，而不能有独立发展的资本主义。远在中日甲午战争后中国初办新式工厂时，英国公使即说“机器进口，恐非西国之福”，英国报纸即评论道：“中国多织一匹布，即我国（英国）少销一匹布。”② 中国资本主义的某些发展是帝国主义资本侵入中国的必然结果，但绝不是它们所愿意的结果。中国的民族资本是作为帝国主义资本的对立物而发展的，帝国主义资本在中国的任务之一，即在于限制和压迫中国民族资本的发展。乃至在中国解放以后，英国在远东投资的总代理人、汇丰银行的董事长兼总经理摩士还在宣布：“我强调主张在东方不要迅速地进行大规模的工业化生产；最聪明的做法是把资金和力量集中在粮食和其他农业生产品上。”③ 当然不仅是英国如此，如“农业中国，工业日本”，“农业中国，工业美国”，总之，帝国主义者的要求是一样的。

1939 年毛主席曾将帝国主义对中国军事的、政治的、经济的和文化的侵略手段做了一个简明而全面的总结；关于经济侵略方面，毛主席写道：

> 三、帝国主义列强根据不平等条约，控制了中国一切重要的通商口岸，并把许多口岸划出一部分土地作为它们直接管理的租界。它们控制了中国的海关和对外贸易，控制了中国的交通事业（海上的、陆上的、内河的和空中的）。因此它们便能够大量地推销它们的商品，把中国变成它们的工业品的市场，同时又使中国的农业生产服从于帝国主义的需要。
>
> 四、帝国主义列强还在中国经营了许多轻工业和重工业的企业，以便直接利用中国的原料和廉价的劳动力，并以此对中国的民族工业进行直接的经济压迫，直接地阻碍中国生产力的发展。
>
> 五、帝国主义列强经过借款给中国政府，并在中国开设银行，垄断了中国的金融和财政。因此，它们就不但在商品竞争上压倒了中国的民

① 毛泽东：《中国革命和中国共产党》，《毛泽东选集》第 2 卷，第 622 页。

② 《论机器不宜进中国》，原载上海《字林西报》，1896 年 9 月 29 日，见《中国近代史资料选辑》，三联书店，1954，第 288 页。

③ 1953 年 2 月 27 日摩士在汇丰银行股东年会上的报告，见《经济导报》1953 年第 7 期。

族资本主义，而且在金融上、财政上扼住了中国的咽喉。

六、帝国主义列强从中国的通商都市直到穷乡僻壤，造成了一个买办的和商业高利贷的剥削网，造成了为帝国主义服务的买办阶级和商业高利贷阶级，以便利其剥削广大的中国农民和其他人民大众。

七、于买办阶级之外，帝国主义列强又使中国的封建地主阶级变为它们统治中国的支柱。它们“首先和以前的社会制度的统治阶级——封建地主、商业和高利贷资产阶级联合起来，以反对占大多数的人民。帝国主义到处致力于保持资本主义前期的一切剥削形式（特别是在乡村），并使之永久化，而这些形式则是它的反动的同盟者生存的基础”。“帝国主义及其在中国的全部财政军事的势力，乃是一种支持、鼓舞、栽培、保存封建残余及其全部官僚军阀上层建筑的力量。”①

毛主席并且做了这样的结论：“由此可以明白，帝国主义列强侵略中国，在一方面促使中国封建社会解体，促使中国发生了资本主义因素，把一个封建社会变成了一个半封建的社会；但是在另一方面，它们又残酷地统治了中国，把一个独立的中国变成了一个半殖民地和殖民地的中国。”②

二　帝国主义资本对中国民族工业的压迫

中国的民族资本只是在第一次世界大战期间有了某种程度的增长。在战争结束以后，帝国主义列强恢复了对中国的侵略和瓜分，先天薄弱的中国民族工业就迅速地萧条下来。1921 年至 1922 年两年内，日本帝国主义在上海新设了 6 个纺织公司，在青岛新设了 3 个纺织公司，并在原有的纺织公司中增设了 5 个纱厂和 1 个织布厂；而同时，华商纱厂中有 4 个为日商所吞并，2 个为美商所吞并，3 个出租出卖，8 个清算改组。③ 据日本人调查，1921 年山东已有 139 家日本工厂，而只有 93 家中国工厂。在这种

① 毛泽东：《中国革命和中国共产党》，《毛泽东选集》第 2 卷，第 622 ~ 623 页。

② 毛泽东：《中国革命和中国共产党》，《毛泽东选集》第 2 卷，第 624 页。

③ 见汪敬虞《旧中国为什么不能实现国家工业化》，《人民日报》1953 年 5 月 21 日。

打击下，中国的民族资产阶级在工人阶级的领导下参加了中国人民的民族民主革命，它的代表人物与中国共产党结成联盟。但是，在北伐革命战争正在走向胜利的时候，以蒋介石为首的中国大资产阶级，在帝国主义的直接鼓舞和武力帮助之下叛变了革命，他们转而与帝国主义结成了联盟。从此以后，中国的民族资本就在帝国主义、封建主义和官僚资本的压迫下走上了破产的道路。

根据国民党实业部的统计，1928 年至 1934 年，中国工厂设立的数目和它们的登记资本逐年都是下降的，其情况如表 5－1。

表 5－1　中国民族工业的衰落（1928～1934）

年　份	工厂设立（家）	指　数	登记资本（千元）	指　数	每家平均资本（千元）	指　数
1928	250	100.0	117843	100.0	471	100.0
1929	180	72.0	64023	54.3	356	75.6
1930	119	47.6	44947	38.1	378	80.3
1931	113	45.2	27691	23.5	245	52.0
1932	87	34.8	14585	12.4	168	35.7
1933	153	61.2	24399	20.7	159	33.8
1934（1～6 月）	82	32.8	17810	15.1	217	46.1

资料来源：见汪敬虞《第二次国内革命战争时期的中国民族工业》，《新建设》1953 年第 12 期。原据《申报年鉴（1936）》，第 806～807 页。

这一时期，上海的缫丝业设备，由 1928 年的 23534 部丝车减为 1935 年的 7686 部；上海的卷烟厂由 1928 年的 94 家减为 1935 年的 44 家；全国火柴厂由 1928 年的 180 余家减为 1932 年的 69 家；江苏的面粉厂由 1921 年的 44 家减为 1931 年的 28 家。中国纱厂的厂数和纱锭虽有所增加，但开工率则下降，停工纱锭最高达 159 万多锭，占设备一半以上。民族工业的营业额，如以 1930 年为 100，则 1933 年棉纱为 35，针织为 50，面粉为 50，机器为 73，染织、卷烟、橡胶为 80。1934 年，16 个民族工业部门中，停工率达 15% 的有伞、化妆品；达 25% 的有纺纱、橡胶；达 30% 的有水泥、制帽；达 35% 的有榨油；达 40% 的有涂料、染色、罐头；达 45% 的有电气、印刷、制药；达 50% 的有牙刷、热水瓶；而缫丝业停工率达 80%。1923 年至 1936 年 14 年间，华商纱厂停工清理者有 13 家，出售者有 25 家，破产归债权人接管者有15家，出租改组者有33家。[①]

帝国主义的压迫是中国民族工业破产的根本原因，帝国主义在华资本又是中国民族工业的直接统制者和压迫者。

第一，帝国主义资本既然掌握了中国的经济命脉，它们就可以限制中国工业的发展，就可以依照它们的意图和式样来改变中国的工业，它们也可以运用垄断势力，随时置中国工业于死地。例如，它们掌握了中国的海关和对外贸易，就可以随时用洋货来打击中国的工业生产。中国工业的破产，大部分是受洋货倾销所致。它们掌握了中国的金融和外汇，就可以吸收中国资金，培养外商工厂，就可以操纵汇率和利息，使中国工业陷于债务的困难。又如，帝国主义垄断了中国的动力工业，就可以限制中国工业的设立和地区分布；在1925年“五卅”运动中，它们就用停止对中国工厂供电的方法来胁迫中国资产阶级投降，由于外国电厂拒绝供电，中国资本的南洋兄弟烟草公司不得不把工厂设立在地势较差的浦东地区。由于铁路掌握在帝国主义手里，它们便可任意增加中国工业品的运价，便可以根据“九国公约”来干涉国民党“国有铁路”的运价；滇越铁路“就事实言，未得法国的允许……无人无物得以进入云南”；[②] 为了打击中国煤矿对英商煤矿的竞争，英国福公司甚至于1913年在道清铁路上对中国煤矿的产品实行“禁运”。

第二，帝国主义在中国的企业并不是与中国民族工业立于平等的竞争地位的，它们是享有帝国主义特权的企业，受外国法律的保护。帝国主义在中国所制造的长期的军阀战争，曾经是破坏中国国民经济、摧残中国民族工业的重要因素，而外商企业不但不受影响，反而大获其利。这在捐税的负担上最为明显。几十年来，中国工厂的产品要纳重要的“厘金”（过境税），而外商工厂的产品则比照“洋货”，只纳一道“子口半税”，即可通行全国。国民党曾在纸面上废除了“厘金”，但事实上一件棉纱从重庆运到新津、彭山仍要征十九道税，而外商工厂的棉纱只征一道“统税”。即就纸面上的税法说，“国内纱布税则，自实行统税，表面上以纱支分类，中外纱厂似无轩轾；然以中外纱厂纺纱支数观之，则其有利于外厂者甚著。盖统税纱支以二

① 汪敬虞：《第二次国内革命战争时期的中国民族工业》，《新建设》1953年第12期；火柴、面粉据龚骏《中国新工业发展史大纲》，商务印书馆，1931，第191、288、290页。

② 《密勒士评论周报》1933年9月第63期。

十三支为粗细之分级，而税率相差，每担仅有一元。外厂纱支，前已以二十支为中心，今益移高，殆已超过二十三支，而华厂中心纱支，在昔不及十六支，今虽提高，要仍在二十支以下”。① 国民党上海社会局的出版物中也不得不说：“民十四至十六，此三年间，华商烟厂，风起云涌，而十七年以后，忽转失败，其关键全在征税之不平等。盖是年国民政府举办卷烟统税，华制品税额比舶来品增收 2.5%，况舶来品进口，否认二·五奢侈税，则华制品实际上增收统税 5%。而同时英美烟公司闻以先垫税款之故，又得某种优越权利，华厂处此情势之下，自必难以立足。”② 此外，如国民党曾推行了印花税，而洋商则是向例不贴印花税的；国民党又举办了所得税，但对于洋商无权查账，因而所得税也是空的。

第三，外商工厂是以资金雄厚的现代化企业出现在中国的，它们的背后是巨大的垄断托拉斯；而中国民族工业则是资金贫乏设备落后的小生产，它们无时不在风雨飘摇之中。1936 年上海的英国工厂平均每家资产有 302 万元，美国工厂平均为 134 万元，日本工厂平均为 106 万元，而中国 30 人以上的工厂平均资本只有 14 万元。③ 1934 年当我国工业因受美国“白银政策”的打击而陷入危机的时候，华商纱厂平均要停工 7.55 周，而在华的日本纱厂平均只停工 0.32 周；1935 年华商纱厂平均停工 12.31 周，而日本纱厂只停工 0.36 周。④ 这即是说，在华的外商由于据有巩固的垄断地位，即使在全国性的经济危机中，它们基本上仍不受影响，它们靠牺牲中国的同业而养肥了自己。1935 年上海歇业的华商工厂中，有 49% 是由于“市面萧条，发生亏损”，有 25% 是由于“周转不灵”；⑤ 但是，就在这“市面萧条”的时

① 《华商纱厂联合会年会报告书》，1933，第 18 页，转引自汪敬虞《第二次国内革命战争时期的中国民族工业》，《新建设》1953 年第 12 期。

② 伪上海市社会局编《上海之工业》，1930，第 101～102 页。这里所谓“某种优越权利”，乃是宋子文任伪财政部长时，为了“剿共”经费，请英美烟公司预拨税款，而将该公司应评为七级的高级香烟改按三级或五级烟课税。

③ 外国工厂据日本东亚研究所《列国对支投资概要》，1943，第 260～261 页。中国工厂据刘大钧《上海工业化程度》，太平洋学会，1937，第 294 页。

④ 见汪敬虞《第二次国内革命战争时期的中国民族工业》，《新建设》1953 年第 12 期，原据《华商纱厂联合会年会报告书》，1936，第 9 页。

⑤ 见汪敬虞《第二次国内革命战争时期的中国民族工业》，《新建设》1953 年第 12 期，原据《申报年鉴（1936 年）》，第 769 页。

候，日本在上海的新投资一年中就增加了1260万元。[①]

由于这种资力悬殊的不平衡的局面，许多重要的中国工业，即使不被外商挤倒，也要陷入外债的牵累，乃至被外国资本所吞并。我国最大的民族资本工业，拥有9个纱厂和11个面粉厂的申新、福新公司，在第一次世界大战期间即接受了外国资本的接济；1917年申新一厂借中日实业公司40万元，1918年福新一厂借中日实业公司25万元，1922年申新各厂借日本东亚兴业会社350万元。其他的大企业也不例外，如永利公司借有美国进出口银行的借款，民生公司借有加拿大银行的借款。中国唯一较有规模的私营造船厂上海求新船厂，在1919年就加入了法国资本，1924年更全部为法商所有。中国重要的煤矿，如开平、滦州、抚顺、门头沟、中原、井陉等，无一不是在创办后不久即被外国资本侵入而成为“中外合资”，甚至完全成为外资。已有十几年历史的上海裕顺面粉公司，在第一次世界大战期间我国面粉工业正在发展的时候，也不免因财政困难而为日本内外棉会社所收买；华商所办唯一比较完整的绢丝厂上海制造绢丝公司，也最后为日本钟渊纺织会社所吞并。棉纺织工业是我国民族资本最有发展的工业，而在这一业中，先后被外国资本所吞并的纱厂不下20多家，其情况如表5-2。

表5-2　被外国资本兼并的中国纱厂

兼并时期	被兼并之纱厂	兼并机构	兼并方式
1901	上海协隆	道胜银行	因积欠道胜银行38万两被迫拍卖
1902	上海兴泰	三井物产会社	成立之次年即为以三井物产会社上海支店长山本条太郎为中心之日商买去
1906	上海大纯	三井物产会社	亦为山本收买，与兴泰合并改称上海纺织第二厂
1908	上海九成	日本棉花会社	原为中日合资，开业不久即被归并，改名日信
1918	上海裕源	内外棉纺织会社	当时资产总值104万两，以82万两出卖
1921	上海公益	怡和洋行	先是厂主为利用怡和洋行推广销路，让一部分股份与怡和成为中英合资，1921年后全归怡和

① 张肖梅：《日本对沪投资》，商务印书馆，1937，第145页。

续表

兼并时期	被兼并之纱厂	兼并机构	兼并方式
1923	郑州豫丰	美国慎昌洋行	因债务关系归慎昌经营,名义上为“租办”
1923	天津宝成	美国慎昌洋行	成立之次年,因机价未能清偿归慎昌经理,1931年始收回
1925	天津裕大	日本东洋拓殖会社	接收营业,清偿债务,订期20年
1925	上海宝成一、二	日本东亚兴业会社	抵押借款到期未还,被拍卖
1926	上海华丰	日本日华会社	1924年归日华接管,1926年收买
1927	上海统益一、二	英国庚兴洋行	委托管理
1929	汉口第一	英商安利洋行	由第一债权人沙逊洋行租与安利洋行接办
1931	上海三新	汇丰银行	收买其地基厂房,作价450万两,后以540万两转售与大来公司
1932	上海崇信	英国庚兴洋行	原为中英合资,英股占1/3,后为庚兴全部兼并
1936	唐山华新	日本东洋纺织会社	由东纺投资300万元名为合办,1936年为日厂接收
1936	上海振华	内外棉纺织会社	收买纱锭
1936	上海同昌	内外棉纺织会社	收买纱锭
1936	天津宝成第三	日本东洋拓殖会社及大阪伊藤忠商事会	因厂主无力清偿债务,由债权人拍卖,被东拓及伊藤合组之天津纺绩公司买去
1936	天津裕元	日本大仓洋行	因积欠大仓洋行370万元,被拍卖与日本钟纺,改称公大六厂
1936	天津华新	日本钟渊纺织会社	原资本242.19万元,以120万元出卖,改称公大七厂

资料来源：据汪敬虞《第二次国内革命战争时期的中国民族工业》，《新建设》1953年第12期。

第四，中国工业不但受帝国主义资本的摧残和压迫，而且在帝国主义资本的支配下，完全丧失了独立性，它们依赖于帝国主义而生存。我们知道，机器制造业是工业化的核心。帝国主义在中国的投资，除了为它们的航运服务的造船厂外，基本上是没有机器制造工业的；同时它们也不允许中国发展机器制造业。根据国民党“经济统计研究所”的材料，1933年中国工厂的总产值中，机器制造业（包括车船修造厂）只占1.9%。[①] 而这些

① 见巫宝三主编《中国国民所得》上册，第64页。

工厂基本上只是机器修理厂和装配厂，它的特点就在于：无论它怎样发展，只能有利于外国机器、车船等的进口，而不能成为工业化的基础。日本帝国主义曾在中国开办了一些矿冶工业，但直到解放前，中国的冶铁容量只有铁矿产量的一半，而轧钢的容量又只有冶铁容量的一半。就是说，它们是依靠向帝国主义输送原料和半制品而生存的，是纯粹殖民地型的钢铁工业。1933 年中国工厂的总产值中，纺织和食品两行业占 67.3%，连同火柴、橡胶、搪瓷、制药等占 70% 左右。[①] 后列几种行业的主要原料几乎全是依赖于进口的，即在纺织业和卷烟、面粉等食品工业中，也愈来愈多地依赖于外国的棉花、羊毛、烟草和小麦。1930 年以后，我国进口货的首位不是棉花，就是麦、谷，例如棉花 1928 年占进口总值的 6%，1933 年占 8%，1940 年占 13%，1946 年占 22%。帝国主义垄断了中国的机器供应，但其数量始终居于无足轻重的地位。1913～1920 年是中国民族工业最有发展的时期，这 8 年间输进中国的机器材料，连同工具和零件在内，不到 4000 万英镑，而其中一半以上是由帝国主义掌握的帮助它们商品倾销之用的铁路材料。

帝国主义不允许中国发展民族工业，但为帝国主义服务的金融业和商业却得到了发展。1927 年中国资本的银行有 52 家，1936 年增为 105 家，1946 年更增为 574 家，连分支机构达 3570 处。1927 年中国资本的保险公司不过二十几家，1936 年增为 40 家，1946 年单上海即有 133 家。[②] 解放前曾有人研究中国的国民所得，根据这一研究，1933 年商业“净所得”占全国国民所得的 12.6%，而工业（包括外商工业，不包括采矿工业）只占 9.1%，如果不计手工业，则只占 2.5%，全国工厂的所得额不到商业的 1/5。[③] 中国金融资本和商业资本畸形繁荣的原因，就在于它们是作为帝国主义资本的买办而发展的。国内银行资本的运用不是为帮助民族工业的发展，而在于帮助帝国主义推销商品，国内商业网的密布也是同样的作用。“帝国主义列强从中国的通商都市直到穷乡僻壤，造成了一个买办的和商业高利贷的剥削

① 见巫宝三主编《中国国民所得》上册，第 64 页。

② 杨荫溥：《五十年来之中国银行业》，王效之：《五十年来之中国保险业》，均见中国通商银行《五十年来之中国经济》，1947。

③ 见巫宝三主编《中国国民所得》上册，第 12 页。

网，造成了为帝国主义服务的买办阶级和商业高利贷阶级，以便利其剥削广大的中国农民和其他人民大众”。①

三　帝国主义资本与中国官僚资本的勾结

封建地主和官僚资产阶级是帝国主义统治中国的支柱。帝国主义通过它们所豢养的这些民族叛变分子来镇压中国人民的反抗，来获取无限制的权利，并通过他们来压制中国民族资本的发展。正如斯大林所正确地指出的：“……帝国主义及其在中国的全部财政的和军事的力量，乃是支持、鼓舞、培植和保存封建残余及其全部军阀官僚上层建筑的力量。”②“中国反革命军阀的力量在哪里呢？在于他们背后站着各国帝国主义者，站着中国所有一切铁路、租界、工厂、银行和洋行的老板。”③

帝国主义不只是以巨额的借款来支持封建地主和官僚资产阶级的统治，帝国主义还帮助它们建立反动统治的经济基础。远在鸦片战争后不久，资本主义国家就帮助清朝的官僚建立“官办”的和“官督商办”的近代企业；这些企业几乎全部是由外国工程师甚至由外国公使代为筹设的，外国工头操管理大权。清朝的官僚原是想通过这些企业来垄断生产并压制资本主义发展的。1865 年李鸿章最初“置办外国铁厂机器”时就顾虑到“数十年后，中国富农大贾必有仿造洋机器制作，以自求利益者，官无从为之区处”，因而“铜钱火器之类，仍照向例设禁，其善制造枪炮的官人役，当随时设法羁縻”。1882 年李鸿章请美国人设计织布局时规定：“十年以内，只准华商附股搭办，不准另行设局。”其后又提出：“无论官办商办，即以现办纱机四十万锭子，布机五千张为额。十年之内，不准续添。”④ 而所谓“官督商办”就是吸收商人股本，由官控制管理，“商民虽经入股，不啻途人，即岁终分利，亦无非仰他人鼻息”。⑤

① 毛泽东：《中国革命和中国共产党》，《毛泽东选集》第 2 卷，第 623 页。

② 斯大林：《中国革命和共产国际的任务》，《斯大林全集》第 9 卷，第 260 页。

③ 斯大林：《论中国革命的前途》，《斯大林全集》第 8 卷，第 324 页。

④ 《置办外国铁厂机器折》《试办织布局折》《推广机器织局折》，见《李文忠公全集》卷四三《奏稿》卷九。

⑤ 吴佐清：《中国仿行西法纺织布应如何筹办俾国家商民均获利益论》，《皇朝经世文编》第三编卷二六。

这种压制资本主义发展的政策，对帝国主义者和对清朝官僚来说都是有利的。但是由于清朝官僚的昏庸无能，这些企业不久都完全失败。

甲午战争以后，一方面帝国主义直接投资大量侵入中国，外商企业迅速增加；另一方面借款和“中外合资”成了帝国主义勾结封建官僚垄断中国经济的重要形式。这时期所办的铁路、电信、邮政等事业无一不是外国借款的产物，而所开的重要矿山则几乎全都是“中外合资”的形式。在这种刺激下，也引起了富商乡绅的规模极广但成效极微的自办“商路”运动，一时成立的“商办”铁路公司不下十几家。为了彻底压制资本主义的发展，清朝和北洋军阀政府对“商路”采取了严厉的“国有”政策。“质言之，商路收回，完成国有政策，不啻为列强广辟投资之途，确定其经济政治侵略范围耳”；赎回商路的资金达数千万元（事实上多拖延不付），“交通部所以忍痛出此者，则假统一路权之名，以便大借外债，使列强各满其经济侵略欲望也”。①

但是帝国主义与官僚资本有计划的结合，中国的官僚垄断资本主义的形成，主要还是在国民党叛变了人民革命之后，特别是在南京国民党政府开始大规模向人民革命根据地进攻以后。这就是以蒋介石、宋子文、孔祥熙、陈立夫四大家族为首的中国的垄断资本主义。

毛主席说：“这个垄断资本主义，与外国帝国主义、与本国地主阶级及旧式富农，密切地结合着，成为买办的封建的国家垄断资本主义。这就是蒋介石反动政权的经济基础。”②

国民党官僚资本是从金融投机上起家的。1928 年国民党在南京的政权组成后首先就设立了“中央银行”，同时改组了中国银行和交通银行，随后又设立了以“剿共”为任务的农民银行和其他官僚资本的银行、银公司、信托公司、保险公司等等。此后若干年间，在日本帝国主义占领东北和美国帝国主义“白银政策”的影响下，中国的工商业步入新的危机，工厂纷纷倒闭，农村经济日趋破产，但作为帝国主义资本买办的银行业却畸形地发展起来。1928 年至 1935 年间新开的银行有 124 家。1935 年全国 2566 个

---

① 谢彬：《中国铁道史》，中华书局，1929，第 26、28 页。

② 毛泽东：《目前形势和我们的任务》，解放社，1949，第 27 页。

银行机构中，有1971个是“官办”的银行，占77%，其余较大的银行也都是“官商合办”和四大家族“商办”的。1935年国民党在英帝国主义直接策划之下实行了“法币政策”，1936年又与美帝国主义订立了“白银协定”，这就完成了官僚资本对金融业的全部控制，也完成了中国货币的殖民地化。

1929年国民党先把一项新的权利出卖，先后与美国和德国资本“合办”了两个航空公司。1934年，国民党政府在接受了英商100万元的“预付税款”后，把关内最大的煤矿——开滦煤矿——彻底与英国“联合”，同年又将关内另一大矿——中原煤矿——用同样办法与英商“合作”，并镇压了延续了八年的矿工反英的罢工。铁路方面，用官僚资本的银行团对帝国主义借款保本保息的办法成为一项新的得意手法，这首先实行于1933年中国银行与汇丰银行对粤汉铁路借款的“合作”，其次是1934年中国银行团与希特勒德国银行团对展筑浙赣铁路借款的“合作”，而以后，宋子文的“中国建设银公司”就担任了替外国资本家收息保本的主要任务。

1931年国民党制定了它垄断中国工业的第一个“十年计划”，这计划是首先在日内瓦宣布的。它从头到尾是一个向“国际联盟”当权的各国寻找主子的计划；从资金、设计、技术到组织机构、人才训练无一不是要求“国联”的协助和监督。

1935年，在国民党军事委员会下设立了“资源委员会”，作为垄断全国工业生产的机关。这个委员会一开始就是在美国、德国乃至瑞士的“合作”下进行的，它的企业在一开始时就是买办性的，作为帝国主义附庸而存在的企业。例如，它垄断了中国钨、锑的产销，把它输送到美国供给美国军火工业之用，同时中国所需的钨丝、合金钢等则仰仗于从美国进口。“资源委员会”的资本主要来源就是以中国的稀有金属为抵押向美帝国主义借来的。又如，它从美国运来附有详细路线说明书的全套的无线电零件，利用中国廉价劳动力在它所设立的“无线电器材厂”装置起来，就成为“资源委员会”的出品了。这种替外国垄断资本推销新产品的“工厂”是“资源委员会”最感兴趣的事业，例如在它的“电工器材厂”里只要把从美国运来的180伏电压的电器改装成220伏电压，就算完成了生产计划。当然，“资源委员会”也设立了一些钢铁和机器工业，以供应国民党的军需，它的最大的钢铁厂是和国民党的“兵工署”合办的。但是，即使在抗日战争最紧张的年月里，国民党后方的钢铁产品也是积压滞销的，因为美国军火商并没有忘记了他们的战争利润；它唯一的作用是促使许多小铁厂和机器厂纷纷破产，而由美国人所主持的“战时生产局”来统一掌握。煤矿也是“资源委员会”的一项重要事业，抗战时期它以投资方式把后方的许多私营煤矿纳入了自己的管理体系，并在同时，通过与英国人的“合作”合同，把英国资本引入这些煤矿。

“资源委员会”是在抗日战争中扩张起来的，战争胜利后它又接收了大批的敌伪重要企业，扩展了新的企业部门。至1947年，它的企业包括电力、煤、石油、有色金属、钢铁、机械、电器、化学、糖、水泥、造纸等11个部门100多个公司。几年来它生产的膨胀情况如表5－3。

表5－3　国民党“资源委员会”系统生产的膨胀

产　品	单　位	1941年	1946年	膨胀倍数
电	千瓦时	10988	920505	83.8
煤	吨	750741	2197000	2.9
焦	吨	42001	54000	1.3
铁	吨	9480	15114	1.6
钢	吨	134	7536	56.2
汽油	千加仑	243	5058	20.8
煤油	千加仑	113	2304	20.4
酒精	千加仑	1653	3392	2.1

资料来源：转录自汪敬虞《旧中国为什么不能实现国家工业化》，载《人民日报》1953年5月21日。

“资源委员会”原只经营有少量的纺织工业。抗日战争胜利后，国民党接收了大批的敌伪纺织厂，组成了新的官僚资本企业“中国纺织建设公司”，它拥有64个厂，包括棉、毛、麻、丝、针织、印染、机器、化工、制革各部门；有棉纺锭211.6万锭，织机39427台，占全中国资本纺锭的40%，织机的一半以上，这些工厂成为销售美国过剩棉花最好的主顾，1947年它共收购棉花390万担，其中216万担是进口棉花，共收购羊毛3.48万担，其中2.85万担是进口羊毛。[①] 纺织工业是中国民族资本的命脉，官僚资本对这一业的垄断是不能不加以相当的考虑的，因而就出现了一个欺骗的手法，即宣布为了“早日复工，加速生产”，暂行“国营”，定期两年，期满后“发归民营”。可是这一诺言不久就取消了，而是出售了少量的股票，更增厚了官僚资本的资金。

在1935年，国民党的所谓“国营”企业还只有72个单位，雇用工人3.75万多人，其中占比重最大的是27个铁路机厂。如果不计算铁路机厂、电厂和钞票印刷厂（因无1944年比较数字）和1944年国民党在后方的“国营”企业比，情况如表5－4。这表5－4说明在中国的企业已绝大部分沦陷于日本帝国主义之手的时候，国民党在后方趁机聚集了比它在抗战前大34倍的工业力量。

表5－4 抗战时期国民党“国营”企业的膨胀

“国营”企业构成	1935年	1944年	膨胀倍数
生产单位(个)	35	146	4.2
资　　本(百万元)	19	1168	61.5
工　　人(人)	17312	53417	3.1
动　　力(马力)	6499	21095	3.2

注：不包括矿业、电力、铁路机厂及印刷厂。

资料来源：《中华民国统计提要》，1940、1945。

抗日战争前，1935年国民党“国营”工业约占全国工业生产的10%。[②] 到了1944年，根据国民党的统计，国民党“国营”工业的资本占后方工业资本总额的50.5%，它在生产中所占的比重，煤为12.4%，电力为14.2%，钢铁为77.9%，动力机为50.9%，纺纱为47.1%，石油、铁矿、有色金属矿、铜锌冶炼等全部都是国民党资本所垄断，[③] 国民党兵工部门的军火生产尚不在内。抗日战争胜利后，国民党接收了大批的敌伪工业设备，加入了巨额的美国“援助”，官僚资本在中国工业资本中的

① 《中华年鉴》下册，1948，第1562~1564页。

② 见翁文灏《中国工商经济的回顾与前瞻》，《新工商》第1卷第1期。

③ 《中华民国统计提要》，1945。其中煤、电力系产量，余系设备能力。

比重，增加到70%～80%。[①] 1947年国民党“国营”工业在生产上所占的比重，煤为38.8%，电力为83.3%，钢铁为90%以上，纺纱为39.2%，织布为59.4%，石油、铁矿、有色金属等仍全部由国民党资本垄断。[②]

早在太平洋战争爆发前，国民党就开始草拟战后垄断全国工业的计划，而每项计划都是以外国资本，主要是美帝国主义的资本和官僚资本的密切结合为基础的。例如国民党“中央设计局”在重庆制出的“物质建设五年计划”，准备请求32.21亿美元的外国资本，占全部计划资金的48.8%；它的用途也是完全按照我们第二章所说的帝国主义在中国投资的形态分配的，绝大部分放在便利于外国商品倾销的交通运输业中，计占38%，而只有11%用于采矿和冶炼工业。抗战胜利后，国民党“资源委员会”制订了它的“工矿建设五年计划”，要求引进外国资本19.87亿美元，竟占到全部计划资金的54.5%，其中1/3是用于消费资料的生产的。这些计划显然没有取得美国主子的同意，因此1945年宋子文又向美国献出了“二十亿美元借款计划”，希望美国投资20.083亿多美元，而不再列任何中国资本的具体数字。在这计划中，交通运输业的投资比重增加到41%，采矿和冶炼占16%，对与美国商品倾销有抵触的工业投资则尽量减少，并有1.77亿美元用于付给美国的设计费、训练费和运费。在此同时，由美国华尔街的商人们所组织的“中美工商委员会”也拟出了他们垄断中国的投资计划。依这计划，美国将共投资18.7亿美元，其中用于交通运输业的投资更提高为48%，采矿和冶炼工业则占15%。

由于中国人民对蒋介石反动政权的猛烈反抗，这些“计划”都未能实现。如果任何一个“计划”实现的话，都会使官僚资本的企业膨胀5～10倍，使帝国主义在五年内输进中国的资本超过自甲午战争起至“七七”抗战止四十几年的总和。国民党官僚资本“经济计划”的彻底的买办性还可以从另一个对照的例子中看出来。差不多同一时期，印度的资产阶级专家曾

① 见陈伯达《中国四大家族》，新华书店，1949，第99页；并参阅吴承明《中国工业资本的初步估计》，《新华月报》1950年创刊号。

② 见《中华年鉴》下册，1948，第1538、1562、1569、1571页。其中煤、钢铁系产量，其他系设备能力，不包括外资企业。

经草拟了一个战后印度经济建设的十五年计划，在这个计划中所需要的外国投资只占 7%。①

不只在工业方面，在运输业和商业方面，官僚资本同样与帝国主义资本勾结，占据了垄断地位。1947 年国民党“国营”的轮船有 45 万多吨，占全国轮船吨位的 43.6%，② 官僚资本最大的轮船公司招商局在战时以“十元美金”卖给了美国卫利韩公司，战后收回又加入了美国资本。此外尚有拥有 20 万吨船位的“水运大队”，其中美国财产占 75% 以上。国民党的“港湾建设三年计划”准备请美国投资 1675 万美元，竟占全部资金的 71%；因为谁都知道，这方面的投资是直接有利于美国商品倾销的。航空方面，有美国陈纳德和宋美龄合伙的“中美航空公司”，并用大批美国剩余物资扩充了中美“合作”的中国航空公司。公路方面，三家美国公司参加了“复兴”工作，根据国民党的“公路复兴计划”第一年要投入 1400 多万美元的美国资本。在对外贸易上，国民党组织了世界贸易公司、复兴公司、富华公司、中国茶叶公司、中国蚕丝公司等一系列庞大的机构，它的任务是垄断国内出口品市场，压低购价，替美帝国主义搜罗廉价的战略物资和土特产，以偿还美国给予蒋介石的“援助”。此外还有很多官僚资本的“民营”企业，如孔祥熙的扬子公司是 16 家美国贸易公司的在华独家代理人，宋子文系的孚中公司是美国汽车在中国的最大买办。

在美货倾销和官僚资本重重的压迫下，中国民族工业走上了全部崩溃的道路。上海在抗战前有 5400 多家工厂，1947 年只有 582 家开工，1946 年停业的烟厂有 2/3，1949 年初机器业停工的工厂在 80% 以上。天津的工厂，1947 年有 70% 左右停业，其余的生产额也只及战前的 1/10，机器业 1947 年有 365 家，1948 年只剩了 39 家，15 家烟厂只有 5 家勉强生产。同时广州的工厂有 1/3 歇业，青岛的工厂有一半以上停工。只是在中国人民解放了大陆，将帝国主义和国民党官僚资产阶级消灭和驱逐出去之后，中国民族工业才得到了恢复，并逐步进行了改造。

---

① 见萨库塔甘《印度经济建设计划纲要》，商务印书馆，1946，第 57 页。

② 见《中华年鉴》下册，1948，第 981 页。

四 帝国主义资本与中国工人阶级的成长

外国资本主义的侵入，促进了中国资本主义的发展，同时也促进了中国无产阶级的发展。在半殖民地条件下，民族资产阶级和中国工人阶级，都是外国资本在中国所造成的它自己的对立物。但是在帝国主义和封建主义、官僚资本主义的压迫下，中国的民族资本不久就走向破产的过程，它没有得到发展，民族资产阶级始终是个软弱的、动摇的阶级。而中国的工人阶级则与之相反，它受着帝国主义和资本主义双重的压迫，它自始即是作为帝国主义的反对力量而长大起来的，因此它有着比中国资产阶级远为广大的社会基础和社会力量，它很早就成为中国人民革命的基本动力和革命的领导力量。

毛主席说："中国无产阶级的发生和发展，不但是伴随着中国民族资产阶级的发生和发展而来，而且是伴随着帝国主义在中国直接地经营企业而来。所以，中国的无产阶级的很大一部分较之中国资产阶级的年龄和资格更老些，因而它的社会力量和社会基础也更广大些。"①

中国最早的产业工人是产生于外国资本在中国所经营的企业里。外国资本在中国首先设立的是服务于商品贸易的航运企业，中国最早的现代工人组织即是出现在咸丰年间（1851～1861）的这些企业中的搬运工人所组成的广州打包工人联合会。1858 年在反对英法侵略军占领广州的斗争中，有两万多香港的市政工人、搬运工人和其他受雇于英国帝国主义的劳动者罢工回到广州。这是中国工人阶级反对帝国主义最早的一次较大规模的罢工，它比中国资本的第一个近代企业的设立还早四年。

旧中国工人的生活是极端痛苦的，在帝国主义企业中做工的工人更受到特殊的歧视和压迫。例如，在香港的中国海员与外国海员做相同的工作，工资却只有外国海员的 1/5；在日本"南满铁道会社"所经营的企业中，中国工人平均工资只有日本工人的 1/4；帝国主义分子时常说："在中国用人工

① 毛泽东：《中国革命和中国共产党》，《毛泽东选集》第 2 卷，第 621 页。

比用牲畜更有利。”[①] 在帝国主义企业中又盛行买办制和包工制，对中国工人进行重重的剥削。例如上海太古轮船公司的码头工人由陈姓大买办包给包头，包头再包给小包头。买办和包头还形成世袭，陈姓买办直传到他的孙子。在这种买办和封建把头结合的剥削下，工人实际所得只有工资原额的20%～30%。

在外国企业中的工人身受着帝国主义、买办阶级和封建主义的多重压迫，因而在中国的工人运动中，他们总是站在斗争的前线。在1919年五四运动以前，中国工人阶级的几次重要的罢工差不多都是在帝国主义企业或帝国主义所控制的事业中爆发的，如1913年北京邮政工人的罢工，1914年上海太古、怡和、招商局宁波籍工人的罢工，1916年上海英商烟公司工人的罢工，1918年上海日华纱厂工人的罢工等。

1919年五四运动时，中国的工人总数约有300万人。其中在帝国主义企业中工作的工人不下三四十万人；铁路、邮电工人约20万人，主要也是受帝国主义统治的；此外海员工人、搬运工人也都受着帝国主义的压迫。[②]这些工人都踊跃地参加了“五四”的反帝斗争。

1921年中国共产党诞生以后，立即领导起全国的工人运动；中国工人阶级迅速地由自在的阶级成为自为的阶级，成为中国人民革命伟大的政治力量和领导力量。1922年开始了中国工人运动的第一次罢工高潮。在这次高潮中主要的几次罢工也都是在帝国主义所统治的企业中出现的。如1922年香港海员大罢工，同年英商开滦五矿工人大罢工，1923年京汉铁路工人大罢工等。这一罢工高潮，是在帝国主义者动员了它们的海军和陆军，帝国主义公使团举行了紧急会议，与直系军阀的军队和保安队共同镇压之下，以血腥的“二七惨案”而宣告结束的。它说明了帝国主义怎样勾结中国封建势力来压迫中国工人，也说明了中国工人阶级日益增长的反帝反封建的力量。

在1925～1927年的大革命时期，从1925年春上海、青岛日本纱厂大罢工起，经过“五卅惨案”和上海全市的罢工、罢市，经过省港工人大罢工和封锁香港的斗争，以至1926年和1927年上海工人的三次武装起义，都是

---

① 刘立凯、王真：《一九一九至一九二七年的中国工人运动》，工人出版社，1953，第12页。

② 刘立凯、王真：《一九一九至一九二七年的中国工人运动》，第6～9页。

中国工人阶级针对帝国主义的压迫的斗争。这些斗争曾给予帝国主义以严重的打击。它使繁荣的上海租界电车停驶，电灯失明，工厂停工，轮船停航；它使香港1925年的进出口贸易比1924年减少了一半，航运比1924年减少了2/3，英国每日损失180万元；它使英帝国主义不得不放弃武汉和九江的租界，不得不恐慌地做退出上海和长江各口岸的打算。这一伟大的革命，是在1927年以蒋介石为首的大资产阶级叛变了革命、投降了帝国主义之后而被血腥地镇压下去了。

第一次国内革命战争失败后，中国革命的主力转移到农村，在毛泽东的领导下建立了中国工农红军和革命的根据地。这时期，一方面资本主义世界爆发了空前的经济危机。帝国主义者加强了对殖民地的榨取，另一方面国民党统治下的中国工商业日趋破产，资本家也加强了对工人的剥削。同时国民党反动政府实行了法西斯的白色恐怖政策，剥夺了工人的一切权利，任何工人活动都遭受镇压。但是，中国工人阶级已逐渐地锻炼成了一支坚强的革命队伍，他们并没有停止斗争。1929年上海“五一”节的罢工，参加的有5万工人。1931年“九一八”事变后，上海有35000日本码头工人的大罢工，广州、香港等地也都展开了反日罢工。1932年“一·二八”事变后，中国共产党发动的上海日本工厂大罢工，有10万工人参加，坚持达一个半月。1936年各地工人群众为响应中国共产党团结救国的主张，普遍地开展了反日罢工，其中青岛日本纱厂的工人，并与派来镇压的日本海军陆战队直接进行搏斗。这种斗争，一直延续到全面抗战的爆发。

由此可见，随着帝国主义资本侵入中国而发展起来的中国工人阶级，直到中国人民把帝国主义势力驱逐出去为止，始终是在与帝国主义者不息的战斗中成长和壮大的。他们与中国的资产阶级完全不同，中国民族资产阶级虽然有其反对帝国主义的一面，但它们在解放以前，始终并未脱离对帝国主义的依赖。

“为了侵略的必要，帝国主义给中国造成了买办制度，造成了官僚资本，并因而造成了帝国主义的对立物——造成了中国的民族工业，造成了中国的民族资产阶级，而特别是造成了在帝国主义直接经营的企业中、在官僚资本的企业中、在民族资产阶级的企业中做工的中国无产阶级。”① 中国的

① 《丢掉幻想，准备斗争》（新华社社论），《人民日报》1948年8月15日。

工人阶级，是帝国主义资本在中国替它自己所造成的真正的掘墓人。

中国工人阶级的成长，对于帝国主义来说，自然是件不快意的事，然而正是帝国主义自己，替工人阶级和人民大众准备了消灭帝国主义的条件：

> 帝国主义替这些人民大众准备了物质条件，也准备了精神条件。工厂、铁道、枪炮等等，这些是物质条件。中国人民解放军的强大的物质装备，大部分是从美国帝国主义得来的，一部分是从日本帝国主义得来的，一部分是自己制造的。
>
> 一切侵略战争，加上政治上、经济上、文化上的侵略和压迫，造成了中国人对于帝国主义的仇恨，使中国人民想一想，这究竟是怎样一回事，迫使中国人的精神发扬起来，从斗争中团结起来，斗争、失败，再斗争，再失败，积一百零九年的经验，积几百次大小战斗的经验，军事的和政治的，经济的和文化的，流血的和不流血的经验，方才获得今天这样的基本上的成功。这就是精神条件。①

---

① 《丢掉幻想，准备斗争》（新华社社论），《人民日报》1949 年 8 月 15 日。

附　录

关于帝国主义在旧中国资本的估计

帝国主义的资本侵入中国有几十年的历史，我们却从来没有过完整的统计。今天可能找到的材料，也大都是帝国主义国家或者外国私人所调查的。这些材料，虽然我们尽可能地把它修正和补充，也只有相对的意义，就是说可以大略看出帝国主义投资的变动趋势和分配比率。

我们先将几种比较重要的材料列出来，再分别说明我们估计的原则、方法和对于各类资本估计的结果。

一　历史上的一些估计

1933 年美国人雷麦写了一本《外人在华投资论》（C. F. Remer, *Foreign Investments in China*，中译本，商务印书馆，1937）。这本书是受了由美国所主持的“太平洋学会”的津贴、站在帝国主义的立场上写的。它集中了很多外国人调查和估计的材料：例如英国皇家学会和上海英国商会对英国投资的调查，日本官方和小田切满寿之助对日本投资的估计，赛尼白兰尼科夫（J. J. Serebrennikov）对帝俄投资的估计，艾理斯（H. S. Ellis）对法国、德国投资的估计等，只有对美国投资是雷麦直接调查的。这本书分别提出了在 1902 年、1914 年和 1931 年外人在华投资的情况，在分期上说，它是大体符合于帝国主义瓜分和再瓜分中国的几个历史阶段的。

日本人在发动太平洋战争以前，由“东亚研究所”组织了一个调查外国在华财产的委员会，进行了一次极为广泛的调查，调查的基期是1936年，方式是逐户调查，材料很丰富。但“东亚研究所”却没有很好地把这些材料统一整理，所以他们综合在1941年出版的《列国对支投资与支那国际收支》一书中的统计表有很多错误。1943年版的《诸外国之对支投资》虽有三巨册二千多页，可是没有综合总值。同年他们又重新综合编成《列国对支投资概要》一书，这次比较谨慎，但只限于原调查材料，例如有些项目只有上海数字，就不再估算全国。他们的所谓“外国”，不包括日本，但是东亚研究所对于日本在关内的投资也有详细的调查，基期是1936年和1938年，调查的结果编成《日本之对支投资》一巨册。以下我们的引述中凡是称“日本人”估计而不另加说明的，就是指东亚研究所《列国对支投资概要》和《日本之对支投资》两书。

日本人对在华的外国资本一向是注意的。“东亚研究所”是个“财团法人”，当然也是日本官方团体。此外，“满铁调查部”（它是关东军的经济特务组织）和以前的“东亚经济调查局”（它是日本外务省的经济特务组织）也都有过调查。对个别外商大企业，日本人设立的“华北综合调查所”和“华北开发会社”等，也收集了一些资料。最后，日本人在太平洋战争爆发后没收英美等在华财产，成立了“敌人财产委员会”，掌握了大批具体的材料，但这些材料目前只有一部分可以利用。

中国方面，比较有系统的研究有刘大钧的《外人在华投资统计》（中国太平洋学会，1932），高平叔、丁雨山的《外人在华投资之过去与现在》（中华书局，1947），侯刚《外人在华投资之研究》（伪工商部统计处油印本，1948）等，后两书都没有新的估计。此外就都是对个别国家投资的估计。

我们将已见到的各种估计简列为表6－1，并注明来源，以后引用时就不再加注。

表 6-1　有关帝国主义在华投资的估计

估计者	基期	估计总值		附注及参见文件
英国投资				
雷麦	1902	企业投资 借款投资	150000000 美元 110300000 美元	雷麦《外人在华投资论》，中译本，商务印书馆，1937，第 340 页
		合　计	260300000 美元	
	1914	企业投资 借款投资	400000000 美元 207500000 美元	雷麦《外人在华投资论》，第 349 页
		合　计	607500000 美元	
	1931	企业投资 借款投资	963380000 美元 225814000 美元	雷麦《外人在华投资论》，第 388 页
		合　计	1189194000 美元	
上海英国商会	1927	企业投资 投资总额	179506649 英镑 350000000～400000000 英镑	雷麦《外人在华投资论》，第 360、378、389 页
刘大钧	1929	企业投资 在中国者约	1572000000 银元 1000000000 银元	刘大钧《外人在华投资统计》，中国太平洋学会，1932，第 2～4 页
英国委员会（与刘大钧合作）	1929	企业投资 借款投资 住宅，教会 未及调查者	115807000 英镑 67400000 英镑 5788000 英镑 71005000 英镑	刘大钧《外人在华投资统计》，第 7～9 页
		合　计	260000000 英镑	
英国皇家学会	1929	企业投资 借款投资 住宅	126977700 英镑 58618000 英镑 4000000 英镑	估计尚应加上海银行业 10000000～20000000 英镑。雷麦《外人在华投资论》，第 361、376 页
		合　计	189595700 英镑	
英国官方	1930	借款投资 投资总额	26000000 英镑 40000000 英镑	国际联盟《国际收支，1937》（Balance of Payments，1937），日内瓦，第 194 页
	1936	投资总额	41000000 英镑	
	1938	借款投资	25000000 英镑	
日本东亚研究所	1936	金融贸易投资 工矿运输投资 房地产投资（上海） 借款投资	2181860000 元 726820000 元 876965000 元 492416000 元	日本东亚研究所《列国对支投资概要》，昭和十八年，第 3、5、6、8 页。各类数字有重复项目，不能相加成总数
日本东亚研究所	1936	企业投资 借款投资	935881000 美元 141730000 美元	日本东亚研究所《列国对支投资及支那国际收支》，昭和十六年，第 76 页
		合　计	1077611000 美元	

续表

估计者	基 期	估计总值		附注及参见文件
英 国 投 资				
日本东亚经济调查局	1937	企业投资 借款投资	3411400000 元 673200000 元	井村薰雄《列国之对支投资与华侨送金》，生活社，1940，第 18 页及日本外务省通商局《米国在支经济势力之全貌》，第 201 页
		合 计	4084600000 元	
谢菊曾	1941	企业投资 借款投资	115000000 英镑 20000000 英镑	《经济周报》第 1 卷，第 3 期，1945 年 11 月
		合 计	135000000 英镑	
美 国 投 资				
雷麦	1875	企业投资 教会财产	7000000 美元 1000000 美元	雷麦《外人在华投资论》，第 239 页
		合 计	8000000 美元	
	1900	企业投资 借款投资 教会财产	17500000 美元 2200000 美元 5000000 美元	雷麦《外人在华投资论》，第 248 页
		合 计	24700000 美元	
	1914	企业投资 借款投资 教会财产	42000000 美元 7299000 美元 10000000 美元	雷麦《外人在华投资论》，第 259 页
		合 计	59299000 美元	
	1930	企业投资 借款投资 教会财产	155112778 美元 41711346 美元 43071189 美元	雷麦《外人在华投资论》，第 292 页
		合 计	239895313 美元	
李氏	1924	企业投资 借款投资	30000000 美元 39300000 美元	李氏《中国之银行与金融》（F. E. Lee：*Banking and Finance in China*），1926，第 122 ~ 123 页
		合 计	69300000 美元	
美国国务院	1928	企业投资	95352836 美元	雷麦《外人在华投资论》，第 297 页
刘大钧	1929	企业投资	300000000 美元	刘大钧《外人在华投资统计》，第 12 页
美国商务部	1929 1936 1940	直接投资 直接投资 直接投资	115754005 美元 90593000 美元 46136000 美元	美国商务部《美国在外国的直接投资》（*American Direct Investments in Foreign Countries*），华盛顿，1931，第 26 页；1942，第 5 页

续表

<table>
<tr><th>估计者</th><th>基　期</th><th colspan="2">估计总值</th><th>附注及参见文件</th></tr>
<tr><td colspan="5">美　国　投　资</td></tr>
<tr><td rowspan="2">美国商务部</td><td rowspan="2">1933</td><td>直接投资
证券投资
借款投资
教会财产
美侨财产</td><td>125000000 美元
7000000 美元
40000000 美元
40000000 美元
25000000 ~ 30000000 美元</td><td rowspan="2">日本外务省通商局《米国对支经济势力之全貌》,1940,第 194 页</td></tr>
<tr><td>合　计</td><td>237000000 ~ 242000000 美元</td></tr>
<tr><td>美国商务部</td><td>1935</td><td>证券投资</td><td>6882000 美元</td><td>日本外务省通商局《米国对支经济势力之全貌》,第 196 页</td></tr>
<tr><td>日本东亚研究所</td><td>1936</td><td>金融贸易投资
工矿运输投资
房地产投资(上海)
借款投资</td><td>440129000 元
311685000 元
150623000 元
144610000 元</td><td>日本东亚研究所《列国对支投资概要》,昭和十八年,第 3、5、6、8 页。各类数字有重复项目</td></tr>
<tr><td rowspan="2">日本东亚研究所</td><td rowspan="2">1936</td><td>企业投资
借款投资</td><td>165342 美元
53500 美元</td><td rowspan="2">日本东亚研究所《列国对支投资及支那国际收支》,昭和十六年,第 76 页</td></tr>
<tr><td>合　计</td><td>218842 美元</td></tr>
<tr><td rowspan="2">日本东亚经济调查局</td><td rowspan="2">1937</td><td>企业投资
借款投资</td><td>567000000 元
153800000 元</td><td rowspan="2">井村薰雄《列国之对支投资与华侨送金》,第 18 页及日本外务省通商局:《米国对支经济势力之全貌》,第 201 页</td></tr>
<tr><td>合　计</td><td>720800000 元</td></tr>
<tr><td>美国商务部</td><td>1943
1945</td><td>美国财产
借款投资
美军财产</td><td>165000000 美元
537000000 美元
286000000 美元</td><td>联合国《国际收支年鉴(1939 ~ 1945)》,日内瓦,1948,第 171、178 页</td></tr>
<tr><td colspan="5">法　国　投　资</td></tr>
<tr><td rowspan="6">雷麦</td><td rowspan="2">1902</td><td>企业投资
借款投资</td><td>29600000 美元
61520000 美元</td><td rowspan="2">雷麦《外人在华投资论》,第 620 页</td></tr>
<tr><td>合　计</td><td>91120000 美元</td></tr>
<tr><td rowspan="2">1914</td><td>直接投资
借款投资</td><td>60000000 美元
111374000 美元</td><td rowspan="2">雷麦《外人在华投资论》,第 624 页</td></tr>
<tr><td>合　计</td><td>171374000 美元</td></tr>
<tr><td rowspan="2">1931</td><td>企业投资
借款投资</td><td>95007200 美元
97416050 美元</td><td rowspan="2">雷麦《外人在华投资论》,第 632 页</td></tr>
<tr><td>合　计</td><td>192423250 美元</td></tr>
</table>

续表

<table>
<tr><th>估计者</th><th>基　期</th><th colspan="2">估计总值</th><th>附注及参见文件</th></tr>
<tr><td colspan="5">法　国　投　资</td></tr>
<tr><td rowspan="2">法国外交部</td><td rowspan="2">1902</td><td>企业投资
借款投资
教会投资
法侨财产</td><td>65000000 法郎
539000000 法郎
37000000 法郎
10000000 法郎</td><td rowspan="2">《法兰西共和国公报》(Journal Official de la Republique Francaise),1902 年 9 月,第 261 期,第 6386 页</td></tr>
<tr><td>合　计</td><td>651000000 法郎</td></tr>
<tr><td rowspan="8">艾利斯</td><td rowspan="2">1902</td><td>企业投资
借款投资
教会财产</td><td>29600000 美元
61000000 ~ 79600000 美元
5400000 美元</td><td rowspan="2">艾利斯《法德在华投资》(H. S. Ellis, French and German Investments in China),太平洋学会,檀香山,1929,第 6、8、17 页</td></tr>
<tr><td>合　计</td><td>96000000 ~ 114600000 美元</td></tr>
<tr><td rowspan="3">1914</td><td>企业投资</td><td>42000000 ~ 56000000 美元</td><td rowspan="3"></td></tr>
<tr><td>借款投资</td><td>100000000 ~ 112000000 美元</td></tr>
<tr><td>合　计</td><td>142000000 ~ 168000000 美元</td></tr>
<tr><td rowspan="3">1928</td><td>企业投资</td><td>53000000 ~ 73000000 美元</td><td rowspan="3"></td></tr>
<tr><td>借款投资</td><td>102000000 ~ 133000000 美元</td></tr>
<tr><td>合　计</td><td>155000000 ~ 206000000 美元</td></tr>
<tr><td>刘大钧</td><td>1929</td><td>企业投资</td><td>35260673 银元</td><td>刘大钧《外人在华投资统计》,第 37 ~ 38 页</td></tr>
<tr><td>日本东亚研究所</td><td>1936</td><td>金融贸易投资
工矿运输投资
房地产投资(上海)
借款投资</td><td>313302000 元
322336000 元
221818000 元
299146000 元</td><td>日本东亚研究所《列国对支投资概要》,昭和十八年,第 3、5、6、8 页。各类数字有重复项目</td></tr>
<tr><td rowspan="2">日本东亚研究所</td><td rowspan="2">1936</td><td>企业投资
借款投资</td><td>89372000 美元
90820000 美元</td><td rowspan="2">日本东亚研究所《列国对支投资及支那国际收支》,昭和十六年,第 76 页</td></tr>
<tr><td>合　计</td><td>180192000 美元</td></tr>
<tr><td rowspan="2">日本东亚经济调查局</td><td rowspan="2">1937</td><td>企业投资
借款投资</td><td>326700000 元
284000000 元</td><td rowspan="2">井村薰雄《列国之对支投资与华侨送金》,第 18 页,及日本外务省通商局《米国对支经济势力之全貌》,第 201 页</td></tr>
<tr><td>合　计</td><td>610700000 元</td></tr>
</table>

续表

估计者	基期	估计总值		附注及参见文件
拉加姆	1938	企业投资 借款投资 教会土地 私人土地	2300000000 法郎 2100000000 法郎 800000000 法郎 600000000 法郎	日本外务省通商局《法国对支经济势力之全貌》，东京，1940，第 176 页
		合　计	5800000000 法郎	
法　国　投　资				
日本外务省	1938	投资总额	384000000 美元	《法国对支经济势力之全貌》，第 176 页
德　国　投　资				
哈理斯	1900	企业投资	34000000 美元	雷麦《外人在华投资论》，第 639 页
雷麦	1902～1904	企业投资 借款投资	85000000 美元 79282000 美元	雷麦《外人在华投资论》，第 50 页
		合　计	164282000 美元	
	1914	企业投资 借款投资	136000000 美元 127596000 美元	
		合　计	263596000 美元	
	1931	企业投资 借款投资	75000000 美元 12000000 美元	
		合　计	87000000 美元	
德国海军部	1905	企业投资	350000000 马克	艾利斯《法德在华投资》，第 9 页，不包括胶州湾
艾利斯	1905	企业投资 借款投资	98227246 美元 75000000 美元	艾利斯《法德在华投资》，第 9、10、12 页
		合　计	173227246 美元	
	1914	企业投资 借款投资	136000000 美元 125588000 美元	
		合　计	261588000 美元	
	1929	企业投资 借款投资	136000000 美元 73000000 美元	
		合　计	209000000 美元	
日本东亚研究所	1936	金融贸易投资 工矿运输投资 房地产投资（上海） 借款投资	99475000 元 22476000 元 17814000 元 293124000 元	日本东亚研究所《列国对支投资概要》，第 3、5、6、8 页。各类数字有重复项目
日本东亚研究所	1936	企业投资 借款投资	48550000 美元 92730000 美元	日本东亚研究所《列国对支投资及支那国际收支》，第 76 页
		合　计	141280000 美元	

续表

估计者	基　期	估计总值		附注及参见文件
日本东亚经济调查局	1937	企业投资 借款投资	270000000 元 97700000 元	井村薰雄《列国之对支投资与华侨送金》，第 18 页，及日本外务省通商局《米国对支经济势力之全貌》，第 201 页
		合　计	367700000 元	
日　本　投　资				
雷麦	1900	商业投资	1000000 美元	雷麦《外人在华投资论》，第 409、437、529 页
	1914	企业投资 借款投资 对中国公司投资	192510000 美元 9600000 美元 17500000 美元	
		合　计	219610000 美元	
	1930	企业投资 对中国公司投资 借款投资	874129500 美元 38714000 美元 224077500 美元	
		合　计	1136921000 美元	
满铁调查部（限于东北）	1906	企业投资	105105000 日元	满铁调查部《日本在满蒙投资状态》，1928，第 18、70、166 页。原列 1906～1926 年逐年企业投资及 1909～1927 年逐年借款投资，兹摘录数年
	1910	企业投资	109239000 日元	
	1916	企业投资	166960000 日元	
	1920	企业投资	543577000 日元	
	1926	企业投资	622711000 日元	
	1909	借款投资	320000 日元	
	1916	借款投资	9044000 日元	
	1920	借款投资	116997070 日元	
	1926	借款投资	149838766 日元	
日本东亚经济调查局	1907	企业投资	235538696 日元	东亚经济调查局《1930～1931 支那政治经济年史》，第 455、465～466 页。 东亚经济调查局《米国之对支经济政策》，1929，第 156、201 页
	1914	企业投资	455678069 日元	
	1927	投资总额	2700000000 日元	
	1928	企业投资 借款投资 文化事业	1378960000 日元 730477000 日元 63717000 日元	
		合　计	2173154000 日元	
	1937（关内）	企业投资 借款投资	1308700000 日元 182700000 日元	井村薰雄《列国之对支投资与华侨送金》，第 18 页
		合　计	1491400000 日元	
井上准之助	1924	投资总额	1385800000 日元	雷麦《外人在华投资论》，第 439 页
满铁调查部（限于东北）	1926	企业投资 商业借款	1230343489 日元 171691196 日元	满铁调查部《日本在满蒙投资状态》，第 166 页
		合　计	1402034685 日元	
日华实业社	1926	企业投资 内东北	1831965000 日元 856100000 日元	刘大钧《外人在华投资统计》，第 26～28 页

续表

估计者	基　期	估计总值		附注及参见文件
日　本　投　资				
日本商工省	1927	直接投资 内东北	1322055000 日元 697500000 日元	《东洋经济新报》,1928 年 3 月 24 日,第 1291 号
日本大藏省	1927	企业投资 借款投资	1037258000 日元 716153000 日元	《东洋经济新报》,1928 年 6 月 23 日,第 1304 号
		合　计	1753411000 日元	
小田切满寿之助	1928	企业投资 借款投资	1809154000 日元 730477000 日元	《日本在华投资》(*Japanese Investments in China*),太平洋学会,第 4,9 页
		合　计	2539631000 日元	
刘大钧	1928	企业投资 估计总额	679707629 元 1000000000 元	刘大钧《外人在华投资统计》,第 16 ~ 19 页
日本经济年报	1928 ~ 1935	企业投资 借款投资	1809154000 日元 730477000 日元	指此期增加额。《日本经济年报》第 7 辑,第42 ~ 43 页
		合　计	2539631000 日元	
琼斯	1930 1932 ~ 1939	投资总额 投资净增	1617000000 日元 3052900000 日元	琼斯《1931 年来之满洲》(F. C. Jones, *Manchuria Since 1931*),伦敦,1949,第 136 ~ 137 页
伪满中央银行(东北)	1930 1932 ~ 1944	投资总额 投资实增	1800000000 日元 9069112000 日元	伪东北物资调节委员会研究组编《金融》,1947 年,附表二
满铁调查部(限于东北)	1932 ~ 1936	投资总额 投资净增	1690478000 日元 1096696000 日元	指此期间之投入及增加。满铁调查部《满洲经济提要》,1938,第 606 ~ 607 页
中国国民经济研究所(限于上海)	1936	企业投资 文教财产 军部财产	457815000 日元 5149000 日元 5420000 日元	张肖梅《日本对沪投资》,商务印书馆,1937,第 6 ~ 7 页
		合　计	468384000 日元	
樋口弘	1936	企业投资 借款投资 文教财产	1030000000 日元 920000000 日元 20000000 日元	樋口弘《日本之对支投资研究》,1939,第 242 ~ 244、572 页
		关内合计 东北投资	1970000000 日元 2818276000 日元	

续表

估计者	基期	估计总值		附注及参见文件
日本投资				
日本东亚研究所（不包括东北）	1938	企业投资 借款投资	993478000 日元 952740000 日元	日本东亚研究所《日本之对支投资》，1941，附表
		合计	1946218000 日元	
	1936	企业投资 借款投资	1709366000 日元 1024233000 日元	
		合计	2733599000 日元	
中国经济研究会（不包括东北）	1945	总公司在华 总公司在外	1044040000 日元 6913393000 日元	《经济周报》，创刊号，1945 年 11 月 1 日
伪满政府（东北）	1945	日本投资 伪满投资	11276000000 日元 12872000000 日元	伪东北物资调节委员会研究组编《资源及产业》下册，1947，第29～30 页
鲍莱调查团（东北）	1945	日本投资	11000000000 日元	美国国务院《中美关系》（*United States Relations with China*），1949，第 600 页

其他国家投资

雷麦估计（单位：千美元）

国别	基期	企业投资	政府借款	合计
帝俄	1904	220077	25966	246043
	1914	236493	32789	269282
比利时	1931	41000	48043	89043
荷兰	1931	10000	18706	28706
意大利	1931	4445	42000	46445
丹麦	1931	1000	828	1828
挪威	1931	500	40	540
瑞典	1931	500	19	519

雷麦《外人在华投资论》，第 564～667 页

日本东亚研究所估计（基期：1936 年；单位：千元）（不包括东北）

国别	金融贸易投资	工矿运输投资	房地产投资（上海）	借款投资
意大利	16092	1220	4191	191171
荷兰	87072	960	932	59001
比利时	33469	27218	9210	218182
瑞士	14468	9810	3036	—
丹麦	6685	1179	2116	5650

续表

其他国家投资				
日本东亚研究所估计(基期:1936年;单位:千元)(不包括东北)				
国　别	金融贸易投资	工矿运输投资	房地产投资(上海)	借款投资
挪　威	1440	4765	432	25
瑞　典	1700	—	198	33
波　兰	3202	600	546	—
葡萄牙	1437	450	1229	138
西班牙	880	3000	1780	26
希　腊	1640	550	240	—
日本东亚研究所《列国对支投资概要》,1943,第3~8页				

二　资本估计中的一些问题

在估计帝国主义在旧中国的资本的时候，有一些原则和问题是需要先把它明确的。

第一，企业资本的含义问题。过去的估计，对于企业投资有的是用资本额做标准，有的是用资产净值做标准，也有的是用固定资产价值或者设备费用支出做标准。这些都是不正确的。资本是历史上一定的社会生产关系，它是剥削剩余价值的价值。因此，它应当包括在某一基期的帝国主义在中国所实际控制着的一切可以进行剥削的价值，而不问它的来源如何。这就是说，不问它是自有的资本或者是借入的资本，不论是从国外输入的资本或者是掠夺自中国的资本。在具体处理上可以说，凡是某一帝国主义企业所实际支配着的财产，都应当列为它的资本，而不计它的负债。当然，由于材料的限制，事实上是不可能完全按照这一原则进行估算的；但就原则意义上说，我们的估计与过去的估计是有很大的出入的。

第二，"中外合资"企业的处理问题。"中外合资"的企业不多，但多半是较大的。过去的估计大都是计算其中外股部分。事实上这些企业是全部控制在帝国主义手中，凭借帝国主义的特权所经营的，与纯外资的企业并无分别。例如怡和纱厂，英商怡和公司只有不到5%的股本，但依章程享有全部经理权；华股占73%，却无权过问。这里我们采取支配财产价值的原则，把"中外合资"企业的全部财产都列入帝国主义投资。"九一八"以后伪满政府的企业事实上都是日本人控制或代管的，我们也都计入日本资本。但对于某些有外国借款的企业，如汉冶萍公司，虽然事实上也被外国资本控制着，我们仍只把它的借款计入外国企业资本，这是因为这类企业没有全部财产的资料，而且外国资本控制的程度也不同。

第三，外债的包括范围问题。过去的估计，有的只包括借款，不包括赔款，认为赔款不是外国输入的资本；有的不包括订有“退还”办法的庚子赔款（这占庚子赔款的绝大部分），认为它已不再付出国外；有的不包括欠款和材料垫款，认为这是商业交易的欠付，不是外国的投资。对这些问题，首先应该明确我们所计算的既然是在某一时期的帝国主义在中国的一切可以进行剥削的资本，就不能从资本形成的形式上来看。不但是赔款，帝国主义在中国的房地产和部分企业财产也都是没有资本输入的。庚子赔款虽然没有资本输入，但它同样是中国人民的负债，每年以中国人民的血汗偿还并负担极重的利息。它和帝国主义在中国掠夺的其他财产一样，不但是一种暴力掠夺的财产，而且是这种财产的资本化，成为剥削的工具。因此我们把庚子赔款和其他赔款（如教会、侨民等“案件”的赔款）都计入外债；但不包括甲午战争的对日本赔款，因为清朝政府在这笔赔款开始计息以前就用俄法和英德借款在伦敦提前付清了，所以甲午战争赔款事实上是对欧洲列强的负债，即转为欧洲列强的投资。但庚子赔款与一般外债也有所不同，它的本息不能分开计算，并且数目极大，如混入借款就模糊了初期帝国主义对中国借款变化的趋势。因此我们把它单列一项，必要时可以从外债总额中分出来。

至于帝国主义“退还”庚子赔款，实质上是对中国的再投资。如美国“退还”的庚子赔款是每年由中国海关交付给美国大使，美国大使再交给美国主持的“事业”使用；英国“退还”的庚子赔款甚至另订合同借给中国作为铁路借款。这里我们把它计算成两笔投资，而不像过去估计者那样将它两相抵销或者只计一笔。欠款与垫款虽与输入资本不同，但只要是未能如期付清，就与借款的作用相同，而且大都有利息负担，我们也计入外债。当然，这方面是不能包罗无遗的，我们只能就过去已整理列入债款的较大项目来计算。此外，第二次世界大战前后，美帝国主义对国民党的美“援”，一部分已在协议中转作债款，我们并入外债中估计；大部分未转作债款，我们另列一项估计。

铁路外债，是帝国主义借款中一个很特殊的项目。一方面铁路外债不一定用于建筑铁路，另一方面借外债所建筑的铁路事实上是外国人控制的，许多借款合同中并明白规定外国人有经营管理权而且分取20%的盈利，所以事实上已不是借款性质。但是，我们不能按照支配财产价值原则用铁路的实际财产作为帝国主义投资。这是因为铁路资产虽有伪政府的“统计”，但只是账面费用原值，极不可靠，而且这个数字还小于铁路借款，更不能表示帝国主义的剥削资本。同时也因为铁路外债的偿还，即中国人民的负担，主要还是按借款的本息计算的。对电信等外债的处理，也同样都列为借款。

第四，外债的债权国的确定问题。过去有两种处理办法，即订约国原则和发行的原则。根据前一原则，订立借款合同人属于哪国，即作为哪国借款。某国所订的借款不一定是这一国的资本，例如1913年日本部分的善后借款全部债票都是在欧洲发行的，出资人主要是英国人；帝俄的许多借款也大都是在巴黎和伦敦发行的。因此有些外国估计者（如雷麦）以发行地来划分国籍。但发行地原则事实上是行不通的，因为债票的转移不但不受订约国的限制，也不受发行地的限制，例如在巴黎发行的帝俄对清朝借款很大部分流入了美国；并且对不发行债票的借款也就无法处理。从理论上讲，发行地原则也是形式主义。因为帝国主义对中国的借款是特权性的借款，姑且不论它政治上的作用不在于发行地，就是经济上的特权一般也是属于订约国而不属于吃利息的实际债票持有人。我们在这问题上是根据它的主要经济权益来判断：一般是按订约人的国籍来确定，但对某些外债，如1898年的芦汉铁路借款，完全是法、俄资本集团假借比利时公司的名义出借的，在政治权利和经济利益上也都是法、俄的，我们就列入法、俄借款；同样理由，对比利时出面的汴洛铁路、陇海铁路借款，都列为法国和比利时共同的投资。可是，对完全从欧洲募集的日本部分善后借款，我们全列入日本借款，因为这笔借款的政治权益和经济利益属于日本，而不属于债券持有人。

第五，房地产和教会、团体等财产的处理问题。对于房地产也不能从资本输入来考虑，而是估计它的时价；因为帝国主义在中国所占的土地大都是无偿取得或者低价取得的，他们的房屋也主要是用在中国积累的资金建置的。我们估计时，凡是外国企业所使用的房地产仍然并到企业资本中计算；房地产投资是指非企业使用的部分；房地产公司本身虽是企业，但它是经营房地产的，也包括在非企业房地产投资中。

帝国主义的宗教、文化以及“慈善”团体等活动，是它们侵略中国的主要力量之一。这种侵略不能用投资价值来衡量。我们估计帝国主义的资本只能估计它经济上的剥削价值，而不能用价值来说明帝国主义的政治势力；这不只是对教会、团体来说，对其他资本，特别是借款，也是一样。外国教会、团体等财产就经济上说主要是房地产，它们并且是内地城镇外国人房地产的主要占有者，有些教会、团体本身就是大房地产商，因此我们把这部分财产并入房地产投资中来估计。外国农业资本只在1936年以后的日本投资中较为重要，我们也并入房地产投资中处理。我们这样做的实际理由是，这些财产极为分散，材料很少，不可能做出近乎正确的单独估计。就整个房地产投资来说，也因为材料太少，是我们全部外资估计中最粗略的部分。

第六，重复投资的计算问题。这种情况很多，例如一个企业投资于另一企业，计算时便有重复，但主要问题是在金融业。外商银行的资产中有一大部分是对在华外商的放款或者投资，也有一部分是中国的外债。保险公司的资产也是这样；再如外商投资公司的资产几乎全部是投于在华的房地产和有价证券的。过去的估计，除雷麦外，对重复的投资都未曾处理，所以金融业的投资（如日本东亚研究所的估计）数目表现得特别大。由于我们的估计是用财产价值做标准，不是用资本额做标准，重复投资的问题也就比较更为重要。这些重复的部分很少有具体材料，我们处理的原则是：投资业部分全部减去；银行业按它的业务对象酌定减除比率；保险业因数目不大且多有国外联保关系不减去；个别企业投资于另一企业有数目可查的（如上海电力公司投资于沪西电力公司），在估计被投资的企业时就先剔除，其余数目不大的不再加处理。

第七，估计的地区范围问题。过去的估计不少是包括香港的，在英美等帝国主义的投资活动上，香港与中国大陆是不可分的。但是我们所见到的香港外资的材料极不完整，1936年以后几乎完全没有，因此我们原则上是不包括香港。同样由于材料的限制我们无法包括台湾，也不能包括一些边远地区，特别像西藏、新疆等地。

第八，估计的基期问题。我们选定六个年份作为基期，这主要是迁就材料的便利，但也大体能表现帝国主义瓜分和再瓜分中国的几个历史阶段：

（一）1902年，代表20世纪初期资本主义进入帝国主义的阶段。事实上这一期的材料，是1900~1905年间的。（二）1914年，代表第一次世界大战前时期，即帝国主义重新瓜分世界殖民地前夕的情况。（三）1930年，代表“九一八”事变前的时期。可惜我们无法找到1925年左右的较有系统的材料来观察资本主义相对稳定时期和中国大革命前后帝国主义投资的变化，但在外债和其他一些辅助材料上，也可以看出蒋介石与帝国主义勾结所发生的结果。我们在外债估计上，添列1911年（辛亥革命）和1925年（大革命前）两个年份。（四）1936年，代表抗日战争前时期。这一年的材料比较完整，它表现了西方各帝国主义在华投资达于高潮时的分配情况。（五）1941年，代表太平洋战争前时期。这个年代的选择主要是表现日本帝国主义投资的最高峰，所以对于日本投资是估计1944年的情况；但对于其他国家，由于太平洋战争爆发后英美等企业都被日本没收，我们只有用1941年。此外，1941年以前美元价值的变动较小，用这一年做基期可以免除币值变动的误差。（六）1948年，代表全国解放前的时期。这时期估计上主要的困难是币制变动太大，折算难趋一致。不过在第二次世界大战后时期中，日、德等投资已消灭外，其余主要的变化是在外债，特别是美国借款和美“援”；企业投资数值的重要性已相对地降低了。

第九，货币单位问题。各国投资和各种材料计价单位不同，我们一律采用美元来换算，因为在这50年中，币值变动以美元较小。这里又有两种情况：对于外债、赔款及金融业投资（它的主要财产是放款、外汇、现金、债券等），可以用基期年度的当年汇率来折算。例如这一年英镑贬值了，中国人民所需负担的本息也跟着减低，即它剥削中国人民的价值随着币值的变动而变动。当然，在这种情况下帝国主义提出额外的勒索，如庚子赔款中法国因法郎贬值而勒索金法郎的事也是有的。另一种是一般的企业投资，它的价值并不因某一种币值的变动而变动。例如上海法商电车公司的资本是44万法郎，折合1600万元，第一次世界大战后法郎贬值，只合400万元，自然不能说这个企业对中国人民的剥削忽然减低了3/4。在这种情况下，我们如果不能重估它的财产，便仍按以前的汇率折算。但是，我们既以美元为计价标准，美元本身价值的变动便不能再折算了。因为我们不可能用一个不变价值的货币来计算投资，同时即使这样做也没有实际的意义，所以各基期年度的估计一般都是当年美元币值。很明显的就是，由于战后美元的贬值，1948 年的估计不能直接和 1936 年比较。

三　企业资本的估计

1902 年和 1914 年的估计

由于没有其他可以对证的材料，对这两年的企业资本暂时仍以雷麦的估计为准，只是减去其中非企业所用房地产部分，因为我们对房地产投资是单独计算的。德国和帝俄的投资没有房地产材料，只好不减去。减去后各国的企业资本情况如表 6－2。雷麦的估计是以地产为基础，所以大体上是财产价值。在这些估计中，只是日本投资的材料比较完整。

表 6－2　帝国主义在旧中国的企业资本（1902、1914）

单位：千美元

年　份	英　国	美　国	法　国	日　本	德　国	帝　俄	合　计
1902	129000	15500	27700	1000	85000	220077	478277
1914	336300	36000	56000	199526	136000	236493	1000319

1930 年的估计

对这一年的估计，我们是以雷麦的 1931 年的估计为基础，减去“地产投资”一项，再加以若干修正。雷麦的所谓 1931 年估计，实际所用材料，英国是 1929 年的，日本是 1930 年的，只有美国是 1931 年的，而当时美国投资比重尚不很大。我们改为 1930 年，既可以避免因 1931 年美元贬值而发生的误解，并可以表示资本主义经济大恐慌前的情况。我们修正的项目如下：

英国　除不动产外，雷麦估计英国企业投资是 76108 万美元，减去他所估的香港部分后是 67126.8 万美元。这总数是根据英国皇家学会和上海英国商会的估计而来的，从我们后来的材料看，一般是偏高。最突出的是航运业，比 1936 年日本人的估计大两倍。根据我们的材料校对，日本人的估计一般是合理的。英国商会估计之所以高，主要是包括了远洋轮船；这一节雷麦虽已注意到，但在总数中似未减去，我们参照日本人材料，将它减去3000万美元，英国总数改为64126.8万美元。雷麦估计的其他各项，据我们看，是金融、矿业肯定偏低，制造业、公用事业偏高。雷麦的材料是由地区综合而成，再假定一个百分比来从总数中划分行业，当然不正确。因此在分业上我们根据较晚的材料，重新把它调整。

美国 （一）美国与国民党合办的中国航空公司虽是1930年8月成立的，但在此以前它的财产即已由美国费德尔公司在华经营。中国航空公司实缴资本402.7万元，合120.8万美元，雷麦所估“航空与铁路设备”二家共只81万美元，显然未计入55%的国民党股份，我们将它补入66.4万美元。（二）上海电力公司和上海电话公司是美国最大的企业，1929年和1930年分别由美国垄断资本收买，作价8100万两和1000万两，前者又增加设备500万两；雷麦将两家共估为3520万美元，也是过低的。这两家的买价中，大部分是中国发行的债券，美国并无资本输出，但依我们支配财产原则，仍应当计入美资。因此我们给它增加1480万美元，共作5000万美元。（三）银行业投资，雷麦说当时有花旗、大通、运通、美丰四家。据我们所知，美国友邦银行已于1930年在上海成立总行，资本500万元；中美合资信济银行这时仍在营业，1932年总资产567.8804万元；中美合资中华懋业银行虽已于1929年开始清理，但有大量房地产尚未处理，估计约值10万美元。这3家财产都在中国，共计增列330万美元。（四）减去雷麦所估的美国在香港投资216.4978万美元，但雷麦对这部分没有分业，我们假定为金融32.028万美元，贸易74.824万美元，航运109.6458万美元。从以后的材料看，雷麦对美国投资的估计是偏低的。

法国 雷麦的法国估计中包括了法国教会的“生财资产”2170.7万美元，我们将它除去。其次是滇越铁路，雷麦估作3200万美元，是根据1908年中法关于这条路的成本合同的165466888法郎计算的。至1930年，雷麦仍用原数，肯定是不恰当的，至少，我们知道滇越铁公司在1929年曾增加“资本”175万法郎。这条路，由于云南人民的反抗，不得不屡次改变计划，走山路崎岖的路线，工程费是很大的。日本人1936年估计滇越路铁路值2.8亿元或8400万美元，则又显然过高，原因可能是在法郎折合率上有错误。我们既然没有其他材料，只得比照其他铁路平均标准加入路线外的其他财产 1200 万美元，把这条路估作 4400 万美元。

日本　（一）鲁大公司，雷麦只计入日股 500 万日元，事实上这矿是全部由日本控制的，我们增列华股 500 万日元。（二）安徽桃冲山铁矿的日本借款，雷麦列 414.7 万日元，据我们的材料是 1150 万日元，即增 735.3 万日元。（三）雷麦未列的关内“中日合办”煤矿，据我们的材料有河北杨家屯煤矿、石门寨煤矿，山东博山煤矿、旭华公司、协泰公司、同泰公司、淄川煤矿。这些矿的资产都无法估计，按它们的资本计，共约合 400 万日元。（四）雷麦所估日本在东北的不动产投资中，有一部分满铁的宿舍等 8826.7 万日元，应改作为企业投资。

其他各国，由于没有可以对证的材料，暂都仍用雷麦的估计。这样修正的结果，1930 年帝国主义在华企业资本的情况便如表 6－3。

表 6－3　帝国主义在旧中国的企业资本（1930）

单位：千美元

业　　别	英　国	美　国	日　本	其他各国	
金融业	160000	28300	73807	法　国	85300
贸易业	230000	47000	182964	德　国	75000
运输业	73000	10368	253829	比利时	41000
矿　　业	33116	105	115642	荷　兰	10000
制造业	105000	20509	169644	意大利	4400
公用事业	30000	50000	25000	其　他	64700
其　　他	10152	6952	71275	小　计	280400
合　　计	641268	163234	892161	各国总计	1977063

1936 年的估计

对于 1936 年的估计，一般是用日本东亚研究所的估计为基础，加以若干修正。对于日本在东北的投资另行计算；对于日本在关内的投资，日本材料中“中日合资”部分只列日股，我们检查其中除四家外日股均占半数，因此我们将这部分加倍计算。日本人估计是用伪“元”计算，我们按 0.3 折成美元，对于日本投资原是按日元计算，我们按 0.29 折成美元。

金融业 金融业除将义品放款银行全部列入法国（日本人将1/3列入比利时）和对美国加入10万美元已清理银行的不动产外，其余都采日本人估计，问题是如何减去重复部分。第二节中已说明，对于保险业可以不减去，对于投资业可全部减去，因此问题在于银行。银行的重复投资主要是放款（包括贴现、透支）和有价证券。外国银行的放款大部分是放给外商的，有价证券则主要是中国公债、上海和香港的外商证券和租界公债。日本人估计外国银行在华财产中放款占46.8%，有价证券占28.6%，外汇占10.7%，不动产占7.0%，现金及其他占6.9%。如果和1936年几家主要外商银行的资产负债表对照，显然它把证券估计过高，放款也偏高。如依这比率计算，外国银行在华的证券投资达1.6亿美元，而日本人另一估计（《诸外国之对支投资》上卷）却只有3400万美元；雷麦估计有7900万美元，但不一定都在外商银行手中。在华外国银行并无独立的资产负债表，我们也不能直接引用它总行资产负债表的数字或比例。因此，我们参照各方面情况，大体拟订一个各国银行在华资产中放款的比率，即英国43%，美国、法国、比利时40%，日本50%，荷兰60%，德国、意大利各行资产全部或主要在中国，用它的资产负债表原数。然后，根据各行对华商和对外商的往来户数，大体拟订一个对外商放款占它在华放款的比率，即英、美、法80%，日本20%，其他国家70%。这样便可根据它们的在华资产计算放款中的重复投资。对有价证券也同样大体拟订一个比率，代表它们对在华外商证券和对中国公债的投资，即英、法25%，美国20%，日本、荷兰10%，德、意根据资产负债表原数，比利时无。这样估计的结果如表6－4。

表6－4 帝国主义在旧中国金融业的资本

单位：千美元

国别	银行业	保险业	投资业	金融业投资合计	对外商的放款	银行之外商证券及公债	减去重复投资后金融业投资
英国	316689	40636	99160	456485	108941	79172	169212
美国	71159	2671	1519	75349	22771	14232	36827
法国	82487	800	4608	87895	26396	20622	36269
日本	48310	1633	10512	60455	4831	4831	40281
德国	12498	—	15	12513	3815	100	8583
意大利	2958	—	90	3048	1002	5	1951

续表

国　别	银行业	保险业	投资业	金融业投资合计	对外商的放款	银行之外商证券及公债	减去重复投资后金融业投资
比利时	7402	—	—	7402	2073	—	5329
荷　兰	24140	120	—	24260	10139	2414	11707
丹　麦	—	18	15	33	—	—	18
合　计	565643	45878	115919	727440	179968	121376	310177

注：减去重复投资后金融业投资 = 金融业投资合计 - （对外商的放款 + 银行之外商证券及公债 + 投资业）。英国保险业为减去香港（按 30%）的数字。美国银行内有 10 万美元为已清理行之资产。

贸易业　日本人的估计除日商外，只有上海的数字，因此要推算全国。日本人材料说外国贸易商在上海的资产约占它在七大城市（包括香港）的 90%，另一处又说占 80%。就进出口额看，上海只占全国的 56%，转口贸易中上海只占 38%；就日商资产说，上海只占它在全国（不包括东北）的 51%。各国贸易商的分布是不同的，我们根据它们的分布情况斟酌定一个上海资产占全国的比率，即英、美 85%，法国 80%，比利时 70%，其他国家 90%，再从上海资产来推算全国。此外，满铁调查部对于 1935 年外国（除日本）在东北的财产有个详细的调查，可是只有分地统计而未分行业统计（见满铁“极密”件“满洲经济提要”），我们将它全部作为贸易业投资计入各国投资中。这样估计各国的贸易业资本如表 6 - 5。

表 6 - 5　帝国主义在旧中国贸易业的资本

单位：千美元

国　别	上海进出口业	上海进口贩卖业	关内其他各地	东北商业	合　计
英　国	168443	12084	31858	17783	230168
美　国	54447	2342	1022	3427	70238
法　国	6129	1030	1790	1041	9990
日　本	21910	1901	21829	—	45640
德　国	16549	780	1925	3517	22771
意大利	1761	18	198	208	2185
比利时	175	—	675	—	2250
荷　兰	1861	—	207	—	2068
瑞　士	4116	225	482	—	4823
丹　麦	1793	180	219	—	2192
其他各国	3724	696	491	414	5325
合　计	282308	19256	69696	26390	397650

运输业 运输业航运、铁路（直接投资）、航空三项。铁路投资下面还要专说，此处列入总数。航空方面：美国的中国航空公司按它1935年的资产负债表和当年盈余估计；德国的欧亚航空公司财产不详，但历年都有增资，至1936年为691.2万元，即依此折算；日本的惠通航空公司依日本人估计。航运方面，日本人的估计只有船舶、码头、仓库三项，不包括其他财产，如土地、船坞、器具、流动资金等。根据雷麦和日本人其他估计，这些其他财产价值是很大的，如日本在华航运，其他财产占前三项的76.7%。英国占据土地多，其他财产也必大，我们按船舶、码头、仓库三项的80%计，其他各国按30%计。这样估计各国运输业资本如表6－6。

表6－6 各国在华运输业资本

单位：千美元

国别	船舶	码头	仓库	其他	航运合计	铁路	航空	运输合计
英国	23896	6616	9060	31658	71230	8000	—	79230
美国	5013	1306	1679	2399	10397	—	1837	12234
法国	194	236	125	167	722	44000	—	44722
日本	10125	1234	3323	11258	25940	381	1305	27626
德国	43	195	557	239	1034	—	2074	3108
意大利	173	11	—	55	239	—	—	239
荷兰	288	—	—	86	374	—	—	374
丹麦	—	9	11	6	26	—	—	26
挪威	1355	—	—	407	1762	—	—	1762
合计	41087	9607	14755	46275	111724	52381	5216	169321

矿业 英国三煤矿都按我们材料估计；日本在关内矿业依日本人估计。井陉煤矿在1937年让与日本，这时仍作为德资，用日本受让时德股价值一倍计算。矿业估计如表6－7。

表6－7 英、日、德在华矿业资本

单位：千美元

英国	开滦28709 焦作4188 门头沟1260	合计34157	三国合计69813
日本	鲁大等矿	34846	
德国	井陉	810	

制造业 首先是自日本人的估计中减去香港部分。日本人所列香港部分未分业。除其他国家27万美元无须分业外，英国在香港的2219.9万美元中，

和原材料中别的表对照可推断有 1153.8 万美元属于造船厂，其余我们分配给机械 100 万美元，食品 750 万美元，化学 50 万美元，窑业 100 万美元，其他 66.1 万美元。这样计算，英国在上海的九家造船业便只有 469.9 万美元，显然过低，依照我们的材料，改为 1300 万美元。根据我们的材料，日本人对英国 5 家上海纺织厂的估计也是偏低的，我们将它增入 500 万美元，因而英国纺织业 13 家共为 1753.1 万美元。日本人原统计表中，英国投资分业数较总数多 24.4 万美元，我们无法查出错在哪里，只好用分业数。此外美光火柴厂一家，日本人列入美国资本，我们改列为瑞典资本，并估定为 100 万美元。从各方面看，日本人对制造业资本的估计有偏低的可能。制造业资本情况如表 6－8。

表 6－8　各国在华制造业资本

单位：千美元

国　别	机器及造船	化　学	窑　业	纺织染	食品烟草	皮革木纸	其　他	合　计
英　国	15704	6840	2330	17531	58563	4382	1986	107336
美　国	5523	3744	1399	1857	4180	2150	2146	20999
法　国	870	1029	—	—	1620	—	—	3519
日　本	5416	4448	4067	113174	6113	4104	2753	140075
德　国	660	360	60	—	1145	15	624	2864
意大利	60	60	—	—	48	15	—	183
小　计	28233	16481	7856	132562	71669	10666	7509	274976

比利时:780	荷兰:—	瑞士:2943	丹麦:333	其他国家:2590	各国合计:281622

公用事业　日本人估计的是固定资产，我们参照各公司材料加以重估，有些则只能比照推算，情况如表 6－9。

表 6－9　各国在华公用事业资本

单位：千美元

国　别	电　力	电　话	电　车	汽　车	自来水	煤　气	合　计
英　国	2479	—	4379	977	18720	4553	31108
美　国	55349	13957	—	1200	—	—	70506
法　国	6100	—	3385	300	3385	—	13170
日　本	8371	—	—	104	30	—	8505
德　国	1800	—	—	150	—	—	1950
比利时	3546	—	3546	—	—	—	7092
合　计	77645	13957	11310	2731	22135	4553	132331

其他业 这项只需日本投资的畜产、渔业、盐业、土木建筑业等合计832.9万美元，别国无材料。

日本在东北的资本 这是这一期中最主要的变动项目，我们有满铁调查部、樋口弘（《日本之对支投资研究》，昭和十四年）和琼斯（C. F. Jones, *Manchuria Since 1931*, 1949）等几个材料，而内容大体相合。樋口弘的估计比较完整，依他估计1931～1936年日本在东北投资增加131471.5万日元，原有投资的资本积蓄约1亿日元，共141471.5万日元。这估计未包括日本使用的伪满资本。这部分最大的项目当是满铁"受托经营"的伪满"国有"事业（包括强购的中东铁路）计159534.4万日元，和它"受托经营"的"朝鲜总督府事业"2383.7万日元。对于日伪合资企业没有可依据的材料。但我们知道，这时鲇川财阀和伪满"合资"的"满洲重工业"体系还没有建立，这时期所增加的日本投资的70%以上属于满铁，而这时满铁还没有加入伪满股份。1934年日本关东军开放伪满主要工业后，新公司才大量设立，其中有很多是日伪合资的，但我们估计伪满资本大约不会超过这些新公司资本的半数，即8690万日元。以上，1931～1936年日本在东北的投资共为312079.6万日元，按每0.29日元折合美元为905030840美元。1930年日本在东北的投资依雷麦估计是55020万美元，这数应不受日元贬值的影响，所以1936年日本在东北的资本共为1455230840美元。

日本在东北的资本无法划分行业，这些资本主要集中于满铁，而满铁的事业包罗万象，所有的材料也只有资本系统、资本形态的分析，而无分业。但为符合我们的要求至少应当将房地产投资与企业投资分开。我们估计1936年日本在东北的非企业房地产共值1.31亿美元（见下节），从上数减去后企业资本为1324230840美元。

对日本在东北的企业资本我们也可根据它1930年分配的情况和1934年的一张满铁事业费分配表来大体推测它的内容：运输方面可能在5.5亿美元左右，矿业不会超过2亿美元，制造业公用事业可能在2亿美元以上，金融和商业可能各在1.5亿美元左右，其他5000余万美元。这推测缺少根据，我们也不把它列入分业统计。以上估计的结果，1936年帝国主义的企业资本便如表6-10。

表 6－10　帝国主义在旧中国的企业资本（1936）

单位：千美元

国　别	金融业	贸易业	运输业	矿业	制造业	公用事业	未分类者	合　计
英　国	169212	230168	79230	34157	107336	31108	—	651211
美　国	36827	70238	12234	—	20999	70506	—	210804
法　国	36269	9990	44722	—	3519	13170	—	107670
日　本								1629533
（关内）	40281	45640	27626	34846	140075	8505	8329	305302
（东北）							1324231	1324231
德　国	8583	22771	3108	810	2864	1950	—	40086
意大利	1951	2185	239	—	183	—	—	4558
比利时	5329	2250	—	—	780	7092	—	15451
荷　兰	11707	2068	374	—	—	—	—	14149
瑞　士	—	4823	—	—	2943	—	—	7766
丹　麦	18	2192	26	—	333	—	—	2569
其他国家	—	5325	1762	—	2590	—	—	9677
合　计	310177	397650	169321	69813	281622	132331	1332560	2693474[1]

注：[1]合计“2693474”中不包括日本在关内、东北的企业资本。

1941 年的估计

1941 年的企业资本没有系统的材料，除日本外，我们只能用 1936 年的估计做基础，酌量增大。太平洋战争以前，外商的收缩和撤退主要是在金融、贸易、航运方面。金融业中受影响的主要是放款和外汇，除德国照 1936 年数字不动外，我们将存款减去一半，外汇资产全部减去（1939 年 3 月日本管理沦陷区外汇，在后方则英美外汇这时成为借款）。贸易方面，德国也未见萎缩，而且更活跃，不加改动；美国在沦陷区的石油和五金贸易利润很厚，我们酌量减 10%，其他各国减 20%。运输方面，只将船舶减 30%，航运的其他财产减 10%，其余不动。工业方面，上海的英、法船厂，特别像马勒、求新、东方修焊等，战时大为扩充，因此这一项英法分别增加 30% 和 20%，其余都减 10%。矿业方面，开滦产量大增，焦作则部分拆迁后方，总数可以不动，但德国矿权出让，全部减去。公用事业方面，一般营业很好，特别像美国电力公司大肆扩充，因此一般增5%，美国增10%，但比、德全部减去。这样估计，自然极为粗略，但这时西方帝国主义投资的变动主要是在借款方面，所以对资本总数影响不会很大。这估计中，英国方面同谢菊曾1941年的估计大体相等。美国方面同美国商务部1940年的估计完全不同，而同美国商务部1943年的估计则有些相近；美国商务部1940年估计直接投资只有4600余万美元，比上海电力公司一家的财产还小，显然是不正确的。法国方面，同拉加姆1938年的估计比，如照1941年法郎汇率折合则较大，如照1936年汇率折合则又较小。

日本资本是这一时期最重要的项目，第二节中已说明，我们对日本是估计它在1944年左右投资达最高峰的情况。日本在东北的资本有很多材料，都是根据伪满官方的统计来的，所以大体上相同，即1932～1944年间约增加91亿日元，至1944年共约110亿日元。但是自日本关东军开放东北工业后，一方面日本财阀资本大量侵入，一方面关东军的企业大量吸收了伪满资本；在满铁系统中伪满资本占30%，在“满洲重工业会社”系统中伪满资本更占到70%以上。所以单纯日资输入的数目是不够的。根据伪官方统计（见伪东北物资调节委员会研究组编《资源及产业》，1947)，1944年东北6878家公司（包括铁路、银行）中有日本投资112.76亿伪元，伪满投资128.72亿伪元，共计241.48亿伪元（伪元与日元同价，详见表6－11)，按官价汇率（每百元合23.167美元）折合559436.7万美元。这数字中有些小公司可能与日本投资无关，但也必有些日资的小企业没有计入，我们就用它来代表1944年的日本资本。这数字不易划分行业，但为适合我们的要求，应减去3.15亿美元的房地产和农业投资（见下节)，即企业资本共为527936.7万美元。这数字是资本额、公司债和借款的总和，实际财产价值可能还要大一些。但另方面其中多属新成立的公司，资金和财产价值相差不会太多；同时原表中公司债和借款竟大于资本额两倍，而这两项中必不免有重复投资，特别是其中包括了银行。其次，我们所用的汇率对前期投资来说一定偏低，对后期投资来说又偏高，对资本额来说可能偏低，对公司债和借款来说可能偏高。总的看来，这数字大约不会过低的。

表 6－11　日本在东北的企业资本（1944）

单位：百万伪满元

公司别	公司数	投资别	缴纳资本	公司债	借用款	共　计
满铁关系	55	日　本	1882	2863	155	4900
		伪　满	465	564	1027	2056
		合　计	2347	3427	1182	6956
伪满洲重工业（满业）关系	40	日　本	584	863	6	1453
		伪　满	289	2965	892	4146
		合　计	873	3828	898	5599
特殊公司（不包括满铁、满业关系者）	21	日　本	694	658	796	2148
		伪　满	958	324	2187	3469
		合　计	1652	982	2983	5617
准特殊公司	19	日　本	70	—	—	70
		伪　满	83	—	93	176
		合　计	153	—	93	246
其他重要公司	179	日　本	985	—	165	1150
		伪　满	96	—	1196	1292
		合　计	1081	—	1361	2442
合　计	314	日　本	4215	4384	1122	9721
		伪　满	1891	3853	5395	11139
		合　计	6106	8237	6517	20860
一般公司	6564	日　本	944	—	611	1555
		伪　满	120	—	1613	1733
		合　计	1064	—	2224	3288
总　计	6878	日　本	5159	4384	1733	11276
		伪　满	2011	3853	7008	12872
		合　计	7170	8237	8741	24148

日本在关内的资本，只能从各种变化的趋势中来推论。日本东亚研究所对 1938 年底日本在关内的投资有很详细的调查：直接投资、合办事业、对私营企业贷款及其他合计共 183557.3 万日元。这时期的日本投资主要在华北。日本这个调查中已包括华北开发会社和华中振兴会社，但前者投资还只有 5172.7 万日元，后者只有 2059.2 万日元。从这一调查中可以看出的是，在敌人占领后一年半的地区（华北），日本投资约增加 140%，即约 6 亿日元，而其中 4 亿多是金融业和商业。1938 年这个调查需要加以修正，因为第一它只包括“中日合办”事业的日股部分，第二它包括了部分房地产投资，第三它的金融业投资中没有减去重复投资。对于“中日合办”事业我

们仍照以前办法增加一倍，即增加 9037.4 万日元，房地产部分减去它原列“不动产业”4031.9 万日元，金融业中减去投资业 16032.3 万日元和银行业中对外商放款及投资（按 30% 计）10100.9 万日元。结果，1938 年底日本在关内企业资本共为 158429.6 万日元，按每 0.29 日元折合一美元为 4.594 亿美元。

1938 年以后，没有系统的材料。但从各方面的报告可知，日本的投资能力，特别是太平洋战争以后是很有限的；华中华南都未能大量“开发”，华北的五年计划也是虚有其名。1940 年 3 月日本结束“军管理”和“委任经营”，所有新的投资大都集中于华北开发、华中振兴两个“国策会社”，因此我们即可以前者的 45 个子公司和后者的 16 个子公司历年增加的实缴资本额作为这一时期的主要新投资。这些公司的资本（据侯刚《外人在华投资之研究》，伪工商部统计处油印本，1948）增加很快，但当时伪元的价值也贬落很快，因此需要以一个物价指数来调整它。这指数是很难正确求得的，我们参考一般建设器材价格，大体规定 1936～1937 年为 100，1938～1939 年为 200，1940～1941 年为 500，1942 年为 700，1943～1945 年为 1000。这样计算的结果，1939～1944 年华北开发会社的投资是 2.495 亿美元，华中振兴会社的投资是 3490 万美元。这两会社在“兴亚院”成立后已改为“中日合办”，所以其中也包括了伪资。“蒙疆”在日本统治下是另一个投资系统，那里的投资在 1944 年约合 4000 万美元（据陈真《旧中国工业之特点》，《新华月报》1950 年创刊号）减去 1938 年的 650 万美元（日本东亚研究所材料），1939～1944 年增加 3350 万美元。此外我们再加上银行投资（假定比 1938 年增加一倍）7060 万美元，私人投资假定 500 万美元和新建铁路投资（见下）3170 万美元。以上估计 1939～1944 年日本在关内投资共增加 4.252 亿美元，加上前述 1938 年的 4.594 亿美元，1944 年共为 8.846 亿美元。这个数字大体是不会太低的。胜利后国民党在关内劫收的敌伪财产一般称有 10 亿美元以上，但这是战后美元价值，包括房地产和德国产业，而若干大项目（如铁路、矿山）又不能包括在内。以上综合 1941 年帝国主义在华企业投资如表6－12。

表 6－12 帝国主义在旧中国的企业资本（1941）

单位：千美元

国　别	金融业	贸易业	运输业	矿　业	制造业	公用事业	合　计
英　国	125508	184134	68895	34157	100502	32663	545859
美　国	26865	63214	10490	—	18899	77557	197025
法　国	28846	7992	44647	—	3341	13828	98654
日　本							6163967
（关内）	884600						（884600）
（东北）	5279367						（5279367）
德　国	8583	22771	3108	—	2578	—	37040
意大利	1951	1748	181	—	165	—	4045
比利时	4516	1800	—	—	702	—	7018
荷　兰	8328	1654	279	—	—	—	10261
瑞　士	—	3858	—	—	2649	—	6507
丹　麦	18	1754	26	—	300	—	2098
其他国家	—	4260	1314	—	2331	—	7905
合　计	204615	293185	128940	34157	131467	124048	7080379

注：日本系 1944 年左右投资最高峰时之估计。底栏之分业合计数字不包括日本投资，但合计之总数 7080379 中已列入日本投资总数 6163967。

1948 年的估计

1948 年的材料基本上是逐户计算的。经过八年战争，特别是经过 1941 年以后日本人对英美等企业的没收，西方各帝国主义在华的企业在户数上和规模设备上发生了很大的变动，同时币值也有了很大的变化，因此 1948 年材料在各方面都不能与战前相比；商业资本（金融、贸易、运输）的变化尤其大。战后的投资是集中在美帝国主义的手中，但是战后美国对华的商品倾销和资源掠夺，绝大部分是通过美“援”，通过“美军总部”“联总”“经合总署”等官方机关进行的，在华的私人企业增加不多。这些资本，由于材料关系我们只能将它笼统地计入美“援”；另外像“水运大队”“空运大队”乃至“联总”所办的一些工厂、农场等也都不能单独估计。

1948 年的材料在来源和时间上是很不一致的，估算的方法也不一致，有的是企业自己重估的价值，有的是外商报告的价值，有的是我们按照它设备财产重估的价值，有的是参考同类企业或根据历史资料推算的。金融业的估计中不包括外汇，因为此时国民党政府实行外汇统制，外商银行的外汇资产连同外币存款事实上都已转到国外而成为逃资。1948 年估计的结果如表 6 – 13。

表 6 – 13　帝国主义在旧中国的企业资本（1948）

单位：千美元

国　别	金融业	贸易业	运输业	矿　业	制造业	公用事业	合　计
英　国	75000	42391	55704	55320	136464	28873	393752
美　国	30000	43336	10500	—	13522	128044	225402
法　国	20000	3036	1167	—	2123	15469	41795
比利时	10000	—	—	—	—	—	10000
荷　兰	8000	—	—	—	—	—	8000
瑞　士	200	2022	500	—	7833	—	10555
丹　麦	—	933	—	—	1309	—	2242
其他国家	—	4308	750	—	1749	—	6807
合　计	143200	96026	68621	55320	163000	172386	698553

铁路直接投资的估计

上面的估计中有一些年份和地区是无法划分业别的，为了与铁路借款对照求得帝国主义在中国的铁路投资总值，我们将直接投资的铁路单做一项估计，这估计只能以铁路造价及设备费用支出为标准。中东、南满、广九（英属段）、天图、金福等路，1902 ~ 1930 年用雷麦所提供的材料做依据（但 1914 年我们的总数与雷麦不同，雷麦没说明他的总数怎样得来）；1936 ~ 1948 年斟酌各时期营业情况估计。滇越路估计已见前述，这路 1943 年由国民党收回。胶济路用 1905 年德国海军部的调查做基础，这路在第一次世界大战后变为日本借款。穆陵、溪域二路按它的里程照平均成本估计；平均成本采用所谓“国有铁路”的平均数，即每公里 2.45 万美元。此外，道清路在 1905 年“赎回”，在我们估计期间都作借款处理。南满铁道会社的资金只有一小部分用于南满铁路，我们只计算这一部分；满铁对其他铁路的投资已经计入日本借款。“九一八”事变后日本在东北所侵占的铁路全部

“委托”满铁经营，“七七”事变后又侵占了关内铁路8240余公里，我们不将这些铁路计入日本投资，因为这些铁路的外债主要仍由中国政府负担（只沈榆段中英公司借款由伪满偿还）。日本占领期间，在东北修筑了新路7473公里（据伪东北物资调节委员会研究组编《运输》，1947），在关内新建铁路1056公里（据韩启桐《中国对日战事损失之估计》，中华书局，1946），我们计入日本投资，按平均成本估价。由于这时期钢材等价格较高，我们按每公里3万美元计算。这个平均成本比中东、南满等路的成本小得多，不过这时期所建筑的大都是军运铁路，工程既差，设备更少，不能同中东、南满等铁路相比。另外，日本“对关内铁路私人投资”一项，是日本商号对关内私营铁路（主要是矿区）的借款，因为没有计入外债，也附列在这里，它的数值是根据日本人的估计。

这样估计各国的铁路直接投资如表6－14。其中1930年之所以比1914年减少，主要是因为中东路这时为苏联所有，已不是帝国主义投资性质，没有列入。

表6－14　帝国主义在旧中国的铁路直接投资

单位：百万美元

国　别	铁　路	1902年	1914年	1930年	1936年	1941年	1948年
英　国	广九铁路(英段)		6.7	7.8	8.0	8.0	13.5
法　国	滇越铁路		32.0	44.0	44.5	44.5	—
日　本	中东铁路		—	—	210.5	230.0	—
	南满铁路		49.0	138.3	140.0	150.0	—
	天图铁路			2.2	2.2	2.2	—
	金福铁路			2.0	2.0	2.0	—
	溪域铁路			0.5	0.5	0.5	—
	穆陵铁路			1.6	1.6	1.6	—
	“九一八”以后在东北新建铁路				54.9	224.2	—
	“七七”以后在关内新建铁路					31.7	—
	对关内铁路私人投资				0.4	0.4	—
日本合计			49.0	144.6	412.1	642.6	—
德　国	胶济铁路	12.9	15.0	—	—	—	—
帝　俄	中东铁路	168.0	189.3	—	—	—	—
合　计		180.9	292.0	196.4	464.6	695.1	13.5

四　房地产投资的估计

估计外国人的房地产投资是非常困难的。过去从来没有外国人房地产的统计。它分散在内地县镇的固然占投资价值不大，但在大城市就很重要，可是除上海外，租界当局都不肯透露房地产登记的材料。即使在上海，也只是公共租界有一些统计，而这统计到1933年以后就不再继续了。收回租界以后，我们对于外国人占有房地产的情况略微知道一些，但要做财产估价却又有第二重困难。各地房地产价格，特别是地价，相差悬殊，而且变动极快；房屋方面也只有1916～1936年上海公共租界核准建筑的造价可以参考。

在这种条件下，我们估计的方法一般是用各国在上海的房地产价值做基础，再根据其他各地与上海地价和单位造价的比率，和各国在各地房地产分布的情况，比例推算全国。这些比例数见表6－15，所用的地价、造价和各国房地产分布情况都是根据收回租界以后的材料，并且不包括日本和德国房地产；对日本和德国是参考其他零星材料估算的。因此这样估算出来的结果，正确性是很差的。

1902年、1914年、1930年的估计

英国　雷麦估计1902年英国在上海的地产值3370万美元。依照我们的材料推测，英国在其他地区的地产价值约为上海的15%（在1936年则约为32%），英国房产价值约为地产的1/5，因此，英国的房地产投资共为4650.6万美元。英国的教会财产没有1902年的估计，根据雷麦1930年的估计推算，这时可能有500万美元，加入前数共得5150.6万美元。英国的企业房地产约占总数的一半，我们以2550万美元作为企业所占，2600万美元作为非企业房地产投资。

雷麦估计1914年在上海租界和越界区外国人所占的土地共值1.7亿两。这数是偏低的，因为他减去了外国人登记土地总值的1/3作为中国人用外国人名义登记和中国人入股的土地。外国人用“权柄单”转卖给中国人的土地固然不能作为外国人投资，但是中外共同出资或者中国人入股的就应当作为外国人投资。因此我们改为减去1/4，即外国人所占土地共值1.9亿两。

其中，英国约占80%，即1.52亿两，按0.64折合9728万美元。上海以外按15%计，房产按地价1/5计，共为13424.6万美元，再加700万美元的教会财产，合计14124.6万美元。我们以7060万美元作为企业所占，7070万美元作非企业房地产投资。

1930年英国房地产投资有雷麦、英国皇家学会和上海英国委员会三个估计。英国委员会的估计比较详细，而且不必再用比例去推算；但这个估计把英国所占土地估为7000万镑实在太高了，我们将它减为6500万镑。这估计没有划分企业所占土地和非企业土地，我们以45%作为企业所占。另外，我们再依雷麦的材料加入50万镑作为团体的财产。这样估计1930年英国的房地产投资如表6－15。

表6－15　英国的房地产投资（1930）

单位：镑

企业房地产		非企业房地产	
地　　产	29250000	地　　产	35750000
工厂建筑	3915000	住　　宅	4288000
商业建筑	4922000	教会财产	1500000
堆栈码头	4280000	团体财产	500000
合　　计	42367000	合　　计	42038000
折　　合	206327290美元	折　　合	204725060美元

对照我们1936年的估计，其中企业房地产数字是偏高的。它的原因可能解释为包括了香港部分，但我们没有把握究竟应减去多少为香港财产；并且这数字是要包括到企业投资里去的，不影响投资总额的估计，所以不去动它。

美国　1902年上海租界外人登记的土地约值8000万两，如上面对英国1914年估计所说，我们减去1/4作为中国人所有，余6000万两。其中美国约占1/10，即600万两，合400万美元。加入雷麦所估计的教会财产500万美元，共为900万美元。这数字并不完整。照我们后来材料看，美国企业所占房地产不到它总数的30%，教会占50%以上，政府和私人等占20%。后二项很多并不在上海。因此，我们将1902年美国房地产投资共估为1000万美元，其中300万美元作为企业所占，700万美元作为非企业房地产。

1914年上海外国人土地依上面对英国的估计所说是1.9亿两。其中美国约占 1/10，即 1900 万两，合 1118 万美元；教会财产雷麦估为 1000 万美元，共 2118 万美元。与 1900 年的估计同样理由，我们将总数估为 2400 万美元，其中企业房地产 800 万美元，非企业房地产 1600 万美元。

1930 年，雷麦调查 10 家公司的房地产投资为 847.855 万美元，他是计算在各项企业投资之外的，因此是非企业房地产。同时他估计美国教会等财产为 4190.4889 万美元，跟前项合计为 5038.3439 万美元，可以代表非企业房地产。企业房地产没有任何材料，我们比照 1936 年的估计作为 1800 万美元。

法国 据 1902 年法国外交部调查，“法国人财产”为 4700 万法郎（其中 3700 万法郎属于教会）；这数可作为非企业房地产，合 910 万美元。法国的企业房地产没有材料，依我们的比例不过占它的房地产总值的 10%，姑作为 100 万美元。

1914 年法国房地产的材料完全找不到。法国企业投资 1914 年约比 1900 年增加 1 倍，同时期上海地价增加 1.3 倍以上。我们估计 1914 年法国非企业房地产为 2000 万美元，企业房地产为 250 万美元。

1930 年照“某法国人”估计，法国的企业、团体、个人在上海的地产值 4286.5 万两，土地押款 900 万两，向非法国公司投资 650 万两，共 5836.5 万两，约合 2334.6 万美元。法国教会在上海的地产达 5800 万两，或 2320 万美元，上海以外教会财产雷麦估计为 192 万美元。以上共为 4846.6 万美元，依 1936 年和 1948 年的法国比率，加入约 35% 为房产价值，共为 6550 万美元。法国的企业房地产约占 11%，即 720 万美元，非企业房地产 5830 万美元。

德国 德国的房地产投资没有任何材料，1905 年德国海军部的估计因不能明白是否包括在胶州的地产，也不能用。雷麦对德国教会财产的估计并未指明，但根据日本人自雷麦材料中推论约为 30 万美元。我们根据各种情况推测，德国的非企业房地产 1902 年约值 800 万美元，1914 年为 1500 万美元，1930 年为 600 万美元；企业房地产很少，可以不计。

日本 1902 年日本在华的投资极少，房地产投资可以不计。

1914 年满铁的投资中有土地 1581.5819 万日元，建筑物 1832.1882 万日元，两项合计 3413.7701 万日元；其中企业使用的依满铁路报告为 1700 万日元。关内部分，依雷麦估计，日本学校、医院、寺院等财产约值 925 万日元，我们再加上约20%作为企业所用，共1080万日元。这样1914年日本的房地产投资共为4493.7701万日元，合2246.9万美元；其中企业房地产930万美元，非企业房地产1316.9万美元。

1930年雷麦估计日本在东北的不动产和农业投资为14599万日元，其中有满铁的办公房屋和宿舍等8826.7万日元可作为企业房地产。据满铁报告，1931年它投资于学校、医院3778.7万日元，当地行政机关土地及其他财产6645.8万日元，共10424.5万日元。这数不在雷麦所估不动产之内，它是日本的非企业房地产投资。日本人长野估计日本在各口岸的不动产值1亿日元，这数同我们1936年的估计相近，大约是不包括东北的，其中可以20%即2000万日元作为企业所用。这样，1930年日本的房地产投资共为35023.5万日元，合17511.75万美元；其中企业房地产5413.35万美元，非企业房地产12098.4万美元。

其他各国都没有材料，只好不计。

综合我们对这三年外人房地产投资的估计如表6－16。

表6－16　帝国主义在旧中国的房地产投资

单位：千美元

年份	项目	英国	美国	法国	日本	德国	合计
1902	企业房地产	25500	3000	1000	—	—	29500
	非企业房地产	26000	7000	9100	—	8000	50100
	合计	51500	10000	10100	—	8000	79600
1914	企业房地产	70600	8000	2500	9300	—	90400
	非企业房地产	70700	16000	20000	13169	15000	134869
	合计	141300	24000	22500	22469	15000	225269
1930	企业房地产	206327	18000	7200	54134	—	285661
	非企业房地产	204725	50383	58300	120984	6000	440392
	合计	411052	68383	65500	175118	6000	726053

1936年估计

日本东亚研究所对于1936年外国在上海的房地产有一个比较详细的估计，我们用这估计做基础，按前面说过的百分比来推算全国，结果如表6－17。

表 6-17　帝国主义在旧中国的房地产投资（1936）

国别	项目	上海	其他地区		全国合计	企业房地产		非企业房地产
		（千美元）	占上海	（千美元）	（千美元）	占总数	（千美元）	（千美元）
英国	地产	257643	32%	82446	340089	49.7%	169024	171065
	房产	56975	15.2%	8660	65635	26.2%	17196	48439
	合计	314618		91106	405724		186220	219504
美国	地产	37993	32.2%	12234	50227	26.8%	13461	36766
	房产	14793	42.0%	6213	21006	22.8%	4789	16217
	合计	52786		18447	71233		18250	52983
法国	地产	59313	11.1%	6584	65897	11.7%	7710	58187
	房产	19095	5.4%	1031	20126	3%	604	19522
	合计	78408		7615	86023		8314	77709
日本	关内地产	37188	30%	11156	48344	20%	9669	38675
	关内房产	20346	50%	10173	30519	20%	6104	24415
	东北房地							131000
	合计	57534		21329	78863		15773	194090
德国	地产	2795	30%	839	3634	10%	363	3271
	房产	3109	30%	933	4042	10%	404	3638
	合计	5904		1772	7676		767	6909
意大利	地产	960	30%	288	1248	5%	62	1186
	房产	489	30%	147	636	1%	6	630
	合计	1449		435	1884		68	1816
比利时	地产	2505	45%	1127	3632	5%	182	3450
	房产	759	60%	455	1214	1%	12	1202
	合计	3264		1582	4846		194	4652
瑞士	地产	424	45%	191	615	5%	31	584
	房产	572	60%	343	915	1%	9	906
	合计	996		534	1530		40	1490
其他国家	地产	62673	45%	28203	90876	5%	4544	86332
	房产	17355	50%	8678	26033	1%	260	25773
	合计	80028		36881	116909		4804	112105
各国合计	地产	461494		143068	604562		205046	399516
	房产	133493		36633	170126		29384	140742
	合计	594987		179701	774688		234430	671258[1]

注：[1]包括日本在东北房地产投资 13.1 万元。

从一方面看这估计有偏高的可能。第一，我们不知道 1936 年上海租界土地的纳税价格低于市价多少，而是按“费唐报告”的比例一律增加 25%；这比例在 20 世纪初期是恰当的，用在 1936 年就可能偏高。第二，这估计没有减去中国人用外国人名义登记的土地，虽然这种土地在 1936 年时已不多。第三，我们在估计上海以外土地投资占上海的百分比时，发现 1936 年比之

1930年，是上海以外的地价上涨大，而上海一般未超过1933年的高峰。这一地价的正确性。特别是上海以外的地区是不敢保证的。第四，房屋价值依日本人估计是按历年造价减火灾损失而得，造价自1917年算起而未除折旧。但另一方面也有估计可能偏低的因素。例如，土地“登记”材料不一定完整，特别是租界“公产”不一定计入；房屋建筑不一定都曾申报（这一节日本人已估计在内），申报的造价可能偏低，而且未包括1917年以前的建筑；又如国籍的划分是以纳税人为准，因而“中国人”部分比重偏大，外国人部分缩小。

根据这一估计，意大利、比利时、瑞士等国的房地产数字全然不能和我们1948年的估计相比。我们的看法，1948年的估计比较接近真实。

这估计不包括东北。对于日本在东北的房地产投资也只能概括地推算。上面我们估计1930年满铁用于医院、学校、地方行政机关土地及旅馆等投资为5212.25万美元，这部分不能像满铁其他事业增长那样快，到1936年可估计为6500万美元。东北其他非企业房地产1930年估为2886.15万美元，这时日侨增加很多，姑把它增为4600万美元。农业方面，1932～1936年日本移民六批，强占民田18万垧，由“满洲拓殖会社”经营，连同其他农业姑作为2000万美元。以上估计日本在东北的非企业房地产投资共1.31亿美元。

1941年的估计

1941年我们完全没有外国人房地产的材料。由于战时人口集中在上海等租界，地价可能是上涨的，但从我们所取得的材料中还不能求出一可信的比率；一则是计价单位有了变动（黄金、伪币），二则是实际成交很少。英美等房地产可能有一部分转入中国人手中，但根据已有的材料看，不少是假转移的。一般说，在太平洋战争以前，外国人房地产的变动是不会很大的。因此，除日本外，对1941年的房地产投资我们不再估计，需列比较总数时就用1930年的数字来代替。

对于1941年日本的房地产投资，也和对于日本的企业投资一样，应当估计1944年左右日本投资最高峰时的情况。这方面我们也很少材料。1944年日本在东北的投资总额增加到1936年的4倍，房地产投资增加的速度不会像企业那样快。我们假定：（1）满铁系统的非企业用房地产事业由1936年的6500万美元增为1.5亿美元。（2）其他房地产由4600万美元增为1亿美元。（3）农业方面：根据官方统计（据伪东北物资调节委员会研究组编《金融》，1947），日本在“满洲拓殖会社”“东洋拓殖会社”等的投资有52483.2万伪元，伪满政府经营的农林等六公司的实缴资本有18700万伪元，两项共计71183.2万伪元，按官价汇率（每百元合23.167美元）约合1.65亿美元。（4）“满拓”于1937年开始500万人的移民计划，据说到1945年上半年移入24万人，划定土地1600万垧（实际垦殖不会如此之大），因此私人的农业投资一定不少，姑估计为5000万美元。以上四项共计4.65亿美元，作为日本在东北的非企业房产投资；其中（1）（3）两项3.15亿美元系属公司组织的投资。

日本在关内的房地产东亚研究所有1938年的调查，但因它只包括房地产公司，数值很小。不过这统计显示1936～1938年三年间日本“不动产”投资增加了82.4%。参照这种趋势，则1944年日本在关内房地产投资当不下2亿美元。

以上我们估计1944年左右日本的非企业房地产投资共为6.65亿美元（见表6－18）。

表6－18　帝国主义在旧中国的非企业房地产投资（1941）

单位：千美元

国　别	投　资	国　别	投　资
英　国	219504	日　本	665000
美　国	52983	（关内）	（200000）
法　国	77709	（东北）	（465000）
德　国	6909	其他国家	120063
各国合计：1142168			

1948年的估计

对于1948年外人房地产投资，是按照它们在各地的房地产数量和分类的平均地价和房价来估算的，结果如表6－19。

表 6-19 帝国主义在旧中国的房地产投资（1948）

单位：千美元

国别	项目	房地产总额	企业房地产	非企业房地产
英国	地产	476388	236765	239623
	房产	111301	29161	82140
	合计	587689	265926	321763
美国	地产	183084	49067	134017
	房产	33173	7563	25610
	合计	216257	56630	159627
法国	地产	142197	16637	125560
	房产	60596	1818	58778
	合计	202793	18455	184338
比利时	地产	16663	6340	10323
	房产	6086	80	6006
	合计	22749	6420	16329
瑞士	地产	4624	1360	3264
	房产	804	86	718
	合计	5428	1446	3982
意大利	地产	4996	146	4850
	房产	1368	7	1361
	合计	6364	153	6211
其他国家	地产	73353	3667	69686
	房产	26889	269	26620
	合计	100242	3936	96306
各国合计	地产	901305	313982	587323
	房产	240217	38984	201233
	合计	1141522	352966	788556

1948 年的估计同 1936 年比，显得数值增加很大，但这主要是由于战后美元贬值所致。如果加入币值变动的因素，则英国不是增大而是减少，这是合乎情理的，而其余国家都增加相当大，这就很难解释，特别像法国。因为 1936 年的估计方法是更间接的，我们不愿用它来修改 1948 年的估计，只好将两个估计并存，待有更多材料时再修正。

五　外债的估计

对于外债我们没有采取过去的估计，而是将每笔债务重新估算的。由于估算方法不同，就与过去的估计有相当的出入。

外债的数值要从两方面来观察，一是借款额，一是各个基期年度的结欠额。

借款额的估计，首先，需要区别原订借款额和实际起债额。有许多借款并未全部发行，或者只有少数预垫款，或者并未全部动支。但原订借款额代表一国的投资权利，权利虽未行使但并非消灭。要将每笔借款的原订借款额和实际起债额都分别计算出来是非常困难的。在铁路借款中，未全部发行的借款较多，并且与铁路的投资权利关系较大，所以我们尽可能地将每笔借款都分别计算。在财政借款中这种情况比较少，我们只计算实际起债额，但对原订借款额与实际起债额相差较大，如 1911 年的币制借款，1917 年的大运河借款，也另外注明，另外加算。未全部动支的财政借款，如果借款额与动支额相差较大。或者这笔借款已经结束的，如 1933 年的棉麦借款，1944 年的中英信用借款，也将两者分别计算；如果相差不大，以后仍陆续动用的，如 1941 年中美金融借款，1941 年的中英信用借款等，就不另计算实际动支额，但在估计基期结欠时只按已动支部分计算。

其次，属于短期周转性的借款和欠款，不可能全部查清，也不应该全部计入借款额。这种情况下，我们只能计算那些因逾期未还或长期拖欠而经旧政府计入外债整理的。例如中法实业银行钦渝铁路借款的利息展期款，我们只计第四期乙项。这种积欠的款项，以北洋军阀时期最多，我们只能根据北洋政府“财政整理会”1925 年的整理报告来估算。有些借款债权国曾经提出，而北洋政府财政部不承认，不承认的理由多半是因为是地方或政府别的部门所欠借，财政部不负责，这种债款我们也都计入。

结欠额的估计有两种计算方法：（1）截至某一天止的全部未偿付本金、利息和费用（经理费、手续费等）。例如 1913 年善后借款 2500 万镑，以 47

年为期共应付利息 42893597 镑，经理费 169734 镑，至 1928 年 6 月 30 日止，已付本金 1359200 镑，已付利息 18662378 镑，经理费 50054 镑，尚欠本金、利息、经理费共 47991699 镑，即截至这一天止中国政府的负债额。（2）截至某一天止的未偿还本金、已到期而拖欠未付的利息和经理费。如善后借款因无拖欠，故截至 1928 年 6 月 30 日止只欠本金 23640800 镑。

第（1）种方法是计算中国的负债额，过去中国官方统计中对有确实担保的借款都是采用这种方法。但如果是估计某一基期的帝国主义在华资本，这方法就不合适。因为它是将未来的利息负担全部计入债务，每笔借款都会在一开始时表现得很大（通常利息负担比本金大），而以后逐年减少，这就给人一种错觉。因此我们采用第（2）种计算方法，把利息负担作为帝国主义的利润剥削。但对庚子赔款来说，这方法又不合适。因为庚子赔款并无所谓本金，其所以分为赔款和利息，不过是巧立名目欺骗人的，事实上每年的赔款额也都是包括利息，而不能划分的。所以我们对于庚子赔款是采用第（1）种计算方法。由于这笔赔款很大，就显得在 20 世纪初期中国的外债很大，这一点，在引用材料时我们另加说明，同时对于庚子赔款又另列一表以便必要时从外债中划分出来。

此外，在估计结欠额时还有许多地方是不能完全符合要求的。例如，每个基期年度的估计，有的是年初数字，有的是年终数字，有的是比照上下年度推算，因为我们不能查知旧政府对每笔债务偿还的确实情况。各项债款中利率常有变动，利息的计算也是不准确的。无确实担保的债款，很多不知下落，不知何时结束。抗战后期和胜利后的外债，偿还的情况更不清楚。因此，各基期的估计只是大概的数字，其中 1925 年、1930 年和 1936 年材料比较多，1941 年特别是 1948 年最差。

关于借款的分类，过去多沿用旧政府的办法分为“财政部主管”“铁道部主管”“交通部主管”三类。这种分类法并无实际意义，例如 1908 年的英法借款“与铁路无涉”，1911 年的大东大北电报公司预付报费借款“完全未用于电政”（均“财政整理会”报告语），可是因为借款本息是由交通部负担，所以分别列入“路政借款”和“电政借款”。要按照实际用途来分类事实上是不可能的，我们也只能按照名义来分，凡是用铁路名义的借款都列入铁路借款，其余的连同赔款都列入财政借款。铁路借款中有很多未用于铁路的，我们在正文中已把它另作一估计，以求得实际用于铁路的数目。

外债各种货币的折算采用一系列比较简单的折合率，这折合率见表6－20。借款额的折算用借款时各期折合率，结欠额的折算用基期年度折合率。

表6－20　各种货币每一单位折合美元率（1894～1948）

币　别	1894～1902年	1911～1914年	1925年	1930年	1936年	1941年	1948年
英国英镑	4.900	5.000	5.000	4.860	4.970	4.030	4.030
法国法郎	0.200	0.200	0.070	0.039	0.060	0.020	0.003
日本日元	0.510	0.530	0.500	0.500	0.290	0.230	0.003
德国马克	0.240	0.240	0.240	0.240	0.400	0.400	0.300
帝俄卢布	0.510	0.510					
荷兰弗罗林	0.400	0.400	0.250	0.400	0.640	0.530	0.380
印度卢比	0.350	0.350	0.350	0.360	0.380	0.300	0.300
加拿大元				1.000	1.000	0.910	1.000
银元及伪法币	0.510	0.500	0.500	0.300	0.300	0.300	0.300
关平两	0.770	0.750	0.750	0.450	0.450	0.450	0.450
库平两	0.750	0.740	0.740	0.440	0.440	0.440	0.440
公砝两	0.710	0.700	0.700	0.420	0.420	0.420	0.420
行化两	0.740	0.730	0.730	0.440	0.440	0.440	0.440
规元两	0.700	0.690	0.690	0.410	0.410	0.410	0.410
洋例两	0.720	0.710	0.710	0.420	0.420	0.420	0.420

说明：法国法郎：1938年—0.0288，1939年—0.025；英镑：1939年—4.44；比利时法郎：1936年—0.0334。

最后，我们所根据的材料，有下列几种：

（一）官方公布的材料。如“财政整理会”的1925年和1928年的报告，国民党政府铁道部1929年的报告，以及见之于《财政年鉴》《铁道年鉴》等官方材料。这些材料除项目不够完全外，一般是比较正确的。

（二）经过整理的债务。如国民党政府1933～1934年和1936～1937年对某些材料借款和铁道借款的整理，以及某些财政借款的改订等。这种整理包括改订期限、利率和重订起债额，是经过债权人同意的，数字最为可靠。

（三）别人估计过的材料。这方面我们参考的出版物有几十种，主要的有贾士毅的《民国财政史》《民国续财政史》，陈晖的《中国铁路问题》以及中国银行、日本东亚研究所、伪联合准备银行等所编的材料。对于过去通行的几种外国人的估计，如贝霖（J. R. Baylin）、孔士（A. G. Coons）、耿爱德（E. Kann）等的估计，我们基本上没有采用，因为他们所用的方法与我们不同。较晚期的债款，有些是根据一些杂志和论文。

（四）根据还本付息表推算。已知的结欠额很多与我们的基期不符，因此需要按年代距离推算，或者按原订的还本付息表推算。对庚子赔款主要是按还本付息表推算的，只是把战时停付等因素考虑进去。

（五）根据借款合同和有关情况估计。这主要指某些抗战时期及战后的借款，因不知它实际动支数目，只有根据合同（如分期缴付的时限）和其他情况（如铁路借款参考铁路修建进度）来估计。

（六）对于抗战时期和战后的美“援”，主要是根据美国国务院1949年的白皮书“中美关系”的统计，其中有些项目原无估价或者只有名义价值的斟酌把它重估。

这些材料是不够完整的：地方当局的借款，虽经尽可能地收集，一定还有不少遗漏；许多官僚资本企业的借款也不能包括进去；特别是某些秘密借款，数字可能很大，但我们还无法查知，或者虽可以肯定原公布的数目不真实，但还不能提出正确的数目。

我们对外债估计的结果，列为表6－21、表6－22、表6－23、表6－24、表6－25。关于美“援”，已在正文中估列，这里从略。

表 6－21 旧中国的外债实际起债额(1865～1948)

单位：美元

国别	1865～1902 年	1903～1914 年	1915～1930 年	1931～1936 年	1937～1941 年	1942～1948 年	合计
各国总计	681223633	443505989	465625412	87076547[2]	654663030	1034031537[3]	3366126148
财政借款	632883258[1]	238342985	304118880	35842469	635888680	999831595	2846907867
铁路借款	48340375	205163004	161506532	51234078	18774350	34199942	519218281
英国	186933230	143911300	28437114	23715167	248042956	32387595	663427362
财政借款	174390855	59927000	17205801	8637860	242188680	32387595	534737791
铁路借款	12542375	83984300	11231313	15077307	5854276	—	128689571
美国	27440779	8217000	31246332	27204609	198816176	941643942[3]	1234568838
财政借款	24440779	717000	20770717	27204609	196800000	907444000	1177377105
铁路借款	3000000	7500000	10475615	—	2016176	34199942	57191733
法国	129158680	93570032	55991164	3052496	28245456	—	310017888
财政借款	103158680	47789000	55261997	—	22660000	—	228869677
铁路借款	26000000	45781092	729167	3052496	5585456	—	81148211
德国	152311202	75296785	350661	13954467	39918442	—	281831557
财政借款	151139702	38094665	281911	—	36000000	—	225516278
铁路借款	1171500	37202120	68750	13954467	3918442	—	56315279
日本[2]	24966485	47063420	259446659	—	—	—	331476564
财政借款	24966485	32973320	155328472	—	—	—	213268277
铁路借款	—	14090100	104118187	—	—	—	118208287

续表

国　别	1865～1902年	1903～1914年	1915～1930年	1931～1936年	1937～1941年	1942～1948年	合　计
帝俄	125150351	25296000	1380000	—	—	—	151826351
财政借款	123933851	25296000	1010000	—	—	—	150239851
铁路借款	1216500	—	370000	—	—	—	1586500
意大利	19962754	—	34330230	—	—	—	54292984
财政借款	19962754	—	34330230	—	—	—	54292984
铁路借款	—	—	—	—	—	—	—
比利时	10773259	24966392	38023064	19149808	88800000	—	181712523
财政借款	6363259	8361000	12213685	—	88800000	—	115737944
铁路借款	4410000	16605392	25809379	19149808		—	65974579
荷兰	561861	185000	9043772	—	—	—	9790633
财政借款	561861	185000	339651	—	—	—	1086512
铁路借款	—	—	8704121	—	—	—	8704121
丹麦	632100	1250000	190486	—	—	—	2072586
财政借款	632100	1250000	190486	—	—	—	2072586
铁路借款	—	—	—	—	—	—	—
其他国家	3332932	23750000	7185930	—	50840000	60000000	145108862
财政借款	3332932	23750000	7185930	—	49440000	60000000	143708862
铁路借款	—	—	—	—	1400000	—	1400000

注：

[1]内庚子赔款3.465亿美元。

[2]不包括“九一八”事变后对伪满的借款，这种借款属于伪满“特别会计”，大都已计入企业投资中。

[3]不包括未转为借款部分的美“援”，这项美“援”估计为4709248616美元。

表 6－22　旧中国的外债未发行额（1865～1948）

单位：美元

国　别	1865～1902 年	1903～1914 年	1915～1930 年	1931～1936 年	1937～1941 年	1942～1948 年	合　计
各国总计	18399125	380317096	129439809	54422846	198597000	182663463	963839339
财政借款	—	84765000	63105790	32913718	3000000	182213405	365997913
铁路借款	18399125	295552096	66334019	21509128	195597000	450058	597841426
英国	1399125	143145700	56163495	1696963	73967000	168113405	444485688
财政借款	—	37375000	49850000	—	—	168113405	255338405
铁路借款	1399125	105770700	6313495	1696963	73967000	—	189147283
美国	17000000	12375000	13945000	32913718	3000000	15550058	93783776
财政借款	—	12375000	5095000	32913718	3000000	14100000	67483718
铁路借款	17000000	—	8850000	—	—	450058	26300058
法国	—	173493908	—	10350000	32830000	—	216673908
财政借款	—	22375000	—	—	—	—	22375000
铁路借款	—	151118908	—	10350000	32830000	—	194298908
德国	—	13542880	—	9462165	—	—	23005045
财政借款	—	12375000	—	—	—	—	12375000
铁路借款	—	1167880	—	9462165	—	—	10630045
日本[1]	—	265000	15918897	—	—	—	16183897
财政借款	—	265000	8160790	—	—	—	8425790
铁路借款	—	—	7758107	—	—	—	7758107
帝俄铁路借款	—	—	25130000	—	—	—	25130000
比利时铁路借款	—	37494608	13469917	—	88800000	—	139764525
荷兰铁路借款	—	—	4812500	—	—	—	4812500

注：[1]不包括“九一八”事变后对伪满之借款。

表 6－23　旧中国的外债结欠额（1902～1948）

单位：美元

国　别	1902 年	1911 年	1914 年	1925 年	1930 年	1936 年	1941 年	1948 年
各国总计	980932018	976704455	1120469391	1021935269	1070103763	920640231[1]	939210735	1611797134[2]
财政借款	943312268	808826066	928017150	710664360	713510131	574574859	746252903	1426777647
铁路借款	37619750	167878389	192452241	311270909	356593632	346065372	192957832	185019487
英国	189057951	221827426	257588746	235774688	201011431	175205944	329974319	318158707
财政借款	177865001	147089926	175194404	160962069	128360377	103206158	270921864	259106252
铁路借款	11192950	74737500	82394342	74812619	72651054	71999786	59052455	59052455
美国	56853462	43780205	47120592	66603363	72098289	76727658	232368748	1008272200[2]
财政借款	52325462	43780205	39820842	48731928	54024613	56530030	213698671	855402180
铁路借款	4528000	—	7299750	17871435	18073676	20197628	18670077	52870020
法国	174839655	156827400	206481674	166051745	161243664	126534307	108733944	71113717
财政借款	157320255	131974800	163405535	134357175	130364837	97057197	84740890	47120663
铁路借款	17519400	24852600	43076139	31694570	30878827	29477110	23993054	23993054
德国	207714924	217539169	234682697	102537336	93591521	89425080	93006735	—
财政借款	207714924	192339169	198473874	64169121	46374721	32749514	52268447	—
铁路借款	—	25200000	36208823	38368215	47216800	56675566	40738288	—
日本	52601489	86745479	78197863	323390437	398465754	272813632[1]	—	—
财政借款	52601489	45257190	70847863	220170688	266455709	192167387	—	—
铁路借款	—	41488289	7350000	103219749	132010045	80646245	—	—

续表

国　别	1902 年	1911 年	1914 年	1925 年	1930 年	1936 年	1941 年	1948 年
帝俄	230243191	193091092	203661934	—	—	—	—	—
财政借款	230243191	193091092	203661934	—	—	—	—	—
铁路借款	—	—	—	—	—	—	—	—
意大利	42738421	35173189	32524891	64352098	74679706	85696136	13009132	—
财政借款	42738421	35173189	32524891	64352098	74679706	85696136	13009132	—
铁路借款	—	—	—	—	—	—	—	—
比利时	18002552	12922685	28490709	51767127	48380666	57061904	115163948	113619193
财政借款	13623152	11322685	12367522	14640681	11347449	4634121	83319949	81775194
铁路借款	4379400	1600000	16123187	37126446	37033217	52427783	31843999	31843999
荷兰	1202892	1174965	915428	9085248	19569189	35420974	17874163	17757199
财政借款	1202892	1174965	915428	907373	839176	779720	614204	497240
铁路借款	—	—	—	8177875	18730013	34641254	17259959	17259959
丹麦	620169	1750000	1625044	1196700	941919	1687723	—	—
财政借款	620169	1750000	1625044	1196700	941919	1687723	—	—
铁路借款	—	—	—	—	—	—	—	—
其他国家	7057312	5872845	29179813	1176527	121624	66873	29079746	82876118
财政借款	7057312	5872845	29179813	1176527	121624	66873	27679746	82876118
铁路借款	—	—	—	—	—	—	1400000	—

注：

[1]不包括“九一八”事变后对伪满的借款，这种借款属于伪满“特别会计”，大都已计入企业投资中。

[2]不包括未转为借款部分的美“援”，这项美“援”估计为4709248616美元。

表 6－24　庚子赔款（1901～1948）

国别	赔款额（关平两）	本息合计（关平两）	各期结欠额（美元）							
			1902 年	1911 年	1914 年	1925 年	1930 年	1936 年	1941 年	1948 年
合　计	450000000	982238150	696532101	588827809	544490287	223765315	172954557	106535902	66286395	30133
英　国	50620545	110492068	79654841	66892800	61856235	49563685	38136896	25088784	15535984	—
美　国	32939055	71897770	52325462	43063205	39820842	27956356	21307432	12297779	8457845	—
法　国	70878240	154709581	113807851	93662447	86608310	75556964	58582174	35647819	27590227	—
德　国	90070515	196601547	129384933	116358043	107597084	—	—	—	—	—
日　本	34793100	75944689	52601489	44173850	40847863	32730260	25184379	14610155	—	—
意大利	26617005	58098306	42738421	35173189	32524891	28374013	23134643	16035012	13009132	—
帝　俄	130371120	284567751	204135748	171429780	158522299	—	—	—	—	—
比利时	8484345	18519216	13623152	11211685	10367522	9044403	6061794	2509273	1544755	—
荷　兰	782100	1707130	1202892	989965	915428	362911	427807	282480	116964	—
奥　国	4003920	8739562	6360511	5291332	4892085	—	—	—	—	—
西班牙	135315	295359	217273	178813	165349	37708	15068	9567	1594	239
葡萄牙	92250	201359	145161	121905	112725	90325	69498	40317	23930	23930
瑞典、挪威	62820	137120	98852	83015	76763	48690	34866	14716	5964	5964
杂　费	149670	326692	235515	197780	182891	—	—	—	—	—

表 6－25　帝国主义在旧中国的资本（1902～1948）

单位：千美元

国　别	1902 年	1914 年	1930 年	1936 年	1941 年	1948 年
各国总计	1509309	2255657	3487559	4285372	9161758	3098906
企业财产	478277	1000319	1977063	2693474	7080379	698553
房地产	50100	134869	440392	671258	1142168	788556
借款	284400	575979	897150	814105[1]	872925	1611767[2]
庚子赔款	696532	544490	172954	106535	66286	30
英国	344058	664589	1047004	1045921	1095337	1033674
企业财产	129000	336300	641268	651211	545859	393752
房地产	26000	70700	204725	219504	219504	321763
借款	109403	195733	162874	150117	314438	318159
庚子赔款	79655	61856	38137	25089	15536	—
美国	79353	99121	285715	340515	482377	1393301
企业财产	15500	36000	163234	210804	197025	225402
房地产	7000	16000	50383	52983	52983	159627
借款	4528	7300	50791	64430	223911	1008272[2]
庚子赔款	52325	39821	21307	12298	8458	—
法国	211640	282482	304844	311913	285097	297247
企业财产	27700	56000	85300	107670	98654	41795
房地产	9100	20000	58300	77709	77709	184338
借款	61032	119874	102662	90886	81144	71114
庚子赔款	113808	86608	58582	35648	27590	—

续表

国　别	1902 年	1914 年	1930 年	1936 年	1941 年	1948 年
德国	300715	385683	174592	136420	136956	—
企业财产	85000	136000	75000	40086	37040	—
房地产	8000	15000	6000	6909	6909	—
借款	78330	127086	93592	89425	93007	—
庚子赔款	129385	107597	—	—	—	—
日本	53601	290893	1411611	2096437	6828967	—
企业财产	1000	199526	892161	1629533	6163967	—
房地产	—	13169	120984	194090	665000	—
借款	—	37350	373282	258204[1]	—	—
庚子赔款	52601	40848	25184	14610	—	—
意大利	42738	32525	79080	92070	18870	6211
企业财产	—	—	4400	4558	4045	—
房地产	—	—	—	1816	1816	6211
借款	—	—	51545	69661	—	—
庚子赔款	42738	32525	23135	16035	13009	—
帝俄	450320	440155	—	—	—	—
企业财产	220077	236493	—	—	—	—
房地产	—	—	—	—	—	—
借款	26107	45140	—	—	—	—
庚子赔款	204136	158522	—	—	—	—
比利时	18003	28491	89381	77165	126834	139948
企业财产	—	—	41000	15451	7018	10000
房地产	—	—	—	4652	4652	16329

续表

国　别	1902 年	1914 年	1930 年	1936 年	1941 年	1948 年
借款	4380	18123	42319	54553	113619	113619
庚子赔款	13623	10368	6062	2509	1545	—
荷兰	1203	915	29569	49570	28135	25757
企业财产	—	—	10000	14149	10261	8000
房地产	—	—	—	—	—	—
借款	—	—	19141	35139	17757	17757
庚子赔款	1203	915	428	282	117	—
瑞士	—	—	—	9256	7997	14537
企业财产	—	—	—	7766	6507	10555
房地产	—	—	—	1490	1490	3982
借款	—	—	—	—	—	—
丹麦	620	1625	942	4257	2098	2242
企业财产	—	—	—	2569	2098	2242
房地产	—	—	—	—	—	—
借款	620	1625	942	1688	—	—
其他国家	7058	29178	64821	121848	149090	185989
企业财产	—	—	64700	9677	7905	6807
房地产	—	—	—	112105	112105	96306
借款	—	23748	2	2	29049	82846
庚子赔款	7058	5430	119	64	31	30

注：

[1]不包括“九一八”事变后日本对伪满的借款，这种借款属于伪满“特别会计”，大都已计入企业投资中。

[2]不包括未转作借款部分的美“援”，这项美“援”估计有470920万美元。